ECON Unterhaltung

Alice K. Turner (Hrsg.)

Playboy Stories

Die besten Kurzgeschichten
aus 40 Jahren

ECON Taschenbuch Verlag

Dieses Buch ist gedruckt auf 100 % Recyclingpapier.

Deutsche Erstausgabe

© 1995 by ECON Taschenbuch Verlag GmbH, Düsseldorf
© 1994 by Playboy Enterprises, Inc.
First published in the United States of America
Titel des amerikanischen Originals: Playboy Stories
Umschlaggestaltung: Molesch/Niedertubbesing, Bielefeld
Lektorat: Peter Klumbach/Bettina Foulon/Katy Albrecht
Gesetzt aus der Linotype, Garamond
Satz: Lichtsatz Heinrich Fanslau, Düsseldorf
Druck und Bindearbeiten: Ebner Ulm
Printed in Germany
ISBN 3-612-27148-2

Inhaltsverzeichnis

Vorwort

Vor vierzig Jahren erschien der erste Playboy, es war das berühmte Heft mit dem Pin-up von Marilyn Monroe. Zwei Kurzgeschichten, eine von Ambrose Bierce und eine Sherlock-Holmes-Geschichte von Sir Arthur Conan Doyle, wurden ebenfalls aufgenommen. Beide waren natürlich vorher schon einmal an anderer Stelle veröffentlicht worden, ebenso wie das Bild von Marilyn Monroe, denn die Mittel des Magazins, das ja noch ganz am Anfang stand, reichten nicht aus, um neue Werke von der angestrebten Qualität einzukaufen.

Von der ersten, geschichtemachenden Ausgabe wurden 50 000 Stück verkauft. Es schien also ein großes Publikum zu geben für eine Publikation, die, so Hugh M. Hefner, »einem männlichen (doch nicht macho-mäßigen) Anspruch in allen Lebensbereichen« gerecht wird und die »städtisch und weltmännisch (nicht etwa abgestumpft oder gar arrogant), intelligent (aber nicht trocken) und aufrichtig fröhlich (nicht aber albern oder pikant)« ist.

Vorsichtig fuhren die Herausgeber fort, Geschichten bereits erfolgreicher Autoren abzudrucken, wie etwa Erskine Caldwell, Somerset Maugham, John Collier und Ray Bradbury, bis sie endlich in der 9. Ausgabe eine Originalgeschichte, nämlich »Black Country« von Charles Beaumont, veröffentlichten. Gegen Ende des zweiten Jahrgangs waren alle abgedruckten Geschichten Originale, keine Geschichte war zuvor woanders veröffentlicht worden, und bekannte Autoren wie James Jones sahen hier ein Forum, das der Kreativität keine Riegel vorschob und sich stark von den »Familienmagazinen« unterschied, die in den fünfziger Jahren den Zeitschriftenmarkt dominierten.

So ist dies eine Anthologie von Geschichten der sogenannten »Mainstream«-Literatur. Der Playboy war außerdem die Heimat anderer Genres der Unterhaltungsliteratur, vor allem von Krimis, Thriller und Science-fiction. Wir sind in der Tat das einzige Magazin, das regelmäßig und mit Leichtigkeit von der klassischen Literatur in andere Genres hinüberwechselt. Es könnten ganz erstaunliche Kurzgeschichtensammlungen zusammengestellt werden, und ein Blick in die Zukunft besagt, daß wir uns die entsprechenden Stories dafür aufgespart haben.

In den vergangenen vierzig Jahren hat der Playboy Hunderte von Geschichten der besten Schriftsteller der zweiten Hälfte unseres Jahrhunderts veröffentlicht. In dieser Anthologie sind die besten von ihnen gesammelt. Fast alle Autoren dieser Sammlung tragen berühmte Namen. Über die Jahre hat der Playboy auch viele neue Autoren aufgestöbert und veröffentlicht und führt dies auch in den neunziger Jahren fort. Aber wenn der Maßstab so hoch liegt, wie nach diesen vergangenen vierzig Jahren, ist es schwer, sich von den Meistern der Kunst abzuwenden. Sie sind nicht gerade ein harmonischer Verein. Es gibt auch keine »Formel« für die Playboy-Literatur – obwohl man zugeben muß, daß wir eine Schwäche für gute, straffe Geschichten haben, und wir glauben, daß Sie Spaß an dieser so vielseitigen Sammlung finden werden.

Herbert Gold

Alle verheirateten Frauen sind schlecht, ja?

Kein anderer Schriftsteller ist so mit dem Playboy der fünfziger bis siebziger Jahre identifiziert worden wie der schreibfreudige Herbert Gold. Dies ist die erste Geschichte, die er für dieses Magazin schrieb, wo über die Jahre mehr als 50 seiner Kurzgeschichten erschienen, manchmal vier bis fünf pro Jahr. Als er zum Playboy kam, hatte er bereits drei Romane geschrieben, denen viele weitere folgten. Obwohl er 1924 in Cleveland geboren wurde, ist Herbert Gold heute ein Teil der literarischen Szene von San Francisco. Sein Zweitwohnsitz, Haiti, ist ebenfalls häufig der Schauplatz seiner Geschichten und Artikel.

Herbert Gold

Alle verheirateten Frauen sind schlecht, ja?

»Ich würde dich nicht mal heiraten, wenn du der größte französische Geiger in Haiti wärest«, versicherte Maureen Richtung Patriek. »Mir hängt alles zum Hals raus. Ich langweile mich. Das Leben ist einfach eine gottverdammte Voodoozeremonie nach der anderen.«

»Arme Maureen«, säuselte Patriek, »sie ist so sensibel, so ... Hast du dir wieder geholt deinen Sonnenbrand? Wer hat denn behauptet, ich wollte dich heiraten? Eric? Gib mir so eine Zigarette – nur amerikanische Zigaretten können mich vergessen lassen, daß ich bin bloß der größte Geiger im Hôtel des Arts.«

»Sch!« rief Eric, der in seinen mexikanischen Sandalen angeschlurft kam. »Das sollte genug sein. Es ist verboten, unglücklich zu sein. Nicht einmal schick ist es dieses Jahr.«

»Ich könnte brüllen«, sagte Maureen.

»Und ein Streichholz?« fragte Patriek. Maureen zündete seine Zigarette an.

Eric setzte zu seiner kleinen Rede für solche Gelegenheiten an und kratzte sich die Haare unter dem rosa Netzhemd, während er rezitierte. »Haiti ist das Paradies – das Hotel ist Haiti –, und habe ich Sie schon mit der Familie Sturtevant bekannt gemacht? Sie sind himmlisch, meine Freunde. Er hat einen ordentlichen Beruf und sie viel Holz vor der Hütte.«

Die Kreativen, die in Port-au-Prince Urlaub machen, lieben dieses Hexenhaus, das »Hôtel des Arts«: überall zerbröckelnd, filigran und eine wahre Termitenpracht. Sie lieben den grünen Schaum und die spaltäugigen Frösche, die sich an seinem Swimmingpool sonnen. Sie lieben die zahnlosen Kellner, die grinsen und sich verbeugen und »Yesss, o yesss!« singen, als verstünden sie Englisch. Sie schwärmen für den billigen Rum, die primitive Kunst und die erotischen Abenteuer, die zusammen, mehr als die Gratismahlzeiten an Bord der Pan American Airways, den ganz besonderen Reiz eines Urlaubs unter den funkelnden Königspalmen Haitis ausmachen.

Der Direktor, Eric von Roitsch (»Aber lassen Sie bitte den Baron weg – ich verwende den Titel so gut wie nicht mehr«), sieht ein, wie wichtig es ist, den altmodischen Charme des Hotels beizubehalten, der darin besteht, alleinstehende Männer einsamen Mädchen vorzustellen und niemals den Schaum vom Swimmingpool abzuschöpfen. Für Eric ist diese Arbeit nur eine Übergangslösung, während er auf sein Einreisevisum in die USA wartet. Seine Klatschgeschichten über die neuesten Kulturskandale, seine Sprachbegabung und seine besondere Leidenschaft für Amerika tragen dazu bei, daß sich das »Hôtel des Arts« ganz natürlich jener talentierten Klasse von Touristen anbietet, die »künstlerisch« tätig sind, also beim Fernsehen, in der Werbung, als Flugbegleiter und auf anderen Gebieten, welche die kreative Persönlichkeit fordern. Als geschäftiger Mann in einem rosa ärmellosen, über die Hose hängenden Hemd, unermüdlich lächelnd, pflegt Eric hingebungsvoll den Kontakt mit der Kundschaft. Seine Intuition versorgt ihn im Überfluß mit genau dem richtigen Bar-Geplauder, sei es für einen Modefotografen (»Die Kamera ist die große Kunstform des zwanzigsten Jahrhunderts, wissen Sie, aber ruiniert? Prostituiert!«), für einen Verfasser von Werbespots (»Wenn man das moderne Leben erfassen will, muß man eben leiden, so traurig das ist.«) oder für eine robuste Witwe mittleren Alters, die einen Kurs in kreativem Schreiben abgeschlossen hatte (»Ich muß Sie einem lieben Freund vorstellen, der das *wahre* Haiti kennt!«).

In letzter Zeit ist Eric jedoch besorgt, das Klima seines Berghanges könnte jenen alten ursprünglichen, kosmopolitischen Scharfblick aufgeweicht haben. Man kann schwere Vorhänge und geistreiche Konversation für einen Salon in Haiti kaufen, doch Voodootrommeln und das

Geschrei von Eseln würden den Geist selbst im Faubourg St.-Germain derangieren. *Derangieren* ist Erics Wort; er fühlte sich derangiert von der Weigerung Maureen Koots und Patriek St. Coppes, zwei seiner ganzjährigen Pensionsgäste, miteinander ins reine zu kommen. Maureen, eine Frau mit blondem Pferdeschwanz und einer verheirateten Tochter in New Haven, kam vor beinahe zehn Jahren mit den Einkünften aus ihrer dritten Scheidung in Haiti an. Sie ist Malerin und behauptet, die erste und authentischste der haitianischen Primitiven zu sein. »Ja doch, ich habe das ganze Zeug erfunden. Die haitianischen Maler waren einfach Hausboys, bis ich ihnen erklärt habe, wie man brutal, kraftvoll, voodoomäßig ist«, sagt sie. »*Kreiert*, habe ich ihnen gesagt. Hab' das einzig Wahre eines Nachts in einer Vision entdeckt.«

Patriek St. Coppe, ein französischer Musiker, ist von der haitianischen Regierung angestellt, um das Heeresmusikkorps auszubilden und zu dirigieren. Bei seiner Ankunft gab er ein Violinkonzert, doch vom Kartenverkauf entmutigt, hat er es sich seitdem zum Beruf gemacht, Trompete spielenden Feldwebeln beizubringen, Pfeifenreiniger für ihre Mundstücke zu benutzen, um jenes klebrige Schwirren zu verhindern. »Es ist rauh, das Soldatenleben«, klagt er, scheint sich aber ansonsten an die moderne Zivilisation angepaßt zu haben.

Erics Intuition versagte allerdings, als er annahm, Maureen und Patrik würden feststellen, daß sie füreinander geschaffen seien. Sie speisten zusammen. Sie rauchten sich gegenseitig die Zigaretten weg. Sie gingen sogar ab und an zusammen auf einen Rum-Soda aus. Aber Patrik war jung und wählerisch, und Maureen alterte zusehends, wie man es bei zu lange jung gebliebenen Frauen manchmal erlebt, so daß Zigaretten und Freundschaft alles waren, was sie austauschten. Eine große Selbsttäuschung für Eric. Er war derangiert.

Während der schläfrigen Sommermonate, wenn die winzigen Saumfingereidechsen an den Wänden des Hôtel des Arts kleben, beim fernen Grollen von Wärmegewittern ihre zittrigen Hüpfer machen, ihre warzigen Bäuche aufblähen und mit Mühe verdauen, war Eric so gelangweilt, daß er begonnen hatte, einen Roman zu schreiben. Daraus läßt sich schließen, wie wenig er auf dem Herzen hatte, abgesehen vom Visum, das sich sehr, sehr, sehr viel Zeit ließ. Die wenigen Pensionsgäste außer Maureen und Patrik verlangten kaum Aufmerksamkeit. Eric zog sich in die Freuden der Literatur zurück und erzählte von einem weißrussischen Ballettänzer namens Serge, der in Frankreich mit der Gestapo kollaborierte, in Wirklichkeit aber Botschaften an die Résistance weitergab, kurze Codes, die er durch das Zusammenschlagen seiner Knöchel im Pas-de-deux von *Schwanensee* übermittelte. Serge machte absichtliche Fehler in der klassischen Form, womit er die moralische Kernfrage des Konflikts zwischen Kunst und Freiheit anschnitt, während die stiernackigen deutschen Offiziere ihn törichterweise »décadent« oder, in ihrer barbarischen Sprache, »dekadent« nannten.

»Es ist nicht Serge Lifar«, sagte Eric im Vertrauen zu Maureen. »Ich kannte ihn gut. Es ist ein anderer Serge.«

Doch ein überraschendes Ereignis hielt Eric davon ab, *Schwanensee* bis zum siegreichen Abschluß für die Alliierten auszuführen. Eine Tänzergruppe, angeführt von einem der mehreren Millionen ehemaliger Partner Katherine Dunhams, kam in Port-au-Prince an und fiel in das Hôtel des Arts ein. Am selben Tag trug sich ein gutaussehendes junges Paar ein (er Bühnenbildner, sie Malerin, doch so hübsch, daß sie keine weitere Empfehlung brauchte) und fragte nach dem besten Zimmer im Haus. Da Eric gutaussehende junge amerikanische Paare mochte, hätten sie es ohnehin bekommen, aber da sie die Frage stellten, kostete es sie zwei Dollar fünfzig mehr pro Tag. Die Hubert-Wilkinson-Tänzer, die versuchten, genügend Geld aufzutreiben, um nach Philadelphia heimzukommen, waren bald kreischend und Brustmuskeln anspannend auf der rebenumrankten Galerie des Hotels fleißig am Proben. Das gutaussehende junge Paar, Sam und Tilly Sturtevant, feierte seinen fünften Hochzeitstag mit einer Reise zwecks Jagd nach Inspirationen. Billige Sandalen, Strohtaschen und Mahagonischalen waren alles, was sie bisher gefunden hatten. Die haitianische Malerei hatte bereits jemand anders gefunden.

Zu den Tischzeiten war es eine einzige große, glückliche Pension. Erics Wintergeschichten wurden mit Rum besprengt und zum sparsamen Vergnügen jener Gäste vorgebracht, die den Sommerpreis ausnutzten. »Und niemand hat je erklären können, wie das Krokodil die Stufen zum Nationalpalast hinaufkam«, schloß eine. Sehr beliebt war auch: »Und als seine Frau nach Hause kam, war alles, was sie verraten wollte, daß sie in den Voodoo-Kult eingeführt worden sei.«

Tilly Sturtevant war eine Freude. Sie lachte gern, was hübsche Frauen manchmal ängstlich vermeiden, weil sie die irrige Vorstellung haben, der Anblick ihrer Mandeln sei ein Schönheitsfehler. Sie hatte einen kurzgeschorenen dunklen Haarschopf und trug keine Badekappe, wenn sie schwimmen ging. Mit ihrem kleinen Gesicht, aufgeweckt wie das eines Äffchens, eines hübschen und menschlichen Äffchens, hatte sie genügend Selbstvertrauen, um ihre trägerlosen Blusen halb herunterrutschen zu lassen, bevor sie ihnen den Ruck gab, den die westliche Sitte verlangt. Jeder mochte sie.

»Eine Dame«, flüsterte Eric in der Gewißheit, daß sie ihn hören konnte. »Eine Königin der wunderschönen amerikanischen Rasse.«

Patriek war hin und weg. Er starrte, grübelte und quälte sich. Zum erstenmal seit Wochen spielte er wieder Geige und putzte sich die Zähne. Schließlich vertraute er sein Problem Maureen Koot an. »Noch ein Mädchen wie dieses wird vor der Wintersaison wohl nicht absteigen im Hotel«, betonte er. »Ich habe schrecklich den *béguin*. Ich habe solches Nervengeflatter wegen ihr, daß meine Chaconne ist herausgekommen als Liebestraum. Jean-Sébastien Bach dreht sich im Grab herum. Meinst du, daß sie merkt etwas?«

»Hör zu, Patriek, sei nicht ängstlich«, sagte Maureen. »Vergiß nicht, daß wir Mädchen uns nichts aus ängstlichen Männern machen. Es macht alles von Anfang an zu ängstlich.«

»Aber sie ist zu hinreißend!«

»Du weißt, wie du ihr eine Zigarette anzündest. Sprich Französisch mit ihr. Erzähl ihr, was für ein Wunderkind du mit der Geige warst.«

»Aber ihr Mann ist bei ihr – so nah bei ihr – immer so nah«, grübelte er. »Ich könnte ihn verfluchen, aber er *ist* ja schon verheiratet.«

»Eine verzagte Katze hat noch nie eine Maus gefangen«, gab Maureen zu bedenken.

»Hör mir zu, Maureen. Quäle mich nicht. Ich bin in Ferien bis zum Ende dieses Monats hier, und ich habe noch nicht mal Geld, zu fahren nach Kuba. Ist es dann nicht Schicksal, daß ich verliebe mich? Ich muß! Ich bete sie an, Darlieng. Ich bin verliebt.«

Schließlich hatte sie Mitleid mit ihm. Sie werde sehen, was sie tun könne.

Mit der Weisheit einer langen Lehrzeit im »Hôtel des Arts« entwickelte Patriek seine Freundschaft mit Sam, Tillys Mann. Dies dient dem doppelten Zweck, den unerfahrenen jungen Hahnrei zu beruhigen, damit man ihn um so besser davon abhält, sich aufzubäumen und aufzustampfen und in der Erde zu scharren, wenn man ihm die Hörner aufsetzt, und gleichzeitig weckt es einen besorgten Kitzel, was kurz vor Eifersucht auf Seiten der angebeteten Dame kommt. Es bringt sie gewöhnlich dazu, minutenlang in den Spiegel hinter der Bar zu starren. Um übergroße Entmutigung zu vermeiden, blickte Patriek ihr lange in die Augen, als er eilig ein Streichholz hervorzog und an seinem hornigen und geschwärzten Daumennagel für ihre Zigarette anriß. Dann wandte er sich hungrig wieder an Sam, um mehr über den Niedergang der Bühnenbildnerei am Broadway zu erfahren.

Dies war die Arbeit eines Tages. Der nächste Tag würde Anlehnungen, Verbeugungen, flüchtige Berührungen und schüchterne Eingeständnisse über die Traurigkeit bringen, die ihn daran hinderte, wirklich große Musik zu komponieren, was seine wahre Berufung war. »Pikant – man muß Würze sein für eine Dame, Maureen.« Am dritten oder vierten Tag würde es nur noch darum gehen, eine Gelegenheit zu finden.

So hatte Patriek es sich ausgemalt, und Maureen war der gleichen Meinung. Sie hatten viele amerikanische Touristen im »Hôtel des Arts« beobachtet. Alles in allem ist ein zweiwöchiger Urlaub nur zehn Tage lang (Reise, Akklimatisation, Kurieren des Dünnpfiffs), und dann ist man wieder zurück inmitten der Erinnerungen, heimlichen Sehnsüchte und des Alltags. Platzdeckchen aus Strohhalmen und Salatbestecke aus Mahagoni sind ein schwacher Trost, wenn die bessere Hälfte wieder in die Gefilde der Krimiserien und Quizsendungen abgetaucht ist. Wo sonst sollte man die Psyche von ihren verbotenen Regungen reinigen, wenn nicht im »Hôtel des Arts« inmitten des wahren Haiti?

»Aber«, wie Patriek verzweifelt sagte, »sie zieht nicht mit.«

»Du verlierst deinen alten Zauber, Darling«, stichelte Maureen. Trotzdem war es eine Beleidigung, daß Patriek kein Interesse erkennen ließ, sich von ihr trösten zu lassen, die so willens war mitzuziehen. Sie gähnte, um ein heimliches Grinsen der Genugtuung zu verbergen.

»Nein, ich glaube, sie ist gewillt, aber dieser Mann!... So trotzig.«

»Du meinst mißtrauisch. Er läßt sie nie allein?«

»Nie! Eine gräßliesche Person.«

Sie fielen in brütendes Schweigen an ihrer Ecke der Bar. Alois füllte ihre Gläser nach. Sie schürzten die Lippen und sammelten Kräfte.

»Sagen Sie, Maureen, was ist dieser *McCarran Act*?« fragte Eric, der mit einer Mappe voller Papiere auf sie zukam. »Der Konsul teilt mir mit, daß ich wegen des *McCarran Acts* Schwierigkeiten haben werde, in die Staaten gelassen zu werden.«

»Glaube, sie sind eine Trapezgruppe. Turmspringer oder so was«, murmelte Maureen, ohne richtig hinzuhören. Sie war in dieser eigenartigen Stimmung, die sie veranlaßte, haitianische Malerei zu erfinden. Sie war gut für Inspirationen.

Patriek inhalierte bis hinunter zum tiefen C unter dem mittleren C und sagte: »Ich bin wirklich behext mit ihr. Ich bin unglücklich.«

Eric nahm seine Probleme zu seinem Schreibtisch mit. Es gab keinen Direktor, der *ihm* zuhörte; er dagegen mußte ständig bereit sein, sich bei dem kleinsten Hinweis auf einen Käfer in einer Dusche von Mitgefühl derangieren zu lassen. Maureen verfolgte ihre Gedanken, und sie führten sie weit fort. Sie machte sich Sorgen über eine großzügige Geste, die einen Wendepunkt in ihrer Karriere bezeichnen könnte. Es war möglich. Selbst George Arliss hatte sich vom Schwarm aller Backfische zum Rothschild unter den Schauspielern entwickelt. Ja, es war sogar wahrscheinlich. Ja, alles was man brauchte, war ein kleines bißchen raffiniertes Intrigieren, was für die Erfinderin der primitiven haitianischen Malerei ein Kinderspiel sein würde.

Maureen, deren Atelier einen separaten kleinen Bungalow gleich neben den Hauptgebäuden des Hotels einnahm, hatte eingewilligt, die Plakate für die Tanzvorstellung der Hubert-Wilkinson-Truppe zu gestalten. Normalerweise lehnte sie alle Aufträge außer unschuldigen, unverdorbenen, primitiven haitianischen Gemälden ab, aber sie hatten sie auf so nette Art und Weise gebeten, und Geld ist Geld, besonders während der schleppenden Sommersaison. Sie betrachtete jedoch die Beschriftung mit Zeilen wie »Die großen Interpreten des afrikanischen Tanzes, direkt aus Philadelphia« in Englisch und Französisch für unter der Würde einer Malerin, deren erster Mann privat bei Derain in Paris studiert hatte. Außerdem war sie davon überzeugt, zu viele »l« in »Philadelphia« unterzubringen, und dann würden sie Theater wegen der Bezahlung machen. Warum bat sie nicht Tilly um Hilfe?

Ja, warum eigentlich nicht?

Warum nicht allein mit Tilly in Maureens Bungalow arbeiten? Warum dann nicht in die Stadt gerufen werden, in einer wichtigen Angelegenheit, die mit der Ausschmückung eines echten Voodootempels für irgendwelche freundlichen Eingeborenen zu tun hatte? Warum könnte Patriek dann nicht ganz zufällig vorbeikommen?

»Oh, Darlieng, warum nicht?« fragte Patriek.

»Darum«, schmollte Maureen. »Einfach darum.«

»Bitte! Für mich!« Er beugte sich vor und berührte ihre sonnengegerbte Wange. »Bitte, Darlieng, ich flehe dich an. Ich brauche etwas, um wieder zu komponieren.«

Maureen begann zu schmelzen und lächelte das zähnebleckende, langnasige, traueräugige Lächeln einer Puffmutter. »Dann muß ich Sam finden und ihn bewegen, mich irgendwohin auszuführen. Wenn nötig, muß ich ihn betrunken machen. Es ist wichtig, daß du dich in Sicherheit fühlst, Patriek. Ich hoffe, er hat genug Geld in der Tasche.«

»Sie wird mitziehen, ich kenn' ihr genau«, rief Patriek überschwenglich. »Darling, du bist ein Kumpel.«

Die nette Tilly half Maureen so gern bei der Beschriftung, daß Eric beinahe zu der Überzeugung kam, sie wüßte, was geplant war. Sam zog so bereitwillig mit seiner Kamera los, um einige Farbfotos von den Wandmalereien der erzbischöflichen Kathedrale aufzunehmen, daß man ihn für Patrieks engsten Verbündeten gehalten hätte. Der listige Patriek bemerkte beiläufig, er würde Sam »irgendwohin an meinem Weg« – nämlich an seinem Weg zurück zu Tilly in Maureens Bungalow – hinunterfahren.

Eric, der jetzt mit ihnen an einem Tisch zu Mittag aß, der abseits von der langen Tafel stand, an der die Hubert-Wilkinson-Tänzer über ihrem Essen herumalberten, beobachtete die entzückende, tiefdekolletierte Tilly mit dem Äffchengesicht und meditierte flüssig über die derangierenden Geschicke, die einen echten Baron nach Haiti und eine mädchenhafte Ehefrau mit einer Taille wie ein Traum in die Klauen von Maureen und Patriek gebracht hatten. Natürlich hatte Patriek den Mann im Hotel, der elegante Arrangements überaus bewunderte, in das Projekt eingeweiht. Eric summte das kreolische Volkslied, das da lautet:

Marié bon, mariée pas bon
Toute femme mariée mauvais, oui?
Ehe ist gut, ist nicht gut,
Alle verheirateten Frauen sind schlecht, ja?

»Was ist das?« fragte Sam.

»Ach, bloß ein Ballett, das Satie für Lifar schrieb«, erwiderte Eric. *»Eros und der mechanische Genius.* Nur einmal aufgeführt. Nicht einmal Cocteau hat es gefallen.«

»Dachte ich mir«, sagte Sam. »Ich kann diesen französischen Impressionismus nicht ausstehen – er geht einem auf die Nerven, er wird sich nie verkaufen.«

Nach der geschmolzenen Eiscreme und dem scharfen Schock haitianischen Kaffees plauderten sie alle einen Augenblick mit den Tänzern, die zum Swimmingpool hinunterliefen, um die Algen wegzuschlagen und sich abzukühlen. Dann steuerten Tilly und Maureen den Bungalow an; Patriek führte Sam zu seinem Automobil; Eric borgte sich eine Flasche Rhum Barbancourt, die ihm helfen sollte, noch ein weiteres Formular für die gefräßigen Aktenordner der US-Einwanderungsbehörde auszufüllen.

Zehn Minuten später hatte Sam vor einem gewaltigen Wandgemälde von Bigaud, das in einzelnen Abschnitten aufgenommen werden mußte, sein Stativ aufgestellt. Patriek starrte unter schweren Augenlidern auf das Stativ und verabschiedete sich.

Draußen in einer Bar rief Patriek das Hotel an. Die Götter waren bis jetzt hochherzig. Das Telefon funktionierte. Fils-Pierre, der sich meldete, ging Maureen holen. »Für mich?« erkundigte sie sich.

»Yesss, o yesss!« rief Fils-Pierre.

Maureen zog ihr Halstuch fest und ließ sich Zeit für ihren Weg zum Empfang. Soll Patriek ein wenig schwitzen, entschied sie. Gut für die Wertschätzung. Wirklich, ein attraktives Mädchen wie Maureen sollte sich seine Freunde nicht durch solche Tricks halten müssen. Es war ja nicht so, daß man ihr wirklich die ganzen Jahre ansah. »Hallo«, sagte sie.

»Hokay«, sagte Patriek und legte auf. Er zitterte von Kopf bis Fuß.

Maureen schlurfte in ihren Espadrilles zurück zum Bungalow, traurig, aber fest entschlossen, und teilte Tilly mit: »Ich muß rasch runter zum Nationalmuseum. So ein Kerl dort möchte eines von meinen Bildern für die ständige Sammlung kaufen. Es macht Ihnen doch nichts aus, die Beschriftung allein zu machen?«

»Geht völlig in Ordnung, wirklich«, sagte Tilly. »Sie können mir beim letzten Schliff helfen, wenn Sie zurückkommen.«

»Das ist lieb von Ihnen.« Maureen machte sich dann auf zu Sams Stativ, während Patriek zu Maureens Bungalow hinaufeilte. Ihre Wege kreuzten sich an der Place des Héros de l'Indépendance, einer ehemaligen Rennbahn, und sie winkten sich zu, Patriek hochgestimmt in seinem kleinen käferartigen Renault, Maureen niedergeschlagen in der Nachmittagshitze.

Patriek stieß die Fliegentür auf und sagte: »Allo, Tielie.« In gewissen Augenblicken kam sein Akzent besonders stark durch.

Tilly blickte von der Staffelei auf, an der sie arbeitete: »Ach, Sie sind's. Zünden Sie mir eine Zigarette an, ja, Patriek? Mein Hände sind ganz voll Farbe.«

Patriek berührte die Zigarette genießerisch mit den Lippen und steckte sie ihr dann in den Mund.

Unterdessen stand Maureen in der Kathedrale hinter einer Säule und schaute zu, wie Sam seine Kamera von einem Gemälde zum nächsten bewegte. Er brauchte dazu fast zwei Stunden, weil er der vorsichtige Typ war. Kein echter Künstler. In Sam Sturtevant tobten keine freien Geister. Maureen wurde beim Zuschauen immer wütender auf Patriek. Sie hatte sich verpflichtet, ihm den ganzen Nachmittag zu geben. Als Sam gerade anfing, sein Stativ zusammenzuklappen, legte Maureen ihre ganze verbliebene Kraft und soviel Freundlichkeit, wie sie aufbieten konnte, in ein Lächeln und lief auf ihn zu.

»Oh, lieber Sam, was für ein Glück. Ich bin so müde«, rief sie. »Ich habe Tilly gerade allein gelassen – ein großer New Yorker Händler möchte mich für eine Einzelausstellung haben. Nur, wenn es in der 57th Street ist, habe ich ihm gesagt. Kommen Sie, geben Sie mir einen Rum aus, ich sterbe.«

»Was ist mit Tilly?«

»Gut, alles bestens. Ich habe ihr einen meiner schönsten Kittel geliehen. Sie wollen ein Plakat für jedes öffentliche Gebäude in der Stadt, und was sie mir zahlen, reicht kaum für die Farbe. Ich bin zu großzügig. Tja, einen Fehler hat jeder. Bitte, Sam, wollen Sie mich gleich auf der Stelle zusammenbrechen sehen und einen Hitzschlag auf dem Gewissen haben?«

Nach Plan sollte Maureen Sam dazu bringen, sich genug Rum, ob mit Soda oder pur, hinter die Binde zu gießen, um ihn für den Rest des Nachmittags außer Gefecht zu setzen. Da er durstig und erhitzt war, brachte Maureen ihn gut in Fahrt. Da sie jedoch durstig, erhitzt und unzufrieden war, brachte sie sich selbst sogar noch besser in Fahrt. Sie saßen beinahe allein im Café Pigalle, neben der Freiluftbühne des Théâtre de Verdure, mit dem Blick über die Bucht von La Gonave, während die fetten traurigen Nachmittagsfliegen um die klebrigen Flecken auf dem Tisch surrten und ab und zu eine Bäuerin auf plumpen Füßen mit ihrem Korb Mangos oder Bananen vorbeiwatschelte.

Irgendwie milderte der Rum dieses Mal nicht die karibische Hitze, die über Maureen hinwegfegte. Sie empfand eine seltsame Langeweile gegenüber dem Lokalkolorit: Fast bedauerte sie, die haitianische Malerei erfunden zu haben. Sams tropische Lethargie war die erwünschte Eigenschaft für diese Gelegenheit, eine Bereitschaft stillzusitzen, ein philosophisches Grübeln über den Sinn des Lebens und die Chance, seine Farbdias zu verkaufen; doch Maureen fühlte sich zunehmend traurig, heiß und, von allem das schlimmste, unwichtig. Ziemlich bald begann sie, ihre Lebensgeschichte auszupacken.

»Sie waren damals in Paris?« erkundigte sich Sam höflich. »In welchem Hotel haben Sie gewohnt?«

Maureens kurze Stunde der Romantik und Liebe und des Geldverschwendens tauchte wieder vor ihr auf. Sündhaft teure Diners im Jahre 1932. Das war richtiges Geld damals. Genug geschenktes Parfum, um darin zu planschen. Mit nach hinten geworfenem Kopf im offenen Wagen. Tolles, verrücktes, herrliches Leben. Rotes Kabriolett mit einziehbarem Verdeck. Oh, Sam, sie war damals reizend, mit nicht mehr als sechzig Zentimetern in der Taille, außer wenn sie Gebratenes aß, und einer Haut, die man immerzu berühren wollte. Und 1928, da war sie ja noch ein Mädchen, ein geschmeidiges Geschöpf, das sich nie für diese flachbrüstigen Hühner mit den Bubiköpfen begeisterte. Schönheit ist alles, was zählt, sieh mich an! Genau diese Worte hatte sie zu dem Jungen gesagt, der sie zu dem Spiel zwischen Heer und Marine mitnahm. Er war verrückt nach ihr, und sie verbrachten die Flitterwochen in Paris – ihr erster Mann war er und arm. Keinen roten Heller.

»Eine dumme Gans war ich«, sagte sie bitter. »Machen wir einen drauf, Sam. Einen doppelten Rum pur für mich.«

»Erzählen Sie weiter, es ist faszinierend«, sagte Sam. »Ich persönlich war immer gewinnorientiert.«

Dann kamen ein unschöner Vorfall wegen einer Al-Jolson-Platte und ihre erste Scheidung. Sie war es noch nicht gewohnt, sich scheiden zu lassen, und es unterbrach ihre Malerei für mehrere Monate. Dann Pete, der Literaturagent, er spuckte große Töne, aber das war alles, was er konnte, reden. Sagte, er hätte Pearl Buck, Vance Bourjaily, James Hiltons »Irgendwo in Tibet«. Der einzige Jim, den er hatte, war James T. Farrell. Es dauerte nur zwei Jahre – sie wußte, daß Farrell sich nie in gebundenen Ausgaben verkaufen würde –, aber Pete verdankte sie die Tochter. Dem Kind zuliebe versuchte sie es mit Psychoanalyse. Fehlanzeige. Dann kamen ihre Ausstellung in Boston, und Frederic, ohne »k«, Lowell, in mancher Hinsicht der Unzulänglichste von allen, doch hatte er ihr wenigstens ein bißchen was vermacht . . .

»Meinen Sie«, fragte Sam, »Tilly könnte vielleicht inzwischen fertig sein?«

»Was, wie schnell ist sie denn? Einen doppelten Rum noch, und wir gehen. Wir stehen vor dem Krieg, Sam. Ich meldete mich freiwillig für psychologische Kriegführung und Propaganda, aber die Abstrakten hatten die Armee bereits übernommen . . .«

Indem sie allmählich das Schöne und Wahre über die Welt wachrief – bis sie sich schließlich in Haiti wiederfand – führte Maureen Sam schließlich an zeitgenössische Ereignisse heran. Das erinnerte sie. Patrik! Direkt aus den Bekanntschaftsinseraten! In den alten Zeiten hätte sie sich von ihm nicht einmal in den Pelz helfen lassen. Jetzt konnte er sie ausquetschen und wegwerfen wie eine alte Tube Plakafarbe. Nein, Plakafarbe gibt es in Gläsern. Sam, es ist schrecklich, wie tief ein Künstler fallen kann. Alles für Liebe, für Leidenschaft, für kreative Menschen. Was für eine schmutzige Geschichte es war, ehrlich zu sich selbst zu sein!

Maureen schniefte.

Maureen verkrampfte innerlich, während der Rum mit erhöhter Geschwindigkeit oxidierte.

Maureen brach in Tränen aus.

»Maureen«, sagte Sam tröstend, »es ist alles in Ordnung, wirklich.

Bitte, weinen Sie nicht, ich bin zu anfällig. Jedenfalls versuche ich immer, anderer Leute Probleme philosophisch zu betrachten. So ist's recht, Haltung bewahren, Mädchen. Sinnlos, verschüttete Milch aufwischen zu wollen.«

Maureen erstickte das Schluchzen mit geschürzten Lippen und einem Ach-ja-Sam. Alle waren gegen sie. Keiner machte auch nur den Versuch, sie zu verstehen. Es würde ihnen noch leid tun. Maureen war ein Mädchen, mit dem man rechnen mußte. Deshalb setzte sie Sam in wenigen treffenden Worten von Patrieks Plan für den Nachmittag in Kenntnis.

Sam nahm das erste Taxi, das er sah, obwohl er aus Prinzip Busse vorzog und sein Geld für andere Dinge sparte. Dies schien so wichtig wie die meisten anderen Dinge. Auf der Fahrt, einer Sache von wenigen Minuten, fühlte sich Sam wie ein Ertrinkender mit einem Sprachfehler: Sein ganzes Leben zog in seinem Kopf vorbei. Als er die Holzgeländer und durchhängenden Balkons des »Hôtel des Arts« entdeckte, dessen ungepflegte Palmenwildnis die Feuchtigkeit hielt, wo keine Sonne hinkam, beugte er sich vor, den Berg hinauf. Er knackte mit den Knöcheln. Ein komisches Gefühl im Magen erinnerte ihn daran, daß er heute vergessen hatte, sein Sulfanilguanidin einzunehmen; es hätte sein Herz sein können, das sich umdrehte. Als das Taxi ankam, sprang er hinaus, ohne um das Wechselgeld zu bitten. Er stürmte die Stufen zu Maureens Häuschen hinauf.

»He, Freundchen«, rief der Taxifahrer in New Yorker Englisch dem leeren Sitz zu: »Sie schulden mir noch zehn Cent. Ach, hol's der Teufel, der Mann hat's wirklich eilig.«

Eric erblickte Sam und dachte, er sollte lieber mitgehen, um die Möbel zu schützen.

Unten im Pigalle bestellte Maureen einen weiteren Rum pur und machte sich Gedanken, ob zwischen Patriek und ihr alles jemals wieder so wie früher sein könnte.

Sam warf sich gegen die Fliegentür von Maureens Bungalow. Da sie nicht verschlossen war, flog er drinnen auf den Boden und verschmierte sich dabei die Haare an einem nassen Plakat, das »HUBERT WILKINSON: DANSEUR UNIQUE!« in großen roten Buchstaben und »HUBERT WILKINSON: UNIQUE DANCER« in kleineren, unaufdringlichen, urlaubsbunten Buchstaben ankündigte.

»Schatz!« rief Tilly. »Was in aller Welt ist dir zugestoßen? Ich habe dich gewarnt, daß du in diesen Sandalen ohne Absätze noch mal ausrutschst und dir das Genick brichst.«

Ein Stück von DANSEUR UNIQUE klebte in seinem Haar, als er aufstand. Er starrte Patrick an, der trübsinnig zurückstarrte, erhitzt und mit rotem Gesicht, eine Zigarette im Mundwinkel. »Sie«, sagte er, »Sie mieser Stehgeiger.« Patrick erwiderte den Gruß mit einer angedeuteten Verbeugung. Zitternd ging Sam auf ihn zu. »Was haben Sie hier eigentlich verloren?«

»Kämm dir die Farbe aus dem Haar, Schatz. Ein wenig Terpentin?«

Sam nahm keine Notiz von seiner Frau und rückte auf Patrick vor.

»Denken Sie daran«, warnte Eric von der Tür, »wir haben ein vollständiges Inventar. Der Spiegel kostet dreiundzwanzig Dollar. Der Tisch fünfzehn. Die Lampen sind alle registriert.«

Patrick wich um einen Schritt zurück. Tilly sah Eric an und zuckte die Achseln. Sam machte gegen Patrick Boden gut. Mit dem Rücken zur Wand zerdrückte Patrick Maureens liebstes Fundstück aus Treibholz (kein deklarierter Wert).

Tilly klatschte in die Hände. Das Lächeln des Begreifens auf ihrem hübschen kleinen Gesicht wurde breiter, bis es Geräusche fröhlichen, geschmeichelten Lachens machte, helle plätschernde Laute, die sich über eine tiefe Note weiblichen Vergnügens ergossen. »Oh, Sam«, rief sie, »das ist so wunderbar von dir.«

Bei jedem Schritt trat Sam in trocknende Plakate, doch er bewegte sich noch immer auf Patrick zu, ein wenig vornübergebeugt, die Fäuste geballt und mit einer pulsierenden Ader am Kopf. Patrick, der bereits einen Streit über sich hatte ergehen lassen müssen, erhob die Hände in einer erschöpften Geste der Zustimmung zu einem mannhaften Kampf.

Tilly lief zu Sam und legte ihre farbverspritzte Hand auf seinen Arm. »Sam, Lieber, sieh mich an. Ich bin von oben bis unten voller Plakafarbe. Komm und sieh dir die Beschriftung an. Ich bin fast fertig. Manche sind praktisch trocken, manche sind feucht, manche noch völlig naß. Siehst du, ich habe die ganze Zeit gearbeitet.«

Seine Augen wurden groß, und er starrte, als könnte er die Plakate betrachten, die unordentlich über den Raum verstreut waren – an die

Wand gelehnt, auf den Tischen, über dem Bett. »Es ist wahr«, flüsterte er.

»Patriek hat es versucht, aber ich habe ihn einfach ausgelacht, Schatz!«

»Es ist wahr«, sagte Sam. »Plakafarbe kann nicht einfach draufgeklatscht werden.«

Patriek schlüpfte an ihm vorbei und zur Tür hinaus.

»Ja, Schatz«, sagte Tilly, »man muß sie auftragen und verhindern, daß sie verläuft.«

Sam setzte dazu an, die Feuchtigkeit eines Plakats mit dem Finger zu prüfen, tat es dann doch nicht, sondern drehte sich um und nahm seine Frau in die Arme. »Ich vertraue dir«, verkündete er knapp. Ihr Atmen verschmolz in einem tropischen Kuß von der Art, die Eric von seinen verheirateten Gästen nicht erwartete.

Eric stand gedankenverloren in der Tür, gründlich derangiert, und sagte leise zu einer Saumfingereidechse, die mit schiefgelegtem Kopf Termiten kaute: »Logik! Verständnis! Vertrauen! Was gibt es dann für mich in Amerika?«

Ray Bradbury

Zur warmen Jahreszeit

Von Anfang an hatte der Playboy ein Auge auf Ray Bradbury geworfen. Zusammen mit Roald Dahl war er der einzige junge zeitgenössische Autor, dessen bereits veröffentlichtes Werk in den ersten Ausgaben schon nachgedruckt wurde. Als der Playboy dann eine Bradbury-Geschichte als Erstveröffentlichung drucken konnte, war man in der Lage, sie auch mit einigen Picasso-Zeichnungen zu illustrieren. Bradbury, der Autor von *Die Mars-Chroniken*, *Löwenzahnwein*, *Fahrenheit 451* und *Familientreffen* ist Amerikas bekanntester Erzähler phantastischer Geschichten, aber kein Experte, wenn es um Horrorliteratur geht. Er hat auch Krimis und Drehbücher geschrieben, unter anderem das für John Hustons *Moby Dick*. Ray Bradbury wurde 1920 in Illinois geboren und lebt seit langem in Los Angeles, wo kürzlich eine Fernsehserie, »The Ray Bradbury Theatre«, die auf seinen Geschichten basiert, gedreht wurde. Er ist noch immer einer der beliebtesten Autoren des Playboy, wo fast jedes Jahr eine neue Geschichte von ihm erscheint.

Ray Bradbury

Zur warmen Jahreszeit

George und Alice Smith stiegen an einem Sommertag mittags in Biarritz aus dem Zug und waren innerhalb einer Stunde durch ihr Hotel an den Strand ins Meer hinein- und wieder hinausgelaufen, um sich auf dem Sand braten zu lassen.

Wenn man sah, wie George Smith sich dort räkelte und verbrennen ließ, hätte man meinen können, er sei nur ein Tourist, der frisch wie eisgekühlter Kopfsalat nach Europa geflogen worden war und bald wieder heimwärts befördert werden würde. Aber er war ein Mann, der die Kunst mehr liebte als das Leben. »Da . . .« George Smith seufzte. Wieder rieselten ein paar Schweißtropfen über seine Brust. Laß das Leitungswasser von Ohio auskochen, dachte er, und trink danach den besten Bordeaux. Durchsetze dein Blut mit reichhaltigen französischen Sedimenten, so daß du alles mit den Augen eines Einheimischen siehst!

Warum? Warum alles Französische essen, atmen, trinken? Damit er mit der Zeit den Genius *eines* Menschen wirklich verstehen konnte.

Sein Mund bewegte sich und formte einen Namen.

»George?« Seine Frau tauchte undeutlich vor ihm auf. »Ich weiß, woran du denkst. Ich kann von deinen Lippen lesen.«

Er lag ganz still und wartete.

»Und?«

»Picasso«, sagte sie.

Er zuckte zusammen. Eines Tages würde sie wohl noch lernen, diesen Namen auszusprechen.

»Bitte, beruhige dich«, sagte sie. »Ich weiß, daß du heute morgen das Gerücht gehört hast, aber du müßtest mal deine Augen sehen – du hast wieder deinen Tick. Nun ja, Picasso ist hier, ein paar Meilen weiter unten an der Küste, und besucht Freunde in irgendeinem kleinen Fischerort. Aber du mußt es vergessen, sonst sind unsere Ferien hin.«

»Ich wünschte, ich hätte das Gerücht nie gehört«, sagte er aufrichtig.

»Wenn dir doch auch andere Maler gefielen«, sagte sie.

Andere? Ja, es gab andere. Er konnte durchaus angemessen von Caravaggio-Stilleben mit Herbstbirnen und mitternachtsblauen Pflaumen frühstücken. Zu Mittag: die feuersprühenden, dicksträhnigen Sonnenblumen von van Gogh, diese Blüten, die ein Blinder mit einer raschen Bewegung der versengten Finger über die brennende Leinwand lesen könnte. Aber das große Festmahl? Die Bilder, die er für seinen Gaumen aufsparte? Dort den Horizont füllend wie ein emporgetauchter Neptun, gekrönt mit Algengrün, Alabaster und Koralle, den Pinsel wie den Dreizack fest in den Klauen und mit einem Fischschwanz, groß genug, um sommerliche Regenschauer über ganz Gibraltar zu peitschen – wer sonst als der Schöpfer des *Mädchens vor dem Spiegel* und *Guernicas*?

»Alice«, sagte er geduldig. »Wie soll ich das erklären? Als wir mit dem Zug hierherkamen, dachte ich: Großer Gott, das alles ist Picasso-Land!«

Aber ist es das wirklich? fragte er sich. Der Himmel, die Landschaft, die Leute, die verwaschenen rosa Ziegel hier, die Balkone mit den verschnörkelten elektrisch-blauen Schmiedeeisengittern dort, eine Mandoline, reif wie eine Frucht in den Händen eines Mannes, der tausend Fingerabdrücke auf ihr hinterläßt? Plakatfetzen, die wie Konfetti in Nachtwinden wehten – wieviel war Picasso, wieviel George Smith, der sich mit wilden Picasso-Augen in der Welt umblickte? Er gab die Hoffnung auf, eine Antwort zu finden. Der alte Mann hatte so gründlich Terpentin und Leinsamenöl durch George Smith destilliert, daß sie dessen Wesen formten – in der Abenddämmerung ganz Blaue Periode, im Morgengrauen ganz Rosa Periode.

»Ich denke«, sagte er laut, »wenn wir unser Geld sparten . . .«

»Wir werden nie fünftausend Dollar haben.«

»Ich weiß«, antwortete er ruhig. »Aber es ist schön zu glauben, daß man sie eines Tages vielleicht doch zusammenbringt. Wäre es nicht großartig, wenn man einfach auf ihn zugehen und sagen könnte: ›Pablo, hier sind fünftausend! Gib uns das Meer, den Sand, diesen Himmel oder irgendeine alte Sache, was du willst, wir werden uns freuen . . .‹«

Nach einer Weile berührte seine Frau ihn am Arm.

»Ich glaube, es ist besser, wenn du jetzt ins Wasser gehst«, sagte sie.

»Ja«, sagte er. »Am besten tu ich erst mal das.«

Weißes Feuer sprühte auf, als er das Wasser durchschnitt.

Nachmittags ging George Smith zwischen Wasser und Strand hin und her, so mechanisch wie das ganze mal warme, mal abgekühlte Badevolk, das sich schließlich bei Sonnenuntergang, hummerfarben oder wie geschmorte Tauben oder Perlhühner, mühsam zu den hochzeitskuchenähnlichen Hotels hinschleppte.

Der Strand lag endlose Meilen weit verlassen da, bis auf zwei Leute. Der eine, George Smith, mit einem Handtuch über der Schulter, verrichtete seine letzte Andacht.

Weiter unten an der Küste schritt ein anderer, kleinerer, untersetzter Mann allein durch den ruhigen Abend. Er war tief gebräunt, der kurzrasierte Kopf von der Sonne fast wie Mahagoni gefärbt, die Augen klar und glänzend wie Wasser.

So war die Bühne an der Küste bereit, und in wenigen Minuten würden die beiden Männer sich begegnen. Und wieder einmal richtete das Schicksal die Waagschale für Schrecken und Überraschungen, Ankünfte und Abreisen. Und die ganze Zeit dachten die beiden einsam Schlendernden nicht einen Augenblick an die Koinzidenz, diesen noch nicht durchschwommenen Strom, der in jeder Menschenmenge, in jeder Stadt dicht an uns vorbeifließt. Und sie grübelten auch nicht darüber nach, daß, wer es wagt, in diesen Strom hineinzutauchen, mit jeder Hand ein Wunder ergreift. Wie die meisten Menschen zuckten sie über solche Torheit nur die Achseln und blieben sicher am Ufer, damit das Schicksal sie nicht hineinstieß.

Der Fremde stand allein. Als er sich umblickte, sah er sein Alleinsein, sah das Wasser der lieblichen Bucht, sah die Sonne in den späten Farben des Tages sinken, und dann bemerkte er einen kleinen hölzernen Gegenstand auf dem Sand. Es war nur das dünne Stäbchen einer vor langer Zeit geschmolzenen Eisportion. Lächelnd hob er es auf. Mit einem weiteren Blick, um sich seiner Einsamkeit zu vergewissern, bückte er sich noch einmal, hielt den kleinen Stock vorsichtig umfaßt und begann mit leichten Handstrichen das zu tun, was er auf der Welt am besten verstand.

Er zeichnete phantastische Gestalten in den Sand.

Er skizzierte eine Figur, ging dann weiter, zeichnete, immer noch hinunterblickend, jetzt ganz in seine Arbeit vertieft, eine zweite und dritte und danach eine vierte und eine fünfte und eine sechste.

George Smith, der die Küste mit seinen Füßen bedruckte, schaute hierhin und dorthin; dann entdeckte er den Mann weiter vorn. Er ging näher heran und sah, daß jener tief braungebrannte Mann sich bückte. Noch näher, und es gab keinen Zweifel mehr, was der Mann dort tat. George Smith kicherte. Natürlich, natürlich . . . Dieser Mann – Wie alt mochte er sein? Fünfundsechzig? Siebzig? – kritzelte am Strand allein vor sich hin. Wie der Sand flog! Wie die wilden Porträts dort am Ufer hingeschleudert wurden!

Wie . . .

George Smith trat noch einen Schritt vor und blieb dann still stehen.

Der Fremde zeichnete und zeichnete und schien gar nicht zu ahnen, daß irgend jemand dicht hinter ihm und der Welt seiner Zeichnungen stand. Inzwischen war er so verzaubert von seiner einsamen Schöpfung, daß er sich nicht umgedreht und seine fliegende Hand selbst dann nicht stillgestanden hätte, wenn in der Bucht Unterwasserbomben explodiert wären.

George Smith blickte auf den Sand. Und nachdem er eine lange Weile hingeschaut hatte, begann er zu zittern.

Denn dort am flachen Ufer entstanden Bilder griechischer Löwen, mediterrane Ziegen, Mädchen mit Fleisch aus Sand wie Goldpuder, Satyrn, die auf handgeschnitzten Hörnern bliesen, und tanzende Kinder, die am Strand entlang Blumen streuten, von springenden Lämmern gefolgt, Musikanten, die zum Klang ihrer Harfen und Leiern hüpften, Einhörner, die Jünglingen nachjagten, auf ferne Wiesen zu,

Waldland, Tempelruinen und Vulkane. Die Hand und der hölzerne Stift dieses Mannes, der sich in Fieber und Schweißregen vorbeugte, schrieb, knüpfte und schlang eine ununterbrochene Linie am Ufer entlang, herum, herüber und hinauf, quer darüber hin, hinein, hinaus, stickte, flüsterte, verharrte und eilte dann weiter, als müßte dieses wandelnde Bacchanal zu Ende gedeihen, bevor das Meer die Sonne ausgelöscht hatte. Auf zwanzig, dreißig Metern oder mehr sprangen Nymphen, Dryaden und Sommerbrunnen in geheimnisvollen Zeichen auf. Und der Sand nahm im schwindenden Licht die Farbe geschmolzenen Kupfers an, in das nun eine Botschaft eingemeißelt wurde, die alle Menschen aller Zeiten lesen und an der sie sich Jahre hindurch erfreuen konnten. Alles wirbelte und ruhte in seinem eigenen Wind und seiner eigenen Schwerkraft. Jetzt wurde von traubenblutnassen Füßen tanzender Winzertöchter Wein gestampft, jetzt gebaren schäumende Meere münzenschuppige Ungeheuer, während geblümte Drachen Duft auf ziehende Wolken streuten ... jetzt ... jetzt ...

Der Künstler hielt inne.

George Smith zog sich zurück und blieb weiter abseits stehen.

Der Künstler blickte auf, überrascht, jemand so nahe zu finden. Dann stand er einfach da und blickte von George Smith zu seiner wie nichtige Fußstapfen auf den Weg hingeworfenen Schöpfung. Schließlich lächelte er und zuckte die Achseln, als wollte er sagen: Schau, was ich getan habe; siehst du, was für ein Kind ich bin? Du verzeihst mir, nicht wahr? Ab und zu sind wir alle Narren ... Du vielleicht auch? Dann erlaubst du das hier einem alten Narren, he? Na gut!

Aber George Smith konnte nur den kleinen Mann mit der sonnenverbrannten Haut und den scharfen klaren Augen ansehen und den Namen des Mannes einmal flüsternd vor sich hinsagen. So standen sie vielleicht noch fünf Sekunden. George Smith starrte auf den Sandfries, und der Künstler beobachtete George belustigt und neugierig. Dieser öffnete den Mund, schloß ihn wieder, streckte seine Hand aus und zog sie zurück. Er trat auf die Bilder zu und entfernte sich wieder. Dann ging er an den Figuren entlang wie ein Mann, der eine Reihe kostbarer Marmorbilder in Augenschein nimmt, die man in einer alten Ruine an der Küste zutage gefördert hat. Seine Hand wollte berühren und wagte es nicht. Er wollte fortlaufen, aber er lief nicht.

Plötzlich sah er zum Hotel hinüber. Lauf, ja! Lauf! Was? Nimm einen Spaten, grabe, grabe aus, rette ein Stück von diesem allzu leicht verrieselnden Sand! Suche dir einen Restaurator und hetze ihn zurück mit Gips, um einen Abdruck dieser kleinen, zerbrechlichen Teile anzufertigen. Nein, nein. Unsinn, Unsinn. Oder . . .? Seine Augen schweiften rasch zu seinem Hotelfenster hinüber. Die Kamera! Lauf, hol sie, komm zurück und jage knipsend an der Küste entlang, knipsend, Filme wechselnd, knipsend, bis . . .

George Smith fuhr herum und blickte nach der Sonne. Sie brannte noch schwach auf seinem Gesicht; seine Augen waren zwei kleine, von ihr entzündete Feuer. Die Sonne war schon halb unter Wasser, und während er hinübersah, sank sie in Sekundenschnelle das letzte Stück hinab.

Der Künstler war nähergetreten und blickte nun sehr freundlich in George Smiths Gesicht, als erriete er jeden Gedanken. Nun nickte er mit einer kleinen Verbeugung. Der Eiskremstock war ihm unbemerkt aus den Fingern gefallen. Nun sagte er gute Nacht, gute Nacht. Und schon war er fort und ging am Strand zurück nach Süden.

George Smith stand und schaute ihm nach. Nach einer ganzen Minute tat er das einzige, was er überhaupt noch tun konnte. Er ging vom Anfang des phantastischen Frieses der Satyre und Faune und in Trauben getauchten Mädchen, tänzelnder Einhörner und flötender Jünglinge langsam am Ufer entlang. Er ging einen langen Weg und betrachtete dabei das frei sich entfaltende Bacchanal. Und als er die letzten Tiere und Menschen erreicht hatte, drehte er sich um und ging in die andere Richtung zurück und starrte vor sich hin, als hätte er etwas verloren und wüßte nicht, wo er es suchen sollte. Dies tat er, bis am Himmel und auf dem Sand kein Licht mehr war, in dem er hätte sehen können.

Er setzte sich an den Tisch zum Abendessen.

»Du kommst spät«, sagte seine Frau. »Ich mußte einfach allein hinuntergehen. Ich habe einen fürchterlichen Hunger.«

»Das macht nichts«, sagte er.

»Gab es auf deinem Spaziergang irgend etwas Interessantes?« fragte sie.

»Nein«, sagte er.

»Du siehst merkwürdig aus, George, du bist doch nicht etwa zu weit hinausgeschwommen und fast ertrunken? Ich sehe es deinem Gesicht an. Du bist zu weit geschwommen, stimmt's?«

»Nein«, sagte er.

»Nun«, sagte sie und blickte ihn forschend an. »Tu das nie wieder. Was möchtest du essen?«

Er nahm die Speisekarte und begann sie zu lesen. Plötzlich hielt er inne.

»Was ist?« fragte seine Frau.

Er wandte den Kopf und schloß einen Augenblick die Augen.

»Horch.«

Sie lauschte.

»Ich höre nichts«, sagte sie.

»Nein?«

»Nein. Was ist denn?«

»Es ist nur die Flut«, sagte er nach einer Weile und hielt die Augen geschlossen. »Nur die Flut, die hereinkommt.«

James Jones

James Jones' erste Playboy-Geschichte war »The King«, eine mutige Groteske, die 1955 erschien. Sein 1951 erschienener Antikriegsroman *Verdammt in alle Ewigkeit* war bei Lesern und Kritikern gleichermaßen erfolgreich. Für das damals relativ junge Magazin war die Veröffentlichung einer Geschichte des Mannes, der gerade in aller Munde war, ein genialer Coup. Auch gab das anderen Autoren Hinweise, wonach der Playboy suchte: erfolgreiche Autoren, die mit beiden Beinen mitten im Leben stehen und ansprechende Literatur schreiben, die auch unter die Haut geht. Der Playboy veröffentlichte seine späteren Romane *Die Entwurzelten* und *Der tanzende Elefant* in Auszügen – ebenso wie Jahre nach seinem Tod einige bisher unveröffentlichte Schriften.

James Jones

Sieht ihr ähnlich

»Jetzt hör mal genau zu«, sagte Johns Mutter, und ihre Stimme war gehetzt und atemlos.

Sie packte ihn am linken Arm, und ihre rauhe Hand – die, wie sie sagte, »runiert« war vom Geschirrspülen – umfaßte mit Leichtigkeit seinen dünnen Arm. Sie zog ihn ganz nah zu sich und sprach in sein Ohr, als wären sie nicht allein im Haus.

»Er wird gleich hier sein«, sagte sie zu ihm mit glänzenden Augen und nervösem Blick. »Es ist jetzt nach sechs, und er bleibt nie länger als bis fünf im Büro. Er hat sich irgendwo vollaufen lassen, das habe ich am Telefon an seiner Stimme gemerkt. Er wird wieder mit diesem dikken, fetten ekligen Bauch, prall wie ein Ballon vom Bier, nach Hause kommen.«

»Ja, Ma«, sagte John. Er hatte Angst vor der Schärfe ihrer Stimme, und sie umklammerte seinen Arm so fest, daß es ihm schwerfiel, nicht zusammenzuzucken.

»Ich möchte, daß du folgendes für mich tust, John. Ich möchte, daß du das für deine dich liebende Mutter tust. Wenn er die Lebensmittel hereinbringt, läufst du hinaus und steigst ins Auto. Verstanden?«

»Ja, Ma«, sagte John. »In Ordnung, Mutter.« Er wußte, daß dies wichtig war, weil sie seinen Arm heftig schüttelte. »Aber weshalb?«

»Sei still. Hör mir zu. Ich habe ihn gebeten, in diesem Zustand bitte nicht noch einmal in die Stadt zu gehen. Ich habe ihn gebeten, zu Hause zu bleiben. Ich hoffe nur, daß das Fräulein vom Amt mitgehört hat. Mrs. Haddock sagt, die hören immer mit. Ich habe weiß Gott lange genug damit gelebt und versucht, es zu verheimlichen und den Kopf hochzuhalten«, sagte sie. »Und er hat mich bloß ausgelacht. Wie er es immer macht. Aber ich habe stets meine Pflicht getan, in den Augen Gottes und der Gesellschaft. Ich habe alles getan, was man von mir erwarten konnte.«

John nickte. Der Arm tat ihm weh, und seine Mutter schüttelte ihn immer noch; er fragte sich, wie sie, wenn er sich ins Auto setzen sollte, zur Sugar Bowl gehen und die Show ansehen könnten. Es war Samstag, und Samstag abends nahm seine Mutter ihn und Jeanette immer in die Sugar Bowl mit, und sie aßen Hotdogs oder Hamburger und tranken eine Malzmilch, und dann gingen sie zur Show. Und die Malzmilch in der Sugar Bowl war echt riesig, Mann. Es war ihr Samstagsvergnügen, und er verpaßte es äußerst ungern, auch wenn sie in der Show immer neben ihrer Mutter sitzen mußten, anstatt weiter vorn bei den anderen Kindern und sie draußen vor der Show stehenblieb, um mit den anderen Damen zu plaudern, und sie direkt neben ihr stehen mußten, weil John, wie sie den Damen erzählte, erwachsen sei und wie ein kleiner Mann die Stelle seines Vaters einnehme. Aber das mußte man nun einmal tun, wenn man hingehen wollte. »Gehen wir heute abend nicht zur Show, Mutter?« fragte er.

»Nein, wir gehen heute abend nicht zur Show, Mutter. Hörst du mir denn überhaupt nicht zu? Ich möchte, daß du bei deinem Vater im Auto mitfährst. Ich möchte, daß du hinten einsteigst. Duck dich auf den Boden und bleib versteckt. Du paßt auf, wohin er fährt, und wenn er nach Hause kommt, verrätst du mir, wo er alles hingegangen ist. Ich möchte, daß du das für mich tust.«

»Mir liegt nicht so viel an der Show, Mutter«, sagte John.

»Vielleicht gehen wir morgen hin. Wenn du deine Mutter so liebst, wie du behauptest, dann tust du das für sie. Du versteckst dich hinten im Auto und findest heraus, wen dein Vater trifft, und stellst fest, wie sie heißt, wenn du kannst, und wenn ich dann weggehe, nehme ich dich mit, und wir gehen für immer fort.«

»Kommt Jeannette auch mit, Mutter?« fragte John.

»Ja. Wir nehmen auch Jeannette mit«, sagte sie zu ihm, und in ihren glänzenden Augen standen Tränen. »Er taugt nicht dafür, Kinder zu haben. Er mit diesen Mordsarmen und stark wie ein Stier. Er macht alles kaputt, was er anfaßt, er würde jede Frau umbringen. Wir gehen weit weg, wo er uns niemals finden kann, er mit seinen großen Tönen von Bildung macht sich lustig über meine Christian Science und Mrs. Eddy und erzählt jedem, er sei so intelligent und habe eine dumme Frau am Hals.«

»Du bist nicht dumm, Mutter«, sagte John. »Du bist klug. Du bist meine Mutter.« Er kniff die Augen zusammen, um die Tränen fortzudrücken; seine Mutter tat ihm sehr leid. Eine »Scheidrung«, dachte er, wir bekommen eine »Scheidrung«.

»Ich habe mein ganzes Leben für euch Kinder gearbeitet.« Seine Mutter ließ seinen Arm los, und er war froh darüber. Der Arm war ein wenig taub, aber er rieb ihn nicht, weil seine Mutter ihre Hände auf seine Schultern legte. »Ihr seid alles, was ich jetzt noch habe. Du und Jeannette. Seit dein Bruder Tom erwachsen ist und mich verlassen hat. Jeder sagt, daß ich die schönste Frau in der Gegend war und daß er Glück hatte, mich zu bekommen. Jetzt hat er mich ausrangiert und zieht mit jeder x-beliebigen Schlampe herum, die auf dem Strich mit ihrem geilen Arsch wackelt.«

John nickte, während er sich den Ausdruck einprägte. Er lernte eine Menge schöner Flüche, die andere Kinder nie hörten, wenn er seiner Mutter und seinem Papa zuhörte, wenn sie wütend waren, obwohl er sie nie in ihrer Nähe wiederholte, außer wenn er es vergaß, weil sie ihm immer den Mund mit Seife auswusch, wenn sie ihn fluchen hörte. Sie hielt ihn dann beim Genick, wickelte den Waschlappen um die Finger und rieb kräftig über seine Zunge und den Gaumen.

»Eines Tages werden die Frauen frei sein«, sagte seine Mutter. Sie kniete sich neben ihm auf den Boden und legte die Arme um ihn. »Deine Mutter liebt dich, Johnny, auch wenn sie die häßlichste alte Hexe in der Stadt ist.«

»Du bist nicht häßlich, Mutter«, widersprach John. »Du bist wunderschön, und du bist meine Mutter.« Er tätschelte den vom Kochen verschwitzten breiten Rücken seiner Mutter. Es war beinahe wie das Spiel, bei dem jemand eine Frage stellt und man richtig antworten oder ein Pfand geben muß, nur bekam er immer solche Angst dabei, daß es überhaupt keinen Spaß machte.

»Wenn du deine Mutter wirklich liebst, wirst du zu ihr halten.«

»Das tu ich bestimmt, Mutter«, versprach John. »Ich tu alles für dich. Eines Tages, Mutter, verdiene ich eine Million Dollar, und dann gebe ich alles dir.«

»Nein«, sagte seine Mutter. »Nein, das wirst du nicht tun. Eines Tages wirst du genau das machen, was dein Bruder getan hat. Du wirst erwachsen werden und alles vergessen, was deine Mutter jemals für dich getan hat. Du wirst dich an das Geld erinnern, das dein Vater dir gibt und das ich dir nicht geben kann, und du wirst dich von deiner häßlichen Mutter abwenden, wie es dein Bruder getan hat, und zu deinem Vater überlaufen.«

»Nein, ganz bestimmt nicht«, widersprach John mit schlechtem Gewissen. Er wußte, daß seine Mutter nicht das Geld hatte, um ihm Vierteldollars und halbe Dollars zu geben, wie es sein Vater tat. Er wußte, wie knapp bei Kasse sie waren, weil sein Vater soviel Geld für Bier und Whiskey hinauswarf und dann mit Vierteldollars und halben Dollars die Zuneigung seines Sohnes erkaufen wollte. Jedesmal, wenn er sich auf den Boden über der Garage schlich, um mit seiner geheimen Sammlung zusätzlicher Soldaten und Kanonen zu spielen, hatte er ein schlechtes Gewissen.

»Ich halte immer zu dir, Mutter«, sagte er. »Ich werde nicht sein wie Tom. Ehrlich nicht. Ich bin nicht wie Tom.«

»Wirst du mir das beweisen? Wirst du herausfinden, mit wem dein Vater heute nacht ausgeht?«

»Bestimmt, Mutter. Hab' ich es nicht versprochen?«

Seine Mutter stand auf. »Also gut. Du wartest draußen auf der vorderen Veranda, wo er dich nicht sieht. Wenn er die Lebensmittel hereinbringt, läufst du los und steigst ein. Sei aber vorsichtig: Er hat für das ganze Wochenende eingekauft und wird wahrscheinlich zweimal zum Auto gehen müssen.«

»In Ordnung, Mutter«, sagte John. »Du kannst dich auf mich verlassen, Mutter.«

Seine Mutter war schon unterwegs zur Küche. »Paß auf, daß er dich draußen auf der Veranda nicht sieht.«

»Okay, Mutter«, sagte John.

Er ging durch die Vordertür hinaus und setzte sich auf die Schaukel auf der Veranda, um zu warten, bis sein Vater nach Hause kam. Es war

Vollmond, und der erinnerte ihn an die Vierteldollars und halben Dollars, mit denen sein Vater hin und wieder seine Zuneigung erkaufen wollte. Der Mond schien so hell, daß er Schatten unter den Bäumen warf wie bei Tageslicht. Er machte alles unscharf wie eine Spitzengardine. Er saß da, brachte die Schaukel zum Schwingen, lauschte auf die quietschende Kette, rieb sich den Arm, der immer noch weh tat, betrachtete die Spitzengardine des Mondlichts.

Ich führe ihn an der Nase herum, dachte er. Ich lasse nicht zu, daß er mich Mutter abkauft mit seinen Vierteldollars und halben Dollars, wie er es mit Tom gemacht hat. Ich nehme die Vierteldollars und die halben Dollars, aber ich lasse mir von ihm nichts vormachen. Bei diesem Gedanken fühlte er sich etwas wohler, etwas weniger schuldig, aber dennoch war ihm schuldbewußt klar, daß er sie nicht nehmen sollte, keinen einzigen.

Einmal hatte sein Vater ihm einen halben Dollar direkt vor den Augen seiner Mutter geschenkt. Das war damals gewesen, als sie ihn beim Hähnchenbraten mit der Küchengabel geschlagen hatte. Er stand neben dem Herd und quälte sie mit Fragen und ging ihr auf die Nerven, und es war ein heißer Tag, vor vielen, vielen Jahren, und sie wurde wütend und schlug ihn mit der Gabel. Die Gabel ritzte seine Stirn auf und zerbrach seine Brille, und das Blut lief ihm in die Augen. Es tat nicht sehr weh, aber das Blut in seinen Augen machte ihm angst, weil er nicht sehen konnte und glaubte, er würde vielleicht sterben. Seine Mutter warf die Gabel auf den Boden und begann zu weinen, und das ängstigte ihn noch mehr, weil er nun sicher war, daß er sterben würde, und er wollte noch nicht sterben, weil er doch noch so ein kleiner Junge war.

Sie telefonierte mit dem Arzt und mit seinem Vater, und sie rang immerzu die Hände und rief: »Oh, was habe ich getan! Mein armer kleiner Junge! Mein kleiner Schatz!«, und sie hatte ihm sehr leid getan, und er hatte seine Arme um sie gelegt und ihr gesagt, es sei schon gut und tue gar nicht sehr weh, und sie solle sich keine Sorgen machen, es mache ihm eigentlich nichts aus zu sterben, obwohl er noch so ein kleiner Junge sei, aber da mußte sie nur noch heftiger weinen. Er wußte, daß sie es eigentlich nicht gewollt hatte, weil sie so sehr weinte und ihm und Jeannette alles opferte und sie beide mehr liebte als alles andere auf der Welt. Deshalb erzählten er und seine Mutter, als der Arzt und sein

Vater kamen, er sei hingefallen und habe sich die Stirn an der Tischkante aufgeschlagen. Sein Vater schenkte ihm direkt vor den Augen seiner Mutter einen halben Dollar und hockte sich hin und legte den Arm um ihn. Wenn er über beiden Augen verletzt gewesen wäre, wettete er, dann hätte sein Vater ihm einen ganzen Dollar geschenkt.

Die Väter anderer Kinder schenkten ihnen keine ganzen Dollars, wenn sie über beiden Augen verletzt wurden, und sein Vater sah wirklich brutal aus, wenn er wütend wurde. Er wettete, daß es keinen Menschen gab, der mit ihm fertig würde, wenn er in Wut geriet, selbst wenn er ein Säufer war und mit Schlampen mit geilen Ärschen herumzog und solche Mordsarme und einen gewaltigen Bauch hatte und stark wie ein Stier war und jede Frau umbringen würde. Er saß auf der Schaukel und fragte sich, wie diese Schlampe mit dem geilen Arsch wohl aussah. Er hoffte, er bekäme zu sehen, wie sie es miteinander machten.

Plötzlich sah er im Geist seinen Vater am Küchentisch sitzend, ganz allein, die »Scheidrung« in der Hand, während er eine Flasche Bier trank und mit einem Stapel aus Vierteldollars und halben Dollars spielte, die er keinem schenken konnte; so würde es sein, wenn sie fort wären. Er schluckte die Tränen hinunter, sein Vater tat ihm sehr leid. Eine »Scheidrung« dachte er, wir bekommen eine »Scheidrung«.

Als sein Vater in die Auffahrt einbog, ließ er sich hinter der Backsteinbrüstung auf Hände und Knie hinunter und schaute durch das rautenförmige Loch zu, während sein Vater die Hecktür des großen, eckigen Studebaker aufmachte, zwei riesige Papiertüten voller Lebensmittel in die kräftigen Arme nahm und zur Hintertür trug. Adlerauge spähte durch die Bäume auf die Lichtung, legte seinen Bärentöter an und besorgte es dem großen Indianer, mitten in die Brust, und die zwei großen Papiertüten voll Dynamit purzelten unbeschädigt auf den Boden; Adlerauge hatte sorgfältig zwischen sie gefeuert, weil das Dynamit gebraucht wurde, um das Indianerdorf oben am Fluß in die Luft zu jagen. Er zielte über den Finger und feuerte; und sein Vater ging weiter auf das Haus zu.

Dann wartete er, genau wie seine Mutter ihn geheißen hatte, und grinste darüber, wie er seinen Vater überlistete. Nachdem der zum zweitenmal ins Haus gegangen war, rannte er flink hinaus in den Vorgarten, hielt dabei die Büchse im Anschlag und lud sie im Laufen nach, die Indianer nannten ihn »Mann-dessen-Büchse-immer-geladen-ist«, öffnete die Hecktür des Wagens und warf sich flach hin. Es war staubig auf dem Boden, und der Staub stieg ihm in die Nase und nahm ihm den Atem, aber das war ihm egal, weil er es unbemerkt über die Lichtung geschafft hatte und in den Wagen des feindlichen Generals geschlüpft war.

Er hörte sie laut in der Küche reden und vermutete, daß sie wieder einen Riesenstreit hatten. Sein Vater kam heraus, knallte die Tür zu und stieg ins Auto, und er lag da und lachte in sich hinein. Er war sehr aufgeregt.

Sein Vater fuhr hinunter in die Stadt, und an jeder Ecke konzentrierte sich John angestrengt darauf, in welche Richtung sie abbogen, und versuchte, die Ecke im Geist vor sich zu sehen. An der Straße durch den Wald, auf der der Wagen des feindlichen Generals fuhr, gab es eine Stelle, an der er unter allen Umständen unbemerkt hinten aus dem Wagen springen mußte. Ein paar feindliche Soldaten hielten Priscilla Jenkins gefangen und wollten sie mit rotglühenden Eisen foltern. Im Geist sah er Priscilla, inzwischen eine vornehme Dame, an einen Baum gefesselt stehen, sämtliche Kleider vom Leib gerissen, und die feindlichen Soldaten traten vor, um ein rotglühendes Eisen an ihr Ding zu halten – gerade als er in seiner gefransten Pfadfinderkluft aus Wildleder in den Kreis des Feuerscheins sprang, und die zwei feindlichen Soldaten waren Leichen, und Priscilla war sehr glücklich, vor einem Schicksal bewahrt worden zu sein, das schlimmer war als der Tod, und sie taten es dort im Feuerschein neben den zwei Leichen, die mit offenen Augen zum Himmel starrten.

Als sein Vater das Auto anhielt, waren sie an Ort und Stelle, und es war äußerst wichtig zu wissen, wo es war, und er entschied sich für Meeker's Restaurant. Er wartete, bis sein Vater ausstieg und fort war, dann spähte er über die untere Fensterkante. Statt vor Meeker's Restaurant befanden sie sich vor der alten American Legion, dem Frontkämpferbund. Das war sehr schlecht, weil Priscilla eine Leiche sein würde, wenn er sich nichts einfallen ließ.

Er lag dort lange auf dem Boden und wünschte, sein Vater würde sich beeilen und mit der Schlampe mit dem geilen Arsch zurückkommen, damit er sehen könnte, wie sie es machten, er hatte noch nie jemandem dabei zugesehen, aber er hatte es so satt, auf dem Boden zu liegen, und er wurde schläfrig. Er lag da in seiner Müdigkeit, und die Samstagnachtgeräusche wurden plötzlich laut, dann gingen sie weit weg und kamen und gingen und kamen und gingen, und er hörte seinen Vater wie von hinter einem Vorhang sprechen, und weit weg öffneten sich die Autotüren, und sein Vater und jemand anders stiegen ein. Dann plötzlich war er wieder ganz bei sich und lauschte angestrengt. Keiner von den Jungen hatte es jemals jemanden wirklich tun sehen. Es würde ihnen nichts ausmachen, ob er der Sohn eines Säufers war oder nicht, wenn er erzählte, wie er gesehen hatte, daß sie es taten, und was genau sie taten.

»Gib mir die Flasche«, hörte er seinen Vater sagen. »Merk dir, was ich sage, Lab. Es dauert keine zehn Jahre.«

John erkannte enttäuscht die andere Stimme, die antwortete. Es war überhaupt keine Schlampe mit einem geilen Arsch, es war bloß der alte Lab Wallers von der American Legion, und er fühlte sich um ein herrliches Abenteuer betrogen.

»Ich sage immer noch, sie würde nicht wollen, daß du gehst, Doc«, sagte die Stimme.

»Ich weiß nicht«, sagte sein Vater. »Manchmal glaube ich doch. Ja, ich weiß es. Sie würde verdammt froh sein, einen Versager wie mich loszuwerden. Und ich glaube, ich nehme es ihr nicht einmal übel. Auf jeden Fall«, sagte er, »bin ich dann zu alt.«

»Es gibt sowieso keinen Krieg mehr«, behauptete Lab Wallers. »Deshalb haben wir den letzten gewonnen, damit es keinen weiteren mehr gibt. Wilson war ein guter Mann, und er wußte, was er macht.«

»Mit einem republikanischen Kongreß konnte er überhaupt nichts machen«, bemerkte sein Vater.

»Er war jedenfalls klüger als dieser Coolidge, Doc. Du willst doch nicht, daß deine Jungen aufwachsen und in so etwas hineingezogen werden wie wir damals«, sagte Lab Wallers.

»Verflucht noch mal, nein«, sagte sein Vater. »Aber es führt nichts dran vorbei. Wünsch deinem Sohn Glück und wirf ihn ins Meer. Das sagen die Spanier. Mehr kann ein Mann nicht tun. Ich sage dir, es dauert keine zehn Jahre.«

Das bin ich, dachte John, sie reden von mir. Er war ein wenig überrascht, weil jeder wußte, daß es keinen Krieg mehr geben würde. Es hatte ihm immer leid getan, wenn er daran dachte, daß er nie einen Krieg erleben würde wie sein Vater. Er lag aufgeregt da und überlegte, wie er Priscilla Jenkins vor dem Feind retten würde, gerade als sie ihr Ding mit dem rotglühenden Eisen verbrennen wollten. Er würde als großer Held nach Hause kommen, und alle würden ihn für einen ausgezeichneten, tüchtigen Mann halten. Er würde überhaupt nicht trinken, und vielleicht würde er Priscilla Jenkins heiraten.

Mit den Bildern in seinem Kopf kam die Schläfrigkeit zurück, und die Stimme wurde lauter und schwächer, kam und ging, wie die Musikkapelle von der anderen Seite der Stadt, wenn der Sommerwind drehte.

»Sie ist eine großartige Frau, Doc«, sagte Lab Wallers. »Es gibt keine bessere. Meine Frau redet immer davon, wie großartig sie ist.«

»Das weiß ich«, sagte sein Vater. »Jeder weiß es. Das braucht mir keiner zu sagen. Ich weiß, daß es meine Schuld ist. Ich weiß, daß ich ein fauler Sack und ein Säufer bin.«

»Wir verdienen die Frauen nicht, die wir haben, Doc«, sagte Lab Wallers mit belegter Stimme. »Du nicht und ich nicht. Keiner von uns.«

»Wenn die Kinder nicht wären, würde ich heute nacht abhauen«, sagte sein Vater. »Ihr eine Chance geben. Aber es ist furchtbar schwer, die Kinder zu verlassen, die eigenen Kinder. Was du getan hast, lebt in deinen Kindern weiter, wenn nirgendwo sonst.«

»Sie liebt dich trotzdem«, sagte Lab Wallers. »Vergiß das nicht.«

»Nein, sie liebt mich nicht«, widersprach sein Vater, »und ich nehme es ihr nicht übel. Ich weiß, was ich bin«, sagte er. »Ich weiß, was ich getan habe.«

»Gib mir die Flasche«, sagte Lab Wallers. »Ich weiß nicht, wo ich ohne meine Frau wäre. Und du genauso. Wo wäre die Welt ohne die Frauen? Wo wären unsere Kinder, wenn es ihre Mütter nicht gäbe? Wo wäre diese Nation, wenn es die Frauen nicht gäbe?«

»Sie war die schönste Frau in der ganzen Gegend, als ich sie geheiratet habe«, sagte sein Vater. »Ich hatte Glück, daß ich sie bekommen habe. Das sagen alle. Wenn sie mich nur nicht so schikanieren würde. Verdammt, Lab, eines Tages werden die Männer frei sein.

Wie spät ist es? Ich muß um zehn wieder in der Stadt sein. Ich muß jemanden treffen. Verdammt, Lab, ein Mann muß schließlich leben . . .«

Den Rest hörte John nicht mehr. Er war sehr müde, und er verstand das alles nicht. Er machte einen Moment die Augen zu, nur einen Moment, weil er wirklich wach bleiben mußte.

Er wachte auf, überrascht, daß er nicht mehr im Auto war. Während er zu sich kam, bemerkte er, daß er getragen wurde. Sein Vater trug ihn in den Armen. John nahm verschlafen wahr, daß sein Vater nach irgendeiner komischen neuen Sorte von süßlichem Rasierwasser roch. Im ersten Augenblick wußte er nicht, wo sie waren, doch dann sah er, daß sie daheim waren. Sein Vater trug ihn ins Haus.

Oben legte sein Vater ihn in seinem Zimmer aufs Bett und begann, ihn auszuziehen, wobei er ungeschickt mit den Knöpfen herumfummelte. John lag sehr ruhig da, die Augen geschlossen, und ließ sich von seinem Vater ausziehen und zu Bett bringen. Es war ein angenehmes Gefühl. Als er unter der Decke lag, machte er die Augen auf und lächelte seinen Vater an. Der Vater erwiderte das Lächeln, und John konnte an seinen Augen ablesen, daß er ziemlich betrunken war.

»Hier«, sagte sein Vater, während er in die Tasche griff. »Leg das unter dein Kissen. Du hast es verdient. Du bist ein verdammt guter Mann. Du hast ganz schön Courage, und ich bin stolz, daß du mein Sohn bist.«

John streckte die Hand aus und nahm es. Schläfrig wälzte er sich im Bett herum. Mann, dachte er, ein Vierteldollar und *zwei* halbe Dollars dazu. Mann. Aber er behielt sie in der Hand und steckte sie nicht unter das Kopfkissen, weil er plötzlich an seine Mutter dachte. Eigentlich sollte ich es nicht annehmen, überlegte er, während er schuldbewußt über seinen Bruder Tom nachdachte. Ich sollte es zurückgeben.

»Courage, das braucht ein Mann«, sagte sein Vater. »Du wirst eine Menge Courage brauchen, kleiner Johnny, irgendwann. Eines Tages wirst du ganz dringend Courage brauchen.«

Sein Vater hielt inne und tätschelte ihm den Kopf, dann rieb er sich mit seiner kräftigen Hand mit den Wurstfingern über das Kinn, das eine Rasur nötig hatte. Er stand langsam vom Bett auf. »Denk immer daran: Wenn ein Mann Courage hat, dann kann ihm nichts passieren. Du mußt die Courage haben, für dich selbst einzutreten, selbst wenn du schlecht bist und im Unrecht«, sagte er, »oder du bist tot. Dann bist du nie wieder ein Mann.« Er stand neben dem Bett, blickte hinunter und lächelte traurig.

Da stand Priscilla, während die Soldaten sich bereitmachten, das

Eisen fest an sie zu drücken, und da war der General, und er übergab ihm zweitausend Dollar, damit er wegging und vergaß, was er gesehen hatte, wie es jeder gute Spion tun sollte. Und es war nicht einmal Priscilla. Es war einfach irgendeine Frau. Und ein guter Spion wurde an der Front gebraucht.

Aber dieses Mal funktionierte es nicht, weil John über der Szene im Wald das Gesicht seiner Mutter sehen konnte, die ihn mit ihren glänzenden Augen anschaute. Er wünschte, es würde funktionieren, weil er das Geld behalten wollte. Aber dieses Mal war es nicht echt. Es war überhaupt kein richtiges Spiel. Es war nur so ähnlich. Es waren überhaupt keine zweitausend Dollar, es waren nur ein Vierteldollar und zwei halbe.

Und da war Mutter, die ihn beobachtete, die glaubte, er liebe sie nicht mehr. Er konnte sie beinahe sehen. Mutter dachte, er würde werden wie Tom. Er konnte beinahe sehen, wie sie ihn anschaute, wenn er das Geld annähme.

»Papa«, sagte John, während er die Silberscheiben betrachtete. »Hier, Papa«. Er zwang sich, den Arm auszustrecken. »Ich will dein Geld nicht.«

Sein Vater stand da und schaute auf ihn hinunter, während sich sein breites Gesicht und die Muskeln um die Augen verzogen, daß er ganz zerknittert aussah, ein Anblick, der John Angst einjagte, und die Augen schienen zu verschwimmen und sich hin und her um sich selbst zu drehen, von einer Seite Johns auf die andere. Dann nahm er die Münzen, betrachtete sie und steckte sie in die Tasche.

»In Ordnung, kleiner Kumpel«, sagte er mit einer Stimme, die John kaum hören konnte. »Gute Nacht, Alter.« Behutsam mit seinen großen Händen, ganz sanft, schaltete er das Licht aus, ging aus dem Zimmer und schloß langsam die Tür.

Der Blick im Gesicht seines Vaters ängstigte John immer noch ein wenig, aber es bereitete ihm großes Vergnügen, zu wissen, daß er nicht wie Tom war. Mutter würde stolz auf ihn sein. Er kann meine Liebe nicht kaufen, dachte Johnny stolz, ich bin nicht wie Tom.

Roald Dahl

Genesis und Katastrophe

Roald Dahl (1916–1990) ist in Amerika vor allem als Autor der Kinder-
bücher *James und der Riesenpfirsich* und *Charley und die Schokola-
denfabrik* bekannt. Aber er war auch ein vollendeter Kurzgeschichten-
autor, ein Meister der makabren Eleganz in der britischen Tradition.
Wie im Falle von Bradbury hatten die Herausgeber des Playboy bereits
eine hohe Meinung von Dahls Arbeit und druckten so Kurzgeschichten aus seiner ersten Sammlung nach. »Genesis und Katastrophe« war
die erste Geschichte, die er original für den Playboy schrieb. Die meisten seiner Geschichten wurden später hier abgedruckt, ebenso wie ein
Auszug aus Dahls einzigem Roman *Onkel Oswald und der Sudan-
Käfer*, der wiederum auf einer im Playboy erschienenen Kurzgeschichte basierte.

Roald Dahl

Genesis und Katastrophe

»Alles in bester Ordnung«, sagte der Arzt. »Liegen Sie jetzt schön ruhig, und entspannen Sie sich.« Seine Stimme schien Meilen und Meilen entfernt zu sein. »Sie haben einen Sohn.«

»Wie?«

»Sie haben einen Sohn, einen Prachtjungen. Das verstehen Sie doch, nicht wahr? Einen Prachtjungen. Haben Sie ihn schreien hören?«

»Ist er gesund, Herr Doktor?«

»Natürlich ist er gesund.«

»Bitte, ich möchte ihn sehen.«

»Ja, Sie können ihn gleich sehen.«

»Sind Sie auch sicher, daß er gesund ist?«

»Ganz sicher.«

»Schreit er noch?«

»Versuchen Sie auszuruhen. Sie brauchen sich keinerlei Sorgen zu machen.«

»Warum schreit er nicht mehr, Herr Doktor? Was ist passiert?«

»Regen Sie sich nicht auf. Es ist alles in Ordnung.«

»Ich möchte ihn sehen. Bitte, ich möchte ihn sehen.«

»Liebe Frau«, sagte der Arzt und tätschelte ihre Hand. »Sie haben ein hübsches, kräftiges, gesundes Kind. Warum wollen Sie mir das nicht glauben?«

»Was tut die Frau da drüben mit ihm?«

»Ihr Kleiner wird für Sie schön gemacht«, antwortete der Arzt. »Wir waschen ihn ein bißchen, das ist alles. Dafür müssen Sie uns schon einen Augenblick Zeit lassen.«

»Sie schwören, daß er ganz gesund ist?«

»Ich schwöre es Ihnen. So, nun liegen Sie aber still. Machen Sie die Augen zu. Na los, machen Sie die Augen zu. So ist es recht. Sehr gut. Sehr brav . . .«

»Ich habe gebetet und gebetet, daß er am Leben bleibt, Herr Doktor.«

»Natürlich bleibt er am Leben. Warum denn nicht?«

»Weil die anderen . . .«

»Wie?«

»Von meinen anderen ist keines am Leben geblieben, Herr Doktor.«

Der Arzt stand neben dem Bett und betrachtete das blasse, erschöpfte Gesicht der jungen Frau. Bis zu diesem Tage hatte er sie noch nie gesehen. Sie und ihr Mann waren erst seit kurzem in der Stadt ansässig. Die Gastwirtsfrau, die heraufgekommen war, um bei der Entbindung zu helfen, hatte ihm erzählt, was sie von dem Ehepaar wußte: Vor etwa drei Monaten waren die beiden unerwartet mit einer Kiste und einem Koffer im Gasthof eingetroffen. Der Mann arbeitete jetzt im Zollamt an der Grenze. Er sei ein Trunkenbold, hatte die Gastwirtsfrau hinzugefügt, ein anmaßender, hochnäsiger, streitsüchtiger kleiner Säufer, aber die junge Frau sei nett und fromm. Nur sehr schwermütig – sie lache nie. Kein einziges Mal hatte die Wirtin sie in diesen Wochen lachen sehen. Angeblich war es die dritte Ehe des Mannes; man sagte, die eine Frau sei gestorben und die andere habe sich aus sehr üblen Gründen von ihm scheiden lassen. Aber das war nur ein Gerücht.

Der Arzt beugte sich vor und zog die Decke etwas höher über die Brust der Patientin. »Sie brauchen sich wirklich nicht zu sorgen«, sagte er freundlich. »Ihr Baby ist ein durchaus normales Kind.«

»Genau das hat man mir bei den anderen auch gesagt. Aber ich habe sie alle verloren, Herr Doktor. In den letzten achtzehn Monaten habe ich drei Kinder verloren. Sie dürfen mir also keine Vorwürfe machen, wenn ich jetzt ängstlich bin.«

»Drei?«

»Dies ist mein viertes . . . in vier Jahren.«

Der Arzt trat auf den nackten Dielen unbehaglich von einem Fuß auf den anderen.

»Sie können sich bestimmt nicht vorstellen, Herr Doktor, was das heißt, alle Kinder zu verlieren, alle drei, jedes einzeln, eins nach dem anderen. Ich sehe sie heute noch vor mir. Gustavs Gesicht sehe ich so deutlich, als läge er neben mir im Bett. Gustav war ein wunderhübscher Junge, Herr Doktor. Aber er war immer krank. Es ist schrecklich, wenn sie immer krank sind und man ihnen nicht helfen kann.«

»Ich weiß.«

Die Frau öffnete die Augen, um zu dem Arzt aufzublicken, und schloß sie dann wieder.

»Mein kleines Mädchen hieß Ida. Sie starb ein paar Tage vor Weihnachten. Vier Monate ist das erst her. Ich wollte, Sie hätten Ida sehen können, Herr Doktor.«

»Jetzt haben Sie ja wieder ein Kind.«

»Aber Ida war so schön.«

»Ja«, sagte der Arzt. »Ich weiß.«

»Wie können Sie das wissen?« rief sie.

»Ich bin überzeugt, daß sie ein entzückendes Kind war. Aber Ihr neues Baby steht ihr in nichts nach.« Der Arzt wandte sich ab, trat ans Fenster und schaute hinaus in den nassen, grauen Aprilnachmittag. Schwere Regentropfen klatschten auf die roten Ziegeldächer der Häuser.

»Ida war zwei Jahre, Herr Doktor . . . und so schön, daß ich sie immerzu ansehen mußte. Morgens zog ich sie an, und dann ließ ich sie nicht aus den Augen, bis sie abends wohlbehalten im Bett lag. Ich lebte in ewiger Angst, daß dem Kind etwas zustoßen könnte. Gustav war gestorben, mein kleiner Otto auch, und sie war alles, was ich noch hatte. Manchmal stand ich nachts auf, schlich zu Ida hinüber und hielt mein Ohr dicht an ihren Mund, um mich zu vergewissern, daß sie atmete.«

»Versuchen Sie auszuruhen«, mahnte der Arzt und näherte sich dem Bett. »Sie haben es nötig.« Das Gesicht der Frau war weiß, wie ausgeblutet, um Mund und Nase lag ein leichter bläulichgrauer Schatten, und die Haarsträhnen, die ihr in die Stirn hingen, klebten an der schweißfeuchten Haut.

»Als sie starb . . . ich war wieder schwanger, als es passierte, Herr Doktor. Das neue war schon fast fünf Monate unterwegs, als Ida starb. ›Ich will nicht!‹ schrie ich nach der Beerdigung. ›Ich will es nicht haben! Ich habe genug Kinder begraben!‹ Und mein Mann . . . er schlenderte mit einem großen Glas Bier in der Hand zwischen den Gästen herum . . . mein Mann drehte sich um und sagte: ›Ich habe eine Überraschung für dich, Klara, eine gute Nachricht.‹ Können Sie sich das vorstellen, Herr Doktor? Unser drittes Kind war kaum unter der Erde – und er steht da mit einem Glas Bier in der Hand und sagt, er habe eine gute Nachricht. ›Heute bin ich nach Braunau versetzt worden‹, erzählte er. ›Du kannst gleich die Koffer packen. Wird ein neuer Anfang für dich werden, Klara‹, setzte er hinzu. ›Ein neuer Ort und ein neuer Doktor . . .‹«

»Bitte, Sie dürfen nicht soviel sprechen.«

»Sie sind doch der neue Doktor, nicht wahr?«

»Gewiß.«

»Und wir sind hier in Braunau?«

»Ja.«

»Ich habe Angst, Herr Doktor.«

»Sie müssen sich bemühen, keine Angst zu haben.«

»Wie soll ich nach alledem hoffen, das vierte zu behalten?«

»So dürfen Sie nicht denken.«

»Ich kann nicht anders. Ich bin sicher, daß meine Kinder erblich belastet sind. Deswegen müssen sie sterben. Bestimmt ist es so.«

»Das ist Unsinn.«

»Wissen Sie, was mein Mann bei Ottos Geburt gesagt hat, Herr Doktor? Er kam ins Zimmer, beugte sich über die Wege, in der Otto lag, und rief aus: ›Warum müssen *alle* meine Kinder so klein und schwächlich sein?‹«

»Das hat er gewiß nicht gesagt.«

»Doch. Und dann steckte er den Kopf in Ottos Wiege, als wollte er ein winziges Insekt untersuchen, und brummte: ›Ich frage mich bloß, warum sie nicht etwas ansehnlicher sein können. Das ist alles, was ich wissen möchte.‹ Drei Tage darauf war Otto tot. Wir haben ihn schnell noch am dritten Tag getauft, und an demselben Abend starb er. Und dann starb Gustav. Und dann starb Ida. Alle starben sie, Herr Doktor . . . und plötzlich war das ganze Haus leer . . .«

»Denken Sie jetzt nicht daran.«

»Ist dieses sehr klein?«

»Es ist ein ganz normales Kind.«

»Aber klein, nicht wahr?«

»Nun, besonders groß ist es nicht. Aber gerade solche Kinder sind meistens sehr widerstandsfähig. Und stellen Sie sich nur vor, Frau Hitler, nächstes Jahr um diese Zeit wird der Junge schon gehen lernen. Ist das nicht ein hübscher Gedanke?«

Sie antwortete nicht.

»Und in zwei Jahren wird er sich den Mund fusselig reden und Sie mit seinem Geplapper verrückt machen. Haben Sie denn schon einen Namen für ihn?«

»Einen Namen?«

»Ja.«

»Ich weiß nicht. Jedenfalls nicht genau. Ich glaube, mein Mann hat gesagt, wenn's ein Junge wäre, sollte er Adolphus heißen.«

»Dann würde er also Adolf genannt werden.«

»Ja. Mein Mann liebt den Namen, weil Adolf so ähnlich wie Alois klingt. Mein Mann heißt Alois.«

»Ausgezeichnet.«

»O Gott!« rief sie und setzte sich plötzlich im Bett auf. »Bei Ottos Geburt hat man mich genau dasselbe gefragt. Das bedeutet, daß er sterben wird! Sie wollen ihm die Nottaufe geben, nicht wahr?«

»Aber, aber...« Der Arzt nahm sie sanft bei den Schultern. »Wie können Sie so etwas denken? Ich schwöre Ihnen, daß Sie sich irren. Ich bin nun mal ein neugieriger alter Mann und spreche gern über Namen. Adolphus klingt sehr hübsch, finde ich. Einer von meinen Lieblingsnamen. Und sehen Sie... da kommt er.«

Die Wirtin, die den Säugling hoch auf ihrem enormen Busen trug, segelte freudestrahlend auf das Bett zu. »Hier ist die kleine Schönheit!« rief sie. »Wollen Sie ihn nehmen, meine Liebe? Oder soll ich ihn neben Sie legen?«

»Ist er auch warm eingepackt?« fragte der Arzt. »Hier drinnen ist es mächtig kalt.«

»Keine Sorge, der friert bestimmt nicht.«

Das Baby war fest in einen weißen Wollschal gewickelt, der nur sein winziges rotes Köpfchen frei ließ. Die Wirtin legte es behutsam neben die Mutter. »So«, sagte sie, »jetzt können Sie ihn nach Herzenslust ansehen.«

»Ich glaube, er wird Ihnen gefallen«, meinte der Arzt lächelnd. »Ein prächtiger kleiner Junge.«

»Und was für entzückende Hände er hat!« begeisterte sich die Gastwirtsfrau. »So lange, zarte Finger!«

Die Mutter rührte sich nicht. Sie wandte nicht einmal den Kopf, um ihr Kind anzuschauen.

»Na, was denn!« rief die Wirtin. »Der beißt Sie doch nicht!«

»Ich habe Angst hinzusehen, ich kann einfach nicht glauben, daß ich wieder ein Kind habe, noch dazu eines, das ganz gesund ist.«

»Los, los, seien Sie nicht so dumm.«

Langsam bewegte die Mutter den Kopf und blickte in das kleine, überaus friedliche Gesicht neben ihr auf dem Kissen.

»Ist das mein Baby?«

»Natürlich.«

»Oh . . . oh . . . wie schön es ist . . .«

Der Arzt ging zum Tisch und fing an, seine Sachen einzupacken. Die Mutter lag im Bett, schaute ihr Kind an, streichelte es lächelnd und gab kleine Laute der Freude von sich.

»Adolphus«, flüsterte sie. »Mein kleiner Adolf . . .«

»Pst!« machte die Wirtin. »Hören Sie? Ich glaube, Ihr Mann kommt.«

Der Arzt öffnete die Tür und blickte in den Korridor hinaus. »Herr Hitler?«

»Ja.«

»Kommen Sie bitte herein.«

Ein schmächtiger Mann in dunkelgrüner Uniform trat leise ins Zimmer und sah sich suchend um.

»Ich gratuliere«, sagte der Arzt. »Sie haben einen Sohn.«

Der Mann hatte einen gewaltigen Backenbart nach dem Vorbild des Kaisers Franz Josef und roch stark nach Bier. »Einen Sohn?«

»Ja.«

»Wie geht's ihm?«

»Ausgezeichnet. Und Ihrer Frau auch.«

»Gut.« Mit merkwürdig geziert en kleinen Schritten näherte sich der Vater dem Bett seiner Frau. »Nun, Klara«, sagte er, durch den Bart lächelnd, »wie war's denn?« Er beugte sich vor, um das Baby zu betrachten. Er beugte sich tiefer. Mit raschen, ruckartigen Bewegungen beugte er sich immer tiefer, bis sein Gesicht nur noch zehn, zwölf Zoll von dem Kinderköpfchen entfernt war. Die Frau lag daneben und sah mit flehendem Blick zu ihm auf.

»Großartige Lungen hat er«, verkündete die Gastwirtsfrau. »Sie hätten sein Geschrei hören sollen. Kaum war er auf der Welt, da brüllte er auch schon los.«

»Aber . . . mein Gott, Klara . . .«

»Was ist, Lieber?«

»Der ist ja noch schwächlicher als Otto!«

Der Arzt trat hastig ein paar Schritte vor. »Dem Kind fehlt nichts, gar nichts.«

Langsam richtete sich der Mann auf, wandte den Kopf und sah den Arzt an. Er machte einen verwirrten, ratlosen Eindruck. »Mir brauchen Sie nichts vorzulügen, Herr Doktor«, sagte er. »Ich weiß Bescheid. Mit dem wird's wieder genauso gehen.«

»Jetzt hören Sie mal zu . . .«, begann der Arzt.

»Ja, wissen Sie denn nicht, was mit den anderen passiert ist?«

»Denken Sie nicht mehr an die anderen, Herr Hitler, Sie müssen zuversichtlich sein.«

»Aber so klein und schwächlich . . .!«

»Mein lieber Herr, es handelt sich um ein Neugeborenes.«

»Trotzdem . . .«

»Was soll denn das heißen?« empörte sich die Wirtin. »Wollen Sie ihn etwa ins Grab reden?«

»Genug!« sagte der Arzt scharf.

Die Mutter weinte. Heftiges Schluchzen schüttelte ihren Körper.

Der Arzt trat zu dem Mann und legte ihm die Hand auf die Schulter. »Seien Sie gut zu ihr«, flüsterte er. »Bitte. Es ist sehr wichtig.« Er schob ihn mit einem kräftigen Druck auf die Schulter unauffällig an das Bett heran. Der Mann zögerte. Der Arzt drückte stärker, gab ihm mit Fingern und Daumen zu verstehen, was er von ihm erwartete. Schließlich beugte sich der Mann widerstrebend über seine Frau und küßte sie leicht auf die Wange.

»Schon gut, Klara«, sagte er. »Hör auf zu weinen.«

»Ich habe so innig gebetet, daß er am Leben bleibt, Alois.«

»Ja.«

»Monatelang bin ich Tag für Tag in die Kirche gegangen und habe die Heilige Jungfrau auf den Knien angefleht, daß sie mir dieses Kind am Leben erhält.«

»Ja, Klara, ich weiß.«

»Drei tote Kinder – mehr kann ich nicht ertragen, verstehst du?«

»Natürlich.«

»Er *muß* leben, Alois. Er *muß*, er *muß* . . . O Gott, hab Erbarmen mit ihm . . .«

James Thurber

James Thurber (1894–1961), einer der bekanntesten amerikanischen Magazin-Autoren und Cartoonisten des zwanzigsten Jahrhunderts, ist so eng mit dem New Yorker verbunden, daß man es überraschend finden mag, ihn in dieser Sammlung zu sehen.

Aller Wahrscheinlichkeit nach lag »Brother Endicott« noch auf James Thurbers Schreibtisch, als er starb. Seine Witwe, die um unsere Zuneigung zu diesem sanftem Humoristen wußte, ermöglichte es uns, diese Geschichte als Erstveröffentlichung abzudrucken. Aber wie kann man eigentlich den notorisch griesgrämigen Thurber als »sanft« bezeichnen? Latent oder nicht so latent war die Verzweiflung seine Spezialität, wie diese Geschichte über amerikanische Corps-Studenten im Ausland deutlich macht. Er schlug aus diesem beißenden Spott seinen Vorteil, sogar in seinen Kinderbüchern *Die 13 Uhren* und *Das geheimnisvolle O*. Und dieser Spott trat in seinen einzigartigen Cartoons und vielen Kurzgeschichten und Fabeln noch stärker hervor.

James Thurber

Bruder Endicott

Mit dem freudlosen Blick eines vom Regen durchnäßten Zuschauers bei einem öden Footballspiel starrte der Mann auf das Blatt Papier in seiner Schreibmaschine und riß es dann heraus. Er zündete sich eine Zigarette an, spannte ein neues Blatt in die Walze und begann einen Brief an seinen Verleger ohne Anrede: »Warum ihr Schwachköpfe ein Manuskript drei Monate vor der Veröffentlichung haben müßt, ist, bei Gott –« Und raus flog das Blatt. Irgendwo begann eine Uhr drei zu schlagen, wurde aber von plötzlich einsetzenden Pariser Nachtgeräuschen übertönt.

Der Pariser Straßenlärm, staccato, *profundo,* vorübergehend und länger anhaltend, dauert den gesamten Sommer über an, als stünden sich feindliche Heere gegenüber, die dabei sind, heftig umkämpfte Ecken einzunehmen, zu verlieren und zurückzuerobern, besonders den verfluchten Winkel an der Rue de Rivoli und der Rue de Castiglione, direkt unter dem Hotelfenster des Schriftstellers. Gerade eben vernahm er die triumphale Ankunft der Amerikaner. Spät aber unerschütterlich, schlaflos aber stets einsatzbereit näherten sie sich, wie einst die Taxis in der Marne-Schlacht, vom rechten und linken Seineufer her. Rufend, lachend und fröhlich fluchend, drangen sie in das Hotelfoyer ein und eroberten es. Laut besetzten sie Flure und Zimmer, wobei das korrekte Englisch auf den Barrikaden der Nacht blutend auf der Strek-

ke blieb. Eine Abteilung Kavallerie zu Fuß zog an der Tür des Schriftstellers vorbei, und einer der Männer sang in einer schlechten Cheva-
lier-Imitation *Louise*.

Pausenlos trafen amerikanische Verstärkungen im Hotel ein, und
unter seinem Fenster hörte der Schriftsteller eine junge weibliche Stimme schreien: »Gütiger Gott, Mutter, warum denn nicht? Is doch erst
drei Uhr!« Die Stimme ihrer Mutter schrie zurück: »Dein Vater ist fix
und fertig, und ich auch – darum nicht!« Der Vater meldete sich nicht
zu Wort, und der Schriftsteller sah ihn vor sich, wie er mit entleertem
Portemonnaie auf dem Bürgersteig lag, ein erschöpftes und tapferes
Opfer der Schlacht von Paris. Der Schriftsteller kippte den überquel-
lenden Aschenbecher in einen Papierkorb aus Metall, machte im Salon
seiner Suite das Licht aus und legte sich im Nebenzimmer auf eins der
beiden Betten. »Für alle anderen mag es ja der Vierte Juli sein, der amerikanische Nationalfeiertag«, sagte er laut, als rede er mit jemandem,
den er nicht leiden konnte, »aber für mich ist es bloß zwei Wochen nach
dem Abgabedatum.« Er ließ sich die Formulierung »der Vierzehnte
nach dem Termin« durch den Kopf gehen, entschied sich dagegen und
wollte gerade seinen rechten Schuh ausziehen, als es klopfte. Er schaute auf seine Armbanduhr; es war kurz nach drei.

Der späte Besuch entpuppte sich als junge Frau, die er noch nie
zuvor gesehen hatte. Sie murmelte etwas, das sich anhörte wie: »Mein
Mann . . . ich dachte, daß er vielleicht . . .«, und er trat beiseite, um sie
einzulassen, und entschuldigte sich für seine Hemdsärmeligkeit.

»Ich befürchtete schon, die Jungs seien auf der Suche nach einem
Tenor«, sagte er. »Ich bin zwar Bariton, aber außer Übung und nicht in
Stimmung.« Er schaltete die Lampen im Salon wieder an und deutete
lässig auf einen Sessel, in dem sie genauso lässig Platz nahm. »*Voici le
salon*, wie man hier sagt«, sagte er. »Das klingt dann sehr gepflegt. Was
kann ich für Sie tun? Ich heiße Guy Farland.«

»Ich weiß«, sagte sie. »Letzte Nacht habe ich Sie tippen gehört. Einmal habe ich an der Rezeption gefragt, und dort sagte man mir, Sie sei-
en hier. Ich heiße Marie Endicott.«

Als er nach Krawatte und Jackett griff, sagte sie leise lächelnd: »*Ne
vous dérangez pas. Es ist zu warm.«

»Bevor wir zu Ihrem Problem kommen«, sagte er, »wie wär's mit
einem Drink?« Er trat zu einem Tisch, auf dem Flaschen, Gläser und

ein Eiskübel standen. Sie nickte, als er seine Hand an die Scotchflasche legte. »Bitte nicht zu stark«, sagte sie. »Viel Soda.«

»Ich mixe Drinks auf meine Art«, sagte er, »und es heißt, ich sei gut darin. Außerdem ist dies *mein* trautes Heim.« Er musterte sie, während er den Highball mixte, und befand, daß sie höchstens dreiundzwanzig war und – wahrscheinlich aus Verzweiflung – schon ein paar Drinks intus hatte, die sie nicht sehr genossen hatte. Er stellte ihr Glas auf einen Tisch neben ihren Sessel. »Wäre ich ein jüngerer Schriftsteller, würde ich sagen: ›In ihrem hellgrünen Abendkleid sah sie aus wie ein eleganter Nachtfalter, wie sie so dastand und es umklammerte, es einfach festhielt‹«, sagte er. »Aber ich bin ein Schriftsteller mittleren Alters, kein junger«, ergänzte er.

Sie nahm ihr Glas in die Hand, probierte aber nicht. »Ihr *Elende Ecke* habe ich viermal gelesen«, gestand sie. Er mixte sich nun selbst einen Drink und sagte dabei: »Ganz so gut ist es auch nicht. Ich versuche gerade, ein neues Buch zu beenden, aber bei diesem grauenhaften Lärm kann man ja nicht denken. An die Pariser Taxihupen hatte ich mich gewöhnt, und daß sie verstummt sind, macht mich nervös. Sie haben den besten Teil des Lärms rausgenommen und den schlimmsten behalten.«

»Die verfluchten Motorräder«, sagte sie tonlos. Er setzte sich, und beide hörten sich eine Weile den Tumult draußen vor dem Fenster an.

»Der Krach hat mich verhunzt – und dieses Wort trifft es auf den Punkt«, sagte er. »Wenn Verlaine ihn hören könnte, würde er sich im Grab umdrehen.« Sie sah ihn an, als wäre er ein im Scheinwerferlicht stehender Schauspieler, und er reagierte mit einem Auftritt. »Ich überlegte gerade, wie still es wohl im Paris jener Nacht gewesen sein mag, als François Villon durch den Schnee vergangener Jahre in der Unsterblichkeit verschwand. Falls Ihr Mann verschwunden sein sollte, könnte ich Ihnen vielleicht bei der Suche behilflich sein. Ich bin selbst Ehemann und weiß, wohin man geht. Natürlich ist es am Vierten Juli ein wenig schwieriger, besonders im Ausland.« Er hatte die Tür der Suite einen Spalt offenstehen lassen, und sie konnten hören, wie das Quartett weiter hinten im Flur feuchtfröhlich bei *The Sweetheart of Sigma Chi* verweilte.

»Edward ist nicht verlorengegangen«, sagte sie. »Er ist der Baß. Edward Francis Endicott.« Wie sie seinen Namen aussprach, klang es ein wenig verbittert. »Wisconsin Alpha. Sie sind in Rip Morgans Zimmer, sie und ein paar Amerikaner, die sie in einem Nachtclub aufgegabelt haben. Edward und Rip mußten unbedingt *On, Wisconsin* singen – keine Ahnung, warum wir nicht vor die Tür gesetzt wurden –, und diese beiden Fremden kannten den Text und stimmten mit ein, aber sie sind aus Illinois, darum haben sie dann alle *Loyal to You, Illinois* gesungen. Und genau so waren unsere ganzen Flitterwochen, seit Edward in Rom Rip Morgan über den Weg gelaufen ist.« In ihrer Betonung klang das Wort »Flitterwochen« sarkastisch.

Das Quartett weiter unten im Flur widmete sich nun aus vollem Hals *Dear Old Girl*, so daß Farland aufstand und die Tür schloß. »Sie klingen ein wenig älter als Studenten«, sagte er, als er zu seinem Stuhl zurückging. Sie nahm einen langen Schluck aus ihrem Glas und stellte es wieder ab.

»Edward wird nächste Woche sechsundvierzig«, sagte sie im Tonfall einer Patientin auf der Couch ihres Psychiaters, und Farland lehnte sich zurück, weil er spürte, daß einiges auf ihn zukam. »Er trägt immer noch die Ehrennadel seiner Studentenverbindung. In unserer Hochzeitsnacht steckte sie an seinem Pyjama. Es ist die Nelson-Merit-Nadel. Die hat er eines Jahres bekommen, weil er der tollste *Boopa Doopa Chi* im ganzen verdammten Land war. Eine kleinere Nadel hat er auch noch. Die Verbindung ist sein Leben. Vielleicht haben Sie mal von Endicott Emblems, Incorporated, gehört. Tja, er ist der Präsident. Sie machen Ansteckenadeln für Studentenverbindungen und Siegelringe und all so was. Er rennt andauernd, sogar hier, mit seiner rechten Hand so herum.« Sie spreizte Daumen und kleinen Finger ihrer rechten Hand von den anderen Fingern ab. »Jeden begrüßt er mit ›dem Griff‹, bei American Express und in der Botschaft und überall, wo er einen Amerikaner sieht. Ich kenne mich mit Verbindungen nicht gut aus. Ich dachte, Männer legen so was ab, wie Football-Training. Ich war auf dem Smith College.« Farland fiel auf, daß sie immerzu über ihre rechte Schulter zur Tür sah.

»Bruder Endicott wird hier nicht hereinplatzen«, beruhigte er sie. »Quartette merken nie, wenn Ehefrauen fehlen. Was meine Frau angeht, die ist in Italien.«

»Ich wußte, daß sie nicht da ist«, sagte Marie Endicott, und Farland folgte ihrem Blick durch das Zimmer, das der Besucherin zweifellos umgehend die fehlende Hand einer Frau offenbart hatte. Auf dem Boden lagen Bücher und Zeitungen verstreut, und Stühle und Lampen waren auf jene unübersehbar maskuline Art umgestellt worden, die ein Mann gemütlich und eine Frau unerträglich findet. »Nancy holt in Italien unsere Töchter ab – wir haben zwei. Sie kommen mit dem Schiff herüber, weil sie Gibraltar sehen wollten. Wenn Nancy hier ist, arbeite ich nachts nicht. Ehefrauen halten das für ungesund.«

»Ellen Morgan ist schlafen gegangen«, sagte die junge Frau, »und Edward glaubt, ich sei auch schlafen gegangen.« Diesmal nahm sie ein paar lange Schlucke aus ihrem Glas und beugte sich in ihrem Sessel vor. »Aus folgendem Grund bin ich hier, es ist nämlich so«, begann sie mit plötzlicher Entschlossenheit, um sich dann mit einem hilflosen Wedeln der linken Hand wieder zurückzulehnen. Farland gab ihr eine Zigarette und Feuer.

»Kriegen Sie bloß keine Blockade«, sagte er leichthin. »Wenn hier einer blockiert ist, dann bin ich das. Ich habe schon überlegt, die Heldin meines Romans aus dem Fenster zu stoßen, aber in Romanen geht das nicht, nur im wirklichen Leben.« Die junge Frau hörte nicht zu.

»Edward haßt das gesamte Ausland«, sagte sie, »weil es nicht Gottes Land ist und sie nicht mit Gottes Geld zahlen und man Gottes Martinis oder Gottes Was-weiß-ich-was nicht kriegt.« Ihr Blick schweifte zu einer ungeöffneten Flasche Bourbon auf dem Tisch. »Oder Gottes Whiskey«, sagte sie. »Bourbon ist Gottes Whiskey, müssen Sie nämlich wissen.«

»Bestimmt hat er auch Schwierigkeiten, Gottes Eis zu bekommen«, warf Farland ein, »besonders um diese Uhrzeit.«

»In den meisten französischen Hotels geben sie einem keine Seife«, fuhr sie fort. »Im Hotel in Le Havre hat er die Rezeption angerufen und gesagt: ›Ein paar von euch Höhlenmenschen kommen jetzt hier rauf und bringen mir Seife, und zwar dalli. Endicott will Seife haben.‹ Er redet oft von sich selbst in der dritten Person. Französisch kann er nicht, abgesehen von *combien* und *trop cher* und *encore la même chose* und *où est le cabinet?* Terrassen nennt er Sitzecken, und er wird furchtbar grob, wenn Rechnungen im Restaurant vierstellig werden, beispielsweise über 3800 Francs. Zu Taxifahrern sagt er: ›*Pas si* verdammt *vite.*‹ Das hat er von seinem Bruder Harry gelernt, dieses Landserfranzösisch, wie er es nennt. Harry ist viel älter. Er war im Ersten Weltkrieg. Kennen Sie Landserfranzösisch? ›*Restez ici* eine Minute. *Je retourner après cet* Kerl *partir.*‹« Sie trank noch einen Schluck und widmete sich dann erneut Bruder Harry. »Harry glaubt, er stirbt«, sagte sie. »Er glaubt, er stirbt an allem und jedem, dabei fehlt ihm überhaupt nichts. Er müßte mal zum Psychiater, war er auch einmal, aber der Doktor hat so was gesagt wie: ›Wenn Sie nicht krank sind, aber glauben, daß Sie krank sind, dann sind Sie krank.‹ Und Harry hat die Tür zugeknallt und die Praxis verlassen.«

»Gut geknallt«, stellte Farland fest. »Hätte ich wohl auch getan.«

Die junge Frau in dem grünen Kleid atmete lange und traurig ein und dann langsam wieder aus. »Harry hat einen kleinen Spiegel dabei, wie eine Frau, und schaut sich immerzu in den Mund, sogar in der Öffentlichkeit«, sagte sie. »Er glaubt, mit seinem Zäpfchen stimmt etwas nicht.«

»Zu dumm, daß Sie mir das erzählt haben«, sagte Farland. »Das ist der einzige Teil meines Körpers, dessen ich mir nie bewußt war. Kann man an Zäpfchenerweichung oder so was sterben?«

»Harry und seine Frau waren auch hier«, fuhr sie fort, »aber Gott sei Dank sind sie letzte Woche zurückgeflogen. Er war plötzlich mitten in der Nacht der Meinung, sein Arzt habe heimlich Irene angerufen und ihr mitgeteilt, er liege im Sterben – Harry meine ich. ›Das ist mein letzter Urlaub!‹ kreischte er und weckte Irene auf. Die dachte, er sei im Schlaf verrückt geworden. ›Ich werde nicht in Neapel oder sonst einer ausländischen Stadt sterben!‹ brüllte er. ›Ich werde in Buffalo sterben!‹ *Wir* wohnen in Milwaukee. Das ist nicht weit genug weg von Buffalo.«

»Sie wollten mir gerade erzählen, warum Sie hierhergekommen sind. Ich meine jetzt nicht nach Europa, sondern in meine Gemächer, heute nacht ... an diesem Morgen«, sagte Farland, doch sie verschob die Bekanntgabe ihres Besuchsgrundes mit einer Handbewegung. Er lehnte sich zurück und ließ ihrem Redefluß freien Lauf. »Edward ist Sammler«, sagte sie. »Große, schwere Dinge wie Torpfosten. Footballverrückt ist er auch. Ich dachte, er sei wirklich verrückt, als wir uns einmal einen Cocktail genehmigt haben und er sein Glas hob und sagte: ›Auf Crazy Legs!‹ Er meinte Roy Hirsch«, erläuterte sie. »Einer der unsterblichen Footballheroen Wisconsins. Außerdem trinkt er auf das ›Pferd‹. Das ist Ameche. Der ist ebenfalls unsterblich.«

»Ich versuche gerade dahinterzukommen, was Sie in Edward Endicott gesehen haben«, sagte Farland ein klein wenig ungeduldig. »Angeblich ist das ja ein Geheimnis der menschlichen Natur, ich weiß, aber meist findet sich irgendein Anhaltspunkt.«

Sie wedelte wieder mit der Hand und runzelte die Stirn. »Er hat mehr Trommeln als sonst jemand auf der Welt«, fuhr sie fort. »Er hat als kleiner Junge mit dem Sammeln angefangen, und heute hat er afrikanische Trommeln und Maori-Trommeln und einige aus dem Bürgerkrieg und eine aus dem Unabhängigkeitskrieg. Er hat sogar eine Trommel, die der Gastspieltruppe von *Kaiser Jones* gehört hat, und eine der vierzig oder fünfzig, die bei einer großen Produktion von *Valencia* 1925, glaube ich, im Casino de Paris benutzt wurden.« Sie zitterte ein wenig, als hörte sie, wie sämtliche Trommeln Endicotts näherkamen. »Ist Torpfostensammeln eine Freudsche Angelegenheit?« fragte sie.

Farland nahm sich vor, darüber nachzudenken, während er nachschenkte. »Das glaube ich nicht«, sagte er. »Torpfosten sind Trophäen, ein Zeichen, daß dein Team gesiegt hat. Die Indianer hatten das natürlich besser geregelt. Den Kapitän der unterlegenen Mannschaft zu skalpieren, wäre viel einfacher. Wo bewahrt er die Torpfosten denn auf?«

»Auf dem Dachboden«, sagte sie, »wenn man von dem im Gästezimmer absieht. Der hat Southern Cal. oder SMU oder sonst einer Mannschaft gehört, die uns eigentlich überlegen war, aber wir haben sie dennoch geschlagen.« Es gelang ihr, eine leicht boshafte Betonung in dem »wir« unterzubringen.

»Na schön, raus damit«, sagte Farland. »Warum sind Sie heute nacht hergekommen? All das ist doch nur eine Ouvertüre, soviel steht fest.«

Sie beugte sich auf einmal wieder vor. »In ein paar Minuten wird Tom hier sein, damit meine ich direkt hier, in Ihrer Suite«, sagte sie hastig. »Er hat mir in dem Nachtclub von einem Kellner eine Nachricht überbringen lassen, während Edward gerade das kleine französische Orchester dazu bringen wollte, *Back in Your Own Backyard* zu spielen. Tom muß mir dahin gefolgt sein. Ich mußte schnell schalten, und da fiel mir nur Ihr Zimmer ein, weil Sie doch immer noch spät auf sind.«

Farland stand auf und zog sich Krawatte und Jackett an. »Für Tom sollte ich mehr *de rigeur* aussehen«, sagte er. »Sie konstruieren das nicht besonders gut. Man überfällt seine Leser nicht einfach mit einem Protagonisten namens Tom. Sie haben ein Recht darauf, zu erfahren, wer er ist und was er will.«

»Verzeihung«, sagte sie. »Ich meine, daß ich ihn gebeten habe hierher-zukommen. Er ist furchtbar schwierig, aber wenigstens ist er nicht bere-chenbar. Wenn er wütend ist, fegt er mit Vorliebe alles vom Kaminsims, aber wenigstens schnappt er sich kein Rasiermesser und zieht es pausen-los ab, wie Edward. Tom und ich waren jahrelang verlobt, aber er wollte erst heiraten, wenn er seinen Wehrdienst hinter sich gebracht hatte, und deswegen sind wir auseinandergegangen. Alle anderen haben geheiratet und sind ihren Männern in die Garnisonen gefolgt. Letztes Jahr haben sie vier Millionen Kinder gekriegt, die amerikanischen Frauen.«

»Amerikanische Frauen heiraten häufig jemanden, den sie nicht lei-den können, um jemandem eins auszuwischen, den sie gut leiden kön-nen«, sagte er. »Das ist zwar eine ziemlich grobe Verallgemeinerung, aber mir fehlt die Zeit, sie zu präzisieren. War dann Bruder Endicott an der Reihe?«

»Ich weiß nicht genau, in welchem Zustand Tom sich befindet«, sag-te sie. »Er kommt frisch vom Militär, und ich hatte Angst, daß er mir hierher folgt. Wie ich Edward kennengelernt habe, ist eine lange Geschichte. Ich wollte wieder nach Paris. Sehen Sie, ich habe hier zwei Semester studiert, und ich bin vernarrt in Paris. Meine Mutter ist natür-lich völlig durchgedreht. Ich hatte eine Stellung in New York, aber wenn ich abends nach Hause kam, wartete unweigerlich Mutter auf mich. Manchmal knülle. Immer bestand sie auf einer kleinen Unterre-dung. Wir hatten mehr kleine Unterredungen als alle Mütter und Töch-ter auf der ganzen Welt. Ich wurde langsam irre, und dann habe ich Edward kennengelernt. Er wirkte so stark und schweigsam und –« Sie rang nach einem Wort und wählte schließlich »aufmerksam«. Farland gab ihr noch eine Zigarette. »Er war in Wirklichkeit gar nicht stark und schweigsam. Er hatte nur gerade eine Abstinenzlerphase. Tom hatte seit Monaten nicht geschrieben, und ich dachte, er hätte vielleicht eine neue Freundin, und Edward versprach mir, mich nach Paris mitzuneh-men, und dann – ich weiß auch nicht.«

»In Paris wimmelt es offenbar nur so von jungen Amerikanerinnen, die sich vor ihnen Müttern verstecken«, sagte er. Das verursachte ein Aufblitzen in ihren Augen.

»Mutter gehört der verdammten *Lost Generation* an«, sagte sie. »Das Problem mit dieser verlorenen Generation ist, daß sie nicht gründlich genug verlorengegangen ist. All diese verdammten verlorenen Mütter hatten nur ein Kind«, fuhr sie fort und kam so richtig in Fahrt, um eine ihr offenbar geläufige These vorzutragen. »Die glauben alle, ihre Töchter wären schwach genug, um die Dinge zu tun, für die sie sich stark genug fühlten. Also zahlen wir für das, was sie getan haben. Ich bin froh, daß ich die zwanziger Jahre nicht miterleben mußte. Gott!«

»Sie singen nicht mehr«, stellte Farland fest. »Bestimmt legen sie eine Whiskeypause ein. Wie passe ich da ins Bild – was Tom anbelangt? Ich will nicht bewußtlos geschlagen werden, wenn er herkommt. Offenbar stehe ich zwischen allen Stühlen.«

Wie aufs Stichwort klopfte es zweimal fest an der Tür. Farland beeilte sich zu öffnen. Ein großgewachsener junger Mann hastete an ihm vorbei in den Salon. »Geht's dir gut?« wollte er von der jungen Frau wissen.

»Nein«, sagte Farland. »Wollen Sie was trinken?«

»Darf ich vorstellen: Mr. Farland – Mr. Gregg«, sagte Mrs. Endicott. Mr. Gregg musterte seinen Gastgeber finster. »Ich begreif das nicht«, sagte er. »Was macht dieser Pavian jetzt? Könnte ich einen Scotch pur haben?« Farland goß etwas Scotch und Eis in ein Glas und reichte es ihm.

»Vermutlich geht ihnen der Whiskey aus«, sagte die junge Frau. »Ich möchte nicht, daß Edward mich sucht, und ich bin nicht da.«

»Daran sollte er sich besser gewöhnen«, sagte Tom. Er schritt im Zimmer auf und ab. »Ich habe mich vor dem Hotel herumgetrieben, als du rausgekommen bist«, sagte er, »und bin dir in den Nachtclub gefolgt. Es hat mich fünf Dollar für einen einzigen Drink gekostet, fünf Dollar und das Taxigeld, um dir diese Nachricht zu schreiben.« Auf einmal zog er die junge Frau aus dem Sessel hoch und in seine Arme.

»Das ist ganz schön verdammt ungeplant«, sagte Farland.

»Ich brauche unbedingt eine halbe Stunde mit Marie. Wir müssen ein paar Dinge klären«, sagte Tom kategorisch. »Verzeihen Sie, daß ich so abrupt war.« Er streckte die Hand aus, die gewöhnlich Dinge von Kaminsimsen fegte. Sein Griff war flott und fest. »Ich habe weiter keine Pläne, will sie nur von diesem Affen wegholen«, sagte er.

»Das Gesetz ist auf seiner Seite, versteht sich«, warf Farland ein, »und die Kirche und all so was.« Die junge Frau hatte sich befreit und nahm wieder Platz, und Tom schritt wieder auf und ab.

»Kennen Sie den Griff?« fragte Farland sie plötzlich. »Er könnte meiner sein. Schlagen Sie mich nicht«, sagte er zu dem jungen Mann.

»Tom hat seine Verbindungsnadel bei einem Festkommers, oder wie auch immer das heißt, quer durch den Raum geschleudert«, sagte die junge Frau.

»Irgendwer hat irgendwas gesagt«, knurrte Tom. Farland nickte. »So was soll vorkommen«, sagte er. »Menschliches Versagen.« Er streckte seine rechte Hand der jungen Frau entgegen, und sie zeigte ihm den Griff. »Jetzt mache ich *so*«, sagte er und drückte ihr Handgelenk.

»Und ich mache *so*«, sagte sie und machte das gleiche bei ihm. Dann drückte jeder den Daumen des anderen.

»Um Himmels willen, wackelt ihr denn nicht auch noch mit den Ohren?« knurrte Tom.

»Bruder Endicott«, seufzte Farland, »reichen Sie Bruder Farland die Hand. Pennsylvania Gamma.« Er griff sich die ungeöffnete Bourbon-flasche und den Eiskübel. »Ich glaube, ich kann Ihnen die ungestörte halbe Stunde versprechen«, sagte er. »Gottes Whiskey und der Griff müßten reichen, außerdem kenne ich den Text von *Back in Your Own Backyard*. Und das Lied *Darling*.«

»Gott!« sagte Marie Endicott.

Tom blieb stehen und sah Farland an. »Verdammt anständig von Ihnen«, sagte er, »auch wenn ich keine Ahnung habe, warum Sie das tun.«

»Dame in Not«, antwortete Farland. »Nächtlicher Hilferuf. Ich verstehe zwar nicht viel von Trommeln, kann mich aber über den großen Bruder Elliott unterhalten.«

»Ohio Gamma«, sagte Mrs. Endicott düster. »Der bei Gott größte Halfback, der je einen Football geschleppt hat, auch wenn er Wisconsin drei Jahre hintereinander geschlagen hat. Crazy Legs und das ›Pferd‹ gehören nicht *Boopa Doopa Chi* an, also kommen sie an Bruder Elliott nicht ran.«

»Das Protokoll von Studentenverbindungen ist höchst kompliziert und uninteressant«, sagte Farland.

»Alles Spinner«, knurrte Tom, der inzwischen angefangen hatte, mit den Fingerknöcheln zu knacken. »Warum hört dieser gottverdammte Krach nicht auf?« Plötzlich sprang er zum geöffneten Salonfenster und brüllte in die Nacht hinaus: »Hört mit dem verdammten Lärm auf!«

»Willst du, daß *alle* hier reinkommen?« fragte die junge Frau nervös.

»Ich begreife nicht, warum ich nicht selber runtergehen und ihm ein paar verpassen sollte«, sagte er. »Ich begreife nicht, warum du ihn überhaupt heiraten mußtest. Kein Mädchen, das noch ganz bei Trost ist, würde einen Mann heiraten, der ihr Vater sein könnte, und nach Milwaukee ziehen.« Er wirbelte herum und starrte Farland an. »Ich begreife nicht, was für Sie dabei abfällt«, sagte er. »Sie führen sich auf wie ihre gute Fee oder ihr Schutzengel oder so was.«

»Ich –«, setzte Farland an, aber Mrs. Endicott unterbrach ihn. In ihren Augen braute sich ein neues Unwetter zusammen. »Er hat für mich in einer Nacht mehr getan als du in zwei Jahren!« sagte sie. »Nie hast du geschrieben, und wenn doch, konnte es keiner lesen, bei deiner Handschrift. Woher soll ich wissen, mit wem du dich in Tacoma herumgetrieben hast? In Wirklichkeit liebst du mich gar nicht, du willst bloß etwas, das ein anderer hat.« Farland versuchte, sich wieder einzumischen, aber Tom Gregg gab ihm einen kleinen Schubs und wandte sich wieder der jungen Frau zu.

»Ich war nicht in Tacoma«, sagte er. »Du hast dir nicht mal die Mühe gemacht herauszufinden, in welcher Garnison ich war.«

»Dann also Seattle«, sagte sie. »Fort Lawton. Und alle anderen haben geheiratet. Ich kenne zehn Mädchen, die ihre Männer in die Garnison begleitet haben, und drei davon waren in Tacoma.«

»Mit nichts konnten wir nicht heiraten«, sagte er. »Zufällig habe ich jetzt Arbeit, gute Arbeit.«

»Alle anderen haben mit nichts geheiratet«, sagte sie.

»Ich bin nicht alle anderen!« brüllte er. »Ich bin auch nicht einfach irgendwer. ›Miss Withrow, ich möchte Ihnen Mr. Endicott vorstellen.‹ ›Hallo, Miss Withrow, wollen Sie mich heiraten?‹ ›Klar, warum nicht? Ich bin zwar mit einem Typen namens Tacoma oder so ähnlich verlobt, glaube ich, aber das geht schon in Ordnung.‹«

»Ich knall’ dir eine, wirklich!« schrie die ehemalige Miss Withrow.

Hastig stellte Farland die Flasche und den Eiskübel auf den Boden und trat zwischen die beiden. »Ich bin nicht irgend jemandes gute Fee«, sagte er. »Ich bin lediglich ein unschuldiger Zuschauer. Ich wollte gerade zu Bett gehen, als dieses Spektakel hier losging, und verflucht will ich sein, wenn ich rüber in dieses Zimmer gehe und mit einem Haufen dicker, fetter Anstecknadel-Fabrikanten singe, falls ihr euch hier mit Streitereien die Zeit vertreibt.« Er sprach sogar noch lauter als sie. Das Telefon klingelte. Farland nahm den Hörer ab und hörte drei Sekunden lang einer Französisch sprechenden Stimme am anderen Ende zu. »Wir haben den Vierten Juli!« brüllte er und knallte den Hörer auf die Gabel.

»Es tut mir leid«, sagte Tom. »Ich bin bereit, das vernünftig zu bereden, wenn sie es auch ist. Übermorgen muß ich wieder zurückfliegen und arbeiten.«

»Na klar«, sagte Marie.

»Sonst verliere ich nie die Beherrschung«, entschuldigte sich Farland, »aber ich komm mit einem Buch nicht weiter, an dem ich gerade schreibe, und das macht mich nervös.« Er griff wieder nach Flasche und Eiskübel. »Ich gebe Ihnen Zeit bis vier Uhr«, sagte er. »Ich werde viermal klopfen, mit einer längeren Pause nach dem dritten Mal.«

»Bestimmt haben Sie Ihren Schlüssel nicht eingesteckt«, sagte Marie. Sie fand ihn, steckte ihn Farland in die Tasche und küßte ihn auf die Stirn.

»Mußt du das dauernd machen?« rief Tom.

»Ich hab's *überhaupt* noch nicht gemacht«, entgegnete Marie.

»Bitte!« sagte Farland. »Außerdem werfe ich sie ohnehin beiseite wie ein kaputtes Spielzeug.« Er grinste. »Wie zum Teufel kann ich mit so vollen Armen die Tür öffnen?« Marie kam herüber und machte ihm die Tür auf. »Um Gottes willen, küssen Sie mich nicht noch mal«, flüsterte er, »und hört auf zu streiten und seht zu, daß ihr irgendwie miteinander klarkommt.« Dann sprach er lauter, zu beiden. »Gute Nacht«, sagte er, »und Ruhe jetzt.« Er trat auf den Flur, und hinter ihm schloß die junge Frau im grünen Kleid leise die Tür . . .

Ein untersetzter, stämmiger Mittvierziger öffnete die Tür und schien ihm aggressiv den Weg zu verstellen, bis er das amerikanische Gesicht des Besuchers und seine Mitbringsel sah. »Ich habe den *Yankee Doodle* gehört«, erzählte ihm Farland und stellte sich vor. »Ich dachte, Sie bräuchten vielleicht Verstärkung.« Das Zimmer brach in amerikanischen Lärm aus, als hätte der Neuankömmling ein brennendes Streichholz in eine Kiste mit Feuerwerkskörpern geworfen. Jemand nahm ihm den Bourbon ab und jemand anders den Eiskübel. »Mein Gott, richtiges Eis!« sagte jemand, und: »Bruder, du hast uns das Leben gerettet!«

»Ein Amerikaner sollte diese Nacht nicht allein verbringen«, übertönte Farland das Stimmengewirr. Der größte Mann im Zimmer, der weder Jackett noch Krawatte trug, doch an dessen Weste die Nadel einer Studentenverbindung glänzte, streckte ihm in drei Stufen seine Hand entgegen. Farland verabreichte ihm den kompletten Griff. »Ed Endicott, Wisconsin Alpha!« dröhnte der Große.

»Pennsylvania Gamma«, sagte Farland.

»Lieber Himmel, die Welt ist klein!« sagte Endicott. »Rip, schüttel Bruder Farland die Hand, gib ihm den alten Griff. Bruder Morgan und ich gehören derselben Verbindung an. Zwei Präsidenten der USA waren Mitglieder von Wisconsin Alpha«, sagte er zu Farland, »und ich gehörte dazu, wenn ich das von mir sagen darf. Diese anderen armen Kerle haben sich die falschen Nadeln angesteckt, aber sie sind in Ordnung.« Irgendwie gelang es ihm, seinen rechten Arm um die Schultern der beiden anderen Männer im Zimmer zu legen. »Das ist Sam Winterhorn, Phi Gam aus Illinois, und das hier Red Perry, ebenfalls Illinois – Red ist ein Phi Psi. Vielleicht haben Sie uns *Fiji Honeymoon* und *When DKE Has Gone to Hell* singen hören. Und so geht's weiter, Mann.«

Farland war froh, als er statt einer rechten Männerhand endlich ein Glas zu halten bekam. »Auf alle Brüder, welcher Himmel auch über ihnen sein mag«, sagte Endicott und stieß mit Farland an. Er nahm einen großen Schluck von seinem Drink, und Farland hatte den Eindruck, als helle sich sein Gesicht auf wie der Vollmond, wenn er hinter einer Wolke hervorkommt. »Endicott ist heute nacht ein zottiger Wolf, Guy, und das kannst du deinen Lieben nach Hause schreiben!« dröhnte er. »Endicott wird an diesem Tag dem perlenfingrigen Morgengrauen die Hand reichen. Endicott wird in der Hölle alle Glocken läuten und in alle Pfeifen blasen. Und jeder Franzmann, dem das nicht paßt, kann seinen Kopf in den Tüllerien begraben.« Es gelang Farland, den Bruchteil eines Wortes herauszubringen, doch Bruder Endicott trampelte es gandenlos nieder. »Die Mädels sind schon im Bett«, sagte er. »Wünschte, du könntest Marie kennenlernen, aber wir bleiben noch ein paar

Tage. Marie war auf'm Frauencollege an der Ostküste, aber Brenda –
das ist meine erste Frau – war eine Kappa. Genau wie Ellen Morgan,
Rips Frau. Brenda konnte Trommeln nicht ausstehen. Ich hab' die tollste kleine Trommelsammlung auf der Welt, Guy. Als einmal ein Trupp
von uns in meinem Haus so ordentlich auf die Pauke gehauen hat – das
war vor sechs, sieben Jahren –, verdammt, wenn Brenda da nicht die
Bullen gerufen hat! Einer von denen entpuppte sich als echt abgefahre-
ner Drummer, aber der andere war ein total humorloser Heini. Als ich
versucht hab', ihm den Griff zu geben, wurde er stinksauer, Guy. Versuch bloß nie, einem Bullen den Griff zu geben, Guy. Die halten einen
für schwul. Diese Arschlöcher haben nicht mal die High School
geschafft.«

Farland behielt sein eingefrorenes Grinsen im Gesicht, während
Endicott weiterschwafelte und sich wie ein Lkw zwischen den durch-
einanderstehenden Stühlen hindurchbewegte. Er hielt vor einem an,
auf dem sich Bruder Morgan inzwischen entspannt zurückgelehnt hatte, die Augen geschlossen. »Herrgott noch mal, unser Tenor macht
schlapp.«

». . . schwinde«, murmelte Morgan schläfrig.

»Laßt ihn schlafen«, sagte der Mann namens Perry. »Hol's der Teufel, wir haben immer noch ein Quartett. Wozu ist ein schläfriger Tenor
denn schon gut, es sei denn, man singt *Sleepy Time Gal?*

»*Sleepy Time Gal!*« dröhnte Endicott und fing plötzlich mitten in
dem alten Lied an zu singen, wobei er ein großes Stück Text über-
sprang. Das Telefon klingelte, woraufhin Endicott die Nacht mit einem
unanständigen Wort durchschnitt und den Hörer hochriß. »Yeah?« fing
er trotzig an und sagte, als die Stimme am anderen Ende auf Französisch zu protestieren begann, zu den Feiernden: »Es ist einer von diesen
Quoi-quois.« Er zwinkerte Farland heftig zu und widmete sich der
Muschel. »*Parlez-vous la langue de Dieu?*« fragte er. Farland wurde
klar, daß er diese Frage lange geübt hatte. »Also *bien*«, fuhr Endicott
fort. »Ihr solltet ebenfalls feiern. Hätten wir nicht Lafayette auf unserer Seite mitkämpfen lassen, wäre er auf der verdammten Guillotine
gelandet. Aber so hat sich nicht mal Napoleon getraut, sich an ihm zu
vergreifen. Rabelais und Danton haben sie die Köpfe abgeschlagen,
aber Lafayette konnten sie nichts anhaben, und zwar nur wegen der
guten alten dreizehn Staaten.« Die Person am anderen Ende der Lei-

tung hatte offensichtlich aufgelegt, doch Endicott brachte seinen Auftritt zu Ende. »Besorgen Sie sich eine Flasche Grenadine und ein Päckchen Asthmazigaretten, und machen Sie Lafayette zu Ehren ein bißchen einen drauf«, sagte er und legte auf.

»Nicht Rabelais«, konnte sich Farland nicht verkneifen zu sagen. »Robespierre.«

»Oder der alte Roquefort!« dröhnte Endicott. »Die hören sich in meinen Ohren alle wie Käse an, fetter alter *framboise*, und die sehen auch alle gleich aus. Wir fangen noch mal mit dem *Darling*-Lied an.«

Sie schafften noch *Three O'Clock in the Morning, Linger Awhile, Over There* und *Yankee Doddle Dandy* und *You're the B-E-S-T Best*, und da war es auch schon zehn nach vier. »Sehen Sie nicht dauernd auf Ihren Wecker«, sagte Endicott zu Farland. »Niemand hat's hier eilig. Teufel auch, wir haben noch den ganzen Tag vor uns.« Rip Morgans gepeinigtes Unterbewußtsein reagierte darauf mit einem leisen Stöhngeräusch. Aus Farlands Stimme sprach energische Unbeirrtheit, und die beiden aus Illinois schlossen sich ihm an und legten die letzte Handgriffrunde hin. Farland nahm den schon seit geraumer Zeit leeren Eiskübel und begab sich zur Tür.

»Wir treffen uns alle morgen abend um sechs unten in der Bar«, befahl Endicott. »Keine Widerrede!« Die drei im Aufbruch befindlichen Amerikaner sagten, er könne auf sie zählen, aber keiner meinte es ernst. »Ich bleibe knülle, bis sie mich ins Flugzeug kippen«, fuhr Endicott fort. Nachdem Farland sich erneut händeschüttelnd von den beiden Männern aus Illinois verabschiedet hatte und sie gegangen waren, fühlte sich seine Hand an, als sei sie voller Finger. Bruder Endicott, das stand für ihn fest, würde noch mindestens eine Viertelstunde lang alle Hände voll damit zu tun haben, Bruder Morgan ins Bett zu bringen . . .

Farland klopfte dreimal an die Tür seiner Suite, wartete, klopfte erneut. Als niemand antwortete, schloß er auf und trat ein. Im Salon waren alle Lampen bis auf eine ausgeschaltet, und die knipste er aus und fing an, sich auszuziehen, noch ehe er im Schlafzimmer ankam. Die nächtliche Pariser Straßenschlacht war noch im Gange, und sie kam ihm lauter vor denn je. Farland zog seine Pyjamahose an, konnte das Oberteil nicht finden, sagte: »Zum Teufel damit«, ging ins Bad und putzte sich die Zähne. »Immer muß dir so was passieren«, fauchte er den Mann im Spiegel an. »Was ist bloß los, weißt du nicht mehr, wie man sich davonmacht?«

Gerade wollte er sich aufs Bett werfen, als er den Zettel auf seinem Kopfkissen bemerkte. Da stand einfach *»You are the B-E-S-T* – Sie sind der Beste«; unterzeichnet war, offenbar in Mrs. Endicotts Handschrift, mit »Tom und Marie«. Trotz des Lärms und seiner immer noch kribbelnden rechten Hand schlief Farland ein. Als er aufwachte, nahm er den Telefonhörer ab und rief die Rezeption an. Er schaute auf seine Armbanduhr. Es war fünf nach halb zehn. »Ich möchte heute nachmittag nach Rom fliegen«, sagte er, als jemand abnahm. »Ein Platz. Die Fluggesellschaft ist mir egal. Wichtig ist nur eins: Das Flugzeug muß auf jeden Fall vor sechs Uhr abends starten.«

Philip Roth

Ach, wär' ich beim Theater

Philip Roth war erst sechsundzwanzig Jahre alt, als ihm 1959 der National Book Award für *Goodbye, Columbus* verliehen wurde. Der Band enthielt sechs Kurzgeschichten und machte Amerika mit Brenda Potamkin und dem Leben in einem jüdischen Country Club vertraut. Zehn Jahre später, 1969, kam der Film, der dann *Zum Teufel mit der Unschuld* hieß, in die Kinos, und im selben Jahr schockte und erfreute *Portnoys Beschwerden* die Leserschaft gleichermaßen auf seinem Weg in die Bestseller-Listen und ließ zahllose Masturbationswitze entstehen. Roth ist ein äußerst produktiver Autor, dessen Romane seit den siebziger Jahren immer wieder mit der Frage nach der eigenen Identität spielen. Manchmal verwendet Roth sein *alter ego*, den jüdischen Schriftsteller Zuckermann, und manchmal auch sich selbst als Protagonisten. Seine zuletzt erschienenen Romane sind *Gegenleben, Tatsachen, Täuschung* und *Operation Shylock*. Er hat seit seinen schriftstellerischen Anfängen nur noch wenige Kurzgeschichten geschrieben. Schade, denn Roth kann, wie *Ach, wär' ich beim Theater* zeigt, eine ganze Welt von Stadtneurosen in ein paar Absätze packen. Roth lebt mit seiner Frau, der Schauspielerin Claire Bloom, in Connecticut und London.

Philip Roth

Ach, wär' ich beim Theater

Walter Appel war sofort klar, was der Mann gegenüber vorhatte. Wenn Walter sein Arbeitszimmer verlassen hatte und ins Wohnzimmer gekommen war, so aus Verstimmung über sich selbst – er konnte seine Gedanken nicht von Tarsila Brown freimachen. Er hätte eigentlich am Schreibtisch sitzen und die anstehenden Rechnungen bezahlen sollen und vermochte doch an nichts anderes zu denken als daran, ob er sie anrufen sollte oder nicht. Dabei hing die Entscheidung, ob er sie anrufen würde, allem Anschein nach gar nicht davon ab, ob er sie anrufen *sollte*. Denn er wußte ja, daß er nicht anrufen sollte. Nur ein Idiot mußte innerhalb von sechs Monaten die gleiche Lektion ein zweites Mal lernen, ein Idiot oder ein Dreijähriger, und er legte großen Wert darauf, sich in seinem Leben wie keiner von beiden zu verhalten. Tarsila war aus London in New York eingetroffen; er hatte die Nachricht in einer Klatschspalte gelesen. Ob er sie anrief? Was könnte er sich überhaupt davon versprechen?

Er ließ das Scheckheft liegen und kam ins Wohnzimmer. Und vielleicht suchte Walter nichts außer Befreiung von dem unvertrauten Mißbehagen der Unentschiedenheit, als er durch die Vorhänge lugte. Im Fenster gegenüber der Appelschen Wohnung, nach hinten heraus, sah er einen nackten Mann auf und ab schlendern.

Sein erster Impuls – er spürte gar keinen ersten Impuls. Er riß also nicht das eigene Fenster auf, um zu rufen: »He Sie da – würden Sie bitte die Rollos herunterlassen!« Er lief nicht zum Telefon, um Polizei oder Irrenhaus zu benachrichtigen. Er rannte nicht gleich in Juliets Arbeitszimmer, um nachzuschauen, ob bei ihr die Vorhänge zugezogen waren. Die Wohnung auf der anderen Seite des Hofs hatte ein paar Wochen lang leer gestanden; der Mann mußte kürzlich eingezogen sein – und ohne jeden Zweifel stellte er sich für Juliet zur Schau. Alles, was Walter auf diese Erkenntnis hin unternahm, bestand darin, den Saum des Vorhangs wieder fallen zu lassen und an seinen Schreibtisch zurückzukehren, wo er sich erneut daran machte, die Rechnungen des abgelaufenen Monats zu begleichen.

Lächerlich! Er stieß sich vom Stuhl hoch und rannte aus seinem Arbeitszimmer, über den Flur und wieder ins Wohnzimmer. Er machte drei unbeholfene Sprünge auf die Vorhänge zu, stürzte sich darauf wie ein Monster – und dann gewann er seine Selbstbeherrschung wieder.

Walter knipste eine Lampe an. Er suchte eine Schallplatte heraus und legte sie auf. Währenddessen kehrte er den Vorhängen betont den Rükken zu. Wenn man in einer Großstadt wie New York lebt, sind gelegentliche Beobachtungen durchs Fenster unvermeidlich . . . Nur hatte der Kerl sich zur Schau gestellt; die Absicht war unmißverständlich; so wie der sich bewegte, *so* langsam, *so* lasziv . . .

Walter stellte die Lautstärke des Plattenspielers ein; er regulierte den Ton. Danach ging er zu Juliets Arbeitszimmer herüber. Er begriff plötzlich, was Juliet da hinter der verschlossenen Tür trieb. Sie verschwand nun schon seit einer Woche nach dem Abendessen in ihrem Arbeitszimmer, um ein bis zwei Stunden lang zu schreiben; das hatte sie jedenfalls behauptet. Er hatte sich nicht die Mühe gemacht, ihr Fragen zu stellen; nicht daß er sie für eine große Schriftstellerin hielt, keineswegs, aber er ließ ihr ihre Grillen; mußte er ja auch. Nun wurde ihm mit einem Mal klar, daß sie gar nicht schrieb. Eins plus eins macht zwei. Es war kaum zu fassen. Er klopfte an die Tür. »Einen Brandy?«

Keine Antwort. Wenn er die Klinke zu drücken versuchte, würde er feststellen, daß die Tür abgeschlossen war – glaubte er, befürchtete er. »Juliet?«

Die Tür flog auf. Juliet war voll bekleidet. Er spähte an ihr vorbei ins Innere des Zimmers. Die Vorhänge waren zugezogen. Doch genau in dem Moment, als Juliet das Licht löschte, fiel ihm auf, daß die weichen

Falten des blauen Samtstoffs – der Vorhänge, die sie selber genäht hatte – sich bauschten, als ob der Wind sie bewegte oder als ob Juliet sie gerade eben erst zugezogen hätte.

Juliet und Walter waren nicht gerade glücklich verheiratet. Da hatte es Rückschläge gegeben; es hatte schwierige Zeiten gegeben; da jedoch beide die Tugend der Diskretion besaßen, hatte von ihren Problemen kaum jemand gewußt, nicht einmal zu der Zeit, als sie es vorgezogen hatten, eine Weile getrennt zu leben. Kinder hatten sie keine; aus Gründen, die nur sie etwas angingen. Bis vor kurzem hatten sich beide, jeder für sich, ganz dem Ausdruck der eigenen Begabung hingegeben. In einem Alter, wo andere junge Männer und Frauen in Vorstadthäuschen verschwanden oder, romantisch, mit einem Budget von fünf Dollar pro Tag, nach Europa abdampften, hausten Juliet und Walter aus freien Stücken in einem einzigen dunklen Raum über dem Lkw-Verkehr der Hudson Street. Einer leicht zu beeindruckenden Freundin aus College-Tagen gegenüber hatte Juliet die Wohnung einmal ganz lässig als ihre »Absteige im Village« erwähnt; als sie wieder allein waren, hatte Walter sie dafür angeschrien. Er und Juliet lebten, wo sie lebten, und so, wie sie lebten, weil sie ganz und gar sie selber sein wollten – was zum damaligen Zeitpunkt hieß: Juliet wollte Schauspielerin werden, und Walter Bühnenautor.

Aber Juliets Karriere kam nie richtig in Gang: Sie hatte auf einer Reihe von progressiven Mädchenschulen im Hauptfach Drama und Ballett studiert; auf dem College hatte sie meistens die Hauptrollen gespielt; aber das einzige, was sie danach in New York bekam, waren Statistenrollen in Aufführungen, die in leerstehenden Kirchen und auf Dachböden im Stadtzentrum gegeben wurden, wo es manchmal ebenso schwierig war, die polizeilichen Feuerschutzbestimmungen zu erfüllen wie ein Publikum zu finden. Die eine Broadway-Rolle, für die sie je in die engere Wahl kam – auch das nur eine kleine –, bekam sie dann doch nicht, weil sie – wie der Regisseur ihr erklärte – zu sehr wie Katherine Hepburn aussah; so gab sie jedenfalls seine Bemerkung dann daheim Walter gegenüber wieder. Sie ging sofort wieder weg und ließ sich das Haar schneiden, kaufte sich ein Paar überdimensionaler kupferner Ohrringe und probierte es in den folgenden Tagen mit einer Erdnußbutter- und Bananen-Diät, um ihr äußeres Erscheinungsbild zu ändern. Als sie aber am fünften Morgen auf die Waage stieg, mußte sie melden: »Ich habe sogar zwei Pfund Gewicht *verloren!*« und statt, wie sie es vorgehabt hatte, erneut den Regisseur aufzusuchen oder den Schauspielunterricht wieder aufzunehmen oder auch nur fürs Abendessen einkaufen zu gehen, blieb sie den ganzen Tag über schluchzend im Bett. Sie warf sich mitleidheischend auf dem Bett hin und her und wartete, wie Walter sehr wohl wußte, nur darauf, daß er irgend etwas unternahm oder sagte, das die Dinge für sie in Ordnung brächte. Er war ihr Fels. Er war untersetzt und hatte ein kräftiges Kinn; sein glattes, schwarzes Haar war an den Schläfen bereits grau geworden, als er erst Anfang Zwanzig war. Er hatte einen kräftigen Nacken, und sein Körper war stark behaart; er hatte schon immer älter und kleiner gewirkt, als er tatsächlich war. Auf ein Mädchen wie Juliet mit ihren Luftschlössern und Träumen mußte Walter einen Eindruck machen wie Granit. Doch trotz seiner graumelierten Schläfen und seiner energischen Kopfhaltung konnte Walter jetzt nichts für sie tun, außer Mitleid zu empfinden und ihr das Haar glatt zu streichen und zu erklären, daß es ihr eigentlich schmeicheln müsse, so offen mit Katherine Hepburn verglichen zu werden, die ja eine wirklich schöne Frau sei.

Am Abend von Judiths Zusammenbruch las Walter die fünf Theaterstücke durch, die er während der drei Ehejahre so fleißig geschrieben hatte. Wieviel länger würde *er* noch so weitermachen können? Auch er war eine große Hoffnung in den Bühnenfächern gewesen, an einem kleinen College in Pennsylvania, in einem hübschen, kleinen Ort in den Alleghany Mountains, wo Theaterstücke in der Aula der dortigen High School aufgeführt wurden. Sein Theaterprofessor war der Überzeugung, daß von allen bisherigen Studenten des College Walter Appel den besten Einakter überhaupt geschrieben hatte. Nun war Walter aber mittlerweile in New York; und obwohl es durchaus zutreffen mochte, daß die Produzenten kommerziell ausgerichtet und dumm und Philister waren (wie Juliet ihm versicherte), so war es andererseits immerhin auch möglich, daß er eben nicht besonders begabt war. Während Juliet sich auf dem Bett in der Ecke des Zimmers, in ihren Verlust-Fantasien gefangen, durch die Nacht wimmerte, saß Walter in seinem Schreibsessel und las seine Stücke durch und gestand sich ein, daß es für ihn als Dramatiker ebenso wenig Chancen gab wie für Juliet als Schauspielerin. Es war höchste Zeit, erwachsen zu werden.

Am nächsten Morgen band er sich eine Krawatte um und zog ein Jakkett an und machte sich, fest entschlossen, sein Leben zu ändern, auf die Suche nach einer Arbeit, die er zu leisten imstande war. Dank Harvey Landau, der das junge Ehepaar kennengelernt und unter seine väterlichen Fittiche genommen hatte, bekam Walter eine Stelle im Bereich des Theatermanagements. Es war vielleicht nicht gerade das, worauf er gehofft hatte, doch immerhin etwas, wozu er fähig war. Und es dauerte auch gar nicht lang, bis die regelmäßige tägliche Arbeit und das Bewußtsein, sie gut zu tun, ihn sich um vieles männlicher fühlen ließen.

Die Appels waren bald in der Lage, von dem dreckigen Loch an der Hudson Street in eine geräumige Wohnung in einem roten Sandsteinhaus an der Upper West Side umzuziehen. Einen ganzen Monat lang erzählte Juliet überall herum, welche hohe Decken ihre Zimmer hätten, was Walter als bemühte Anstrengung ihrerseits deutete, ihr Versagen als Schauspielerin zu vergessen. Er stellte überrascht fest, wie stark sie sich an ihre Illusionen klammerte, war aber nicht minder überrascht zu erkennen, daß er trotz aller Demonstrationen von Ernsthaftigkeit und zielstrebiger Lebensplanung selber ein Opfer von Illusionen gewesen war.

Juliet begann, mit Hilfe von Schallplatten daheim Französisch zu lernen. Glaubte sie etwa, daß er mit ihr nach Frankreich ziehen würde? Er fragte nicht; er ließ sie machen. Einen Monat lang suchte sie dann in den East Eighties eine deutsche Frau auf, von der sie lernte, wie man sich die eigenen Kleider schneidert. Sie trug sich für einen Schriftstellerkurs an der New School ein, von dem sie eines Abends tränenüberströmt nach Hause kam, weil der Dozent sich vor versammelter Klasse über ihre Erzählung lustig gemacht hatte. Alle Anzeichen deuteten in die gleiche Richtung: Es war Zeit, daß sie ein Baby bekam. Walter träumte eines Nachts von einem kleinen Mädchen namens Allison, das ihre Tochter war. Doch Träumen war eine Sache; dagegen war das Leben – wie Walter längst begriffen hatte – etwas völlig anderes. Es war leider die absolut falsche Zeit für ein Baby. Denn acht Monate nachdem die Appels ihre begrenzte Eignung als Schauspielerin und Dramatiker erkannt hatten, mußten sie noch eine weitere Beschränkung entdekken: Ihre Liebe war offenbar erkaltet.

Nicht daß es so ausgesehen hätte, als ob sie sich weniger umeinander kümmerten. Das war es ja gerade, was die Situation so schwierig machte – daß, mit Ausnahme eines einzigen Punktes, ihre Ehe alles in allem unverändert blieb: Juliet lehnte sich zwischen ihren Begeisterungsschüben an Walter an, und Walter war da, um sie zu stützen. Tagsüber gab es sogar Augenblicke, in denen Walter dachte, daß sie vielleicht ein Baby haben sollten, damit die Ehe nicht völlig zerbräche, sofern es darauf hinauslaufen sollte. Nachts konnte er dann aber vor der de facto doch stattgehabten Veränderung nicht die Augen verschließen, auch wenn es sich um eine Veränderung handelte, die er zunächst nicht so richtig begriff. Warum sollten sie sich im Bett gleichgültig sein?

Das gemeinsame Leben ging weiter, obwohl sie kinderlos blieben. Auf Partys lag Walters Arm um die Schultern seiner Frau, wenn sie mit einem Drink in der Hand neben ihm saß. Er bemerkte, wie ihre hohe, schöne Erscheinung, ihr lebhaftes Wesen, ihr Lachen, ihr Gang von den andern Männern bewundert wurden – Dinge, die er selber bewunderte; er hatte ihr Temperament immer als weibliches Pendant zum eigenen Fleiß empfunden; nur litt er jetzt bei dem Gedanken, daß sie ja gar nicht wirklich glücklich war, wenn sie lachte. Natürlich wandten sie sich nicht total voneinander ab; mitten in der Nacht streckten sie sich im dunklen Bett manchmal nacheinander aus, und dann weckte im träumerischen Halbschlaf einer des andern Lust. Es kam jedoch häufig vor, daß es ihm erst am Morgen danach in der U-Bahn ins Bewußtsein kam, daß Juliet und er während der vergangenen acht Stunden miteinander geschlafen hatten, und oft genug war er sich selbst dann nicht einmal sicher.

Eines Abends ließ Juliet beim Essen die Gabel sinken und blickte stumpfsinnig in die Kerzen. »Ich weiß nicht, was los ist«, sagte sie und legte den Kopf in die Hände.

Walter dachte daran, zu ihrem Stuhl hinüberzugehen und sie zu trösten – aber hatte er denn etwa weniger verloren als sie? »Ich auch nicht«, sagte er.

Sie schlug die Faust auf den Tisch. »Woran liegt es? Wieso findest du mich so abscheulich?«

»Und wieso du mich!« gab er zurück.

Sie fing an zu weinen. »So hab' ich's nicht gemeint, Walter. Ich weiß doch, es liegt an uns beiden, irgendwie. Aber wir streiten uns nie. Du bist so rücksichtsvoll, so solide, du bist so gut zu mir – und ob du's merkst oder nicht, aber ich bin so abhängig von dir. Ich glaub', es hat damit zu tun, daß wir beide *allzu* gut zusammenpassen.«

Das klang nun wieder lächerlich, für beide. Juliet putzte sich die Nase, Walter half beim Abräumen, und danach ging jeder ins eigene Zimmer, als ob nichts gewesen wäre. Walter saß an seinem Schreibtisch und sagte sich: »Wir sollten längst ein Kind haben. Diese Sache mit ihrer Schauspielerei war von Anfang an albern...« Nur: Wie hätte er das denn *am Anfang* wissen können?

Binnen fünf Minuten waren beide wieder im Wohnzimmer.

»Walter«, sagte sie, »meinst du, daß wir uns scheiden lassen sollten?«

»Meinst du?« wollte er wissen.

»Also – *nein*«, sagte sie und ließ sich mutlos in einen Sessel fallen.

Er sank in einen Sessel ihr gegenüber. »Ich auch nicht«, sagte er.

»Also«, sagte sie und warf die Arme hoch, »was sollen wir machen?«

Walter traf die Entscheidung für beide: Sie sollten sich für eine kurze Zeit trennen, *das* könnte ihnen eventuell helfen. Walter rief Harvey Landau an, bat um ein paar Wochen Urlaub und machte, ohne das Problem auch nur mit einem Wort erwähnt zu haben, die Entdeckung, daß Harvey verstand. Harvey sagte: »Tu, was du tun mußt, mein Junge. Aber lauf nicht einfach weg.«

»Juliet wird aber sehr allein sein«, sagte Walter, der sich um sie Sorgen machte.

»Wir werden sie abends zum Essen einladen. Wir werden uns um sie kümmern.« Und Harvey fügte leise hinzu: »So was passiert jedem mal.«

»Danke, Harvey.« Er legte mit einem Gefühl so großer Erleichterung auf, daß er gar nicht mehr wußte, warum er überhaupt verreisen wollte.

Nachts im Bett sagte seine Frau: »Walter?«

»Ja?«

»Es macht mir nichts, wenn du mit wem schläfst. Erzähl mir einfach nichts davon, wenn wir uns wiedersehn.«

Sie war ja so tapfer, war ja *so* kooperativ. Ach, wie sehr sie ihn brauchte! Warum verließ er sie eigentlich? War er denn ein kleiner Junge mit den Erwartungen eines kleinen Jungen oder ein erwachsener

Mann? Trotzdem, er gab die Antwort, die ihm darauf als einzig vernünftige und richtige erschien: »Du auch.«

Stille. »In Ordnung«, flüsterte Juliet endlich. Danach lagen sie Rücken an Rücken in erstauntem Schweigen.

Wohin sollte er reisen? In den Süden? Obwohl der Winter naß und trist gewesen war, erschien es ihm nicht recht, daß er an einem Strand faulenzen und die Ersparnisse ausgeben sollte, während Juliet in New York blieb. Es sollte schließlich keine Vergnügungsreise werden.

Also nahm er einen Zug in Richtung Norden und stieg in einer Kleinstadt im Norden des Bundesstaates aus, wo er ein preiswertes Zimmer mietete; er hatte sich vorgenommen, zu lesen, spazierenzugehen und vor allem nachzudenken. Doch am Ende des ersten Urlaubstages stellte er fest, daß er mit dem Nachdenken nicht weit gekommen war. *Worüber* sollte er denn nachdenken? Es gab da, nur wenige Meilen entfernt, eine heruntergekommene Skihütte, zu der fuhr er nach dem Abendessen hoch, nahm an der Bar Platz und beobachtete die wenigen Gäste, die herumsaßen und sich gemeinsam an Volkslieder zu erinnern versuchten. Es dauerte keine Stunde, und er hatte eine junge Frau kennengelernt, die sich hier von ihrem Sekretärinnenjob in Oneonta erholte. Er unterhielt sich ziemlich lang mit ihr darüber, wo genau Oneonta lag; die beiden skizzierten Landkarten auf Servietten. Daß er sie auf ihr Zimmer begleiten könnte, war ihm vom ersten Moment des Gesprächs an klar. Die Entdeckung bestand für ihn darin, daß er es auch wollte. Sein Herz begann unnatürlich laut zu schlagen. Er hatte noch nie einen Ehebruch begangen, ging dann aber ohne große Gewissensbisse mit der Frau mit. Juliet hatte gesagt, das sei in Ordnung; und er mußte schließlich etwas herausfinden.

Das Hotelzimmer der Frau besaß einen offenen Kamin. Sie bat ihn, bevor er zu ihr ins Bett kam, ein großes Feuer zu machen, damit sie hinterher gemeinsam in die Flammen schauen könnten. Der Schornstein zog schlecht, und Walter mußte alle paar Minuten aufstehen, um auf die Scheite zu schlagen; dabei löste sich immer wieder der Griff des Schürhakens. Weil die junge Frau ihre Sommerferien zur Hälfte jetzt im Winter nachholte, schien ihr aber die Vorstellung unerträglich zu sein, daß das Feuer ausgehen könnte.

Eine ganze Woche lang schlief Walter jede Nacht bei ihr. Während Juliet lange Schenkel hatte, besaß die Sekretärin aus Oneonta kurze;

war Juliet brünett, so war sie blond. Waren es solche, wenige Belanglosigkeiten, die den Unterschied ausmachten? Lag es daran, daß er bei ihr unersättlich war? Nein, sie war einfach nur jemand anders, eine vollkommen Fremde, wenngleich er sich mit ihren Brüsten abgab, als ob sie eine liebe Freundin wäre. In Wirklichkeit konnte er sie nicht ausstehen.

Am Freitag hatte er den Punkt erreicht, wo er heimfahren wollte. Er hatte New York doch nicht für *so* etwas verlassen. Doch die Trennung von Juliet war erst so kurz; er beschloß, noch eine Nacht zu bleiben.

Am Morgen – es war ein Samstag – wachte er mit einem Gefühl von Ekel auf. Nach dem Mittagessen unternahm er mit der Sekretärin einen langen Spaziergang, die Sonne schien auf den Schnee herab, sie hielten Händchen. Völlig absurd. Er nahm den Zug nach dem Abendessen; er mußte sich derart sputen, um ihn nicht zu verpassen, daß er keine Zeit mehr hatte, die junge Frau aufzusuchen, die Sheila Kay hieß, oder Kaye, und ihr mitzuteilen, daß er an diesem Abend nicht, wie geplant, zu ihr kommen würde.

Als er in der Grand Central Station Juliet traf, die am Informationsschalter wartete, wurde er spürbar rot; glücklicherweise bemerkte sie es nicht, weil sie ihn nicht offen anschaute. Sie gingen zum Commodore, um etwas zu trinken, und redeten miteinander wie Teenager bei einem ersten Rendezvous mit Unbekannt. Er überreichte Juliet ein Päckchen und wartete, daß sie es aufmachte. Es enthielt einen hübschen weißen Skipullover; eine Karte hatte er nicht dazugelegt, weil er keine Ahnung hatte, was sie wohl von ihm hören wollte. Er wußte ja nicht, wie es ihr ergangen war.

»Ich habe auch eine Überraschung für dich«, sagte sie.

Oh mein Gott, dachte er, *sie hat jemanden gefunden!*

Doch Juliet hatte ihm bloß zu berichten, daß sie sich während seiner Abwesenheit aufgemacht und Arbeit gefunden hatte – als Mädchen für alles bei Leo Kittering. Kittering war ein junger, finanziell unabhängiger Mann, der immer wieder versuchte, in New York ein Ensemble-Theater aufzuziehen. Walter erinnerte sich, ihn auf einer Party kennengelernt zu haben. Er hatte seine persönlichen Gründe, über diese Nachricht Erleichterung zu empfinden; eine Erleichterung, die so groß war, daß er zum erstenmal ihre Hände in die seinen nahm. Juliet strahlte; ein Vermögen verdiente sie mit ihrem Job nicht gerade, aber darum ging es auch gar nicht. Sie sei ein neuer Mensch, versicherte sie Walter, mit dem Selbstmitleid sei es nun hoffentlich vorbei.

Am Abend wurden sie schließlich des vielen Redens müde und mußten ins Bett.

»Ich bin so schrecklich verkrampft«, flüsterte Juliet, als er neben sie kroch. »Es ist lächerlich, aber wahr.«

»Es ist nicht lächerlich«, sagte Walter.

»Morgen . . .«, sagte Juliet.

»In Ordnung«, sagte Walter, der selber nicht ganz ohne Nervosität war, trotz seines Erfolgs bei der Sekretärin aus Oneonta, die er nun angestrengt aus dem Bewußtsein zu verdrängen suchte.

Als er die Augen aufmachte, war es bereits Morgen. Walter verstand, worauf es jetzt ankam. Sie waren sich ja im Grunde so nah, wie Menschen einander überhaupt sein können – sie waren Mann und Frau! Und während der gelbe Vorhang sich mit dem Luftzug ins Zimmer bauschte und auf der Straße drunten ein Müllwagen lärmte, schaute in den weißen Laken Walter Juliet unerschrocken in die Augen, und sie vollzogen den Liebesakt. Der Krach des Müllwagens wurde so laut, daß Walter schon aufstehen und das Fenster schließen wollte. Doch er blieb, wo er war, und tat, was getan werden mußte – was, wie sich dann herausstellte, mehr war als ein weiteres Mal Geschlechtsverkehr mit seiner Partnerin haben. Sie sagten sich, daß sie einander begehrten, und als es vorbei war und beide keuchend im hellen Licht dalagen, war Walter willens zu glauben, daß die Krise hinter ihnen lag und daß sie eine neue Phase der Ehe beginnen würden.

Und so kam es auch. Daß es nicht für immer so sein konnte, wie es zuvor vier Jahre lang in der Hudson Street und noch früher in Juliets Zimmer gewesen war, hatte Walter am Vorabend der Trennung erkannt; das akzeptierte er jetzt. Trotzdem konnte er den Finger nicht auf den Punkt legen, warum und inwiefern es gerade *ihnen* zugestoßen war. Gab es zwischen ihnen Ressentiments? Hatten sie einander enttäuscht? Standen sie sich zu nahe, was immer das bedeuten mochte? Oder war es nur eine Sache der Zeit, des Nachlassens der Leidenschaft, das eines Tages jeden Ehemann und jede Frau trifft?

Was auch immer – Walter reduzierte die Erwartungen früherer Tage. Er war keine siebzehn mehr, nicht einmal einundzwanzig. Er war beinahe dreißig. Nicht geschieden zu sein, sagte er sich, hatte eben auch seinen Preis. Er hoffte nur, daß dies Juliet ebenso klar war wie ihm selbst; er hoffte, daß auch sie ihre Erwartungen heruntergeschraubt hatte, die möglicherweise von Anfang an unrealistisch gewesen waren. Oder doch nicht? Man konnte es einfach nicht wissen.

Im Juni flog Harvey Landau nach London, um sich ein paar Theaterstücke anzusehen, die im West End uraufgeführt wurden, und nahm Walter mit. Walter war selig – das konnte nur bedeuten, daß er beruflich weiterkam –, und auch Juliet war entzückt, seinetwegen; doch als ihr Mann den Vorschlag machte, daß sie, auf seine Kosten, mitreisen solle, mußte sie ablehnen. Kittering hatte ihr gesagt, wenn sie ihn in just diesem Moment verließe, so wäre das, als ob er einen Arm verliere, eine Erklärung, nach der Juliet nach Hause eilte, um sie im liebreizenden, aufrichtigen Bewußtsein eigener Bedeutung Walter gegenüber zu wiederholen. Walter verstand, stimmte zu, war jedoch keineswegs glücklich. Allein in London, das hieß: Auf die geschäftlichen Termine folgte Einsamkeit. Aber er war sich nicht sicher, ob er ein Recht darauf hatte, sie den Dingen zu entführen, auf die sie eindeutig nicht verzichten wollte. Die Freuden der neuen Stelle füllten in ihrem Leben eine Lücke, für die er vielleicht nicht verantwortlich war, die aber anscheinend doch etwas mit ihm zu tun hatte. Weil er nämlich, wie er auf eine vage, ungenügend durchdachte Weise mutmaßte, nicht darauf gedrängt hatte, diese Lücke (falls sie denn überhaupt existierte) mit einem Kind zu füllen; obschon der Gedanke ihm natürlich mehr als einmal gekommen war.

Er war daher ganz auf sich gestellt, als er Tarsila Brown begegnete. Sie war eine Schauspielerin, deren Eltern aus Sardinien und Amerika stammten, die Frau des Dramatikers Foxie Brown – eines besonders lautstarken englischen »angry young man«. Foxie war kürzlich in zwei Schlägereien verwickelt gewesen, die Schlagzeilen gemacht hatten: die erste mit einem Parlamentsabgeordneten, der eines Morgens zufällig an der Hyde Park Corner vorbeikam, wo Foxie gerade – noch im Smoking vom Abend zuvor – ein Publikum um sich geschart hatte und den Premierminister nachäffte. Als der Parlamentarier, ein leicht erregbarer Mensch, mit gezücktem Regenschirm auf Foxie losging, schlug der ihn k. o. Der zweite Vorfall betraf Tarsila, die von Foxie – er hatte in Oxford für sein College geboxt – gleichfalls bewußtlos geschlagen wurde, direkt vor ihrer Wohnung in Hampstead, am hellen Nachmittag. Bei der Gerichtsverhandlung machte Foxie sich einen Heidenspaß mit dem Richter, dem er mit aller Sturheit zu erklären versuchte (so stand es jedenfalls in den Zeitungen), daß bei dem Zwist mit seiner Ehefrau »politische Fragen« mitgespielt hätten – »ob nämlich die Frau sich zum öffentlichen Eigentum machen sollte oder sich damit begnügen muß, daheim zu bleiben und mit mir vor dem Kamin zu sitzen«. Als Walter Tarsila kennenlernte, war Foxie gerade nach Amerika geflogen.

Es war auf einer Party, die ein britischer Produzent zu Ehren von Harvey Landau veranstaltete, und Walter nippte an einem Glas Whisky, als sein Blick auf die twistende Tarsila fiel. Man hatte sie ihm als jüngst entfremdete Frau von Foxie avisiert. Als sie vorgestellt wurden, fixierte sie ihn absolut unverschämt, um ihn in Verlegenheit zu bringen. Als er schließlich einfach etwas sagen mußte, fiel ihm nur ein: »Sie haben echt schwarze Augen.«

»Veräppeln Sie mich nicht, okay?« sagte sie.

»Okay«, sagte er, obwohl er ihre Augen tatsächlich bewunderte; und ihre Art des Tanzens hatte ihn erregt.

Aber waren es wirklich die Augen? fragte er sich hinterher in seinem Hotelzimmer. War es ihre Art zu tanzen? Lag es daran, daß sie eine so viel üppigere Frau als Juliet war? Oder daran, daß sie die Frau von Foxie Brown war?

Als Walter am späten Nachmittag des folgenden Tages überlegte, was er mit dem Abend machen sollte, entschloß er sich zu einem Spaziergang durch Soho. Und obwohl er die Augen offenhielt und von Zeit zu Zeit im Stadtführer nachschaute, war ihm klar, daß er lange nicht so viel wahrnahm, wie wenn Juliet ihn begleitet hätte. Sie fehlte ihm. Er las die kleinen Karten an den Aushängetafeln vor den Geschäften, sie enthielten Namen und Adressen von Frauen, die sich anpriesen als »Die pikante Miss Terry«, »Jessica, eine strenge Zuchtmeisterin« und »Mademoiselle Madeline. Authentische Französisch-Stunden«. Er kam an einem schlichten Holzgebäude mit einer Wäscherei im ersten Stock vorbei, der Chinese drinnen grinste ihn an und deutete nach oben. Walter schüttelte den Kopf und ging weiter; er war im Hotel mit Harvey verabredet.

Nach einer Stunde mit geschäftlichen Dingen entschuldigte sich Walter kurz. Er rief Tarsila Brown nicht an, weil sie die Frau von Foxie Brown war; trotz der unbestreitbaren Erfolge Browns als Dramatiker hätte Walter um nichts in der Welt mit ihm tauschen wollen – der Kerl benahm sich wie ein Esel. Walter rief Tarsila an, weil er ein Mann und sie eine aufregend aussehende Frau war. Während er noch ihre Nummer wählte, erschien ihm dies Motiv freilich nicht minder schäbig als das erste.

»Das nächste Mal«, sagte sie, »rufen Sie aber nicht auf den letzten Drücker an.«

Er sagte: »Ich habe nicht eher gewußt, daß ich Zeit habe. Geschäftliche . . .«

»Ich möchte nur nicht den Eindruck erwecken, daß ich impulsive Männer mag. Um ganz offen zu sein – ich kann sie nicht ausstehn.«

Ach ja, dachte Walter. Und was ist mit Foxie Brown? Er fand es jedoch nicht klug, irgendwelche Zweifel laut zu äußern, und so kam er, aus welchen Gründen auch immer, mit Tarsila zusammen.

Mit einer Frau wie ihr war er noch nie zusammengewesen. Solche Frauen hatte er sich nur hinter verschlossenen Türen im Fieber der Pubertät erträumt. Es war in seinem Leben das erstemal, daß eine Frau ihm die Fingernägel ins Fleisch grub. Sie stöhnte, sie bebte; sie schrie auf: »Nein, *nein,* hör auf!« Und das, als sie schon mitten drin waren. »Walter«, flüsterte sie, »du bist so wie ich. Du bist auch verrückt danach.« Als er ihr Haar berührte, sagte sie: »Es ist dunkles, dickes Haar. Sardisches Haar.«

Natürlich sah er sie da am nächsten Abend wieder. Und am Abend drauf. Ebenso am übernächsten. Wie hätte er's lassen sollen? Wenn sie aus Restaurants kamen, umarmten sie sich auf offener Straße. Warum auch nicht? Wen kannte er denn in London? Er kannte sich hier ja selber nicht mehr. Er war in Amerika verheiratet; er war *geschäftlich* in London; er wußte, was Illusionen sind . . .

Es kam manchmal vor, daß sie es auf der Taxifahrt nach Hause nicht mehr abwarten konnte.

»Der Fahrer!« stöhnte Walter, worauf Tarsila geheimnisvoll-erregend zurückstöhnte: »Du.« Und Walter mußte zugeben, verdammt, daß es wegen der Nähe des Taxifahrers kein bißchen anders war: Er war bloß ein Hinterkopf oder ein Paar Augen im Rückspiegel. Der Unterschied war bloß der, daß Walter mit Juliet einzig und allein dazu im Taxi gesessen hatte, irgendwohinzukommen; *daran* war er gewöhnt.

Als sie dann eines Nachts die Arme um ihn legte, sagte Walter: »Es fängt gerade an zu heilen.«

»Psst!«

»Nicht mit den Fingernägeln, Tarsila –«

Sie ließ von ihm ab und rollte sich weg.

»Was ist denn los?« fragte er.

»Du bist nicht mit Leidenschaft dabei«, sagte sie. »Du denkst an ganz andere Dinge.«

»Tu ich nicht.«

»Doch. Du bist in Gedanken ganz weit weg. Du denkst daran, daß du nach Hause fahren möchtest, zu deiner Frau.«

»Hör zu«, sagte er, ganz der Mann, der seine Karten auf den Tisch legt. »Ich fahr' wirklich nach Hause. In zwei Tagen.«

Zu seiner Überraschung – oder war es bittere Enttäuschung? – sprang sie keineswegs auf, rief sie nicht: »Dann scher dich doch zum Teufel!« Sie zog nicht verärgert ihre Kleider an, um davonzustürmen, so daß er wieder in der gleichen Lage gewesen wäre wie vor der Begegnung mit ihr. Statt dessen zog sie seine Lippen an ihren Mund und sagte: »Du hast einen süßen Atem.«

»Du hast mich gehört?«

»Du bist so anders, Walter. So solide. So verläßlich. Warum nach Hause fahren?«

Hinterher fragte Tarsila: »Kennst du meinen Alten?«

»Wie bitte?«

»Kennst du Foxie?«

»Nie gesehn«, sagte Walter und steckte sich eine Zigarette an.

»Weißt du, was *er* nach so einer Nacht zu mir sagen würde? Daß sie ihm die Kraft zum Schreiben am nächsten Tag weggenommen hat. Aber du – du wirkst so stark, Walter. Du bist so ganz und gar da.«

Mehr sagte sie gar nicht, und sie sagte es in ernstem Ton; doch Walter fühlte sich plötzlich ganz klein vor Scham. Was war Tarsilas Leben oder auch Foxies Leben eigentlich – außer endlosem Theater? Schauspielerei. Er hatte sie richtig erkannt, in der ersten Nacht miteinander, als ihm das Bild in den Sinn gekommen war (das aber, wie er nun feststellte, genau ins Schwarze traf), daß Tarsila da unter ihm in einem aufgeblasenen Sack trieb, in einer angeschwollenen, unsichtbaren Membran, wo sie ihre Verrenkungen nur für sich allein ausführte. Sie erklärte ihm, daß er so solide, so ganz und gar dieses und jenes sei; aber wie naiv von ihm zu glauben, daß *er* es war, der diese Leidenschaft erregte, und nicht Tarsila selbst, diese Fantastin, Illusionistin, Schauspielerin, die sich in Wirklichkeit an sich selbst erregte. »Oh, du bist ein König, Walter!« schrie sie, als sie in dieser Nacht erneut beide gleichzeitig kamen; er glaubte aber nicht, daß sie es meinte.

Am nächsten Abend besuchte er sie wieder. Warum denn auch nicht, wenn er vorher Nacht für Nacht mit ihr zusammengewesen war? Aber was war mit der folgenden Nacht? Da würde er bereits zu Hause sein.

Während er noch über die Regent Street lief, um für seine Frau ein Geschenk zu kaufen, stellte er sich selbst die Frage, die Tarsila ihm gestellt hatte und die er seiner Meinung nach aus hinreichenden Gründen überhört hatte. Warum nach Hause fahren?

Am nächsten Morgen um vier oder fünf Uhr früh fuhr er mit einem stechenden Schmerz an der ganzen rechten Seite aus dem Schlaf hoch. Der Schmerz war dermaßen heftig, daß er Angst bekam, so etwas wie einen Schlaganfall zu erleiden. Mit dreißig? Nein! Ist nun alles vorbei? Und was war denn überhaupt gewesen? In seiner Schreckensnot empfand er jedoch ein Gefühl der Dankbarkeit dafür, daß er ins Hotel zurückgekehrt war, statt bis zum Morgen bei Tarsila zu bleiben. Er war dankbar für das, was Juliet damit erspart blieb.

Er taumelte zum Telefon. Binnen Minuten befand er sich in einer Ambulanz auf dem Weg zum Krankenhaus, wo sein Blinddarm dem Chirurgen fast in der Hand aufplatzte. Er wurde den Gedanken nicht los, daß zwischen der Entzündung und seinen Aktivitäten der letzten sechs Tage ein Zusammenhang bestand. Es gab sonst keine Erklärung, obwohl er natürlich den Arzt nicht anzweifelte, als der ihm versicherte, dem müsse keineswegs so sein.

Tarsila kam ihn wenige Minuten nach seinem Ferngespräch mit Juliet besuchen. Als sie die Jacke ihres gelben Kostüms abstreifte, bemerkte er auf ihrem Arm ein Mal, das er mit dem Mund verursacht haben mußte.

Sie legte eine Hand auf das Oberteil seines Krankenhaus-Pyjamas. »Brusthaare machen mich ganz wild«, sagte sie. Wirklich? Wie denn?

Als Tarsila aus der Tür ging, kam Harvey Landau herein. Die beiden grüßten sich nur mit einem Kopfnicken; sie waren natürliche Feinde. Obschon es Harvey offenbar wenig gekümmert hatte, was Walter mit seiner freien Zeit machte, war der mehrmals drauf und dran gewesen, ihn zu bitten: »Hör mal, du wirst doch Juliet nichts verraten?« Doch er war ein erwachsener Mensch und hatte das Recht, zu tun und zu lassen, was er wollte; er sagte daher auch nichts zur eigenen Verteidigung. Er begann den Stillschweigen bewahrenden Harvey sogar als »spießigen Harvey« und »bourgeoisen Harvey« zu betrachten: Harvey hätte insgeheim gern das gleiche getan – davon war Walter überzeugt –, nur war der Mann eben zwanzig Jahre zu alt und vierzig Pfund zu schwer und ohne den nötigen Mumm . . .

Als der ältere jedoch den Mund aufmachte, verstand Walter sofort, daß seinem Chef nur Walters Interessen am Herzen lagen, und sonst gar nichts. »Hast du was dagegen, wenn ich dir einen Rat erteile, du großer Hecht?« sagte Harvey endlich.

Walter schüttelte den Kopf. »Ist nicht nötig.«

»Oha, nicht nötig?«

»Nein. Sie ist eine Hochstaplerin, Harv. Alles bloß Theater.«

»Und du bist schließlich kein Schuljunge mehr«, sagte Harvey, und mit Erlaubnis des Arztes verließ Walter das Krankenhaus am nächsten Tag im Rollstuhl und flog nach Hause. Er wurde am Flughafen von seiner Frau abgeholt, und sie nahmen ihr gemeinsames Leben wieder auf.

Weder an dem Abend selbst, noch am Morgen nachdem er den Mann auf der anderen Hofseite gesehen hatte, erwähnte er es Juliet gegenüber. Sie sagte ihm auch nichts davon. Und in gewissem Sinne war das der Grund, warum er ihr nichts sagte . . .

Doch die Frage blieb: *Hatte* der Mann sich absichtlich gezeigt? Es konnte ja sein, daß er einfach bloß so vor seinem Fenster auf und ab gegangen war . . . Aber Walter wollte sich nicht ausreden, was offenkundig war, nur weil es unangenehm war. Er mußte sich bloß hüten anzunehmen, was *nicht* offenkundig war: daß Juliet bewußt und gern Augenzeugin gewesen war. Aber die Vorhänge hatten sich bewegt. Soviel *wußte* er. Er hatte sie nie eines Ehebruchs verdächtigt, aber das . . .

An den folgenden Abenden war gegenüber Licht, und die Vorhänge waren zurückgezogen; wenn Walter sich jedoch durch das eigene,

dunkle Wohnzimmer schlich und zwischen den Vorhängen hindurch-
spähte, sah er nichts von dem nackten Mann. Am zweiten Abend kam
Juliet um neun aus ihrem Arbeitszimmer; am dritten kehrte sie nach
einem unbekümmerten Ausflug in die Küche wieder dorthin zurück,
um dann praktisch den ganzen Abend hinter der verschlossenen Tür zu
verbringen. Bevor sie in ihrem Arbeitszimmer verschwand, tat sie allerdings etwas Ungewöhnliches: Sie schaute zu ihm herüber, als ob sie ihr
Verhalten erklären wollte – vielmehr, als wolle sie ihm irgendeine Lüge
auftischen. Hatte er etwa jemals eine Erklärung von ihr verlangt?

»Ja?« sagte er vom Sofa her, wo er den Eindruck zu erwecken versuchte, eine Zeitschrift durchzublättern.

Sie schüttelte den Kopf – errötend, wie er bemerkte – und ging in ihr
Arbeitszimmer. Einen Moment lang war er so erstaunt, daß er glauben
wollte, das alles bilde er sich bloß ein. Er eilte in die Küche, aus der
Juliet eben gekommen war, und fand keinerlei Hinweis, daß sie auch
nur ein Glas Wasser getrunken hatte.

Am Samstagabend gingen sie aus, zu einem Dinner, und am Sonntag
besuchten sie Freunde auf dem Land. Für die Rückfahrt gab es zwei
Züge: Der eine würde sie um sieben heimbringen, der andere gegen
Mitternacht. Es war ein langweiliger Tag voller aufmüpfiger Kinder
und anhänglicher Hunde, doch als die Freunde sie einluden, zum
Abendessen zu bleiben und den Nachtzug zu nehmen, sagte Walter
sofort zu. Juliet dagegen griff sich an die Stirn und erklärte, sie fühle
sich nicht wohl, mit dem Resultat, daß die beiden den frühen Zug nahmen.

»Fühlst du dich wirklich krank?« fragte Walter beim Einsteigen.

»Still. Sie schaun durchs Fenster herein. Wink ihnen zu.«

Der Zug setzte sich in Fahrt. »Juliet, fühlst du dich nun krank oder
nicht?«

»Ich hab' mich schrecklich gelangweilt, Walter.«

»Also wirklich!«

»Du etwa nicht?«

»Ich habe doch gesagt, daß ich zum Essen bleiben wollte. Hast du
mich nicht gehört?«

»Ich dachte, das hättest du nur aus Höflichkeit gesagt. War's dir
denn nicht langweilig?« fragte sie. »Der große Hund hat doch am aller-
meisten dich abgeleckt.«

»Mir war nicht langweilig, Juliet.«

»War's dir aber doch!«

»War mir nicht!«

»Na schön – wie soll ich das wissen!« entgegnete sie, und obwohl es für einen Fremden vielleicht harmlos genug ausgesehen hätte, wie ein ganz gewöhnlicher Ehestreit, wußte Walter, dem das Herz in die Hose sank, daß dem keinesfalls so war. Sie sprachen auf der ganzen Heimfahrt bis nach New York kein Wort mehr miteinander.

Zu Hause ging Juliet sofort ins Badezimmer und knallte die Tür hinter sich zu; Walter raste zum Vorhang, schob ihn ein paar Zentimeter auf, und – kein Licht gegenüber.

Als Juliet aus dem Bad kam, sagte sie: »Wenn's dir denn *recht* ist, geh' ich jetzt in mein Arbeitszimmer.«

Walter lag auf dem Sofa ausgestreckt. »Von mir aus.«

»Zufällig schreibe ich etwas«, sagte Juliet kämpferisch.

»Gut.« Doch in dem Moment, da Juliet verschwand, war seine Selbstgefälligkeit zerronnen.

Am folgenden Tag spürte Walter gegen Ende des Abendessens wirklich ein Brennen in der Brust, als er bemerkte, wie seine Frau ihre Kaffeetasse mit zwei großen Schlucken leerte. Sie murmelte irgend etwas darüber, woran sie schrieb, und verzog sich in ihr Arbeitszimmer. »In Ordnung«, sagte er zu sich selbst. »Sie schreibt also wieder.« Während er selber fähig war, einen Plan, der sich als unmöglich erwiesen hatte, mit einem sauberen, scharfen Schnitt zu beenden, mußten Juliets weltfremde, nie realisierbare Ambitionen eine Reihe von Filtern durchlaufen, bis sie endlich verschwanden. »In Ordnung, so ist die Frau eben. Ich hätte es wissen müssen, als ich sie geheiratet habe.« Es war selbst für ihn unglaublich, wie beflissen er sich mühte, ihr Glauben zu schenken.

Er setzte sich an seinen Schreibtisch, um die Post durchzusehen. Dann stand er auf, öffnete ganz leise die Tür und begab sich über den Flur nach hinten. An diesem Abend brannte das Licht drüben wieder, doch schien niemand zu Hause zu sein. Unten im Hof spiegelte sich das Fenster von Juliets Arbeitszimmer in einer Pfütze.

Er hatte neulich am Mittwochabend nicht halluziniert: Der Mann war dagewesen; Walter war sich völlig sicher. Könnte alles andere jedoch Einbildung sein? Hatte die ganze Sache damit zu tun, daß er von

Tarsilas Anwesenheit in New York wußte? Seit Mittwoch hatte er überhaupt nicht mehr an sie gedacht. Angesichts seines neuen häuslichen Problems war das Problem, ob er sie anrufen sollte, verschwunden. Oder hatte er das eine erfunden, um das andere loszuwerden?

Einen Grund nach dem andern lieferte er sich, um nicht glauben zu müssen, was er an jenem ersten Abend auf Anhieb gewußt hatte. Tarsilas Ankunft war rein zufällig; er durfte sie nicht benutzen, um seinen Verdacht gegen Juliet wegzuerklären. In den sieben Monaten seit seiner Rückkehr aus London hatte er kaum an Tarsila gedacht; und als er dann an sie gedacht hatte, auch nur zusammen mit halb New York: Die Umstände ihrer Scheidung von Brown waren von der Boulevardpresse mit Begeisterung aufgegriffen worden. Ganz zuletzt war es auf einer Party in Limehouse zu einer wüsten Keilerei gekommen, bei der Foxie durch ein offenes Fenster gestoßen worden war, das auf die Themse hinausführte. Tarsila hatte bloß einen Zahn verloren, aber das Zeitungsfoto der armen Frau, die sich die Hand vor den Mund hielt, hatte Walter nur in der Überzeugung bestätigt, welches Glück er gehabt hatte, in der letzten Nacht seines Aufenthalts in London eine Blinddarmentzündung zu bekommen. Zu welcher dummen, spontanen Entscheidung hätte er sich wohl hinreißen lassen, wenn er gesund und bei Kräften gewesen wäre?

Damals hatte er keinerlei Bedauern empfunden, Tarsila verlassen zu haben. Doch als ihr Leidensfoto in der Zeitung erschien, mit der Schlagzeile »Tigerin verliert Fangzahn an Englands Zornigen Jungen Mann«, da war Walters erster Gedanke: *Mit dieser Tigerin habe ich eine Woche verbracht.* Auf dem Weg zum Mittagessen hatte er eine überwältigende Versuchung gespürt, seinem Gast, den er kaum kannte, von seiner Eroberung zu erzählen. An der Straßenecke schleuderte er die Zeitung dann aber in einen Abfallkorb und marschierte, wieder ganz der alte, weiter.

Er stand hinter den Vorhängen und hielt Ausschau nach einem Mann, der gar nicht da war. Warum tat er das eigentlich?

Aber dann erblickte er, wonach er Ausschau hielt. Oder einen Teil davon. Walter sah einen nackten Fuß. Er mußte diesen blassen Fleck auf dem Läufer nächtelang fixiert haben, ohne zu erkennen, daß es menschliches Fleisch war. Es was alles, was er brauchte, nur diesen klar sichtbaren Beweis, damit ihm der letzte Rest von Zweifel – oder Hoffnung –

schwand. Es gab den Mann wirklich; er saß auf einem Stuhl in der Ecke des Wohnzimmers, außerhalb von Walters Sichtweite, aber in Juliets Blickfeld. Damals in der ersten Nacht war er vor dem Fenster auf und ab geschritten, um ihre Aufmerksamkeit zu erregen oder wiederzugewinnen, oder weiß Gott was. Nun *saß* er für Juliet völlig sichtbar da.

Und was machte Juliet in ihrem Arbeitszimmer? Tat sie so, als würde sie schreiben, und riskierte Seitenblicke? Oder schaute sie offen hin? Oder war sie selbst auch entkleidet? Das war es, wozu all ihre Träumereien geführt hatten! Dazu! Durch die Vorhänge auf diesen nackten Fuß schauend, verfluchte er all die verdammten schicken Mädcheninternate, die seine Frau besucht hatte, all die unmöglichen Ambitionen, die sie in ihr hervorgebracht hatten. Andererseits mußte er sich natürlich auch selbst die Schuld geben. Er hätte sie schon vor Jahren zwingen müssen, ein Kind zu bekommen.

Die Entscheidung, Tarsila anzurufen, fiel ihm so leicht, daß ihm klar war: Sie mußte im Zusammenhang stehen mit dem, was sich allabendlich in seinem Heim abspielte. Aus Rache an Juliet? Warum Rache, wenn doch das, was er für sie empfand, als sich die Abende dahinzogen, weder Zorn noch Eifersucht, sondern bloß furchtbares Mitleid war? Er spürte Mitleid, doch er unternahm nichts. Er fand zunächst keine Möglichkeit, wie er ihr sein Wissen offenbaren könnte, ohne eine Totalkrise zu riskieren. Könnte sie sich schließlich nicht am Rande eines Zusammenbruchs befinden? Andererseits mochte die ganze Sache in ein oder zwei Tagen vorbei sein. »Vielleicht ist es nur eine vorübergehende Verstörung, eine komische Laune«, sagte er sich. »Du darfst auf keinen Fall den Kopf verlieren!«

Was aber sollte sich dieser Mann als nächstes in den Kopf setzen? In den frühen Morgenstunden wurde Walter dermaßen von Angst vor möglichen Konsequenzen geschüttelt, daß er so weit war, Juliet auf der Stelle zu wecken und die Geschichte offen auszusprechen. Als er dann aber auf seine Frau blickte, war er nicht fähig, ihren Schlaf zu stören, denn ihm kam plötzlich der Gedanke: »Für das Glück, das ich ihr bereitet habe, könnte sie genausogut mit jedem andern verheiratet sein.«

Als ob das ein ausreichender Grund wäre, den Wahnsinn andauern zu lassen! Als ob es auch nur wahr wäre! Er mußte etwas tun, *irgend etwas!* Doch er unternahm nichts. Außer Tarsila anzurufen.

Als Tarsila fragte: »Wer da?«, kam ihm sofort die Erinnerung an ihr allererstes Gespräch, als sie ihn davor gewarnt hatte, oberflächlich zu sein. Dabei war sie die oberflächliche Person, *sie* wußte gar nicht, was tiefere Bindungen, was Treue und Opfer und Hingabe waren. Foxie war ihr zweiter Ehemann, er selber zweifellos ihr x-ter Liebhaber gewesen. Er sollte eigentlich auflegen. Sie war ein minderwertiger Mensch, ein unwirklicher Mensch – eine Hochstaplerin.

»Ich möchte dich wiedersehn«, sagte er so ruhig wie möglich.

»Ach ja?«

»Ja.«

»Als du aus London abgereist bist, hast du das aber nicht allzu deutlich klargemacht.«

»Nein, vermutlich nicht. Ich würde dich aber trotzdem gern wiedersehn.«

»Wenn ich mich recht erinnere, hast du überhaupt nichts klargemacht. Du hast es einfach so stehen lassen, wenn ich mich recht erinnere.«

»Nun ja, das stimmt.«

Sie erwiderte nichts.

»Ich war im Krankenhaus, Tarsila. Und dann mußte ich nach New York zurück.«

»Na schön, ich bin froh, daß du wohlbehalten angekommen bist. Adieu, du Pisser.«

Walter merkte nicht gleich, daß am andern Ende der Leitung niemand mehr war. Er legte auf und kehrte in sein Büro zurück.

Juliet verschwand an diesem Abend um halb neun in ihr Arbeitszimmer. Walter, der nicht wußte, was er sonst tun sollte, ging deshalb aufs eigene Zimmer. Wozu nur? Und wieder einmal kam er ins Wohnzimmer zurück, lugte er kurz zwischen den Vorhängen durch, sah er den Fuß und setzte sich dann im Dunkeln nieder.

Pisser. Oder war es »Spießer« gewesen? Er konnte sich nicht mehr genau erinnern, wie sie sich ausgedrückt hatte. Die beiden Wörter stiegen abwechselnd in seinem Bewußtsein hoch und verschwanden wieder, als ob sie jemand gesagt hätte, der ihm wirklich wichtig war.

Als ob *Wörter* wichtig wären! Worum ging es denn wirklich? Juliet war seine Frau – er war ihr Mann! »Genug!« sagte er sich, *»ich will Juliet wiederhaben«*, worauf er die Begründung nachschob: »weil es jetzt keine Chance mehr gibt, nebenbei Tarsila zu haben«, und er war entsetzt, was für Menschen aus Juliet und ihm geworden waren, sozusagen über Nacht. Nein – das traf nur auf ihn zu; Juliet hatte ja nie etwas wirklich akzeptiert – weder sich selbst oder die Ehe noch ihren Mann. Er mußte sich jetzt endlich eingestehen, daß Juliet ein zu großes Problem darstellte, als daß er damit hätte fertigwerden können. Es fiel ihm schwer zu glauben, daß es so weit gekommen war.

Er wartete am nächsten Abend bis nach dem Essen, bevor er ihr mitteilte, wozu er sich zu guter Letzt entschlossen hatte.

Er ging es langsam an. »Ich möchte dich etwas fragen.«

»Ja?«

»Dir etwas sagen.«

»Nämlich?«

»Es wird dich wohl überraschen. Ich habe darüber aber schon eine ganze Weile nachgedacht.«

»Also, worum geht's?«

»Es gibt da ein paar Dinge, deretwegen wir zusammen einen Psychiater aufsuchen sollten.«

Juliet setzte sich wieder hin. »Was ist los?« fragte sie.

Er wußte nicht, ob er sie offen anschauen sollte, um sehen zu können, wie sie sich verriet, oder ob er den Blick senken sollte, damit sie ihr Gesicht wahren könnte, bis sie in der Arztpraxis auf sicherem Boden war. »Ich dachte, *du* hättest vielleicht gemerkt, daß da so einiges nicht ganz in Ordnung ist.«

»Mit dir?« fragte sie.

Geduld. Sie sitzt in der Falle, und sie weiß es. Arme Juliet, am Ende bist du doch eine ziemlich gute Schauspielerin. »Mit unserer Ehe«, sagte Walter freundlich.

». . . Ich glaube nicht, daß es da Probleme gibt.« Aber sie hatte gezögert.

»Wenn wir es vielleicht aussprechen würden.«

»Was denn?«

Er gab keine Antwort.

»Aber was denn aussprechen? Du hast doch immer behauptet, daß all diese Leute, die eine Psychoanalyse machen, sich bloß in die eigene Tasche lügen. Daß es lediglich eine Willensfrage ist.«

»*Alle* habe ich nie gesagt.«

»Na schön. Ich versteh' überhaupt nicht, worauf du hinaus willst. Nun sieh mich doch nicht so an. Ich versteh's wirklich nicht.«

»Tatsächlich?«

Sie warf ihre Serviette auf den Tisch. »Nein!«

»Ich verstehe nicht, warum du nicht mitkommen willst, Juliet.«

»Weil *ich* nicht verstehe, worum es dir eigentlich geht. Du willst doch wohl sagen, daß mit *mir* etwas nicht stimmt.«

»Ich spreche nicht von dir.«

»Natürlich sprichst du von mir, Walter. Ich weiß doch Bescheid.« Ihr traten Tränen in die Augen. »Ich weiß, warum du glaubst, daß ich einen Psychiater brauche.«

Er senkte den Blick. »Okay, Juliet. Warum?«

Keine Antwort. Als er den Blick wieder hob, fixierte sie ihn kalt. »Du kannst es nicht ertragen, daß ich ein Theaterstück zu schreiben versuche, deshalb! Du hältst es nicht aus, daß ich für Leo arbeite – außerdem hältst du das für Zeitverschwendung!«

»Davon war überhaupt nicht die Rede. Ich hatte gedacht, du schreibst eine Erzählung.«

»Ich hab' dir aber doch gesagt, daß es ein *Theaterstück* ist.«

»Hast du nicht, Juliet.«

»Hab' ich doch!«

Er schüttelte den Kopf. Hatte sie wirklich? Ein Theaterstück?

»Du kannst es nicht ertragen«, knurrte sie. »Und deshalb soll ich zum Psychiater gehen.«

Ihm war kurz zumute, als ob er einen Schritt ins Leere gemacht hätte. Warum sollte sie ein Theaterstück schreiben? Aber sie schrieb ja gar keins!

»Für meine Pläne hast du noch nie wirklich Respekt gehabt«, sagte Juliet.

»Das ist nicht wahr. Und darum geht's auch gar nicht.«

»Du meinst immer, daß ich mir nur etwas vormache.«

Er schüttelte müde den Kopf.

»Jede andere Frau hätte mit der Schauspielerei weitergemacht. Ist dir das eigentlich klar, Walter? Wie kann man denn mit fünfundzwanzig überhaupt etwas über sich wissen, wenn man sich keine Chance gibt? Aber ich habe nur aufgehört – weißt du auch, warum? –, weil ich genau wußte, daß du gedacht hast, ich mach' mich lächerlich.«

»Keineswegs. Du erinnerst dich anscheinend nicht, was passiert ist.«

»Ich erinnere mich genau, was passiert ist! Ich kann mich ganz genau erinnern, was *ich* dabei empfunden habe. Wie willst denn du wissen, was *ich* denke!«

»Hör zu« – er mußte ihre Worte wiederum von sich abschütteln –, »wenn du vielleicht mit jemandem darüber reden würdest –«

»Ach verdammt! Du willst mich nie so lassen, wie ich bin. Du hältst mich für dumm! Du glaubst, daß ich meine Zeit verplempere!« Und sie schluchzte einmal laut, bevor sie fortfuhr: »Und wenn schon! Nimm mal an, daß ich mein ganzes Leben verplempere! Warum nicht? Es ist *mein* Leben. Wenn ich nicht tue, was du willst, glaubst du, daß ich mir was vormache. Na schön, ich verplemper's aber nicht!« Sie schrie ihn an: »Oder ich verplemper's eben – ist mir doch egal!«, und dann rannte sie aus dem Eßzimmer in ihr Arbeitszimmer, wo sie die Tür hinter sich zuknallte und abschloß.

Er hatte nichts erreicht. Er hatte für den nächsten Nachmittag einen Termin beim Psychiater ausgemacht; er hatte Juliet nicht gesagt, daß er schon einen Termin für sie, oder, wie er es ausgedrückt hätte, für sie beide vereinbart hatte. Was nun? Sollte er sie hinschleppen? War der Moment gekommen, daß er an der Tür ihres Arbeitszimmers pochen und Eintritt verlangen mußte? Warum hatte er ihr nicht gleich am ersten Abend das Geständnis abverlangt? Sie hatte sich zum Narren gemacht, sich erniedrigt – indem sie ihr gesamtes Leben in die eigene Hand genommen hatte –, und er hatte es zugelassen.

Er hatte es zugelassen! Jetzt zog sie sich wohl aus Trotz, Verärgerung, Verwirrung aus und stellte sich ans Fenster. *Und er ließ es zu!*

Er stand auf und raste ins inzwischen unbeleuchtete Wohnzimmer, wollte weiter zum Arbeitszimmer, blieb aber dann am hinteren Fenster stehen, um durch die Vorhänge zu spähen; und plötzlich schlug seine Wut um in Mißtrauen gegen sich selbst. Hatte er sich während der vergangenen Abende nicht insgeheim ein Vergnügen daraus gemacht zu linsen und sich auszumalen ...

Dann bemerkte er die Veränderung gegenüber. Der Mann hatte den Stuhl gewechselt. Er hatte sich um einen knappen Meter ins Rauminnere begeben, so daß er jetzt nicht nur von Juliets Zimmer, sondern auch vom Fenster des Wohnzimmers aus beobachtet werden konnte. Er saß zurückgelehnt in einem Sessel, hatte die Beine an den Knöcheln übereinandergeschlagen und den Kopf nach hinten gelegt; man konnte die volle Länge seines blassen Halses erkennen. Er tat so, als ob er fernsehe. Nackt. Er rauchte eine Zigarette, ganz ruhig und mit Bedacht, auf eine für Walters Empfinden absolut geile Art und Weise.

»Oh mein Gott«, sagte Walter und spürte Tränen in den Augen. Wollte er Juliets halber etwa weinen? Wegen des Mannes dort gegenüber? Er zog an der Schnur des Vorhangs und stand nun völlig im Dunkeln hinter dem großen Fenster und blickte auf den fremden, seltsamen Mann. Walter konnte den Blick einfach nicht von ihm losreißen. »Ach«, dachte Walter, »ich«, sagte er laut und erschöpft wie jemand, der die Waffen streckt, »ich bin einfach zu normal.«

Er riß sich den Sweater vom Leib und schleuderte ihn auf den Boden. Und was hatte das zu bedeuten? Er begann an seinen Sachen zu zerren. Offenbar war er wütend; so kam es ihm jedenfalls vor. Was machte er da nur? Es war ihm egal. Die Kleidungsstücke lagen im Nu zu seinen Füßen. Er bewegte sich wieder in den Raum zurück, machte dann aber nur Licht. Kehrte, von dem Bild angelockt, zum Haufen der abgelegten Kleidungsstücke zurück, um vor dem Fenster dann langsam die ganze Breite des Raumes auf und ab zu schreiten, so als ob er die Ankunft eines anderen Menschen erwartete oder ein neues Paar Schuhe ausprobierte. Und führte Selbstgespräche, sagte sich: *Okay, ich bin nackt! Bei Licht! Vor dem Fenster! Ich!* In einem schwindelerregenden Augenblick – es war, als ob all die Ungewißheiten der vorangegangenen Wochen schlagartig auf ihn niedersausten – drehte er sich zum Fenster, stützte sich auf den Sims und, nur mit Socken und der Armbanduhr am Handgelenk bekleidet, stellte sich aus. Unten im Hofe, wie zum Beweis, daß es wirklich er war, begegnete er seinem eigenen, langgedehnten Schatten. *Doch, ich bin zu allem fähig. Wer bist du eigentlich, daß du so selbstgefällig tust? Du bist nicht mal ein Mensch! Ich bin ein Mensch! Ich stehe an meinem Fenster – Juliet steht an ihrem – er steht an seinem –*

Was mache ich hier bloß?

Er hörte ein Geräusch oder glaubte, es zu hören. »Hei!« rief er und zog gleich darauf an der Schnur des Vorhangs. Er stürzte aus dem Zimmer, riß im Vorübergehen an den Lampenkordeln. Im Arbeitszimmer warf er sich aufs Sofa und zitterte an allen Gliedern und wimmerte in

den Wust seiner Kleidungsstücke hinein. »Du hast mich dazu getrieben
– du warst ja nie mit mir zufrieden«, und glaubte jetzt seine Frau anzu-
sprechen, so wie er vorher seinem Schatten gegenüber Tarsila Brown
angesprochen haben mußte.

Als Walter am nächsten Morgen aufwachte, mußte er feststellen, daß
seine Frau nicht mit ihm sprach. Während des Frühstücks Schweigen.
Dann im Bus zum City Market an der First Avenue eisige Kälte. In dieser Riesenscheune von Supermarkt kaufte Juliet samstags gern ein, und
Walter begleitete sie oft; solche kleinen häuslichen Dinge hatten sie
immer gern zusammen erledigt. Früher einmal waren sie solch ein lie-
benswertes Paar gewesen – warum mußte Juliet nur immer von unmöglichen Dingen träumen? Es war alles nur ihre Schuld!

Er trottete trotzdem mit, trotz der schlechten Stimmung zwischen
ihnen, trotz der Tatsache, daß er nicht wußte, was er mit seiner Frau
oder für seine Frau – oder für sich selber – als nächstes unternehmen
sollte. Den Psychiater anrufen und ihm mitteilen, die ganze Sache zu
vergessen – oder allein hingehen? Und wenn nun das Telefon läutete –
den Hörer abnehmen? Und wenn es der Mann von gegenüber wäre?
Wenn er doch nur die letzte Nacht ausradieren könnte!

Es hatte zweieinhalb Schlaftabletten gebraucht, die größte Dosis, die
Walter je geschluckt hatte, um davon auch nur soviel auszuradieren,
daß er überhaupt einschlafen konnte. Er hatte die Tabletten eingenommen und sich unter die Decken des Ehebetts vergraben – seine Frau
hatte sich noch nicht hingelegt –, auf das Eintreten der Bewußtlosigkeit
gewartet und unablässig gefleht, daß nur das Telefon nicht läuten würde. Am Morgen fühlte er sich wie jemand, der die ganze Nacht über
Ziegelsteine aufgestapelt hat; während des Schlafs war sein Körper
gestraft worden, auch wenn er nicht wußte, wie es geschehen war.

Die Ehe ist etwas Merkwürdiges, etwas *sehr* Merkwürdiges, dachte
Walter; als er nämlich mit seiner Frau in das Menschengedränge des
Supermarkts getreten war, hatten sie Händchen gehalten, so wie sie es
immer getan hatten, um sich in der Menge nicht zu verlieren. Daher
also auch jetzt. Wie nahe wir uns sind! Mann und Frau – ist das nicht
genug?

»He –«, sagte Juliet.

»Entschuldigung ...«

»Was ist los mit dir?« Er hatte ihre Hand gedrückt; mit Sicherheit nicht allzu fest. Sie riß sich trotzdem los.

»Entschuldigung . . .«, sagte er.

Sie bewegten sich durch den Markt, vorbei an massigen Gemüsekörben, Käserädern, Tonnen voll Gurken, Bergen von Fischen, vorbei an all dem Treiben und den bunten Farben, die dem jungen Ehepaar stets so gefallen und gewöhnlich auf ihrem Einkaufsbummel eine tiefe Zärtlichkeit füreinander geweckt hatten. Sie hatten sich selber nie als Menschen empfunden, die sich dem Prickel oder den Freuden des Lebens verschlossen. Nein, sie waren überhaupt nicht eng und zugeknöpft . . .

Ach, was denn noch alles! Juliet, was ist denn bloß?

Sie drehte sich vom Käsestand nach ihm um. »Hör zu, Walter, wenn du heute morgen nicht bei mir . . .«

»Kaufen wir Fenchel«, sagte er. Er wußte nicht, was er sonst sagen sollte.

»Ich hab' schon Fenchel gekauft.«

»Italienisches Sesambrot.«

Sie wich ihm gereizt aus. Italienisches Sesambrot hatte sie ebenfalls schon gekauft. Na und? *Na und!* Plötzlich merkte er, wie sehr er sie haßte. Hatte es in ihrer Ehe je eine Zeit gegeben, da sie ihm nicht zur Last gefallen war? Nie! Sie ging zwischen den Regalen davon, und es war ihm völlig egal, ob er sie je wiedersehen würde. Hatte sie denn jemals etwas getan, um *ihn* glücklich zu machen?

An dem Fischstand, auf den Juliet zusteuerte, erhaschte er dann aber den Blick auf ein Gesicht, das ihm bekannt vorkam. Er konnte es nicht gleich unterbringen. Er nahm an, daß es irgendein Schauspieler war, dem er vor Jahren einmal begegnet sein mußte . . . Dann wurde ihm alles klar. Er hatte ihn im ersten Moment nicht wiedererkannt, weil der Mann hier im Supermarkt natürlich *nicht* nackt war. Walter sah sich erneut in der Menge um – und da war er ja, mit einem Tirolerhut, im Regenmantel . . . Die Köpfe bewegten sich; fort war er. Als er wieder ins Blickfeld kam, drehte Walter sich rasch weg, damit sein Starren nicht bemerkt wurde. Hier wirkte der Kerl nicht so matt und träge wie in seiner Wohnung, wenn er in seinem Sessel zurücklehnte; sein Blick war auch nicht so ziellos, statuenhaft wie aus der Entfernung; und seine Haut sah nicht so statuenhaft fahl aus wie bei der weichen Zimmerbeleuchtung. Nein, die Gesichtsfarbe war sogar leicht rötlich. Es gab keinerlei deutliche Anzeichen, daß er ein weniger achtbarer Bürger wäre als Walter – aber es war der Mann.

Er ist uns gefolgt!

Und sofort begann Walter sich vorzuschieben, genau dahin, wohin er seine Frau steuern sah, zum Fischstand.

Er grabschte nach ihrem Arm.

»*Entschuldigung* –« Sie drehte sich um und machte sich frei. »Walter!«

Deine Schuld! dachte er und hätte sie umbringen können. Er griff ein zweites Mal nach ihr und begann sie zum Ausgang mitzuzerren.

»Hör zu, ich *habe* Brot gekauft. Zieh doch nicht so, Walter –« Und er zog sie wirklich, mit aller Kraft, während er mit der freien Hand Ellbogen, Knie, Einkaufstaschen beiseite schob.

Zum Ausgang – zu dem Mann! In der Menge der Kauflustigen hatte Walter ihn erneut verloren – doch die Menge wechselte, wogte hin und her, und da tauchte der Hut wieder auf, nur wenige Meter von der Stelle entfernt, wo sie vorbeikommen mußten auf dem Weg zur Straße hin, nach Hause und, o Gott, was dann? Was hatten sie bloß getan! Walter packte Juliet fester und wappnete sich für den Vorstoß zur Straße.

»Walter!« wollte Juliet wissen, »*Was* –« Und beim Klang ihrer fragenden Stimme schien er auf einmal – unmittelbar vor dem Entkommen – Willen und Ziel zu verlieren. Oder sie änderten sich; oder sie platzten. Der Impuls, sie mit sich fortzuzerren, schlug ins Gegenteil um. Es dauerte nur eine Sekunde, ein Verlangen, herauszuschreien: »*Dann nimm sie dir doch!*« Dann hörte er, wie sie seinen Namen schluchzte, und er schob und stieß und schleifte sie mit und erreichte den Ausgang und die Straße im Sonnenlicht.

Sie fiel gegen ihn. »Walter –«

Er wollte ein Taxi – mehr noch aber wollte er sie schütteln, durchschütteln wollte er sie, damit all ihre dummen Sehnsüchte aus dem Kopf herauspurzelten.

»Liebster Walter –«

Er winkte vorbeifahrenden Taxis. »Heim«, sagte er. »Wir gehn heim! Wir machen, daß wir hier wegkommen –«

»Sei mir nicht böse –«

Er fuhr sie an. »*Warte nur, bis wir zu Hause sind!*«

Sie schluchzte. »Es tut mir ja so leid. Ich bin doch mit dir verheiratet. Nicht mit diesem Theaterstück!«

Ach! Genug! Er packte sie an den Schultern. Die Wahrheit! Endlich! *Was für ein Theaterstück?«*

»Es taugt sowieso nichts«, stöhnte sie. »Aua, du tust mir weh!«

Das Taxi hielt an. Er schob Juliet hinein, sprang hinterher und zog die Wagentür hinter sich zu. Auf dem Bürgersteig hatte sich ein Menschenknäuel gebildet – Walter wagte einen letzten Blick nach draußen und sah mit Erleichterung keinerlei Anzeichen eines Tirolerhuts. Und Juliet schluchzte immer noch.

»Okay«, ging er sie an. *»Was für ein Theaterstück?«*

»Bloß ein Einakter. Ich hab' dir keine Konkurrenz gemacht, *wirklich* nicht. Du siehst –«

»Verdammt, Juliet. *Was für ein Theaterstück?«*

»– das falsch, Walter. Das hab ich nicht gewollt. Es hat nichts mit dir zu tun, ehrlich nicht.« Doch sie vergrub den Kopf an seiner Brust, als ob sie ihren eigenen Worten nicht glaubte. Und konnte ihr Schluchzen nicht unter Kontrolle bringen.

»Hör zu«, sagte er und hob ihr Gesicht, »hör zu: *Was für ein Theaterstück?«* Doch sie stieß nur immer wieder die gleichen kläglichen Antworten hervor, wieder und wieder. Er wiederholte seine Frage noch zwei- oder dreimal – und dann fiel die Antwort sozusagen scharfkantig auf ihn herab. Wie eine Guillotine fiel sie herunter, traf ihn mit dem unerwarteten Schrecken eines knallenden Schlags, obwohl sie doch schon vorher leuchtend über seinem Haupt geschwebt hatte. »Nein!« schrie er innerlich auf. »Nein! Es war *sie!*« Die Wahrheit schien jedoch die zu sein, daß es diesmal allein *er* war.

Sie würde es nie erfahren; sie nicht und auch niemand sonst.

Er rief Kittering an und teilte ihm mit, daß Juliet krank sei. Es machte ihm Vergnügen – falls so etwas an einem solch gräßlichen Tag überhaupt möglich war –, Kittering zu erklären: »Sie wird kündigen müssen.« Als nächstes rief er Harvey an, um ihm mitzuteilen, daß er zwei Wochen Urlaub brauche: Es gehe Juliet nicht gut, sie müßten unbedingt von New York fort. Falls Harvey ablehnen sollte, wollte Walter kündigen und die zwei Wochen auf eigene Rechnung nehmen. Er würde jetzt nicht haltmachen, bis er die vorherige Nacht ausradiert hatte, und die Nächte davor ebenfalls. Bevor er die Nummer wählte, glaubte er einen Moment lang, daß er vielleicht allzu extrem reagierte – bis ihm das extrem Unerhörte seines Verhaltens wieder einfiel. Also wählte er die Nummer: Harvey war nicht nur sein Chef, sondern erwies sich auch als Freund und war einverstanden. Darauf rief Walter bei einem Reisebüro an; danach bei einem Immobilienmakler im Stadtzentrum. Er erklärte, in ein paar Wochen eine Wohnung zu brauchen und schilderte seine Wünsche. In der Zwischenzeit sorgte er dafür, daß in der alten Wohnung alle Vorhänge zugezogen blieben; wenn das Telefon läutete, nahm er den Hörer nicht ab. Er blieb in der Nähe des Apparats, um sicherzustellen, daß auch Juliet nicht antwortete. Sie wollte jedoch sowieso nichts weiter als auf dem Bett liegen bleiben und ihm, wenn er in der Tür erschien, unter Tränen bekennen, daß er recht gehabt habe und sie nicht, und ihn in ihrem Elend um Verzeihung bitten; er wurde an den Tag erinnert, als sie noch in der Hudson Street wohnten, vor Jahren, und sie die Schauspielerei aufgegeben hatte . . . und am nächsten Abend waren sie auf den Bahamas.

Walter begann sich erst wirklich sicher zu fühlen, als die Maschine am Flughafen aufsetzte. »Mein Gott, hab' ich ein Glück!« sagte er sich, als sie ein Taxi zum Hotel nahmen; als sie am Abend zusammen aßen; als sie später zu der Musik auf der Terrasse tanzten; und als sie noch später auf seinen Vorschlag hin wie ein junges Liebespaar an der Bucht spazierengingen, die Schuhe auszogen und Händchen haltend am Rande des Wassers entlangliefen. Es spielte keine Rolle, daß Juliet alles, was sie tat, ihm zu Gefallen tat; es spielte auch keine Rolle, daß sie unfähig war, irgendwie überzeugend zu lachen oder auch nur zu lächeln; wenigstens spielte es für ihn noch keine Rolle. »Ich habe Glück«, dachte er, »großes Glück.«

Sie liefen am Strand entlang. Die Luft war mild und blau. Der Mann auf der anderen Seite des Hofes war tausend Meilen weit weg. Walter entdeckte, daß er endlich klar über ihn nachdenken konnte. Die Krise war vorbei; er konnte wieder denken. Wer war der Mann gewesen? Was hatte er im Schilde geführt? Was hatte er gewollt?

Saß er einfach gern nackt vor dem Fernseher? Warum zog er dann aber nicht die Vorhänge zu?

Walter schaffte es nicht, seinem Erstaunen irgendwie Ausdruck zu geben. Statt dessen fand er nur ein paar Worte über die Sterne hoch oben am Firmament. Er begann sich auf einmal so albern vorzukommen . . . Waren sie ohne Grund auf die Bahamas geflüchtet; zogen sie ohne guten Grund um . . . ?

Mitnichten. Er mußte fliehen. Er hätte nicht in dieser Wohnung bleiben können und sich von Sorge zerfressen lassen, bloß um bei jedem Läuten des Telefons oder des Summers unten am Eingang vor Angst zu sterben. So unschuldig wie der Mann gegenüber auch gewesen sein mochte – und gab es dafür schließlich einen Beweis? –, Walter mußte sein eigenes Verhalten berücksichtigen. Das würde er sogar noch bedenken müssen, während er es vergaß.

Gut – was er den ganzen Tag heruntergebetet hatte, war also wahr: Er hatte Glück. »Und ich werde weiter Glück haben« sagte er sich, und sie kehrten um und begaben sich auf ihr Zimmer, wo er das machte, was er für den nächsten notwendigen ehelichen Schritt hielt. Um erneut zu demonstrieren, was er war und was seine Frau war – was sie jedenfalls zu sein hatten –, bestieg er Juliet, die den ganzen Tag über so züchtig und folgsam gewirkt hatte, und sie hielt den Atem an, als er daranging, sich zu reproduzieren.

James Baldwin

James Baldwin (1924–1987) wurde in Harlem geboren, wanderte 1948 nach Paris aus und verbrachte den größten Teil seines Lebens fern seiner Heimat. Als diese Geschichte erschien, lebte er gerade in Istanbul.

Da sich ein so großer Teil seines Werkes mit Rassenproblemen beschäftigt und Baldwin nie seine Wurzeln vergessen hat, wird er stark mit der Amerikanischen Bürgerrechtsbewegung in Verbindung gebracht. Baldwin begann seine schriftstellerische Karriere als Romancier (*Gehe hin und verkünde es vom Berge,* 1953), aber bekannter wurde er durch seine beredten Essays, die in drei Bänden gesammelt sind. Er schrieb relativ oft für den Playboy, und sein letzter Essay erschien kurz vor seinem Tod. Er hat nur wenige Kurzgeschichten verfaßt, und diese düstere, aber beeindruckende Geschichte bot ihm die Möglichkeit, einmal eine ganz andere Gangart als gewohnt einzuschlagen.

James Baldwin

Der Sohn

Die Stadt ist wie eine erfahrene Hure, die Nacht kommt und geht in ihr. Gleichgültig ist die Stadt bei ihrer Ankunft und unverändert, wenn sie wieder aufbricht. Doch auf dem Land ist das anders. Dort wartet die Nacht auf ihre Gelegenheit, läßt sich Zeit, hat Geduld mit der dummen, gebieterischen Sonne. Sie weiß, daß die Sonne gehen muß, obgleich sich ihr Abschied auf der Schwelle zum Westen endlos hinzieht. Das Land scheint zu erschaudern, wenn endlich die Tür hinter der Sonne zufällt und es mit seiner Geliebten allein ist, die niemals verschmäht wird. Dann wirkt das Land wie ein junges Mädchen, das die Vorstellung nicht erträgt, jemandes Besitz zu sein, und trotzdem nicht leben kann, ohne besessen zu werden. Seit Ewigkeiten kommt die Nacht über das Land, und noch immer erbebt es unter ihrer Berührung. Nur die Stadt hat einen Weg gefunden, mit der Nacht umzugehen, sie bleibt gleichgültig, und vielleicht ist die Nacht deswegen so grausam in der Stadt und so wollüstig auf den Feldern. Ja, die Sonne geht unter. Man sieht, wie sie langsam, würdevoll weiterwandert und sich auf ihren prachtvollen Untergang am äußersten Rand der Welt vorbereitet. Nachdem sie das Land den ganzen Tag lang beschimpft, geschunden und ernährt hat, nimmt sie jetzt Abschied – was das Land, das bereits die lange Berührung der Nacht ersehnt, nicht zu kümmern scheint. Wenig später ist die Sonne ganz plötzlich, sozusagen mitten im

Satz verschwunden. Einfach verschwunden – innerhalb einer Sekunde hinter die fernsten Hügel, das letzte Feld, den entferntesten Baum gerutscht. Verschwunden – und wo sie war, bleibt nur ein langes, langes Schweigen. Dann kommt die Nacht. Sie läßt den graublauschwarzen Kriegsrock fallen und behängt die Wände der Welt mit ihren überwältigenden Trophäen, bevor sie sich über das Land senkt, ihren Geliebten auf ewig in Liebe, Lust und endlosem Flüstern.

So ist die Nacht auf dem Land und in den kleinen Dörfern, die überall verstreut sind wie Bienenstöcke. Ihr zu Ehren erlöschen die Lichter, werden Fenster verriegelt und selbst die leisesten Schritte erstickt. So ist die Nacht für die Menschen, die hier leben, ihre Kühe nach Hause treiben, ihre Kinder ins Bett bringen – *das Sandmännchen kommt!* – und gemeinsam oder allein durch die stürmische Dunkelheit taumeln, taumeln, taumeln, deren Macht herauszufordern ihnen nie in den Sinn käme.

Alle Kinder spüren diese Macht und haben Angst davor; gestern erst sind sie selbst schreiend aus der Dunkelheit gekommen. Alte Männer spüren diese Macht und bereiten sich – aus welcher Freude, welchem Schrecken oder Zorn weiß niemand – auf die Verabredung vor, die diese wahrhaft treue Geliebte der ganzen Welt vor so langer Zeit mit ihnen getroffen hat. Für die Kinder, die als einzige unter den Lebewesen nicht wissen, daß sie auch mit ihnen eine Verabredung hat, ist die Nacht einfach ein Reich des Bösen, bevölkert von namenlosen und nicht benennbaren Verbrechen, von Geistern, die rachsüchtig die Erde durchstreifen und dabei die Gestalt von Bäumen und Felsen, die Stimmen von Vögeln und Grillen und gelegentlich auch Gestalt und Stimme von Menschen annehmen.

Als die Sonne sich auf ihren Untergang vorbereitete und Eric spürte, wie die Nacht bereits wartete, lief er über die Felder heimwärts. Eric – blond, acht Jahre alt, schmutzig und müde – wohnte bei seinem Vater, einem Farmer und Sohn eines Farmers, und bei seiner Mutter, die in einer fernen, unheiligen und unfaßbaren Nacht von seinem Vater verführt worden war, ohne seither jemals auf die Idee zu kommen, ihre Ketten zu sprengen. Ihr war ihre Gefangenschaft so wenig bewußt wie ihre Angst vor der Nacht. Ein Kind lag auf dem Kirchhof, es war Erics kleine Schwester und hätte Sophie geheißen; danach war seine Mutter lange sehr krank und blaß gewesen. Es hieß, daß sie sich nie wieder richtig erholen, nie wieder die sein würde, die sie einmal gewesen war. Dann, vor nicht allzu langer Zeit, hatte im Bauch seiner Mutter ein Stoßen begonnen; Eric hatte es manchmal hören können, wenn er den Kopf auf ihre Brust legte. Sein Vater war stolz gewesen. *Das war ich*, sagte er, groß, lachend, furchterregend und rot, und Eric wußte, wie es ging, er hatte die Pferde gesehen und die blind wütenden Bullen. Doch dann war seine Mutter krank geworden und mußte von zu Hause fort, und als sie wiederkam, war das Stoßen nicht mehr da, nichts war mehr da. Sein Vater lachte weniger, im Gesicht seiner Mutter schien etwas für immer erloschen zu sein.

Eric beeilte sich, denn die Sonne war fast untergegangen, und er hatte Angst, daß die Nacht ihn auf den Feldern überraschte. Seine Mutter würde schimpfen. Sie mochte es gar nicht, daß er allein da draußen herumstreunte. Am liebsten hätte sie es verboten und Eric den ganzen Tag im Auge behalten, doch darin wurde sie überstimmt: Erics Vater gefiel es, daß er neugierig auf die Welt war und wagemutig genug, um sie allein und mit eigenen Augen zu entdecken.

Sein Vater würde nicht zu Hause sein. Er saß bestimmt mit seinem Freund Jamie, ebenfalls Farmer und Sohn eines Farmers, in der Kneipe, *The Rafters*. Sie gingen dort jeden Abend hin, um, wie sein Vater sagte und dabei einen Engländer nachmachte, den er im Krieg kennengelernt hatte, *das Rafters aufzumischen, Sir*. Sie hatten das Rafters schon aufgemischt, lange bevor Eric im Bauch seiner Mutter gestrampelt hatte, denn Erics Vater und Jamie waren zusammen aufgewachsen, zusammen in den Krieg gezogen und hatten zusammen überlebt – es sah ganz so aus, als sollten sie zu Lebzeiten niemals getrennt werden. Außerdem arbeiteten sie den ganzen Tag zusammen auf den Feldern – Feldern, die Erics Vater gehörten. Jamie war gezwungen gewesen, seine Farm zu verkaufen, und Erics Vater hatte sie gekauft.

Jamie hatte einen braungelb gefleckten Hund. Dieser Hund war fast immer bei ihm; wenn Eric an Jamie dachte, dachte er auch an den Hund. Sie waren schon immer dagewesen, schon immer zusammen gewesen, auf genau dieselbe Art, kam es Eric vor, wie seine Mutter und sein Vater immer zusammen gewesen waren, genau dieselbe Art, wie Erde, Bäume und Himmel zusammen waren. Jamie und sein Hund gingen gemeinsam die Feldwege entlang, Jamie ging langsam in der Art der Leute vom Land, mit verlorenem Blick, leicht gesenktem Kopf und sicheren, schweren Schritten. Nie kam er ins Stolpern. Er ging, als müsse er zu Fuß bis ans andere Ende der Welt und wisse, daß es ein weiter Weg war, er jedoch trotzdem am nächsten Morgen ankommen würde. Manchmal sprach er mit seinem Hund, den Kopf noch ein wenig tiefer gesenkt als sonst und leicht zur Seite geneigt, und dann spielte ein flüchtiges Lächeln um seine starren Mundwinkel. Der Hund schnappte nach seiner Hand, vielleicht sprang er an ihm hoch, und er schob ihn weg, leicht, mit einer Hand. Meist aber war Jamie stumm. Sein Kopf schwebte in einer blauen Wolke aus Pfeifenrauch. Aus dieser Wolke tauchte schemenhaft wie ein Schiff an einem nebligen Tag sein kühles, unbewegtes Gesicht auf. Er hatte tiefliegende, unnahbare Augen, rauchig und nachdenklich, Augen, die stets den Horizont widerzuspiegeln schienen, Augen, in die noch nie jemand gesehen hatte – bloß Eric, einmal. Jahrelang war Jamie stumm über diese Wege und Felder gegangen oder hatte nach dem Hund gepfiffen, wenn er abends Erics Haus verließ. Er war einmal verheiratet gewesen, aber dann war seine Frau ihm weggelaufen. Jetzt lebte er allein in einem Holzhaus, und Erics Mutter besorgte seine Wäsche, und Jamie aß jeden Tag mit Erics Familie.

Eric hatte Jamies Augen an dessen Geburtstag gesehen. Sie hatten eine kleine Feier für ihn veranstaltet. Erics Mutter hatte einen Kuchen gebacken und das ganze Haus mit Blumen geschmückt. Die Türen und Fenster der großen Küche standen alle offen, und den Küchentisch hatten sie hinaus in den Hof getragen. Die Erde war nicht schlammig wie im Winter, sondern hart, trocken und hellbraun. In den schmalen Beeten vor der Steinwand des Farmhauses flammten die Blumen, die seine Mutter so liebte und mit so viel Mühe hochzog, und grüne Kletterpflanzen überwucherten die graue Mauer am anderen Ende des Hofes. Dahinter lagen die Scheunen und die Felder, und in weiter Ferne konnte Eric die Kühe fast reglos auf der leuchtend grünen Weide stehen sehen. Es war ein heller, heißer, stiller Tag; die Sonne schien sich kaum zu bewegen.

Das war, bevor seine Mutter fort mußte. Ihr Bauch war schon ein wenig runder geworden, sie hatte ein blaues Kleid getragen und jünger ausgesehen als je zuvor – so jedenfalls war es Eric an diesem Tag vorgekommen.

Obwohl es noch früh war, hatten Erics Vater und Jamie schon einen Schwips, als Erics Mutter zum Essen rief und sie Schulter an Schulter, lachend und Geschichten erzählend, über die Felder kamen. Um ihre Mißbilligung zu zeigen und vielleicht auch, weil sie die Geschichten schon sooft gehört hatte und sich langweilte, war Erics Mutter ziemlich kurz angebunden. Sie sagte nur »Alles Gute zum Geburtstag, Jamie« und forderte die beiden auf, sich an den Tisch zu setzen. Im nahegelegenen Dorf läuteten die Glocken, als sie zu essen begannen.

Vielleicht weil Jamie Geburtstag hatte, fiel Eric etwas an seinem Gesicht auf. Jamie war natürlich schon ziemlich alt. Er wurde heute vierunddreißig, also war er noch älter als Erics Vater mit seinen zweiunddreißig Jahren. Eric fragte sich, wie es sein mochte, so alt zu werden, und war auf einmal insgeheim froh, erst acht zu sein. Denn heute sah Jamie wirklich alt aus. Vielleicht war es das eine zusätzliche Jahr, das den Unterschied machte, an diesem Tag und vor ihren Augen – eine Veränderung, die Eric schaudern ließ bei der Aussicht, neun zu werden. Die Haut in Jamies Gesicht war ihm noch nie so erschienen wie heute, so verschwitzt, und der sonst so verschlossene Mund wirkte gelöst, wie auch sonst alles an ihm: die Art, wie er mit den Armen und Beinen schlenkerte, wie er sich am Tisch räkelte und mit dem Stuhl kippelte. Es lag nicht daran, daß er betrunken war. Eric hatte ihn schon viel betrunkener gesehen. Wenn Jamie betrunken war, bewegte er sich ganz steif, als fühlte er sich wieder in die Armee zurückversetzt. Nein. Er war einfach alt. Es war ganz plötzlich gekommen, heute an seinem Geburtstag. Er saß da, das Haar fiel ihm in die Augen, er aß und trank, und hin und wieder lachte er auch auf eine höchst merkwürdige Art oder neckte den Hund zu seinen Füßen, so daß der während des ganzen Geburtstagsessens träge knurrte und nach Jamies Hand schnappte.

»Hör auf damit«, sagte Erics Vater.

»Hör auf womit?« fragte Jamie.

»Laß den stinkenden alten Köter in Frieden. Gönn ihm seine Ruhe.«

»Laß das Tier in Ruhe«, sagte Erics Mutter müde und genervt; es hörte sich an wie häufig, wenn sie mit Eric sprach.

»Moment mal«, sagte Jamie grinsend und sah zuerst Erics Vater und dann Erics Mutter an. »Das ist *mein* Hund. Immerhin hat ein Mann das Recht, mit seinem Eigentum zu machen, was er will.«

»Dann hat dieser Hund auch das Recht, dich zu beißen«, sagte Erics Mutter scharf.

»Dieser Hund wird sich hüten, mich zu beißen«, sagte Jamie, »denn er weiß, daß ich ihn dann totschieße.«

»Dieser Hund weiß ganz genau, daß du ihn nicht totschießen wirst«, sagte Erics Vater. »Dann wärst du nämlich ganz allein.«

»Ganz allein«, sagte Jamie und sah sich am Tisch um. »Ganz allein.« Dann blickte er auf seinen Teller.

Erics Vater beobachtete ihn. »Ganz schön schwer, in deinem Alter allein zu sein«, sagte er und lächelte. »Wenn ich du wäre, würde ich darüber mal nachdenken.«

»Ich denk' ja darüber nach«, sagte Jamie. Er war ein bißchen rot geworden.

»Nein, tust du nicht«, sagte Erics Vater. »Du träumst nur vor dich hin.«

»Jetzt reicht's aber«, sagte Jamie und wurde noch röter. »Schließlich ist es nicht so, daß ich's nicht versucht hätte.«

»Ach ja«, sagte Erics Vater, »da hast du allerdings wirklich geträumt! So was hab' ich in der Stadt jeden Samstagabend von der Straße aufgelesen.«

»Ja«, sagte Jamie. »Das glaub' ich dir gern.«

»So schlimm war sie gar nicht«, sagte Erics Mutter ruhig. »*Ich* mochte sie. Ich war überrascht, als sie – weggelaufen ist.«

»Jamie hat nicht gewußt, wie er mit ihr umgehen mußte«, sagte Erics Vater. Er sah Eric an und sang spöttisch: »Jamie, Jamie, was für'n Depp, hat 'ne Frau, die läuft ihm weg!« Bei diesen Worten sah Jamie endlich auf und Erics Vater direkt in die Augen. Eric lachte vor Angst los.

»Du hast wirklich 'ne große Klappe«, sagte Jamie.

»Ist nicht mein Fehler, wenn du alt wirst – und niemanden hast, der dir die Pantoffeln bringt, wenn's Abend wird – und du kein Trippeln von kleinen Füßen im Haus hörst«, sagte Erics Vater.

»Ach, laß Jamie doch in Ruhe«, sagte Erics Mutter. »Er *ist* nicht alt, laß ihn in Ruhe.«

Jamie stieß ein sonderbares, hohes, klickendes Lachen aus, das Eric noch nie zuvor gehört hatte und das ihm nicht gefiel, bei dem er am liebsten den Blick abgewandt und gleichzeitig hingestarrt hätte. »Lieber Himmel, nein«, sagte Jamie. »Alt bin ich nicht. Ich schaffe noch alles genauso wie früher.« Er stützte die Ellbogen auf den Tisch und grinste. »Ich hab' euch bestimmt noch nie erzählt, was wir alles so angestellt haben, oder?«

»Nein, hast du nicht«, antwortete Erics Mutter. »Und ich hab' auch nicht die geringste Lust, es jetzt zu hören.«

»Er würde es sowieso nicht erzählen«, sagte Erics Vater. »Er weiß nämlich ganz genau, was ich dann mit ihm machen würde.«

»Oh, sicher«, sagte Jamie und lachte erneut. Er nahm einen Knochen von seinem Teller. »Hier«, sagte er zu Eric. »Gib das meinem armen mißhandelten Köter.«

Eric nahm den Knochen, stand auf und pfiff nach dem Hund, der sein Herrchen verließ und vorsichtig nach dem Knochen schnappte. Jamie sah lächelnd zu, machte die Whiskeyflasche auf und goß sich ein. Eric setzte sich neben den Hund auf die Erde. Allmählich wurde er müde in der strahlend hellen Sonne.

»Unser kleiner Eric wird immer größer«, hörte er seinen Vater sagen.

»Ja«, sagte Jamie. »Sie wachsen schnell. Es kann nicht mehr lange dauern.«

»*Was* kann nicht mehr lang dauern?« hörte er seinen Vater fragen.

»Na ja, daß er anfängt, den Weibern nachzulaufen wie sein Daddy früher«, sagte Jamie. Dann erklang ein leichtes Gelächter am Tisch, in das seine Mutter nicht einstimmte. Statt dessen hörte er das vertraute Geräusch ihres zornigen, lauten Luftholens oder glaubte es zu hören. Niemand schien es zu kümmern, ob er zum Tisch zurückkehrte oder nicht. Er lag auf dem Rücken, starrte zum Himmel empor, überlegte – überlegte, wie es sich wohl anfühlen würde, wenn er alt wäre – und schlief ein.

Als er wach wurde, lag sein Kopf im Schoß seiner Mutter; sie hatte sich zu ihm auf die Erde gesetzt. Jamie und sein Vater saßen immer noch am Tisch, das erkannte er an ihren Stimmen, denn er hielt die Augen geschlossen. Er wollte sich weder rühren noch sprechen. Er wollte bleiben, wo er war, beschützt von seiner Mutter, solange der helle Tag andauerte. Dann dachte er an den Geburtstagskuchen. Aber beim Klang von Jamies Stimme, die jetzt schwerer war als vorher, war er sich sicher, daß sie ihn noch nicht angeschnitten hatten; und wenn doch, hatten sie ihm bestimmt ein Stück aufgehoben.

». . . hat sich vollgestopft und ist dann in der Sonne eingeschlafen wie ein kleines Tier«, sagte Jamie, und die beiden Männer lachten. Sein Vater trank nur selten so viel wie Jamie und hatte ihn oft aus der Kneipe nach Hause geschleppt, doch jetzt war auch er ein wenig betrunken.

Eric spürte die Hand seiner Mutter auf dem Haar. Als er die Augen ein ganz klein wenig öffnete, konnte er über die Wölbung ihres Oberschenkels hinweg in weiter Ferne einen grünen Hügel sehen, wie durch einen Schleier, und dahinter den immerwährenden, reglosen Himmel.

»– sie war eine nichtsnutzige Schlampe«, sagte Jamie.

»Sie war schön«, sagte seine Mutter direkt über ihm.

Sie sprachen schon wieder über Jamies Frau.

»Schön!« sagte Jamie wütend. »Mit Schönheit hält man kein Haus in Ordnung. Und auch kein Bett warm.«

Erics Vater lachte. »Du warst damals so – romantisch, Jamie. Kein Mensch wäre auf die Idee gekommen, daß du dir aus solchen Dingen viel machst. Wahrscheinlich hat sie auch nicht geglaubt, daß es dir wichtig war.«

»War es aber«, sagte Jamie knapp.

»Tatsache ist, daß ich sogar *weiß*, daß sie es nicht geglaubt hat«, fuhr Erics Vater fort.

»*Woher* weißt du das?« fragte Jamie.

»Sie hat's mir gesagt«, erklärte Erics Vater.

»Was soll das heißen?« fragte Jamie. »Was meinst du damit, sie hat's dir gesagt?«

»Genau das. Daß sie's mir gesagt hat.«

Jamie schwieg.

»Damals«, fuhr Erics Vater nach einer kleinen Pause fort, »hast du nichts anderes getan, als den ganzen Tag allein durch die Wälder zu laufen und abends mit mir im *Rafters* zu hocken.«

»Damals habt ihr ständig zusammengesteckt«, sagte Erics Mutter.

»Na prima«, antwortete Jamie scharf, »wenigstens das hat sich nicht geändert.«

»Aber jetzt ist es nicht mehr dasselbe, weißt du«, sagte Erics Vater sanft. »Jetzt habe ich eine Frau und ein Kind, und das nächste ist unterwegs.«

Erics Mutter strich ihm noch zärtlicher übers Haar, doch in ihrer

Berührung lag auch etwas Drängendes, und er wußte, daß sie an das Kind dachte, das auf dem Kirchhof lag und seine Schwester gewesen wäre.

»Ja, du hast es wirklich zu was gebracht«, sagte Jamie. »Du hast alles – die Frau, das Kind, das Haus und das ganze Land.«

»Ich hab' dir deine Farm nicht gestohlen. Es war nicht meine Schuld, daß du sie verloren hast. Ich hab' dir einen besseren Preis dafür gezahlt, als irgendwer sonst es getan hätte.«

»Ich werfe dir nichts vor. Mir ist vollkommen klar, wofür ich dir alles dankbar sein muß.«

Es folgte ein kurzes Schweigen, das von Erics Mutter zögernd gebrochen wurde. »Was ich nicht verstehe«, sagte sie, »ist, warum du damals in die Stadt gegangen und dann nicht dort geblieben bist. Hier gab es doch eigentlich nichts, was dich hätte halten können.«

Man hörte, wie jemand nachschenkte. »Nein. Es gab – eigentlich – nichts, was mich hier hätte halten können. Nur alles, was ich je gekannt habe – alles – aber auch wirklich alles –, was mir jemals wichtig war.«

»Ein Mann sollte nicht rumsitzen und Trübsal blasen«, sagte Erics Vater zornig. »Es gibt Dinge, die sind vorbei, und man muß sie vergessen, Dinge, die man nie wieder rückgängig machen kann, die nie wieder dieselben sind. Das meine ich, wenn ich sage, daß du ein Träumer bist – und wenn du nicht so lange geträumt hättest, wärst du jetzt nicht allein.«

»Ja, ja«, sagte Jamie nachsichtig und mit einem seltsamen Anflug von Zuneigung in der Stimme. »Ich weiß, du bist der große Killer, der Jäger, der Liebhaber – ein wahrer Teufelskerl bist du. Ich weiß, daß du dir die ganze Erde untertan machst, wie Adam. Und ich weiß auch, daß die Welt von Männern wie dir abhängt.«

»Da hast du verdammt recht«, sagte Erics Vater nach einem Moment unbehaglichen Schweigens.

Eric hörte ein Summen über seinem Kopf, eine Biene vielleicht, eine Schmeißfliege oder eine Wespe. Er hoffte, daß seine Mutter sie sehen und verjagen würde, doch sie rührte sich nicht. Wieder blickte er durch den Wimpernschleier auf den Hügel und den Himmel, und da sah er, daß die Sonne ein wenig weiter gewandert war und es nicht mehr lange dauern würde, bis sie unterging.

»– schon genauso wie du«, sagte Jamie.

»Du meinst, der Kleine ist wie ich?« Eric wußte, daß sein Vater lächelte – er konnte beinahe seine Hände spüren.

»Sieht aus wie du, geht wie du und redet wie du«, sagte Jamie.

»Und ist genauso stur wie du«, sagte Erics Mutter.

»Ach ja«, sagte Jamie und seufzte. »Du hast den dickköpfigsten und eigensinnigsten – selbstsüchtigsten – Mann geheiratet, den ich kenne.«

»Ich wußte gar nicht, daß du mich so siehst«, sagte Erics Vater. Er lächelte immer noch.

»Ich hätte dich ja gewarnt«, lachte Jamie. »Aber da war es schon zu spät.«

»Jeder, der dich kennt, sieht dich so«, sagte Erics Mutter, und Eric spürte, wie sich der Muskel in ihrem Schenkel kurz anspannte.

»Ja, *du*«, sagte Erics Vater. »Ich weiß, daß *du* mich so siehst, Frauen sehen einen gern so, es gibt ihnen das Gefühl von Wichtigkeit.« Und dann wechselte er wieder in den spöttischen Ton, den er heute Jamie gegenüber so hartnäckig anschlug. »Aber ich wußte nicht, daß mein feiner Freund Jamie hier –«

Es war seltsam, wie wenig Eric die Augen aufschlagen mochte. Dennoch spürte er die Sonne auf der Haut und wußte, daß er aufstehen wollte, bevor sie unterging. Er verstand einfach nicht, worüber sie heute nachmittag redeten, diese Erwachsenen, die er sein ganzes Leben lang gekannt hatte. Wenn er die Augen geschlossen hielt, konnte er ihr Gespräch von sich fernhalten. Die Hand seiner Mutter lag auf seinem Kopf, als wollte sie ihn segnen, ihn beschützen. Und das Summen hatte aufgehört, die Biene, Fliege oder Wespe schien sich davongemacht zu haben.

»– wenn es diesmal auch ein Junge wird, nennen wir ihn nach dir«, sagte sein Vater gerade.

»Das ist sehr nett von euch«, sagte Jamie, »aber es würde weder mir noch dem Kind groß was nützen.«

»Jamie kann jederzeit heiraten und selbst Kinder haben, wenn er das will«, sagte Erics Mutter.

»Nein«, sagte Erics Vater nach einer langen Pause. »Jamie hat zu lange darüber nachgedacht.«

Und plötzlich fing er an zu lachen, und Eric setzte sich auf, als sein Vater Jamie aufs Knie schlug. Bei der Berührung fuhr Jamie schreiend hoch, und sein Glas fiel vom Tisch und sein Stuhl kippte um. Der Hund an Erics Seite sprang auf und begann zu bellen. Für einen Moment verwandelte sich der Hof vor Erics ungläubigen Augen in ein einziges Durcheinander von Lärm und Haß.

Sein Vater erhob sich langsam und starrte Jamie an. »Was ist denn mit dir los?«

»Was ist los mit mir!« äffte Jamie ihn nach, »was ist los mit mir? Was zum Teufel kümmert's dich, was mit mir los ist? Warum mußt du den ganzen Tag auf mir rumhacken, verdammt noch mal? Was willst du? Was willst du eigentlich?«

»Vor allem will ich, daß du lernst, dich nicht daneben zu benehmen, wenn du getrunken hast«, sagte sein Vater kalt. Die beiden Männer starrten einander an. Jamies Gesicht war rot und häßlich, in seinen Augen standen Tränen. Der Hund hörte nicht auf, wütend zu bellen und um seine Beine herumzuspringen. Jamie bückte sich und versetzte ihm mit einer Hand einen so heftigen Schlag, daß er sich überschlug und dann jaulend weglief, um sich im Schatten der grauen Mauer zu verstecken.

Jamie zitterte, starrte Erics Vater an und strich sich das Haar aus der Stirn.

»Reiß dich zusammen«, sagte Erics Vater. Und an Erics Mutter gewandt: »Mach ihm einen Kaffee. Das wird ihn zur Vernunft bringen.«

Jamie stellte sein Glas wieder auf den Tisch und hob den Stuhl auf. Erics Mutter stand auf und ging in die Küche. Eric blieb auf der Erde sitzen und starrte die beiden Männer an, seinen Vater und den besten Freund seines Vaters, die ihm so fremd geworden waren. Im Gesicht seines Vaters war etwas, das Eric noch nie gesehen hatte, Zärtlichkeit, Sorge – vielleicht war es aber auch der Ausdruck, den er manchmal hatte, kurz bevor er ein Kalb schlachtete. Er blickte auf Jamie herab, der sich mit gesenktem Kopf wieder an den Tisch gesetzt hatte. »Du nimmst die Dinge zu schwer«, sagte er. »Das war schon immer so. Ich habe dich nur zu deinem eigenen Besten ausgelacht.«

Jamie antwortete nicht. Sein Vater warf Eric einen Blick zu und lächelte.

»Komm, wir beide gehen spazieren«, sagte er.

Eric machte einen weiten Bogen um das Tischende, an dem Jamie saß, und griff nach der Hand seines Vaters.

»Nimm dich zusammen«, sagte sein Vater zu Jamie. »Wenn wir wiederkommen, schneiden wir deinen Geburtstagskuchen an.«

Eric und sein Vater gingen an der grauen Mauer vorbei, wo sich der winselnde Hund verkrochen hatte, und erreichten die Felder. Sein Vater lief so schnell, daß Eric auf dem unebenen Boden ins Stolpern kam. Als sie eine kurze Strecke gegangen waren, verlangsamte er plötzlich das Tempo und sah grinsend auf Eric herab.

»Tut mir leid«, sagte er. »Ich glaube, ich habe Spazierengehen gesagt, nicht Feueralarm.«

»Was ist denn mit Jamie los?« fragte Eric.

»Ach ja«, sagte sein Vater und sah nach Westen, wo die mittlerweile blaß-orangefarbene Sonne langsam unterging und den Himmel in ein Meer aus Messing, Kupfer und Gold verwandelte, nur um wie ein Zauberer zu zeigen, zu welchen Metamorphosen sie fähig war. »Ach ja«, wiederholte er. »Es ist alles in Ordnung mit Jamie. Er hat ziemlich viel getrunken«, dabei grinste er wieder auf Eric herab, »und zu lange in der Sonne gesessen, weißt du. Sein Haar ist nicht so dick wie deins.« Er fuhr Eric durchs Haar. »Außerdem machen ihn Geburtstage nervös, glaube ich. Mich machen sie ja auch nervös, verdammt.«

»Jamie ist ziemlich alt, nicht?« fragte Eric.

Sein Vater lachte »Na ja, jedenfalls sinkt er noch nicht ins Grab, Kleiner. Er wird uns noch eine Weile erhalten bleiben, unser Jamie. Hey«, sagte er und sah wieder herab auf Eric, »dann mußt du mich ja auch für einen alten Mann halten.«

»Ach«, sagte Eric rasch, »ich weiß ja, daß du nicht so alt bist wie Jamie.«

Sein Vater lachte erneut. »Herzlichen Dank, mein Sohn. Das zeigt echtes Vertrauen. Ich werde mein Bestes tun, um dich nicht zu enttäuschen.«

Eine Weile gingen sie schweigend nebeneinander her, und dann sagte sein Vater, ohne ihn anzusehen, als redete er mit sich selbst oder in den Wind: »Nein, so alt ist Jamie gar nicht. Nicht mal so alt, wie er sein sollte.«

»Wie alt sollte er denn sein?« fragte Eric.

»Nun, alt genug für sein Alter jedenfalls«, sagte sein Vater, sah auf Erics Gesicht herab und fing wieder an zu lachen.

Schließlich legte er ihm sachte, fast traurig die Hand aufs Haar und sagte: »Aber zerbrich du dir nicht den Kopf über Dinge, die du noch nicht verstehst. Die Zeit wird kommen, wo auch du deine Sorgen hast – aber noch ist es nicht soweit.«

Dann gingen sie weiter, bis sie zu einem steilen Abhang kamen, der zu den Eisenbahngleisen führte, tief, tief unter ihnen, wo ein kleiner Zug unendlich langsam durch die Landschaft ratterte. Die Spielzeuglokomotive stieß eine Rauchwolke aus, es war wie der Inbegriff aller Muße. Traurig dachte Eric daran, daß er fast nie einen Zug sah, wenn er allein hierher kam. Jenseits der Gleise schlängelte sich ein Fluß entlang, in dem sie im Sommer manchmal badeten. Jetzt lag er hinter einer Böschung verborgen, auf der Häuser standen und hohe Bäume wuchsen.

»Und hier«, sagte sein Vater, »endet dein Land«.

»Was?«

Sein Vater hockte sich auf den Boden und legte eine Hand auf Erics Schulter. »Erinnerst du dich an den Weg, den wir vom Haus bis hierher gegangen sind?« Eric nickte. »Nun«, sagte sein Vater, »das alles ist dein Land.«

Eric sah den langen Weg vor sich, den sie gekommen waren und spürte, daß sein Vater ihn beobachtete.

Erics Vater verstärkte den Druck auf seine Schulter und drehte ihn herum. »Und das da drüben. Es gehört dir.« Dann sah er ihn an. »Und auch das. Es ist deins.«

Eric starrte seinen Vater an. »Wo hört es auf?«

Sein Vater stand auf. »Das zeige ich dir ein andermal«, sagte er. »Aber es ist weiter, als du laufen kannst.«

Langsam gingen sie los, auf die untergehende Sonne zu.

»Seit wann ist es meins?« fragte Eric.

»Seit dem Tag, an dem du zur Welt gekommen bist«, sagte sein Vater und sah lächelnd auf ihn herab.

»Mein Vater«, sagte er nach einer kurzen Pause, »besaß einen Teil dieses Landes – und als er starb, gehörte es mir. Er hat es für mich verwaltet. Und ich habe für das Land, das ich besaß, gut gesorgt und noch mehr dazugekauft. Jetzt verwalte ich es für dich.«

Er warf einen Blick auf Eric, um zu sehen, ob er zuhörte. Eric hörte zu, starrte seinen Vater an und sah sich in der beeindruckenden Landschaft um.

»Wenn ich eines Tages wirklich alt werde«, fuhr sein Vater fort, »noch älter als Jamie jetzt – dann wirst *du* für all das sorgen müssen. Wenn ich sterbe, wird es dir gehören.« Er hielt inne und blieb stehen. Eric sah zu ihm auf. »Wenn du groß und stark bist, so wie dein Papa, wirst auch du heiraten und Kinder haben. Und irgendwann wird das alles ihnen gehören.«

»Und wenn *sie* dann heiraten?« fragte Eric.

»Dann geht es an *ihre* Kinder über«, sagte sein Vater.

»Für immer?« rief Eric.

»Für immer«, sagte sein Vater.

Sie drehten sich um und machten sich auf den Weg zurück zum Haus.

Nach einer Weile fragte Eric: »Und Jamie – wieviel Land hat *er*?«

»Jamie hat überhaupt kein Land«, sagte sein Vater.

»Warum nicht?« fragte Eric.

»Er hat sich nicht drum gekümmert, und deshalb hat er es verloren.«

»Jamie hat auch keine Frau mehr, oder?« fragte Eric.

»Nein«, sagte sein Vater. »Um sie hat er sich auch nicht gekümmert.«

»Und er hat auch keinen kleinen Jungen«, sagte Eric – zutiefst traurig.

»Nein«, entgegnete sein Vater. Dann grinste er. »Aber ich hab' einen.«

»*Warum* hat Jamie keinen kleinen Jungen?« fragte Eric.

Sein Vater zuckte mit den Achseln. »Manche Leute haben welche, und andere nicht, Eric.«

»Werde ich?« fragte Eric.

»Wirst du was?« fragte sein Vater.

»Werde ich denn heiraten und einen kleinen Jungen haben?«

Sein Vater schien einen Augenblick lang belustigt und verwirrt zugleich. Mit einem seltsamen, fast zögernden Lächeln sah er auf Eric herab. »Aber klar wirst du«, sagte er schließlich. »Klar doch.« Er streckte die Arme aus. »Komm«, sagte er, »steig auf meine Schultern. Ich trage dich nach Hause.«

So ritt Eric auf den Schultern seines Vaters durch die weiten grünen Felder, die ihm gehörten, bis in den Hof, der das Haus umgab, in dem eines Tages seine Kinder zur Welt kommen würden. Seine Mutter und Jamie saßen am Tisch und unterhielten sich friedlich im schwachen Glanz der Sonne. Jamie hatte sich das Gesicht gewaschen und die Haare gekämmt, er schien ruhiger, er lächelte.

»Ah«, rief er. »Der Fürst, der Herr des Hauses kommt. Und trägt auf seinen Schultern den Prinzen, seinen Sohn und Erben.« Er vollführte mitten im Hof eine übertrieben feierliche Verbeugung. »Meine Herren! Ich bin Euer untertäniger, zu Recht gezüchtigter Diener, der Euer – Mitgefühl, Eure Liebe und Vergebung ersehnt!«

»Offen gestanden weiß ich nicht, ob das eine Verbesserung ist«, sagte Erics Vater und stellte Eric auf den Boden. Er sah Jamie an, runzelte die Stirn und grinste. »Los, schneiden wir den Kuchen an.«

Eric stand mit seiner Mutter in der Küche, als sie die Kerzen anzündete – fünfunddreißig, eine zum Wachsen, wie man so sagt, obwohl Jamie mit Sicherheit längst über das Alter hinaus war, in dem man noch wächst –, und folgte ihr, als sie den Kuchen nach draußen trug. Jamie griff nach dem großen, blitzenden Messer und hielt es lächelnd in der Hand.

»Alles Gute zum Geburtstag!« riefen sie – nur Eric sagte nichts –, und Erics Mutter setzte hinzu: »Du mußt die Kerzen ausblasen, Jamie, bevor du den Kuchen anschneidest.«

»Er sieht so hübsch aus, wie er jetzt ist«, sagte Jamie.

»Na los«, sagte Erics Vater und klopfte ihm auf den Rücken. »Sei ein Mann!«

In diesem Augenblick erwachte knurrend der Hund, der zu seinem Herrchen zurückgekehrt war, und alle mußten lachen. Jamie lachte am lautesten. Dann blies er die Kerzen aus, alle auf einmal, und Eric beobachtete ihn, als er den Kuchen in Stücke teilte. Jamie hob den Blick, um Eric anzublicken, und das war der Moment, als die blutrote Sonne plötzlich die obersten Wipfel der Bäume streifte und Eric Jamies Augen sah. Jamie lächelte das unheimliche Lächeln eines alten Mannes, und Eric rückte dichter an seine Mutter heran.

»Das erste Stück ist für Eric«, sagte Jamie und reichte es ihm auf der silbrigen Klinge.

Das war gegen Ende des Sommers gewesen, vor fast zwei Monaten. Kurz nach der Geburtstagsparty war seine Mutter krank geworden und mußte fort. Damals verbrachte sein Vater mehr Zeit denn je zuvor in der Kneipe; Jamie und er kamen jeden Abend sturzbetrunken nach Hause. Manchmal ging Jamie in der Zeit, als Erics Mutter fort war, gar nicht nach Hause, sondern blieb über Nacht im Farmhaus. Ein oder zwei Mal war Eric mitten in der Nacht oder im Morgengrauen aufgewacht und hatte Jamie im großen Zimmer unten auf und ab gehen hören, auf und ab. Es war eine seltsame und schreckliche Zeit gewesen, eine Zeit des Wartens, der Stille und des Schweigens. Sein Vater ging nur selten hinaus auf die Felder und konnte sich kaum dazu aufraffen, den Knechten Anweisungen zu geben – es war unnatürlich, es war erschreckend, ihn den ganzen Tag im Haus zu sehen, und immer war Jamie da, Jamie und sein Hund. Dann hatte sein Vater ihm eines Tages erzählt, daß seine Mutter nach Hause kommen, ihm jedoch kein Brüderchen oder Schwesterchen mitbringen würde, diesmal nicht, und auch in Zukunft nicht. Er wollte noch mehr sagen, warf dann jedoch einen Blick auf Jamie, der dabei stand, und ging aus dem Haus. Jamie folgte ihm langsam, die Hände in den Taschen, den Kopf gesenkt. Seit der Geburtstagsparty war er verschlossener denn je, als bereute er diesen Ausbruch oder als hätte er ihn erschreckt.

Als seine Mutter zurückkam, schien sie älter, alt geworden zu sein; es war, als ob sie sich in sich selbst zurückgezogen hätte, weg von ihnen allen, in einer Art Sturm von Liebe und Hilflosigkeit sogar weg von Eric, am meisten aber seltsamerweise von Jamie. Es war nichts, was sie sagte, nichts, was sie tat – oder vielleicht alles, was sie sagte und tat. Sie wusch und kochte für Jamie, zählte ihn zur Familie wie eh und je, ermunterte ihn beim Essen, sich noch eine Portion zu nehmen, und wünschte ihm lächelnd gute Nacht, wenn er das Haus verließ – es war nur so, daß ihr etwas von ihrer Ungezwungenheit abhanden gekommen war. Sie schien alles aus der Erinnerung und aus großer Distanz zu tun. Und wenn etwas von ihrer Leichtigkeit verschwunden war, so war etwas anderes an deren Stelle getreten, eine merkwürdig stille Aufmerksamkeit, als sei sie beunruhigt von dem neuen Aspekt einer Sache, die sie schon immer gewußt hatte. Ein oder zwei Mal beobachtete Eric, wie ihr Blick auf Jamie ruhte, der selbstvergessen aß. Er konnte diesen Blick nicht deuten, doch er erinnerte ihn an den Moment auf der Geburtstagsparty, als er Jamie in die Augen geschaut hatte. Sie schien Jamie anzusehen, als frage sie sich, warum sie ihn vorher nicht angesehen hatte, oder als entdecke sie zu ihrem eigenen Erstaunen, daß sie ihn nie gemocht hatte, in all ihrer Erschöpfung und Schwäche jedoch auch spüre, daß das jetzt im Grunde keine Rolle spielte.

Als Eric jetzt den Hof betrat, sah er sie in der Küchentür stehen. Sie schirmte die Augen gegen die helle untergehende Sonne ab und sah hinaus.

»Eric!« rief sie zornig, sobald sie ihn entdeckte. »Seit einer Stunde habe ich dich überall gesucht. Du bist alt genug, um zu wissen, was Verantwortung heißt, und ich wünschte, ich müßte mir nicht solche Sorgen um dich machen, wenn du weißt, daß es mir nicht gut geht.«

Sie jagte ihm ein schlechtes Gewissen ein, und gleichzeitig hatte er das dumpfe und ärgerliche Gefühl, daß sie überhaupt nicht im Recht war. Sie zog ihn näher und hob mit einer scharfen Bewegung sein Gesicht zu sich empor.

»Du bist schmutzig«, sagte sie dann. »Geh rüber zur Pumpe und wasch dir das Gesicht. Und beeil dich, damit ich dir dein Abendessen machen und dich ins Bett bringen kann.«

Damit wandte sie sich ab und ging in die Küche. Die Tür fiel leicht hinter ihr ins Schloß. Er ging um das Haus herum zur Pumpe.

Auf einer Holzkiste neben der Pumpe lagen ein Stück Seife und ein feuchter Lappen. Eric nahm die Seife. Schon halb im Schlaf dachte er nicht an seine Mutter, sondern an den vergangenen Tag und überlegte, wohin er morgen gehen würde. Er bewegte den Pumpenschwengel auf und ab, und das Wasser schoß heraus und durchnäßte seine Schuhe und Strümpfe. Seine Mutter würde böse sein, aber er war zu müde, um sich deswegen zu sorgen. Trotzdem trat er automatisch einen Schritt zurück. Er hielt die Seife mit beiden Händen unter den Wasserstrahl.

Er war heute viel rumgekommen, war weit gelaufen und hatte eine Menge gesehen. Er war unten bei den Eisenbahngleisen gewesen und eine Weile neben den Gleisen hergegangen, in der Hoffnung, daß ein Zug vorbeikommen würde. Immer wieder hatte er sich gesagt, daß er dem Zug noch eine letzte Chance geben würde, und erst nach einer beträchtlichen Anzahl von Chancen verließ er das Gleisbett, kletterte ein Stück hinauf und wanderte durch die hohen, weichen Wiesen. Er kam über eine Wiese, auf der Kühe grasten. Sie glotzten ihn dumpf an mit ihren großen dumpfen Augen und muhten untereinander über ihn. Ein Mann am anderen Ende des Feldes sah ihn und rief etwas, aber Eric konnte nicht sagen, ob es jemand war, der für seinen Vater arbeitete oder nicht, deshalb machte er kehrt und lief davon, nachdem er durch den Stacheldrahtzaun geschlüpft war. Er kam an einem Apfelbaum vorbei, dessen Früchte schon herabgefallen waren und um den Stamm verstreut lagen, und fragte sich, ob das seine Äpfel waren, ob er sich noch auf seinem Land befand oder es schon hinter ihm lag. Schließlich hob er einen Apfel auf, um hineinzubeißen, und steckte noch ein paar andere in die Tasche, wobei er ein einsames braunes Pferd beobachtete, das weit unter ihm auf einer Weide graste und mit dem Schwanz schlug. Eric tat so, als sei er sein Vater, und stapfte durch die Felder, wie er seinen Vater hatte stapfen sehen, alles gelassen im Blick, zufrieden in der Gewißheit, daß das, was er sah, ihm gehörte. Dann blieb er stehen und kniff die Augen zusammen, wie er es seinen Vater hatte tun sehen, breitbeinig und gewichtig inmitten der Felder. Dabei tat er so, als rauchte und redete er zugleich, ganz wie sein Vater. Nachdem er das Land bewässert hatte, ging er weiter, und in diesem Augenblick kam es ihm so vor, als huldigte die ganze Erde nur ihm, Eric.

Morgen würde er wieder irgendwohin gehen. Denn bald würde es Winter sein, die Erde würde unter einer Schneedecke liegen, und er könnte nicht mehr allein herumlaufen.

Er hielt die Seife mit beiden Händen unter den Wasserstrahl. Dann hörte er einen leisen Pfiff hinter sich, und eine rauhe Hand strich über seinen Kopf, und die Seife fiel ihm aus der Hand und glitt über den Boden zwischen seine Füße.

Er wandte sich um und sah Jamie. Jamie ohne Hund.

»Komm mit, Kleiner«, flüsterte Jamie. »Ich zeig' dir was in der Scheune.«

»Oh, ist das Kälbchen schon da?« fragte Eric – zu froh, um sich zu fragen, warum Jamie flüsterte.

»Dein Papa ist da«, sagte Jamie. Und dann: »Ja, ja, das Kälbchen kommt gerade.«

Er nahm Eric bei der Hand, und sie gingen über den Hof, an der geschlossenen Küchentür vorbei, an der Steinmauer und über das Feld in die Scheune.

»Aber hier sind doch gar keine Kühe«, rief Eric. Plötzlich sah er auf zu Jamie, der die Scheunentür hinter sich geschlossen hatte und nun lächelnd auf Eric herabsah.

»Nein«, sagte Jamie. »Ganz recht. Hier sind keine Kühe.« Dann lehnte er sich gegen die Tür, als hätte ihn alle Kraft verlassen. Eric sah, daß sein Gesicht feucht glänzte; er keuchte, als sei er schnell gelaufen.

»Komm, gehen wir zu den Kühen«, flüsterte Eric. Dann fragte er sich, warum er flüsterte und bekam schreckliche Angst. Er starrte Jamie an, und der starrte zurück.

»Gleich«, sagte Jamie und richtete sich auf. Er hatte die Hände in den Taschen und nahm sie jetzt heraus. Eric starrte auf die Hände und wich ein wenig zurück. »Wo ist mein Papa?« fragte er.

»Wo soll er schon sein, in der Kneipe, nehme ich an. Wir sind dort verabredet.«

»Ich muß gehen«, sagte Eric. »Ich muß zu Abend essen.« Er versuchte, die Tür zu erreichen, aber Jamie rührte sich nicht. »Ich muß gehen«, wiederholte er, und als Jamie auf ihn zukam, schwoll der kleine Klumpen Angst in Bauch und Hals an und explodierte. Er öffnete den Mund, um zu schreien, doch Jamies Finger schlossen sich um seine Kehle. Er starrte, starrte in Jamies Augen.

»Das wird dir nichts nutzen«, sagte Jamie. Und lächelte. Eric kämpfte gegen den Schmerz und die Angst. Jamie lockerte den Griff ein wenig, bewegte eine Hand und strich über Erics zerzaustes Haar. Langsam, merkwürdig veränderte sich sein Gesicht, die Augen füllten sich mit Tränen, die ihm über die Wangen rannen.

Eric stöhnte auf – vielleicht weil er Jamies Tränen sah oder weil sein Hals so geschwollen war und brannte, weil er keine Luft bekam, weil er so schreckliche Angst hatte – und dann fing er an, in großen keuchenden Zügen zu schluchzen, die zu einem Kind gar nicht passen wollten. »Warum haßt du meinen Vater?«

»Ich liebe deinen Vater«, sagte Jamie. Aber er hörte Eric gar nicht zu. Er war weit weg – als quäle sich, als schleppe er sich innerlich einen hohen, steilen Berg hinauf. Und Eric kämpfte blindlings, mit aller Kraft seines Überlebenstriebes darum, Jamie einzuholen, ihn zu stoppen, bevor er den Gipfel erreichte.

»Jamie«, flüsterte Eric. »Du kannst das Land haben. Du kannst das ganze Land haben.«

Jamie sprach, aber nicht mit Eric. »Ich will das Land nicht.«

»Ich werde dein kleiner Junge sein«, sagte Eric. »Dein kleiner Junge für immer und immer und ewig! Und das Land kannst du auch haben und ewig leben. Jamie!«

Jamie hatte aufgehört zu weinen. Er beobachtete Eric.

»Morgen machen wir einen Spaziergang«, sagte Eric. »Und ich zeige es dir, alles – Ehrenwort! Wenn du meinen Vater umbringst, kann ich dein kleiner Junge sein, und alles gehört uns!«

»Dieses Land«, sagte Jamie, »wird niemandem gehören.«

»Bitte!« rief Eric. »Oh, bitte! Bitte!«

Er hörte seine Mutter in der Küche singen. Bald würde sie herauskommen und nach ihm suchen. Die Hände ließen für einen Moment los. Eric öffnete den Mund, um zu schreien, aber im gleichen Augenblick schlossen sie sich um seinen Hals.

Mami. Mami.

Der Gesang entfernte sich mehr und mehr. Die Augen hielten die seinen fest, es lag eine Frage in diesen Augen, der Griff verstärkte sich. Dann verzog sich der Mund zu einem Lächeln. Ein solches Lächeln hatte er noch nie gesehen. Er strampelte mit den Beinen und trat um sich.

Mami. Mami. Mami. Mami.

In weiter Ferne hörte er seine Mutter nach ihm rufen.

Mami.

Er sah nichts, er wußte, daß er in der Scheune war, er hörte ein schreckliches Keuchen in seiner Nähe, glaubte, das Schnaufen der Tiere zu hören, erinnerte sich an die Sonne, die Eisenbahngleise, die Kühe, die Äpfel und die Erde. Er dachte an morgen – morgen wollte er irgendwo anders hingehen. *Ich nehme dich mit,* wollte er sagen. Er wollte über die Frage reden, die Frage, die in den Augen gestanden hatte – wollte sagen: *Das erzähl ich meinem Papa, du tust mir weh.* Doch dann überwältigten ihn die Angst und der Schmerz und die Dunkelheit, und plötzlich blieb ihm brutal die Luft weg. Er fiel mit dem Gesicht ins Stroh, ein nutzloser blonder Kopf auf einem gebrochenen Hals.

Die Nacht legte sich über das Land. Hie und da leuchteten Lichter in den Häusern auf wie Embleme. Eine Frauenstimme rief: »Eric! Eric!«

Jamie erreichte sein Holzhaus und stieß die Tür auf, pfiff. Sein Hund kam aus dem Dunkeln herbeigeschossen, sprang an ihm hoch, und er versetzte ihm einen Klaps, leicht, mit einer Hand. Dann schloß er die Tür und ging den Weg hinab, den Hund neben sich, die Hände in den Taschen vergraben. Er blieb stehen, um seine Pfeife anzuzünden. Er hörte Gesang aus der Kneipe, und dann sah er die Lichter, aber bald blieben die Lichter und Geräusche hinter ihm zurück. Als der Gesang ganz verschwunden war, begann er, das Lied zu pfeifen, das er eben gehört hatte.

Irwin Shaw

Irwin Shaw (1914–1984) war ein weiterer Günstling des Playboy. Er schickte Kurzgeschichten von seinem Haus in Klosters in der Schweiz zu uns und stieg gelegentlich für eine längere Party in New York ab. Shaw war bekannt für seinen Hang zum guten Leben. Andere Schriftsteller – wie auch Playboy-Redakteure – gesellten sich gern zu ihm für denkwürdige Essen oder Nächte in der Stadt, egal ob in Amerika oder in Europa. Shaws langer Roman über den Zweiten Weltkrieg, *Die jungen Löwen* (1948), machte ihn zu einem bekannten Schriftsteller und wurde mit Marlon Brando verfilmt. Viele weitere seitenstarke Bestseller folgten, aber nicht wie andere Romanciers, besonders die kommerziellen Romanautoren (mit der Zeit wurde deutlich, daß auch Shaw eher ein kommerzieller Schreiber denn ein Literat war), hat Shaw ein Händchen für Kurzgeschichten gehabt. Der Playboy profitierte davon, denn er veröffentlichte die meisten seiner späten Kurzgeschichten, ebenso wie eine Reihe seiner Essays. Irwin Shaw war sehr vielseitig: Einige Kurzgeschichten waren Satiren, andere, wie diese über jugendliche Trauer, sind vollkommen ernst.

Irwin Shaw

Erster Abschied

Er wachte auf und fühlte sich wohl. Es gab auch gar keinen Grund, warum er mit einem anderen Gefühl aufwachen sollte.

Er war ein Einzelkind. Er war zwanzig Jahre jung. Er war gut eins achtzig groß und achtzig Kilo schwer und in seinem ganzen Leben noch nie krank gewesen. Er war im Tennis-Team die Nummer zwei; zu Hause, im Arbeitszimmer seines Vaters, gab es ein ganzes Regal mit Pokalen, die er seit dem elften Lebensjahr gewonnen hatte. Er hatte ein schmales, scharfgeschnittenes Gesicht und glattes schwarzes Haar, das er bewußt ein klein wenig zu lang trug, damit er nicht wie ein bloßer Sportler aussah. Ein Mädchen hatte einmal gesagt, er sähe aus wie Percy Bysshe Shelley. Ein anderes hatte gemeint, wie Laurence Olivier. Beiden hatte er nur ein vages Lächeln geschenkt.

Er hatte ein gutes Gedächtnis, und das Lernen fiel ihm leicht. Er war vom Dekan soeben in die Gruppe besonders förderungswürdiger Studenten aufgenommen worden. Zur Belohnung hatte ihm sein Vater, der im Norden mit Erfolg in der Elektronik-Branche tätig war, einen Scheck über hundert Dollar geschickt. Der Scheck hatte am Vorabend in seinem Brieffach gelegen.

Er war mathematisch begabt und konnte nach dem Studienabschluß wahrscheinlich hier an der Fakultät Dozent werden, aber er hatte vor, in die väterliche Firma einzutreten. Das würde ihn von der Wehrpflicht befreien und vor Vietnam bewahren. Er zählte nicht zu den einseitigen Rechengenies, wie sie sonst die naturwissenschaftlichen Fakultäten bevölkern. Er bekam in Englisch und Geschichte die besten Noten und konnte die meisten Shakespeare-Sonette auswendig und las Roethke und Eliot und Ginsberg. Er hatte Marihuana ausprobiert. Er wurde zu sämtlichen Parties eingeladen. Wenn er nach Hause fuhr, gaben sich dort die Mütter alle Mühe, ihm ihre Töchter an den Hals zu werfen.

Seine eigene Mutter war schön und jung und lustig. Es gab in seiner Familie keinerlei Mißtöne. Er hatte ein Verhältnis mit einer der hübschesten Studentinnen auf dem ganzen Campus, und sie beteuerte, ihn zu lieben. Manchmal sagte er ihr, daß er sie auch liebe. Wenn er es sagte, meinte er es auch. Jedenfalls in diesem Moment.

Von den Menschen, die ihm etwas bedeuteten, war noch keiner gestorben. In seiner Familie waren alle Männer unversehrt aus allen Kriegen heimgekehrt.

Ihm stand die Welt offen.

Er bewahrte einen kühlen Kopf.

Kein Wunder, daß er sich wohlfühlte.

Es war fast Dezember, aber die kalifornische Sonne ließ die Jahreszeit wirken wie einen endlosen Sommermorgen, und die Jungen und Mädchen in ihren Cordhosen und T-Shirts und bunten Sweatern liefen auf dem Weg zum Zehn-Uhr-Unterricht über grünen Rasen und im Schatten von Bäumen, die ihr Laub noch immer nicht verloren hatten.

Er kam am Studentinnenwohnheim vorbei und winkte Adele zu, als sie ins Freie trat. Sein Unterricht begann dienstags immer um zehn Uhr; das Studentinnenwohnheim lag auf seinem Weg zum Gebäude der Geisteswissenschaften, wo sich der Unterrichtsraum befand.

Adele war ein hochgewachsenes Mädchen. Das dunkle, glatt gekämmte Haar fiel ihr bis auf die Schultern. Sie hatte ein dreieckiges, blühendes, fast noch kindliches Gesicht, doch ihr Gang war selbst mit der Last der Bücher im Arm alles andere als kindlich, und er amüsierte sich über die neidischen Blicke, die einige Studenten ihm zuwarfen, als sie an seiner Seite über den Kiesweg lief.

»Sie schreitet schön«, sagte Steve, »gleich wie die Nacht/In warmen sternenklaren Breiten/Des Dunkels wie des Lichtes Pracht/In ihrem Blick vorübergleiten.«

»Welch ein hübsches Kompliment so früh am Morgen«, sagte Adele. »Hast du das für mich auswendig gelernt?«

»Nein«, sagte er. »Wir schreiben heute eine Klausur über Byron.«

»Biest«, sagte sie.

Er lachte.

»Gehst du mit mir am Samstagabend zum Tanzen?« fragte sie.

Er schnitt eine Grimasse. Er tanzte nicht gern. Er mochte die Musik nicht, die dabei gespielt wurde, und fand die Art, wie man heutzutage tanzte, reizlos und unelegant. »Ich geb' dir später Bescheid«, sagte er.

»Ich muß es heute wissen«, sagte Adele. »Zwei andere Jungs haben mich schon eingeladen.«

»Ich sag' dir's beim Mittagessen«, meinte er.

»Wann?«

»Um eins. Können die andern Bewerber ihre Tanzwut solange zügeln?«

»Nur mit Mühe«, sagte sie. Ihm war klar, daß Adele am Samstagabend so oder so zum Tanzen gehen würde. Sie war eine leidenschaftliche Tänzerin, und er mußte zugeben, daß ein Mädchen von dem Jungen, mit dem sie unter der Woche fast jeden Abend ausging, mit Recht erwarten durfte, daß er sie am Wochenende wenigstens einmal zum Tanzen ausführte. Er kam sich ungeheuer reif, ja beinahe väterlich fürsorgend vor, als er sich für den Samstagabend in vier Stunden Hitze und Lärm schickte. Doch er sagte Adele nicht, daß er mitkommen würde. Es konnte ihr nichts schaden, bis zum Mittagessen warten zu müssen.

Er drückte ihr zum Abschied die Hand und sah ihr einen Moment nach, als sie davonging – im vollen Bewußtsein ihres provokativen Gangs und der Blicke, die sie auf sich zog. Da mußte er lächeln. Beim Weitergehen grüßte er Mitstudenten winkend zurück.

Es war früh, und Mollison, der Professor für englische Literatur, war noch gar nicht aufgetaucht. Der Raum war erst zur Hälfte gefüllt, als Steve eintrat, doch von dem üblichen Durcheinander heller Stimmen, als würde sich ein Chor von Sopranen und Tenören einsingen, war unter den bereits erschienenen Studenten allerdings nichts zu hören. Sie saßen still und stumm auf ihren Stühlen, die meisten waren demonstrativ damit beschäftigt, ihre Bücher zu ordnen oder in ihren

Notizen zu blättern. Der eine oder andere hob gelegentlich fast verstohlen den Kopf, um einen Blick nach vorne zu werfen, wo hinter dem Lehrerpult ein schmaler Junge mit strähnigem rotem Haar stand und mit schneller, ordentlicher Schrift an der Wandtafel schrieb.

»Ach, weint um Adonais – er ist tot!« hatte der rothaarige Junge geschrieben. »So wache denn, betrübte Mutter, wach' und wein!«

Aber wozu? Stille die heißen Tränen
In den brennenden Augen, es soll dein lautes Herz,
Wie sein's, stumm bleiben in klaglosem Schmerz;
Denn er ist dort, wohin alles Gute und Schöne sinkt.
O wähne nicht, daß dein Klagen in die Tiefe dringt,
Daß sie ihn wieder lassen würde aus dem Tod;
Tod zehrt von seiner stummen Stimme, unsrer Not.

An einer zweiten Tafel, wo der Junge gerade die letzten Verse einer weiteren Strophe niederschrieb, stand:

Er ist den Schatten uns'rer Nacht enteilt;
Neid, übler Leumund, Haß und Pein,
Die Unrast, die kein Erdenglück je heilt,
Kann ihm nichts antun, keine Qual mehr sein;
Vom Sud befleckter Welt bleibt er nun rein;
Er wird nun nie betrauern müssen
Ein Herz erkaltet, ein Haupt ergraut zum Schein.

Professor Mollison kam herbeigestürzt, mit dem halb entschuldigenden Lächeln eines Zerstreuten, der immer zu spät zu kommen glaubt. Er blieb auf der Türschwelle stehen; die Stille verriet ihm, daß mit diesem Dienstagmorgen etwas Besonderes sein mußte. Er richtete die kurzsichtigen Augen angestrengt auf Crane, der eilig rundliche Kreidebuchstaben an die Tafel schrieb.

Mollison setzte seine Brille auf, las einen Moment, ging dann wortlos zum Fenster und schaute hinaus – ein ergrauender, milder, pausbäkkiger alter Herr, dessen nüchterner Gesichtsausdruck vom hellen Sonnenschein des Fensters betont wurde.

»*Und*«, schrieb Crane, und die Kreide kratzte trocken durch die Stille,

Wenn des Geistes Selbst hat aufgehört zu brennen,
Dann leg nicht tote Asche in die unbeklagte Urne.

Als er fertig war, legte Crane die Kreide ordentlich beiseite und trat zurück, um das Geschriebene zu betrachten. Mit dem Duft von gemähtem Gras schwebte Mädchenlachen durchs offene Fenster, und im ganzen Raum war plötzlich ein merkwürdiges, heimliches Luftholen zu hören.

Die Schulglocke läutete schrill den Unterrichtsbeginn ein. Crane drehte sich um, den Mitstudenten zu, die in Reihen vor ihm saßen. Er war ein schlaksiger, hagerer Junge, neunzehn Jahre erst, und begann bereits kahl zu werden. Er meldete sich während des Unterrichts nur selten zu Wort, und wenn er sprach, dann in einem leisen, rauhen Flüsterton.

Freunde schien er keine zu haben. Mit Mädchen sah man ihn nie. Die unterrichtsfreie Zeit verbrachte er anscheinend in der Bibliothek. Sein Bruder hatte im Football-Team des Colleges Verteidiger gespielt, doch die beiden Brüder waren selten zusammen gesehen worden; und die Tatsache, daß der hünenhafte, gewandte Sportler und diese Vogelscheuche von einem Bücherwurm zur gleichen Familie gehörten, kam den Studenten, die beide kannten, wie eine Laune der Genetik vor.

Steve wußte, warum Crane früher gekommen war, um die beiden Strophen von Shelleys Totenklage auf die morgendlich reine Wandtafel zu schreiben. Cranes Bruder war am Samstagabend auf der Heimfahrt von einem Match in San Francisco bei einem Autounfall ums Leben gekommen. Die Beerdigung hatte gestern, Montag, stattgefunden. Heute, am Dienstagmorgen, war Cranes erste Unterrichtsstunde seit dem Tod des Bruders.

Und da stand Crane nun mit seinen schmalen, gebeugten Schultern in einer hellen, ihm viel zu großen Tweedjacke und betrachtete unbewegten Gesichts die Klasse. Er schaute sich noch einmal nach dem Gedicht um, das er an die Tafel geschrieben hatte, als ob er sich vergewissern wollte, daß das Problem, das er da auf die Tafel übertragen hatte, auch richtig gelöst worden war, wandte sich dann wieder der Gruppe von kräftigen, blühenden, rosigen kalifornischen Jungen und Mädchen zu, die unnatürlich ernst und von diesem unerwarteten Prolog zum Unterricht ein wenig verlegen gemacht dasaßen, und begann zu rezitieren.

Er sprach mit flacher, emotionsloser Stimme, ging dabei lässig vor der Tafel auf und ab und wandte sich gelegentlich dem Text zu, um ein wenig Kreidestaub wegzuschnippen, das Ende eines Wortes mit dem Daumen zu berühren, bei einer Zeile zu zögern, als habe er plötzlich eine ganz neue Bedeutung darin entdeckt.

Mollison, der seit langem jede Hoffnung aufgegeben hatte, auf ihr sonnenumspültes junges kalifornisches Bewußtsein mit dem zerbrechlichen Hammer romantischer Lyrik des neunzehnten Jahrhunderts auch nur den geringsten Eindruck zu machen, stand am Fenster, schaute über den Campus, nickte gelegentlich im Rhythmus und flüsterte ab und zu im Übereinklang mit Crane kaum hörbar einen Vers mit.

». . . die unbeklagte Urne«, sagte Crane, so flach und emotionslos wie immer, als ob er die Verse bloß aufgesagt hätte, um sein Gedächtnisvermögen unter Beweis zu stellen. Der letzte Widerhall seiner Stimme war verklungen, der Raum still, und er blickte durch seine dicken Brillengläser ruhig auf die Klasse; er forderte nichts. Dann ging er nach hinten, nahm auf seinem Stuhl Platz und begann seine Bücher einzusammeln.

Mollison – endlich erwacht aus seiner tiefen Versunkenheit in den sonnigen Rasen, die rotierenden Sprenkler, die in der Hitze flirrenden Schatten der Bäume und den Wind – wandte sich vom Fenster ab und ging langsam zu seinem Pult. Einen Moment lang blinzelte er kurzsichtig zu den beiden engbeschriebenen Wandtafeln und erklärte dann geistesabwesend: »*Auf den Tod von Keats*. Der Unterricht ist beendet.«

Und dieses eine Mal zogen die Studenten schweigend aus dem Klassenraum und vermieden es dabei in jugendlichem Anstand demonstrativ, zu Crane hinzuschauen, der vornübergebeugt auf seinem Stuhl saß und Bücher zusammenräumte.

Steve verließ den Raum fast als letzter und wartete draußen auf Crane. *Einer* mußte doch etwas sagen oder tun, irgendwas, Crane zuflüstern: »Tut mir leid«, dem Jungen die Hand schütteln. Steve wollte dieser eine gar nicht sein, aber außer ihm war ja niemand mehr da. Als Crane herauskam, schloß Steve sich ihm an, und so verließen sie gemeinsam das Gebäude.

»Ich heiße Dennicott«, sagte Steve.

»Ich weiß«, sagte Crane.

»Klar.« Cranes Stimme oder Verhalten verrieten keine Spur von

Trauer. Er blinzelte durch die Brillengläser ins Sonnenlicht. Das war alles.

»Warum hast du das gemacht?«

»Hattest du was dagegen?« Die Frage war scharf, der Ton jedoch mild, wie nebenbei, unbekümmert.

»Verdammt, nein«, sagte Steve. »Ich möchte bloß gern wissen, *warum* du's gemacht hast.«

»Samstagabend ist mein Bruder ums Leben gekommen«, sagte Crane.

»Ich weiß.«

»Auf den Tod von Keats. Der Unterricht ist beendet.« Crane kicherte leise, doch ohne Boshaftigkeit. »Ein netter alter Kerl, der Mollison. Hast du jemals sein Buch über Marvell gelesen?«

»Nein«, sagte Steve.

»Ein schreckliches Buch«, sagte Crane. »Du willst es wirklich wissen?« Er musterte Steve plötzlich sehr genau.

»Ja«, sagte Steve.

»Ja«, sagte Crane zerstreut und fuhr sich über die Stirn. »Das konntest nur du sein, der fragt. Nur du, von der ganzen Klasse. Hast du meinen Bruder gekannt?«

»Nur vom Sehen«, sagte Steve. Er dachte über Cranes Bruder nach, den Verteidiger. Ein goldener Helm, ganz tief drunten auf dem grünen Spielfeld, eine Nummer (*welche* Nummer?), eine Puppe, die jeden Samstag hervorgeholt wurde, um inmitten einer großen Geräuschwoge geschickte, gewaltsame Manöver durchzuführen, ein Foto in einem Programmheft, ein junges, brutales Gesicht, das einen mit leiser Verachtung von der Seite anblickte. Mit Verachtung für was? Für wen? Den unfähigen Fotografen? Die Vorstellung, daß jemand überhaupt dran interessiert sein könnte zu erfahren, was für ein Gesicht diese numerierte Puppe hatte? Die Vorstellung, daß das, was er machte, die Mühe lohnte, ihn zu verewigen, damit irgendwo, auf irgendeinem Dachboden in fünfzig Jahren dieses junge Gesicht noch immer vorhanden sein könnte unter dem Gerümpel, ein Teil der falschen Erinnerungen eines alten Mannes an seine Jugendzeit?

»Du hast in ihm wohl nicht viel von John Keats gesehen, oder?« Crane blieb unter einem Baum stehen, im Schatten, um die Bücher unter dem Arm zurechtzurücken. Ihn schien das Sonnenlicht zu bedrücken; außerdem hielt er die Bücher ungeschickt, und sie drohten immer wieder, zu Boden zu fallen.

»Um ganz ehrlich zu sein«, sagte Steve, »nein, an John Keats hat er mich wohl kaum erinnert.«

Crane nickte bedächtig. »Aber ich habe ihn gekannt«, sagte er. »Ich habe ihn gekannt. Und von denen, die gestern auf der Beerdigung diese gottverdammten Reden gehalten haben, hat ihn keiner gekannt. Er brauchte eine angemessene Abschiedsfeier«, sagte Crane. »Das war's, was ich ihm geben wollte. Dazu brauchte es nur ein bißchen Kreide und einen Dichter, aber keinen von diesen Lügnern in ihren schwarzen Anzügen. Möchtest du heut mit mir ein bißchen rumfahren?«

»Ja«, sagte Steve ohne Zögern.

»Ich hol' dich dich um elf Uhr an der Bibliothek ab«, sagte Crane. Er winkte steif und ging unter der Bücherlast gebeugt davon, schlaksig, unsicher, schlecht ernährt, mit schütterem Haar – eine Schande für den Mythos von der goldenen Westküste.

Sie fuhren schweigend nach Norden. Selbst wenn sie miteinander hätten sprechen wollen – Cranes alter, offener Ford ratterte dermaßen laut, und der Wind machte solchen Lärm, als sie dahinrumpelten, daß ein Gespräch so gut wie unmöglich war. Crane saß völlig verkrampft über das Lenkrad gebeugt, er fuhr nervös, mit übermäßiger Vorsicht, die langen, blassen Hände umklammerten das Steuer. Steve hatte ihn nicht gefragt, wohin die Fahrt ging, und Crane hatte nichts gesagt. Es war Steve unmöglich gewesen, Adele aufzutreiben und ihr zu sagen, daß er zum Mittagessen wahrscheinlich nicht rechtzeitig zurück sein würde, aber das ließ sich jetzt nicht mehr ändern. Er lehnte sich zurück, genoß die Sonne, die gelben, ausgebrannten Hügel und die langen, gräulichblauen Wogen des Pazifischen Ozeans, die träge an die Strände rollten und sich an den Küstenklippen brachen. Er wußte, auch ohne Erklärung, daß diese Fahrt irgendwie eine Fortsetzung der Totenfeier für Cranes Bruder war.

Sie fuhren an mehreren Restaurants vorbei. Steve hatte Hunger, machte aber trotzdem nicht den Vorschlag anzuhalten. Dies war Cranes Ausflug, und Steve hatte nicht die Absicht, das Ritual zu stören, dem Crane folgte – wie immer es aussehen mochte.

Sie schaukelten dahin, durch Zitronen- und Orangenhaine; die Luft war schwer vom Duft dieser Früchte, in den sich der Salzgeruch das Meeres mischte.

Sie fuhren durch den fleckigen Schatten von Eukalyptusalleen, die in einem vergangenen Jahrhundert von spanischen Mönchen angepflanzt worden waren, um während der kalifornischen Sommer die Reisen von Missionsstation zu Missionsstation erträglich zu machen. Während er in dem lärmenden Wagen dahinratterte und die Augen leicht zusammenkniff, wenn das Auto ins blanke Sonnenlicht hinausschoß, versuchte sich Steve vorzustellen, wie die Straße wohl ausgesehen haben mochte, wenn ein alter Mann in einer Soutane auf einem schläfrigen Maultier dahingetrottet war, zum Klang ferner spanischer Glocken, die Reisende willkommen hießen. Heute erklangen keine Glocken mehr. Kalifornien, dachte Steve im Dieselgestank eines Lasters vor ihnen, ist mit der Zeit nicht eben besser geworden.

Der Wagen schlingerte durch eine Kurve. Crane bremste. Er hielt an. Und dann sah Steve, weshalb sie gehalten hatten.

Über eine Straßenbiegung lehnte ein riesiger Baum, und auf einer Seite war die gesamte Borke in Straßenhöhe abgerissen. Drunter zeigte sich weißliches, aufgesplittertes Holz – eine offene Wunde.

»Hier«, sagte Crane mit seiner rauhen Flüsterstimme. Er stellte den Motor ab und stieg aus. Steve folgte und blieb seitlich stehen, als der kurzsichtige Crane den Baum durch die Brillengläser fixierte. Crane berührte den Baum mit der Hand, genau am Rand der Wunde.

»Eukalyptus«, sagte er. »Wort aus dem Griechischen mit der Bedeutung ›gut bedeckt‹; die Blume; Gattung der Familie Myrtengewächse. Wenn ich ein guter Bruder gewesen wäre«, sagte er, »dann wäre ich am Samstagmorgen hierhergekommen und hätte diesen Baum gefällt. Dann wäre mein Bruder noch am Leben.« Er ließ die Hand über das aufgerissene, splittrige Holz gleiten; es erinnerte Steve daran, wie Crane am Morgen die Wandtafel berührt und den Kreidestaub von den Wortenden weggewischt hatte, ganz unemotional, nur aus dem Gefühl der Dinge heraus, des Schiefers, des Kreidezeichens am Schluß des »s« von Adonais und jetzt des klebrigen, austrocknenden Holzes. »Man hätte doch gemeint«, sagte Crane, »daß man bei hinreichender Liebe für einen Bruder vernünftig genug sein würde, herauszufahren und einen Baum zu fällen, meinst du nicht? Ich habe irgendwo gelesen, daß die Ägypter das Öl der Eukalyptusblätter zum Einbalsamieren gebraucht haben.« Die lange Hand schlug noch einmal leicht gegen die zerfetzte Borke. »Nun, ich habe den Baum nicht gefällt. Gehn wir.«

Er ging zum Wagen zurück, ohne sich noch einmal nach dem Baum umzusehen. Er setzte sich hinters Steuer und blieb in sich zusammengesackt sitzen, spähte durch seine Brillengläser angestrengt auf den Weg vor ihm und wartete, daß Steve neben ihm Platz nahm. »Mein Vater und meine Mutter leiden fürchterlich«, sagte Crane, nachdem Steve die Wagentür von innen geschlossen hatte. Ein mit Orangen beladener Lkw fuhr mit lautem Zischen und einem Staubwirbel an ihnen vorbei und hinterließ ein Aroma wie von hundert Hochzeiten. »Wir wohnen zu Hause, weißt du. Sie hatten nur meinen Bruder und mich. Wir waren die einzigen Kinder. Und nun sehen sie mich an, und sie können gar nicht anders, sie denken: Wenn es einer von den beiden sein mußte, warum dann nicht *er*? Es läßt sich an ihren Augen ablesen, und sie wissen auch, daß es an ihren Augen abzulesen ist, und sie wissen, daß ich mit ihnen einer Meinung bin, und sie haben deswegen Schuldgefühle, und ich kann ihnen nicht helfen.« Er ließ mit einer Abfolge nervöser, unsicherer Bewegungen den Motor an, wie jemand, der gerade fahren lernt. Er wendete den Wagen in die Richtung von Los Angeles, und sie fuhren nach Süden. Steve schaute noch einmal zu dem Baum, aber Crane hatte nur Augen für die Straße vor ihm.

»Ich bin hungrig«, sagte er, »ich kenne etwa fünfzehn Kilometer weiter ein Lokal, wo's Meeresschnecken gibt.«

Sie saßen zusammen in dem verwitterten Schuppen mit den zum Meer hin geöffneten Fenstern, aßen ihre Meeresschnecken und tranken Bier. Die Jukebox spielte *Downtown*. Es war das dritte Mal, daß sie sich *Downtown* anhörten. Crane steckte immer wieder ein Geldstück in die Maschine und wählte jedesmal das gleiche Lied.

»Ich bin ganz verrückt nach diesem Lied«, sagte er. »Samstagabend in Amerika. Budweiser-Gelage.«

»Alles in Ordnung, Jungs?« Die Kellnerin, eine dicke, kleine künstliche Blondine um die Dreißig, lächelte ihnen vom Ende des Tisches her entgegen.

»Alles absolut großartig«, sagte Crane mit einer klaren, hellen Stimme.

Die Kellnerin kicherte. »Das hört man aber gern«, sagte sie.

Crane betrachtete sie genau. »Was machen Sie, wenn's stürmt?« fragte er.

»Wie bitte?« Sie runzelte verwirrt die Stirn.

»Wenn's stürmt«, sagte Crane. »Wenn der Wind weht. Wenn das Meer sich hebt. Wenn die jungen Matrosen in den bodenlosen Tiefen ertrinken.«

»O je«, sagte die Kellnerin, »und ich hatte gedacht, daß ihr Jungs bloß ein Bier getrunken habt.«

»Ich empfehle Anker«, sagte Crane. »Sie sind schlecht positioniert. Ein Umschlagen des Windes, eine Wende der Flut, und schon treiben Sie am Riff vorbei und sind unterwegs nach Japan.«

»Ich werd's dem Chef sagen«, sagte die Kellnerin grinsend. »Sie empfehlen Anker.«

»Sie sind in Gefahr, Lady«, sagte Crane ernst. »Glauben sie nur nicht, daß es anders ist. Keiner ist ehrlich. Keiner sagt Ihnen die hundertprozentige Wahrheit.« Er schob der Kellnerin von einem Haufen Geldstücke neben seinem Ellbogen eine Münze über den Tisch zu. »Würden Sie wohl so freundlich sein und das in die Box stecken, meine Liebe?« sagte er förmlich.

»Und was wollen Sie hören?« fragte die Kellnerin.

»*Downtown*«, sagte Crane.

»Noch einmal?« Die Kellnerin verzog das Gesicht. »Das kommt mir ja schon zu den Ohren raus.«

»Soweit ich weiß, ist es der letzte Schrei«, sagte Crane.

Die Kellnerin nahm das Geldstück und steckte es in die Jukebox, und *Downtown* fing wieder von vorn an.

»Sie wird an mich denken«, sagte Crane, während er seine Bratkartoffeln mit Ketchup aß. »Jedesmal wenn's stürmt und die Wellen hochschlagen. Man darf nicht unvergessen durchs Leben gehn.«

»Du bist wirklich ein komischer Typ«, sagte Steve mit einem leisen Lächeln, um der Bemerkung den Stachel zu nehmen, war aber erstaunt, daß er es überhaupt aussprach.

»Ach, so komisch bin ich gar nicht«, sagte Crane und wischte sich Ketchup vom Kinn. »Normalerweise benehm' ich mich auch nicht so. Das ist das erstemal, daß ich je mit einer Kellnerin geflirtet habe.«

Steve lachte. »Das nennst du Flirten?«

»Ist es das etwa nicht?« Crane schien verärgert. »Was zum Teufel ist es denn sonst?« Er warf Steve einen kritischen Blick zu. »Ich möchte dich etwas fragen«, sagte er. »Fickst du das Mädchen, mit dem ich dich immer auf dem Campus zusammensehe?«

Steve legte die Gabel weg. »Moment mal«, sagte er.

»Ich mag nicht, wie sie geht«, sagte Crane. »Sie bewegt sich wie eine Kokotte. Mir sind Huren lieber.«

»Lassen wir's dabei bleiben«, sagte Steve.

»Ach, Mensch«, sagte Crane. »Ich hab' gedacht, du wolltest mein Freund sein. Heute morgen hast du dich mitfühlend und nett verhalten. In der Kalifornischen Wüste, in der Wüste Gobi von Los Angeles, in der Camargue der Kultur. Du hast eine Hand ausgestreckt. Du hast den Becher gereicht.«

»Ich möchte dein Freund sein, klar doch«, sagte Steve, »aber es gibt Grenzen . . .«

»Das Wort Freund kennt keine Grenzen«, sagte Crane hart. Er goß etwas Bier über seine Bratkartoffeln, die bereits mit Ketchup überzogen waren. Er gabelte eine Kartoffel auf, schob sie sich in den Mund und kaute mit Bedacht. »Ich habe eine tolle geschmackliche Entdeckung gemacht«, sagte er. »Ich will dir was sagen, Dennicott, Freundschaft, das bedeutet uneingeschränkte Kommunikation. Frag mich, was du willst, und ich werde dir antworten. Je fundamentaler die Frage, desto ausführlicher die Antwort. Wie stellst du dir Freundschaft vor? Die Wahrheit über Belanglosigkeiten – und Schweigen und Heuchelei in allem sonst? Mein Gott, du hättest eine Dosis von meinem Bruder gebrauchen können.« Er goß noch mehr Bier über das Ketchup auf den Bratkartoffeln. »Willst du wissen, warum ich Keats erwähnen und im gleichen Atemzug den Namen meines Bruders nennen kann?« fragte er herausfordernd, indem er sich über den Tisch beugte. »Ich will dir sagen, warum. Weil er einen stolzen Sinn und ein Gespür für Reinheit besaß.« Crane starrte nachdenklich auf Steve. »Du auch«, sagte er, »und das ist der Grund, warum ich sagte, daß von der ganzen Klasse natürlich du mich fragen würdest. Du hast es auch – diesen Sinn für Stolz, diese Begeisterungsfähigkeit. Ich hab's gemerkt – wenn ich dich lachen hörte, wenn ich dich beobachtet habe, wie du die Treppe zur Bibliothek herunterkamst und dein Mädchen am Ellbogen hieltst. Auch ich«, sagte er tiefernst, »kann mich begeistern. Ich reserviere es nur für andere Dinge.« Er schnitt eine rätselhafte Grimasse. »Aber was die Reinheit angeht – ich weiß nicht. Vielleicht weißt du es ja selber nicht. Da steht das Urteil der Geschworenen über dich noch aus. Bei meinem Bruder habe ich's aber genau gewußt. Willst du wissen, was ich unter Reinheit verstehe?« Er redete zwanghaft. Schweigen hätte die Erinnerung unerträglich werden lassen. »Es bedeutet, einen persönlichen Kodex von Maßstäben zu haben und sie nie zu kompromittieren«, sagte er. »Selbst wenn es wehtut. Auch wenn es niemand sonst weiß. Selbst wenn es nur eine winzige, förmliche Geste ist, die neunundneunzig von hundert Menschen machen würden, ohne drüber nachzudenken.«

Crane legte den Kopf schief und lauschte lustvoll dem Refrain von *Downtown*. Er mußte laut sprechen, um sich über der Jukebox verständlich zu machen. »Weißt du, warum mein Bruder beim Football nicht zum Mannschaftskapitän gewählt worden ist? Er war bereit dafür, es wäre nur logisch gewesen, alle hatten damit gerechnet. Ich will dir sagen, warum er's trotzdem nicht geworden ist. Er wollte dem Mannschaftskapitän vom vergangenen Jahr am Ende der Spielsaison nicht die Hand geben, und es gab da eine Menge Wahlstimmen, die der vorjährige Mannschaftskapitän nach Belieben steuern konnte. Und weißt du auch, warum mein Bruder ihm nicht die Hand geben wollte? Weil er ihn für einen Feigling hielt. Er hat bemerkt, wie der Kerl den Gegner im Ballbesitz von oben her angriff, wenn ein Angriff von unten gefährlich gewesen wäre, und er hat bemerkt, wie der Kerl sich zurückgehalten hat, wenn die Abwehr der anderen Mannschaft allzu brutal wirkte. Vielleicht hat sonst niemand bemerkt, was mein Bruder bemerkt hat, oder vielleicht waren sie sich nicht ganz sicher und haben ihre Zweifel dem Kerl zugute gehalten. Aber nicht mein Bruder. Er hat ihm also nicht die Hand gegeben, weil er Feiglingen eben nicht die Hand gab, verstehst du, und deshalb ist jemand anders zum Mannschaftskapitän gewählt worden. Das verstehe ich unter Reinheit«, sagte Crane, nippte an seinem Bier und blickte auf den menschenleeren Strand und das Meer. Da kam es Steve zum erstenmal in den Sinn, daß es vielleicht besser war, daß er Cranes Bruder nie kennengelernt hatte, daß er selber nie mit solch puritanisch-heroischen Verhaltensmaßstäben gemessen worden war.

»Was Mädchen betrifft«, sagte Crane. »Der Kernbereich der Kompromisse, der Schoß des Zweitbesten –« Crane schüttelte nachdrücklich den Kopf. »Nicht für meinen Bruder. Weißt du, was er mit seiner ersten Freundin gemacht hat? Und er hat sogar geglaubt, sie zu lieben, damals, aber das spielte für ihn trotzdem keine Rolle. Sie haben nur im Dunkeln miteinander geschlafen. Das Mädchen hat es so gewollt. Manche Mädchen sind einfach so, weißt du, das Dunkel entschuldigt alles. Na schön, mein Bruder war ganz verrückt nach ihr, und wenn es für sie so wichtig war – ihm machte die Dunkelheit nichts aus. Eines Nachts hat er dann aber gesehen, wie sie sich im Bett aufsetzte, und der Vorhang am Fenster hat sich im Wind bewegt, und im Mondschein hat sich ihre Silhouette abgezeichnet, und da hat er bemerkt, daß sie einen fetten, schwabbligen Bauch hatte, wenn sie so saß. Die Silhouette, hat mein Bruder gesagt, war schlaff und verriet Sichgehenlassen. Wenn sie sich hinlegte, dann war das natürlich eingesunken, und wenn sie angezogen war, trug sie einen Hüftgürtel, der sogar ein Bierfaß plattgedrückt hätte. Und als er ihren Schattenriß gegen den Vorhang sah, da hat er sich gesagt: ›Es ist aus, das ist nichts für mich.‹ Weil es nicht vollkommen war, und mit weniger wollte er sich nicht zufriedengeben. Liebe hin, Liebe her, Begierde oder nicht. Er selber hatte einen Körper wie der *David* von Michelangelo, das hat er gewußt, darauf war er stolz, und er hat alles getan, um ihn sich zu bewahren – warum sollte er sich da auf Unvollkommenheiten einlassen? Du lachst doch nicht etwa, Dennicott?«

»Na ja«, sagte Steve, der sich Mühe gab, seine Zunge zu beherrschen, »ich muß zugeben, daß ich ein wenig lächle.« Er war amüsiert, aber er konnte den Gedanken nicht unterdrücken, daß Crane seinen Bruder möglicherweise aus den falschen Gründen so sehr geliebt hatte. Und er konnte sich nicht gegen ein Gefühl des Mitleids für das unbekannte Mädchen wehren, die, ohne es zu ahnen, sitzengelassen worden war, in dem dunklen Zimmer, von dem unerbittlichen Sportler, der gerade noch mit ihr geschlafen hatte.

»Meinst du nicht, daß ich so von meinem Bruder sprechen sollte?« fragte Crane.

»Selbstverständlich«, sagte Steve. »Wenn ich tot wäre, würde ich mir einen Bruder wünschen, der am Tag nach meinem Begräbnis so über mich reden kann.«

»Wenn da bloß nicht die verdammten Reden von all den Leuten gewesen wären«, flüsterte Crane. »Wenn man nicht aufpaßt, rauben sie dir dein Bild von deinem Bruder total.«

Er putzte sich die Brillengläser. Seine Hände zitterten. »Meine verdammten Hände«, sagte er. Er legte die Brille wieder auf den Tisch, damit sie nicht mehr zitterten.

»Wie steht's mit dir, Dennicott?« sagte Crane. »Hast du in deinem Leben jemals etwas getan, das nichts brachte, das schädlich, vielleicht sogar ruinös war – nur weil es das Richtige, das Reine war, das einfach getan werden mußte, das absolut Kompromißlose? Weil du es dein Lebtag nicht vergessen und dich geschämt hättest, wenn du anders gehandelt hättest?«

Steve zögerte. Selbstbeobachtung und Selbstprüfung waren seine Sache nicht; er empfand es als Eitelkeit, wenn Menschen von ihren Tugenden redeten. Und von ihren Fehlern. Aber da war Crane, wartend, offen und bloß. »Also, ja . . .«, sagte Steve.

»Was?«

»Also, nichts irgendwie richtig Großartiges . . .«, sagte Steve. Er war verlegen, spürte jedoch, daß Crane das jetzt brauchte, daß dieser Austausch von Vertraulichkeiten auf irgendeine Weise dem Jungen die Last seines Schmerzes erleichterte. Außerdem war er von Crane fasziniert, von der Radikalität seiner Ansichten, von der nahezu komischen Flut seiner Erinnerungen an den Bruder, von der Bedeutung, die Crane der geringsten Geste beimaß, von seiner Sinnsuche, die jede Banalität des Lebens, jeden Atemzug einer Prüfung für würdig hielt. »Da hat es einmal diese Sache am Strand von Santa Monica gegeben«, sagte Steve. »Da habe ich's riskiert, zusammengeschlagen zu werden. Und ich hab' genau gewußt, daß ich zusammengeschlagen werden würde . . .«

»Das ist gut.« Crane nickte zustimmend. »Das ist immer ein guter Anfang.«

»Ach verdammt«, sagte Steve. »Es ist zu unwichtig.«

»Es gibt überhaupt nichts Unwichtiges«, sagte Crane. »Erzähl schon.«

»Na schön, es gab da einen riesigen Kerl, der dort andauernd herumlungerte und 'ne richtige Plage war«, sagte Steve. »So einen schwachköpfigen Bodybuilder mit Muskelpaketen wie Basketbälle. Ich hab' mich vor ein paar Mädchen über ihn lustig gemacht, und er faßte das als Beleidigung auf, was ja auch stimmte, und er hat gesagt, wenn ich mich nicht bei ihm entschuldigte, würde ich mit ihm kämpfen müssen. Und ich war im Unrecht, ich war arrogant und überheblich gewesen und sah das auch ein, aber ich habe auch gewußt: Falls ich mich tatsächlich bei ihm entschuldigen würde, dann wäre er enttäuscht und die Mädchen würden weiter über ihn lachen – also hab' ich ihm gesagt, daß ich mich nicht entschuldigen wollte, und hab' mich gleich am Strand mit ihm geprügelt, und er muß mich ein dutzendmal zu Boden geschlagen haben und hätte mich fast umgebracht.«

»Gut so.« Crane nickte erneut und fällte ein positives Urteil. »Ausgezeichnet.«

»Und dann war da mal ein Mädchen, das ich unbedingt haben wollte . . .« Steve brach ab.

»Und?« sagte Crane.

»Nichts«, sagte Steve. »Über die Sache bin ich mir noch nicht klar.« Bis zu diesem Augenblick hatte er geglaubt, daß die Geschichte mit diesem Mädchen ein gutes Licht auf ihn würfe. Er hatte sich damals, wie seine Mutter es ausdrücken würde, als Gentleman verhalten. Er war sich jedoch nicht sicher, ob Crane und seine Mutter da derselben Meinung wären. Crane brachte ihn durcheinander. »Ein andermal«, sagte er.

»Versprochen?« sagte Crane.

»Versprochen.«

»Du wirst mich auch nicht enttäuschen?«

»Nein.«

»In Ordnung«, sagte Crane. »Gehn wir.«

Die Rechnung teilten sie sich.

»Kommt mal wieder, Jungs«, sagte die blonde Kellnerin. »Ich werd' die Platte für euch auflegen.« Sie lachte, daß ihre Brüste tanzten. Die Jungs hatten ihr gefallen. Der eine sah gut aus, und der andere, der Komische mit der Brille, so fand sie nun, der war ein richtiger Witzbold. Es half, den langen Nachmittag zu ertragen.

Auf dem Heimweg fuhr Crane dann nicht mehr wie eine nervöse alte Jungfer in der dritten Fahrstunde. Er fuhr extrem schnell mit einer Hand am Steuer und summte *Downtown*, als ob es ihm ziemlich egal wäre, ob er lebte oder nicht.

Bis er das Summen plötzlich ließ und wieder vorsichtig zu fahren begann; geradezu ängstlich. »Dennicott«, fragte er, »was wirst du mit deinem Leben machen?«

»Wer weiß?« sagte Steve. Er war konsterniert über die Art, wie Crane von einer großen Frage zur nächsten sprang. »Seemann werden vielleicht, Elektronik bauen, Uni-Dozent werden, eine reiche Frau heiraten . . .«

»Was mit Elektronik?« fragte Crane.

»Die Fabrik meines Vaters«, sagte Steve. »Die Familienfirma. Es gibt keine hochmoderne Rakete, die ohne ein hochgeheimes Dennicott-Dingsbums komplett wäre.«

»Nee«, sagte Crane kopfschüttelnd, »das wirst du nicht machen. Und Lehrer wirst du auch nicht. Zum Pädagogen fehlt dir das richtige Gemüt. Ich hab' so ein Gefühl, daß dir irgendwas Abenteuerliches passieren wird.«

»Wirklich?« sagte Steve. »Danke. Und was machst du mit *deinem* Leben?«

»Ich habe alles ganz genau geplant«, sagte Crane. »Ich werde in den Forstdienst eintreten. Ich werde oben auf einem Berg in einer Hütte leben und nach Waldbränden Ausschau halten und dafür kämpfen, daß Amerikas Wildnis erhalten bleibt.«

Das ist verdammt ehrgeizig, dachte Steve, sprach es aber nicht aus. »Da wirst du entsetzlich einsam sein«, sagte er.

»Gut«, sagte Crane. »Dann werde ich eine Menge lesen können. Ich bin von meinen Mitmenschen ohnehin nicht sonderlich begeistert. Mir sind Bäume lieber.«

»Was ist mit dem andern Geschlecht?« fragte Steve. »Eine Frau?«

»Was für eine Frau würde mich schon nehmen?« sagte Crane bitter. »Ich seh' doch aus wie etwas, das nach einer Silvesterparty im Pennerasyl übriggeblieben ist. Und ich würde nur die Beste, die Schönste, die Intelligenteste und Liebevollste nehmen. Ich werde mich nicht mit irgendeinem armen, grauen Mauerblümchen begnügen, das samstags keinen Mann zum Tanzen findet.«

»Nun laß mal«, sagte Steve, »so schrecklich bist du doch gar nicht.« Obwohl, es war schon so, daß man schockiert gewesen wäre, Crane mit einem hübschen Mädchen ausgehen zu sehn.

»Man soll seine Freunde nicht anlügen«, sagte Crane. Er fuhr wieder ziemlich waghalsig, als eine Welle neuer Gefühle, irgendeine neue Vorstellung von sich selbst, ihn ergriff. Steve saß verkrampft neben ihm, hielt sich an der Tür fest und fragte sich, ob binnen einer einzigen

Woche wohl eine ganze Generation von Cranes auf den Straßen Kaliforniens den Tod finden würden.

Sie schwiegen, bis sie bei der Universitätsbibliothek ankamen. Crane hielt an und ließ sich im Sitz zurücksinken, als Steve ausstieg. Steve sah Adele, die auf den Stufen zur Bibliothek von drei jungen Männern umringt war, von denen er nicht einen kannte. Adele sah ihn aussteigen und kam auf ihn zu. Selbst aus der Entfernung konnte Steve erkennen, daß sie wütend war. Er wollte Crane loswerden, bevor Adele ihn erreichte. »Also, bis bald«, sagte Steve und musterte die herankommende Adele. Ihr Gang war wirklich geschmacklos, überheblich, aufreizend.

Crane saß da und spielte mit dem Zündschlüssel, wie ein Mensch, der nie versteht, wann das letzte wichtige Wort gesprochen ist, wann die Zeit gekommen ist, einfach zu verschwinden.

»Dennicott«, begann er und brach sofort ab, weil Adele mit finsterem Blick vor Steve stehenblieb. Crane war für sie Luft.

»Vielen Dank«, sagte sie. »Danke für das Mittagessen.«

»Es ließ sich nicht ändern«, sagte Steve. »Ich mußte plötzlich fort.«

»Ich bin es nicht gewohnt, daß man mich versetzt«, sagte Adele.

»Ich erklär's dir später«, sagte Steve, der sie loswerden wollte, aus seiner Nähe, aus der Nähe von Crane, der neugierig vom Fahrersitz des Wagens herüberschaute.

»Du mußt gar nichts erklären«, sagte Adele und rauschte davon. Steve beschloß, sie nicht voreilig zu verurteilen. Sie wußte wahrscheinlich gar nicht, wer Crane war und daß es Cranes Bruder war, der am Samstagabend ums Leben gekommen war. Trotzdem . . .

»Tut mir leid, daß du meinetwegen dein Rendezvous verpaßt hast«, sagte Crane.

»Keine Sorge«, sagte Steve. »Sie wird schon drüber wegkommen.«

Er sah, wie Crane Adele noch einen Moment nachschaute, kalt, streng, aburteilend. Dann zuckte Crane mit den Schultern, tat das Mädchen ab.

»Danke, Dennicott«, sagte Crane. »Danke fürs Mitkommen zu dem Baum. Das war eine gute Tat. Du weißt gar nicht, wie sehr du mir damit geholfen hast. Ich habe keine Freunde. Mein einziger Freund war mein Bruder. Wenn du nicht mitgekommen wärst und mir zugehört hättest –

ich hätte nicht gewußt, wie ich den heutigen Tag durchstehen soll. Entschuldige, wenn ich zuviel geredet habe.«

»Du hast nicht zuviel geredet«, sagte Steve.

»Werden wir uns wiedersehn?« fragte Crane.

»Klar«, sagte Steve. »Wir müssen wieder zu dem Restaurant fahren und uns *Downtown* anhören. Ganz bald.«

Crane richtete sich plötzlich in seinem Sitz auf, lächelte scheu und wirkte beglückt wie ein Kind, das gerade ein Geschenk bekommen hat. Steve hätte Crane am liebsten in die Arme genommen. Und Steve beneidete ihn – trotz der ganzen Verzweiflung Cranes, trotz der Einsamkeit, die mit Sicherheit auf ihn wartete. Crane besaß die Fähigkeit zu trauern, und nach dem Tag mit dem Jungen, der gerade seinen Bruder verloren hatte, begriff Steve, daß die Fähigkeit zu trauern auch die Fähigkeit zu leben bedeutete.

»*Downtown*«, sagte Crane. Er ließ den Motor an und fuhr fröhlich winkend davon, um zu seinen Eltern zu fahren, wo sein Vater und seine Mutter warteten, mit schuldbewußten Blicken, weil sie fanden, daß wenn schon einer ihrer Söhne sterben mußte, sie lieber ihn verloren hätten.

Steve sah Adele von den Stufen der Bibliothek zurückkommen. Er merkte, daß ihr Zorn verflogen war und daß sie sich wahrscheinlich wegen ihres Ausbruchs entschuldigen wollte. Und weil er Adele auf einmal mit Cranes Augen sah, setzte er dazu an, sich von ihr abzuwenden. Er wollte nicht mit ihr reden. Er mußte über sie nachdenken. Er mußte über alles nachdenken. Dann erinnerte er sich an den Stich Mitleid, das er bei der Geschichte von dem dicken Mädchen empfunden hatte, das nur wegen der Bewegung eines Vorhangs in einem mondhellen Fenster aus dem Leben ihres Liebhabers gestrichen worden war. Er drehte sich wieder um und lächelte zur Begrüßung, als Adele auf ihn zutrat. Crane hatte ihn vieles gelehrt an diesem Nachmittag, aber vielleicht nicht genau das, was er Steve hatte beibringen wollen.

»Hallo«, sagte Steve und sah dem Mädchen, das ihn aus gleicher Höhe anschaute, nicht ganz aufrichtig in die jungen blauen Augen. »Ich hatte gehofft, daß du zurückkommen würdest.«

Aber er würde nie wieder aufwachen und sich ganz selbstverständlich und automatisch wohl fühlen, nie mehr.

John Cheever

Das gelbe Zimmer

Ebenso wie Thurber wurde auch John Cheever (1912–1982) vornehmlich mit dem New Yorker in Verbindung gebracht. Einige Geschichten sind trotzdem zum Playboy gelangt. Vielleicht weil der New Yorker, der damals wesentlich prüder war als heute, sie ein bißchen zu pikant fand. Zu den provokanten Themen, die in »Das gelbe Zimmer« angesprochen werden, zählen uneheliche Kinder und Homosexualität, Prostitution, Masturbation und vorehelicher Sex. Vermutlich war es aber vor allem die beschriebene Trunksucht (Cheever trank selbst sehr viel), die den New Yorker abschreckte. Wie auch immer, »Das gelbe Zimmer« ist eine hervorragende Visitenkarte von einem der besten Kurzgeschichten-Autoren der amerikanischen Literaturgeschichte.

John Cheever

Das gelbe Zimmer

Ich bin unehelicher Abkunft – der Sohn von Franklin Faxon Taylor und Gretchen Shurz Oxencroft, seiner ehemaligen Sekretärin. Ich habe meine Mutter seit Jahren nicht mehr gesehen, aber ich kann sie jetzt vor mir sehen – ihr wehendes graues Haar und die grimmigen blauen Augen, die in ihrem Gesicht sitzen wie Wasserlöcher in einer Prärie. Sie wurde als letzte und bei weitem reizloseste von vier Töchtern in einer Steinbruch-Stadt in Indiana geboren. Ihre Eltern waren beide nicht über die High School hinausgekommen. Das entbehrungsreiche, langweilige Leben im provinziellen Mittleren Westen zwang ihnen eine kompromißlose und nahezu religiöse Verehrung für die Fluchtwege der Bildung auf. Auf dem Wohnzimmertisch lagen stets Shakespeares Gesammelte Werke wie eine Art Symbol höherer Würde. Ihr Vater stammte aus Yorkshire. Er hatte dichtes hellbraunes Haar und grobe Gesichtszüge. Er war schlank und drahtig, und als er Mitte Vierzig war, stellte sich heraus, daß er Tuberkulose hatte. Er begann als Arbeiter im Steinbruch, wurde zum Vormann befördert und dann, als der Kalkstein-Markt vorübergehend einbrach, wurde er arbeitslos. In dem Haus, in dem sie aufwuchs, gab es einen Spiegel mit Goldrahmen, ein Roßhaarsofa sowie ein wenig Porzellan und Tafelsilber, das ihre Mutter aus Philadelphia mitgebracht hatte.

Nichts davon sollte verlorene Grandeur oder auch nur verlorenen

Komfort beweisen, doch Philadelphia! Philadelphia! – als welch eine Stadt des Lichts muß es erschienen sein inmitten der Kalksteinebene. Gretchen verabscheute ihren Namen und änderte ihn im Lauf der Zeit nacheinander in Grace, Gladys, Gwendolyn, Gertrude, Gabriella, Giselle und Gloria. In ihrer Jugend wurde in der Ortschaft, in der sie lebte, eine Leihbibliothek eröffnet, und aufgrund irgendeines Irrtums oder falschverstandenen Rats las sie die Gesammelten Werke von John Galsworthy. Das ließ bei ihr einen leichten englischen Akzent zurück, zusammen mit einer unüberbrückbaren Kluft zwischen der Welt ihrer Träume und der Kalksteinebene. Als sie eines Winterabends mit der Straßenbahn von der Bibliothek nach Hause fuhr, sah sie ihren Vater mit seinem Henkelmann unter einer Laterne stehen. Der Fahrer hielt für ihn nicht an, und Gretchen drehte sich zu einer Frau neben ihr und rief: »Nein so was! Haben Sie denn diesen bemitleidenswerten Wicht gesehen? Er hat der Bahn gewunken, doch der Fahrer hat ihn vollkommen übersehen!« Das war der Ton Galsworthys, in dessen Welt sie den ganzen Nachmittag über vertieft gewesen war, und wie sollte sie ihren Vater in dieser Landschaft unterbringen? Zum Diener oder Gärtner hätte er nicht getaugt. Vielleicht wäre er als Reitknecht durchgegangen, obschon die einzigen Pferde, die er kannte, die Arbeitstiere im Steinbruch waren. Sie wußte, welch anständiger, mutiger und reinlicher Mensch er war, und es war das unerträgliche Gefühl, ihn so allein zu sehen, das sie gezwungen hatte, ihn schändlich zu verleugnen. Gretchen – oder Gwendolyn, wie sie sich damals nannte – machte einen glänzenden High-School-Abschluß und bekam ein Stipendium für die Universität in Bloomington. Etwa eine Woche nach Abschluß ihres Studiums verließ sie die Kalksteinebene, um in New York ihr Glück zu machen. Ihre Eltern begleiteten sie zum Bahnhof. Ihr Vater wirkte ausgemergelt. Der Mantel ihrer Mutter war fadenscheinig. Als sie ihr nachwinkten, fragte ein anderer Reisender, ob das ihre Eltern seien. Sie hätte durchaus noch immer im Ton einer Galsworthy-Figur erklären können, das seien bloß ein paar arme Leute, die sie besucht habe, doch statt dessen sagte sie: »Oh, ja, ja, das sind meine Mutter und mein Vater.«

Es gibt ein geheimnisvolles Reich, aus dem die Kinder der Anarchie kommen, und Gretchen (inzwischen Gloria) war eine seiner Bürgerinnen. In ihrem letzten Jahr an der Universität war sie Sozialistin geworden, und all die Übel, Ungerechtigkeiten, Mängel, Benachteiligungen und Würdelosigkeiten der Welt ließen sie kochen vor Wut. Sie stürzte sich mehr oder weniger auf die Stadt New York und bekam nach kurzer Zeit eine Stelle als Sekretärin von Franklin Faxon Taylor. Er war ein reicher und weitblickender junger Mann und Mitglied der Sozialistischen Partei. Gretchen wurde seine Sekretärin und schließlich seine Geliebte. Alles in allem waren sie außerordentlich glücklich miteinander. Was sich schließlich zwischen sie stellte – jedenfalls behauptete das mein Vater –, war die Tatsache, daß an diesem Punkt ihr revolutionärer Eifer sich in Form von Diebstählen, ja Kleptomanie auszuwirken begann. Sie reisten viel, und wann immer sie ein Hotel verließen, packte sie die Handtücher, das Tafelsilber, die Tischdecken und die Kissenbezüge ein. Dahinter steckte die Idee, sie eines Tages an die Armen zu verteilen, obwohl er das nie geschehen sah. »Irgend jemand *braucht* diese Sachen«, rief sie und stopfte die Koffer mit Dingen voll, die ihr nicht gehörten. Als er einmal in ihr Zimmer im Hay-Adams in Washington kam, stand sie gerade auf einem Stuhl und riß die Glasprismen vom Kronleuchter ab. »Irgend jemand kann die *gebrauchen*«, sagte sie. Im Commodore Perry in Toledo packte sie die Badezimmerwaage ein, aber er weigerte sich, den Koffer zu schließen, bevor sie das Gerät nicht zurückgebracht hatte. In Cleveland stahl sie ein Radio und aus dem Palace Hotel in San Francisco ein Gemälde. Diese unheilbare Neigung zum Stehlen – jedenfalls behauptete er das – führte zu bitteren Auseinandersetzungen, und in New York trennten sie sich. Beim Umgang mit Utensilien aller Art – Toastern, Bügeleisen, Autos – wurde Gretchen seit jeher vom Pech verfolgt, und obwohl er sich ausreichend mit Verhütungsmitteln eingedeckt hatte, holte die Pechsträhne sie auch dieses Mal wieder ein. Sie entdeckte bald nach der Trennung, daß sie schwanger war.

Taylor hatte nicht vor, sie zu heiraten. Er bezahlte die Kosten der Entbindung und schrieb ihr eine Apanage aus, und sie mietete eine kleine Wohnung an der West Side. Sie stellte sich immer als *Miss* Oxencroft vor. Sie wollte die Leute aus der Fassung bringen. Ich nehme an, sie fand unseren »illegitimen« Status irgendwie originell. Als ich drei war, besuchte mich meine Großmutter väterlicherseits. Sie war hingerissen von meinem blonden Lockenkopf. Sie bot an, mich zu adoptieren. Nachdem sie einen Monat lang darüber nachgedacht hatte, stimmte meine Mutter – die nie sonderlich konsequent war – dem Vorschlag zu. Sie fand, es sei ihr Privileg, praktisch ihre Berufung, durch die Welt zu reisen und sich weiterzubilden. Für mich wurde ein Kindermädchen aufgetrieben, und ich zog zu meiner Großmutter aufs Land. Mein Haar begann braun zu werden. Als ich acht war, war es ziemlich dunkel geworden. Meine Großmutter war weder verbittert noch exzentrisch und machte mir das niemals explizit zum Vorwurf, aber sie sagte doch oft, es sei eine Überraschung für sie gewesen. Laut Geburtsurkunde hieß ich Paul Oxencroft, doch das befriedigte sie nicht, und eines Nachmittags kam ein Anwalt vorbei, um die Angelegenheit zu regeln. Während sie noch darüber diskutierten, wie sie mich nennen sollten, kam ein Gärtner am Fenster vorbei, der einen Hammer in der Hand hatte, und so wurde ich dann auch genannt. Eine Stiftung war ins Leben gerufen worden, um Gretchen mit einem anständigen Einkommen zu versorgen, und sie reiste ab nach Europa. Das beendete zugleich ihre Hochstapelei als Gloria. Ihre Schecks, Papiere und Reisedokumente bestanden darauf, daß sie Gretchen sei, und so war sie es denn auch.

Als junger Mann verbrachte mein Vater einen Sommer in München. Er hatte sein ganzes Leben lang mit Gewichten, Hanteln usw. trainiert und besaß einen ganz besonderen Körperbau, der sich so bei keiner anderen Sportart ausbildet. In München stand er – aus Eitelkeit oder spaßeshalber – dem Bildhauer Feldspar Modell, der damals die Fassade des Hotels Prinzregent verzierte. Er posierte als eine dieser männlichen Karyatiden, die auf ihren Schultern die Gesimse so vieler Opernhäuser, Bahnhöfe, Appartementhäuser und Justizpaläste tragen. Das Prinzregent wurde in den vierziger Jahren ausgebombt, doch lange zuvor sah ich meinen Vater mit seinen unverkennbaren Zügen und seinen überentwickelten Armen und Schultern die Fassade eines Hotels stützen, das damals eines der elegantesten Häuser in ganz Europa war. Feldspar war um die Jahrhundertwende populär, und ich sah meinen Vater in Frankfurt am Main wieder, diesmal als Ganzfigur, wie er die obersten drei Stockwerke des Hotels Mercedes stemmte. Ich sah ihn in Jalta, in Berlin und am oberen Broadway, und ich sah ihn Ansehen, Gesicht und Stellung verlieren, als diese Art von Monumentalfassade aus der Mode kam. Ich sah ihn in West-Berlin auf einer unkrautüberwucherten Wiese liegen. Doch all das kam sehr viel später, und jegliches Unbehagen über

meine uneheliche Herkunft und die Tatsache, daß er stets als mein
Onkel bekannt war, wurde von dem Gefühl verdrängt, daß er auf seinen Schultern das Hotel Prinzregent, die besseren Suiten des Hotels
Mercedes und das Opernhaus von Malsberg trug, das ebenfalls ausgebombt wurde. Er schien sehr verantwortungsbewußt, und ich liebte
ihn.

Ich hatte einmal eine Freundin, die wieder und wieder behauptete zu
wissen, wie meine Mutter sein müsse. Ich weiß nicht, warum eine Affäre, die in erster Linie auf wüstes Gerammel hinauslief, Erinnerungen
an meine alte Mutter wachgerufen haben sollte, aber so war es jedenfalls. Das Mädchen machte sich ein vollkommen falsches Bild, obschon
ich mir nie die Mühe gab, sie zu korrigieren. »Oh, ich kann mir deine
Mutter vorstellen«, seufzte sie immer. »Ich kann sie in ihrem Garten
sehen, wie sie Rosen schneidet. Ich weiß, daß sie Chiffonkleider und
große Hüte trägt.« Falls meine Mutter überhaupt im Garten war, dann
höchstwahrscheinlich auf allen Vieren und Unkraut hinter sich her-
schleudernd wie ein Hund, der im Boden scharrt. Sie war nicht das zer-
brechliche und graziöse Wesen, das sich meine Freundin vorstellte. Es
kann sein, daß ich mehr von ihr erwartet habe, als sie mir geben konnte,
weil ich keinen legitimen Vater besitze, aber ich fand sie stets enttäu-
schend, und gelegentlich konnte sie einen aus der Fassung bringen. Sie
lebt jetzt bis Mitte Dezember – oder wann immer es zu schneien
beginnt – in Kitzbühel und zieht dann in eine Pension in Estoril. Sie
kehrt nach Kitzbühel zurück, wenn der Schnee schmilzt. Diese Orts-
wechsel werden eher von wirtschaftlichen Gründen diktiert als von
irgendeiner besonderen Vorliebe, die sie für die Sonne hätte.

Ich habe in Choate und Yale studiert. In meinem zweiten Studienjahr
starb Großmutter und hinterließ mir etwas Geld. Nach meinem Uni-
versitätsabschluß zog ich nach Cleveland und investierte fünfzigtausend Dollar in einen Schulbuchverlag. Ich verlor diese Investition in
weniger als einem Jahr. Ich glaube nicht, daß es da einen Zusammenhang gab, da ich immer noch jede Menge Geld hatte, aber ungefähr zu
diesem Zeitpunkt stellte ich fest, daß mein Appetit auf Männer, Frau-
en, Kinder, Sport – praktisch alles – auf mysteriöse Art geschwunden
war. Zugleich hatte ich begonnen, ohne ersichtlichen Grund an Melancholie zu leiden, einem *cafard,* einer Form von Verzweiflung, die gelegentlich fast mit Händen greifbar schien. Ein- oder zweimal schien ich

einen kurzen Blick auf einige seiner physischen Attribute zu erhaschen. Er war mit Haaren bedeckt – die klassische *bête noire* – aber normalerweise war er nicht sichtbarer als eine Luftsäule. Dann beschloß ich, nach New York zu ziehen. Ich hatte meinen Abschluß in Italienischer Literatur gemacht und plante nun, die Gedichte von Eugenio Montale zu übersetzen, aber mein *cafard* machte das unmöglich. Ich bezog ein möbliertes Appartement in den East 50s. Ich schien so gut wie niemanden in der Stadt zu kennen, und so verbrachte ich denn einen großen Teil meiner Zeit allein und einen großen Teil davon mit meinem *cafard*.

Er überkam mich in Zügen und Flugzeugen. Ich wachte auf und fühlte mich gesund und voller Pläne, die vom *cafard* schon zunichte gemacht wurden, während ich mich rasierte oder die erste Tasse Kaffee trank. Er war am stärksten – und ich am verwundbarsten –, wenn der Verkehrslärm mich früh am Morgen weckte. Meine beste Verteidigung, meine einzige Verteidigung, bestand darin, mir ein Kissen über den Kopf zu ziehen und die Bilder heraufzubeschwören, die für mich jene Vortrefflichkeit und Schönheit repräsentierten, die mir verlorengegangen waren. Das erste davon zeigte einen Berg – offensichtlich den Kilimandscharo. Der Gipfel war ein perfekter, schneebedeckter Kegel, der von einem flüchtigen Aufglühen illuminiert wurde. Ich sah den Berg Tausende von Malen – ich bettelte darum, ihn zu sehen –, und als ich vertrauter damit wurde, sah ich die Feuer eines primitiven Dorfes an seinem Fuß. Die Vision, so nehme ich an, stammte aus der Bronze- oder Eisenzeit. Am zweithäufigsten sah ich eine befestigte mittelalterliche Stadt. Es könnte der Mont-Saint-Michel gewesen sein oder Orvieto oder das große Lamakloster in Tibet, doch das Bild der ummauerten Stadt schien – ähnlich wie der schneebedeckte Berg – für Schönheit, Begeisterung und Liebe zu stehen. Außerdem sah ich, wenn auch seltener und mit weniger Erfolg, einen Fluß mit grasbewachsenen Ufern. Ich vermutete, daß das die Elysischen Gefilde seien, obwohl ich es schwierig fand, dort hinzugelangen und ich einmal den Eindruck hatte, eine Eisenbahntrasse oder Schnellstraße habe die Schönheit der Landschaft zerstört. Sooft ich diese Orte sah, pflegte ich eine Art Beschwörungsformel oder primitives Gebet aufzusagen, um den *cafard* abzuschütteln. Ich suchte mir den Namen irgendeiner Tugend aus, die ich verloren hatte – Liebe, Tapferkeit, Mitgefühl, Vortrefflichkeit –, und

wiederholte das Wort hundertmal. Ähnlich wie beim Zen atmete ich
dabei ein und aus; zum Beispiel »Mitgefühl« (Ausatmen), »Mitgefühl«
(Einatmen) etc. Mit Zen-Meditation ließ sich das jedoch nicht vergleichen, denn meiner Litanei fehlte jegliches kontemplative Element. Sie
war ein Produkt der Verzweiflung. Ich nehme an, ich hätte eine Sekte
gründen können, in der die Gemeinde auf die Knie fiel und tausendmal
»Tapferkeit, Tapferkeit« (Einatmen, Ausatmen) rief. Es gibt Schlimmeres im Leben.

Ich hatte begonnen, exzessiv zu trinken, um so den *cafard* loszuwerden, und eines Morgens – ich war seit ungefähr einem Monat in New
York – trank ich beim Rasieren ein ordentliches Glas Gin. Dann ging
ich wieder zu Bett, zog mir ein Kissen über den Kopf und versuchte,
den Berg, die Festungsstadt oder die Flußau heraufzubeschwören.

An diesem Tag blieb ich bis elf oder später im Bett. Was ich mir
danach wünschte, war ein langer, langer, langer Schlaf, und ich hatte
genug Tabletten, um mir den zu bereiten. Ich spülte die Pillen durch die
Toilette, rief einen meiner wenigen Freunde an und bat ihn um den
Namen seines Hausarztes. Dann rief ich den Arzt an und fragte ihn
nach einem Psychiater. Er empfahl einen Mann namens Doheny.

Doheny empfing mich noch am gleichen Nachmittag. In seinem
Wartezimmer gab es eine beachtliche Zeitschriftensammlung, aber die
Aschenbecher waren leer, die Kissen faltenlos, und ich hatte das
Gefühl, daß ich möglicherweise sein erster Kunde seit langer Zeit war.
War er etwa, so fragte ich mich, ein arbeitsloser Psychiater, ein erfolg-
loser Psychiater, ein unbeliebter Psychiater; vertrödelte er seine Zeit in
einem leeren Büro wie ein Anwalt, Friseur oder Antiquitätenhändler,
der nichts zu tun hat? Schließlich erschien er und führte mich in ein
Sprechzimmer, das mit Stilmöbeln eingerichtet war. An der Wand hin-
gen keinerlei Diplome. Ich fragte mich, ob es zur Ausbildung eines
Psychiaters gehörte, wie man sein Sprechzimmer einrichtet. Machten
sie das selber? Machten das ihre Frauen? Wurde es von Profis erledigt?
Doheny hatte große braune Augen und ein langes Gesicht. Als ich im
Patientenstuhl Platz nahm, richtete er den Glanz dieser braunen Augen
auf mich, genau wie ein Zahnarzt die Lampe über dem Bohrer
anknipst, und die nächsten fünfzig Minuten sonnte ich mich in diesem
Glanz und erwiderte seine Blicke mit ernster Miene, um so meine Aufrichtigkeit und männliche Entschlossenheit zu beweisen. Er schien,

wie eine Art Trugbild der Trunkenheit, zwei Gesichter zu haben, und ich fand es faszinierend, zu beobachten, wie eines das andere verschluckte. Er berechnete einen Dollar pro Minute.

Doheny war überaus interessiert an meinen Eltern – er schien sie unterhaltsam zu finden. Meine Mutter schreibt mir ein-, zweimal im Monat aus Kitzbühel, und ich gab Doheny ihren jüngsten Brief. »Gestern nacht habe ich einen ganzen Film geträumt«, schrieb sie, »kein Drehbuch, sondern einen richtigen Farbfilm über einen japanischen Drucker namens Chardin. Und dann habe ich geträumt, daß ich zurück in den Garten des alten Hauses in Indiana ging und alles genau so vorfand, wie ich es zurückgelassen habe. Sogar die Blumen, die ich vor so vielen Jahren geschnitten habe, lagen auf der Veranda hinterm Haus, ziemlich frisch. Alles war da – nicht so, wie ich mich daran entsinne, denn mein Gedächtnis läßt mich momentan im Stich und ich könnte mich an nichts derart detailliert erinnern –, aber als Geschenk von einem Teil meines Geistes, der tiefer geht als das Gedächtnis. Danach habe ich von einer Bahnfahrt geträumt. Durch das Fenster konnte ich blaues Wasser und blauen Himmel sehen. Ich war mir nicht ganz sicher, wohin ich fuhr, aber als ich in meiner Handtasche nachsuchte, fand ich eine Einladung, das Wochenende mit Robert Frost zu verbringen. Der ist natürlich tot und begraben, und ich nehme an, wir wären keine fünf Minuten miteinander ausgekommen, aber es schien wie eine Art Gnadenerweis oder großzügige Geste meiner Phantasie, daß sie einen derartigen Besuch erfunden hatte.

Auf einigen Gebieten versagt mein Gedächtnis, aber auf anderen scheint es ziemlich zäh und sogar ermüdend. Es scheint fortwährend Musik zu spielen. Ich scheine immerzu Musik zu hören. Wenn ich aufwache, habe ich Musik im Kopf, und sie geht den ganzen Tag über weiter. Was mich vor ein Rätsel stellt, sind die Variationen in der Qualität. Manchmal erwache ich zum langsamen Satz des allerschönsten Rasoumovsky-Konzerts. Du weißt, wie ich das liebe. Zum Frühstück kann es Vivaldi geben, und später ein bißchen Mozart. Aber manchmal wache ich mit einem gräßlichen Marsch von Sousa auf, und danach kommt Kaugummi-Werbung und ein Thema von Chopin. Ich hasse Chopin. Warum sollte mein Gedächtnis mich quälen, indem es Musik spielt, die ich hasse?

Vermutlich hältst Du das alles für Blödsinn, aber zumindest habe ich

es nicht mit dem Tarot oder der Astrologie, und ich glaube auch nicht –
wie meine Freundin Elizabeth Howland –, daß mir der Scheibenwischer an meinem Auto kluge und beherzigenswerte Ratschläge für meine Börsengeschäfte gibt. Sie hat erst letzten Monat behauptet, ihr
Scheibenwischer habe sie beschworen, in Merck-Aktien zu investieren;
das hat sie dann auch getan und einige Tausender Gewinn dabei gemacht. Ich nehme an, sie lügt in bezug auf ihre Verluste wie alle Spieler.
Wie gesagt, Scheibenwischer sprechen nicht zu mir, aber ich höre in
den unwahrscheinlichsten Dingen Musik – speziell in Flugzeugmoto-
ren. Daß ich so an das schwache Dröhnen transkontinentaler Jets
gewohnt bin, hat mich überaus empfänglich gemacht für die kompli-
zierte Musik, wie sie die alten DC-7 und Constellations spielen, die ich
nach Portugal und Genf nehme. Sobald diese Maschinen erst einmal in
der Luft sind, hören sich ihre Motoren in meinen Ohren wie eine Art
universelle Musik an, so zufällig und frei von sachlichen und zeitlichen
Bezügen wie der Stoff eines Traums. Es ist bei weitem keine frohlok-
kende Musik, aber es wäre ein Fehler, sie traurig zu nennen. Die
Geräusche einer Constellation scheinen kontrapunktischer und in
gewisser Weise weniger universell zu sein als die einer DC-7. Ich kann –
so klar wie nur irgend etwas, das ich je in einem Konzertsaal gehört
habe – den Wechsel von einem Durakkord auf eine verminderte Septi-
me ausmachen, den Anstieg zur Oktave, die Reduktion auf Moll und
die Auflösung des Akkords. Die Töne haben dieses Vorantreibende und
zugleich Getragene der Barockmusik, aber ich weiß aus Erfahrung,
daß sie niemals eine Klimax und eine Auflösung erreichen werden. Die
Kirche, in die ich als kleines Mädchen in Indiana gegangen bin,
beschäftigte einen Organisten, der seine musikalische Ausbildung nie
abgeschlossen hatte, entweder aus Geldnot oder wegen eines ausgeprägten Mangels an Durchhaltevermögen. Er spielte die Orgel mit
einer gewissen angeborenen Brillanz und Geschicklichkeit, da aber
sein Musikstudium nie zu Ende gekommen war, endeten Stücke, die als
klare, kraftvolle Fuge begonnen hatten, unweigerlich in Formlosigkeit
und Vulgarität. Die Constellations scheinen unter der gleichen musika-
lischen Entschlußlosigkeit zu leiden, demselben ausgeprägten Mangel
an Durchhaltevermögen. Die erste, zweite und dritte Stimme der Fuge
wird klar angestimmt, doch dann bricht – genau wie bei dem Organisten – die Kraft der Erfindung in einer Serie harmonischer Zickzackbe-

wegungen zusammen. Die Motoren einer DC-7 scheinen zugleich vielseitiger und eingeschränkter. Eines Nachts, auf einem Flug nach Frankfurt, konnte ich deutlich hören, wie sich die Propeller bis zur Hälfte durch Gounods vulgäre Variationen zu Bach arbeiteten. Ich habe außerdem Händels *Wassermusik*, das Todesmotiv aus *Tosca*, die Einleitung des *Messias* etc. gehört. Aber als ich eines Nachts in Innsbruck eine DC-7 bestieg – es könnte sein, daß die extreme Kälte den Unterschied gemacht hat –, hörte ich deutlich, wie die Motoren eine erhebende Synthese sämtlicher Laute des Lebens produzierten. Schiffe und pfeifende Lokomotiven, das Quietschen von Eisentoren und Bettfedern, Trommeln und Regen, Wind und Donner, das Geräusch von Schritten und singende Stimmen – das alles schien in ein einziges Seil oder Band aus Luft verflochten, das abriß, als die Stewardeß uns bat, das Schild NO SMOKING/RAUCHEN VERBOTEN zu beachten; eine Anzeige, die für mich inzwischen bedeutet, daß ich, wenn schon nicht zu Hause, so doch zumindest an meinem Reiseziel bin.

Ich weiß natürlich, daß Du das alles unwichtig findest. Es ist für mich kein Geheimnis, daß Dir eine konventionellere Mutter lieber gewesen wäre – eine, die Dir selbstgebackene Plätzchen schickt und sich an Deinen Geburtstag erinnert –, aber es scheint mir, daß wir in unserem Bemühen, einander zu erkennen und zu erforschen, in einem höchst unpraktischen Maße umständlich und schüchtern sind. Bei unseren Anstrengungen, die Seele eines Menschen zu erblicken – und haben wir denn je Geringeres begehrt? – berufen wir uns auf die Ehrlichkeit der Verzweiflung. Doch in Wirklichkeit errichten wir ganze Luftschlösser aus akzeptabler Realität und weigern uns entschieden, die Bedingungen anzunehmen, unter denen wir leben. Bevor ich diesen Brief schließe, werde ich dich mit einer weiteren Tatsachenbeobachtung langweilen. Was ich zu sagen habe, muß den meisten Reisenden vertraut sein, und dennoch würde ich mein Wissen aus Furcht, für verrückt gehalten zu werden, nicht einmal einem vertrauten Freund anvertrauen. Da Du mich sowieso schon für verrückt hältst, kann es wohl keinen sonderlichen Schaden anrichten.

Im Lauf meiner Reisen habe ich bemerkt, daß die fremden Betten, in denen ich in Hotels und Pensionen übernachte, sich deutlich in der Atmosphäre unterscheiden und starken Einfluß auf meine Träume haben. Es ist ein simples Faktum, daß wir den Matratzen, auf denen wir liegen, etwas von uns – von unserer Seele und unseren Sehnsüchten – aufprägen, und ich habe mehr als genug Beweise, die meine Behauptung untermauern. Letzten Winter in Neapel träumte ich eines Nachts davon, einige bügelfreie Kleider zu waschen, was ich, wie Du gut weißt, niemals tun würde. Der Traum war recht deutlich – ich konnte die einzelnen Kleidungsstücke in der Dusche hängen sehen und den feuchten Stoff riechen, wenngleich das kein Teil meiner Erinnerungen ist. Als ich erwachte, schien ich von einer Atmosphäre umgeben, die sich von meiner eigenen deutlich unterschied – schüchtern, ernsthaft und keusch. Es gab entschieden irgendeine Präsenz im Zimmer. Am Morgen fragte ich den Mann an der Rezeption, wer zuletzt in meinem Bett geschlafen habe. Er sah in seinen Unterlagen nach und sagte, es sei zuletzt von einer amerikanischen Touristin belegt gewesen, einer Miss Harriet Lowell. Sie sei in ein kleineres Zimmer umgezogen, aber da komme sie ja gerade aus dem Speisesaal. Ich drehte mich dann um und sah Miss Lowell, deren weißes, bügelfreies Kleid ich bereits in meinen Träumen erblickt hatte und deren schüchternes, keusches und ernsthaftes Wesen noch immer in dem Zimmer nachklang, das sie verlassen hatte. Du wirst das natürlich für Zufall halten, ich weiß, aber laß mich weitererzählen. Ein wenig später, in Genf, fand ich mich in einem Bett, das eine solch widerwärtige und lüsterne Atmosphäre auszudünsten schien, daß meine Träume ausgesprochen ekelhaft waren. Ich sah zwei nackte Männer; der eine hatte den anderen bestiegen, wie man ein Pferd besteigt. Am Morgen fragte ich den Hotelangestellten, wer vor mir in dem Zimmer gewohnt habe, und er sagte: ›Oui, oui, deux tapettes.‹ Sie hatten soviel Lärm gemacht, daß man sie aufgefordert hatte, das Hotel zu verlassen. Ich gewöhnte mir an, zu entscheiden, wer zuletzt vor mir in meinem Bett gelegen hatte, und dann am Morgen einen Angestellten danach zu fragen. Ich behielt in allen Fällen recht – in allen Fällen jedenfalls, in denen das Personal sich kooperationsbereit zeigte. In Fällen, wo Prostituierte beteiligt waren, zeigten sie sich gelegentlich nicht gewillt zu helfen. Wenn ich in meinem Bett keine Präsenz verspürte, schloß ich daraus, daß es eine Woche oder zehn Tage leer gewesen war. In diesem Jahr teilte ich auf meinen Reisen die Träume von Geschäftsleuten, Touristen, Ehepaaren, keuschen und korrekten Menschen ebenso wie die von Huren. Meine bemerkenswerteste Erfahrung machte ich dann im Frühling in München.

Ich stieg wie immer im Bristol ab und träumte von einem Zobelpelz. Wie Du weißt, verabscheue ich Pelze, aber ich sah diesen Mantel in allen Einzelheiten außerordentlich detailliert – den Schnitt des Kragens, die honigfarbenen Felle, die gelbe Seide, mit der er gefüttert war, und in einer der seidenen Taschen zwei abgerissene Opernkarten. Am Morgen fragte ich das Zimmermädchen, das mir Kaffee gebracht hatte, ob die vorherige Bewohnerin einen Pelzmantel besessen habe. Das Mädchen schlug die Hände zusammen, verdrehte die Augen und sagte: Ja, ja, es war ein russischer Zobel und der schönste Mantel, den sie – das Zimmermädchen – je gesehen hatte. Die Frau hatte ihren Mantel geliebt. Er war für sie wie ein Geliebter. Und war die Frau mit dem Mantel je in die Oper gegangen? fragte ich, rührte meinen Kaffee um und gab mir Mühe, ganz normal zu wirken. Aber ja doch, ja, sagte das Zimmermädchen, sie ist wegen des Mozart-Festivals gekommen und vierzehn Tage lang jeden Abend in die Oper gegangen, in ihrem Zobelpelz.

Ich war nicht allzu verblüfft – ich habe immer gewußt, daß das Leben überwältigend geheimnisvoll ist –, aber würdest Du nicht auch sagen, daß ich unwiderlegbare Beweise für die Tatsache besitze, daß wir Fragmente unserer selbst, unserer Träume und unserer Seelen in den Räumen zurücklassen, in denen wir schlafen? Doch was konnte ich mit diesem Wissen anfangen? Wenn ich meine Entdeckung einem Freund anvertraute, würde man mich vermutlich für verrückt halten; und machte meine Fähigkeit zu erspüren, ob in meinem Bett eine alte Jungfer oder eine Hure oder überhaupt niemand gelegen hatte, denn überhaupt irgendeinen praktischen Sinn? Besaß ich eine besondere Begabung, oder waren diese Tatsachen allen Reisenden bekannt? Und wäre ›Begabung‹ nicht überhaupt das falsche Wort für eine Fähigkeit, die sich nicht sinnvoll nutzen ließ? Ich habe daraus letztendlich folgendes geschlossen: Falls die Universalität unserer Träume alles einschließt – selbst Kleidungsstücke und abgerissene Theaterkarten – und wir einander wirklich so genau kennen, könnten wir dann nicht näher an einer friedfertigen Welt sein, als wir uns vorzustellen vermögen?«

Nachdem ich Doheny einen Monat oder länger aufgesucht hatte, bat er mich, zu onanieren, wenn ich nach Hause käme, und ihm meine Reaktionen darauf zu schildern. Ich tat, wie geheißen, und berichtete, ich fühle mich beschämt. Über diese Nachricht war er hocherfreut und sagte, sexuelle Schuldgefühle seien die Ursache meines *cafard*. Ich sei ein Transvestit und Homosexueller, der seine Neigungen unterdrücke. Die Tatsache, daß das Bildnis meines Vaters Hotels, Justizpaläste und Opernhäuser stützte, habe mich eingeschüchtert und in ein unnatürliches Leben gezwungen. Ich sagte ihm, er solle zum Teufel gehen und ich hätte genug von ihm. Ich sagte, er sei ein Scharlatan und ich würde ihn beim Verband Amerikanischer Psychiater anzeigen. Wenn er kein Scharlatan sei, so fragte ich, warum habe er dann keine Diplome an der Wand hängen wie andere Ärzte? Daraufhin wurde er sehr wütend, riß seine Schreibtischschublade auf und zog einen Stapel Diplome hervor. Er hatte Diplome aus Yale, von der Columbia-Universität und vom Institut für Neurologie. Dann bemerkte ich, daß all diese Dokumente auf einen Mann namens Howard Shitz ausgestellt waren, und ich fragte, ob er sie nicht vielleicht in irgendeinem Antiquariat aufgetrieben habe. Er sagte, er habe seinen Namen geändert, als er zu praktizieren begann, und zwar aus Gründen, die ja wohl jeder Schwachkopf verstehen könne. Ich ging.

Nach der Doheny-Episode fühlte ich mich nicht besser – ganz im Gegenteil –, und ich begann mich im Ernst zu fragen, ob die in Kalkstein gemeißelte Allgegenwärtigkeit meines Vaters, seines Kopfes und seiner Schultern mich nicht verkrüppelt hatte; aber wenn es denn so war, was konnte ich tun? Das Opernhaus von Malsberg und das Hotel Prinzregent waren abgerissen worden, doch ich konnte ihn schlecht von seiner Position am oberen Broadway entfernen, und er stemmte noch immer das Mercedes in Frankfurt. Ich trank weiter – fast einen Liter am Tag –, und meine Hände begannen fürchterlich zu zittern. Wenn ich in eine Kneipe ging, wartete ich, bis der Barmann mir den Rücken zudrehte, ehe ich versuchte, das Glas an den Mund zu heben. Manchmal verschüttete ich Gin über die halbe Theke. Die anderen Gäste amüsierten sich darüber. An einem Wochenende fuhr ich mit ein paar Freunden, die auch viel tranken, hinaus nach Pennsylvania und kam mit einem Vorortzug zurück, der mich am Sonntag gegen elf Uhr abends in der Pennsylvania Station absetzte. Der Bahnhof wurde damals gerade abgerissen und völlig umgebaut und war ein derartiger Ruinenkomplex, daß er wie eine erschreckende Projektion meiner eigenen Verwirrung erschien, und ich trat hinaus auf die Straße und machte mich auf die Suche nach einer Kneipe. Die Bars rund um den Bahnhof waren zu hell erleuchtet für einen Mann, dem die Hände zitterten, und ich begann nach Osten zu gehen, auf der Suche nach irgendeiner düsteren Kneipe, in der mein Leiden nicht so auffallen würde. Als ich eine Seitenstraße entlangging, sah ich zwei erleuchtete Fenster und ein Zimmer mit gelben Wänden. Die Fenster hatten keine Vorhänge. Alles, was ich sehen konnte, waren die gelben Wände. Ich stellte meinen Koffer ab und starrte die Fenster an. Wer immer dort wohnte, davon war ich überzeugt, führte ein sinnvolles und glorreiches Leben. Er wäre ein Junggeselle wie ich, aber ein Mann mit einer tugendhaften Natur, einer alles beherrschenden Intelligenz und einer angeborenen Tüchtigkeit. Die beiden Fenster erfüllten mich mit Scham. Ich wollte, daß mein Leben nicht nur anständig war, sondern vorbildlich. Ich wollte nützlich sein, tugendhaft und im Frieden mit mir selbst und der Welt leben. Wenn ich meine Gewohnheiten nicht verändern konnte, so doch zumindest meine Umgebung; und ich dachte, daß ich meinen *cafard* und meine Trinkerei kurieren könnte, wenn ich ein solches Zimmer mit gelben Wänden fand.

Am nächsten Nachmittag packte ich eine Reisetasche und nahm auf der Suche nach diesem Zimmer, in dem ich mein glorreiches Leben beginnen konnte, ein Taxi quer durch die Stadt zum Hotel Dorset. Man gab mir ein Zimmer im zweiten Stock, das auf einen Luftschacht hinausging. Das Zimmer war nicht aufgeräumt worden. Auf der Kommode standen eine leere Whiskyflasche und zwei Gläser, und nur eines der beiden Betten war benutzt worden. Ich rief die Rezeption an, um mich zu beschweren, aber man sagte mir, es sei sonst nur noch eine Suite im zehnten Stock frei. Dorthin zog ich dann um. Ich fand einen Wohnraum, ein Schlafzimmer mit einem Doppelbett und eine große Sammlung von Blumenbildern vor. Ich bestellte Gin, Wermut und einen Kübel voll Eis und betrank mich sinnlos. Das war nicht das, was ich vorhatte, und am Morgen zog ich ins Madison Hotel um.

Mein Zimmer im Madison war mit der Art von Antiquitäten eingerichtet, die Doheny in seinem Sprechzimmer hatte. Der Schreibtisch, oder jedenfalls ein Teil davon, war einmal ein Spinett gewesen. Der Couchtisch war mit Leder bezogen, das geprägt, vergoldet und von vielen Zigaretten verbrannt worden war. An sämtlichen Wänden hingen Spiegel, so daß ich meinem eigenen Bild nicht entkommen konnte.

Ich sah mich beim Rauchen und beim Trinken, beim Anziehen und beim Ausziehen, und wenn ich morgens aufwachte, sah ich als erstes mich selbst. Am nächsten Tag wechselte ich ins Waldorf, wo man mir ein angenehmes Zimmer mit einer hohen Decke gab. Es hatte eine gute Aussicht. Ich konnte die Kuppel von St. Bartholomew's sehen, das Seagram Building und eines dieser gleichsam gespaltenen gelben Gebäude, die nach vorn hin Terrassen und Fensterfronten haben und auf der Rückseite eine flache Mauer aus gelbem Backstein, an der eine Regenrinne das einzige Anzeichen von Leben darstellt. Es schien mit einem Messer mitten durchgeschnitten. Nahezu überall in New York schließt die Aussicht jenseits des fünfzehnten Stockwerks ein paar Karyatiden, Najaden, schmucklose Wassertanks und Bögen im florentinischen Stil ein. Ich war gerade dabei, all das zu bewundern, als mir einfiel, wie einfach es wäre, dem *cafard* zu entkommen, indem ich bloß hinunter auf die Straße sprang, und ich verließ das Waldorf und nahm ein Flugzeug nach Chicago.

In Chicago nahm ich ein Zimmer im Palmer House, diesmal im sechzehnten Stock. Das Mobiliar schien irgendeiner erkennbaren Stilepoche zu entstammen, doch je länger ich es mir ansah, desto mehr schien es eine halbwegs erträgliche Improvisation darzustellen, und dann wurde mir klar, daß es die gleichen Möbel waren, wie ich sie in meinem Zimmer im Waldorf gesehen hatte. Ich öffnete die Jalousien. Mein Fenster ging auf einen Innenhof, wo ich nach oben, nach unten und zu beiden Seiten Hunderte und Aberhunderte von anderen Fenstern sehen konnte, die meinem genau glichen. Die Tatsache, daß mein Zimmer keinerlei Einzigartigkeit besaß, schien meine eigene Einzigartigkeit ernsthaft zu bedrohen: Ich litt unter einem heftigen emotionalen Schwindelgefühl. Es war keine Angst vor dem Absturz, sondern vor der Auflösung. Wenn es in meinem Zimmer nichts gab, das es von Hunderten anderer unterschied, dann könnte auch an mir nichts sein, das mich von anderen Menschen abhob, und ich schloß hastig die Jalousien und verließ das Zimmer. Während ich auf den Fahrstuhl wartete, schenkte mir ein Mann diesen ausdruckslos-hoffnungsvollen Blick eines Schwulen auf der Pirsch, und ich überlegte, daß der Mann vielleicht vom Einerlei der Hotelfenster dazu getrieben worden sei, sich seiner Unverwechselbarkeit durch widernatürliche Sexualpraktiken zu vergewissern. Ich schlug keusch die Augen nieder. Unten trank ich drei

Martinis und ging anschließend ins Kino. Ich blieb zwei Tage in Chicago und nahm dann den »Zephyr« nach San Francisco. Ich dachte, ein Zugabteil könne die Umgebung sein, in der ich mein neues Leben beginnen konnte, aber das war es nicht. In San Francisco blieb ich zwei Nächte im Palace Hotel und zwei Nächte im St. Francis und flog dann die Küste hinunter und mietete mich im Biltmore in Los Angeles ein. Das war am weitesten von dem entfernt, was ich wollte, und ich zog von dort um ins Château Marmont. Von da aus zog ich ins Beverly Hills Hotel um, und einen Tag später flog ich auf der Polarroute nach London. Ich versuchte, ein Zimmer im Connaught zu bekommen, aber sie hatten nichts mehr frei, und so ging ich statt dessen ins Dorchester, wo ich es zwei Tage aushielt. Danach flog ich nach Rom und stieg im Eden ab. Mein *cafard* war mir rund um die Welt gefolgt, und ich soff immer noch wie ein Loch. Eines Morgens, als ich mit einem Kissen über dem Kopf in meinem Bett im Eden lag, beschwor ich den Kilimandscharo und sein vorzeitliches Dorf herauf, die Elysischen Gefilde und die befestigte Stadt. Da fiel mir ein, daß ich gedacht hatte, die Stadt könne Orvieto sein. Ich mietete beim Portier einen Fiat und fuhr nach Norden.

Es war schon nach dem Mittagessen, als ich nach Umbrien kam, und ich machte in einer ummauerten Stadt halt, aß einen Teller Pasta und trank ein wenig Wein. Es war Weizenland, weit stärker bewaldet als der größte Teil Italiens und sehr grün. Wie die meisten Reisenden nahm ich einfältigerweise immerzu die Gleichheit der Dinge wahr und sagte mir fortwährend, daß ich dem Augenschein nach auch in New Hampshire oder der Umgebung von Heidelberg sein könnte. Wozu? Es war schon fast sieben Uhr, als ich die kurvenreiche Straße herunter in das breite Tal kam, das Orvieto umgibt.

Ich hatte mich bei den Türmen geirrt, aber alles andere schien richtig. Die Stadt war hoch gelegen, ihre Gebäude schienen bloße Variationen des steinigen Hügels, und die Stadt sah aus wie der Ort, den ich gesehen hatte, wenn ich gegen den *cafard* ankämpfte. Sie schien meiner Vision zu entsprechen. Ich war aufgeregt. Es ging um mein Leben, meine geistige Gesundheit. Die päpstliche Kathedrale in ihrer herrschaftlichen Position rief, genau wie sie sollte, Ehrfurcht und Bewunderung wach und so etwas wie Furcht, so als gehöre ein Teil meiner Erinnerungen einem Ketzer auf dem Weg zum Verhör durch die

Bischöfe. Ich fuhr durch die Unterstadt hinauf ins Stadtzentrum auf dem Hügel und stieg im Hotel Nazionali ab, wo man mir ein großes, luxuriöses Zimmer im europäischen Stil mit einem riesigen Kleiderschrank und einem gläsernen Kronleuchter gab. Das war nicht das Zimmer, nach dem ich suchte. Ich wanderte durch die Straßen, und unmittelbar vor Einbruch der Dunkelheit sah ich in einem Gebäude unweit der Kathedrale die erleuchteten Fenster und die gelben Wände.

Als ich da so vom Bürgersteig hochschaute, schien ich an der Schwelle eines neuen Lebens zu stehen. Dies war kein sicherer Zufluchtsort, dies war mitten im Strudel des Lebens, aber dies war auch ein Ort, zu dem der *cafard* keinen Zutritt hatte. Die Haustür stand offen, und ich stieg einige Treppen hoch. Die beiden gelben Zimmer lagen im ersten Stock. Sie waren unmöbliert, wie ich im voraus gewußt hatte, und frisch gestrichen. Alles schien für mich bereit. Ein Mann brachte Regale für meine Bücher an. Ich sprach mit dem Mann und fragte ihn, wem die Zimmer gehörten. Er sagte, es seien seine. Ich fragte, ob sie zu verkaufen oder zu vermieten seien, und er lächelte und sagte nein. Dann sagte ich, ich wolle sie unbedingt und würde bezahlen, was immer er dafür verlangte, aber er lächelte nur weiter und sagte immer noch nein. Dann hörte ich einige Männer im Hausflur, die etwas Schweres trugen. Ich konnte ihre angestrengten Stimmen vernehmen und ihren Atem und wie der Gegenstand, was immer es sein mochte, gegen die Wand stieß. Es war ein geräumiges Bett, und sie schafften es in das zweite der beiden gelben Zimmer. Der Besitzer erklärte mir dann, daß dies sein Hochzeitsbett sei. Er werde am nächsten Tag in der Domkapelle heiraten und sein Eheleben hier beginnen. Ich war noch immer so überzeugt, daß die Zimmer, zumindest in einem geistigen Sinne, mir gehörten, daß ich ihn fragte, ob er es nicht vorziehen würde, in einem der neuen Appartements in der Unterstadt zu wohnen. Ich würde den Mietunterschied bezahlen und sei obendrein bereit, ihm ein ansehnliches Hochzeitsgeschenk zu überreichen. Er ging auf nichts davon ein, natürlich. Wie jeder Bräutigam hatte er sich die Stunde, da er seine Braut heim in die gelben Zimmer bringen würde, so viele hundert Male ausgemalt, daß kein Geld der Welt diesen Gedanken noch von dem Platz in seinem Geist hätte verdrängen können. Ich wünschte ihm trotzdem alles Gute und stieg die Treppe hinunter. Ich hatte meine gelben Zimmer gefunden, und ich hatte sie verloren. Am Morgen fuhr ich von Orvieto zurück nach Rom, und am folgenden Tag flog ich von Rom zurück nach New York.

Ich verbrachte eine Nacht in meinem Appartement, in deren Verlauf ich nahezu einen Liter Whiskey trank. Am nächsten Nachmittag fuhr ich hinaus nach Pennsylvania, um einen Schulkameraden – Charlie Masterson – und seine Frau zu besuchen. Sie waren starke Trinker, und noch vor dem Abendessen ging uns der Gin aus. Ich fuhr in das Dörfchen Blenville, kaufte Nachschub im Spirituosenladen und machte mich auf den Weg zurück. Unterwegs bog ich falsch ab und fand mich auf einer schmalen, unbefestigten Lehmstraße wieder, die nirgendwohin zu führen schien. Dann sah ich zu meiner Linken, ein wenig von der Straße entfernt und ein wenig darüber, zum dritten Mal die gelben Wände.

Ich schaltete den Motor und die Scheinwerfer aus und stieg aus dem Wagen. Zwischen der Straße und dem Haus floß ein Bach, den ich auf einer hölzernen Brücke überquerte. Ein Rasen oder eine Wiese – das Gras mußte gemäht werden – erstreckte sich hinauf zu einer Terrasse. Das Haus war rechteckig und aus Stein erbaut, ein altes Farmhaus im Stil des Mittleren Westens, und das gelbe Zimmer war der einzige erleuchtete Raum. Die Wände hatten dieselbe Farbe, die ich in Orvieto gesehen hatte. Ich stieg hoch auf die Terrasse, so vertieft in mein Tun wie nur irgendein Dieb. In dem gelben Zimmer saß eine Frau, die in einem Buch las. Sie trug ein schwarzes Kleid und hochhackige Schuhe und hatte ein Glas Whiskey auf einem Tisch neben sich stehen. Ihr Gesicht war bleich und attraktiv. Das schwarze Kleid und die Stöckelschuhe schienen auf dem Lande fehl am Platz, und ich fragte mich, ob sie gerade aus der Stadt gekommen war oder gleich aufbrechen wollte, obwohl die Größe ihres Whiskeyglases das unwahrscheinlich erscheinen ließ. Aber ich wollte nicht die Frau, sondern das Zimmer – es war quadratisch, mit einfach beleuchteten zitronengelben Wänden, und ich dachte, wenn ich es nur besitzen könnte, würde ich wieder ganz ich selbst sein, fleißig und anständig. Sie sah plötzlich auf, als ob sie meine Gegenwart spürte, und ich trat vom Fenster zurück. Ich war sehr glücklich. Während ich zum Auto zurückging, sah ich den Namen »Emmison« auf einen Briefkasten am Ende der Zufahrt gepinselt. Ich fand zurück zu den Mastersons und fragte Mrs. Masterson, ob sie irgend jemanden namens Emmison kenne. »Klar«, sagte sie. »Dora Emmison. Ich glaube, sie ist in Reno.«

»In ihrem Haus war Licht«, sagte ich.

»Was um alles in der Welt machst du denn bei ihrem Haus?«

»Ich hab' mich verfahren.«

»Na ja, dann war sie eben in Reno. Vermutlich ist sie gerade zurückgekommen. Kennst du sie?« fragte sie.

»Nein«, sagte ich, »aber das würde ich gerne.«

»Na schön, wenn sie zurück ist, dann lad' ich sie morgen zu einem Drink ein.«

Sie kam am nächsten Nachmittag, in dem schwarzen Kleid und den gleichen Stöckelschuhen. Sie war ein wenig reserviert, aber ich fand sie faszinierend, nicht aufgrund ihrer physischen und intellektuellen Reize, sondern weil ihr das gelbe Zimmer gehörte. Sie blieb zum Essen, und ich fragte sie über das Haus aus. Am Ende erkundigte ich mich, ob sie es nicht gerne verkaufen würde. Sie war nicht im geringsten interessiert. Dann fragte ich, ob ich mir das Haus einmal ansehen könne, und sie willigte gleichgültig ein. Sie wolle früh gehen, und wenn ich mir das Haus ansehen wolle, könne ich mit ihr kommen, und das tat ich denn auch.

Als ich in das gelbe Zimmer trat, verspürte ich jenen inneren Frieden, nach dem es mich verlangt hatte, als ich das erste Mal die Wände in einem schäbigen Mietshaus nahe der Pennsylvania Station sah. Manchmal kommt man in eine Sattelkammer, eine Schreinerwerkstatt oder ein ländliches Postamt und fühlt sich ganz unerwartet eins mit der Welt. Gewöhnlich ist es schon spät am Tag. In dem Raum hängt ein köstlicher Geruch (ich muß Bäckereien einschließen). Der Reitknecht, Schreiner, Postmeister oder Bäcker hat ein Gesicht, das so klar ist, so frei von Sorgen, daß man das Gefühl hat, hier sei oder werde niemals etwas Übles geschehen – ein Gefühl des Stimmigen und der Heiligkeit, das meiner Erfahrung nach keine Kirche je hervorrufen kann.

Sie gab mir einen Drink, und ich fragte noch einmal, ob sie das Anwesen verkaufen würde. »Warum sollte ich mein Haus verkaufen?« fragte sie zurück. »Ich mag mein Haus. Es ist das einzige Haus, das ich habe. Wenn Sie etwas hier in der Nachbarschaft haben wollen, das Barkham-Haus steht zum Verkauf, und es ist viel attraktiver als das hier.«

»Aber ich will dieses Haus hier.«

»Ich versteh' nicht, warum Sie so verrückt danach sind. Wenn ich es mir aussuchen könnte, wäre mir das Barkham-Haus lieber.«

»Also gut, ich kaufe das Barkham-Haus, und wir tauschen.«

»Ich möchte einfach nicht umziehen«, sagte sie. Sie sah auf die Uhr.

»Könnte ich hier schlafen?« fragte ich.

»Wo?«

»Hier, hier in diesem Zimmer.«

»Aber worauf wollen Sie hier denn schlafen? Das Sofa ist steinhart.«

»Ich möcht' es einfach.«

»Na ja, wenn Sie unbedingt wollen, können Sie das wohl auch. Aber kommen Sie mir nicht auf dumme Gedanken.«

»Keine dummen Gedanken.«

»Ich hol' Ihnen Bettzeug.«

Sie ging nach oben und kam mit ein paar Laken und einer Decke zurück und machte mir mein Bett. »Ich glaube, ich leg' mich auch hin«, sagte sie auf dem Weg zur Treppe. »Sie wissen ja wohl, wo alles ist. Falls Sie noch einen trinken möchten, im Kübel ist noch ein bißchen Eis. Ich glaube, mein Mann hat einen Rasierer im Badezimmerschrank liegenlassen. Gute Nacht.« Ihr Lächeln war höflich, mehr nicht. Sie stieg die Treppe hoch.

Ich machte mir keinen Drink mehr. Ich brauchte keinen, wie man so schön sagt. Ich saß auf einem Stuhl beim Fenster und spürte, wie die Ruhe der gelben Wände mich wieder aufbaute. Draußen konnte ich den Bach hören, irgendeinen Nachtvogel, Blätter, die sich bewegten, und all die Geräusche der nächtlichen Welt schienen bezaubernd, so als würde ich in einem ganz wörtlichen Sinne die Nacht lieben, wie man eine Frau liebt, die Sterne lieben, die Bäume lieben, das Unkraut im Gras; das alles, wie man mit der gleichen Heftigkeit die Brüste einer Frau lieben kann und den Apfelkern, den sie im Aschenbecher zurückgelassen hat. Ich liebte das alles und jedermann, der lebte. Mein Leben hatte wieder begonnen, und von diesem Beginn aus konnte ich sehen, wie weit ich von jeglichem natürlichen Weg abgekommen war. Hier war das Gefühl der Wirklichkeit – einer angenehmen, gesegneten und nützlichen Konstruktion, der ich angehörte. Ich trat hinaus auf die Terrasse. Es war bewölkt, aber man konnte trotzdem noch ein paar Sterne sehen. Der Wind schlug um und roch nach Regen. Ich ging hinunter zu der Brücke, zog mich aus und sprang in einen Teich dort. Das Wasser war bewegt und ein wenig brackig von dem Moor, in dem es entsprang, aber es hatte – so ganz im Gegenteil zu dem desinfizierten Saphirblau eines Swimmingpools – eine stark und unverkennbar erotische Note. Ich trocknete mich mit den Hemdzipfeln ab, ging zurück zum Haus und fühlte mich, als sei die Welt gerade zu meiner Zufriedenheit eingerichtet. Ich putzte mir die Zähne, drehte das Licht aus, und als ich mich ins Bett legte, begann es zu regnen.

Ein Jahr oder länger hatte das Geräusch des Regens lediglich Schirme, Regenmäntel, Übergaloschen, nasse Sitze in Cabriolets bedeutet; aber jetzt schien es wie eine Erweiterung meines Glücks, ein zusätzliches Gnadengeschenk. Es schien mein Gefühl der Lockerheit und Unschuld zu verstärken, und ich kämpfte gegen den Schlaf an, um ihm mit jener neugierigen Aufmerksamkeit zu lauschen, mit der wir einem Musikstück folgen. Als ich schließlich doch einschlief, träumte ich, in dieser Reihenfolge, von dem Berg, der ummauerten Stadt und den Ufern des Flusses, und als ich früh am Morgen aufwachte, war von dem *cafard* keine Spur zu bemerken. Ich sprang wieder in den Teich und zog mich an. In der Küche fand ich eine Melone, kochte Kaffee und briet ein wenig Speck. Das Aroma von Kaffee und Speck erschien mir wie vollkommen neu, und ich aß mit gutem Appetit. Später kam sie in einem Bademantel nach unten und bedankte sich, daß ich den Kaffee gemacht hatte. Als sie ihre Tasse an die Lippen hob, zitterten ihre Hände so stark, daß der Kaffee überschwappte. Sie ging in die Speisekammer, kam mit einer Flasche Whiskey zurück und goß sich einen Schuß davon in ihren Kaffee. Sie entschuldigte sich nicht und erklärte nichts, aber danach waren ihre Hände ruhiger. Ich fragte sie, ob ich nicht den Rasen für sie mähen solle. »Ehrlich gesagt, wäre mir das sehr recht«, sagte sie, »falls Sie nichts Besseres zu tun haben. Hier in der Gegend ist es fürchterlich schwer, jemanden zu finden, der etwas für einen erledigt. All die jungen Männer gehen von zu Hause weg, und die alten sterben allesamt. Der Rasenmäher ist im Werkzeugschuppen, und ich glaube, es ist auch noch Benzin da.«

Ich suchte mir den Mäher und das Benzin und mähte das Gras. Es war ein großer Rasen, und ich brauchte bis zum Mittag oder länger dazu. Sie saß auf der Terrasse, las und trank irgend etwas – Eiswasser oder Gin. Ich gesellte mich zu ihr und fragte mich, wie ich meine Nützlichkeit zur Unentbehrlichkeit ausbauen konnte. Ich hätte sie anmachen können, doch wenn wir ein Liebespaar wurden, hätte das bedeutet, das gelbe Zimmer teilen zu müssen, und das war etwas, das ich nicht wollte.

»Falls Sie ein Sandwich möchten, bevor Sie gehen, im Kühlschrank sind noch ein bißchen Schinken und Käse«, sagte sie. »Mit dem Vier-Uhr-Flug kommt mich jemand besuchen, aber ich nehme an, Sie wollen sowieso vorher zurück.«

Ich erschrak. Zurück, zurück, zurück zu den öligen grünen Wassern der Lethe, zurück zu meiner verachtenswerten Feigheit, zurück in die Zuflucht meines Bettes, wo ich vor leerer Luft zurückschreckte, zurück dazu, mich mit Gin zu betäuben, bloß damit ich einen Teller Rühreier essen konnte. Ich fragte mich, welches Geschlecht ihr Besucher hatte. Falls es eine Frau war, könnte ich dann nicht als eine Art Bediensteter bleiben, mein Abendessen in der Küche einnehmen und in dem gelben Zimmer schlafen? »Gibt's noch irgendwas, das ich für Sie tun könnte?« sagte ich. »Feuerholz?«

»Ich kaufe mein Feuerholz in Blenville.«

»Möchten Sie, daß ich ein bißchen Kleinholz für Sie mache?«

»Eigentlich nicht«, sagte sie.

»Die Fliegentür in der Küche ist locker«, sagte ich. »Ich könnte das reparieren.«

Sie schien mich nicht zu hören. Sie ging ins Haus und kam ein wenig später mit zwei Sandwiches wieder. »Möchten Sie Senf?« fragte sie.

»Nein, danke«, sagte ich.

Ich nahm das Sandwich als eine Art Sakrament entgegen, weil es das letzte Nahrungsmittel sein würde, dem ich mich mit einigem Appetit nähern konnte, bis ich zu dem gelben Zimmer zurückkam, und wann würde das sein? Ich war verzweifelt. »Ist Ihr Besucher ein Mann oder eine Frau?« fragte ich.

»Ich glaube eigentlich nicht, daß Sie das was angeht«, sagte sie.

»Tut mir leid.«

»Danke fürs Rasenmähen«, sagte sie. »Das war nötig, aber Sie müssen verstehen, daß ich keinen fremden Mann auf meinem Sofa schlafen lassen kann, ohne daß mein Ruf einen gewissen Schaden nimmt, und mein Ruf ist nicht gerade der allerbeste.«

»Ich gehe ja schon«, sagte ich.

Dann fuhr ich nach New York zurück, zum Exil verdammt und aufrichtig geängstigt von meiner Neigung zur Selbstzerstörung. Sofort als ich die Tür meines Appartements hinter mir schloß, fiel ich zurück in die alte Routine aus Gin, Kilimandscharo und Rühreiern. Orvieto und die Elysischen Gefilde. Ich blieb bis spät am nächsten Morgen im Bett und sagte meine Zauberformel her. Mut. Einatmen. Mut. Ausatmen. Ich trank beim Rasieren ein wenig Gin und ging dann hinaus auf die Straße, um Kaffee zu besorgen. Vor dem Haus, in dem ich wohnte, traf ich durch reinen Zufall Dora Emmison. Sie trug Schwarz – ich habe sie nie in etwas anderem gesehen – und sagte, sie sei für ein paar Tage in die Stadt gekommen, um einen Einkaufsbummel zu machen und ins Theater zu gehen. Ich fragte, ob sie mit mir zu Mittag essen wolle, aber sie sagte, sie habe zu tun. Als wir uns verabschiedet hatten, holte ich mein Auto und fuhr zurück nach Blenville.

Das Haus war verschlossen, aber ich schlug eine Scheibe im Küchenfenster ein und verschaffte mir Eintritt. In dem gelben Zimmer allein zu sein, erfüllte alle meine Erwartungen. Ich fühlte mich glücklich, ausgeglichen und stark. Ich hatte den Montale mitgebracht und verbrachte den Nachmittag damit, darin zu lesen und mir Notizen zu machen. Die Zeit verging wie im Flug, und das Gefühl, daß die Zeiger meiner Uhr einen unerbittlichen Zwang auf mich ausübten, war verschwunden. Um sechs Uhr ging ich eine Runde schwimmen, goß mir einen Drink ein und machte mir etwas zu essen. Sie hatte einen großen Vorrat an Lebensmitteln, und ich schrieb mir auf, was ich stahl, damit ich es vor meiner Abreise ersetzen konnte. Nach dem Abendessen las ich weiter und verließ mich dabei darauf, daß die erleuchteten Fenster schon keine Neugier wecken würden. Um neun zog ich mich aus, wickelte mich in eine Decke und legte mich zum Schlafen auf das Sofa. Ein paar Minuten später sah ich die Scheinwerfer eines Autos die Zufahrt heraufkommen.

Ich stand auf, ging in die Küche und schloß die Tür. Ich war natürlich unbekleidet. Wenn sie das war, konnte ich vermutlich durch die Hintertür entkommen. Falls sie es nicht war, sondern irgendwelche Freunde oder Nachbarn, würden sie wahrscheinlich wieder weggehen. Wer auch immer es sein mochte, jemand begann an die Haustür zu klopfen, die ich unverschlossen gelassen hatte. Dann öffnete ein Mann die Tür und fragte gedämpft: »Doree, Doree, schläfst du schon? Wach auf, Baby, wach auf, hier ist Tony, der alte Knuddelbär.« Er stieg die Treppe hoch und fragte dabei immer weiter nach »Doree, Doree«, und als er in ihr Schlafzimmer ging und das Bett leer fand, sagte er: »Ach, Scheiße.« Dann kam er die Treppe herunter und verließ das Haus, und ich stand bibbernd in der Küche, bis ich seinen Wagen wegfahren hörte.

Ich legte mich wieder aufs Sofa und war ungefähr eine halbe Stunde dort gewesen, als ein weiteres Auto die Zufahrt entlangkam. Ich zog mich wieder in die Küche zurück, und ein Mann namens Mitch wiederholte mehr oder weniger die gleiche Vorstellung. Er ging die Treppe hoch, rief ihren Namen, sagte irgend etwas Enttäuschtes und ging wieder. All das ließ bei mir ein Gefühl der Beunruhigung zurück, und am Morgen räumte ich das Zimmer auf, leerte die Aschenbecher und fuhr zurück nach New York.

Dora hatte gesagt, sie werde ein paar Tage in der Stadt bleiben. Ein »paar Tage« heißt gewöhnlich vier, und zwei davon waren bereits vergangen. Am Tag, als sie meines Erachtens aufs Land zurückkehren würde, kaufte ich eine Kiste vom teuersten Bourbon und machte mich am späten Nachmittag auf den Weg zurück nach Blenville. Es war schon dunkel, als ich auf die staubige Landstraße einbog. Bei ihr brannte Licht. Ich schaute durchs Fenster und sah, daß sie alleine war und las, so wie damals, als ich das Haus entdeckt hatte. Ich klopfte an die Tür, und als sie aufmachte und mich sah, schien sie verwirrt und irritiert. »Ja?« fragte sie. »Ja? Was um alles in der Welt wollen Sie denn jetzt schon wieder?«

»Ich habe ein Geschenk für Sie«, sagte ich. »Ich wollte es Ihnen zum Dank überreichen, daß Sie so freundlich waren und mich in Ihrem Haus übernachten ließen.«

»Das ist ja wohl kaum ein Geschenk wert«, sagte sie, »aber zufällig habe ich eine Schwäche für guten Bourbon. Wollen Sie nicht reinkommen?«

Ich brachte die Kiste in die Diele, machte sie auf und nahm eine Flasche heraus. »Sollten wir ihn nicht mal probieren?« fragte ich.

»Tja, ich gehe noch aus«, sagte sie, »aber für einen Drink ist wohl Zeit. Sie sind sehr großzügig. Kommen Sie rein, kommen Sie rein, und ich hol' ein bißchen Eis.«

Ich sah, daß sie zu diesen ernsthaften Trinkern gehörte, die ihre

Utensilien vorbereiten, wie ein Zahnarzt seine Instrumente zurecht-
legt, bevor er einen Zahn zieht. Auf einem Tisch neben ihrem Sessel
arrangierte sie säuberlich die Gläser, den Eiskübel und einen Krug Wasser, zusammen mit einer Schachtel Zigaretten, einem Aschenbecher
und einem Feuerzeug. Mit alldem in bequemer Reichweite setzte sie
sich und goß die Drinks ein.

»Chin, chin«, sagte sie.

»Cheers«, sagte ich.

»Kommen Sie gerade aus New York hergefahren?« fragte sie.

»Ja«, sagte ich.

»Wie ist der Verkehr?« fragte sie.

»Auf dem Turnpike ist es neblig«, sagte ich. »Ganz schön neblig.«

»Verdammt«, sagte sie. »Ich muß zu einer Party in Havensswood fahren, und ich hasse es zu fahren, wenn's neblig ist. Wenn ich bloß nicht
mehr raus müßte, aber die Helmsleys geben eine Party für ein Mädchen, das ich in der Schule gekannt habe, und ich hab' versprochen zu
kommen.«

»Wo sind Sie zur Schule gegangen?«

»Möchten Sie das wirklich wissen?«

»Ja.«

»Also, ich war zwei Jahre in Brearley. Dann ein Jahr in Finch.
Danach habe ich zwei Jahre lang eine staatliche Ganztagsschule namens
Fountain View besucht. Danach kam ein Jahr in einer städtischen Schule in Cleveland. Dann war ich zwei Jahre lang auf der Internationalen
Schule in Genf, ein Jahr auf der Parioli-Schule in Rom, und als wir
zurück in die Staaten kamen, war ich ein Jahr in Putney und danach
drei Jahre in Masters. In Masters habe ich meinen Abschluß
gemacht.«

»Ihre Eltern sind wohl viel gereist?«

»Ja. Dad war Diplomat. Was machen Sie denn so?«

»Ich übersetze Montale.«

»Sind Sie berufsmäßiger Übersetzer?«

»Nein.«

»Sie machen es nur so aus Spaß?«

»Um mich zu beschäftigen.«

»Sie müssen Geld haben«, sagte sie.

»Hab' ich.«

»Ich auch, Gott sei Dank«, sagte sie. »Ich fände es abscheulich, keines zu haben.«

»Erzählen Sie mir von Ihrer Ehe«, sagte ich. Das hätte zudringlich wirken können, aber ich habe noch nie einen geschiedenen Mann oder eine geschiedene Frau getroffen, die nicht willens gewesen wären, über ihre Ehe zu reden.

»Na ja, es war eine Katastrophe«, sagte sie, »eine Katastrophe, die acht Jahre dauerte. Er hat getrunken und behauptet, ich hätte Affären mit anderen Männern, und er schrieb anonyme Briefe an die meisten meiner Freunde, in denen er behauptete, ich hätte die Moral einer Hure. Ich hab' ihn ausgezahlt, ich mußte einfach. Ich hab' ihm einen Sack Geld gegeben und bin nach Reno gefahren, um mich scheiden zu lassen. Letzten Monat bin ich zurückgekommen. Ich glaube, ich trink' noch einen kleinen«, sagte sie, »aber erstmal muß ich aufs Klo.«

Ich füllte ihr Glas wieder. Wir hatten die erste Flasche schon nahezu geleert. Als sie von der Toilette zurückkam, schwankte sie nicht, nicht im geringsten, aber sie bewegte sich sehr viel geschmeidiger, mit einer viel selbstbewußteren Grazie. Ich stand auf und nahm sie in die Arme, aber sie schob mich weg – ganz freundschaftlich – und sagte: »Bitte nicht, tun Sie das nicht. Mir ist heute abend nicht danach. Ich hab' mich den ganzen Tag lang abscheulich gefühlt, und nach dem Bourbon geht's mir besser, aber mir ist trotzdem nicht danach. Erzählen Sie mir von sich.«

»Ich bin ein uneheliches Kind«, sagte ich.

»Ach wirklich? Ich hab' nie ein uneheliches Kind kennengelernt. Wie ist das denn so?«

»Größtenteils lausig, nehme ich an. Ich meine, ich hätte es schön gefunden, richtige Eltern zu haben.«

»Tja, Eltern können natürlich fürchterlich sein, aber vermutlich sind fürchterliche Eltern immer noch besser als gar keine. Meine waren fürchterlich.« Sie ließ eine brennende Zigarette in ihren Schoß fallen, entfernte sie aber, bevor sie den Stoff ihres Rocks ansengen konnte.

»Leben Ihre Eltern noch?«

»Ja, die sind in Washington, die sind uralt.« Sie seufzte und stand auf. »Also wenn ich nach Havenswood will«, sagte sie, »sollte ich nun wohl besser losfahren.« Jetzt schwankte sie.

Sie kippte sich einen Schuß Whiskey in ihr Glas und trank ihn ohne Eis oder Wasser.

»Warum müssen Sie denn unbedingt nach Havenswood?« fragte ich.
»Warum rufen Sie nicht an und sagen, auf dem Turnpike ist es neblig oder Sie haben eine Erkältung oder irgendwas?«

»Das verstehen Sie nicht«, sagte sie heiser. »Das ist eine dieser Parties, wo man einfach hinmuß, wie Geburtstage oder Hochzeiten.«

»Ich glaube, es wäre besser, wenn Sie nicht hinfahren.«

»Warum?« Jetzt wurde sie unangenehm.

»Ich denke ganz einfach, es wäre besser, sonst nichts.«

»Halten Sie mich für betrunken?« fragte sie.

»Nein.«

»Natürlich tun Sie das, stimmt's? Sie halten mich für betrunken, Sie neugieriger Saukerl. Was machen Sie denn hier überhaupt? Ich kenn' Sie nicht. Ich hab' Sie nicht eingeladen hierherzukommen, und Sie kennen mich nicht. Sie wissen nicht das geringste über mich, außer wo ich zur Schule gegangen bin. Sie kennen nicht mal meinen Mädchennamen, stimmt's?«

»Nein.«

»Sie wissen überhaupt nichts über mich, sie kennen nicht mal meinen Mädchennamen, und trotzdem besitzen Sie die Unverschämtheit, hier rumzusitzen und mir zu erzählen, ich sei betrunken. Ich hab' getrunken, das stimmt, und ich sag' Ihnen auch, warum. Ich fühl' mich auf dem gottverdammten New Jersey Turnpike einfach nicht sicher, wenn ich nüchtern bin. Diese Straße und all die anderen Schnellstraßen sind für Idioten und Betrunkene entworfen worden. Wenn man kein Idiot ohne Nerven ist, dann muß man sich eben betrinken. Kein vernünftiger oder intelligenter Mensch kann auf diesen Straßen fahren. Wissen Sie was, ich hab' einen Freund in Kalifornien, der kifft, bevor er sich auf den Freeway wagt. Er ist ein großartiger Fahrer, ein phantastischer Fahrer, und wenn der Verkehr richtig schlimm ist, nimmt er Heroin. Sie sollten Gras und Bourbon an den Tankstellen verkaufen. Dann gäb's nicht so viele Unfälle.«

»Na schön, dann lassen Sie uns noch einen trinken«, sagte ich.

»Raus hier«, sagte sie.

»Schon gut.«

Ich verließ das gelbe Zimmer und ging auf die Terrasse. Ich beobachtete sie durchs Fenster. Sie torkelte. Sie stopfte ein paar Sachen in eine Reisetasche, band sich ein Kopftuch um die Haare, machte das Licht aus und schloß die Tür ab. Ich folgte ihr in sicherer Entfernung. Als sie zum Wagen kam, fielen ihr die Schlüssel ins Gras. Sie schaltete das Licht ein, und ich sah zu, wie sie im Gras herumtastete, bis sie die Schlüssel wiedergefunden hatte. Dann raste sie mit Vollgas die Zufahrt entlang und streifte dabei den Pfahl des Briefkastens mit dem rechten Scheinwerfer. Ich hörte sie fluchen und einen Moment später das Geräusch fallenden Glases, und warum klingt dieser Laut nur so unheilvoll und schicksalhaft, als würde zum jüngsten Gericht geläutet? Ich dachte erleichtert, daß sie jetzt wohl nicht mehr nach Havenswood weiterfahren würde, aber das war ein Irrtum. Sie setzte von dem Briefkasten zurück – und weg war sie. Ich verbrachte die Nacht in einem Motel in Blenville und rief am nächsten Morgen die Verkehrspolizei an. Sie hatte ungefähr noch eine Viertelstunde überlebt.

Mein Anwalt erledigte alles Nötige für den Kauf des Anwesens. Ich konnte das Haus und ungefähr acht Morgen Land dazu für 35 000 Dollar haben. Doras Mutter kam aus Washington herauf und nahm ihre persönlichen Habseligkeiten mit, und ich zog drei Wochen später ein, doch in der Zeit, als das Haus leerstand, hatten sich unzählige Mäuse eingenistet. Sie rannten über den Fußboden, während ich zu arbeiten versuchte, hielten mich nachts wach und fraßen mir die Lebensmittelvorräte weg. Ich fragte im Dorf, wo ich eine Katze bekommen könne, und der Drogist sagte, er besitze einen Mausefänger, den ich haben könnte. Er brachte einen schwarzen Kater namens Schwartz an, und ich nahm Schwartz mit nach Hause.

Ich fand nie viel über Schwartzens Vergangenheit heraus. Ich nehme an, er war ein Kater mittleren Alters und er schien ein wenig exzentrisch veranlagt, soweit so etwas bei einem Tier möglich ist, aber jedenfalls war er ein hervorragender Mäusejäger. Ich fütterte ihn zweimal am Tag mit Katzenfutter aus der Dose. Es gab eine bestimmte Marke, die er nicht mochte, und wenn ich das vergaß und sie ihm trotzdem vorsetzte, lief er in das gelbe Zimmer und kackte mitten auf den Fußboden. Das war klar genug, und solange ich ihm Futter gab, das ihm schmeckte, benahm er sich. Wir entwickelten eine Beziehung, die eher praktisch ausgerichtet war und frei von Zärtlichkeit. Ich mag es nicht, wenn mir eine Katze im Schoß liegt, aber dann und wann hob ich ihn pflichtgemäß hoch und tätschelte ihn, um zu beweisen, daß ich ein guter Pfadfinder war und nicht vergaß, meine guten Taten zu tun. Er befreite das Haus in ungefähr einer

Woche von Mäusen, und ich war stolz auf Schwartz, aber auf dem Höhepunkt seiner Erfolge als Mäusejäger verschwand er. Ich ließ ihn eines Nachts hinaus, und am Morgen kam er nicht mehr zurück. Ich verstehe nicht viel von Katzen, aber ich hatte geglaubt, daß sie ihrem Heim treu verbunden seien, und vermutete, ein Hund oder ein Fuchs hätte meinen Freund getötet. Eine Woche später (es hatte ein wenig geschneit) kehrte Schwartz morgens zurück. Ich machte eine Büchse von seinem Lieblingsfutter auf und schenkte ihm ein wenig pflichtschuldige Zärtlichkeit. Er roch stark nach französischem Parfum. Entweder hatte er bei jemandem im Schoß gesessen, der Parfum benutzte, oder man hatte ihn damit eingesprüht. Es war ein scharfer Moschusgeruch. Das nächstgelegene Haus gehörte einer polnischen Farmerfamilie, und die Frau roch, wie ich zufällig wußte, kräftig nach Bauernhof und nichts anderem. Das übernächste Haus stand den Winter über leer, und mir wollte in Blenville beim besten Willen niemand einfallen, der eventuell französisches Parfum benutzte. Schwartz blieb diesmal eine Woche oder ein paar Tage mehr bei mir und verschwand dann wieder eine Woche lang. Als er wiederkam, duftete er wie die Parfumabteilung eines New Yorker Nobelkaufhauses mitten im Weihnachtsgeschäft. Ich vergrub meine Nase in seinem Fell und verspürte eine momentane Sehnsucht nach der Stadt und ihren Frauen. An diesem Nachmittag setzte ich mich ins Auto und fuhr die Nebenstraßen zwischen mir und Blenville ab, auf der Suche nach einem Haus, das eine bezaubernde Frau beherbergen könnte. Ich war überzeugt, daß sie einfach bezaubernd sein mußte und mich vorsätzlich in Versuchung führte, indem sie meinen Kater mit Parfum überschüttete. Alle Häuser, die ich sah, waren entweder Farmen oder gehörten Bekannten, und schließlich hielt ich beim Drugstore und erzählte meine Geschichte. »Schwartz«, sagte ich, »dieser Kater, der Mäusefänger, den Sie mir geschenkt haben, der verschwindet jedes zweite Wochenende, und wenn er nach Hause kommt, riecht er wie ein Hurenhaus am Sonntagmorgen.«

»Hier gibt's keine Hurenhäuser«, sagte der Drogist.

»Ich weiß«, sagte ich, »aber was glauben Sie, wo er das Parfum herbekommt?«

»Katzen kommen eben rum«, sagte der Drogist.

»Ja, vermutlich«, sagte ich, »aber verkaufen Sie französisches Parfum? Ich meine, wenn ich rausfinden kann, wer das Zeug kauft . . .«

»Ich kann mich nicht erinnern, seit dem letzten Weihnachten eine einzige Flasche verkauft zu haben«, sagte der Drogist. »Der junge Avery hat da eine Flasche für seine Freundin geholt.«

»Danke«, sagte ich.

An diesem Abend lief Schwartz nach dem Essen zur Tür und machte deutlich, daß er hinausgelassen werden wollte. Ich zog mir einen Mantel an und kam mit. Er lief schnurstracks durch den Garten und in das Wäldchen rechts vom Haus, mit mir immer hinterdrein. Ich war so aufgeregt wie ein Verliebter auf dem Weg zu seiner Angebeteten. Der von der Nässe des Bachs noch vertiefte Geruch des Waldes, die Sterne über mir – speziell die Venus –, all das schien äußerer Ausdruck meiner Liebesaffäre. Ich stellte mir vor, daß sie rabenschwarzes Haar haben würde und einen marmorblassen Teint mit einer einzigen bläulichen Ader an der Schläfe. Ich stellte mir vor, daß sie ungefähr dreißig sein würde. Schwartz miaute gelegentlich, so daß es nicht allzu schwer war, ihm zu folgen. Ich lief fröhlich durch das Wäldchen, über Marshmans Weide und in Marshmans Wald hinein. Der war seit Jahren nicht mehr durchforstet worden, und die jungen Bäume peitschten mir an die Hosenbeine und ins Gesicht. Dann verlor ich Schwartz. Ich rief und rief. Schwartz, Schwartz, komm her, Schwartz. Würde irgend jemand, der meine Stimme im dunklen Wald hörte, sie als die eines Verliebten erkennen? Ich lief durch den Wald und rief nach meinem Kater, bis ein dicker junger Ast mir einen Schlag quer über die Augen versetzte, daß mir Hören und Sehen verging und ich es aufgab. Auf dem Weg nach Hause fühlte ich mich frustriert und einsam.

Schwartz kam am Ende der Woche zurück, und ich schnappte ihn mir und und schnupperte an seinem Fell, um sicher zu sein, daß sie noch immer ihre Köder auslegte. Sie tat es. Diesmal blieb er zehn Tage bei mir. Am Abend, als er erneut verschwand, hatte es geschneit, und am nächsten Morgen sah ich, daß seine Spuren deutlich genug waren, um ihnen zu folgen. Ich kam durch Marshmans Wäldchen und schließlich, an seinem Saum, zu einem kleinen, grau gestrichenen Holzhaus. Es wirkte zweckmäßig und reizlos und hätte von irgendeinem schwerarbeitenden Hobby-Zimmermann über die Wochenenden und an diesen Sommerabenden, wenn es erst spät dunkel wird, erbaut sein können. Ich hatte inzwischen ernsthafte Zweifel, daß hier eine Schönheit mit rabenschwarzem Haar lauerte. Die Katzenspuren führten um das

Haus herum zur Hintertür. Als ich klopfte, öffnete mir ein alter Mann.

Er war klein, jedenfalls kleiner als ich, und hatte dünnes graues Haar, das pomadisiert und gekämmt war. In seinem rechten Ohr steckte ein weißer Knopf, zu dem ein Kabel führte. Anhand der Falten und der Farblosigkeit seines Gesichts schätzte ich ihn auf fast siebzig. Irgendein Konflikt zwischen den unleugbaren Fakten der Eitelkeit und des Alters schien ihn zu beleben. Er war alt, aber er trug einen auffälligen Diamantring, seine Schuhe waren poliert, und dann all diese Pomade. Er sah ein wenig aus wie einer dieser properen Typen, die Kinos irgendwo in der tiefsten Provinz leiten.

»Guten Morgen«, sagte ich. »Ich bin auf der Suche nach meinem Kater.«

»Ach«, sagte er. »Dann müssen Sie das Herrchen des lieben Henry sein. Ich habe mich oft gefragt, wo Henry sich aufhält, wenn er nicht bei mir ist. Henry, Henry, dein zweites Herrchen ist uns einen Besuch abstatten gekommen.« Schwartz lag auf einem Stuhl und schlief. Er rührte sich nicht. Der Raum war eine Mischung aus Küche und Chemielabor. Es gab die üblichen Küchenmöbel und auf einer langen Werkbank eine Ansammlung von Reagenzgläsern und Retorten. In der Luft hing ein schwerer Duft. »Ich weiß absolut nichts über den Geruchssinn von Katzen, aber Henry scheint Parfums zu mögen, stimmt's, Henry? Wenn ich mich vorstellen darf: Ich bin Gilbert Hansen, ehemals Chefchemiker bei Beauregard et Cie.«

»Hammer«, sagte ich. »Paul Hammer.«

»Sehr erfreut. Wollen Sie sich nicht setzen?«

»Danke!« sagte ich. »Sie stellen hier Parfum her?«

»Ich experimentiere mit Düften«, sagte er. »Mit der herstellerischen Seite der Sache habe ich nichts mehr zu tun, aber wenn ich auf etwas stoße, das mir gefällt, verkaufe ich natürlich das Patent. Allerdings nicht an Beauregard et Cie. Die haben mich nach zweiundvierzig Jahren in der Firma ohne Grund und Vorwarnung entlassen. Aber das scheint ja heutzutage in der Wirtschaft durchaus so üblich zu sein. Nichtsdestoweniger kann ich von meinen Patenten leben. Ich habe Etoile de Neige erfunden, Chou-Chou, Miguet de Nuit und Naissance du Jour.«

»Tatsächlich?« sagte ich. »Wie sind Sie denn dazu gekommen, sich einen Platz wie diesen – irgendwo weit weg im Wald – für Ihre Experimente auszusuchen?«

»Wissen Sie, ich bin hier gar nicht so weit vom Schuß, wie es scheint. Ich habe einen Garten und ich ziehe meinen eigenen Thymian und Lavendel, Schwertlilien und Rosen, Minze und Winterlieb, Sellerie und meine Petersilie. Ich kaufe meine Zitronen und Orangen in Blenville, und Charlie Hubber, der draußen am Kreuzweg wohnt, fängt Biber und Bisamratten für mich. Ich finde ihre Duftstoffe so ergiebig wie Zibet, und ich bekomme sie für einen Bruchteil des Marktpreises. Ich kaufe Kautschukharz, Methylsalizylat und Benzaldehyd. Blumenparfums sind nicht meine Stärke, weil sie nur sehr begrenzte aphrodisische Wirkung haben. Der wichtigste Bestandteil von Chou-Chou ist Zedernrinde, und in Naissance du Jour stecken Petersilie und Sellerie.«

»Haben Sie Chemie studiert?«

»Nein, ich habe meinen Beruf von der Pike auf gelernt. Ich sehe ihn mehr als Alchimie denn als Chemie. Alchimie ist ja die Umwandlung unedler Metalle in edle, und wenn ein Extrakt aus Bibergeil, Zedernrinde, Heliotrop, Sellerie und Kautschukharz in einem Mann unsterbliche Sehnsüchte erwecken kann, dann sind wir nahe an der Alchimie dran, würden Sie nicht auch sagen?«

»Ich weiß, was Sie meinen«, sagte ich.

»Das Konzept des Menschen als Mikrokosmos, der in sich alle Teile des Universums enthält, ist pythagoräisch. Die Elemente sind unwandelbar. Die Destillationen und Transmutationen setzen die ihnen innewohnenden Kräfte frei. Das funktioniert nicht nur bei der Parfumherstellung; ich glaube, diese Transmutationen können auch bei der Charakterentwicklung ablaufen.«

Dann kam eine junge Frau ins Zimmer. »Das ist meine Enkeltochter Gloria«, sagte er. »Gloria sorgt für mich. Gloria, das ist Mister . . .«

»Hammer«, sagte ich. »Paul Hammer.«

»Hallo«, sagte sie. Sie zündete sich eine Zigarette an und sagte: »Neunzehn.«

»Wie viele gestern?« fragte der alte Mann.

»Zweiundzwanzig.« Sie runzelte die Stirn und lächelte dann wieder. »Vorgestern waren es nur fünfzehn. Was möchtest du zum Abendessen?«

»Ach, irgendwelches Fleisch«, sagte er. »Ein Kotelett.«

Die Grazie, mit der sie sich bewegte, schien so vollkommen, daß ich mich fragte, ob sie nicht vielleicht Schauspielunterricht gehabt hatte oder einen Ehrgeiz in dieser Richtung hegte. Ich meine damit nicht, daß sie sich bewegt hätte wie eine Tänzerin. Ich mag die Art nicht, wie professionelle Tänzerinnen sich bewegen. Sie haben so eine »Hacke-Spitze-Hacke-Spitze«-Art zu gehen, bei der es mir graust. Ich meine, daß sie sich mit der Grazie einer Schauspielerin bewegte – nichts Weltbewegendes –, einer jugendlichen Unschuld in der landesweiten Truppe der Zimtzicken und Intrigantinnen. Sechs Wochen in Chicago. Ihr Haar war blond und das von Natur aus, nehme ich an, obgleich sich das heutzutage schwer sagen läßt, nachdem sie den Haarfärbemitteln ihre Macken ausgetrieben haben. Ihre Haare waren kurz und glatt mit zwei unscheinbaren Geräten auf jeder Seite, die vermutlich kleine Löckchen für den Abend produzieren sollten. Zähne haben nie eine sonderliche Rolle in meinem Gefühls- oder Liebesleben gespielt, und dennoch erfüllten mich ihre Zähne mit Zärtlichkeit. Sie waren sehr klein und deutlich voneinander abgesetzt. Ich meine damit nicht, daß es Lücken gab, aber man konnte sehen, wo die Zwischenräume waren. Sie bewegten mich, wie es sonst nur Musik tat. Ihr Mund war klein und sehr hübsch, aber was mir damals am deutlichsten von ihr im Gedächtnis geblieben ist, war, wie hell, wie heiter sie war; wenn sie ihre Arme und Beine bewegte, schien sie ein Leuchten zu erzeugen, obwohl ich bei näherer Bekanntschaft entdeckte, daß sie gar nicht besonders hellhäutig war und ihr Gesicht ziemlich stumpf und düster wirken konnte, wenn sie verstört, gereizt oder in Liebeslaune war. Ihre Augen waren blau und sehr glänzend. Die Wirkung, die schöne Frauen auf mich ausüben, besteht darin, daß mir zuerst die Knie weich werden und ich dann das Gefühl bekomme, daß ihre Farben und Formen – all ihre Reize – eine Art Flüssigkeit bilden, in der ich schwimme wie ein Goldfisch in seinem Glas. Ich schien den Kopf zu verlieren, während sie mit dem alten Mann den Einkaufszettel besprach. Ich schwamm wirklich. Diese Empfindung, die ohnehin stark war, wurde noch gesteigert durch das schwere Aroma, das in der Küche hing.

»Also, ich kauf' dann Koteletts«, sagte sie. »Ich besorge ein paar Lammkoteletts und ein bißchen Salat.«

»Wo gehen Sie einkaufen?« fragte ich.

»Ich will zum UP-Supermarkt in Readwell«, sagte sie. »War nett, Sie kennengelernt zu haben.« Sie nahm die Geräte aus dem Haar, schüttelte es kurz durch und ging zur Tür hinaus.

»Na schön, ich lasse Schwartz bei Ihnen«, sagte ich zu dem alten Mann. »Mach's gut, Schwartz«, sagte ich zu dem Kater. »Komm nach Hause, wann immer dir danach ist.«

Ich ging und rannte durch die verschneiten Wälder zu meinem Haus, setzte mich ins Auto, fuhr nach Readwell und parkte beim Supermarkt. Als ich sie fand, suchte sie gerade sorgfältig grünen Salat aus. »Gloria«, sagte ich und streckte die Arme aus. Sie kam, eins, zwei, drei in meine Umarmung. Ihr Kuß war sanft und trocken, und sie drückte leicht jene Körperteile an mich, die mir sagten, daß sie es ernst meinte. Ich nahm ihre Hand und führte sie zur Tür. »Aber ich muß die Koteletts für Opa besorgen«, sagte sie unaufrichtig.

Sie kam mit zu meinem Wagen, wo ich sie diverse Male küßte, aber dort konnten uns die Leute sehen, die in den Supermarkt wollten oder herauskamen. Readwell ist eine kleine Stadt, und man möchte meinen, es sei einfach, dort ein wenig Privatsphäre zu finden, aber es war nicht einfach. Erst fuhr ich über den Hügel bei der Drahtfabrik, aber dort gab es jede Menge Verkehr. Dann fuhr ich die Chilton Avenue hinauf, vorbei an der Main Street und in Richtung katholischer Friedhof und saß in einem Leichenzug fest. Die Straße war eng, und ich mußte in der Schlange bleiben, bis wir am Friedhofstor vorbei waren. Von dort aus fuhr ich die Chilton Lane hinunter, wo die Häuser sehr weit auseinander stehen, aber nicht weit genug, um im geringsten ungestört zu sein. Ich hielt den Wagen trotzdem an und nahm sie in die Arme. »Hier können wir's nicht machen«, sagte sie. »Alle können uns sehen. Man wird uns verhaften.« Ich ließ den Wagen wieder an, bog auf der Townsend Street rechts ab und auf der Shinglehouse Lane nach links, aber dort war eine Wohnsiedlung. Dann fuhr ich auf die 114, nahm die Abfahrt nach Eastlake und parkte in der Einfahrt eines Hauses, das leer zu stehen schien. Ich will nicht in die anatomischen Details gehen, aber sie wurden durch die Tatsache kompliziert, daß mein Wagen ein zweisitziger Jaguar mit einer Knüppelschaltung ist. Dann fuhr ich sie zurück zum Supermarkt, damit sie Großvater seine Koteletts besorgen konnte, und sie versprach, um fünf zu mir nach Hause zu kommen.

So sieht es also aus. Was mit einem *cafard* begonnen hat, endet für mich mit einem Mädchen, einem Teilzeit-Mäusefänger und meinen gelben Wänden. Es ist jetzt Frühling, und ich wache zeitig auf, schwimme in dem Teich, frühstücke ausgiebig und widme mich dann an einem Tisch in dem gelben Zimmer meiner Übersetzung. Ich arbeite beglückt bis um eins und manchmal länger, und dann esse ich eine Tasse Suppe. Ich habe mir ein paar Werkzeuge gekauft – eine Axt, eine Kettensäge und so weiter – und verbringe die Nachmittage damit, das Gehölz rund um das Haus zu durchforsten. Sie kommt jeden Tag gegen fünf, um den Regen zu beschwören, die Geister zu vertreiben und mir den Bart zu kämmen. Welch ein Königreich! Nach dem Abendessen lerne ich bis halb elf Deutsch, und dann gehe ich ins Bett und fühle mich geschmeidig, sauber und müde. Den Berg, das Tal und die Festungsstadt brauche ich nicht mehr, und wenn ich überhaupt träume, dann sind es Träume von außergewöhnlicher Unschuld und Reinheit.

John Updike

Ich sterb', Ägypten, sterbe

Es steht außer Frage, daß John Updike, ein weiterer New-Yorker-Autor, gelegentlich eine sexuell etwas gelöstere Atmosphäre bevorzugte, als ihm das Magazin in den sechziger Jahren zugestand. So erschienen Updikes gewagtere Geschichten und Auszüge aus seinen größten Romanen, *Die Hexen von Eastwick* und *Bessere Verhältnisse*, seit mehr als einem Vierteljahrhundert im Playboy. Updike ist zusammen mit Joyce Carol Oates die produktivste Figur der zeitgenössischen amerikanischen Literatur; er ist Literaturwissenschaftler, Essayist, Dichter, Dramatiker, Kinderbuchautor und Romancier. Es mag überraschend sein, zu erfahren, daß er eigentlich Cartoonist werden wollte.

Die Heimat des 1932 geborenen Updike ist Pennsylvania, das auch den Schauplatz seiner vier Rabbit-Romane darstellt. Aber Updike hat auch lange in Neu-England gelebt und ist, wie Cheever, dieser Gegend sehr verbunden. Daß viele seiner Playboy-Geschichten, von der ersten bis zu den neuesten, außerhalb der USA spielen, scheint daher lediglich ein Zufall zu sein.

Updike gewann 1963 den National Book Award für *Der Zentaur*, landete 1981 mit *Bessere Verhältnisse* einen dreifachen Erfolg, als er den National Book Critics Circle Award, den American Book Award und den Pulitzer-Preis gewann, und 1990 bekam er seinen zweiten Pulitzer-Preis für *Rabbit in Ruhe*.

John Updike

Ich sterb', Ägypten, sterbe

Clem war aus Buffalo und sprach mit dem neutralen amerikanischen Akzent, der Wörterbuchmacher dorthin zieht. Er hatte eine deutliche und farblose Aussprache, tadellose Umgangsformen, frisch gewaschene und passende Kleidung, ganz gleich, wo und wie weit von zu Hause entfernt er war. Er war reich und ledig, reiste viel; er hatte Athen und Rio, Las Vegas und Hongkong, Leningrad und Sydney und jetzt Kairo besucht. Er hatte eine makellose Körperhaltung, ging aber ohne Schwung; die Menschen mochten ihn zunächst, weil seine augenscheinliche Makellosigkeit schmeichelhaft auf sie abfärbte, mißtrauten ihm dann aber, weil seine Makellosigkeit keinerlei Schwäche preisgab. Auf Reisen studierte er die Reiseführer sorgfältig, eignete sich Redewendungen der Landessprache an, sammelte Drucke und Antiquitäten. Er war ernst, aber nicht humorlos; ja, sein Lächeln, eine schleichende, letztlich aber vollendete Enthüllung absolut ebenmäßiger und weißer Vorderzähne, zwischen denen kokett ein wenig Zunge steckte, gehörte zu dem, was die Leute hinters Licht führte und sie hoffen ließ, daß es eine Schwäche, einen sich abzeichnenden Riß gab. Hoffnungsvolle Zeichen waren vorhanden. An der Bar trank er ein Gläschen zuviel, das hektische letzte Glas, das dem Tischwein seinen Geschmack nimmt. Zwar genoß er menschliche Gesellschaft, konnte aber nicht tanzen. Er besaß einen gutgebauten Körper mit kantigen Schultern, eindeutig männlich und doch irgendwie neutral, den er fürsorglich mit Öl einrieb, zum Schutz vor der Sonne, die intensiver und tropischer wurde, je weiter sie den Nil flußaufwärts fuhren. Er schlief in Liegestühlen ein, herrlich reglos und glänzend, während die beiden Flußufer in sicherer Entfernung vorbeiglitten – Dattelpalmen, von im Kreis laufenden Eseln bewässerte, enge, grüne Felder, aus weißen runden Töpfen errichtete Pyramiden, trapezförmige Häuser aus elefantenfarbenem Lehm, stumm winkende, lehmfarbene Kinder und dahinter die rosafarbenen Wüstenfelsen, massive Parenthesen. Glänzend wie ein Spiegel, schlief er in dieser dahingleitenden Parenthese mit einer gottähnlichen Gelassenheit, die die Landschaft vereinnahmte, sie in ein permanentes Träumen verwandelte. Wenn Clem erwachte, sich entschuldigte, mit diesem Stückchen eingeklemmter Zunge lächelte, sagte er, daß er nachts schlecht schlafe, an Schlaflosigkeit leide. Auch dies war ein hoffnungsvolles Zeichen. Die Leute wollten ihn mögen.

Auf dem Boot waren nicht viele Fahrgäste. Der Krieg schreckte Touristen ab. Ja, bei Nag Hammadi fuhren sie unter einer Brücke durch, in die israelische Kommandos drei saubere, aber nicht sehr überzeugende Löcher gesprengt hatten; man hatte eine Holzrampe darübergelegt, und der aus Karren und klapprigen Lastwagen bestehende Verkehr ging weiter. Und in Assuan sahen sie Batterien von Luftabwehrgeschützen, die den Staudamm verteidigten. Doch was die Kreuzfahrt dazwischen anging, so machte sich der Krieg nur als großzügig bemessener Platz an Deck und als angenehmes Mißverhältnis zwischen den siebzig Mann Besatzung und den zwanzig Passagieren bemerkbar. Besagte zwanzig waren:

Drei englische Ehepaare mittleren Alters; nur eine miniberockte Ehefrau wurde etliche Tage lang für eine Tochter gehalten.

Zwei junge Deutsche; sie suchten sämtliche Tempel in Badehosen auf, kannten aber die Götter offenbar mit Namen und waren möglicherweise angehende Archäologen.

Ein französisches Ehepaar, Mitte Sechzig. Der Mann war im Zweiten Weltkrieg gefoltert worden; mit seinem verkrümmten Rückgrat schlurfte er in kleinen Schritten über Wüstengeröll und holprige Treppen und betrachtete die Wandgemälde mittels eines um seinen Hals hängenden Spiegels. Doch auch er kannte die Götter und murmelte andächtig vor sich hin.

Drei Ägypter, ein Mann und zwei Frauen, über Dreißig, Akademiker, Lehrer oder Museumsdirektoren, gutaussehende Kosmopoliten, die untereinander gerne lachten, auch wenn der Reiseführer, der engelhaft aussehende Beduine Poppa Omar, gerade einen Vortrag hielt.

Eine unbedarfte und nette, dralle und parfümierte amerikanische Witwe und ihr Begleiter, ein kleiner, kahler Mann aus New Jersey, der zwanzig Jahre lang Reiseleiter in Afrika gewesen war, mit einem schikken Fliegenwedel sowie unerschütterlicher Grobheit gegenüber afrikanischen Eingeborenen bewaffnet.

Ein Amateur-Reisefotograf aus Green Bay, der sich mit einer neunzig Kilogramm schweren Fotoausrüstung in Richtung Kapstadt vorarbeitete.

Ein stämmiges Paar in den Vierzigern, das für sich blieb, eigene Führer nahm und das man für Russen hielt.

Eine junge Skandinavierin, hübsch, allein.

Clem.

Clem war in letzter Minute zu der Kreuzfahrt gestoßen; er war in Amsterdam gewesen und fand den tiefhängenden Himmel und die dicht zusammenstehenden Häuser niederdrückend, die kalten Ausflugsboote auf den Kanälen, das schlechte indonesische Essen und die wie knallbunte Süßigkeiten in ihren Fenstern angestrahlten Prostituierten. Er war nach Kairo geflogen, wo es ihm auch nicht besser gefallen hatte. Er nahm Anstoß an einem Cheeseburger im Hilton, der schon etwas Hautgout hatte. Draußen auf dem Platz trat ein Mann an ihn heran und fragte, ob er letzte Nacht mit jemandem geschlafen habe. Die Stadt mit ihrem pausenlosen Getön von Autohupen und den verstohlen dreinblickenden Männern in ihren Pyjamas schien unbrauchbar, unnahbar. Überall im Museum lagen Sandsäcke herum. Das Herz des Schatzes von Tut-ench-Amun war für den Fall einer Invasion versteckt worden; doch seinen goldenen, mit Lapislazuli und Karneolen verzierten Sarkophag, den ein Hauch des Todes, der Flucht, des Schwebens umgab, fand Clem anrührend. Ein Prospekt im Hilton warb für eine Sechstagereise den Nil hinauf, von Luxor bis Assuan, auf einem Luxusboot. Das las sich passiv und nach Bildungsreise, was Clem ansprach; er hatte auf der Universität von Rochester studiert und verspürte den Drang, seine Bildung abzurunden, sie auf den Standard von Harvard, Yale oder Cambridge zu heben. Außerdem würde die Sonnenbräune zu Hause in Buffalo einen tollen Eindruck machen.

Als er auf dem Flugplatz von Luxor aus der Maschine stieg, traf ihn die Schönheit der Wüste, die ihn rosafarben und unbewegt umgab, wie ein Schlag. Vielleicht sein Element. Was war sein Reisen, sein Junggesellendasein anderes als eine Suche nach diesem Element? Er war vierunddreißig und wirkte immer noch so, als sei er nur zu Besuch auf der Welt. Sogar in Buffalo, wenn er durch die geraden, schattigen Straßen ging, in denen er als kleiner Junge gespielt hatte, wenn er die Häuser und Restaurants betrat, wo er mit Namen begrüßt wurde, wenn er in dem Zweiraumbüro saß, wo er ein paar Stunden täglich per Telefon das Wertpapier- und Immobilienpaket verwaltete, das ihm nach dem Tod seines Vaters zugefallen war, fühlte er sich irgendwie leicht, auf zwanzig Kilo Gepäck beschränkt, so unnatürlich korrekt gekleidet wie zu Beginn einer Reise. Ein Luftzug vom Eriesee, und weg wäre er, und die Stadt mit ihren wilden, tosenden Wintern, ihren wuchtigen Granitvillen, ihren Fabriken und ihrem eisernen Bison im Bahnhof würde es nicht merken. Er würde nur seinen vergoldeten Namen auf einer Liste von Tennis-Champions über dem Tresen seines Country-Clubs hinterlassen. Doch er wußte, er war ein systematischer, freudloser Spieler gewesen, zu sehr mit Tennisstunden vollgepfropft, um zu verlieren.

Er wußte eine Menge über sich selbst: Er wußte, daß diese Leichtigkeit, dieses spröde, unverdorbene, an ihm haftende Etwas sein Schatz war, den er – weil es sein Dämon so wollte – hüten mußte. Als er in Luxor aus dem Flugzeug gestiegen war, hatte er diesen Dämon in der Luft begrüßt . . . absolut sauberer Luft von der Klarheit eines Spiegels. Vom Fenster seiner Kabine aus spürte er an der glitzernden Breite des Nils, blauer als er erwartet hatte, an dem wolkenlosen alkalischen Himmel und an dem Gobelinstreifen aus angestrengtem Grün dazwischen, daß er auf dieser Fahrt glücklich sein würde. Es gefiel ihm, sich an seinem ersten Nachmittag auf dem Deck zu sonnen. Nur die junge Skandinavierin in einem orangefarbenen Bikini leistete ihm Gesellschaft. Beide schwiegen. Das Boot lag noch am Kai von Luxor fest, einer Steintreppe; ein paar Meter entfernt, über einen trennenden Streifen Wasser und einen gepflasterten Uferweg hinweg, starrte eine Anzahl Straßenhändler und Karrentreiber zu ihnen hinüber. Clem gefiel dieser Streifen, und ihm gefiel, wie das Boot ablegte und zwischen den Feldern, den Dörfern, der Wüste hindurchglitt. Ihm gefielen die ersten Tempel: der gigantische von Karnak, dessen Säulen den strahlend glatten Himmel stützten; der sanftere von Luxor mit seiner eingebauten Moschee und der kleinen, nackten Königin, wie sie die riesige Wade ihres Königs berührt; der hollywoodeske Tempel von Dendera – dessen restaurierte Dächer hatten Finsternis, Feuchtigkeit und Fledermäuse mit sich gebracht, die sich wie intelligente schwarze Handschuhe an den Mauern entlanghangelten.

Zunächst gefielen Clem sogar die Straßenhändler. Sie litten an Touristenmangel, berührten ihn in ihrem Hunger, streckten ihm Skarabäen, alte Münzen und Mumienfiguren aus Ton entgegen und stöhnten und ächzten auf Englisch: »Wieviel? Wieviel du gibst mir? Sehr schön. Fünfzig. Beide. Nimm beide. Beide für fünfunddreißig.« Clem sah nach unten, sein Blick fiel auf ein türkisfarbenes Glitzern, und er schwankte; seine Mutter mochte Mitbringsel, und er hatte Freunde in Buffalo, die das erheitern würde. In diese Schwäche, diesen Riß, den sein zögerndes Interesse geöffnet hatte, stopften sie noch mehr Dinge, merkwürdige, befleckte, der Wüste entrissene Objekte, Alabastervasen, Halsketten aus Mumienköpfen. Ihre braunen Hände tasteten und rieben; ihre Gesichter wirkten verdutzt, sie blinzelten nicht, als wickelten sie unter der gleißenden Sonne ihre Geschäfte im Dunkeln ab. Und tatsächlich, einige hatten von Trachomen getrübte Augen. In der Hoffnung, sie mit einem Kauf zu besänftigen, handelte Clem um den kleinsten Gegenstand, den er sah, einen fingernagelgroßen Käfer aus Lapislazuli. »Zehn, zehn«, sagte der alte Straßenhändler und machte mit der Hand gereizt die »Gib-mir«-Geste dazu. Clem hielt sein Portemonnaie in die Höhe, weg von ihren Händen, und blätterte durch die großen Scheine nach den absurd kleinen Fünf-Piaster-Scheinen. Der Kauf, der sich auf kaum mehr als zehn Cent belief, sorgte für Aufregung unter den Händlern: Sie ließen die anderen Touristen stehen und scharten sich in immer größeren Mengen um ihn. Etwas Warmes und Hartes wurde ihm in die Hand gedrückt, an seinem anderen Ärmel wurde gezupft, seine Taschen wurden abgeklopft, und er drehte sich um die eigene Achse, die Zunge kokett zwischen den Zähnen, gefangen. Es war ein Alptraum; wie im Traum schoß ihm der Gedanke durch den Sinn, daß er Kratzer abbekommen könnte.

Er riß sich los und gesellte sich im Allerheiligsten eines Tempelhofes zu den anderen Touristen. Eine der Ägypterinnen trat zu ihm und sagte: »Ich möchte Ihnen keine Vorhaltungen machen, aber Sie quälen diese Leute, wenn Sie ihnen die vielen Fünfziger und Hunderter in ihrem Portemonnaie zeigen.«

»Tut mir leid.« Er wurde rot wie ein gescholtener Schuljunge. »Ich wollte bloß nicht unhöflich sein.«

»Aber das müssen Sie. Das ist keine Frage verletzter Gefühle. Sie sind für diese Leute der Mann im Mond. Sie können Ihren Charme nicht ermessen.«

Die seltsame Formulierung ihres letzten Satzes, die nicht genau das bedeutete, was sie hatte sagen wollen, stellte seine Überlegenheit wieder her und entschärfte ihre Kritik. Sie war die kleinere und ältere der beiden Ägypterinnen; sie hatte grüne Augen, und als sie so zu ihm aufsah, lag in ihrem Blick eine ernsthafte Verschmitztheit, ein leichter Druck. Clems Anspannung löste sich, er erschlaffte fast. »Das Traurige daran ist, einige der Sachen hätte ich ganz gern gekauft.«

»Dann tun Sie das«, sagte sie und ging mit kreisenden Hüften fort. Es war also ein Vorstoß unternommen worden. Er hatte erwartet, daß er von der Skandinavierin kommen würde.

Am selben Abend lud ihn das ägyptische Trio an seinen Tisch in der Bar ein. Die grünäugige Frau sagte: »Hoffentlich habe ich Sie nicht ausgeschimpft. Ich wollte keine Vorhaltungen machen, es lediglich sagen.«

»Natürlich«, sagte Clem. »Wissen Sie, ich wurde zu Tode gezupft. Ich war auf Rettung angewiesen.«

»Diesen Männern«, sagte der Ägypter, »geht es schlecht. Es heißt, daß in der Nähe der Hotels die Schuhputzer verhungern.« Er hatte ein dreieckiges, pockennarbiges, finsteres Gesicht. Eine schwere, matte Höflichkeit verlangsamte seine Rede.

»Was haben Sie gekauft?« fragte die andere Frau. Sie war blasser und weicher als die andere. Sie sprach ein überaus britisches Englisch.

Clem zeigte es ihnen. »Ah«, sagte der Mann, »ein Skarabäus.«

»Die Inkarnation Khepris«, bemerkte die Frau mit den grünen Augen. »Das Symbol der Unsterblichkeit. Sie werden ewig leben.« Sie lächelte bei allem, was sie sagte; er mußte daran denken, wie sie bei dem Wort »Vorhaltungen« gelächelt hatte.

»Das sind entzückende Dingerchen«, verkündete die andere Frau auf ihre gravitätische Art. »Mistkäfer. Sie rollen eine Mistkugel vor sich her, was den alten Ägyptern gefiel. Hat sie vermutlich an sich selbst erinnert.«

»So ist das Leben«, sagte der Mann. »Eine Mistkugel, die wir vor uns herschieben.«

Der Kellner kam, und Clem sagte: »Noch einen Whiskey sour. Und noch eine Runde von dem, was die drei trinken.« Bier für den Mann, Scotch für die größere Dame, Limonade für seine erste Freundin.

Nachdem er sich so, wie er fand, das Recht auf ein paar Auskünfte erkauft hatte, fragte Clem: »Jetzt mal im Ernst. Hat der« – es einen Krieg zu nennen, brachte er nicht über sich, und ihm war aufgefallen, daß in Ägypten das Wort »Israeli« nie ausgesprochen wurde – »Konflikt dem Tourismus geschadet?«

»Aber gewaltig«, antwortete die größere der Damen. »Vor dem Krieg mußte man eine Passage auf diesem Boot Monate im voraus buchen. Jetzt hat man meinem Mann zwei Wochen Urlaub gewährt, und wir konnten im letzten Augenblick kommen. Es ist schon traurig.«

»Was arbeiten Sie?« fragte Clem.

Der Mann machte eine wegwerfende und ausweichende Geste, wie sie vielleicht eine Gottheit gemacht hätte, wenn sie nach Arbeitspapieren gefragt worden wäre.

»Mein Bruder«, stellte die grünäugige Frau lächelnd fest, »arbeitet für die Regierung. In der, wie sagt man, Planung?«

Als wolle er sich für seine mangelnde Gesprächigkeit entschuldigen, sagte ihr Bruder unvermittelt: »Die Schuhputzer und die Dragomane leiden für uns alle. Bei jedem in meinem Land haben Sie heute eine tiefe Verzweiflung.«

»Ich habe«, sagte Clem sehr vorsichtig, »die Löcher in der Brücke bemerkt, unter der wir durchgefahren sind.«

»Sie haben *Jeeps* hergebracht, Jeeps. Mit dem Hubschrauber. In den Zeitungen stand: Bomben aus einem Flugzeug, doch es waren Jeeps mit Hubschraubern vom Roten Meer. Sie sind auf die Brücke gefahren, haben die Sprengladungen angebracht und sind wieder weggefahren. Wir sind keine Krieger. Wir sind Bauern. Schon seit tausend Jahren haben wir andere für uns kämpfen lassen – Sudanesen, Lybier, Araber. Wir sind keine Araber. Wir sind Ägypter. Die Syrier und Jordanier, das sind Araber.

Doch wir, wir wissen nicht, wer wir sind, außer daß wir sehr alt sind. Derjenige, der Krieger aus uns machen will, schafft Verzweiflung.«

Seine Frau legte ihre Hand auf die seine, damit er schwieg, als der Kellner die Getränke brachte. Seine Schwester sagte zu Clem: »Mögen Sie unsere Tempel?«

»Sehr.« Doch die Tempel in seinem Inneren lagen stumm da, riesige Brocken aus Kalkstein und Sonne. »Außerdem«, fuhr er fort, »mag ich unseren Reiseleiter sehr. Ich bewundere, wie er einigen von uns alles auf Englisch sagt und dann den anderen auf Französisch.«

»Die meisten Ägypter sind dreisprachig«, stellte die Ehefrau fest. »Arabisch, Englisch, Französisch.«

»In welcher Sprache denken Sie?« Das beunruhigte Clem, weil er sich bewußt war, daß ihm verbale Gedanken fehlten; statt dessen hatte er lediglich Gedankenblitze und Reflexionen.

Die Schwester lächelte. »Auf Englisch, da sind die Gedanken am klarsten. Französisch ist besser für die Leidenschaft geeignet.«

»Und das Arabische?«

»Auch für die Leidenschaft. Hab' ich recht, Amina?«

»Womit denn, Leila?« Sie tuschelte gerade mit ihrem Mann.

Die Frage wurde auf Französisch wiederholt.

»Oh, *c'est vrai, vrai.*«

»Wie seltsam«, sagte Clem. »Mir kommt Englisch nicht präzise vor, ganz im Gegenteil. Es ist ein Chaos von Synonymen und schlampiger Grammatik.«

»Nein«, sagte die Ehefrau bestimmt – die, wie ihm plötzlich auffiel, nie lächelte. »Englisch ist klar und kalt, aber nicht *nuancé* in den Gefühlen, anders als Französisch.«

»Und ist Arabisch auf die gleiche Art *nuancé*?«

Die grünäugige Schwester überlegte. »Mehr *angoisse.*«

Ihr Bruder sagte: »Wir haben neunundneunzig Wörter für Kamelmist. Alle möglichen Formen von Kamelmist. Mit Kamelmist, da wir kennen uns aus.«

»Natürlich«, sagte Leila zu Clem, »ist das hiesige Arabisch nichts, verglichen mit dem reinen Arabisch, wie es die Saudis sprechen. Die Sprache des Korans ist so viel – wie soll ich sagen? – draufgängerischer. So guttural, nasal; seltsame, herrliche Laute. Amina, nimmt es dich immer noch mit, ihn gesungen zu hören? Den Koran?«

Amina stimmte ernst zu. »Es ist schrecklich. Es zerreißt mich innerlich. Darin steckt soviel Leidenschaft.«

Über ein nicht sichtbares Radio drang italienische Rockmusik in die Bar, und eins der englischen Paare mittleren Alters versuchte, dazu zu tanzen. Als sie bemerkte, wie aufmerksam Clem zusah, fragte die Schwester: »Tanzen Sie gern?«

Er verstand das als Aufforderung und sagte errötend: »Nein danke, ich kann es gar nicht.«

»Nicht tanzen? Überhaupt nicht?«

»Ich konnte es einfach nicht lernen. Meine Mutter sagt immer, ich hätte Methodistenfüße.«

»Das sagt Ihre Mutter?« Sie lachte – ein kurzer, beunruhigender Laut, das Bellen eines Fuchses. Sie rief Amina zu: *»Sa mère dit que l'Américain a les pieds méthodistes!«*

»Les pieds méthodiques?«

»Non, non, aucune méthode, la secte chrétienne – méthodisme!«

Beide bellten, und der Mann grunzte. Clem saß stocksteif daneben, tadellos in seiner Verlegenheit. Die grünen, neugierigen Augen der jungen Frau erkundeten ihn wie auf Glas kratzende Edelsteine. Die drei Ägypter wurden übertrieben lebhaft, fingen Sätze in einer Sprache an und beendeten sie in einer anderen, und Clem begriff, daß man sich über ihn lustig machte. Dennoch, so wie das undeutliche Zupfen der Skarabäusverkäufer war dieses Gefühl besser als unberührte Leere. Er trank noch ein Glas vor dem Essen, den einen Drink zuviel, und als er sich an seinen Einzeltisch setzte, sah alles – die Tischdecken, die roten Lämpchen, die wartenden Trauben blaugekleideter Kellner, die schwarzen Fenster, hinter denen der Nil dahinglitt – triumphal und glasig aus.

Er schlief schlecht. Über ihm wurde gepoltert und geschlurft, er hörte Schritte im Flur, das Tuckern der Motoren und, um vier Uhr morgens, die Anlegegeräusche an einer weiteren Tempelstätte. Früher einmal hatte er in Hotelzimmern Frieden gefunden, seltsame jungfräuliche Ecken, wo sich sein Geist in sich zusammenrollen konnte, sich von all den quälenden Vertrautheiten lösen und schmerzlos nach draußen blinzeln konnte. Doch er war in zu vielen Hotelzimmern gewesen, so daß auch sie wieder vertraut geworden waren, mit ihren übertrieben gestärkten Laken, den angeberischen Badezimmern und den Sesseln, die man nie als Sitzgelegenheit benutzte, sondern immer nur als Kleidungsständer. Nur die Kissen waren Veränderungen unterworfen – halsbrecherische, dicke Rollen in Leningrad, in Amsterdam harte, kleine Knäuel von der Größe einer Damenhandtasche und genauso klumpig. Hier auf dem schwimmenden Hotel Osiris stellte man ihm zwei unförmige Kissen zur Verfügung, und gegen Morgen fand Clem heraus, daß es ihn beruhigte, wenn er seinen Kopf auf das eine und den Arm um das andere legte. Ein zweites Gewicht im Bett schien der Ausgleich zu sein, nach dem sich sein unruhiger Körper sehnte, der von Hieroglyphen und scharfen, mit Vorhaltungen geladenen Blicken oszillierte. In seinem Traum versprach ihm die Ägypterin etwas Wunderbares und zeigte ihm zwei hochaufragende Kalksteinsäulen, zwischen denen der blaue Himmel lockte. Er wachte zwar nicht erfrischt auf, wußte aber, daß er geträumt hatte. An seiner Kabinendecke tanzte Licht, verwirrend in seiner telegraphischen Hektik, eher an elektronische Kunst als an etwas Natürliches erinnernd. Seiner Analyse nach war es Sonnenlicht, das von dem unruhigen Nil durch die Schlitze der Jalousien reflektiert wurde. Er zog die Jalousien hoch, und da war es wieder, betörend in seiner Klarheit: der blaue Strom, der grüne Streifen, die rosa Felsen, der wolkenlose Himmel. Nur das Dorf hatte sich verändert. Die anderen Touristen – der Franzose wurde wie ein wackliger Karren von einem arabischen Jungen geführt – stiegen schon eine Holztreppe hoch auf einen Bus zu. Clem lief hinter ihnen her, hinaus in den strahlenden Tag, ohne sich zu rasieren.

Poppa Omar, ihr Führer, sorgte dafür, daß sich alle im Hof eines Tempels in die Sonne setzten, und erzählte ihnen die Geschichte von Königin Hatschepsut. »Den Namen können Sie sich so merken«, sagte er, faßte sich an den Kopf, rieb seinen Brustkorb und sagte auf Englisch: »*Hat – cheap – suit,* Hut – billig – Anzug. Sie war hier wunderbar Frau. Hat immer die Tempel gebaut, immer den Krieg gewonnen und die Nigger als Sklaven gemacht. Sie heiraten ihre Bruder Thutmosis, und er bekommen hier eifersüchtig und Beleidigkeit satt. Er sagen zu ihr: ›OK, du haben gemacht 'ne Menge für Ägypten, jetzt du mal treten kürzer.‹ Sie sagen zu ihm: ›Nein, ich glaub', ich laß die Sache so weiterlaufen.‹ Was passieren? Thutmosis sterben. Neuer König auch Thutmosis, ihr Nichte. Er ist ein kleiner Junge. Hatschepsut zeigen sich in alle große Statuen mit falsche Bart und hier völlig Flachheit.« Er rieb über seine Brust. »Thutmosis werden größer und geht sagen jetzt zu ihr: ›Zu viel eifersüchtig und Beleidigkeit. Du jetzt mal treten kürzer für Ägypten.‹ Sie sagen: ›Nein.‹ Dann sie sterben und überall in Ägypten hier, er nehmen all ihre Statue und schlag, wumm, wumm, so kein Gesicht von Hatschepsut mehr und überall ihr Name in alle Mauern hier, wird Thutmosis!« Clem sah sich um, und tatsächlich waren alle Statuen vor Jahrtausenden verstümmelt worden. Er faßte sich an sein Gesicht, und die Bartstoppeln kratzten.

Auf dem Rückweg im Bus bat sie der Reisefotograf nach oben, damit er ein Wasserrad fotografieren konnte. Ein winzig kleines Kind kam ihnen auf dem Weg entgegen, es weinte und hielt einen Arm, als sei er verkrüppelt. »Bakschisch, Bakschisch«, sagte der Kleine. »Muscha, muscha.« Einer der Engländer wollte ihn mit einem Fliegenwedel verscheuchen. Der kahle Amerikaner verkündete laut, das Kind simuliere. Clem griff in seine Tasche, um eine Piaster-Münze herauszuholen, doch dann fiel ihm ein, daß er das Kind damit quälte. Da sie seine Geste gesehen hatten, verfolgten ihn das Kind und sechs weitere. Zuerst riefen sie, dann schleuderten sie Kiesel nach seinen Fersen. Aus dem sicheren Businneren konnten die Touristen alle sehen, wie das Kind seinen Arm streckte. Doch das Weinen hörte nicht auf und war offensichtlich echt. Der Reisefotograf nahm immer noch das Wasserrad auf, und die Straßenhändler drückten nun die Fenster auf und schoben Skarabäen, Puppen und durchaus ansehnliche Alabastervasen durch. Das Fenster neben Clems Kopf wurde aufgeschoben, und eine braune Hand steckte ein etwa fünfzehn Zentimeter langes, in braunes Tuch gewickeltes Päckchen hindurch. »Fiischmumie«, sagte eine körperlose Stimme, was Clem zum Brüllen komisch fand. Er konnte nicht aufhören zu lachen; seine Zungenspitze fing an zu schmerzen, weil er immerzu daraufbiß. Die auf der anderen Seite des Ganges sitzende Skandinavierin warf ihm einen hoffnungsvollen Blick zu. Vielleicht kam der Riß in seiner Hülle zum Vorschein.

Zurück auf der Osiris, sonnten sie sich in Liegestühlen. Das weiße Schiff hatte sich von dem braunen Ufer gelöst, und blaugekleidete Männer brachten ihnen Limonade, Daiquiris und *soudani* genannte gesalzene Erdnüsse. Auch wenn der sonnenölglänzende Clem zu schlafen schien, bewegten sich seine Lippen, wenn er der neben ihm liegenden Ingrid antwortete. »In meinem Land«, sagte sie, »sind die Sommer so kurz, daß wir natürlich die Kleider ausziehen. Aber das ist absurd, dieses Märchen, das andere Länder sich über unser Heidentum, unseren fröhlichen Sex erzählen. Wir sind ein herbes Volk. Mein Vater, er war wie aus einem Bergman-Film. Als ich heranwuchs, war mir alles verboten – Kartenspielen, Lippenstift, Tanzen.«

»Tanzen habe ich auch nie gelernt«, sagte Clem, ein leichter Themenwechsel.

»Ja«, sagte sie, »ich habe Ihnen das auch angesehen, eine strenge Kindheit. In einem Land mit harten Wintern.«

»Vor ein paar Jahren sind bei uns zwei Meter Schnee gefallen«, teilte Clem ihr mit. »In einem einzigen Schneesturm. Zwei *Meter.*«

»Und doch«, fuhr Ingrid fort, »glaube ich, das Tauwetter ist, wenn es in solchen Gegenden endlich kommt, so dramatisch, so intensiv.« Sie warf ihm einen hoffnungsvollen Blick zu.

In seiner glänzenden Plazenta aus Sonnenöl schien Clem es nicht zu bemerken.

Der junge Deutsche, der ein wenig Englisch sprach, hatte den Liegestuhl auf der anderen Seite von Clem. Mittlerweile, am dritten Tag, hatten sich die Sonnenhungrigen zu erkennen gegeben: Clem, Ingrid, die beiden jungen Deutschen, der kahle Amerikaner, die junge verheiratete Engländerin, deren Badeanzüge mit Rockunterteil sittsamer als ihre sonstigen Kleidungsstücke waren. Die restlichen Briten saßen im Schatten eines Sonnensegels an Deck und tranken; die drei Ägypter saßen im Salon und redeten; die vermeintlichen Russen ließen sich überhaupt nicht sehen. Der Reisefotograf unterhielt sich mit dem Zahlmeister über die Unmenge an Fahrscheinen und Reservierungen, die ihn bis nach Kapstadt bringen würden; die Witwe hielt sich mit Magen-Darm-Grippe und einem brennenden Verlangen, Bridge zu spielen, in ihrer Kabine auf; das französische Ehepaar saß voll bekleidet an der Reling in der Sonne und las Reiseführer; der Stuhl des Mannes war gefährlich nach hinten gekippt, damit er die vorbeigleitende Landschaft sehen konnte.

Der junge Deutsche fragte Clem mit starkem Akzent: »*Haff you bot a Kaftan?*«

Unter einem leichten, klaren Kopfschmerz hatte er fast geschlafen. Er sagte auf Deutsch: »*Bitte?*«

»Einen Kaftan gekauft. Sollten Sie. In Luxor; gehen Sie heute abend zurück. Er wird dann Maß nehmen und ihn morgen früh fertig haben, wenn wir ablegen. Sind sehr gut . . . sehr billig – *wery cheap.*«

Hatcheapsuit, dachte Clem, mußte aber zugeben, daß er es eventuell tun würde. In seinem Inneren konkurrierte seine starre Gelassenheit mit etwas Verlottertem und Amerikanischem, das unbedingt losziehen, etwas ausprobieren und erwerben wollte. Nachdem er so viele Skarabäen und Alabastervasen verschmäht hatte, glaubte er, Ägypten einige der großen Scheine schuldig zu sein, die seine Brieftasche so unangenehm aufblähten.

»Er stünde Ihnen sehr gut – *wery handsome.*«

»Umwerfend«, sagte hinter ihm die junge Engländerin. Sie hatte zugehört. Clem kam sich manchmal wie ein Spiegel vor, in den jeder vor dem Weitergehen einen Blick warf.

»Sie machen sich alle über mich lustig«, sagte er. »Aber ich gebe es zu, bei Kostümen kann ich nicht widerstehen.«

»Und wieder«, sagte Ingrid, »wie in einem Film von Bergman.« Und träge verschob sie ihre langen Arme und Beine; in seinem Zustand der Schlaflosigkeit verschmolz der Eindruck von Fleisch im Randbereich seiner Sicht auf beunruhigende Weise mit einem schwebenden Gefühl der Leere, des Eingeklammertseins.

An diesem Nachmittag besichtigten sie die Nekropole im Tal der Könige. König Tut-ench-Amuns kleines, zweikammriges Grab – wie hatten sie nur so viele Schätze da hineinstopfen können? Die riesigen Tunnelsysteme von Ramses III; oder war es Ramses IV? Splitter für Splitter aus dem Kalkstein geschlagene Gänge, durch Systeme schräger Spiegel erleuchtet, mit festlichen, starren Gestalten bemalt, die aßen, angelten, Opfergaben oder Obst nach vorn trugen, was immer leicht nach unten hieß, hinunter vorbei an Gruben, die man angelegt hatte, um Grabräuber zu fangen, vorbei an riesigen falschen Kammern, bis zu der echten und letzten Kammer, einem quadratischen Raum, der einen hübschen Nachtclub ergeben hätte. Dessen Wandgemälde waren unvollendet, Skizzen in grauer Tinte, aber nicht koloriert. Das Zittern der Künstlerhand, sein nervöser Strich, waren immer noch sichtbar. Abdul, der ägyptische Planer, murmelte Clem zu: »Immer haben sie etwas unvollendet gelassen; das ist ein Teil ihrer Religion, den niemand begreift. Man glaubt, sie fürchteten sich vielleicht davor, etwas zu beenden, um die Toten nicht einzuzäunen, das Leben im Jenseits nicht zu begrenzen.« Sie stiegen den langen, schrägen, von elektrischem Licht durchzogenen Gang empor, vorbei an Hunderten makelloser Körper ohne jeden Schwung. »Wissen Sie, die Toten sind gar nicht tot. In ihrer Sprache gibt es nur ein Wort für Tod und Leben. Was sie fürchteten, war der zweite Tod, jener der kommen würde, falls das Grab ohne Vorräte zum Leben wäre. In den Gräbern der Vornehmen finden sich, mehr als hier, überall Szenen des Lebens, wie eine musikalische – sie sagen dazu Partitur? –, die nur die Toten spielen können, nur sie haben die passenden Instrumente. Diese Hieroglyphen sind allesamt Anweisungen für den Toten, wie er sich zu verhalten hat, wie er die Reise unbeschadet übersteht.«

»Gute Planung«, sagte Clem außer Atem.

Abdul begriff den Scherz nicht recht, da er auf seine Kosten ging.

»Ich meine damit, daß für die Toten viel besser geplant wurde als für die Lebenden.«

»Nein«, erwiderte Abdul trocken, begriff vielleicht wirklich nicht. »Es ist das gleiche.«

Wieder in Luxor, verließ Clem das sichere Boot und ging, den Angaben des jungen Deutschen folgend, zu dem Kleiderladen. Es kam ihm wie ein langer Spaziergang vor. Die schmaler werdenden Straßen wurden schattiger. Ein ständiger Strom von Passanten trieb an ihm vorbei, Opfergaben in den Händen. Kein Straßenhändler näherte sich ihm; vielleicht hatten sie feste Geschäftszeiten, gingen nach Hause und trugen die verkauften Skarabäen und Fischmumien in makellos linierte Hauptbücher ein. Radio Kairo dröhnte und jaulte von hölzernen Balkonen. Staubige Kreuzungen hallten wider von Propaganda (oder waren es Gebete?), die hinter ihm verklang. Es war schon dunkel, als er in der Werkstatt ankam. In deren kleiner heller Höhle half eine junge Frau einem kleinen Kind bei den Hausaufgaben, und ein junger Mann, der Gatte und Vater, lehnte an einem Stapel Stoffballen. Alle drei waren klein und zierlich; ägyptische Kinder waren, wie Clem schon früher bemerkt hatte, wie winzige Erwachsene proportioniert und hatten ernst glotzende Puppenköpfe. Er kam sich viel zu groß vor in diesem Laden, dessen reduzierter Maßstab hier und da von einem derben Gegenstand aus der wirklichen Welt verraten wurde – einer Dampfpresse, dem vergrößerten Porträt Nassers an der Wand. Als Clem fragte, ob sie ihm bis zum nächsten Morgen einen Kaftan machen könnten, schien seine Stimme zu dröhnen; als er leiser sprach, brach und zitterte sie. Der kleine Mann nahm Maß an ihm, berührte ihn überall; und Berührungen, die zunächst als zufällig hingenommen worden waren, entpuppten sich als entschlossen, zielgerichtet.

»He«, sagte Clem und errötete.

Durch Clems eckigen Körper von seiner Frau abgeschirmt, öffnete der junge Mann mit der raschen, leichten Handbewegung eines Schneiders seinen eigenen Hosenschlitz und entblößte sich. »Ich kann dich sehr glücklich machen«, murmelte er.

»Ich gehe«, sagte Clem.

Im Nu war er an der Tür, doch dem Schneider blieb noch Zeit zu rufen: »Sir, wann kommen Sie morgen wieder?« Clem drehte sich um; der Hosenstall des kleinen Mannes war zu, Frau und Kind hatten gemeinsam die Köpfe über die Hausaufgaben gebeugt. Nasser, in grellem Ocker, schaute finster in die Zukunft. Clem hatte zwar vorgehabt, auf den Kaftan zu verzichten, doch dann sah er sich zu Hause in Buffalo, wie er ihn auf der Silvesterfeier im Club trug, dazu Sonnenbrille und Sandalen. Der Schneider sah verängstigt aus. Sein kleiner Schnurrbart zitterte unsicher, und seine braunen Augen waren von Kummer und Handarbeit getrübt.

Clem sagte, er käme spätestens um neun. Das Boot fuhr nach dem Frühstück weiter gen Süden. Draußen hatte sich die trockene Luft abgekühlt. Daran, wie seine Zungenspitze kribbelte, merkte er, daß er intensiv gelächelt hatte.

Ingrid saß in einem silbernen Kleid an der Bar, das vorne hochgeschlossen war und hinten Schnallenverschlüsse hatte. Sie lud sich selbst ein, beim Abendessen an seinem Tisch Platz zu nehmen; ihre weißen, von der Sonne rosagebrannten Arme strahlten mit dem triumphalen Glanz des Tischtuchs um die Wette, der leuchtenden roten Lampe. Sie unterhielten sich über Religion. Clem war presbyterianisch, sie lutherisch erzogen worden. Im Haus ihres Vaters nördlich von Stockholm war ein Gästezimmer für die Ankunft Jesu Christi reserviert gewesen. Wohl nicht ganz ernst gemeint, es war so ein Brauch, und doch . . . sie vermutete, daß die Religion eine gewisse *Erwartungshaltung* in ihr erzeugt hatte. In ihm, so dachte er, als er sich unter Schwierigkeiten vortastete und einen Blick in den glitzernden, leeren Bereich warf, der bei anderen wohl die Höhle des Lebens war, hatte Religion einen *Abscheu vor Durcheinander* erzeugt. Es war eine enttäuschende Antwort, auch nachdem er das Wort »Durcheinander« erklärt hatte. Statt dessen brachte er die Theorie vor, er sei ein ehemals mit Schätzen vollgestopftes Königsgrab, das man ausgeraubt hatte. Als sich ihre weiße Hand auf dem weißen Tischtuch zwei Zentimeter auf ihn zubewegte, intelligent wie eine Fledermaus, fing er an zu weinen. Ihm kamen die Tränen echt vor, aber sie sagte: »Hören Sie mit der Schauspielerei auf.«

Er gestand ihr, ihm sei soeben etwas Beunruhigendes zugestoßen.

Sie sagte: »Das ist Ihre Schwäche; Sie sind zu befangen. Sie tragen immer ein Kostüm, schauspielern. Immer müssen Sie schön sein.« Sie war so erpicht darauf, diese Strafpredigt abzuliefern, daß sie ihn erst nachträglich fragte, was denn so beunruhigend gewesen sei.

Er merkte, daß er es ihr nicht sagen konnte; es war zu intim, und die Rolle, die er dabei gespielt hatte, es zu provozieren, war, so empfand er es, unsagbar schändlich. Der homosexuelle Annäherungsversuch des Schneiders war, wie der »verkrüppelte« Arm des Kindes, von seinem Geld, seiner quälenden Unschuld heraufbeschworen worden. Er sagte: »Gar nichts. Ich habe schlecht geschlafen und rede Unsinn. Trinken Sie noch etwas Wein, Ingrid.« Von der Anstrengung, ihren Namen auszusprechen, bekam er schweißnasse Handflächen.

Obwohl die Müdigkeit seinen gesamten Körper zittern und jucken machte, bat sie ihn nach dem Abendessen, sie in den Salon mitzunehmen, wo eine Dreimann-Combo aus Alexandria zum Tanz aufspielte. Die englischen Paare tanzten behäbig vor sich hin, und Gwenn, die junge Ehefrau, hopste mit einem der deutschen Jungs herum. Die grünäugige Ägypterin tanzte mit dem Zahlmeister. Egon, der junge Deutsche, der ein wenig Englisch sprach, trat näher, verbeugte sich knapp, musterte Clem seltsam durchdringend und forderte Ingrid auf. Sie tanzte, wie Clem auffiel, sehr eng, wie eine puritanisch erzogene Person, die sich den Tanz nur als Ersatz für den Geschlechtsverkehr vorstellen kann. Nach zahlreichen Tänzen bekam er sie unversehrt zurück, immer noch silbern, kühl und ein wenig vorwurfsvoll. Unten im Gang, ihre Kabinentüren nur ein paar Schritt voneinander entfernt, erkundigte sie sich mit aufmerksam-strenger Miene, ob er heute nacht besser schlafen werde. Verglichen mit ihren großen Augen und der langen Nase, war ihr Mund klein; sie hatte nachdenklich die Lippen geschürzt, als halte sie dazwischen einen keinen, dunklen Schlitz offen.

Er erkannte, daß ihre Miene ernst war, weil er ein Spiegel war, in dem Ingrid ihre Schönheit, ihre Macht maß. Er lächelte ihr beruhigend zu. »Ja«, sagte er, »bestimmt, ich bin todmüde.«

Und er schlief auch wirklich rasch ein, wachte aber im Dunkeln auf, um einem Traum zu entfliehen, in dem die Hieroglyphen und pharaonischen Kartuschen die beschriebenen Wände verlassen, sich gewendet und in Stempel verwandelt hatten, scharfkantige Stempel, die versuchten, sich auf ihn zu drücken. Im Wachzustand erkannte er die Schläge aus dem Traum als das Wummern von Füßen und Möbeln über ihm. Doch er konnte nicht wieder in den Schlaf zurücksinken; auf dem Korridor herrschte ein Trippeln, ein gelegentliches Flüstern, das, wie er glaubte, sich ihm, seiner Tür näherte. Doch als er einmal seine Tür öffnete, sah er auf dem Flur nichts außer heller Beleuchtung und etlichen Paar Schuhen. Das Problem des nahenden Morgens hinderte ihn am Einschlafen. Wenn er seinen Kaftan abholte, würde das der Schneider als Kapitulation empfinden. Er, Clem, wäre dann mißverstanden und angreifbar. Außerdem bestand die Gefahr, daß er das Boot verpaßte. Und doch wäre der Kaftan ein wunderbares Kleidungsstück, aus leuchtendem, gestreiftem, glänzendem Baumwollstoff, mit einer Kartusche um Clems mit Silberfaden gesticktes Monogramm. In seiner Aufregung, seinem Wunsch, keinen Fehler zu machen, konnte er mit seinen Kissen keinen Frieden schließen; und dann tauchte das telegraphische Stakkato des Sonnenscheins auf seiner Kabinendecke auf, und hinter seinen Jalousien lag Ägypten, dieses grüne Band in der Wüste, straff und hell da. Als er benommen den Frühstückstisch verließ, sprach er auf der Treppe spontan den glatzköpfigen Amerikaner an. »Verzeihen Sie; das klingt zwar ziemlich albern, aber könnten Sie mir einen Riesengefallen tun?«

»Und der wäre?«

»Begleiten Sie mich bloß bis zu dem Laden, wo etwas abholbereit liegen müßte, das ich bestellt habe. Äh . . . es wäre peinlich, das näher auszuführen.«

»Das Boot legt in einer halben Stunde ab.«

»Ich weiß. Wenn zwei Passagiere fehlten, würde es nicht ablegen.«

Der Mann betrachtete Clem von oben bis unten – sein sauberes Hemd, die kantigen Schultern, das offene, erwartungsfrohe Gesicht – und knurrte: »Na gut. Ich habe meinen Fliegenwedel in der Kabine liegen lassen, wir sehen uns draußen.«

»Puh, ich bin Ihnen sehr zu Dank verpflichtet, äh –«

»Walt heiße ich.«

Ingrid, die sich zum Frühstück verspätet hatte und gerade die Treppe heraufkam, hatte mitgehört. »Darf ich auch mitkommen, auf diese gefährliche Expedition?«

»Nein, das ist eine dumme Sache«, entgegnete Clem. »Frühstücken Sie bitte. Wir sehen uns dann nachher an Deck.«

Ihr Gesicht bemühte sich um die Strenge des gestrigen Abends, doch sie hatte von der Nacht noch Tränensäcke unter den Augen, und er berichtigte seine Schätzung ihres Alters nach oben. Sie war, wie er, über Dreißig. Wie viele Männer hatte sie hinter sich gebracht, bis sie hier angelangt war, allein; wie viele selbstvergessene Nächte, traumatische Morgende der Trennung, verkaterte, zutiefst deprimierte Nachmittage? Sich ihr bisheriges Liebesleben vorzustellen, war ein episches Unterfangen; in seinen Gedanken nahm Ingrid eine gewaltige Größe an, eine Monumentalstatue, furchterregend und fremd, selbst während sie unter seiner Nase blinzelte, einen Schmollmund zog und frühstükken ging, abgewiesen.

Auf dem Weg zu der Schneiderei versuchte Clem zu erklären, was am Abend zuvor passiert war. Walt unterbrach ihn ungeduldig »Diese Leute sind der letzte Dreck«, sagte er. »Für zwanzig Piaster verkaufen die ihre eigene Mutter.« Aus seinem nasalen Akzent konnte man Newark heraushören. Ein Junge lief schüchtern neben ihnen her und bot ihnen aus einer Schüssel *soudani* an. »Verpiß dich«, sagte Walt und drohte mit seinem Fliegenwedel.

»Ist sehr gut«, sagte der Junge.

»Ich muß gleich kotzen«, teilte Walt ihm mit.

Die Frau und der Junge mit den Hausaufgaben waren aus dem Laden verschwunden. Unbeleuchtet sah er schäbig aus; Nassers Glasscheibe hatte einen Sprung. Der Schneider sprang auf, als sie eintraten, froh und erleichtert. »Ich ganze Nacht gearbeitet«, sagte er.

»Das glaubst du doch selber nicht«, sagte Walt.

»Anprobieren?« fragte der Schneider Clem.

In dem fleckig-trüben Spiegel sah sich Clem in dem Gewand; ein Schock, weil der Effekt nicht unpassend war. Er sah aus wie eine stämmige Frau, eine grobknochige Frau mit eckigem Gesicht, die leicht errötete und zu kichern begann, die Sorte naive, gesunde Frau mit Geld und ohne große Geheimnisse, zu der er sich häufig hingezogen fühlte. So ein Mädchen hatte er einmal geliebt, doch sie hatte ihm einen Korb gegeben und einen Harvard-Absolventen geheiratet. »Er spannt unter den Achseln«, sagte er.

Flink streichelte und tätschelte der Schneider seine Seiten. »Das ist der Schnitt«, behauptete er.

»Und die Kartusche sollte mit Silberfaden gestickt sein.«

»Sie sagten Gold.«

»Ich sagte Silber.«

»Nehmen Sie ihn nicht«, riet Walt.

»Ich ganze Nacht gearbeitet«, sagte der Schneider.

»Und hier«, sagte Clem. »Das ist keine Tasche, sondern ein Schlitz.«

»Nein, nein, keine Tasche. Soll Hand durchgreifen. Hier, ich zeigen.« Der Schneider steckte seine Hand durch den Schlitz und berührte Clem, bis der protestierte. »He.«

»Ich kann dich sehr glücklich machen«, murmelte der Schneider.

»Schmeißen Sie ihm das Ding ins Gesicht«, sagte Walt. »Sagen Sie ihm, es ist totaler Pfusch.«

»Nein«, widersprach Clem. »Ich nehme den Kaftan. Der Stoff ist zauberhaft. Falls er sich als zu eng erweist, kann ich ihn meiner Mutter schenken.« Er schwitzte so stark, daß das Kleidungsstück klebenblieb, als er es sich über den Kopf zu ziehen versuchte; und als ihm der Schneider zur Hand ging, wurden daraus vielarmige Liebkosungen.

Aus der textilbedingten Dunkelheit hörte Clem einen scharfen Klaps und Walts Knurren: »Pfoten weg, Bürschchen.« Der fügsam gemachte Schneider wickelte den Kaftan flink in braunes Packpapier. Während Clem zahlte, sagte Walt: »Ich würde diesen Lumpen nicht kaufen. Schmeißen Sie ihn dem Kerl ins Gesicht.« Als sie zum Boot zurückeilten, durch die überfüllten Straßen, auf denen in schwarze Umhänge gehüllte Frauen auswichen und ihre Gesichter wie vor bösen Geistern bedeckten – eine Wolke von Gesichtern, aus der das eine oder andere in erstaunlicher, ungeschminkter Schönheit herausstach –, sagte Walt: »Diese kleine Schwuchtel.«

»Ich glaube, es hatte nichts zu bedeuten, nur eine nervöse Angewohnheit. Aber es hat mir angst gemacht. Schönen Dank, daß Sie mich begleitet haben.«

Walt fragte ihn: »Ha'm Sie's schon mal mit einem Mann probiert?«

»Nein. Um Himmels willen.«

Walt sagte: »Es ist gar nicht so übel.« Beim Gehen stupste er Clem in die Rippen, und der nahm sein Paket als Schild auf diese Seite. Auf dem ganzen Rückweg zum Boot erzählte Walt nur Anekdoten und Obszönitäten, beschrieb eine Nacht, die er in Alexandria verbracht hatte, und eine andere in Khartum. Zweimal mußte Clem stehenbleiben und auf Walts andere Seite wechseln, um nicht vom Gehsteig gepufft zu werden. »Es ist gar nicht übel.« Walt ließ nicht locker. »Sie wären angenehm überrascht.«

Zurück auf der Osiris, verriegelte Clem seine Kabinentür, während er sich die Badehose anzog. Die Motoren vibrierten: Das Schiff legte vom Landungssteg in Luxor ab. An Deck erkundigte sich Ingrid, ob seine gefährliche Expedition erfolgreich verlaufen sei. Sie trug nun wieder ihren orangefarbenen Bikini.

»Ich hab' das alberne Ding, ja. Keine Ahnung, ob ich es je tragen werde.«

»Sie müssen es heute abend vorführen; wir haben ägyptische Nacht.«

Sie sagte das in einem unüberhörbar reservierten Tonfall. In seinem unausgeschlafenen, sensiblen, empfindlichen Zustand bedrückte ihn, daß sie offensichtlich gekränkt war. Im Profil stand Ingrids Unterlippe vor; ihre blaßblauen Augen wölbten sich unter den Speerspitzen ihrer Wimpern. Er versuchte, sie mit einer Beschreibung der Schneiderwerkstatt zu besänftigen – deren verzauberte Enge, Frau und Junge über Hausaufgaben gebeugt.

»Es ist eine Farce«, sagte Ingrid ebenso verletzend wie bestimmt, »ihr Schulsystem. Sie bringen den armen Kindern die Sprache des Korans bei, die schwierig und unnütz ist. Ihre Alphabetisierungsstatistiken sind Quatsch.«

Arabische Schnörkel, die wie Vögel im Flug von Knoten zu Knoten huschten, zogen sich durch Clems Hirn und zerrten ihn sanft hinunter in etwas Weiches, wo Ingrids neben ihm ausgestreckter, gebräunter Körper mit der gelbbraunen Wüstenlandschaft verschmolz, die jenseits der Schiffsreling dahinglitt. Um ihn herum bekamen Könige Limonade serviert. An der Decke einer Tempelkammer, die er besichtigt hatte, verschluckte in einer Ecke die Königin Nut die Sonne und gebar sie in einer anderen, alles mit demselben Körper. Über ihm war ein Körper, und Wörter hagelten auf ihn herab wie Steine. Er öffnete die Augen; es war die amerikanische Witwe, eine breite, die Sonne verdunkelnde Wolke aus Stoff, eine parfümierte Masse aus seiner Kabine geretteten Verlangens, die ihm mit ängstlicher Freundlichkeit zurief: »Junger Mann, Sie sehen *wirklich* wie ein Bridgespieler aus. Wir suchen *verzweifelt* einen vierten Mann!«

Der Kaftan zwickte ihn unter den Armen; und dann, später am ägyptischen Abend, tanzte Ingrid mit Egon und verschwand. Zu diesen Unannehmlichkeiten kamen noch die amerikanische Witwe und Walt. Obwohl Clem ihre Einladung zum Bridge ausgeschlagen hatte, war seine Schutzschicht durchbrochen, und sie hatten sich um den kleinen Tisch niedergelassen, an dem Clem und Ingrid gerade das Buffet mit Foule und Pilaw, mit Qualeema, Filafil und Maamoule verspeisten. Zu Clems Überraschung war das Essen nach seinem Geschmack – nussig, fade, trocken. Dann wurde Ingrid zum Tanzen aufgefordert und kehrte nicht an den Tisch zurück, und die englischen Paare, die sich mit der Witwe angefreundet hatten, stürzten sich in einer Wolke von Konversation auf sie.

»Hier war es unter Faruk verteufelt viel amüsanter«, erklärte ein alter Mann mit rotgeschältem Gesicht.

»Wenigstens«, pflichtete ihm eine Frau, vielleicht seine eigene, bei, »hatte der arme Fellache ein wenig Glamour und Aufregung, etwas, zu dem er aufschauen konnte.«

»Und was hat der arme Teufel heute? Einen Krieg, den er nicht führen kann, und sowjetische Parolen.«

»Natürlich *hassen* sie die Russen. Der Durchschnittsägypter mag es stilvoll, und die Russen haben keinen Stil. Nicht die Bohne.«

»Die armen Herzchen.«

Und dann unterhielten sie sich über die ebenso unerklärliche wie tausendfach bewiesene Unfähigkeit der Asiaten und Afrikaner – Israelis und Japaner natürlich ausgenommen –, sich selbst zu regieren oder auch nur die einfachsten Geschäfte vernünftig abzuwickeln. Clem war zu müde, um zu reden, und zu sehr mit dem Scheuern unter seinen Achseln beschäftigt, aber sie alle schauten ihm ins Gesicht und fanden ihre Ansichten dort widergespiegelt. In gewisser Weise ordneten sie sich ihm unter, schließlich war er wohlhabend und jung und als Amerikaner der Erbe ihrer kolonialen Weisheit.

Alle hatten versucht, sich als Einheimische zu verkleiden. Walt trug seinen Pyjama, die Witwe – in Bettlaken, Sonnenbrille und *Kúfiyah* – glich einem dicken Scheich, und Gwenns Mann hatte sein Gesicht mit einer raffinierten Paste aus Sonnencreme und Instantkaffee geschwärzt. Gwenn forderte Clem zum Tanz auf. Errötend lehnte er ab, doch sie bestand darauf. »Da ist doch gar nichts dabei – Sie müssen sich bloß ein bißchen herumschlenkern«, sagte sie und machte es vor.

Sie hatte sich als Haremsfräulein verkleidet. Für oben hatte sie von einem Hemd ihres Mannes die Ärmel abgerissen und es nicht zugeknöpft, so daß ein Streifen Haut von ihrem Halsansatz bis zum Nabel unbedeckt war; sie trug keinen BH. Ihre Pumphosen waren weniger gelungen: gelbe Schlaghosen, die unter den Knien locker hochgesteckt waren. Ein Schal aus blauer Gaze vor ihrer Nase – so daß ihre hektisch geröteten englischen Wangen und Twiggy-Augen seltsam zu schwimmen schienen – und Goldkettchen um die Fußknöchel vervollständigten die Maskerade. Die Band spielte *Delilah*. Als Clem Gwenns Füße beobachtete, kam es ihm vor, als schrieben ihre Tanzschritte, das Glitzern der goldenen Reifen und der zehn silbernen Zehennägel in aller Eile etwas nicht Entzifferbares. Sie machte einen raschen Kurzschritt, ohne sich dessen bewußt zu sein, kontrapunktisch zu ihrem wackelnden Kopf und den schlenkernden Armen. »*Why – oh – whyyy, De-liiilah*«, sang der junge Ägypter mit Liverpooler Schmalz in der Stimme. Clem hielt seinen Körper bereit, in der Hoffnung, daß ihn die wummernde Musik übernehmen würde. Seine Füße fühlten sich an, als seien sie mit dem Boden verschmolzen; so mußte der Zunge beim Stottern zumute sein. Der Schweiß der Unfähigkeit breitete sich von dem Schmerz unter seinen Armen her aus, unbemerkt von Gwenn, die weiter ihre Kreise drehte, von deren Pumphose sich die Nadeln lösten, deren Hemd sich lockerte, so daß erst eine und dann auch die andere Brust verschwommen sichtbar wurde, während sie sich hin- und herdrehte. Sie hatte die Augen geschlossen, und im Schutz ihrer Blindheit schaffte es Clem, ein wenig zu tanzen, sein Gewicht zu verlagern und die Arme zu schwenken, was ihm allerdings nur gelang, wenn er die Musik ausblendete. Ohne daß es ihm auffiel, änderte die Band Lieder und Rhythmen; er registrierte vor allem, wie der Saum seines Kaftans um ihn herumschwang, wie sich Gwenns rote Wangen unter geschlossenen, maskarabedeckten Wimpern drehten und wieder drehten, und das Gesicht ihres Mannes. Er hatte den Tanzboden mit der amerikanischen Witwe betreten; als die Sonnencreme in seine Haut gedrungen war, hatte das Kaffeepulver seine Dschellaba bestäubt. Endlich machte die Band eine Pause. Gwenns Mann übernahm seine Gattin, und als Clem am Tisch der grünäugigen Ägypterin vorbeikam, sagte die vorwurfsvoll: »Sie können tanzen.«

»Er ist ein Derwisch«, stellte Amina fest.

»Alle Amerikaner sind Derwische«, seufzte Abdul. »Ihre Energie bedroht die Welt.«

»Ich bin der schlechteste Tänzer der Welt, ein hoffnungsloser Fall«, sagte Clem.

»Dann sollten Sie sich setzen«, sagte Leila. Alle drei Ägypter waren mit verächtlichem Chic westlich gekleidet. Clem bestellte eine neue Runde ihrer Drinks für sie und für sich einen Cognac.

»Verraten Sie mir eins«, bat er Abdul. »Glauben Sie, daß die Russen keinen Stil haben?«

»Es stimmt«, sagte Abdul. »Es sind sehr häßliche Leute. Ihre Kleidung ist sehr sackartig. Sie sind wie wir, Asiaten. Sie sind noch nicht überzeugt, daß diese Welt wirklich wichtig ist.«

»*Mon mari veut être un mystique*«, sagte Amina zu Clem.

Der ließ nicht locker. Die Müdigkeit ließ ihn verzweifelt und beharrlich werden. »Aber«, sagte er, »ich war überrascht, daß in Kairo sogar jetzt, wo unser Botschafter rausgeworfen wurde, im Foyer des Hilton so viele Amerikaner herumstehen. Und all die amerikanischen Filme.«

»Eine Zeitlang«, sagte Amina, »haben sie es ausschließlich mit Filmen aus der Sowjetunion und China versucht, über fortschrittliche Landwirtschaft. Die Geschäftsführer der Kinos gaben ihre Schlüssel der Regierung und sagten: ›Hier, übernehmt ihr sie.‹ Kein Mensch wollte das sehen. Und so kamen die Western zurück.«

»Und diese Musik«, sagte Clem, »und ihre Kleidung.«

»Oh, wir lieben euch«, gestand Abdul, »aber mit unseren Hirnen. Ihr seid wie die Sterne, wie die Sprache des Korans. Wir wissen, so können wir nicht sein. Es gibt einen düsteren Ort« – er führte seine Hand von seinem Kopf zum Bauch –, »den die Russen ihr Zuhause nennen. Ich spreche in Hoffnung. Es muß eine Wiedergutmachung geben.«

Der Kellner brachte die Drinks, und Amina zischte ihrem Mann ein »Pst« zu.

Leila sagte zu Clem: »Sie haben heute abend Freundinnen gewechselt. Sie haben viele Freundinnen.«

Er errötete. »Gar keine.«

Leila sagte: »Die große Schwedin, sie hat sehr eng mit dem jungen Deutschen getanzt. Jetzt sind sie beide weggegangen.«

»In den Nil?« fragte Amina. »In die Wüste? Wie herrlich romantisch.«

Langsam sagte Abdul, als wolle er Trost spenden: »Sie sind beide Nordländer. Sie kennen sich aus miteinander. Wie wir und die Russen.«

Leila wirkte ungehalten. Ihre grünen Augen brannten, und Clem hatte die Befürchtung, daß sie versuchen würde, ihm das Gesicht zu zerkratzen. Statt dessen berührte ihr Knöchel unter dem Tisch den seinen; er zuckte zurück. »Sie beide«, sagte sie, »sind Eis-Eiz-? Sie hängen im Winter nach unten.«

»Eiszapfen?« schlug Clem vor.

Sie nickte knapp, verärgert, daß man ihr helfen mußte. »Ich habe noch nie einen gesehen«, sagte sie zu ihrer Verteidigung.

»Ihre Freunde, die Briten«, sagte Abdul und deutete auf den lärmenden Tisch, wo sie Gwenns Mann mit Fingerfarben das Gesicht bemalten, »haben uns auf ihre Weise verstanden. Sie hatten Shakespeare gelesen. Es ist sehr gut, dieses Stück. Wie wir unsere Segel gewendet haben und geflohen sind. Unsere Schlauheit und unser Mut sind beide weiblich.«

»Das trifft gewiß nicht zu«, widersprach Clem, um ihm zu helfen.

Leila fauchte: »Warum sollte es nicht zutreffen? Alle Länder sind Frauen, nur der gräßliche Uncle Sam nicht.« Und obwohl er noch eine Stunde lang an ihrem Tisch saß, berührte ihr Knöchel den seinen nicht wieder.

Auf drei Cognacs schwebend, verließ Clem schließlich den Salon, sein Umhang aus glänzender Baumwolle schwang um ihn. Der Franzose kippelte in einer Ecke vor sich hin und sah den Tänzern zu. Er hob grüßend seinen Spiegel, als Clem vorbeikam. Obschon sogar die Frau des Franzosen tanzte, war Ingrid nicht wieder aufgetaucht, was Clems Leichtigkeit, seine Freiheit von Durcheinander, noch verstärkte. Gewiß würde er Schlaf finden. Doch als er sich auf sein Bett legte, zitterte und zuckte er. Seine Kabine grenzte an die des ungeselligen, stämmigen Paares, das man für Russen hielt. Zwischen Clems Bett und einem ihrer Betten lag nur eine dünne Trennwand. Ihn schauderte, als ihr Bett von einer spielerischen, sprunghaften Gewalt erbebte; er hörte ein Rumpeln, Kichern, heisere, männliche Zischlaute. Dann wurde aus der Unruhe Schweigen und ein deutlicher Rhythmus, ein regelmäßiges, zunehmend heftiger werdendes Geräusch, das Clems Bett zum Schwingen brachte. Das hielt zwei oder drei Minuten an. »Oh« – dieser Ausruf der Frau war in mittlerer Tonlage, langgezogen, sprachlos; direkt danach folgte das gutturale Grunzen eines Mannes. Clems Bett schien in seiner abrupten Bewegungslosigkeit unter ihm zu schweben und sich zu drehen. Dann drangen ein Murmeln durch die Trennwand, ein kurzes Lachen und ein hörbares Auf und Ab, als ein Körper das Bett verließ. Gleich darauf leises Schnarchen. Clem war der Gnade des Schlafes beraubt worden.

Nach formlosen Stunden des Kissenringens trat er ans Fenster und betrachtete den vorbeigleitenden Nil, die Muster der Dorflaternen, die Wüstensterne, kleiner als erwartet. Gern hätte er das Fenster geöffnet, um den Fluß und die Wüste zu riechen, doch es war wegen der Klimaanlage fest verschlossen. Clem mußte an Ingrid denken, und ein kalter Zorn erfüllte seinen Körper, dicht wie ein Silberbarren, lotrecht wie ein Obelisk. »Du Miststück«, sagte er laut, wiederholte diese beiden Wörter immer und immer wieder, so daß seinem Geist kein Platz für andere Bilder blieb; auf diese Weise schaffte er es, sich in ein paar Stunden Schlaf zu zwängen, trotz des verlockenden, problematischen Getrippels von Personen auf dem Gang, die gelegentlich mit den Fingerspitzen seine Tür streiften. *Du Miststück, du Miststück, du ...* An seine Träume konnte er sich absolut nicht erinnern, außer daß sie allesamt in Buffalo spielten, unter Menschen, die er eigentlich vergessen gewähnt hatte.

Tempel. Der mürrische, dreckige, schwere Isna-Tempel tief unten in seiner großen Grube, neben einem städtischen Markt, wo sich der von Fliegen und Straßenhändlern belästigte Clem angesichts einiger zum Kauf aufgehängter Ochsengaumen samt Zahnreihen beinahe übergeben hätte. Das riesige, sonnenbeschienene Edfu, ein endloser, spiralförmiger Aufstieg rund um die rechteckige Struktur auf zu Rillen ausgetretenen Stufen, der zu einer atemberaubenden Aussicht führte, wo der Amateurreisefotograf gelassen an der brüstungslosen Kante entlangstapfte. Das fröhliche, kleine Kom Ombo, direkt am Nil gelegen, weißer und später erbaut als die anderen. In einem dieser Tempel wurde der tote Osiris von einem auf seinem Phallus landenden Falken wieder zum Leben erweckt; in einem anderen schwebte über ihnen die nackte Himmelsgottheit Nut, schwamm inmitten güldener Sterne. Eine Göttin bekam ein Baby, einen Baby-Horus. Poppa Omar bückte sich und tätschelte das von koptischen Christen verunstaltete Kalksteinrelief. »Sehen jetzt hier«, sagte er, »die Dame hocken sich hin, und die anderen Damen halten sie so an die Arme, hier, und der kleine Horus kommen heraus hier. Jetzt noch in Dörfer überall in Ägypten kriegen hier die Damen auch heute die Kinder auf diese Weise, darum wir haben zu viele Kinder hier.« Er sah sie an und lächelte mit uraltem Wohlwollen. Überraschenderweise hatte er blaßblaue Augen.

Der Mann aus Wisconsin stapfte seines Wegs, der Mann aus New Jersey schlug mit seinem Fliegenwedel, die Witwe fiel im Schatten, neben einer Sphinx, in Ohnmacht. Clem half dem Franzosen, die Füße zentimeterweise über vom Alter abgenutzte Treppenstufen zu schieben; er ähnelte einem dieser Spielzeuge, die eine schräge Rampe hinunterlaufen können, aber leicht umkippen. Die Engländer und Ägypter langweilten sich; zu viele Tempel, zu viele Ramsese. Ingrid löste sich von den jungen Deutschen und trat zu Clem. »Wie haben Sie geschlafen?«

»Gräßlich. Und Sie?«

»Gut. Ich dachte«, fügte sie hinzu, »es würde sie beruhigen, wenn ich nicht mehr versuche, Sie zu vergewaltigen.«

In der Mittagssonne, als die Osiris auf Assuan zuglitt, nahm sie auf ihrem angestammten Stuhl neben Clem Platz. Als Egon den Liegestuhl auf Clems anderer Seite verließ und lärmend durch den Pool schwamm, fragte Clem sie: »Wie ist er?«

»Er ist sehr nett«, sagte sie und hielt ihr bronzefarbenes Gesicht unbeweglich in die Sonne. »Sehr ernsthaft, sehr naiv. Er ist ein Revolutionär.«

»Freut mich«, sagte er, »daß Sie eine verwandte Seele gefunden haben.«

»Hab' ich das? Er ist noch sehr jung. Vielleicht bin ich nur mit ihm gegangen, um jemand anderen eifersüchtig zu machen.« Und sie ergänzte ausdruckslos: »Ist mir das gelungen?«

»Ja.«

»Das höre ich gern.«

Abends stand sie gerade an der Bar, als er nach einem erfolglosen Versuch, ein Nickerchen zu halten, nach oben kam. Sie hatten zum letztenmal angelegt; das Boot vibrierte nicht mehr. Sie trug wieder das silberne Kleid, das aussah, als hätte sie es verkehrt herum an. »Wo sind die Deutschen?« fragte er.

»Sie sitzen bei den Ägyptern im Salon. Sollen wir uns zu ihnen gesellen?«

»Nein«, sagte Clem. Statt dessen unterhielten sie sich mit dem schlaksigen Mann aus Green Bay, der für zehn Monate Fahrkarten und Reservierungen bis Kapstadt und zurück mit sich führte, darunter auch für eine Kabine nach Hause auf der Queen Elizabeth II. Er hielt hauptsächlich Vorträge in Frauenvereinen und Schulen und verabscheute sein heimisches Footballteam, die Green Bay Packers. Zu Clem sagte er: »Sie sind stolz darauf, exzentrisch zu sein, stimmt's?«, und Clem fand den Gedanken beängstigend, daß ausgerechnet er exzentrisch wirkte, der von seiner Mutter immer als typischer Amerikaner gelobt, ja sogar als *zu* normal und verläßlich eingestuft worden war. Manchmal deutete sie an, er habe sie enttäuscht, weil er nicht gegen sie rebelliert hatte und immer von seinen Reisen zurückgekehrt war.

Nach dem Abendessen gingen Ingrid und er in Assuan spazieren: Ein Kai voller Sitzbänke, die sich in der Ferne verloren, geöffnete Läden, in denen eine einzelne Glühbirne brannte, vorbeihuschende Fahrzeuge, vor allem militärische. Eine richtige Stadt, mit allem, wonach einem der Sinn stand. Er hatte ein paar Ansichtskarten gekauft und sich von einem Jungen die Schuhe putzen lassen. Er zahlte dem Jungen zehn Piaster und deckte das gefüllte Portemonnaie dabei mit seinem Körper ab wie eine Granate, die explodieren konnte. Sie kehrten auf die Osiris zurück, setzten sich in den Salon und sahen den anderen beim Tanzen zu. Um sie war ein Kreis der Keuschheit, der jede Störung verbat; oder vielleicht hatten sich die anderen auch abgewandt, nachdem sie vergeblich versucht hatten, zu Clem durchzudringen. Clem stellte sich vor, wie sie auf die anderen wirken mochten, beide so gesetzt und mittlerweile sonnengebräunt, zwei würdevolle, kühle Kinder herber Winter. Nach drei Arrak mit Eis entschuldigte er sich, lächelte, biß sich auf die Zunge, stand auf und sagte: »Verzeihen Sie, ich bin todmüde. Ich muß in die Falle. Bleiben Sie noch, und tanzen Sie.«

Mit einer gedankenverlorenen strengen Bewegung schüttelte sie den Kopf, raffte ihr Kleid eng um die Hüften und begleitete ihn. Im Gang vor seiner Tür blieb sie stehen und fragte: »Willst du mich denn nicht?«

Aus seinem Magen stieg eine plötzliche Benommenheit auf und bewirkte, daß er sich unwirklich groß vorkam. »Doch«, sagte er.

»Warum nimmst du mich dann nicht?«

Auf der Suche nach einer Antwort schaute Clem in sein Inneres, sah nur von tiefer Müdigkeit gebrochene und verzerrte Fünkchen. »Ich fürchte mich davor«, gestand er. »Ich habe kein Vertrauen in mein Recht, mir etwas zu nehmen.«

Ingrid hörte aufmerksam zu, als ob seine Worte nachhallten und sich selbst erklärten; sie schaute in sein Gesicht und nickte. Nun, da sie gemeinsam so weit gekommen und hier waren, wirkte ihr Blick weich, so weich und müde wie der des Schneiders. »Geh in deine Kabine«, sagte sie. »Wenn du möchtest, komme ich dann zu dir.«

»Bitte ja.« Es war so einfach wie Tanzen – man mußte sich bloß ein bißchen herumschlenkern.

»Möchtest du es?« Jetzt wurde sie streng, konnte sich ihre Reserviertheit leisten.

»Ja. *Bitte.*«

Er verriegelte die Tür nicht, zog sich aus, wusch sich, putzte sich die Zähne, rasierte sich zum zweitenmal an diesem Tag, ließ das Licht im Bad an. Das Bett kam ihm ungeheuer sauber und straff vor, wie ein Segel. Seltsame Streifen, sinnlose Muster gingen ihm durch den Sinn. Das Licht in der Kabine änderte sich. Die Tür war geöffnet und geschlossen worden. Sie trug immer noch das silberne Kleid; er hatte angenommen, sie werde sich umziehen. Sie setzte sich auf sein Bett; ihr

Gewicht war das Gegengewicht, das ihm gefehlt hatte. Er rollte sich enger zusammen, wie um ein Kissen, und ganz deutlich senkte sich ein unwiderstehlicher Frieden herab, von den vier Ecken des Raumes, entlang mit Kohlestift bezeichneter, im Winkel von fünfundvierzig Grad verlaufender Achsen. Er öffnete die Augen, wobei er merkte, daß sie geschlossen gewesen waren, und der Anblick ihres Rückens – die glockenförmige Massigkeit ihres Gesäßes, die Schnalle des hinten geschlossenen Gürtels, der den blonden Nacken freilegende Ausschnitt ihres Kleides, die kräftige Sichel ihrer Schulter, die darauf wartete, berührt zu werden – bedeckte seine Augen mit silbernen Schuppen. Von einer Tempelmauer, einer der früheren, hatte Poppa Omar Hieroglyphen vorgelesen, die soviel hießen wie FRAU IST PARADIES. Das Schiff und seine Einrichtung bewegten sich nicht, und da er zuversichtlich war, daß auch sie sich nicht bewegen würde, verschob er den Beginn um eine weitere Sekunde.

Er erwachte ausgeruht, erholt. Beim Frühstück traf er Ingrid an der Glastüre zum Speisesaal und lächelte entschuldigend, errötete und biß sich auf die Zunge. »Gott, wie leid mir das tut«, sagte er und ergänzte zu seiner Verteidigung: »Ich hab' dir ja gesagt, daß ich todmüde war.«

»Es war reizend«, sagte sie. »Auf die Art hast du dich mir geschenkt.«

»Wie lange hast du dagesessen?«

»Vielleicht eine Stunde lang. Ich habe versucht, mich in deine Träume zu schleichen. Hast du von mir geträumt?« Die Frage klang ein wenig schüchtern.

Er konnte sich an keine Träume erinnern, gestand ihr das aber nicht. Wenn ihre Augen ihn jetzt ansahen, dann mit einem weichen Ausdruck; sie waren zu Fenstern geworden, durch die er sich selbst bewundern konnte. Er kam nicht auf die Idee, sie auf die gleiche Art zu bewundern; im Licht des Morgens bemerkte er an ihrem Gesicht und ihrem Hals deutliche Altersspuren, kleine Narben, von der Zeit und einer vermuteten Promiskuität hinterlassen, die er ihr – wenn auch nicht sehr – vorwarf. Er hatte den Fehler, daß er es zwar gewohnt war, Liebe zu reflektieren, in sich selbst aber kein Licht erzeugen konnte; der Möglichkeit gegenüber, daß auch er die Gestalt eines anderen Menschen mit unverhältnismäßig großer Schönheit wiedergeben könnte, war er so blind wie die silberbeschichtete Seite eines Spiegels. Die Welt gehörte ihm, glitt aber durch ihn hindurch.

Vormittags fuhren sie mit einer Feluke zu Lord Kitcheners Gärten und zu Aga Khans Grab, wo in einer Vase eine einzelne frische Rose stand. Der nachmittägliche Ausflug – ihr letzter – führte zum großen Assuanstaudamm. Kameras waren nicht gestattet. Sie sahen die Flakgeschütze und die besorgten, braunen Soldaten in ihren hölzernen Wachhäuschen wie aus einer Witzzeichnung. Die Wüste wurde sehr häßlich: kein rosafarbener Glanz mehr, wie er Clem am Flugplatz von Luxor umgeben hatte, sondern ein unbarmherziges Grau, das nie eine Hoffnung auf Leben gekannt hatte, nicht einmal feinkörnig, sondern bis zum Horizont mit schwarzen Feuersteinbrocken übersät. Und die improvisierten Straßen waren voller Schlaglöcher und häßlich, und die klobigen russischen Maschinen klapperten oder standen reglos herum, und dann der stillose, bereits verwahrloste Propagandapavillon, in dem sich ein Modell des Dammes befand. Verglichen mit dem glatten, elegant gewölbten Damm, den die Briten flußaufwärts gebaut hatten, sah der eigentliche Damm wie ein bloßer Berg aufeinandergetürmten Gerölls aus, von der angrenzenden Wüste kaum zu unterscheiden. Doch aus seinem Herzen, wo die Turbinen installiert worden waren, sprang eine gewaltige Wasserfahne hoch wie eine Wolke fliegender Pferde, ein umgedrehter Niagarafall, der sich Pferd für Pferd in Sprühnebel auflöste, ehe er wieder zum Nil wurde und weiterfloß. Auf den grauen Felsen um diese Fontäne sprossen verschreckte Pflanzen. Das stämmige Paar, seit nunmehr sechs Tagen zurückhaltend und verstohlen, strahlte und jauchzte jetzt laut auf; der Mann stupste Clem grob in die Seite, um ihn auf das Wunder vor ihren Augen aufmerksam zu machen. Clem war ganz seiner Meinung: »*Choroscho.*« Er wartete, wurde aber nicht noch einmal gestupst. Während er in den Abgrund der Reise schaute, die nun vorbei war, erkannte er, daß er – aufstiebende und verlöschende Funken in einem Wasserfall – glücklich gewesen war.

Joyce Carol Oates

Saul Bird sagt: Bringt euch ein!
Kommuniziert! Befreit euch!

Manchmal ist es kaum möglich, in irgendeiner amerikanischen Zeitschrift, ob dick oder dünn, lokal oder überregional, zu blättern, ohne
irgend etwas – eine Kurzgeschichte, ein Gedicht, eine Rezension oder
ein Essay – von Joyce Carol Oates zu finden. Und, was immer es ist, es
ist grundsätzlich lesenswert. Der Playboy hat viele ihrer Geschichten
veröffentlicht, von denen diese hier die erste war. Sie wurde zu einer
Zeit geschrieben, da die Universitäten, sogar die in Kanada (wo Oates
damals lehrte), sich den Aufständen der sechziger Jahre beugten, und
bildet so einen ironischen Spiegel dieser Zeit. Oates hat die meisten
großen amerikanischen Literaturpreise gewonnen; u. a. 1969 den
National Book Award für *Jene* und den Playboy-Literaturpreis für
»Saul Bird«.

Joyce Carol Oates wurde 1938 in einer kleinen Stadt in der Nähe von
Buffalo im Norden des Staates New York geboren. Vor diesem Hintergrund entwickelte sie ihren eigenen Stil. Kritiker ihrer Werke schrecken
oft vor der Gewalt und der Angst zurück, die so charakteristisch für sie
sind. Heute lebt sie in Princeton, wo sie trotz ihrer großen literarischen
Produktivität auch noch lehrt. Einer ihrer neuesten Romane ist
Schwarzes Wasser.

Saul Bird sagt: Bringt euch ein!
Kommuniziert! Befreit euch!

Wanda Barnett, geboren 1945, schloß 1965 das Manhattanville College of the Sacred Heart als Klassenbeste mit dem Bachelor's Degree ab, erhielt im Herbst desselben Jahres ein Stipendium für ein Englischstudium an der University of Michigan und nahm im Frühjahr 1969 eine zeitlich befristete Dozentenstelle an der Hilberry University an, einer Hochschule im Süden Ontarios mit etwa fünftausend eingeschriebenen Studenten. Am 9. September 1969 lernte sie Saul Bird kennen; jemand tauchte im Türrahmen ihres Büros in der Universität auf und klopfte laut an die Tür. Wanda hatte einen schweren Bücherkarton getragen, den sie sofort absetzte.

»Hallo, mein Name ist Saul Bird«, sagte er. Er schüttelte ihr energisch die Hand. Seine Stimme war erstaunlich kraftvoll; sie erfüllte den engen Raum, prallte an den leeren Wänden ab und hüllte sie von allen Seiten ein. Wanda stellte sich ihm vor, sie war immer noch außer Atem vom Schleppen der Bücher und lächelte schüchtern. Sie beugte sich aufmerksam vor, hörte Saul Bird zu und bemühte sich zu verstehen, was er sagte. Er sprach theatralisch, geschliffen. Seine Stimme wickelte sie ein wie ein feingewobenes Band. Sie spürte, daß sie unmerklich die Schultern einzog, um nicht gar so offensichtlich größer zu wirken als er.

»Was haben Sie für Werte? Für Maßstäbe? Hier wird alles in Frage gestellt, untergraben, jede spontane Geste von Ihnen – wenn Sie gerne unterrichten, wenn Sie gerne mit jungen Leuten arbeiten, sind Sie mit Sicherheit an die falsche Uni geraten. Sind Sie Kanadierin? Woher kommen Sie? Haben Sie schon eine Wohnung? Wenn nicht, kann ich Ihnen helfen, eine zu finden.«

»Ich muß mich heute nach einem Apartment umsehen ...«

»Die Wirtschaft hier ist der reine Wahnsinn. Sind Sie Kanadierin?«

»Nein, ich bin aus New York.«

»Ach. New York.« Seine Stimme wurde ausdruckslos. Er nahm sich Zeit, eine Zigarette anzuzünden, und Wanda starrte ihn verwirrt an. Er hatte blondes Haar, das sein Gesicht buschig und wirr umgab wie eine Kappe; sein Gesicht hatte auf den ersten Blick jung gewirkt – die Augenbrauen, die sich dramatisch hoben und senkten, der ausdrucksvolle, kleine Mund, die Nase, die vor Enthusiasmus leicht bebte –, in Wirklichkeit war es jedoch das Gesicht eines Vierzigjährigen mit feinen, geraden Fältchen auf der Stirn und um den Mund herum. Seine Haut war dunkel und blaß zugleich, eine bläßliche Dunkelheit, ein Olivton, schwer zu beschreiben. Er hatte ein leidenschaftliches, lebhaftes, charmantes Gesicht. »Ich bin auch aus New York. Eigentlich bin ich – das möchte ich ganz klar sagen – mit der durchgängigen Politik der Universität nicht einverstanden, Amerikanern Stellen zu geben, die mit Kanadiern besetzt werden könnten, obwohl ich selbst Amerikaner bin, wenn auch hoffentlich nicht von dem Irrsinn dieses Landes infiziert. Ich bin übrigens gerade dabei, ein Komitee zu gründen, das das Ausmaß der Amerikanisierung an der Uni untersuchen soll. Haben Sie Ihren Doktor?«

»Ich schreibe gerade an meiner Dissertation«, sagte Wanda hastig.

»Worüber?«

»Walter Savage Landor.«

»Landor«, wiederholte er ausdruckslos. Seine Miene war nun ablehnend. Es gefiel ihm nicht. Wanda wischte sich nervös die Hände an ihrem Rock ab. Mit einem Fuß drehte Saul Bird einen Bücherkarton zu sich herum, um die Titel zu lesen. »Das ist alles totes Zeug. Vertrocknete Scheiße.«

Sie starrte ihn verärgert an.

Sein Blick schweifte durch ihr Büro. Sein Profil wirkte streng, entschlossen und seltsam finster; die Fältchen um seinen kleinen Mund vertieften sich. »Diese Bücher. Dieses Büro. Der Schreibtisch, den Sie in aller Unschuld geerbt haben – von Jerry Renling, den Sie nie kennenlernen werden, sie haben ihn letztes Frühjahr gefeuert, weil er zuviel Interesse an seinen Studenten gezeigt hat. All das ist aus und vorbei. Wo ist Ihr Telefon?«

Er wandte sich ihr abrupt wieder zu, als habe er keine Geduld mit ihrer Langsamkeit. Sie wachte auf und sagte: »Hier, es ist hier, ich räume eben alles weg . . .« Sie versuchte, einen Bücherkarton hochzuheben, aber er gab nach, und einige Bücher fielen zu Boden. Sie war äußerst verlegen. Sie räumte ihm einen Platz frei. Er setzte sich auf ihren Schreibtisch und wählte eine Nummer.

Wanda wartete unbehaglich. Sollte sie ihr Büro verlassen, solange er telefonierte? Doch er nahm offenbar keine Notiz von ihr. Sein blondes Haar schien vor Spannung zu vibrieren. Seine schwarzgeränderte Brille balancierte auf seinem knochigen Nasenrücken wie durch einen ingrimmigen Willensakt. Warum schlug ihr Herz nur so unsinnig? Es lag an seiner schroffen, spannungsgeladenen Stimme, seiner fordernden, forschenden Miene – sie erinnerten sie an Männer, die sie bewundert hatte, Männer des öffentlichen Lebens, die sie nur aus der Ferne kannte, als bescheidener Teil der Menge. Saul Bird war zwar von schmächtiger Gestalt, doch in der Haltung seiner Schultern und der präzisen, ungeduldigen Art, wie er die Telefonnummer wählte, lag etwas Kraftvolles.

»Hat jemand für mich angerufen?« fragte er, ohne seinen Namen zu nennen. »Was? Wer? Wann ruft er wieder an?« Er schwieg einen Augenblick. Wanda strich sich nervös ihr kurzes Haar aus dem Gesicht. Sprach er mit seiner Frau? »Wir haben vier neue Unterschriften auf der Petition. Ja. Ich hab' dir doch gesagt, daß du das vergessen sollst. Es ist jetzt zehn nach zwölf; kannst du um eins hier sein und mich abholen? Warum nicht? Hier sucht jemand eine Wohnung.«

Wanda starrte ihn an. In diesem Moment drehte Saul Bird sich um und lächelte – ein herzliches, freundliches, vertrautes Lächeln –, oder bildete sie sich das nur ein? In seinem dunklen Rollkragenpullover und der braunen Hose sah er aus wie ein Kind. Er trug Sandalen; die schmuddeligen Riemen wirkten angenagt. Wanda kam sich in ihren Strümpfen, den neuen Schuhen und dem formlosen, dunklen Baumwollkleid aus seiner Sicht lächerlich groß vor. Warum war sie nur so groß?

Als er auflegte, sagte er: »Meine Frau kommt her. Wir suchen Ihnen ein Apartment.«

»Aber ich will Ihnen wirklich nicht . . .«

Jemand tauchte im Türrahmen auf und schaute herein. »Saul?« Es war ein junger Mann in einem fleckigen Trenchcoat.

»Komm rein, ich habe auf dich gewartet«, sagte Saul Bird. Er machte Wanda mit dem jungen Mann bekannt. »Wanda, das ist Morris Kaye aus der Psychologie, mein Freund ›K‹ Das ist Wanda Barnett. Susannah und ich besorgen ihr heute nachmittag eine Wohnung.«

»Es hat sich was ergeben. Kann ich dich sprechen?«

»Sag schon.«

»Aber es geht um – ich meine –« Der junge Mann warf einen nervösen Seitenblick auf Wanda. Er war etwa dreiundzwanzig, sehr groß und trug unter dem Trenchcoat ein weißes T-Shirt und Shorts. Seine Knie lugten bleich unter Büscheln schwarzen Haares hervor. Sein Gesicht, das übersät war mit kleinen Rötungen wie von geplatzten Äderchen, besaß einen seltsamen Glanz, eine fast strahlende Blässe. Wanda spürte seine Nervosität und wich seinem Blick aus.

»Wir können Wanda auch gleich mit dem feinen Stil des Hauses vertraut machen«, meinte Saul Bird. »Ich habe Bescheid bekommen, daß mein Vertrag im nächsten Jahr nicht verlängert wird. Das heißt, ich bin gefeuert. Warum gucken Sie so überrascht?«

Wanda war nicht bewußt, daß sie überrascht ausgesehen hätte – doch nun zuckte ihr Gesicht, als sei sie eifrig bemüht, den beiden Männern zu zeigen, daß sie tatsächlich überrascht sei, ja. »Aber wieso? Warum?«

»Weil sie Angst vor mir haben«, erklärte Saul mit frostigem Lächeln.

Susannah Aptheker Bird, geboren 1929, machte ihren Doktorabschluß in Geschichte und Französisch an der Columbia University. Im Herbst 1958 lernte sie Saul Bird kennen und heiratete ihn. Ihr Sohn, Philip, und Susannahs brillantes Buch über Proust erblickten beide 1959 das Licht der Welt. Im nächsten Jahr lehrte Susannah in Brandeis, während Saul Bird an einem kleinen Versuchs-College in Kalifornien unterrichtete; im Jahr darauf zogen sie nach Baton Rouge, wo Susannah an ihrem zweiten Buch arbeitete. Als Saul Bird von der Louisiana State

University entlassen wurde, nahm Susannah eine Dozentenstelle am Smith College an. Im folgenden Jahr erhielt sie jedoch ein Stipendium der Frazer Foundation, um ihr zweites Buch fertig zu schreiben – *Die radikale Politik des absurden Theaters* –, und beschloß, sich für ein Jahr von der Lehrtätigkeit beurlauben zu lassen. Saul Bird hatte in letzter Minute ein Angebot erhalten, an einer kleinen kanadischen Universität an der amerikanischen Grenze zu unterrichten. Die beiden flogen hin, um sich die Hilberry University anzuschauen: Sie sahen die schlichten, rußgeschwärzten Gebäude, den aufgerissenen Campus, die zwei oder drei »modernen« Häuser, die noch im Bau waren, die liebenswerten, harmlosen Gesichter der Studenten. Sie sahen den grauen Himmel, denselben, der sich auch über Buffalo im Staat New York wölbte, erfüllt vom Geruch der Abgase und dräuend, als seien die Rußpartikel geladen mit Energie und Spannung; ohne ein Wort, ohne die Notwendigkeit zu sprechen, spürten die Birds allein schon in der Trostlosigkeit dieser Umgebung eine gewisse Verheißung, als sei sie noch gar nicht vorhanden und bestehe kaum in der Phantasie.

Sie konnten den Ort zum Leben erwecken.

Am neunten September zog Susannah sich nach Saul Birds Anruf um und tauschte ihre Schlafanzughose gegen eine Jeans. Da das Pyjama-oberteil aussah wie ein Hemd – es war grün-weiß gestreift – machte sie sich nicht die Mühe, es auszuziehen. »Zieh dich an, dein Vater möchte, daß wir ihn in der Uni abholen«, sagte sie zu dem Jungen, Philip. »Ich lasse dich nicht hier allein.«

»Warum nicht?« fragte der Junge fröhlich. »Glaubst du, ich könnte mich umbringen oder was?«

»Ja, aus Trotz gegen deinen Vater und mich.«

Der Junge kicherte.

Sie fuhr zur Universität. Saul stand mit einem Grüppchen zusammen, K und ein paar Studenten, Doris, David und Homer und einer jungen Frau, die Susannah nicht kannte. Saul machte sie miteinander bekannt. »Das ist Wanda Barnett, die dringend eine Wohnung sucht.« Alle zwängten sich in den Wagen. Wanda, spröde und unscheinbar, schien nicht zu wissen, wo sie ihre Hände lassen sollte. Sie zwängte sich neben Susannah. Sie lächelte schüchtern; Susannah lächelte nicht.

Das war um ein Uhr. Gegen fünf Uhr nachmittags hatten sie ein

Apartment gefunden, nicht unbedingt in fußläufiger Entfernung zur Universität, aber dennoch eine recht gute Wohnung, wenn auch ziemlich teuer. »Die Wände müssen gestrichen werden«, erklärte Saul Bird dem Verwalter. »Sie erwarten ja wohl nicht, daß die junge Frau einen Mietvertrag für einen derartigen Dreck unterschreibt, oder? Diese ganze Stadt lebt immer noch im neunzehnten Jahrhundert! Also, Wanda, gefällt sie Ihnen?«

Er drehte sich zu ihr um und sah sie an. Sie war völlig erschöpft, und ihr Magen war aufgewühlt von den Anstrengungen des Tages. Eifrig bedacht, Saul Bird nicht zu enttäuschen, konnte sie lediglich stumm nicken. Sie spürte, daß die anderen – alle bis auf den Jungen waren mit hinaufgekommen – auf ihre Reaktion warteten und sie gespannt ansahen.

»Ja«, sagte sie mit zittriger Stimme, »ja, sie ist genau richtig.«

Saul Bird lächelte. »Ich bin auf dem Weg zu einer privaten Unterredung mit Hubben. Ich muß gehen, aber wir hätten gerne, daß Sie heute abend zum Essen zu uns kommen. Ich muß bei T. W. vorbeischauen, um zu hören, was sie in Erfahrung gebracht haben. Wanda, Sie haben doch heute abend noch nichts vor?«

»Ich kann wirklich nicht . . .«

»Warum nicht?« Saul runzelte die Stirn. Er streckte die Arme aus, und zwischen seinen Fingern brannte beredt eine Zigarette. Wanda spürte, daß die anderen sie ansahen und warteten. Susannah Bird stand da, die Arme über ihrem gestreiften, sportlichen Hemd verschränkt.

»Ich muß arbeiten, und ich kann mich Ihnen wirklich nicht so aufdrängen«, sagte Wanda elend.

»Entspannen Sie sich. Sie dürfen sich nicht so wichtig nehmen«, erklärte Saul Bird. »Sie müssen Ihre Selbsteinschätzung überdenken. Vielleicht stehen Sie am Beginn eines neuen Lebens. Sie sind in Kanada, in einem Land, das zwar nicht frei ist von bourgeoiser Prostitution, aber relativ unschuldig und jedenfalls frei von jeglicher Außenpolitik, ein Land, das eine *Chance* darstellt. Sie stimmen mir doch zu, daß Kanada eine Chance ist?«

Wanda sah verstohlen zu den anderen hinüber. Saul Birds Frau hatte ein hageres, zerfurchtes, scharfsinniges Gesicht; es war wie versteinert, und dunkle Haarbüschel umrankten es wie Moos. Völlig ausdruckslos. K starrte auf Wandas Schuhe, als warte er gebannt auf ihre Antwort.

Die Studenten, Homer McCrea und David Rose, beäugten sie argwöhnisch. Ihre jungen Nasenlöcher weiteten sich unter ihren raschen Atemzügen. Sie trauten ihr offensichtlich nicht. Beide waren sehr dünn. Ihre Gesichter hatten etwas Adlerhaftes und wirkten angespannt; vielleicht um Saul Bird zu imitieren, trugen sie Rollkragenpullover, die ihre Hagerkeit unterstrichen, und dazu Bluejeans und Sandalen. Ihre Füße waren schmuddelig. Ihre Zehen waren ständig in Bewegung, zuckten und signalisierten die unerträgliche Spannung dieses Augenblicks. David Rose trug einen orangefarbenen Schlapphut aus Filz, den er fest auf den Kopf gestülpt hatte; sein ungekämmtes Haar lugte rund um die Krempe hervor. Homer McCrea trug keinen Hut, hatte schwarze Locken und mehrere Ringe an den Fingern.

Wanda dachte: *Ich muß weg von diesen Leuten.*

Doch als habe Saul Bird ihre Gedanken gelesen, sagte er rasch: »Warum sind Sie so nervös, Wanda? Sie sehen sehr müde aus. Sie sehen ein bißchen krank aus. Für mich liegt Ihr Problem auf der Hand – Sie entspannen sich einfach nicht. Ständig arbeitet es in Ihrem Kopf, Sie denken unentwegt nach, planen, sind auf der Hut, Sie sind drauf und dran, die Hände hochzureißen, um schamhaft Ihre Blöße zu bedecken – warum müssen Sie so abwehrend sein? Warum haben Sie solche Angst?«

»Ich – ich weiß nicht, was Sie . . .«

»Kommt, wir müssen gehen. Susannah macht uns allen gefüllte Kalbsbrust.«

Eine Welle der Übelkeit stieg in Wanda hoch.

Erasmus Hubben, geboren 1930 in Toronto, legte 1955 als Doktorarbeit eine achthundertseitige Studie mit dem Titel »Der klassische epistemologische Relativismus Ernst Cassirers« vor. Alljährlich bereiste er im Sommer Europa und Nordafrika; Freunde daheim in Kanada erhielten Postkarten, die vollgekritzelt waren mit seiner feinsinnigen, rätselhaften Prosa, durchsetzt mit Ausrufezeichen und unablässiger Selbstkritik, so als sei Hubben sich selbst peinlich. Er war befangen, immer: Die Studenten verstanden seine unsicheren Scherze nicht recht, seine nervösen Ticks und Grimassen, die das Pathos seiner Äußerungen relativieren sollten, den schlurfenden Bärentanz, den er bei seinen Vorlesungen aufführte. In Ruhephasen wirkte sein Gesicht recht

bekümmert, die Augenbrauen waren dünn und betonten seine harte
Stirn, die Nase war lang und wachsbleich, die Lippen schmal und farb-
los; in Gesellschaft schien das Schauspiel des Gesprächs dagegen sein
Gesicht voller und muskulöser zu machen, die Pupillen wurden dunkler, die Lippen gerieten in hastige Bewegung, und winzige Speichel-
tröpfchen sammelten sich in seinen Mundwinkeln. Er war ein gutmütiger, großzügiger Mensch, und der leicht clowneske Eindruck seiner
Kleidung (abgetragene, sackige Hosen mit ausgebeultem Hinterteil,
Mäntel mit fadenscheinigen Ellbogen, lehmverkrustete Schuhe) war
vielleicht halbwegs gewollt; während Hubben seinen Kollegen ausweichend und schüchtern vorschlug, sie müßten einmal mit ihm Monopo-
ly spielen (er hatte eine hochkomplizierte Privatversion des Spiels entwickelt), wehrte er ihr Mitleid mit seiner Einsamkeit gleichermaßen
mit seinen Scherzen und Kalauern, seinen verzwickten Anspielungen,
seiner komischen Miene und seinem seltsamen Aufzug ab . . . und trug
in seiner Brieftasche das Foto einer lächelnden, kräftigen jungen Frau
bei sich, das er oft herausnahm, um es anderen zu zeigen, als wolle er
ihnen versichern, daß er tatsächlich jemanden hatte, daß es daheim in
Toronto jemanden gab, daß irgendwo ein Mensch existierte, der sich
etwas aus Erasmus Hubben machte.

An die Hilberry University kam er 1967, nachdem er eine Stelle an
einer anderen Universität aus Gesundheitsgründen aufgegeben hatte.
Er lehrte Logik, doch seine eigentliche Liebe galt der Dichtung, und er
hatte seine Gedichte auf eigene Kosten in einem Buch drucken lassen.
Sie waren immer kurz und endeten oft mit Fragen.

Wirkliche Gegner
fallen weniger auf als zaghafte
Spekulationen.
Wenn du an mich denkst, meine Liebste,
denkst du da an
irgend etwas?

Er nahm seine Lehrtätigkeit überaus ernst. Er mochte Studenten,
obwohl er sie nicht verstand; er mochte ihre Energie, ihre Jugend, ihre
Fremdartigkeit. Im Laufe seines ersten Jahres in Hilberry bereitete er
sich auf eine einzige Vorlesung bis zu zwanzig Stunden lang vor. Doch

sein Unterricht hatte keinen Erfolg. Er konnte nicht begreifen, weshalb. Also arbeitete er noch härter an seinen Vorlesungen und machte sich handschriftliche Notizen, um die Familie, bei der er lebte, nicht zu stören. (Er wohnte zur Untermiete bei einem Kollegen und seiner Familie.) Gegen Ende des Winters 1968/69 suchte ihn ein Student namens David Rose auf. Er nahm nicht sonderlich oft an Hubbens Seminaren teil und bekam eine nicht ausreichende Note, doch wenn er mit verschränkten Armen, angespanntem Gesicht und verächtlicher Miene unter dem Schlapphut aus orangefarbenem Filz in der Klasse saß, fiel er Hubben als ein überlegener junger Mann auf. War das denn wohl kein Zeichen der Überlegenheit, seine Verachtung? Erasmus Hubben schüttelte ihm die Hand, erfreut, daß ein Student ihn aufsuchte, und erwähnte scherzhaft, daß er ihn ja nicht oft sähe. David Rose lächelte bedächtig, als verstünde er den Witz nicht. Er war sehr mager und angespannt. »Dr. Hubben«, sagte er, »man hat mich ausgewählt, mit folgender Frage an Sie heranzutreten: Möchten Sie, daß Ihr Seminar befreit wird?« Hubben beugte sich mit aufmerksamem Lächeln vor – *befreit?* »Ja. Ihr Seminar ist offensichtlich ein Fehlschlag. Ihr Thema ist nicht völlig hoffnungslos, aber Sie sind unfähig, es relevant zu machen. Ihre Unterrichtsmethoden sind tot, vertrocknet, am Ende. Natürlich, als Mensch besitzen Sie ein gewisses Potential.« Hubben zwinkerte mit den Augen. Er konnte einfach nicht glauben, was er da hörte. Der Junge erklärte weiter, ein gewisser Englischdozent, Saul Bird, leite experimentelle Seminare, und die übrigen Professoren in Hilberry täten gut daran, von ihm zu lernen, ehe es zu spät sei. Saul – alle nannten ihn Saul – gestalte seinen Unterricht ohne alle Förmlichkeiten; er habe seine Studenten »befreit«; er treffe sich mit ihnen in seiner Wohnung oder in der Cafeteria oder sonstwo, meist abends; seine Studenten läsen und täten, was sie eben wollten, und manche kämen gar nicht erst zu den Sitzungen, weil sie wüßten, daß sie sich am Ende des Studienjahres ihre Noten sowieso selbst geben dürften. »Das althergebrachte Notensystem ist nichts als imperialistischer Sadismus!« erklärte David Rose wütend.

Hubben starrte den Jungen an. Er hatte schon vor langer Zeit von Saul Bird gehört und ihn aus der Ferne gesehen, wenn er eilig über den Campus ging, meist schlecht gekleidet und gefolgt von einigen Studenten, aber er hatte nie mit ihm gesprochen. Etwas an Saul Birds angespannter, urbaner, theatralischer Art hatte Hubben abgeschreckt. Und dann war da noch die Tatsache, daß er Jude war und aus New York kam ... In Hubbens Familie gab es ein paar Vorurteile, und obwohl er selbst von solchem Unsinn frei war, suchte er nicht eben die Gesellschaft von Leuten wie Saul Bird. Also erklärte er David Rose mit gütigem Lächeln, er werde sich gerne bei Gelegenheit einmal mit »Saul« unterhalten. Er hoffe, er sei nicht zu alt zu lernen, wie man unterrichte! Der Witz ging an David Rose vorbei, er nickte nur ernst und höflich. »Ja, die ganze Uni sollte von ihm lernen. Sie sollte von Saul lernen oder untergehen«, sagte er.

Bald hörte Hubben kaum noch von etwas anderem als von Saul Bird. Man hatte ihn entlassen, und er sollte lediglich noch bis zum Auslaufen seines Vertrages im nächsten Jahr hier arbeiten. Sein Fachbereich, Englisch, und der Dekan der Geistes- und Naturwissenschaften hatten für seine Entlassung gestimmt. Nun stellte sich heraus, daß viele von Hubbens Studenten offenbar auch »Sauls« Studenten waren. Wenn sie überhaupt in sein Seminar kamen, saßen sie mit verschränkten Armen und glänzenden, unbesiegten Augen beisammen, obwohl Hubbens kunstvoll ausgefeilte Vorlesungen sie offensichtlich langweilten. David Rose hatte sich für ein weiteres Seminar eingeschrieben und trug nach wie vor seinen orangefarbenen Filzhut; ein Mädchen namens Doris hatte sich ihm angeschlossen, vielleicht seine Freundin – Doris, die ausschließlich aus Ecken und vorspringenden Kanten bestand, ungemein dünn war, strähniges blondes Haar hatte und die Pullover heruntergezogen bis auf die knochigen Hüften trug, als seien es Herrenpullover, und die manchmal die Stimme zu einem sarkastischen Wimmern erhob, das die anderen Studenten auffahren ließ: »Professor Hubben, widerspricht das denn nicht völlig dem, was Sie neulich gesagt haben?« Ein weiterer Junge, Homer McCrea, hatte schwarze Locken und eine theatralische Art, die Hubben an Saul Bird erinnerte. Manchmal machte er sich während der gesamten Stunde Notizen (Hubben fragte sich, ob diese Vorlesungsnotizen gegen ihn verwendet werden sollten), manchmal saß er mit verschränkten Armen und abwesender, kritischer Miene da. Hubben begann schneller und immer schneller zu sprechen, er würzte seine Vorlesungen mit ironischen Späßchen jener Art, die überlegene Studenten zu würdigen wüßten, doch nichts wirkte – nichts wirkte.

Saul Bird suchte ihn in der ersten Septemberwoche auf. Er kam mit langen Schritten in sein Büro gestürzt. »Ich bin Saul Bird. Ich möchte Ihre Unterschrift unter eine Petition«, sagte er. Hubben studierte minutenlang die Petition und prüfte ihren Satzbau, um Zeit zum Nachdenken zu gewinnen. Saul Birds Gegenwart in diesem engen Raum brachte ihn aus dem Gleichgewicht. Der Mann war Hubben sehr nahe, körperlich nah – und Hubben konnte es nicht ertragen, berührt zu werden – und er war sehr *real*. Ständig beugte er sich über Hubbens Schulter, um ihn auf verschiedene Punkte der Petition hinzuweisen. »*Das* ist der entscheidende Punkt. *Das* wird jemandem das Genick brechen«, erklärte Saul Bird.

Hubben war völlig durcheinander und verstand nicht viel von der Petition, außer daß sie offenbar für hervorragende Lehrtätigkeit, die Notwendigkeit der Hingabe an die Studenten und für Experimentierfreude eintrat, um »den Tod der Geisteswissenschaften« zu verhindern. Soweit Hubben sehen konnte, hatte sie so gut wie nichts mit dem Fall Saul Bird zu tun. Doch er sagte, ohne Saul Birds eindringlichem Blick zu begegnen: »Ich muß ablehnen. Ich unterschreibe leider nie etwas.«

»Was tun Sie?«

»Ich unterschreibe leider nie . . .«

»Sie lehnen es ab, sich zu engagieren?« fragte Saul Bird scharf.

Hubben saß da und starrte auf die Petition. Er las sie noch einmal. Wollte dieser gräßliche Mensch denn gar nicht mehr gehen?

»Ich glaube, Sie werden es sich noch anders überlegen, wenn Sie sich erst einmal eingehend mit meinem Fall beschäftigt haben«, sagte Saul Bird. »Die meisten Professoren und Dozenten werden mich unterstützen, wenn die Ungerechtigkeit des Falles ans Licht gebracht wird. Hier ist meine Akte, lesen Sie sie heute abend und teilen Sie mir dann Ihre Antwort mit.« Damit gab er Hubben einen Ordner mit fotokopierten Notizen, Konzepten, Programmen und persönlichen Briefen von Studenten, die Loblieder auf Saul Bird enthielten und bis zum März des Jahres zurückreichten, in dem Saul Bird seinen Vertrag mit der Hilberry University unterzeichnet hatte. Hubben saß da und sah sich die Unterlagen benommen durch. Er hatte genug mit seiner eigenen Arbeit zu tun. Was sollte er mit alledem?

Am neunten September sollte er sich um vier Uhr nachmittags mit

Saul Bird treffen, doch der Zeitpunkt kam und ging. Er war ungeheuer erleichtert. Er schickte sich gerade an, nach Hause zu gehen, und dachte, daß es wirklich wesentlich besser sei, sich von allen Menschen fernzuhalten. Keine engen Beziehungen. Keine persönlichen Bindungen. Natürlich »plauderte« er gerne mit Leuten – besonders über intellektuelle Themen –, und er genoß die schlichten Familienmahlzeiten im Haus der Kramers, bei denen er zur Untermiete wohnte. Studenten mochte er aus der Ferne. Frauen machten ihn extrem nervös. Seine Studentinnen waren so bunt wie Rebhühner und ebenso unberechenbar – so viel plötzliches Geflatter, huschende Blicke und Hände! Die jungen Männer in seinen Seminaren waren nette Menschen, aber aus der Nähe war die Wärme ihres Atems verwirrend. Besser, die Leute auf Abstand zu halten . . . Und während Hubben das noch dachte, klingelte das Telefon, und Doris Marsdell teilte ihm mit, Saul Bird sei unterwegs. »Aber er kommt eine Stunde zu spät, ich bin schon auf dem Heimweg«, protestierte Hubben.

»Sie gehen besser nicht nach Hause«, erklärte das Mädchen.

»Was?« fragte Hubben. »Was haben Sie gesagt, Miss Marsdell?«

»Diese Sache ist ungemein wichtig, für Sie mehr als für Saul. Es wäre besser, Sie würden nicht nach Hause gehen.« Erschüttert schaute Hubben sich in seinem schäbigen, vollgestopften Büro um, als suche er Hilfe, aber er war allein. Rasch fuhr das Mädchen fort: »Saul ist ein Genie, ein Heiliger. Das wissen Sie alle! Sie alle sind eifersüchtig auf ihn! Sie wollen ihn vernichten, weil Sie eifersüchtig sind, Sie haben Angst vor einem echten Genie in Ihrer Mitte!«

»Miss Marsdell«, sagte Hubben, »machen Sie Witze? Das können Sie nicht ernst meinen.«

»Ich mache keine Witze«, sagte sie und legte auf.

Als Saul Bird eine Viertelstunde später eintraf, war er glänzender Laune. Er reichte ihm kurz die Hand, zündete sich eine Zigarette an und setzte sich auf Hubbens Schreibtischkante. »Haben Sie meine Akte gelesen? Sind Sie von der Ungerechtigkeit der Universität überzeugt?«

Hubben war es unangenehm warm. »Ich bin mir nicht sicher . . .«

»Die meisten Ihrer Kollegen im Fachbereich Philosophie werden für mich unterschreiben«, erklärte Saul Bird. »Wie sieht Ihre Entscheidung aus?«

»Ich wußte gar nicht, daß die meisten . . .«

»Natürlich nicht. Die Leute haben Angst, offen über diese Dinge zu reden.«

»Ich glaube trotzdem nicht . . .«

»Meine Frau möchte, daß Sie heute abend zum Essen zu uns kommen. Wir sprechen das in aller Ruhe vernünftig durch. Der intelligente Diskurs unter Humanisten ist die einzige Möglichkeit, eine Revolution herbeizuführen – bis die Notwendigkeit zur Gewalt offensichtlicher ist, meine ich«, sagte Saul Bird lächelnd.

»Gewalt?« Hubben sah ihn gebannt an. Er spürte etwas in seinem Blut sich erwärmen, sich öffnen, lebendig werden in arrogantem Protest gegen sich selbst und seine eigenen Bedürfnisse. Ihm war sehr heiß. Saul Bird hockte auf der Schreibtischkante und beäugte ihn durch eine Brille, die aussah, als vergrößere sie die Bilder leicht, die durch sie hindurchdrangen.

»Menschen wie Ihnen hat man viel zu lange erlaubt, durch Bücher zu leben«, sagte Saul Bird freundlich. »Das war Ihre Rettung – Staub und die Brosamen der Tradition –, aber all das geht zu Ende, wie Sie wissen. Sie werden sich ändern. Sie werden verändert werden. Meine Frau hätte gern, daß Sie zum Essen kommen. Sie wohnen bei den Kramers, nicht? Bei dem alten Harold Kramer mit seinem Seminar über ›christliche Ethik‹?«

Hubben wollte einwenden, daß Kramer erst sechsundvierzig sei.

»Leute wie Kramer sind nach Ansicht der Studenten hoffnungslos. Sie müssen untergehen. Leute wie *Sie* – und einige wenige andere – besitzen Möglichkeiten. Die Studenten sehen durchaus gewisse Möglichkeiten. Sie sind sehr weise, diese Zwanzigjährigen, außerordentlich weise. Die Zukunft gehört ihnen, natürlich. Sie sind nicht gegen die Studenten, oder?«

»Natürlich nicht, aber . . .«

»Rufen Sie Kramers Frau an und sagen Sie ihr, daß Sie heute abend auswärts essen«, sagte Saul Bird.

Hubben zögerte. Dann kapitulierte etwas in ihm: Es würde ihm gewiß nicht schaden, mit den Birds zu essen. Er war letztlich doch neugierig auf sie. Und es ließ sich nicht leugnen, daß Saul Bird ein faszinierender Mann war. Er hatte ein kluges, spitzes, seltsam ansprechendes Gesicht. Offensichtlich war er überaus intelligent – seine Studenten hatten nicht übertrieben. Hubben hatte natürlich gehört, daß man Saul Bird wegen Inkompetenz und »groben Fehlverhaltens« gefeuert hatte. Ganz offenkundig gab er in seinen Seminaren keinen Unterricht. Er ließ keine Klausuren oder Hausarbeiten schreiben und erlaubte seinen Studenten, sich selbst zu benoten. Doch in Gegenwart dieses Mannes verblaßten diese Anschuldigungen, sie erschienen einfach nicht *relevant* ... Hubben hatte sich entschieden. Er wollte den Abend bei den Birds verbringen. Gehörte es denn nicht zur unbekümmerten Verwegenheit des Lebens, alle Möglichkeiten auszuprobieren?

Und so fing alles an.

Die Gruppe traf sich zwanglos in Saul Birds Wohnung, anfangs zwei- oder dreimal wöchentlich, später jeden Abend. Wanda ging hin, sooft sie konnte – sie mußte hart an ihren Unterrichtsvorbereitungen und ihrer Dissertation arbeiten, oft war sie völlig erschöpft, litt an einer leichten Übelkeit und zweifelte an ihrem Thema (*Landor,* hatte Saul Bird ausdruckslos gesagt) – und trotzdem kam sie hin, schüchtern und verlegen über diese neue Seite ihres Lebens. Saul Bird und seine Gruppe waren so leidenschaftlich! Sie waren so klug! Sie fragten sie rundheraus, wie sie ihre Intelligenz der Analyse eines *mittelalterlichen* Schriftstellers widmen könne, wo die Welt doch so verdorben sei. Sie beruhe auf Heuchelei und Ausbeutung, ob sie das denn nicht sehen könne? Die Welt sei ein alptraumhafter Witz, ganz und gar nicht komisch. Nichts sei komisch. Es sei eine Tatsache dieses Lebens, predigte Saul Bird seinem Zirkel, daß *nichts komisch sei.*

Und er starrte Erasmus Hubben unverhohlen an, dessen unsichere Witzchen den Zirkel anfangs entnervt hatten.

Mit Hubben vollzog sich nach und nach eine Wandlung. Wie hatte er nur so lange so blind sein können? Seine Studenten erklärten ihm, die Hälfte der Professoren und Dozenten würden gefeuert, verjagt, mit Schimpf und Schande vertrieben, falls Saul Bird nicht wieder eingestellt werde. Wenn man ihn allerdings wieder einstellen sollte, werde er nicht dankbar stillhalten, sondern ein Komitee von Aktivisten aus Mitgliedern des Lehrkörpers und der Studentenschaft leiten, um die Heuchelei des übrigen Lehrkörpers aufzudecken. Ihre Ergebnisse wollten sie veröffentlichen. Ob er, Erasmus, nicht etwas zu den Druckkosten beitragen wolle? Im Laufe des Herbstsemesters ließ Hubben sich immer öfter in der Wohnung Saul Birds blicken, blieb länger und wurde regelrecht abhängig von diesen Treffen. Wie war es nur möglich, daß er so wenig über sich selbst gewußt hatte? Über sein eigenes verdummendes Leben? Er begann, wilde Reden zu schwingen und sein eigenes professorales Gehabe zu parodieren, und der Speichel spritzte ihm von den Lippen. Er glaubte, Saul Bird höre ihm aufmerksam zu. Allein schon die Atmosphäre in Saul Birds beengter, kleiner Wohnung wirkte belebend auf Hubben; er und die beiden anderen Dozenten, die regelmäßig kamen, fühlten sich jünger und fingen an, sich nachlässiger, schwungvoller, jugendlicher zu kleiden. Hubben bekam völlig neuen Respekt vor Morris Kaye, den er nie ernst genommen hatte. Und eine neue Dozentin, eine junge Frau namens Wanda, zog Hubbens Blick auf sich: Mit ihrer vagen Ausdrucksweise, ihrer flachen Brust und ihren vor innerer Erregung oder Schüchternheit wäßrigen Augen verunsicherte sie Hubben nicht im geringsten, und sie schien seine Reden zu bewundern.

An den Wänden der Wohnung hingen viele Poster und Fotos, und am häufigsten blieben Hubbens Blicke auf brennenden Menschen hängen – buddhistischen Mönchen und Nonnen und einem tschechoslowakischen Studenten. Ein Mensch in Flammen! Tosende Flammen, die an einem seltsam starren, aufrecht mit gekreuzten Beinen auf der Straße sitzenden Menschen hochzüngelten! Es war unvorstellbar. Aber es war passiert, man hatte es fotografiert. Im Laufe der Wochen kam Hubben der Gedanke, daß nur eine derart dramatische, nicht wiedergutzumachende Tat Saul Bird beeindrucken könnte.

Wenn Wanda nicht in die Wohnung gehen konnte, dachte sie an die Gruppe und konnte sich nicht auf ihre Arbeit konzentrieren. Worüber sprachen sie? Meist sprachen sie stundenlang – manchmal ruhig, manchmal lautstark. Die Luft war zum Schneiden dick vor Zigarettenrauch. Alle bis auf Wanda rauchten; selbst Saul Birds kleiner Sohn tauchte rauchend auf. (Die Birds lebten eigentlich nicht richtig zusammen. Susannah hatte eine Wohnung im obersten Stock des Hauses, und Saul hatte ein kleineres Apartment auf der ersten Etage, nach hinten hinaus.) Der Junge, Philip, kam zu Besuch herunter, stand hinter dem Stuhl seines Vaters und sah sich alle eingehend an. Er war ein faszinierendes Kind, fand Wanda. Sie hatte gewöhnlich Angst vor Kindern, aber Philip kam ihr gar nicht vor wie ein Kind; er war eher zwergenhaft als klein, altklug und fast hölzern, hatte dickes, wirres Haar, das ein wenig dunkler war als das seines Vaters, und er besaß das kühle, intelligente Gesicht seines Vaters. Er wollte keine Schule besuchen, und die Birds unterstützten ihn darin. (In dieser Sache war ein Gerichtsverfahren im Gange.) Er sprach wenig, ganz im Gegensatz zu anderen Kindern, die Wanda kannte, und sie freute sich sehr, als die Birds sie eines Tages baten, mit Philip ein Paar Schuhe kaufen zu gehen. Sie fuhr mit ihm im Bus. Er schwieg bis auf eine einzige Bemerkung: »Verlieb dich bitte nicht in meinen Vater.«

Wanda lachte hysterisch.

Sie begann nachts wachzuliegen und an Saul Bird zu denken. Er sah sie oft direkt und ausdrücklich an. Er nickte häufig zustimmend zu ihren Bemerkungen. Wenn sie nur einmal allein miteinander reden könnten! Aber die Wohnung war immer voller Studenten, die die ganze Nacht blieben, und manche brachten sogar ihren Schlafsack mit. Der junge Mann mit dem orangefarbenen Hut, David Rose, war bei seinen Eltern ausgezogen, und Saul Bird hatte ihn bereitwillig bei sich aufgenommen, umsonst. Ständig klingelte das Telefon. Susannah tauchte gelegentlich gegen Mitternacht auf, schweigend und dunkel. Sie erinnerte Wanda an eine Krähe. Aber die Frau war brillant, ihr Buch über Proust war brillant. Wanda wünschte sich verzweifelt, sie selbst wäre ebenso brillant. Susannah besaß eine flinke, hexenhafte, drollige Art, und manchmal verzog sich ihr kleines Gesicht blitzschnell zu einem rasiermesserscharfen Lächeln, das wirklich hinreißend war. Und ihr Verstand schüchterte jeden ein – »Wenn mein Mann normal funktionieren könnte, würde er normal funktionieren«, sagte sie einmal augenzwinkernd. Und Hubben war immer dabei. Er ließ Pizzas, Chop Suey und Hamburger kommen. Auch K war immer da – »Ich bin eine Figur von Kafka, reiner Geist«, erklärte er. Und die Studenten, ständig Studenten. Sie schienen allein von Luft und Liebe zu leben und verschmähten das von Hubben angebotene Essen. Sie brauchten kein Essen. Sie lebten von den Stunden intensiver, berauschender Gespräche:

SAUL BIRD: Zu welchen Schlüssen bist du gekommen?
DORIS: Daß ich ein Kind war. Ich war versklavt.
SAUL BIRD: Und was ist jetzt?
DORIS: Jetzt bin ich völlig frei.

SAUL BIRD: Du übertreibst, um Anerkennung von uns zu bekommen.

DORIS: Nein, ich bin frei. Ich bin frei. Ich verachte meine Eltern und alles, wofür sie stehen – ich bin frei von ihnen – ich bin meine eigene Herrin, vollkommen!

Tagsüber bemerkte Hubben mit der Zeit, daß seine Kollegen an der Universität eifersüchtig auf ihn waren. Sie wunderten sich wahrscheinlich über das neuerdings aufgeflammte Interesse an seinem bekanntermaßen schwierigen Fachgebiet, der Logik. Wie merkwürdig, daß die jungen Leute sich allmählich um Erasmus Hubbens Büro scharten! Hubben »plauderte« stundenlang mit ihnen. *Ich muß näher herankommen. Ich muß wach werden und die Wirklichkeit erkennen,* dachte er. Seine Kollegen waren nicht nur eifersüchtig auf seine Beliebtheit, sie hatten auch Angst vor ihr. Er fing an, seine Bürotür zu verschließen und sie nur Saul Birds Gruppe zu öffnen. Er ging mit Saul Birds Petition herum und versuchte, die Leute zur Unterschrift zu überreden. Als Kramer sie nicht unterschreiben wollte, wurde Hubben ungemein wütend und zog aus Kramers Haus in ein billiges Hotel am Fluß. Er erklärte den Kramers, ihre Haltung gegenüber Saul Bird sei ekelhaft. Sie seien krank, und er könne nicht mit derart kranken, selbstsüchtigen Menschen unter einem Dach leben! Kramer, einen Ethikprofessor und altmodischen katholischen Laien, ließen Hubbens Anschuldigungen in Tränen ausbrechen. Aber Hubben wollte nicht wieder zurückkommen. Er wollte in Hinblick auf seine neuen Ideale keinerlei Kompromisse eingehen.

Ich habe jetzt Freunde. Ich habe echte Freunde, dachte er fünfzigmal am Tag verwundert. Er kritzelte kleine Gedichte, über deren kryptische Genialität er lächelte:

Ein wilder Kuß lohnt
tausend wilde Syllogismen

Er zeigte sie Saul Bird, der mit den Achseln zuckte. Obwohl Saul Englischdozent war, interessierte er sich nicht sonderlich für Lyrik. Er vertrat die Ansicht, der Sinn des Lebens sei *Handeln,* sich einzulassen auf andere *Menschen;* die Schnörkel der Vergangenheit seien passé – Bücher, Vorlesungen, Klassenzimmer, Häuser, akademischer Status!

Er, Saul Bird, werde nur deshalb gefeuert, weil er die Zukunft repräsentiere. Das Establishment habe Angst vor der Zukunft. In einem Manifest, das er an die Lokalzeitung schickte – er forderte darin, die Finanzbeteiligungen des Verwaltungsrates der Universität zu untersuchen –, erklärte er: »Ich werde gefeuert, weil es meine Pflicht ist, die Studenten dieser Universität zu befreien. Weil Menschen wie ich – und in Kanada und den Vereinigten Staaten gibt es viele wie uns – unseren Studenten und nicht dem Establishment treu sind, verfolgt man uns. Aber wir werden zurückschlagen.«

»Ganz bestimmt schlagen wir zurück«, rief Hubben.

Er lief mit einem wilden, glücklichen Ausdruck durch die Universität. Er fühlte sich soviel jünger! Obwohl es ihm nicht gefiel, im White-Hawk-Hotel zu wohnen, fühlte er sich in diesen Tagen wesentlich jünger; es war ein Wunder. Er und die junge Dozentin Wanda Barnett suchten in der Universität oft die Gesellschaft des anderen, um über den Wandel in ihrem Leben zu reden. Anfangs waren sie schüchtern; als sie ihre gemeinsamen Erfahrungen ahnten, fingen sie an, recht offen miteinander zu sprechen. »Ich war immer allein. Ich stand immer außerhalb. Ich war immer das größte Mädchen in meiner Klasse«, erzählte Wanda, nach Atem ringend.

Hubben, der eine gewisse benommene, funkelnde Dankbarkeit für die Aufrichtigkeit dieser Frau empfand, gab zu, daß auch er einsam, isoliert, überintelligent und eine Art Außenseiter gewesen sei. »Und ich war selbstsüchtig, so selbstsüchtig! Das habe ich von meinem Vater geerbt – ein frommer alter Heuchler! –, eine absolute Gleichgültigkeit gegen jedes moralische und politische Engagement. Ich habe eine Stufe in der natürlichen Entwicklung der Menschheit ausgelassen! Aber dank Saul . . .«

»Ja, dank Saul . . .«, fiel Wanda ein.

Kurz vor den Weihnachtsferien lehnte der Berufungsausschuß der Universität Saul Birds Antrag ab.

»Jetzt müssen wir Ernst machen«, erklärte Saul Bird der Gruppe.

Sie besprachen die Taktik. Sie sprachen von demonstrativen Kündigungen der Professoren und Dozenten und von der öffentlichen Anprangerung der Universität durch die Studentenschaft; sie sprachen, anfangs vorsichtig, von Demonstrationen, Einbruch und Bombenanschlägen. Sie wollten auf jeden Fall das Gebäude der Geisteswissenschaften besetzen, und nur ein gewaltsamer Polizeieinsatz sollte sie daraus vertreiben können – vielleicht nicht einmal das, wenn sie bewaffnet wären. Sie könnten wochenlang im Gebäude bleiben und die Universitätsverwaltung zwingen, Saul Bird wiedereinzustellen. Während sie sprachen, wuchs ihre Erregung immer mehr und mit ihr ihr Selbstvertrauen. Die brennenden Selbstmörder an Saul Birds Wänden leuchteten, als sympathisierten sie mit ihrer Sache.

Wie konnte man in einer derart verkommenen Gesellschaft leben? Warum sollte man sie nicht mit Gewalt zerstören?

Unablässig klingelte das Telefon. Manchmal ging Wanda an den Apparat, manchmal eine der Studentinnen; wenn Saul Bird nickte, reichten sie ihm den Hörer; wenn er den Kopf schüttelte, brachten sie Ausreden für ihn vor. Er war nicht jederzeit für jeden zu sprechen. Es gefiel ihnen gewaltig, daß er *ihnen* gehörte. Wenn sie nicht unmittelbar davon sprachen, die Verwaltung zu zwingen, ihn wiedereinzustellen, sprachen sie über ihn, über seine Wirkung auf ihr Leben. Sie sprachen offen und feierlich. Eine Studentin der Geisteswissenschaften im ersten Semester schlug die Hände zusammen und erklärte atemlos: »Saul hat mich verwandelt. Nicht eine Zelle in mir ist mehr die gleiche.«

K saß zutiefst bewegt auf dem Fußboden und beichtete: »Er hat meine Sicht der Wirklichkeit revolutioniert. Es ist wie diese dämliche Trickzeichnung von George Washingtons Gesicht – wenn dir erst einmal jemand gezeigt hat, was sie darstellt, kannst du nichts anderes mehr sehen. Keine Striche und Schnörkel, nur noch Washingtons Gesicht. Das ist Schicksal.«

Doch manchmal, spät in der Nacht, wurden die Gespräche intimer. Es war im Januar, als Saul Bird sich an Hubben wandte, der an diesem Abend ungewöhnlich laut war, und sagte: »Du versicherst uns, daß du dich gewandelt hast. Aber ich bezweifle das. Ich bezweifle, daß du schon bereit bist, der Wahrheit über dich ins Auge zu sehen.«

»Der Wahrheit?«

»Der Wahrheit. Willst du sie uns sagen?«

Es war so spät – gegen vier Uhr morgens –, daß nur noch etwa zwölf Studenten, Wanda, K und ein jüngst bekehrter, forscher, bärtiger Soziologiedozent da waren. Plötzlich lag eine merkliche Spannung in der Luft. Alle sahen Hubben an, der am Kragen seines zerknitterten Hemdes zerrte.

»Ich weiß nicht, was du meinst, Saul«, sagte er.

»Natürlich weißt du, was ich meine.«

»Daß ich Vorurteile habe? Gegen bestimmte Rassen ... oder Religionen ...?«

Saul Bird schwieg.

»Ich gebe zu, daß ich eine leise, primitive Angst ... eine völlig irrationale Angst vor Menschen habe, die anders sind als ich. Das ist der Toronto-Instinkt! Guter, alter angelsächsischer Stall!« Hubben lachte.

»Das wissen wir alle«, sagte David Rose eisig.

»Woher wißt ihr das? Habt ihr – habt ihr das gewußt?« fragte Hubben. Er sah sich im Zimmer um. Wanda Barnett beobachtete ihn aufmerksam; in ihrem Gesicht zeichnete sich die frühe Morgenstunde ab. Ks Blick war leicht verschleiert. »Aber ich mag alle Menschen persönlich, als – als Menschen. Heute habe ich mich im Aufenthaltsraum mit Franklin Ambrose unterhalten, und es ist mir dabei nicht ein einziges Mal in den Sinn gekommen, daß er ein ... daß er ein Neger ist ...«

Hubben sah mit elendem Blick zu Saul Bird hinüber.

»Franklin Ambrose ist kein Neger«, sagte Saul Bird spitzfindig.

Alle brüllten vor Lachen. Es stimmte: Franklin Ambrose, ein Schwarzer um die Dreißig, der seinen Doktor in Harvard gemacht hatte, teure Kleidung trug und seiner perfekten Umgangsformen wegen von den Studentinnen bewundert wurde, war eigentlich ganz und gar kein »Neger«.

»Was ist mit Juden, Erasmus?« fragte Doris Marsdell plötzlich.

»Juden? Ich mache mir keine Gedanken über Juden. Ich habe keine Einstellung zu ihnen, weder so noch so. Ich denke an Menschen nicht als Juden – oder Nicht-Juden ...«

»Erzähl weiter«, warf ein anderer Student kichernd ein.

»Ja, erzähl es uns.«

»Erzähl uns von deinen geheimsten Gefühlen«, sagte Saul Bird. Er beugte sich vor und sah Hubben unverwandt an, der auf dem Boden saß. »Wie sieht die Wahrheit über deine Gefühle zu mir aus?«

»Größte Bewunderung ...«

»Komm, komm. Ich glaube, wir wissen alle Bescheid. Du kannst es ebensogut zugeben.«

»Was zugeben?«

»Deine Neigungen.«

»Aber was – was sind denn meine Neigungen?«

»Deine Obsession.«

Hubben starrte ihn an. »Was meinst du damit?«

»Sag's uns.«

»Aber was denn – was meinst du damit?«

»Dein Verlangen nach mir«, sagte Saul Bird.

»Nein, ich . . .«

»Deine homosexuelle Begierde nach mir«, sagte Saul Bird ausdruckslos.

Hubben saß reglos da.

»Also?« sagte Saul Bird. »Warum bist du denn so still?«

»Nein, ich . . . ich . . .« Hubben wischte sich mit beiden Händen die Stirn. Er konnte Saul Birds Blick nicht standhalten, aber es gab nichts, das er sonst hätte ansehen können. Und dann plötzlich hörte er seine eigene Stimme sagen: »Ja, ich gebe es zu. Es stimmt.«

Saul Bird hob die Hände in einer Geste, die das Heben seiner Augenbrauen wiederholte. »Natürlich stimmt es«, sagte er.

Sofort wandte sich das Gespräch anderen Themen zu: der Taktik für die Besetzung des Gebäudes der Geisteswissenschaften. Hubben beteiligte sich lautstark an der Diskussion. Er blieb sehr lange, bis nur noch er und ein paar Studenten da waren und Saul Bird knapp erklärte: »Ich habe ganz vergessen euch zu sagen, daß Susannah und ich heute morgen nach New York fliegen. Geht ihr bitte alle nach Hause, damit ich ein bißchen schlafen kann?«

»Du fährst weg?« fragten alle.

Ein Wochenende ohne Saul Bird war ein einsames Wochenende. Hubben setzte keinen Fuß aus dem White-Hawk-Hotel; Wanda, die in Susannahs Wohnung auf Philip aufpaßte, hoffte auf einen Anruf. Während der Junge Bücher über mathematische Denksportaufgaben las oder lange Zeit aus dem Fenster sah, versuchte Wanda, ihre Vorlesungen über Chaucer vorzubereiten. Aber sie konnte sich nicht konzentrieren: Unablässig dachte sie an Saul Bird.

Wer konnte Saul Bird widerstehen?

Das White-Hawk-Hotel war sehr laut und dünstete die Gerüche von Festlichkeiten und Verfall aus. Hubben, der nicht schlafen konnte, rief nachts Mitglieder der Gruppe um Saul Bird an, plauschte und scherzte mit ihnen, wobei die Worte nur so aus ihm heraussprudelten und sich Speichel in seinen Mundwinkeln sammelte. Manchmal wußte er selbst nicht, was er sagte. Nachdem er anderthalb Stunden lang mit K am Telefon besprochen hatte, wie sie ihre Kündigungsschreiben angemessen formulieren sollten, unterbrach er sich plötzlich und fragte verwundert: »Warum hast du mich angerufen? Ist irgendwas passiert?«

Am folgenden Montag hörte er auf dem Weg in seinen Klassenraum zwei Studenten hinter seinem Rücken lachen. Er wirbelte herum; die Jungen starrten ihn mit versteinerten Gesichtern an. Es waren keine von seinen Studenten. Er kannte sie nicht.

Aber vielleicht kannten sie ihn?

Als er seine Post im Büro des Fachbereichs abholte, fiel ihm auf, daß die Sekretärin, eine junge Frau mit blonder Hochfrisur, ihn merkwürdig ansah. Er sah verstohlen an sich herunter – ausgefranste Hosenbeine, Überschuhe mit offenen Schnallen. Sie war in ihrem übertriebenen Schick so lächerlich, daß sie über einen Intellektuellen wie ihn einfach die Nase rümpfen mußte, aus Selbstschutz. Sie mußte einfach.

Und doch, hatte sie vielleicht gehört . . . ?

Er ging hinüber in den Fachbereich Englisch, zu Wanda, aber sie stammelte eine Entschuldigung: »Ich erwarte jeden Augenblick einen Studenten, der mich sprechen will. Wegen der Sonderausgabe der Zeitung.«

»Der Sonderausgabe? Kann ich nicht bleiben und zuhören?«

»Jetzt nicht«, sagte Wanda verlegen.

Hubben hatte fünfhundert Dollar für eine Sonderausgabe der Studentenzeitung gestiftet, in der ein Interview erscheinen sollte: »Saul Bird, der außerordentliche Lehrer«.

Er ging rasch zurück in sein Büro und schloß die Tür. In seinem Kopf pochte es. Er schlug die Hände vors Gesicht und weinte.

Saul Bird . . .

Saul Bird kam nach drei Tagen zurück, und die Gruppe nahm ihre Aktivitäten wieder auf. Es war notwendig, die Planung für die Besetzung des Gebäudes der Geisteswissenschaften ernsthaft in Angriff zu nehmen. Sie mußten auf Gewaltanwendung vorbereitet sein. Das Telefon klingelte häufiger denn je: Die Lokalzeitung wollte ein Interview, um es neben einem Gespräch mit dem Rektor der Universität abzudrucken; ein Professor für Tiefbau, ausgerechnet, lud Saul Bird zum

Essen ein, weil es an der Zeit sei, »daß wir alle miteinander ins Gespräch kommen«; Sauls Fachbereichsleiter wollte eine Erklärung für das ganze Intrigenspiel; David Roses Vater rief an und wollte wutentbrannt wissen, was mit seinem Sohn sei; es kamen Ferngespräche aus Toronto als Reaktion auf eine von Hubben finanzierte ganzseitige Anzeige in der dortigen Tageszeitung *Globe and Mail* mit der Überschrift: »WARUM VERFOLGT DIE HILBERRY UNIVERSITY EINEN MANN NAMENS SAUL BIRD?«

Wanda ging durch einen kalten Schneeregen, um sich bei einem Kaplan der Episkopalkirche ein Fernsehinterview anzusehen, bei Father Mott, einem jungen, fast kahlköpfigen Mann, der Saul Birds neuester Jünger war. Es war eine Produktion des Lokalsenders, ziemlich amateurhaft, aber Saul Bird sprach klar und bestimmt und machte einen hervorragenden Eindruck. Wanda starrte gebannt auf sein Fernsehbild. Es war unmöglich zu erkennen, wie klein er war! Er sprach eine Viertelstunde lang mit seiner kultivierten, eindringlichen Stimme: »Es muß zerschlagen werden, damit es leben kann! Jene von uns, die bereit sind, es zu zerschlagen, werden gefürchtet, vor allem von unserer eigenen Generation; aber diese Furcht ist sinnlos, sie wird nichts aufhalten – die Zukunft kommt, das wird man erleben! Es mag sein, daß wir das höhere Bildungswesen sowohl in Kanada als auch in den Vereinigten Staaten zerschlagen müssen, um unsere Jugend zu retten!«

»Dr. Bird«, sagte der Interviewer, »darf ich eine etwas persönlichere Frage stellen? Wir haben gehört, daß es möglicherweise zu einer Besetzung eines Universitätsgebäudes kommt. Ist an dieser Drohung etwas Wahres dran?«

»Absolut nicht«, sagte Saul Bird.

Die Besetzung war für den folgenden Dienstag, die zweite Februarwoche, geplant. Wanda, die fast keine Nacht mehr geschlafen hatte, war so nervös, daß sie nicht stillsitzen konnte. Sie konnte nicht einmal mehr längere Zeit in ihrem Büro bleiben. Sie bildete sich ein, die Leute starrten sie an. Die älteren Professoren und Dozenten, die keinerlei Sympathien für Saul Bird hegten und ihn zum Teil sogar haßten, begannen sie äußerst unfreundlich anzusehen. Im Aufenthaltsraum des Lehrkörpers glaubte Wanda, sie lachten sie aus, weil sie so eilig hereinhastete, das kurze Haar unordentlich im Gesicht und die Bücher linkisch in den Armen. Sie wurde jämmerlich rot.

Der Februar war kalt und trüb, und nur wenige Studenten kamen morgens in ihre Seminare. Inspiriert von Saul Bird hatte sie verkündet, alle Studenten, die in ihren Veranstaltungen eingeschrieben seien, könnten sich am Ende des Jahres selbst ihre Noten geben. Saul Bird hatte eine neue Begeisterung bei den Studenten vorausgesagt, tatsächlich aber blieben die Studenten aus; was war schiefgegangen? Begriffen sie denn ihr Engagement für sie nicht? Sie war so nervös, daß sie vor den Seminaren auf die Damentoilette stürzen mußte aus Angst, sich zu übergeben. Manchmal übergab sie sich tatsächlich. Und dann eilte sie aufgewühlt, bleich und völlig außer sich über den zugigen Innenhof in ihr Klassenzimmer und traf fünf Minuten zu spät mit beschlagenen Brillengläsern ein.

Als der Tag der Besetzung näherrückte, wurde sie noch nervöser. Sie konnte nicht schlafen. Wenn sie bei Saul Bird anrief, geschah es oft, daß jemand anderes an den Apparat kam – sie klang wie Doris Marsdell – und kühl erklärte: »Saul ist im Augenblick nicht zu sprechen!« Wenn sie Susannah anrief, ging niemand an den Apparat. Erasmus Hubben nahm in seinem Hotel gewöhnlich beim allerersten Klingeln ab und meldete sich mit einer solchen Panik in der Stimme, daß Wanda ihren Namen nicht zu nennen vermochte. So saßen sie denn da und jeder horchte auf das ängstliche Atmen des anderen, bis sie beide auflegten.

Wieder und wieder dachte sie über die vergangenen Monate nach. Die Gedanken jagten ihr durch den Kopf und ließen sie nicht schlafen. Aus irgendeinem Grund schaute sie ständig auf ihre Armbanduhr. Was war los? Was ging vor? Sie hatte sich eine böse Erkältung geholt, als sie auf einen Bus gewartet hatte, um zu Saul Birds Wohnung zu fahren, und konnte sie nicht mehr loswerden. Wenn sie anderen Professoren und Dozenten auf den Fluren begegnete, stammelte sie etwas und sah fort. Sie war nicht imstande, sich auf ihre Doktorarbeit zu konzentrieren. Das konnte warten; es hatte nichts mit dem wirklichen Leben zu tun. Doch die Leute sahen sie seltsam an. Wenn sie in die Cafeteria huschte, um sich zu K und einigen Studenten zu setzen, kam es ihr vor, als würden selbst sie ihr seltsam verstohlene Seitenblicke zuwerfen. Aber sie nahmen Erasmus Hubben auseinander. »Die Leute wollen bloß seine Anzeige in der *Globe and Mail* in Toronto in Mißkredit bringen!« sagte Doris Marsdell säuerlich. Sie hatte ein überaus schmales, grobporiges Gesicht, das allzu fest frottiert und abgehärmt vor Erschöpfung war; ihr blondes Haar hing in Strähnen. Wenn sie erregt mit den Armen fuchtelte, verströmte sie einen unguten Geruch. »Gesundheit und Krankheit, sagt Saul, sind bourgeoise Unterscheidungen, an die wir uns nicht zu halten brauchen. Das ist alles Mist! Wenn die Gesellschaft zu erklären versucht, daß Erasmus gestört ist, dann ist das *ihre* Unterscheidung, nicht unsere. Die Gesellschaft will uns in Kategorien zwängen, um Macht über uns zu kriegen! Nackte, primitive, imperialistische Macht!«

Die Besetzung begann am zehnten Februar um zehn Uhr dreißig. Saul Birds Anhänger – um die vierzig Studenten, acht Dozenten und der drahtige kleine Kaplan der Episkopalkirche – näherten sich mit ihren Schlafsäcken, Helmen, Schutzbrillen und Proviantbeuteln dem Gebäude der Geisteswissenschaften, aber irgend jemand mußte der Polizei einen Tip gegeben haben, denn sie wartete bereits. Diese Polizisten, etwa fünf, blockierten den Eingang zum Gebäude und verlangten die Ausweise: »Identifizieren Sie sich bitte.«

Erasmus Hubben drängte sich durch das zitternde Grüppchen nach vorne. »Seid ihr die Gestapo?« schrie er. »Die Gedankenpolizei? Womit identifiziert *ihr* euch denn?« Ein paar Studenten drängten nach vorne. Sie stürmten vorbei an den Polizisten, stattlichen Männern mittleren Alters in Uniformen, die wie Kostüme wirkten, und rannten ins Gebäude. »Faschisten! Gestapo!« schrie Hubben. Sein langer, dunkler Mantel war nicht zugeknöpft und flog auf. Wanda, die starke Halsschmerzen hatte, überlegte, ob sie nicht versuchen sollte, Erasmus zu beruhigen. Aber etwas an der starren Haltung seines Halses und Kopfes jagte ihr Angst ein. »Wagt es nur, mich festzunehmen! Wagt es doch, eure Kanonen gegen mich einzusetzen! Ich bin Dozent dieser Universität, ich bin kanadischer Staatsbürger, ich werde den gesamten Einfluß meiner Stellung und meinen Verstand einsetzen, um euch anzuprangern!« schrie er. Die Studenten im Innern des Gebäudes hielten inzwischen den Polizisten die Türen zu, aber das hinderte auch die anderen Studenten daran hineinzugelangen. Die Polizisten bewegten sich langsam wie Menschen in einem Traum. Erasmus zerrte an einem von ihnen, einem plumpen, verschreckten Mann Mitte Fünfzig mit einem Katzengesicht, und rief: »Droht man uns mit Kündigung, tatsächlich?

Droht man diesen loyalen Studenten mit einem Verweis? Wirklich, wirklich? Und wer will uns feuern, wer will uns rausschmeißen, wenn diese Uni niedergebrannt und ihre korrupte Verwaltung öffentlich angeprangert wird?«

»Stopf ihm doch einer das Maul«, murmelte einer der Studenten.

Dann geschah etwas, das Wanda nicht sehen konnte. Stieß Erasmus den Polizisten oder der Polizist Erasmus? Spuckte Erasmus dem Mann tatsächlich ins Gesicht, wie manche schadenfroh behaupteten, oder rutschte der Polizist zufällig auf den Stufen aus? Die Leute begannen zu schreien. Der Polizist war hingefallen, und Erasmus versuchte ihn zu treten. Jemand zerrte ihn am Arm. Hubben schrie: »Laßt mich zu ihm! Sie versuchen uns zu kastrieren! Mein ganzes Leben lang haben sie versucht, mich zu kastrieren!« Er zog seinen Mantel aus und schleuderte ihn hinter sich, er traf den armen Father Mott ins Gesicht. Noch ehe ihn jemand aufhalten konnte, riß Erasmus sich das Hemd vom Leib und fing an, seine Hose auszuziehen. Wanda traute ihren Augen nicht – sie sah, wie Erasmus Hubben seine Hose auszog und fallenließ! Und dann lief er, allen ausweichend, am Gebäude entlang durchs Gebüsch, in Unterwäsche.

»Schnappt ihn, schnappt ihn!« riefen einige. Ein paar Studenten versuchten, ihn einzuholen, aber er machte eine plötzliche Kehrtwende und stürmte mitten in sie hinein. Er schrie. Wanda stand völlig benommen auf den Stufen und konnte sich nicht entscheiden, was sie tun sollte; dann rannten zwei junge Mädchen mit spitzen, schrillen, gellenden Schreien sie einfach um. Sie waren aus ihrem Seminar über Chaucer. Sie rannten sie einfach um, und sie rutschte auf den vereisten Stufen aus und fiel hin. Sie konnte nicht aufstehen. Irgend jemand trat ihr auf die Hand. Ihr Kopf war umringt von Füßen und Knien; alle riefen und schrien. Jemand stolperte rückwärts, fiel auf Wanda und knallte ihren Kopf nach unten auf die Stufen; sie spürte einen durchdringenden Schmerz im Mund.

Sie begann, hilflos zu weinen.

Saul Bird, der es für das beste gehalten hatte, sich von der Besetzung fernzuhalten, rief Wanda gegen drei Uhr morgens an. Er sprach hastig und wütend. »Komm bitte sofort her. Susannah und ich fahren in einer Stunde nach Chicago, wir brauchen dich, um nach Philip zu sehen. Ich weiß Bescheid, was passiert ist – erspar mir bitte die Einzelheiten.«

»Aber der arme Erasmus . . .«

»Wie schnell kannst du hier sein?«

»Sofort«, sagte Wanda. Ihr Mund war geschwollen, ein Zahn war locker und mußte vermutlich gezogen werden. Aber sie kleidete sich an, rief ein Taxi und lief die Treppe hinauf in das Mietshaus, in dem Saul Bird wohnte. Im Treppenhaus warteten ein paar Studenten. Doris Marsdell schrie: »Was machst du hier? Läßt er dich zu sich rauf?« Ihre Augen waren rot, und ihre Stimme klang hysterisch. »Ist was passiert? Lebt er noch? Er hat doch keinen Selbstmordversuch gemacht?«

»Er hat mich gebeten, ein paar Tage auf Philip aufzupassen«, sagte Wanda.

»*Dich?* Er hat *dich* gefragt?« schrie Doris ärgerlich.

Susannah öffnete die Tür. Sie trug einen Hosenanzug aus gelbem Tweed und Ohrreifen; ihre Lippen waren in einem starken, dunklen Pink geschminkt. »Komm rein, komm rein!« sagte sie munter. Das Telefon klingelte. Saul Bird, der gerade seine Krawatte band, kam herbeigestürzt. »Geh nicht ans Telefon!« sagte er zu Susannah. Der Junge, Philip, stand im Schlafanzug am Fenster, mit dem Rücken zum Zimmer. Überall waren Koffer und Kleidungsstücke verstreut. Wanda bemühte sich, ihren geschwollenen Mund mit der Hand zu verdecken, sie schämte sich, so häßlich auszusehen. Doch Saul Bird sah sie offenbar gar nicht an. Er kramte in einigen Kleidungsstücken. »Wanda, wir melden uns in ein paar Tagen. Wir sind auf dem Weg raus aus diesem elenden Nest«, sagte er barsch.

Sie half ihnen, die Koffer zum Wagen hinunterzubringen.

Dann blieb sie drei Tage lang in der Wohnung und »sah« nach Philip. Sie fingerte an ihrem losen Zahn herum, was äußerst schmerzhaft war; sie weinte und knetete ein Taschentuch zwischen den Fingern. Sie wurde einfach ihre Erkältung nicht los. »Meinst du – meinst du, dein Vater wird sich je davon erholen?« fragte sie und sah den kleinen Jungen an.

Meist las er oder löste mathematische Denksportaufgaben. Wenn er lachte, war es ein knappes, schnaubendes Bellen ohne jeden Humor.

Saul Bird rief erst am nächsten Samstag an, und auch da hatte er nicht viel zu sagen. »Setz Philip um zwölf Uhr mittags ins Flugzeug nach Chicago. Gib ihm die Schlüssel für beide Wohnungen.«

»Kommst du denn nicht zurück?«

»Niemals«, sagte Saul Bird.

»Aber was ist mit deinem Unterricht? Deinen Studenten?« rief Wanda.

»Ich bin fertig mit der Hilberry University«, sagte Saul Bird.

Sie war wie gelähmt.

Während sie Philip für die Reise fertig machte, bewegte sie sich wie eine Schlafwandlerin. Immer wieder sagte sie: »Aber dein Vater muß zurückkommen. Er muß gegen sie kämpfen. Er muß auf Gerechtigkeit bestehen.« Philip achtete nicht sonderlich auf sie. Mit einer Zigarette in den geschürzten Lippen kämmte er sich sorgfältig das dicke Haar zurück und spähte in den Spiegel. Er war ein untersetztes, stämmiges und trotzdem attraktives Kind – wie sein Vater; sein Gesicht war hölzern und theatralisch zugleich und hatte einen kränklichen Olivton. Wanda starrte ihn an. Er war jetzt alles, was sie hatte, ihre letzte Verbindung zu Saul Bird. »Meinst du, er ist verzweifelt? Muß er in eine Klinik wie der arme Erasmus Hubben? Was passiert jetzt?«

»Nichts«, sagte Philip.

»Wie meinst du das?«

»Er hat wahrscheinlich eine neue Stelle gefunden.«

»Was? Woher weißt du das?«

»Das ist schon öfter vorgekommen«, sagte Philip.

Im Taxi zum Flughafen fing sie verzweifelt an zu weinen. Immer wieder nahm sie die Hand des Jungen, seinen Arm. »Aber was ist mit uns . . . mit mir . . .? Das Jahr ist fast vorbei. Ich habe nichts vorzuweisen. Ich habe bei der Universität gekündigt und ich kann nicht wie die anderen um Wiedereinstellung bitten, ich kann einfach nicht . . . ich kann mich nicht erniedrigen! Und meine Dissertation, all das ist tot, verdorrt, all das gehört der Vergangenheit an! Was ist mit mir? Kommt dein Vater nie mehr wieder, sehe ich ihn nie mehr wieder?«

»Mein Vater interessiert sich nicht sonderlich für Frauen«, sagte Philip kühl.

Wanda gluckste vor Lachen. »Das habe ich nicht gemeint . . .«

»Er macht kein Geheimnis draus. Ich habe ihn dutzendemal darüber reden hören«, sagte Philip. »Er war bei meiner Geburt dabei. Er und meine Mutter wollten das so. Er hat gesehen, wie ich geboren bin . . . Ich geboren wurde . . . er hat das ganze Blut gesehen, wie die Innereien meiner Mutter herauskamen . . . das ganze Blut . . .« Der Junge war jetzt ganz verträumt, nicht mehr abweisend und arrogant; er starrte durch Wandas Gesicht hindurch, als sehe er gebannt in etwas Geheimnisvolles. Seine Stimme wurde sanft, fast glockenrein. »Ach, mein Vater nimmt kein Blatt vor den Mund, was diese Erfahrung angeht . . . Diesen Schlamassel zu sehen, sagt er, hat ihn für immer impotent gemacht. Frag ihn. Er erzählt dir bestimmt gerne davon.«

»Das glaube ich nicht«, flüsterte Wanda.

»Dann glaub's eben nicht.«

Sie wartete, bis sein Flug aufgerufen wurde, und ging mit ihm zum Flugsteig. Immer wieder berührte sie seine Hände, seine Arme, selbst sein buschiges, dunkelblondes Haar. Er machte sich maulend von ihr los; dann erbarmte er sich ihrer, betrachtete mit plötzlichem Interesse ihre bläuliche, geschwollene Lippe und reichte ihr die Hand. Es war ein förmlicher Händedruck, ein Lebewohl.

»Aber was mache ich mit dem Rest meines Lebens?« schluchzte Wanda.

Der Junge schüttelte den Kopf. »Du bist so leicht zu durchschauen«, sagte er ausdruckslos.

Gabriel Garcia Marquez

Der schönste Ertrunkene der Welt

Der gefeierte kolumbianische Autor, geboren 1928, wurde 1970 mit *Hundert Jahre Einsamkeit* in Amerika zum Bestseller-Autor. Dieses Buch wurde sofort zum Klassiker und lenkte das Interesse der literarischen Welt auf Lateinamerika. Garcia Marquez war, bevor er begann, Romane zu schreiben, Journalist und Kolumnist. Er arbeitete vorwiegend in Mexiko. 1982 gewann er den Nobelpreis für Literatur. Seine späteren Romane waren *Chronik eines angekündigten Todes* und der Bestseller *Die Liebe in den Zeiten der Cholera*.

Die hier abgedruckte Kurzgeschichte erschien 1993 in der Sammlung *Zwölf Geschichten aus der Fremde* gemeinsam mit zwei anderen Geschichten, die zuerst im Playboy in englischer Sprache erschienen sind. Eine von ihnen brachte dem Playboy 1985 den National Magazine Award for Fiction.

Gabriel Garcia Marquez

Der schönste Ertrunkene der Welt

Die Kinder, die die längliche dunkle Masse zuerst auf den Fluten her-
antreiben sahen, sagten sich, daß es ein feindliches Schiff sein müsse.
Dann sahen sie, daß es weder Flaggen noch Masten hatte, und sie
glaubten, es sei ein Wal. Als die Masse dann ans Ufer gespült wurde,
entfernten sie die Seetangbüschel, die Quallenarme und die Fisch- und
Treibgutreste, die sich darauf festgesetzt hatten, und da merkten sie
erst, daß es ein Ertrunkener war. Und sie benutzten ihn als Spielzeug.
Sie hatten schon den ganzen Nachmittag mit ihm gespielt, ihn im Sand
verbuddelt und wieder ausgegraben, als jemand sie zufällig sah und die
Nachricht im Dorf verbreitete. Die Männer, die ihn zum nächsten
Haus trugen, stellten fest, daß er schwerer war als irgendein Toter, den
sie je getragen hatten, fast so schwer wie ein Pferd, und sie sagten
zueinander, er sei vielleicht schon zu lange im Meer getrieben und seine
Knochen hätten sich voll Wasser gesogen. Als sie ihn auf den Boden
legten, meinten sie, er müsse größer als jeder andere Mann gewesen
sein, denn im Haus war fast nicht genug Platz für ihn, aber sie dachten,
daß manche Ertrunkene vielleicht die Fähigkeit hätten, nach dem Tod
weiterzuwachsen. Er roch nach Meer, und nur seine Gestalt ließ erkennen, daß es sich um eine menschliche Leiche handelte, denn die Haut
war mit einer schuppigen Schlickkruste bedeckt.

Sie brauchten sein Gesicht nicht erst zu säubern, um zu wissen, daß der Tote ein Fremder war. Das Dorf bestand aus etwa 20 Holzhäusern mit Steinhöfen, in denen keine Blumen wuchsen, und lag am Ende einer felsigen Landzunge. Es gab so wenig Land, daß die Mütter ständig in der Angst lebten, ihre Kinder könnten vom Wind davongetragen werden, und daß man die wenigen Toten, die es im Lauf der Jahre unter ihnen gegeben hatte, über die Klippen hinabwerfen mußte. Aber das Meer war friedlich und freigebig, und alle Männer des Dorfes paßten in sieben Boote. Als sie die Wasserleiche gefunden hatten, brauchten sie deshalb einander nur anzusehen, um zu wissen, daß sie noch vollzählig waren.

In dieser Nacht fuhren sie nicht hinaus aufs Meer. Während die Männer in die Nachbardörfer gingen, um zu erkunden, ob dort jemand vermißt wurde, blieben die Frauen zurück und kümmerten sich um den Ertrunkenen. Sie wischten den Schlick mit Grasbüscheln ab, sie entfernten die kleinen Steinchen, die sich in seinem Haar verfangen hatten, und sie schabten die Kruste von seiner Haut mit Werkzeugen, die sonst zum Abschuppen von Fischen dienten. Während sie dies taten, bemerkten sie, daß die Pflanzen, die an ihm hafteten, aus entfernten Meeren und aus großer Tiefe stammten und daß seine Kleider zerfetzt waren, als sei er durch Korallenlabyrinthe getrieben. Sie bemerkten auch, daß er seinen Tod mit Stolz trug, denn er hatte weder den verlassenen Ausdruck anderer Wasserleichen, die aus dem Meer kamen, noch den verstörten, jämmerlichen Ausdruck derer, die in Flüssen ertrunken waren. Doch erst nachdem sie ihn gesäubert hatten, wurde ihnen bewußt, was für ein Mann er war, und es verschlug ihnen die Sprache. Nicht nur, daß er der größte, stärkste, männlichste und schönste Mann war, den sie je gesehen hatten – ihre Vorstellungskraft reichte nicht einmal aus, ihn zu fassen, obwohl sie ihn vor sich sahen.

Im ganzen Dorf fanden sie kein Bett, das groß genug für ihn war, und keinen Tisch, der stabil genug war, um für ihn eine Bahre abzugeben. Weder paßten ihm die Feiertagshosen des größten Mannes im Dorf noch das Sonntagshemd des dicksten Mannes oder die Schuhe desjenigen mit den längsten Füßen. Fasziniert von seiner Größe und Schönheit, beschlossen die Frauen, ihm aus einem großen Stück Segeltuch eine Hose und aus Brabanter Brautleinen ein Hemd zu nähen, damit seine Würde auch im Tod gewahrt bliebe. Während sie im Kreis saßen und nähten und dabei ab und zu einen Blick auf den Leichnam warfen, kam es ihnen so vor, als habe der Wind noch nie so stark geweht und das Meer noch nie so getobt wie in dieser Nacht, und sie nahmen an, daß das irgendwie mit dem Toten zusammenhing. Wenn dieser wunderbare Mann in ihrem Dorf gelebt hätte, dachten sie, hätte er das Haus mit den breitesten Türen, der höchsten Decke und dem stärksten Fußboden gehabt; sein Bett wäre aus Mittschiffsplanken gebaut gewesen, die von Eisenschrauben zusammengehalten worden wären, und seine Frau wäre die glücklichste aller Frauen gewesen. Er hätte so viel Macht besessen, daß die Fische auf sein Geheiß aus dem Meer gekommen wären, und er hätte so viel Kraft in sein Land gesteckt, daß zwischen den Felsen Quellen entsprungen wären und er auf den Klippen hätte Blumen pflanzen können. Sie verglichen ihn insgeheim mit ihren eigenen Männern und dachten, daß diese in ihrem ganzen Leben nicht imstande gewesen waren, das zu vollbringen, was er in einer einzigen Nacht zu tun vermochte, und tief im Innern verachteten sie ihre Männer als die schwächsten, niedrigsten und nutzlosesten Geschöpfe auf Erden. Während sie durch diese Phantasielabyrinthe wanderten, seufzte die älteste der Frauen, die wegen ihrer Jahre eher mitleidig als leidenschaftlich auf den Ertrunkenen geblickt hatte: »Er sieht aus wie jemand namens Esteban.«

Das stimmte. Die meisten von ihnen brauchten nur noch einen Blick auf ihn zu werfen, um zu wissen, daß kein anderer Name zu ihm paßte. Die Uneinsichtigeren unter ihnen, die zugleich die Jüngsten waren, klammerten sich noch einige Stunden an die Vorstellung, daß er, wenn sie ihm die Kleider anzogen und ihn auf Blumen betteten, auch Lautaro heißen könne. Aber das war nichts als eine Illusion. Das Stück Segeltuch war nicht groß genug gewesen, die schlecht geschnittene und noch schlechter genähte Hose war zu eng, und die verborgene Kraft seines Herzens sprengte die Knöpfe seines Hemdes. Nach Mitternacht legte sich der Wind, und das Meer fiel in seine Mittwochschläfrigkeit. Die Stille beseitigte auch die letzten Zweifel: Er war Esteban. Die Frauen, die ihn angezogen, ihm das Haar gekämmt, die Nägel geschnitten und den Bart rasiert hatten, wurden bei dem Gedanken, daß man ihn über den Boden würde schleifen müssen, von Mitleid gepackt. Sie verstanden plötzlich, wie unglücklich er mit diesem riesigen Leib gewesen sein mußte, der ihm selbst im Tod noch zu schaffen machte. Sie sahen ihn im Leben vor sich, wie er dazu verurteilt war, seitwärts durch Türen zu gehen, seinen Kopf an Balken anzuschlagen, bei Besuchen in fremden Häusern stehenzubleiben und nicht zu wissen, wohin mit seinen weichen rosa Seelöwenpranken, während die Dame des Hauses nach ihrem stabilsten Stuhl Ausschau hält und ihn angstvoll auffordert, nehmen Sie doch Platz, Esteban, worauf er, der an der Wand lehnt, lächelnd sagt, machen Sie sich keine Mühe, Ma'am, ich stehe hier ganz bequem, obwohl seine Fersen und sein Rücken wund und aufgescheuert sind, weil er sich bei jedem Besuch so verhalten hat, so oft gesagt hat, machen Sie sich keine Mühe, Ma'am, ich stehe hier ganz bequem, nur um der Verlegenheit zu entgehen, daß er einen Stuhl zerbrechen könnte, und weil er nie weiß, ob diejenigen, die ihn bitten, bleiben Sie doch noch, Esteban, warten Sie wenigstens, bis der Kaffee fertig ist, nicht hinterher flüstern, der große Kerl ist endlich fort, ein Glück, der schöne Tölpel ist gegangen. Das war es, was die Frauen, die bei der Leiche saßen, kurz vor Anbruch der Morgendämmerung dachten. Später, als sie sein Gesicht mit einem Taschentuch bedeckt hatten, damit ihn das Licht nicht störe, wirkte er so endgültig tot, so hilflos, so sehr ihren Männern ähnlich, daß sich in ihren Herzen die ersten Tränenquellen öffneten. Es war eine von den jüngeren Frauen, die als erste weinte. Die anderen schlossen sich ihr an, steigerten sich vom Seufzen zum Schluchzen, und je mehr sie schluchzten, desto stärker war ihnen nach Weinen zumute, denn der Ertrunkene wurde für sie immer mehr zu Esteban, und so weinten sie sehr, denn er war der hilfloseste, friedlichste und freundlichste Mann der Welt, der arme Esteban. Und als die Männer mit der Nachricht zurückkamen, daß der Ertrunkene auch nicht aus einem der Nachbardörfer stammte, fühlten die Frauen inmitten ihres Schmerzes Freude.

»Dem Herrn sei Dank«, seufzten sie, »er gehört uns!«

Die Männer hielten das Ganze für weibisches Getue. Erschöpft von den anstrengenden nächtlichen Erkundungsgängen, hatten sie nur den einen Wunsch, sich der Mühen, die dieser Fremde mit sich brachte, ein für allemal zu entledigen, bevor die Sonne an diesem trockenen, windstillen Tag zu sengend wurde. Aus Fockmasten und Gaffeln, die sie mit Takelwerk zusammenbanden, fertigten sie eine improvisierte Bahre, auf der sie den schweren Körper zu den Klippen hinauftragen konnten. Sie wollten den Anker eines Frachtschiffs an der Leiche befestigen, damit sie sogleich in die tiefste Tiefe sank, dort, wo Fische blind sind und Taucher an Heimweh sterben, und damit sie von widrigen Strömungen nicht ans Ufer zurückgetrieben wurde, wie es mit anderen Leichen geschehen war. Doch je mehr die Männer sich eilten, desto einfallsreicher wurden die Frauen darin, die Zeit zu vertrödeln. Sie liefen wie aufgescheuchte Hühner hin und her und trugen Seeamulette herbei, und während eine sich auf dieser Seite zu schaffen machte, um dem Ertrunkenen ein Skapulier des guten Windes umzubinden, befestigte eine auf der anderen Seite einen Kompaß an seinem Handgelenk, und nach vielen Aufforderungen wie: Geh weg hier, Frau, du stehst mir im Weg, siehst du, jetzt wäre ich fast auf den Toten gefallen, begannen die Männer mißtrauisch zu werden und murrend zu fragen, weshalb sie einem Fremden soviel Altarschmuck mitgeben müßten, denn wie viele Nägel und Behälter mit heiligem Wasser er auch bei sich habe, die Haie würden ihn trotz allem fressen, aber die Frauen häuften weiter ihre wertlosen Reliquien über ihn, liefen stolpernd hin und her und machten ihren Gefühlen wenn nicht durch Tränen, so durch Seufzer Luft, bis die Männer schließlich die Geduld verloren und wissen wollten, wann man jemals um eine Wasserleiche, um einen ertrunkenen Niemand, ein Stück lebloses Fleisches, ein solches Theater gemacht habe.

Da zog eine der Frauen, verletzt von soviel Lieblosigkeit, das Taschentuch vom Gesicht des Toten, und den Männern verschlug es ebenfalls die Sprache.

Er war Esteban. Sie erkannten ihn, ohne daß man es ihnen noch einmal erklären mußte. Wenn man ihnen Sir Walter Raleigh gezeigt hätte, wären sie vielleicht auch beeindruckt gewesen von seinem Gringoakzent, dem Papagei auf seiner Schulter und seiner Kannibalen tötenden Donnerbüchse, aber es gab nur einen Esteban auf der Welt, und da lag er vor ihnen, langgestreckt wie ein Pottwal, ohne Schuhe, in einer zu knappen Kinderhose und mit steinharten Nägeln, die mit einem Messer geschnitten werden mußten. Sie brauchten nur das Taschentuch von seinem Gesicht zu ziehen, um zu sehen, daß er sich schämte, daß er nichts dafür konnte, wenn er so groß oder so schwer oder so schön war, und wenn er gewußt hätte, daß es so kommen würde, hätte er sich einen abgelegeneren Ort zum Ertrinken ausgesucht, ehrlich, ich hätte mir sogar einen Galeonenanker um den Hals gebunden und wäre über eine Klippe gestolpert wie jemand, dem die Dinge nicht gefallen, nur um euch nicht mit diesem mittwochtoten Körper, wie ihr sagt, zu belästigen, mit diesem scheußlichen Stück lebloses Fleisches, das mit mir nichts zu tun hat. In seinem Ausdruck lag soviel Aufrichtigkeit, daß selbst die mißtrauischsten der Männer, die die Bitterkeit endloser Nächte auf See kannten und fürchteten, ihre Frauen könnten müde werden, von ihnen zu träumen, und statt dessen von Ertrunkenen träumen, daß sogar sie und andere, die härter waren, von Estebans Wahrhaftigkeit im Innersten erschüttert wurden.

Und so kam es, daß sie für einen heimatlosen Ertrunkenen die glanzvollste Totenfeier veranstalteten, die sie sich vorstellen konnten. Einige Frauen, die in die Nachbardörfer gegangen waren, um Blumen zu holen, kehrten mit anderen Frauen zurück, die nicht glauben konnten, was man ihnen erzählt hatte, und als diese Frauen den Toten gesehen hatten, gingen sie, um noch mehr Blumen zu holen, und mit ihnen kamen weitere, und sie brachten immer mehr, bis man sich vor Blumen und Menschen kaum noch rühren konnte. Im letzten Augenblick tat es ihnen leid, ihn dem Wasser als Waisen zurückzugeben, und sie wählten unter den angesehensten Familien einen Vater und eine Mutter für ihn aus und dann Tanten und Onkel und Vettern, so daß alle Dorfbewohner durch ihn zu Verwandten wurden. Einige Seeleute, die aus der Ferne das Wehklagen vernahmen, kamen vom Kurs ab, und wie man hörte, ließ einer sich sogar an den Großmast binden, weil er an alte Sagen von Sirenen erinnert wurde. Während sie sich um die Auszeichnung stritten, ihn auf ihren Schultern den steilen Hang zu den Klippen hinaufzutragen, kam den Männern und Frauen angesichts des Glanzes und der Schönheit ihres Ertrunkenen zum erstenmal die Trostlosigkeit ihrer Straßen, die Kargheit ihrer Höfe und die Enge ihrer Träume zu Bewußtsein. Sie ließen ihn ohne Anker, damit er zurückkehren konnte, wann immer er wollte, und während des Bruchteils von Jahrhunderten, in dem der Körper in den Abgrund stürzte, hielten sie alle den Atem an. Sie brauchten einander nicht anzusehen, um zu wissen, daß sie nicht mehr vollzählig waren und es auch nie mehr sein würden. Aber sie wußten auch, daß von nun an alles anders sein würde, daß ihre Häuser breitere Türen, höhere Decken und stärkere Fußböden haben würden, so daß die Erinnerung an Esteban überall hingehen konnte, ohne gegen Balken zu stoßen, und daß in Zukunft niemand es wagen würde zu flüstern, der große Kerl ist endlich gestorben, der schöne

Tölpel ist tot, denn sie würden die Wände ihrer Häuser bunt anstreichen, damit die Erinnerung an Esteban ewig weiterlebte, und sie würden mit schmerzenden Rücken zwischen den Felsen nach Quellen graben und auf den Klippen Blumen pflanzen. In späteren Jahren würden die Passagiere von großen Linienschiffen im Morgengrauen auf hoher See von betörendem Blumenduft geweckt werden, und der Kapitän würde in seiner Paradeuniform mit seinem Astrolabium, seinem Polarstern und seinen vielen Kriegsmedaillen von der Kommandobrücke herunterkommen, auf das Rosengebirge am Horizont deuten und in vierzehn Sprachen sagen, sehen Sie, dort, wo der Wind jetzt so friedlich ist, daß er sich in den Beeten schlafen gelegt hat, dort drüben, wo die Sonne so hell strahlt, daß die Sonnenblumen nicht wissen, in welche Richtung sie die Köpfe drehen sollen, ja, dort drüben, das ist Estebans Dorf.

Nadine Gordimer

Der Bewahrer

Es gibt natürlich auch Frauen, die ihre Geschichten im Playboy veröffentlicht haben. Shirley Jackson war 1960 die erste. Manche Literatur, die von Frauen verfaßt wurde, paßt nicht zu der männlichen Leserschaft, für die das Magazin entwickelt wurde. Und mache Autorinnen wollen auch gar nicht im Playboy erscheinen.

Nadine Gordimer, eine der bekanntesten Autorinnen der Welt, konnte und wollte seit vielen Jahren ihre Geschichten im Playboy veröffentlichen. Sie wurde 1923 in Johannesburg geboren und lebt auch heute noch in Südafrika, wo sie als engagierte und redegewandte Kämpferin gegen die Apartheid-Politik bekannt ist. Man kann wohl wirklich sagen, daß die Aufmerksamkeit, die ihr nach der Verleihung des Nobelpreises zuteil wurde, Auswirkungen auf ganz Südafrikas politische Zukunft hatte. Ihr bekanntestes Buch ist wahrscheinlich *Burgers Tochter*. »Der Bewahrer« war ihre erste Kurzgeschichte, die im Playboy erschien, und sie ist ein gutes Beispiel für Nadine Gordimers wachsamen, unsentimentalen Stil.

Nadine Gordimer

Der Bewahrer

Helle, gesprenkelte Eier. Als er am Sonntagmorgen über die Fahrfurchen zum Tor der dritten Weide holpert, sieht der Besitzer der Farm plötzlich: ein Gelege heller, gesprenkelter Eier vor einem Halbkreis von Kindern. Einige hocken; das Kind direkt hinter den Eiern hat die Beine gekreuzt wie ein Händler auf einem Markt. In dem schüchternen, zum Farmer erhobenen Grinsen liegt Besitzerstolz. Die Eier sind wie Murmeln arrangiert, die anderen Kinder drängen sich um sie, aber es ist deutlich, daß sie die Eier ohne die Erlaubnis des Kindes mit den gekreuzten Beinen nicht anfassen dürfen. Die nackten Sohlen und die Hinterteile der Kinder haben in dem langen, trockenen Gras ein Nest für die Eier und die Kinder plattgedrückt. Das Emblem auf der Kühlerhaube, geformt wie ein prismatischer Blitz, beschneidet das Blickfeld des Farmers wie ein blendendes, vertikal-horizontales Schwert. An dieser Stelle taucht immer ein Kind auf, selbst wenn vorher keines zu sehen war, rennt über die Wiese und macht das Tor für das Auto auf. Aber heute zieht der Farmer die Handbremse an, läßt den Motor laufen und steigt aus. Ein kleiner Junge in einem Pullover, der vor langer Zeit für viel längere Arme gestrickt wurde, aber dennoch zu kurz ist, den nackten Bauch zu bedecken, läuft zum Tor und bleibt dort stehen. Alle anderen umringen stolz lächelnd die Eier. Das Kind mit den gekreuzten Beinen (es trägt ein Frauenkleid, könnte aber ein Junge sein) streckt die Hände nach den Eiern aus, schiebt sie sacht etwas näher zusammen und läßt sich zwei vom Rand in die Handflächen rollen. Die Eier sind von einem kremigen Gelbbraun, mit poriger Schale und leicht verfleckt, spitzer als Hühnereier, und die Flächen der kleinen schwarzen Hände sind von einem durchsichtig wirkenden Aprikosenrosa. Kein Geräusch bis auf ehrfürchtiges, schnüffelndes Atmen durch rotzige Nasen.

Der Farmer stellt dem Kind mit den gekreuzten Beinen eine Frage, und es wird gekichert. Er deutet hinunter auf die Eier, rührt sie aber nicht an und fragt wieder. Die Kinder verstehen die Sprache nicht. Er spricht weiter, mit vielen Gesten. Das Kind mit den gekreuzten Beinen legt den Kopf schief, zieht die Unterlippe ein, lächelt wie unter dem Gewicht eines Lobs und läßt ein Ei von einer Hand in die andere gleiten.

Elf helle, gesprenkelte Eier. Ein ganzes Gelege Perlhuhneier.

Der Kleine am Tor wartet immer noch. Der Farmer geht zum Auto zurück, schaltet die Zündung aus und geht in die Richtung, aus der er mit dem Auto gekommen ist. Er hat den Weg verlassen und geht über das Grasland, springt über den trockenen Graben und landet mit einem federnden Knacken auf den toten Kosmeen und dem khakibraunen Unkraut, das den Graben im letzten Sommer säumte. Auf dem harten Boden schlurfen seine dicken Gummisohlen über ausgefranste Scheuerbürsten aus dicht abgeweidetem totem Gras. Er ist auf dem Weg zum Kral neben der Koppel, in die die Kälber nachts untergebracht werden. Aber die saubere Umfriedung mit halbierten Ölfässern als Futtertrögen ist leer; niemand ist da. Aus einer Reihe von Räumen aus grauem Ytong weht Radiomusik wie hörbarer Rauch in den klaren, schönen Morgen: Es ist Sonntag. Hinter den Schutzwänden aus Draht und Blech, die die Behausungen verbergen oder ein Teil von ihnen sind, taucht eine Frau auf. Als sie ihn kommen sieht, bleibt sie reglos stehen, eine Gestalt wie auf einem Foto, der die Sonne in die Augen scheint. Er fragt nach dem Viehaufseher. Ohne sich zu rühren, aber mit Grimassen, als strenge sie sich an, ihn zu verstehen, gibt sie ein zustimmendes Geräusch von sich, dann antwortet sie. Er wiederholt, was sie gesagt hat, um sich zu vergewissern, und sie wiederholt das zustimmende Geräusch, lang und beruhigend wie der Ächzlaut eines zufriedenen Schläfers. Ihr Blick lenkt ihn in die Richtung, in die sie gezeigt hat.

Er überquert ein Luzernefeld. Der letzte Herbstschnitt muß irgendwann in der letzten Woche gewesen sein; obwohl die geschrumpften Überbleibsel (wie Fetzen eines geplatzten Ballons) ihre Kleeform eingebüßt haben und zu einem Graugrün verblaßt sind, verströmen sie unter den Füßen hie und da einen milden, süßlichen Geruch nach Sommer – Atem aus dem Maul einer Kuh oder aus dem Mund einer warmen, schläfrigen Frau, der man sich am Morgen zuwendet. Unwillkürlich zieht er den Geruch tief in die Lungen, und er verwandelt sich in eine stärkere Freude, in die trockene, kühle, vollkommene Luft des Herbstes im hohen Grasland, die er, eingeschlossen in das Auto, in dem noch die seichte Stadtluft sitzt, noch nicht eingeatmet hat. Heute morgen noch nicht, eine Woche lang nicht. Als die Luft in ihn eindringt, wird sein Blick weiter und schweift: Unten am Fluß sind die Weiden blond geworden, noch nicht ganz hell, ausgekämmt zu mageren Strähnen, aber dennoch leicht gesprenkelt und zart gesträhnt mit gelben Blättern. Ein schwaches, verschwommenes Ambiente umgibt sie, ein lila-rauchiger Schimmer zwischen ihren Umrissen und der klaren Luft . . . unglaublich.

Elf. Ein ganzes Gelege Perlhuhneier. Bald wird nichts mehr übrig sein. Im Land. Auf dem Kontinent. In den Meeren, am Himmel.

Plötzlich sieht er die Gestalt des Schwarzen, Jacobus, der auf ihn zukommt. Er muß aus den Weiden jenseits der Luzerne gekommen sein und überquert das Feld mit dem eigenartigen, steifhüftigen Hoppeln eines Mannes, der laufen würde, wenn er nur jünger wäre. Aber *er* ist doch auf der Suche nach Jacobus; irgend etwas stimmt hier nicht – wie kann der Mann denn schon wissen, daß er gebraucht wird? Ein Rauchzeichen aus dem Kral? Der Farmer kichert kurz und ungeduldig, fast peinlich berührt über sich – und geht gemessen weiter, widersteht dem Impuls, den Mann mit einem Winken festzunageln, und legt sich im Kopf zurecht, was er über die Perlhühner sagen soll.

Obwohl es Sonntag ist, trägt Jacobus den blauen Overall, der ihm gestellt wird, und obwohl es nicht geregnet hat und in den nächsten vier Monaten auch nicht mit Regen gerechnet werden kann, hat er die Gummistiefel an, die für nasses Wetter gedacht sind. Natürlich keucht er, aber drei Meter von dem Farmer entfernt bleibt er stehen, als ob dort eine Linie gezogen wäre, und vollzieht die Förmlichkeiten der Begrüßung, wozu eine Handbewegung gehört, als müsse er eine Mütze ziehen. Der Farmer kommt ohne Eile näher. »Jacobus, ich war auf der Suche nach dir. Wie steht's denn so?«

»Nein – alles in Ordnung. Freitag ist Kalb geboren. Aber ich versucht, Sie anzurufen, gestern nacht –«

»Gut, das Kalb ist von der roten Kuh, stimmt's?«

»Nein, die rote sie noch nicht soweit. Ist von der jungen, wo Sie letztes Jahr gekauft haben in Pietersburg –«

Beide sprechen schnell, nach Art eines Mannes, der noch etwas loswerden will. Ein Augenblick der Pause, um einen Zusammenstoß zu vermeiden; aber natürlich hat der Farmer das Wegerecht. »Hör mal, Jacobus, ich war eben auf der dritten Weide –«

»Ich versucht, versucht, gestern nacht anrufen, Master –«

Aber er hat sich genau zurechtgelegt, wie er es sagen will: »Die Kinder nehmen Perlhuhneier zum Spielen. Sie müssen im Gras oder im Schilf ein Nest gefunden haben, und sie haben die Eier genommen.«

»Dort am Fluß . . . Sie sind dort gewesen?« Der Aufseher hat die Lippen von den verrottenden Pferdezähnen zurückgezogen. Er sieht bekümmert aus, widerstrebend: Ja, er ist verantwortlich für die Kinder, etliche sind vermutlich seine, und wie auch immer, er ist verantwortlich für Ordnung unter den Angehörigen der Farmarbeiter, und der Farmer hatte schon Grund zur Klage wegen der vielen Hunde, die sie halten – eine Gefahr für das Federwild.

»Sie brauchen sie ja nicht als Nahrung. Zum Essen, nein, was? Ihr habt reichlich Geflügel. Die Kinder sind noch klein und wissen es nicht, aber du mußt ihnen sagen, daß diese Eier nicht zum Spielen da sind. Wenn sie Eier im Grasland finden, dürfen sie sie nicht anfassen, verstehst du? Sie dürfen sie auf keinen Fall anfassen oder wegnehmen.« Natürlich versteht er bestens, aber er setzt eine verständnislose, gequälte Miene auf, um zu zeigen, daß ihn keine Schuld trifft, das Verhalten aller anderen im Kral ist eine Belastung für ihn. Jacobus ist nicht frei von Speichelleckerei. »Master«, bettelt er. »Master, ganz was Schlimmes unten am Fluß. Ich versucht, versucht Sie gestern nacht anrufen. Wegen was passiert. Dort ist toter Mann. Sie ihn sehen kommen.« Und seine Hand, die ein gebieterischer Zeigefinger schüttelt, sticht auf Brusthöhe des Farmers in die Luft, in Richtung der Weidenreihe hinter ihm.

»Ein Mann?«

»Da – da –« Der Aufseher weicht vor der eigenen Hand zurück, als wolle er etwas in Schach halten. Drei tiefe Falten furchen seine Stirn.

»Jemand ist gestorben?«

Der Aufseher hat die Autorität grauenhaften Wissens. »Toter Mann. Solomon ihn gefunden, gestern um fünf.«

»Ist einem der Boys etwas passiert? Was für ein Mann?«

»Nein. Ja, wir nicht wissen, wer. Oder was. Wo er hergekommen, um tot zu sein auf diese Farm.«

»Ein Fremder. Keiner von unseren Leuten?«

Der Aufseher breitet entnervt die Hände aus. »Niemand weiß, wer Mann ist.« Und er fängt wieder an, die Geschichte zu erzählen: Solomon ist gerannt, es war fünf Uhr, er hat die Kühe zurückgebracht. »Gestern nacht, ich, ich versucht, fünfmal« – er hält die ausgestreckten Finger und den Daumen hoch – »Sie anrufen in der Stadt.«

»Und was hast du dann getan?«

»Jetzt, wo ich Auto kommen sehe, ich laufen her von Weide aus –«

»Aber was ist mit der Leiche?«

Dieses Mal deutet das vorgeschobene Kinn wie der Zeigefinger in die Richtung: »Mann ist da. Können ihn sehen, Master, kommen Sie, ich zeig' Ihnen, wo es ist.«

Der Aufseher stampft an ihm vorbei. Dem Farmer bleibt nichts anderes übrig, als ihm zu folgen. Warum soll er sich einen Toten am Fluß ansehen? Er könnte genausogut sofort die Polizei anrufen und es den Dienstwegen überlassen, die für solche Angelegenheiten zuständig sind. Es ist kein Farmarbeiter. Niemand, den er kennt. Es ist ein Anblick, der keinen Anspruch auf ihn hat.

Aber der Tote ist auf seinem Land. Jetzt, wo der Farmer angekommen ist, hat der Aufseher Jacobus zu der Festigkeit und der Unterstützung einer Interpretation des Vorfalls gefunden: Sein entschlossener Rücken im blauen Overall, dessen Kragen vom leicht gebeugten Nakken absteht, führt zu dem Eindringling. Er tut seine Pflicht, und sein Arbeitgeber hat die Pflicht, ihm zu folgen.

Sie gehen über das Luzernefeld zurück und den Weg entlang. Ein schöner Morgen, schon der ruhigen Fülle von Frieden und Wärme nahe, die anhalten wird, bis die Sonne untergeht, ohne die sommerliche Klimax steigender Hitze. Um zehn wird es so warm sein wie am Mittag, und am Mittag nicht heißer als drei Uhr nachmittags. Die Pause

zwischen zwei Jahreszeiten: Tage so vollkommen und perfekt um-
schlossen wie ein Ei.

Die Kinder sind fort; die plattgedrückte Stelle, an der sie waren,
könnte genausogut von einer Kuh stammen, die sich ins Gras gelegt
hat.

Die beiden Männer sind an dem stehenden Auto vorbeigegangen
und haben fast das Tor erreicht. Vom Kral her kommt eine kokette,
überredende Stimme aus dem Himmel, die einen Werbespot plärrt ...
IHRE GROSSPACKUNG KOSTENLOS ... SCHICKEN SIE NOCH HEUTE IHREN
NAMEN UND IHRE ADRESSE AN ... Der Kleine im Pullover taucht aus
dem Nichts aus, ist aber beunruhigt beim Anblick des Aufsehers. Sein
kleiner staubiger Penis hängt wie der Rüssel eines Spielzeugelefanten
vom pummeligen Schamhügel. Der Kleine steht da und beobachtet,
wie Jacobus die Schlaufe aus rostigem Draht aufwickelt, die den Pfosten des Stacheldrahtzauns und den Torpfosten umschließt, und das
Tor, das nur ein freigelegtes Zaunstück ist, zu Boden fällt.

Der Weg hat Fahrfurchen und tief eingegrabene Muster von der letzten Regenzeit, versteinert; Schliffen, die sich in Jahrtausenden in Fels
eingegraben haben, ähnlicher als Abdrücken von Rädern, Stiefeln und
Hufen in der lebendigen Erde. In diesem Sommer hat es nicht geregnet,
aber selbst in einem Dürrejahr spendet der Vlei auf dieser Farm etwas
Feuchtigkeit, und auf der dritten Weide gibt es Stellen, wo sich eine
Haut aus grünlichem Naß gebildet hat, getrocknet ist, sich aufgewor-
fen hat und rissig geworden ist, wo sich jedes unebenmäßige Stück an
den Rändern rollt. Die Schritte des Farmers graben sich in diese Stellen,
es hört sich an, als würde man Kekse zwischen den Zähnen zermalmen.
Der Fluß liegt zu tief, als daß er zu sehen oder zu hören wäre; als der
Abhang den Gang des Farmers beschleunigt, hängt ein Hauch in der
trockenen Luft wie vorhin der Geruch nach Klee. Ein Hauch – der
Wäschereigeruch nach Seifenschaum. Gut, der Fluß ist also da, irgendwo.

Und der Tote. Sie laufen hinunter zu den Weiden und dem Schilf,
abgebrochen, im Zickzack, verheddert, in sich zusammengebrochen,
ein Palisadenzaun, ganz der anderen Seite zugeneigt – wo der Boden
wieder ansteigt und das Land eines anderen anfängt. Dorthin geht niemand. Wenn kein Dürrejahr ist, kommt man nicht hinüber, und die
Kühe stehen mitten im Fluß und starren blöde auf Inseln aus versteck-

tem Gras, die sie wittern, aber nicht erreichen können. Die halbnackten Weiden lassen die Rutenspitzen ein paar Zentimeter oberhalb des abgetretenen, schwach grünen Picknickplatzes hängen, dessen flache Feuerstelle Asche füllt, in der ein geschultes Auge noch die Aufschrift auf den Überresten eines Kartons voller Bierdosen erkennen kann. Mit der Spitze seiner Gummisohle dreht der Farmer im Gehen dort, wo sich das Flußbett gesenkt hat, etwas Glitzerndes um; jemand hat im Sommer hier einen Ring verloren. Der blaue Overall führt ihn durch tote Disteln, vorbei an vereinzelten Kreisen aus Sumpflilien, deren lange, zackige Blätter ein Mandala bilden, durch einen Streifen aus zähem Schilf, das den Schwänzen von Amphibien ähnelt und den ganzen Winter lang seine schwarzgrüne Biegsamkeit behält. Die beiden Männer stapfen schwerfällig wie Vieh in das trockene Schilf hinein, scheuchen einen kleinen Schwarm winziger Vögel auf, spüren an den Gesichtern das von ihrem Durchgang losgerissene Gespinst samenträchtiger Rohrkolben. Dort ist der Mann, er liegt auf dem Gesicht.

Fast wäre der Farmer blindlings über ihn gestolpert: Er war dicht hinter seinem Viehaufseher und schleppte sich beharrlich voran. Der Tote.

Jacobus geht um den Anblick herum. Eine zertrampelte Lichtung umgibt ihn – der ganze Kral muß hier unten gewesen sein, um einen Blick darauf zu werfen. »Wie passiert? Was hier passiert? Warum er kommen auf diese Farm? Was passiert?« Er spricht weiter, in einer Art Lamento der Entrüstung. Auch der Farmer umkreist den Anblick, mit den Augen.

Das Gesicht liegt im klebrigen Schlamm; die winzigen braunen Ohren, das dünne, verfilzte Haar, eine Falte oder ein Wulst, wo das Haar den Nacken berührt, denn wer der Mann auch gewesen sein mag, dünn war er nicht. Ein braunes Nadelstreifenjackett, das einmal zum Geschäftsanzug eines Weißen gehört haben muß, die Manschettenknöpfe an den Hemdsärmeln sind verschwunden. Schicke enge Hosen und ein breiter Gürtel aus imitiertem Schlangenleder, modisch bestickt. Wie er hier liegt, könnte er ein Betrunkener sein, dieser feine Pinkel aus der Stadt. Aber seine aus der Mode gekommenen, »eleganten« Schuhe stecken an toten, verkrümmten Füßen, steif und gebrochen nach innen gedreht, als er in das Schilf geworfen wurde. Bis auf das Gesicht, das gegen eine kleine Öffnung zwischen den Büscheln

geprallt ist, liegt seine Leiche gar nicht auf der Erde, sondern leicht darüber in einem unebenmäßigen Nest aus dem Schilf, das sie plattgedrückt und für sich gebildet hat. Von hier aus ist die einzige Verletzung,
die dem Mann anzusehen ist, ein langer roter Kratzer, offensichtlich
verursacht von einem scharfen, abgebrochenen Schilfrohr, das ihn am
Hals gestreift hat.

Der Farmer schlägt nach etwas, das ihm am Gesicht klebt. Keine
Moskitos dieses Mal; Rohrkolbengespinst. »Er war tot, als Solomon
ihn gefunden hat?«

»Tot, tot, aus.« Der Viehaufseher geht behutsam auf das Objekt zu,
beugt sich ein Stückchen darüber, wendet das Gesicht seinem Arbeitgeber zu und sagt vertraulich, als hätte er gelauscht: »Und ist jetzt
schon bißchen . . .« Er rümpft die Nase und entblößt die schmutzigen
Pferdezähne.

Der Farmer atmet ganz normal, atmet nicht so tief ein wie in der
trockenen klaren Luft oben auf dem Luzernefeld, verringert das Einatmen aber auch nicht. Hier gibt es nichts, wirklich nichts, im Gegensatz
zu dem süßlichen Hauch dort oben.

»Du rührst ihn besser nicht an. Bist du sicher, daß ihn hier niemand
kennt? Es hat nichts mit irgendwem von euch hier zu tun?« Er sieht seinen Viehaufseher durchdringend an, senkt den Kopf und zieht die
Brauen über den Augen zusammen.

Jacobus legt sich dramatisch die Hand auf die Brust, wo unter dem
nicht zugeknöpften Overall ein fleckiges Unterhemd zu sehen ist. Er
schwenkt den Kopf langsam von einer Seite zur anderen: »Niemand
kann kennen diesen Mann. Nichts für diesen Mann. Das einer von dort
– dort –« Er zeigt mit dem anklagenden Finger in die Richtung der
nördlichen Grenze der Farm.

Die Haut der Handfläche ist zu unempfindlich, das Gespinst zu
erfühlen, aber es klebt immer noch. Der Farmer schiebt die Unterlippe
vor und bläst sich heftig über das Gesicht. Und jetzt fällt ihm eine einzelne Fliege auf, eine von der verweilenden, hartnäckigen Sorte, die
direkt über dem sauberen braunen Ohr da unten schwebt. Die Fliege
ist auf der Seite, der sich der Kopf leicht zugekehrt hat, obwohl das
ganze Gesicht im Schlamm liegt, auf der Seite, wo beinahe der Mund
zu sehen sein muß. Die Fliege schwebt und landet, schwebt und landet,
unbelästigt.

»Laß alles, wie es ist. Die Polizei muß kommen.«

»Ja-a-a, Master«, sagt der Viehaufseher, langgezogen im Mitgefühl für eine Verantwortung, die nicht mehr die seine ist. »Ja-a-a . . . ist viel besser.«

Ein Augenblick der Pause. Die Fliege sieht aus, als müßte sie surren, ist aber nicht zu hören. Die übliche Stille hier unten im Schilf, durchbrochen vom Geräusch eines unsichtbaren Vogels, der ein trockenes Rohr abbricht; im Vergleich klingt es so laut wie ein Gewehrschuß. Das Rauschen des Windes durch das grüne Schilf gehört im Spätsommer zur Jahreszeit.

Sie drehen sich um und bahnen sich den Weg zurück, den sie gekommen sind, verlassen den Mann. Hinter ihnen liegt er allein auf dem Gesicht.

Der Farmer nimmt das Auto, um zum Haus hinaufzukommen, und Jacobus kommt mit, sitzt vorsichtig da, die Füße platt auf den Teppichboden gestellt, die Hände auf den sauberen Knien verschlungen – er hat die Schlüssel, damit er während der Woche, wenn der Farmer kein Farmer ist, sondern Fabrikant von Roheisen, immer ins Haus und in der Stadt anrufen kann. Das Haus ist abgeschlossen, weil die Woche über niemand dort wohnt. Sie betreten es durch die Küchentür, und der Farmer geht sofort zum Telefon im Wohnzimmer und dreht an der kleinen Kurbel am Apparat. Der Gemeinschaftsanschluß ist besetzt, und während der Farmer wartet, löst er von dem dünnen, zähen Schlamm an seinen Sohlen die trockenen Schilffetzen, die daran kleben. Er reibt die Sohlen aneinander, und der Schlamm wirft Falten und tropft wie Kot auf das glänzende Linoleum mit seinem Rosenmuster in Orange und Braun. Der Tisch ist mit Steinzeug für eine Mahlzeit gedeckt, unter einem Netz, das am Saum mit bunten Perlen beschwert ist; ein gebieterischer Kühlschrank, schräg vor eine Ecke gestellt, summt vor sich hin. Bei dem Klingeln, auf das er wartet, fährt der Farmer zusammen. Die Leitung ist jetzt frei, und die Vermittlung stellt ihn zum Polizeirevier durch.

Mit Behörden spricht er immer die zweite Sprache des weißen Mannes, er redet auf Afrikaans. »Hören Sie – hier ist Mehring, aus Vleibos an der Groendal Road. Sie müssen jemanden herschicken. Auf meiner Farm ist ein Toter gefunden worden. Unten am Fluß. Sieht so aus, als ob er dort abgeladen worden wäre.«

Ein abruptes Blasgeräusch am anderen Ende, in gutmütiger Genervtheit wird Luft ausgestoßen. Die Stimme spricht mit ihm, als wäre er ein alter Freund: »Mann ... am Sonntag ... wo soll ich da jemanden herkriegen? Der Wagen ist auf Streife unterwegs. Ich bin allein hier. Es ist ein Bantu, ja?«

»Ja. Die Leiche liegt im Schilf.«

»Haben Ihre Jungs Streit gehabt, oder was?«

»Es ist ein Fremder. Keiner meiner Boys weiß, wer es ist.«

Die Stimme lacht. »Ja, die haben Angst, die sagen, sie wissen nichts. War wohl eine Messerstecherei?«

»Ich sage Ihnen doch, ich habe keine Ahnung. Ich will nicht an der Leiche herumfummeln und Ihre Ermittlungen durcheinanderbringen. Sie müssen jemanden schicken.«

»Zum Teufel, ich weiß nicht, was ich da machen soll. Ich bin hier ganz allein. Der Wagen ist auf Streife ... Ich schicke morgen früh jemanden.«

»Aber die Leiche ist gestern gefunden worden, sie liegt da schon vierundzwanzig Stunden.«

»Was kann ich machen, Sir? Mann, ich bin allein hier!«

»Warum können Sie es nicht an ein anderes Polizeirevier weitergeben? Sollen die doch jemanden schicken.«

»Geht nicht. Das ist mein Distrikt.«

»Und was soll ich mit einer Leiche auf meinem Land machen? Vielleicht ist der Mann ermordet worden. Es ist eindeutig, daß er einen Schlag auf den Kopf bekommen hat oder so und abgeladen worden ist. Seinen Schuhen sieht man an, daß er am Ufer keinen Schritt gegangen ist.«

»Hat er Verletzungen am Kopf oder sonstwo?«

»Ich habe Ihnen doch gesagt, das ist Ihre Sache. Ich will nicht, daß meine Boys einen Ermordeten anfassen. Ich will wegen dieser Geschichte hinterher keinen Ärger haben. Sie müssen heute einen Mann herschicken, Sergeant.«

»Als erstes morgen früh. Sie kriegen schon keinen Ärger, keine Sorge. Sie sind da draußen am Fluß, ja? Schon gut, da kommt die Leiche her, da gibt es jede Menge Kaffern, an das Pack sind wir gewöhnt ...«

Der Farmer legt auf und sagt: »Allmächtiger«, schnaubt ein Lachen, leise, damit Jacobus es nicht hört.

Der Viehaufseher wartet in der Küche. »Sie kommen morgen früh. Ich habe ihnen alles gesagt. Halt die Leute fern. Und die Hunde. Sorg dafür, daß keine Hunde dort hinuntergehen.« Der Aufseher reagiert überhaupt nicht, obwohl er nicht daran zweifelt, daß der Farmer nicht gewußt hat, daß die Hunde, die aus dem Kral verbannt werden sollten, in aller Stille wieder aufgetaucht sind, vielleicht nicht dieselben Tiere, aber eben Hunde.

»Entschuldigung, Master« – er deutet an, daß er vor ihm ins Wohnzimmer gehen will, und trottet, fast auf den Zehenspitzen, zu einem Möbelstück hinüber, das einmal der Stolz einer Eßzimmergarnitur des vorherigen Farmers gewesen sein muß, aber jetzt als Bar benutzt wird (ein abgeschlossener Schrank, zu dem Jacobus keinen Schlüssel hat) und außerdem zur Verwahrung von Farmunterlagen (unverschlossene Schubladen) dient. Jacobus zieht am vergoldeten Schnörkelgriff eine schwergängige Schublade auf, fährt mit sicherem Griff unter die dort hineingeworfenen Futterrechnungen. Er hat gefunden, was er offenbar sicherheitshalber versteckt hat: Er bringt in den gewölbten Handflächen eine riesige Uhr mit schwarzem Zifferblatt und einem breiten Metallarmband und eine Sonnenbrille mit einem gesprungenen rechten Glas herbei. Er wartet, deutet mit der Pause an, daß sein Arbeitgeber zum Nehmen die Hand ausstrecken muß, und überreicht die Sachen förmlich. »Von ihm?« Und der Viehaufseher nickt gewichtig.

»Gut, Jacobus.«

»Gut, Master.«

»Schick Alina gegen eins, damit sie mir etwas zu essen macht, ja?« ruft er ihm nach.

Sie haben das Ding also angefaßt, das Gesicht hochgehoben. Natürlich könnte die Sonnenbrille auch in einer Tasche gesteckt haben. Kein Geld. Keine Überraschung: Am Freitag, dem Zahltag, sind die Mörder auf Geld aus, auf was sonst? Jacobus hat die Sachen (die in Japan hergestellte Stahluhr ist von der Art, wie sie Schwarze verstohlen an Straßenecken zum Verkauf feilbieten) in Sicherheitsverwahrung genommen, um zu zeigen, daß die Leute hier mit der ganzen Angelegenheit nichts zu tun haben.

Er geht zu der Schublade, die Jacobus eben zugemacht hat, und findet einen schon frankierten Fensterumschlag, der etwas Rundes enthalten hat. Die Uhr, eng mit ihrem dehnbaren Stahlband umwickelt, paßt mühelos hinein, aber die Brille verhindert, daß sich die Klappe schließen läßt. Er schlingt sich ein Gummiband doppelt um die Finger und dehnt es, um den Umschlag und den Inhalt zu sichern. Er schreibt darauf: »Uhr und Brille, Besitz des Toten.« Er fügt hinzu: »Für die Polizei« und legt den Umschlag auffällig auf den Tisch, auf das Netz, bringt ihn dann in die Küche und stellt ihn auf das Abtropfbrett der Spüle, wo er dem Blick nicht entgehen kann, wenn jemand ins Haus kommt.

Vor der Küchentür weitet er angewidert die Nasenlöcher beim Geruch nach Entenmist und drei oder vier ungesunden Kätzchen, deren Fell so dünn ist wie die Fetzen von Entenflaum, die in unsichtbaren Luftströmungen sacht von der bedrohlichen Säule seines Körpers davonwehen. »Pspsps«, macht er, aber die Kätzchen ducken sich, und eines faucht sogar. Er schlendert weg, an der Scheune vorbei, an der Koppel, auf der die demnächst kalbenden Kühe riesig beieinanderstehen, an der winzigen Koppel, in der der Bulle, dessen Dienste immer weniger gefragt sind, seit es die künstliche Besamung gibt, immer allein ist, und er setzt den langen Weg um die Farm herum, den er an einem vollkommenen Sonntagmorgen antreten wollte, als er das Auto an der dritten Weide angehalten hat, durch die Maisfelder fort.

Die Sache mit den Perlhuhneiern ist noch nicht erledigt. Das ist ihm im Gehen bewußt, denn er weiß, daß es nicht gut ist, solche Dinge durchgehen zu lassen. Er muß sich darum kümmern. Elf gesprenkelte Eier. Es wäre sinnlos gewesen, sie unter die schwarzen Orpingtons zu legen; sie müssen schon kalt gewesen sein. Ein rotbeiniges Rebhuhn nimmt dort, wo es sich unbeobachtet wähnt, ein Bad im Staub, am Ende eines gemähten Maisfeldes, das jetzt umgepflügt werden kann. Aber auf dem entlegenen Feld, auf das sie meistens kommen, picken keine Perlhühner. Diese verdammten Hunde; ihre Hunde haben vermutlich den ganzen Sommer lang die Perlhühner ausgerottet. Elf Eier, spitz, ganz anders als Hühnereier, die darauf hingezüchtet wurden, in die Vertiefungen von Plastiktabletts zu passen, dutzendweise, den jahreszeitlichen Preisschwankungen unterworfen. Bald wird nichts mehr übrig sein. (Es nützt nichts, darüber nachzudenken; Schluß damit.) Die Hände des Kindes um die hellen Eier herum hatten die Farbe der Unterseite eines leeren Schildkrötenpanzers, gegen das Licht gehalten. Fast der ganze Mais ist gemäht; die Stauden sind zu Pyramiden mit trockenen, gefiederten Spitzen aufgetürmt, mit Blättern, die sich rissig abschälen. Mit diesen gemähten Feldern kommt die Weite zurück, mit der gepflügten Erde, die sich in fächerförmigen Gräben bis zum Horizont erstreckt; im Winter dehnt sich die Farm aus, genau wie im Sommer, wenn der Mais höher und dichter wächst, der Horizont näherrückt, die Farm verkleinert, bis sie nur noch eine Reihe von Fluren bildet, zwischen Wänden aus steifem Grün, die dem Farmer über den Kopf wachsen. In einem guten Jahr. Falls es wieder ein gutes Jahr gibt. Eine Egge ist zum Rosten auf der Seite liegengeblieben (kein Regen, in dem sie rosten könnte, aber es ist trotzdem nicht gut, wenn sie hier draußen bleibt). Jetzt ist es an der Zeit, das Unkraut zu jäten, das diesen Teil des Feldes befallen hat, in der Nähe der Eukalyptusbäume, die sich erstaunlich erholt haben – wegen der neuen Zweige sieht er kaum die Stümpfe, wo sie (oben aus dem Kral) Brennholz abgehackt haben, ehe er die Farm gekauft hat.

Beim Aufbruch heute morgen hat er zwar nichts davon gemerkt, aber jetzt drücken Kopfschmerzen von Samstag nacht auf seinen Nasenrücken; er schließt die Augen gegen das Licht und preßt Daumen und Zeigefinger gegen den Knochen. Auf angenehme Weise verspürt er besonderen Durst nach Wasser. Er geht zu der Windmühle neben einem alten Außengebäude aus Stein. Der Zement um das Bohrloch herum ist neu, und die Flügel der Windmühle sind noch blank. Er legt den Kopf schräg an den schwergängigen Zapfhahn, und das Wasser zischt ihm in den Mund, weder warm noch kalt. Die Windmühle dreht sich nicht, und er löst die Kette und den Balken, die sie bremsen, aber obwohl sie sich knarrend neigt, dreht sie sich nicht, weil heute kein Wind weht. Die Luft ist reglos, es ist ein vollkommener Herbsttag. Er zieht die Bremse sorgfältig wieder an.

Als er kurz nach eins am Zimmer der Magd Alina vorbeikommt, neben dem Geflügelauslauf, auf dem Weg zum Haus, sieht er dort Jacobus, der mit ihr redet. Er und der Viehaufseher nehmen einander nicht zur Kenntnis, denn sie haben sich schon gesehen, und sie tauschen keinen Gruß aus. Er ruft: »Bring besser was zum Zudecken hin« – sein Kopf nickt Richtung Fluß – »nach dort unten. Eine alte Plane. Oder Säcke.«

John Irving

Einige Kapitel aus John Irvings berühmtem Roman *Garp und wie er die Welt sah* erschienen in früheren Fassungen als Kurzgeschichten im Playboy. »Brennbars Fluch«, das die Plage Akne erkundet, gehört nicht dazu. Diese Geschichte zeigt den Autor in seiner irrwitzigsten Stimmung, die von Grund auf komisch ist.

Irving wurde 1942 in New Hampshire geboren und hat auch heute noch eine starke Bindung zu den Neuengland-Staaten. Er arbeitete immer wieder als Ringertrainer in verschiedenen Schulen – sogar noch nach dem Erfolg von *Garp*, der mit *Hundert Jahre Einsamkeit* um den Titel des erfolgreichsten Romans der siebziger Jahre kämpfte. Später wurde *Garp* natürlich verfilmt, ebenso wie *Das Hotel New Hampshire*. *Garp* war Irvings viertes Buch – *Laßt die Bären los!* war 1969 das erste – und auch seine folgenden Bücher wurden Bestseller. Zuletzt erschien *Owen Meany*, und in Kürze wird sein jüngstes Werk, »Der Sohn des Zirkus«, erscheinen.

Irvings Werk ist sowohl lebendig als auch detailverliebt, auch bei einer Geschichte, die so freizügig ist wie diese.

Brennbars Fluch

Ernst Brennbar, mein Mann, widmete sich genüßlich seiner zweiten Zigarre und seinem dritten Cognac. Langsam stieg die Wärme in ihm hoch und rötete seine Wangen. Seine Zunge wurde träge und schwer. Er wußte, wenn er nicht bald etwas sagte, würde ihm die Kinnlade herunterklappen, und er würde rülpsen oder Schlimmeres tun. Sein schlechtes Gewissen rumorte in seinem Magen, und er dachte an die Flasche 64er Brauneberger Juffer Spätlese, die seiner großen Portion Truite Metternich Gesellschaft geleistet hatte, und seine roten Ohren pochten bei der lebhaften Erinnerung an den 61er Pommard Rugiens, in dem er sein Bœuf Crespi ertränkt hatte.

Brennbar warf mir quer über die leergegessenen Teller und Schüsseln hinweg einen Blick zu, aber ich befand mich gerade mitten in einem Gespräch über Minderheiten. Der Mann, der auf mich einredete, schien einer solchen anzugehören. Aus irgendeinem Grund hatte er auch den Ober in die Diskussion hineingezogen – vielleicht war's als eine Geste gemeint, um die Klassenschranken zu überwinden. Vielleicht lag es aber auch daran, daß meine Gesprächspartner und der Ober derselben Minderheit angehörten.

»Sie sind von so was natürlich unbeleckt«, sagte der Mann zu mir, doch ich hatte gar nicht richtig zugehört – ich sah meinen Mann an, dessen Gesicht rote Flecken bekam.

»Na ja«, konterte ich, »ich kann mir aber ganz gut vorstellen, wie das gewesen sein muß.«

»Vorstellen!« rief der Mann. Er zupfte den Ober am Ärmel, als wollte er ihn um Hilfe bitten. »Wir haben es am eigenen Leib erfahren. Da können Sie Ihr Vorstellungsvermögen lange bemühen – Sie werden es uns nie richtig nachfühlen können. Wir mußten Tag für Tag damit leben!« Der Ober fand es angebracht, dem zuzustimmen.

Eine Frau, die neben Brennbar saß, sagte unvermittelt: »Das ist doch nichts anderes als das, was uns Frauen schon immer zugemutet worden ist – und heute noch zugemutet wird.«

»Ja«, sagte ich schnell, sah den Mann an und ging zum Gegenangriff über. »Sie zum Beispiel versuchen gerade, mich in eine Ecke zu drängen.«

»Von wegen – keine Form von Unterdrückung ist mit religiöser Unterdrückung zu vergleichen«, sagte er und zog, um seinen Worten Nachdruck zu verleihen, den Ober am Arm.

»Fragen Sie mal einen Schwarzen«, sagte ich.

»Oder eine Frau«, sagte die Frau neben Brennbar. »Sie reden, als hätten Sie ein Monopol auf Diskriminierung.«

»Ist doch alles blödes Gelaber«, sagte Brennbar und regte langsam seine träge Zunge. Die anderen verstummten und musterten meinen Mann, als hätte er soeben ein Loch in einen teuren Teppich gebrannt.

»Schatz«, sagte ich, »wir sprechen über Minderheiten.«

»Schließt mich das vielleicht aus?« fragte Brennbar. Er ließ mich in einer Wolke aus Zigarrenqualm verschwinden.

Die Frau neben ihm schien sich jedoch durch seine Bemerkung provoziert zu fühlen; sie reagierte hitzig.

»Wie mir scheint, sind Sie weder Schwarzer«, sagte sie, »noch Jude und schon gar nicht eine Frau. Sie sind noch nicht mal Ire oder Italiener oder so was. Ich meine: Brennbar – was ist das für ein Name? Ein deutscher?«

»Oui«, sagte der Ober. »Ein deutscher Name, das weiß ich genau.«

Und der Mann, dem es so viel Spaß gemacht hatte, auf mich loszugehen, sagte: »Ah, eine wunderbare Minderheit.«

Die anderen lachten – ich allerdings nicht. Mir waren die Signale vertraut, mit denen mein Mann zu erkennen gab, daß er bald die Beherrschung verlieren würde; der Zigarrenqualm, den er mir ins Gesicht blies, ließ auf ein ziemlich fortgeschrittenes Stadium schließen.

»Mein Mann ist aus dem Mittelwesten«, sagte ich vorsichtig.

»Ach, Sie armer Mensch«, sagte die Frau neben Brennbar und legte ihm mit gespieltem Mitleid die Hand auf die Schulter.

»Aus dem Mittelwesten – wie gräßlich««, murmelte jemand am anderen Ende des Tisches.

Und der Mann, der mit der Bedeutsamkeit, die er einem Minensuchgerät beimessen würde, den Ärmel des Obers festhielt, sagte: »Also, das ist nun mal eine echte Minderheit!« Gelächter erklang am ganzen Tisch, während ich sah, wie mein Mann ein weiteres Stück seiner Contenance verlor: Das las ich aus seinem starren Lächeln und der Art, wie er bedächtig den dritten Cognac hinunterschüttete und sich betont ruhig einen vierten einschenkte.

Ich hatte so viel gegessen, daß ich das Gefühl hatte, als wäre ich bis zum Dekolleté gefüllt, aber ich sagte: »Ich hätte gern noch ein Dessert, und Sie?« Dabei sah ich zu, wie mein Mann mit Bedacht den vierten Cognac kippte und sich sachte einen fünften einschenkte, ohne einen Tropfen zu verschütten.

Der Ober erinnerte sich seiner Aufgabe; er eilte davon, um die Speisekarte zu holen. Und der Mann, der versucht hatte, zwischen sich und dem Ober eine Art ethnischer Verbundenheit herzustellen, musterte Brennbar herausfordernd und sagte mit gönnerhafter Herablassung: »Ich wollte lediglich darauf hinweisen, daß die Mechanismen religiöser Unterdrückung schon immer wesentlich subtiler und allgegenwärtiger waren als die Diskriminierungen, deretwegen wir seit neuestem auf die Barrikaden gehen, mit all diesem Geschrei von rassistischen, sexistischen . . .«

Brennbar rülpste – es klang wie ein Schuß, wie der Knauf eines Messingbettgestells, der in einen Geschirrschrank geworfen wird. Auch diese Phase kannte ich; ich wußte nun, daß das Dessert zu spät kommen würde und daß mein Mann im Begriff stand, zum Angriff überzugehen.

»Die Mechanismen jener Diskriminierung«, begann Brennbar, »der ich in meiner Jugend ausgesetzt war, sind so subtil und allgegenwärtig, daß sich bis heute keine Gruppe gefunden hat, um dagegen zu protestieren, daß kein Politiker es gewagt hat, sie auch nur zu erwähnen, daß keine Bürgerrechtsbewegung einen Präzedenzfall vor ein Gericht gebracht hat. Nirgendwo, in keiner größeren oder kleineren Stadt, gibt es so etwas wie ein Ghetto, in dem die Betroffenen einander Halt geben könnten. Die Diskriminierung, der sie ausgesetzt sind, ist so total, daß sie sich sogar untereinander diskriminieren – sie schämen sich, daß sie so sind, wie sie sind, sie schämen sich, wenn sie allein sind, und sie schämen sich nur noch mehr, wenn sie mit Leidensgenossen gesehen werden.«

»Aber ich bitte Sie«, sagte die Frau neben Brennbar. »Wenn Sie von Homosexualität reden, dann müssen Sie doch zugeben, daß das heute nicht mehr . . .«

»Ich rede von Pickeln«, sagte Brennbar. »Von Akne«, fügte er mit einem bedeutungsschweren und giftigen Blick in die Runde hinzu. »Von Pepeln«, sagte Brennbar. Die, die es wagten, starrten das vernarbte Gesicht meines Mannes an, als würden sie durch ein Lazarett in einem Katastrophengebiet geführt. Neben dem Schrecken, den dieser Anblick hervorrief, war unser Stilbruch, nach dem Cognac und den Zigarren ein Dessert zu bestellen, von untergeordneter Bedeutung. »Sie alle haben Leute mit Pickeln gekannt«, sagte Brennbar anklagend. »Und Sie fanden die Pickel abstoßend, stimmt's?« Die anderen Gäste schlugen die Augen nieder, aber sein versehrtes Gesicht muß sich ihnen unauslöschlich eingeprägt haben. Diese Male, diese Narben sahen aus, als wären sie eingekerbt. Gott – er war wunderbar.

Einige Schritte von unserem Tisch entfernt verharrte der Ober und verweigerte die Herausgabe seiner Speisekarten an diese seltsame Gesellschaft, als fürchtete er, sie könnten von unserem Schweigen verschluckt werden.

»Glauben Sie vielleicht, es war leicht, in eine Drogerie zu gehen?« fragte Brennbar. »Eine ganze Kosmetiktheke, die Sie daran erinnert, und die Verkäuferin grinst Ihnen in das pickelige Gesicht und sagt laut: ›Womit kann ich Ihnen helfen?‹ Als ob sie es nicht wüßte. Wenn sich schon die eigenen Eltern schämen. Diese zarten Andeutungen: Ihr Bettzeug wird getrennt gewaschen, und beim Frühstück sagt Ihre Mutter: ›Schatz, du weißt doch, das blaue Handtuch ist deins.‹ Und Sie sehen, wie Ihre Schwester blaß wird, aufspringt und nach oben rennt, um sich noch mal zu waschen. Diskrimination und Aberglauben! Herrgott, man könnte meinen, Pickel wären ansteckender als Tripper!

Nach der Sportstunde fragt einer, ob ihm jemand seinen Kamm leihen kann. Sie bieten ihm Ihren an und sehen, wie er sich innerlich windet: Er betet um einen Ausweg, er stellt sich vor, wie Ihre Pickel sich auf seiner zarten Kopfhaut ausbreiten. Bis vor kurzem noch ein weitverbreiteter Irrtum. Bei Pickeln dachte man automatisch an Dreck. Leute, die Eiter produzieren, waschen sich eben nicht.

»Ich schwöre beim Busen meiner Schwester«, sagte Brennbar (er hat keine Schwester), »daß ich mich dreimal täglich von Kopf bis Fuß gewaschen habe. Einmal habe ich mein Gesicht elfmal gewaschen. Jeden Morgen stand ich vor dem Spiegel, um die neuesten Entwicklungen zu begutachten. Wie das Zählen gefallener Feinde in einem Krieg. Vielleicht hat die Pickelcreme in der Nacht zwei verschwinden lassen, aber in derselben Zeit sind vier neue hinzugekommen. Man lernt, die größten Erniedrigungen zur unglücklichsten Zeit zu ertragen: Am Morgen des Tages, an dem Sie endlich mal eine Verabredung – mit einer Unbekannten – haben, erscheint auf der Oberlippe ein neuer Pickel, der den Mund ganz schief aussehen läßt. Und eines Tages wird von den paar Leuten, die Sie zur Not als Freunde bezeichnen könnten, aus irregeleitetem Mitleid oder aus abgrundtiefer, niederträchtigster Grausamkeit eine Verabredung für Sie arrangiert: eine Verabredung mit einem Mädchen, das ebenfalls ein Pickelgesicht hat! Tief gedemütigt sehnen Sie beide das Ende des Abends herbei. Haben die anderen vielleicht gedacht, Sie würden Tips austauschen oder Narben zählen?

»Pepelismus!« schrie Brennbar. »Das ist das Wort dafür: Pepelismus! Und Sie, Sie alle, sind Pepelisten, da bin ich mir sicher«, murmelte er. »Sie haben ja keine Ahnung, wie schrecklich...« Seine Zigarre war ausgegangen; offensichtlich sehr erregt, zündete er sie umständlich wieder an.

»Nein«, sagte der Mann neben mir. »Oder vielmehr, ja... Ich kann verstehen, wie furchtbar das für Sie gewesen sein muß, wirklich.«

»Es war etwas ganz anderes als Ihr Problem«, sagte Brennbar finster.

»Nein, das heißt ja – ich meine, eigentlich ist es doch etwas Ähnliches.« Er tastete sich unsicher vor. »Ich kann mir gut vorstellen, wie schlimm das...«

»Vorstellen?« sagte ich, plötzlich ganz Ohr, und verzog den Mund zu meinem schönsten Lächeln. »Und was haben Sie eben noch zu mir gesagt? Sie *können* ihm das gar nicht nachfühlen. Er mußte Tag für Tag damit *leben*.« Ich lächelte meinen Mann an. »Das waren wirkliche Pikkel«, sagte ich zu dem, der mich vorhin angegriffen hatte. »Die kann man sich nicht vorstellen.« Dann beugte ich mich über den Tisch und streichelte liebevoll Brennbars Hand. »Gut gemacht, Schatz«, sagte ich. »Jetzt steht er mit dem Rücken zur Wand.«

»Danke«, sagte Brennbar, völlig entspannt. Seine Zigarre brannte wieder; er schwenkte das Cognacglas unter seiner Nase und schnupperte daran wie an einer Blume.

Die Frau neben Brennbar war unsicher. Sanft und fast zudringlich legte sie ihm die Hand auf den Arm und sagte: »Ach, jetzt verstehe ich: Sie haben uns ein bißchen auf den Arm genommen. Oder nicht?«

Brennbar hüllte sie in eine Rauchwolke, bevor sie Gelegenheit hatte, in seinen Augen zu lesen; ich kann auch so in seinen Augen lesen.

»Nein, er hat Sie nicht auf den Arm genommen – stimmt's, Schatz?« sagte ich. »Ich glaube, er hat es eher im übertragenen Sinn gemeint«, erklärte ich, und die anderen betrachteten Brennbar nur noch argwöhnischer. »Er wollte Ihnen vor Augen führen, wie es ist, als intelligenter Mensch in einer dummen Umwelt aufzuwachsen. Er meinte damit, daß Intelligenz etwas so Ausgefallenes – und so Seltenes – ist, daß Leute wie wir, die wir wirklich denken können, ständig von der Masse der Dummen diskriminiert werden.«

Die Mienen der Gäste hellten sich auf: Brennbar rauchte; er konnte ganz schön aufreizend sein.

»Natürlich«, fuhr ich fort, »bilden intelligente Menschen eine der kleinsten Minderheiten. Sie müssen den ungenierten Schwachsinn, die offenkundige Idiotie dessen ertragen, was populär ist. Für einen intelligenten Menschen ist Popularität die vielleicht größte Beleidigung. Und darum«, sagte ich und zeigte auf Brennbar, der wie ein Stilleben wirkte, »ist Akne eine ideale Metapher für das Gefühl, unpopulär zu sein, mit dem jeder intelligente Mensch fertig werden muß. Natürlich macht man sich als intelligenter Mensch unbeliebt. Intelligente Menschen sind das nun mal. Sie sind suspekt, weil man hinter ihrer Intelligenz eine Art Perversion wittert. Es ist ein bißchen wie das alte Vorurteil, daß Leute mit Pickeln sich nicht waschen.«

»Na ja«, sagte der Mann neben mir – er erwärmte sich langsam für das Thema, das, wie er zu glauben schien, wieder auf sichereren Grund

zurückkehrte. »Der Gedanke, daß die Intellektuellen eine Art Volks-
gruppe darstellen, ist natürlich nicht neu. Amerika ist sowieso kein
gutes Pflaster für Intellektuelle. Nehmen Sie nur das Fernsehen. Da
sind Professoren automatisch kauzige Exzentriker mit dem Temperament einer Großmutter; alle Idealisten sind immer entweder Fanatiker
oder Heilige, kleine Hitler oder Jesusse. Kinder, die lesen, tragen eine
Brille und wünschen sich insgeheim, sie könnten so gut Baseball spielen wie die anderen. Wir beurteilen einen Mann lieber nach dem
Geruch seiner Achselhöhlen. Und wir mögen es, wenn sein Geist von
jener sturen Loyalität beherrscht wird, die wir an Hunden so bewundern. Aber ich muß schon sagen, Brennbar – die Analogie zwischen
Ihren Pickeln und dem Intellekt . . .«

»Nicht Intellekt«, berichtigte ich, »Intelligenz. Es gibt genauso viele
dumme Intellektuelle wie dumme Baseballspieler. Intelligenz bedeutet
lediglich die Fähigkeit, wahrzunehmen, was geschieht.« Aber Brennbar hüllte sich in dichten Zigarrenqualm, so daß nicht einmal seine
Tischnachbarin seinen Standpunkt zu erkennen vermochte.

Der Mann, der einen Augenblick lang die Illusion genährt hatte, er
wäre auf sichereren Grund zurückgekehrt, sagte: »Ich möchte bestrei-
ten, Mrs. Brennbar, daß es genauso viele dumme Intellektuelle wie
dumme Baseballspieler gibt.«

Brennbar stieß einen warnenden Rülpser aus – einen dumpfen, röh-
renden Signalton, der sich anhörte wie eine Mülltonne, die einen Auf-
zugschacht runterfällt, während man selbst weit oben im 31. Stock
unter der Dusche steht. (»Wer ist da?« ruft man in die leere Wohnung.)

»Wünschen die Herrschaften ein Dessert?« fragte der Kellner und
verteilte die Speisekarten. Er mußte geglaubt haben, daß Brennbar darum gebeten hatte.

»Ich nehme Pommes Normande en belle vue«, sagte der Mann am
unteren Tischende, der den Mittelwesten so gräßlich gefunden hatte.

Seine Frau bestellte den Pouding alsacien, eine kalte Nachspeise.

»Ich möchte die Charlotte Malakoff aux fraises«, sagte die Frau
neben Brennbar.

Ich bestellte mir die Mousse au chocolat.

»Scheiße«, sagte Brennbar. Wie bildhaft das auch gemeint war – sein
narbenzerfurchtes Gesicht war jedenfalls keine Einbildung.

»Ich wollte dir doch nur helfen, Schatz«, sagte ich, mit einem ganz neuen Ton in der Stimme, der mich beunruhigte.

»Du bist mir schon eine raffinierte Zicke«, sagte Brennbar.

Der Mann, für den sich der sichere Grund nun in einen gefährlichen Abgrund verwandelt hatte, saß in dieser unbehaglichen Atmosphäre widerstreitender Empfindlichkeit und wünschte sich mehr Intelligenz, als er besaß. »Ich nehme den Clafoutis aux pruneaux«, sagte er mit einem breiten Grinsen.

»Natürlich«, sagte Brennbar. »Genau so hatte ich Sie einge-schätzt.«

»Ich auch, Schatz«, sagte ich.

»Hast du sie rausgekriegt?« fragte Brennbar mich und zeigte auf die Frau neben sich.

»Ach, sie war leicht«, antwortete ich. »Ich hab' bei allen richtig gele-gen.«

»Ich bei dir nicht«, sagte Brennbar. Er sah besorgt aus. »Ich war mir sicher, daß du dir mit jemandem den Savarin teilen würdest.«

»Brennbar ißt kein Dessert«, erklärte ich den anderen. »So etwas ist schlecht für seine Haut.«

Brennbar saß reglos, wie ein untergründig brodelnder Lavafluß. Da wußte ich, daß wir sehr bald aufbrechen würden. Ich sehnte mich schrecklich danach, mit ihm allein zu sein.

John Collier

John Collier (1901–1980) war ein weiterer der Autoren, deren Geschichten der Playboy anfangs noch nachdruckte, bevor er dann Originale in Auftrag gab. Seine erste Originalgeschichte erschien 1957, die erste in einer Reihe von sehr vielen. Man könnte Collier in der Mitte zwischen Saki und Roald Dahl ansiedeln, in der britischen Variante der clever erdachten, gut geschriebenen, knappen und ironischen Gruselgeschichte. Wie viele andere Playboy-Autoren der fünfziger und sechziger Jahre hat Collier einige Jahre als Drehbuchautor in Hollywood verbracht. Sein bekanntestes Drehbuch ist *African Queen* (verfilmt mit Humphrey Bogart). Er verfaßte einen Roman, *His Monkey's Wife, or Married to A Chimp* (1930), und viele seiner Kurzgeschichten, alle Auftragsarbeiten für Magazine, wurden in zwei Anthologien gesammelt.

John Collier

Keine Ahnung

Nach einem langen, heißen Tag im Büro tranken zwei junge Männer, die den Haarschnitt von Jung-Managern trugen, ein Glas zusammen. Das Büro war die Zweigstelle der E. T. & Orient Line in Marseille, und jetzt tranken sie in Alec Waevers Apartment. Alecs Gesicht wirkte nicht unangenehm, und er hatte das Lächeln eines Menschen, der gefallen möchte. Beides zusammen ließ auf eine gewisse Verwundbarkeit schließen. »Ich möchte«, sagte Alec, »die Geschichte eines Mordopfers schreiben.« Sein Freund hieß Jay Wisden und hatte ein Gesicht, das zu seiner Pfeife paßte. »Seit wann hast du die Absicht, Schriftsteller zu werden?«

»Es dreht sich nur um dieses eine Thema. Warum sollte sich jemand wünschen, um die Ecke gebracht zu werden? Ich kann den Burschen beinahe sehen.«

»Er sieht wahrscheinlich ganz alltäglich aus.«

»Was treibt ihn bloß? Und wie bringt er es fertig?«

»Mich darfst du nicht fragen, Bruder. Schließlich kennst du die Experten.«

»Du meinst im *Striptease*. Hätte ich dich doch bloß nie dahin mitgenommen. Für mich ist Louis Camatte ein Geschäftsmann wie alle anderen. Er lebt für seine Kinder, möchte Marie mit Pelzmänteln, Diamanten und allem möglichen behängen.«

»Man sagt, sie hat es langsam nötig, sich ein bißchen zu behängen.«

Diese Worte hingen in der Luft, als wüßten sie nicht, wohin. Jay fragte sich, ob er etwas Falsches gesagt hätte. »Hast du mir nicht mal erzählt, du hättest dir in deinen Träumen ein Mädchen vorgestellt und wärst mit deinen Gedanken nicht mehr von ihr losgekommen? Mußtest du über sie auch eine Geschichte schreiben?«

»Nein. Aber verdammt, ich habe trotzdem eine erfunden. Unter dem Einfluß des Psychiaters, zu dem ich in New York ging. Es war Mimi. Eine Sklavin.«

»Schwarz?«

»Nein. Nur als Typus. Als die Verkörperung eines Typus. Aber alles war auch psychologisch angelegt. Und gewiß auch sexuell. Die Sklavin. Masochistisch. Geschaffen, um unterdrückt zu werden. Niedergewalzt und mißhandelt zu werden. Eine Frau wie eine Schlange. Sie verlangte, getreten zu werden. Aber bei dem ersten Tritt – ist man geliefert. Habe ich mich klar ausgedrückt?«

»Ziemlich klar«, sagte Jay und zündete die Pfeife an. Einem Mann, der seine Pfeife anzündet, ist so ziemlich alles klar.

»Es war in dem Sommer, bevor ich hierher versetzt wurde. Ich konnte nicht aufhören, an sie zu denken. Sie wurde so sehr zur Realität, daß ich dachte, ich halte es nicht mehr lange aus. Hauptsächlich ihretwegen verschwendete ich mein Geld an den Psychiater. Fünfzehnhundert Dollar!«

»Aber er hat sie vertrieben?«

»Hat er mehr oder weniger, glaube ich. Aber wart ab, was für ein Schwindel das Ganze war. Er brachte sie in Verbindung mit ganz bestimmten Träumen, die ich einmal hatte, und mit Sachen, an die ich mich aus meiner Kindheit erinnerte. Und er brachte mich dazu, daran zu glauben, sie sei ein Kindermädchen, das ich mit vier Jahren hatte. Sie hieß Mamie, und das machte es anscheinend ganz logisch.«

»Scheint mir auch so, muß ich sagen.« Jay stieß einen Rauchring aus.

»Warte, bis du hörst, was diese Type alles fertig brachte. Als ich fünf war, waren wir ein paar Wochen in Atlantic City. Dieses Mädchen sollte nachmittags mit mir an den Strand gehen. Statt dessen ging sie mit mir an gewissen Tagen in eine billige Absteige. In ein Zimmer, das zum

Hinterhof ging und drei Treppen hoch lag – schmutzige Treppen. Und da ließ sie mich auf dem Flur warten, während sie mit einem Mann drin war – mit einem von der Marine.«

»Konnte man sie hören?«

»Ziemlich laut. Bis ich eines Tages dachte, sie riefe nach mir.«

»Also machtest du die Tür auf?«

»Und da lag sie! Unter ihm. Einem häßlichen, schwitzenden, alles verschlingenden Vieh. Mamie! Niedergedrückt! Mißhandelt! Und, verdammt noch mal, sie genoß es!«

»Eine klassische Situation. Und wie ich bemerke, sind die Auswirkungen noch nicht verdrängt?«

»Stimmt. Ich sehe es jetzt vor mir. Rieche es auch. Dieser schäbige Flur. Und das Warten! Und die Neugierde! Und dann machte ich die Tür auf. Ich glaube, ich machte sie ganz langsam auf, denn das erste, was ich sah, waren der Gürtel und die Mütze des Matrosen. Auf einem Stuhl. Und dann – das Bett.«

»Na ja, ich kann verstehen, daß sie dich irgendwie verfolgt, deine Mimi oder Mamie oder wie sie heißt. Aber was hat das alles mit dem anderen Typ zu tun – mit dem Ermordeten?«

»Oh, überhaupt nichts. Absolut nichts. Hat nichts mit ihm zu tun. Ich wollte dir nur an einem anderen Beispiel zeigen, wie mich ein Mensch fesseln kann. Aber warte, bis du hörst, wie es ausgegangen ist.«

Nach einer Pause sprach Alec gelassen, sorgfältig und vernünftig weiter: »Nichts konnte klarer sein. Nichts konnte wirklicher sein als diese Erinnerung. Aber ich sage dir, Jay, es war trotzdem alles nichts als Mist. Als ich versetzt wurde, kam ich mit dem Schiff rüber. Auf diesem Schiff stand ich nicht mehr unter dem Einfluß jenes sogenannten Psychoanalytikers, und ich erkannte plötzlich, daß dieses bestimmte Ereignis sich niemals zugetragen haben konnte. Hör mal zu! Mein Vater ging pleite, und zwar als ich vier war. Danach gab es kein Geld mehr für Kindermädchen, die mit mir spazierengingen, für Mamies oder Mimis oder was auch immer. Es stimmt, daß wir das Jahr darauf, als ich fünf war, nach Atlantic City fuhren, wie ich erzählt habe, um dort für ein paar Wochen zu bleiben, weil das wenig kostete. Meine Mutter, ich und sonst niemand. Keine Absteige, keine Treppen, kein Zimmer zum Hof, keine Tür zum Aufmachen; nichts von alledem!«

»Vielleicht war es etwas, das du gesehen hast und dann wieder vergessen«, sagte Jay. »Etwas, das du im Park gesehen hast.«

»Meiner Meinung nach war es überhaupt nichts«, beharrte Alec. »Nichts als eine verdammte fixe Idee, die mir dieser Psychiater in den Kopf gesetzt hat. Und die ich ausbrütete, während er erwartungsvoll schwieg. Man glaubt ja, man müsse etwas erzählen.«

»Und das hast du bestimmt getan. Aber steckt nicht in allem immer ein Körnchen Wirklichkeit?« sagte Jay. »Vieleicht etwas, das man im Augenblick nicht einmal wiedererkennt. Wie zum Beispiel bei diesem Opfer eines Mordes, von dem du nicht loskommst. Irgend jemand hat dich auf den Gedanken gebracht.«

»Ich kenne niemanden, der das getan haben könnte«, sagte Alec.

»Du kennst einen Burschen, der es bestimmt gern möchte.« Und Jay zeigte mit dem Mundstück seiner Pfeife an die Decke von Alecs Wohnzimmer. Der Pfeifenstiel deutete eine schräg aufsteigende Linie an, deren Verlängerung mehrere Stockwerke durchschnitt und auf dem Dach dieses billigen, modernen Hauses auf eine Reihe dürftiger Aufbauten traf, die von den Wohnungsmaklern Ateliers genannt werden, aber von den Bewohnern Hütten.

»Du meinst doch wohl nicht André?« fragte Alex.

»Dieser junge Mann«, sagte Jay, »hat meiner Meinung nach die besten Chancen, eines Tages mit einem Loch im Kopf und ein paar Metern schwerer Eisenketten um den Bauch auf dem Grund einer Bucht zu enden. Wie die beiden, die man zu Ostern herausgefischt hat.«

»Du bist nicht bei Verstand«, schrie Alec. »Du sprichst von einem Burschen, der seine Frau liebt, seine Arbeit liebt ...«

»Das nennst du Arbeit? Ein paar Takte auf dem Klavier anzuschlagen und zwischendurch verwaschene Conférencen zu halten?« Jay stieß große Rauchwolken aus, die seine Verachtung für diese unwürdige Beschäftigung ausdrückten.

»Das ist nicht fair, Jay. Das macht er im *Striptease*. Jeder will essen. Wichtig ist, was er tagsüber macht.«

»Genau«, sagte Jay.

»Er komponiert. Die Leute sagen, er habe Talent. Er lebt jedenfalls für seine Musik, und er ...«

Doch Jay hüllte sich in eine so dichte Rauchwolke, daß Alec innehalten mußte, um hinzusehen, und daher auch gezwungen war zuzuhören. »Ich denke an die Musik, die er mit Marie Camatte macht«, sagte Jay.

»Wie willst du das wissen«, schrie Alex. »Was hast du überhaupt gesehen, daß du so etwas sagen kannst? Es stimmt nicht, und ich finde, du solltest nicht herumgehen und solche Sachen erzählen.«

Jay war nicht der Mann, der ein Thema weiterverfolgte, wenn er sah, daß es Schmerzen bereitete. »Nun«, sagte er, »die Camattes sind nicht meine Freunde, sondern deine. Ich habe sie erst gesehen, als du mich in diesen miesen Nachtklub mitgeschleppt hast. Und was Marie und André betrifft: Alles, was ich mit meinen eigenen Augen gesehen habe, war dieser glasige Ausdruck, den Leute haben, wenn sie unter dem Tisch mit den Füßen flirten. Und vielleicht einen oder zwei Blicke, die du glühend nennen würdest.«

»Und das bringt dich wieder zu deinen kleinbürgerlichen Ansichten über die Franzosen! Kein Wunder, daß hier keiner die Amerikaner leiden kann!«

Selbst bei einem Pfeifenraucher hat die Großmut ihre Grenzen. »Alec«, sagte Jay, »du bist wirklich ein Weltmeister, wenn es darum geht, etwas zu sehen oder zu sagen und es dann wieder zu vergessen. Du hast mir selbst erzählt, daß du mehr als einmal gesehen hast, wie Marie dieses Haus verließ, offenbar nach einem Besuch bei André.«

»Nur zweimal«, sagte Alec. »Und ich habe mir nichts dabei gedacht. Er ist jung, er hat's schwer, und er ist begabt.«

Diese Bemerkung war dünn und dürftig, und Jay machte nur einen ganz kleinen Scherz über sie, weniger wäre verdächtig gewesen. Er erhob sich und sagte: »Jetzt muß ich nach Haus, sonst geht das Kind nicht ins Bett.«

Alec begleitete den aufrechten Ehemann zum Treppenhaus. Als er auf den Knopf des Fahrstuhls drückte, folgte nur eine bemerkenswerte Stille, weil er außer Betrieb war. Jay machte sich daran, die Treppe hinunterzusteigen, und bald war der Klang seiner Schritte erstorben.

Alec blieb noch eine Zeitlang stehen. Er fühlte sich völlig leer und war nicht imstande, an irgend etwas zu denken. In dem Schweigen schien es sogar, als wäre die Zeit selbst stillgestanden. Wieder in Gang gesetzt wurde sie durch ein Ticktack – das nicht von einer Standuhr stammte, sondern von einem Paar hoher Absätze, die von den oberen Stockwerken herabkamen.

In diesem Gebäude, das ganz aus Beton gebaut war, stand der Fahrstuhl oft still, und viele Paare hoher Absätze stiegen die nackten, hallenden und ziemlich schmuddeligen Treppen hinab. Trotzdem wußte Alec, wie man so sagt, daß es Marie Camatte war, die gerade herunterkam. Er verspürte deshalb das lähmende Gefühl von etwas Unvermeidlichem, als sie um den letzten Treppenabsatz herum- und in Sicht kam.

Marie stammte aus einem jener alten Winkel von Marseille, in denen die Häuser acht Stockwerke hoch und die Straßen kaum zweieinhalb Meter breit sind. In jedem Zimmer lebte eine Familie oder eine Hure. Nicht selten beides zusammen in einem.

In den Eingängen und in den Schatten der Läden sieht man manchmal die außergewöhnlichsten Gesichter: römische Gesichter, griechische Gesichter, phönizische Gesichter. Es sind die Gesichter der Sklaven von Tyrus und Sidon – und gewisser Stummfilmköniginnen.

Marie hatte so ein Gesicht, und es schien jederzeit bereit, unerträglich weit nach hintenüber zu sinken unter dem unverschämt gierigen Kuß des Scheichs von Arabien oder unter dem Kuß des Steuermanns eines Küstenschiffes.

»Dieses Gesicht ist mein Schicksal.« Jemand anders hatte das schon gesagt, doch Alec empfand es so. Er fühlte es jedesmal, wenn er Marie sah, und mit dem Gefühl stellte sich eine herzbeklemmende, mageneinschnürende Erregung ein, die sich als leidenschaftliche Liebe auszugeben versuchte.

Wer leidet, legt sich gern einen vorwurfsvollen Gesichtsausdruck zu. Und das läßt andere Leute glauben, sie seien ertappt worden. Ein Gefühl, das selbst in den besten unter uns Schuld, Furcht und Zorn erwecken kann. Diese Gefühle spiegelten sich einen Augenblick lang auf Maries Gesicht. Sie wurden schnell verdeckt von einem lieblichen Lächeln, aber Alec hatte sie gesehen. Es ist nicht angenehm, mit solch einer Miene begrüßt zu werden, wenn man einige Minuten oder womöglich zwanzig Jahre lang in einem schmutzigen Flur gewartet hat.

Alec ging auf Marie zu, ohne zu lächeln oder die Hand auszustrecken. »Komm in meine Wohnung«, sagte er. »Ich habe dir etwas zu sagen.«

Marie hatte bemerkt, daß Alec sprach, als hätte er keine Luft in den

Lungen. Sie hatte schon recht früh in ihrem Leben gelernt, daß es einem Mann, der so redet, ernst ist. Sie erlaubte ihm deshalb, sie durch die offene Tür in seine Wohnung zu schieben. »Ich bin schon spät dran«, sagte sie. »Louis wird denken, mir sei etwas passiert.«

»André könnte ihm das ganz sicher bestätigen.«

»André? Was hat André damit zu tun?« Marie testete die Wirkung eines stolzen und beleidigten Blicks. »Willst du vielleicht andeuten, ich hätte André besucht? Vielleicht wohnen hier noch andere Freunde von mir.«

Alec erlaubte sich einen Blick der Verachtung für dieses klägliche Alibi.

Marie, ein Geschöpf der Altstadt, erkannte eine Sackgasse, sobald sie einen Fuß hineingesetzt hatte. »Aber warum sollte ich dir nicht die Wahrheit erzählen«, sagte sie. »Es ist ein kleines Geheimnis, aber nicht für dich. Louis will sich heute abend mit ein paar Geschäftsfreunden aus Nizza im Klub treffen. Also hatte ich die Idee, André über jeden von ihnen ein paar lustige Sachen zu erzählen, die er in seine Conférence aufnehmen kann.«

»Sicher hatte er letzten Donnerstag auch Freunde zu Besuch. Waren sie auch aus Nizza?«

»Am letzten Donnerstag? Ich sehe nicht ganz . . .«

»Du hast mich nicht ganz gesehen, aber ich sah dich. Und ich sah dich auch am Montag.«

»Du bist eifersüchtig!«

Was für eine Erleichterung ist es, endlich zur Sache zu kommen, nachdem man lange um den heißen Brei herumgeschlichen ist! Im nächsten Augenblick warf Marie sich auf Alec. Sie bedeckte den steifen, entrüsteten Narren mit Küssen und überschwemmte ihn mit einer Flut von Geständnissen, Vorwürfen und Zärtlichkeiten – wie eine Anakonda, die ihre Beute bespeichelt, um sie besser zu verdauen. Sie erklärte ihm, daß André ein Knabe, ein Spielzeug, ein Irrtum, ein Nichts sei. »Ein Nichts! Ein Nichts! Ein Nichts! Es war alles deinetwegen. Ich liebe dich. Du verschließt deine Augen. Du wendest dich ab. Du beachtest mich nicht. Du siehst mich an, als wäre ich Schmutz.« All das klingt auf Französisch viel besser, besonders wenn man nicht allzu gut Französisch versteht.

Für Alec hatte es den Zauber jener zweideutigen Worte, die in unseren Träumen Geschöpfe der eigenen Phantasie aussprechen. Sie boten ihm Liebe und dazu eine Sklavin an, eine bußfertige Sünderin und einen Nebenbuhler, der zu einem Nichts geworden war. Nun fehlte nichts mehr zu seiner Lust, außer vielleicht die Lust selbst.

Doch wird Phantasie zur Wirklichkeit, verwandelt sie sich unweigerlich zur gleichen alten Wüstenei, wie das Ende eines Regenbogens, das ein Wunder vorgetäuscht hat. Alec, der seine Phantasien unter Maries Rock suchte, hatte einen Augenblick die verzeihliche Illusion, sie gefunden zu haben.

Leider konnte er sich nicht bezähmen, nur noch eine einzige Frage zu stellen. »Aber wenn er solch ein Irrtum war, weshalb hast du ihn dann nicht gleich fallenlassen?«

»Weil er so schwach ist, so dumm. In seiner Verzweiflung hätte er irgend etwas Irrsinniges angestellt. Vielleicht ausgerechnet im Klub, direkt unter Louis' Augen. Und dann . . . du kennst ja Louis!«

Alec begriff, daß er sehr wohl wußte, wer Louis war. Louis war der Besitzer. Erst der Besitzer macht eine Frau zur Sklavin, wirft sie nieder, mißhandelt sie, verschlingt sie ganz allein und läßt andere Leute draußen im Flur stehen.

»Louis ist gefährlich«, sagte Marie. »Der da« – sie zeigte nach oben – »ist nur ein Kind. Aber Louis macht mir Angst. Ich fürchte mich davor, mich gehen zu lassen und ihn so zu hassen, wie ich ihn hassen möchte. Ich muß mich dauernd verstellen. Das ist mein Leben. Und deins jetzt auch. Er darf nie, nie Verdacht schöpfen.«

»Oh, das weiß ich nicht«, sagte Alec mit einem Lächeln, das man sich niemals erlauben sollte. »Vielleicht lassen wir ihn wegen André etwas Verdacht schöpfen.«

»Oh, nein, nein, nein!« rief Marie schrill. Sie hatte keineswegs den Wunsch, Alec mit Widerreden zu verärgern; es rutschte ihr nur so heraus. »Er würde ihn umbringen.«

»Du sagtest eben, André sei ein Fehler von dir. Du sagtest, du könntest ihn nicht loswerden. *Möchtest* du ihn etwa nicht loswerden?«

»Aber Louis würde mich doch auch umbringen.«

»O nein, Liebes. Ganz im Gegenteil.« Alec genoß das berauschende, aber ziemlich gefährliche Gefühl, sehr schlau zu sein. »Du wirst irgendwo weit weg in völliger Sicherheit sein. Louis wird André aus dem Weg räumen. Wir werden es erfahren, wenn er es getan hat. Ein paar Worte an der richtigen Stelle – und Louis wird auch aus dem Weg geräumt. Und auch dir, meine Liebe, wird alles aus dem Weg geräumt sein.« Der Begriff »aus dem Weg räumen« kehrte bei allem, was er sagte, wieder. Wie bei jemandem, der sich bei Schneetreiben einen Weg freischaufelt, von dem er nicht weiß, wohin er führt.

»Du bist verrückt!« sagte Marie.

»Frei von Louis und frei von André«, sagte Alec, den die Phantasie auf den Wogen der Lust fortriß. »Sauber und frei und glücklich!« Beinahe hätte er die Worte »Und mit dem Mann, den du liebst« hinzugefügt, unterließ es aber aus Rücksicht auf den guten Geschmack.

Völlig verrückt! dachte Marie. Und als hätte Alecs unausgesprochener Satz ihr den Weg gewiesen, hob sie die für einen Moment zärtlich blickenden Augen zum Himmel. Dann kniff sie sie etwas zusammen, als ob sie voller Konzentration in das Schneetreiben starrte, durch das sich Alec zu schaufeln schien. Alecs Bemühungen hatten einen Weg freigeräumt, der ihr langsam immer deutlicher wurde. »Wir müssen praktisch denken«, sagte sie.

»Du sprichst von ein paar Worten an der richtigen Stelle«, fuhr sie fort. »Welche Stelle ist das? Denkst du an jemand bestimmten?«

»An irgend jemanden im Polizeipräsidium«, sagte Alec. »Ich nehme an, bei so einem Fall ist ein Polizist so gut wie der andere.«

»Du bist sehr schlau«, sagte Marie. »Und weil du so schlau bist, bete ich dich an. Aber manchmal weiß die kleine Gans etwas, das der schlaue Fuchs nicht weiß. Ein Polizist ist *nicht* so gut wie der andere. Sag deine Worte dem falschen Mann im Präsidium – und du könntest sie genausogut Louis selbst sagen. Die meisten stehen mit ihm auf du und du! Und dann, mein Freund, werden wir beide aus dem Weg geräumt, wie du es nennst.«

»Laß mich einen Augenblick überlegen«, sagte Alec.

»Nein. Hör lieber einen Augenblick zu. Einer von ihnen ist kein Freund von Louis. Ganz im Gegenteil! Er will ihn erwischen! Hat ihm aber noch nie etwas beweisen können. Laß André aus dem Spiel. Warum solltest du André weh tun, einem Knaben, einem Kind, zwei oder drei Jahre jünger als du. Die Polizei wird sich nicht sehr dafür interessieren, was mit so einem kleinen Niemand geschieht. Aber da gab es zwei Männer, wichtige Männer, die geschäftlich mit Louis zu tun hatten, und da gab es eine kleine Meinungsverschiedenheit! Und ein

Fischerboot – du hast es gelesen – zog seinen Anker hoch, der sich in der Kette verhakt hatte, die um den einen von den beiden Männern gewickelt war. Sie fischten ihn auf, und dann fanden sie den anderen . . .

Sie wissen, wer es war. Dieser Mann, von dem ich gesprochen habe, Inspektor Grimeaux – merk dir den Namen –, weiß verdammt gut, daß es Louis war. Aber ihm fehlt etwas, womit er es beweisen kann. Ich habe es. Es ist nur ein Fetzen Papier, aber ich hielt ihn plötzlich in der Hand, und ich habe ihn aufbewahrt. Als Sicherheit. Ich werde ihn in einen Briefumschlag stecken und ihn dir in einer halben Stunde bringen. Rufe inzwischen im Präsidium an und verlange unbedingt Inspektor Grimeaux. Sag niemand anderem etwas. Es ist dein Tod, Alec, wenn du jemand anderem als Inspektor Grimeaux etwas sagst. Wenn er am Telefon ist, erzähl ihm, aber nicht zu laut, du hättest genau das, was er in der Sache ›Louis Camatte und Gebrüder Calvi‹ brauche – einen bestimmten Brief. Sage ihm, du willst ihm den Brief nur persönlich übergeben, bei einem diskreten Treffen, irgendwo außerhalb der Stadt.

Er wird dir Ort und Zeit sagen, wo und wann er mit dem Auto vorbeikommt und dich abholt. Wenn er einen Freund dabei hat, ist es ganz in Ordnung. Fahre mit ihnen. Gib ihnen, was ich dir gleich bringen werde. Dann wird alles so geschehen, wie du es haben willst. Und ich werde dir geholfen haben!

Und dann, Lieber«, sagte sie und hob die Augen wieder zum Himmel, »werden wir frei sein und glücklich und reich – ich weiß nämlich, wo das Geld ist. Und wir können weit, weit fortgehen und in Monte Carlo leben.«

Norman Mailer

Norman Mailers Karriere war voller Gegensätze und Überraschungen. Er wurde 1923 in Brooklyn geboren, wo er heute noch lebt. 1948 trat er mit einem wahren Paukenschlag, seinem Roman über den Zweiten Weltkrieg, *Die Nackten und die Toten*, in die literarische Welt ein. Seine Bücher führten uns nach Hollywood (*Der Hirschpark*), ins Weltall (*Auf dem Mond ein Feuer*), hinter Gitter (*Gnadenlos*), ins alte Ägypten (*Frühe Nächte*), zu politischen Ereignissen, auf die erst er die Aufmerksamkeit lenkte (u. a. *Heere aus der Nacht*, das wie *Gnadenlos* und *Nixon in Miami und die Belagerung von Chicago* – beide im Jahre 1968 – den Pulitzer-Preis gewann). Ihn dennoch im Paris des Fin de siècle zu finden, auf gutem Fuße mit »Dämonologen, Alchimisten und Kabbalisten« – ebenso mit Jeanne d'Arc und Gilles de Rais – sollte nicht sonderlich überraschen. Diese Geschichte ist beinahe ein Drehbuch, es liest sich aber viel besser.

Norman Mailer

Schwarze Messe

Wir sehen Paris an einem Herbstabend. Pferde ziehen Equipagen. Wir erahnen die Epoche: Es muß um 1890 sein. Die Gehsteige sind nebelfeucht. Wir folgen Durtal, einem Schriftsteller Anfang der Vierziger. Er hat dunkles Haar, einen blassen Teint und trägt einen Schnurr- und Kinnbart. Er betritt ein Haus, schellt an einer Wohnung im Parterre, wird von einem Diener empfangen, dem er Hut und Cape überreicht, und durch eine lange Diele zu einem Salon geführt, wo gerade eine Gesellschaft stattfindet. Ein riesiger, hoher Raum mit hohen, himmelwärts strebenden Fenstern. Ein mächtiger Kamin. Auf dem Sims eine Bronzestatue der Jungfrau von Orléans zwischen zwei Kugellampen aus Porzellan. Ein Flügel, ein mit Alben beladenes Tischchen, ein Diwan, Stühle im Louis-quinze-Stil mit gobelinartigen Bezügen.

An den Wänden hängen religiöse Gemälde und ein Bildnis des Gastgebers Chantelouve, nahezu in voller Größe, seine Hand ruht auf einem Stapel seiner Werke. Chantelouve ist klein, rundlich, mit Embonpoint und roten Wangen. Seine Frau, die einen Augenblick lang neben ihm steht, ist wesentlich jünger, eine Blondine mit wundervollen Augen, die einmal kalt blicken, mal Funken sprühen; schmale, empfindsame Lippen. Sie wirkt üppig trotz ihrer zierlichen Gestalt und hält sich abseits von der Gesellschaft, als langweilten sie ihre Pflichten als Gastgeberin.

Chantelouve: »Welche Ehre! Sie scheinen es darauf angelegt zu haben, der berühmteste Eremit von Paris zu werden!«

Durtal: »Im Gegenteil. Niemand lädt mich zu sich ein. Und der Ruhm meidet meine Bücher.«

Chantelouve: »Man hat mir versichert, daß Sie ein brillanter Schriftsteller seien.«

Durtal blickt sich um, betrachtet das Gedränge in Chantelouves Bibliothek und Salon und entdeckt einen Freund. »Da ist doch des Hermies!« sagt er zu Chantelouve und geht davon. Auf der gegenüberliegenden Seite sehen wir einen Herrn, der fehl am Platz wirkt. Hochgewachsen, schlank, ein wenig blaß, blaue, kaltschimmernde Augen. Kurze, schmale Nase, glattrasierte Wangen. Mit seinem flachsfarbenen Haar und dem Kinnbart könnte er ein Norweger oder ein Engländer sein. Sein Anzug ist von Londoner Fasson, der lange, knappsitzende und die Taille betonende Gehrock ist bis zum Hals zugeknöpft und umschließt ihn wie ein Futteral. Fremden gegenüber ist er ungemein kühl.

Durtal bahnt sich einen Weg zu des Hermies. Währenddessen vernehmen wir bruchstückhaft die Konversation der Gäste. Wir sehen Gesichter, die Geistlichen des Fin de siècle zu gehören scheinen, Poeten, Journalisten, Schauspielerinnen, dilettierenden Schöngeistern, Okkultisten und Gelehrten.

Während sich Durtal und des Hermies mit einem formellen Händedruck begrüßen, setzt des Hermies zum ersten Mal eine freundliche Miene auf. »Besuchen Sie nie eine Gesellschaft, die ein katholischer Historiker gibt. Sie gleicht einem Hochamt, das ein Atheist zelebriert.«

»Ich weiß nicht recht«, entgegnet Durtal. »Meiner Ansicht nach setzt ein Geistlicher seine Reputation aufs Spiel, wenn er hier erscheint.«

Madame Chantelouve tritt zu ihnen. »Welchen Wert hat eine Reputation, wenn man nichts riskiert?« fragt sie und lächelt Durtal an. »Darf ich erfahren, an welchem Buch Sie derzeit arbeiten?«

Durtal: »Ich gestehe, daß mich der Gedanke an ein Buch über Gilles de Rais nicht losläßt.«

Madame Chantelouve: »Ein Soldat, der in allen ihren Feldzügen an Jeanne d'Arcs Seite focht. Er war bei ihr, als sie verwundet wurde, und er verehrte sie.«

Durtal: »Ja.«

Madame Chantelouve: »Und bei der Krönung des Dauphins in Reims stand er gleichfalls an ihrer Seite. Soviel weiß ich noch. Aber hatte er nicht auch noch einige Angewohnheiten, die keineswegs so bewundernswert waren?«

Durtal: »Oh, davon besaß er sehr viele!«

Des Hermies: »Wurde er nicht wegen etwas Obszönem und Ungeheuerlichem vor Gericht gestellt?«

Durtal: »Ja, all das trifft zu.«

Madame Chantelouve: »Ich kann ihr Buch kaum erwarten.« Sie entfernt sich.

Des Hermies sagt: »Lassen Sie uns gehen! Ich habe den ganzen Tag nur Patienten um mich herum gehabt, und mir ist, als hätte ich das Hospital gar nicht verlassen.« Während sie davongehen, hören wir, wie Madame Chantelouve, die sich über Durtals Aufbruch ärgert, sagt: »Die Art, wie Durtal mit der Kirche liebäugelt, erinnert mich an das Gehabe einer Prostituierten, die sich um die Aufnahme in ein Bordell bemüht. Der Hetze entfliehen wollen und Zuflucht vor dem Regen finden!«

Durtals Wohnung. Ein kleiner Salon und ein noch kleineres Schlafzimmer. Im Salon ein Kaminfeuer.

Die Räume sind ohne jeglichen Luxus eingerichtet. Der Salon ist in ein Studierzimmer umgewandelt worden. Schwarze Regale voller Bücher bedecken die Wände. Vor dem Fenster stehen ein großer Tisch, ein lederbezogener Lehnstuhl und einfache Stühle.

An der Wand hängt die großformatige Reproduktion einer Kreuzigungsszene von Matthias Grünewald. Während wir Durtal und des Hermies reden hören, erscheinen die Titel des Vorspanns, und die Kamera ermöglicht uns, die Reproduktion näher zu betrachten.

Vor uns erscheint ein Christus, an ein ungefüges Holzkreuz genagelt. Die gebeugten Arme geben unter der Last des Körpers nach, und ein riesiger Nagel ist durch die Füße getrieben. Die Sehnen an den Achselhöhlen sind zum Bersten gespannt. Die Rippen treten hervor.

Aus der Wunde an der Seite sickern Blutstropfen, die auf dem Oberschenkel gerinnen. Eine Flüssigkeit rinnt aus der Brustwunde und tropft auf Unterleib und Lendentuch. Christi Haupt, umrahmt von der wirren Dornenkrone, hängt leblos zur Seite. Das erschlaffte Gesicht scheint zu weinen. Der Mund ist verzerrt.

Während wir dies alles betrachten, sagt Durtal: »Wie Sie sehen, ist das nicht der Christus der Reichen, beileibe nicht, kein gepflegter Jüngling mit braunen Locken, stutzerhaftem Bart und puppenhaften Gesichtszügen. Nein, es ist der Mann, der von seinem Vater im Stich gelassen wurde, um wie ein Dieb zu sterben. Dennoch ist dieser Christus für mich der Sohn Gottes.«

Des Hermies erwidert: »Haben Sie gewußt, daß, wenn wir gestorben sind, unsere Leichen von ganz unterschiedlichen Würmern zerfressen werden? Es hängt davon ab, ob man fett oder mager war. In fetten Leichen findet man Rhizophagen, in mageren den aristokratischen Phoras, eine geschmäcklerische Made, die sich aus üppigen Brüsten und feisten Schmerbäuchen nichts macht. Sie zieht einen wohlgestalteten Körper vor. Bedenken Sie, es gibt auch diesbezüglich keine Gleichheit, nicht einmal in unserer Eigenschaft als Wurmfutter.«

Durtal: »Genügt es nicht, daß Sie sich wegen Ihrer Vertrautheit mit Dämonologen, Alchimisten und Kabbalisten bereits einen gewissen Ruf erworben haben? Müssen Sie dieser Liste auch noch Maden hinzufügen?«

Des Hermies: »Verehrter Freund, ich habe Respekt vor der strahlenden Herzensunschuld eines Menschen, der allmorgendlich diesen Christus anzublicken vermag und danach sein Frühstück zu sich nimmt. Aber, um auf die Würmer zurückzukommen: Es muß eine höhere Intelligenz geben, wenn für die Hochmögenden und die Verderbten eigene Würmer vorgesehen sind. Können Sie daraus auf Barmherzigkeit schließen?«

»Es liegt nicht bei Gott, Barmherzigkeit zu beweisen«, entgegnet Durtal. »Eher liegt es bei uns Menschen.«

»Da muß ich Ihnen beipflichten.«

»Sie erstaunen mich.«

»Wieso denn? Sie meinen, daß ich nur an abwegigen Naturen interessiert sei. Dabei kenne ich einige, die keineswegs so geartet sind. – Durtal, mir scheint der Augenblick geeignet, Sie dem einzigen bewundernswerten Mann vorzustellen, den ich kenne. Er ist ein gescheiter Katholik, dem Heuchelei fremd ist. Er ist der einzige meiner Bekannten, der weder Haß noch Neid empfindet.«

Letzter Titel des Vorspanns.

Der Platz Saint-Sulpice. Das Geviert liegt nahezu verlassen da. Einige Frauen steigen die Stufen zur Kirche empor, wo sich ihnen Gebete murmelnde Bettler entgegendrängen und mit Blechbüchsen rasseln. Ein Geistlicher, der ein schwarzgebundenes Buch trägt, grüßt die Frauen. Hunde rennen umher. Kinder jagen einander oder hüpfen über das Seil.

Wir erblicken Durtal und des Hermies. In einer Vorhalle an der Längsseite der Kirche von Saint-Sulpice lesen sie auf einem Plakat: »Turm für Besucher geöffnet«. Im Hintergrund hängt eine kleine Petroleumlampe an einem Nagel und beleuchtet die Tür zum Turm.

In fast völliger Dunkelheit steigen sie nach oben. Als Durtal um die Ecke biegt, erblickt er einen Lichtstreifen und dann eine Tür. Des Hermies zieht an der Klingel, und die Tür schwingt auf.

Oben, am Ende einer Treppe, sehen sie Füße. Ob sie einem Mann oder einer Frau gehören, können sie nicht feststellen.

»Ah, Sie sind es, Monsieur des Hermies!« Eine Frau neigt sich vor, so daß ihr Kopf von dem Lichtstreifen erfaßt wird. »Louis ist im Turm.«

»Gestatten Sie mir, Ihnen meinen Freund Durtal vorzustellen.«

Durtal verbeugt sich in der Dunkelheit.

»Ah, Monsieur, welch glücklicher Zufall! Louis erwartet Sie sehnlichst.«

Durtal tastet sich hinter seinem Freund nach oben. Sie gelangen schließlich zu einer verriegelten Tür, öffnen sie und befinden sich auf einem Balkon.

Unter sich erblicken Sie eine erstaunliche Ansammlung von Glokken, die an eisenbeschlagenen Querbalken aus Eichenholz hängen. Das dunkle Glockenmetall schimmert ölig. Über ihnen hängen gleichfalls Reihen von Glocken.

Die Glocken sind still, aber der Wind rüttelt an den Läden und wimmert in den Glockenkelchen. Eine sanfte Brise streift Durtals Wange. Er blickt nach oben. Der Lufthauch kommt von einer der großen Glokken, die zu schwingen beginnt. Ein Geräusch entsteht, indes der Schwung der Glocke zunimmt, bis endlich der riesige Klöppel mit ohrenbetäubendem Dröhnen gegen das Metall schlägt. Der Turm erbebt, und der Balkon, auf dem Durtal steht, zittert wie bei einem Erdbeben.

Durtal sieht, wie ein Bein weit in den Raum schwingt und dann wieder zurück auf eines der hölzernen Trittbretter, von denen jeweils zwei am Rand jeder Glocke angebracht sind. Als er sich so weit vorlehnt, daß er fast bäuchlings auf dem Geländer liegt, erblickt er endlich in der Höhe den Glöckner Carhaix, der sich mit den Händen an zwei Eisengriffe klammert und so über dem Abgrund schwebt.

Durtal ist über das Gesicht bestürzt. Noch nie hat er solch eine Blässe gesehen. Die Augen des Mannes sind blau, wölben sich vor, ja scheinen hervorzuquellen, aber ihr Ausdruck paßt nicht zu dem schneidigen Kaiser-Wilhelm-Bart. Der Mann scheint ein Träumer und zugleich ein Kämpfer zu sein. Er versetzt dem Trittbrett an der Glocke noch einen Stoß und schwingt sich zurück auf die Plattform. Er wischt sich über die Stirn und steigt lächelnd herunter zu des Hermies.

Als er Durtals Namen hört, leuchtet sein Gesicht auf. Beide schütteln sich herzlich die Hand.

»Monsieur, ich habe Ihre Bücher gelesen. Ich bin sicher, daß ein Mann wie Sie meine Glocken lieben wird.«

Sie kehren zu Carhaix' Wohnung zurück. Es ist ein riesiger Raum mit einem Deckengewölbe und Wänden aus unbehauenem Stein, durch ein halbrundes Fenster unter der Decke fällt Licht herein.

»Wenn ich so einen Raum hätte«, sagte Durtal, »würde ich ihn mir herrichten und dann in aller Ruhe an meinem Buch arbeiten.« Er lächelt.

»Aber es ist kalt hier«, entgegnet die Frau. »Und eine Küche gibt es nicht.«

»Man kann nicht mal einen Nagel in die Wand schlagen, um Sachen daran aufzuhängen«, sagt Carhaix. »Dennoch liebe auch ich diese Wohnung.«

Des Hermies erhebt sich. Man schüttelt sich die Hand, und Monsieur und Madame ringen Durtal das Versprechen ab, bald wiederzukommen.

»Was für anregende Menschen!« ruft Durtal aus, während er und des Hermies den Platz überqueren. »Aber warum bloß arbeitet ein so gebildeter Mensch wie ein Tagelöhner?«

»Wenn Carhaix Sie hören würde!« erwiderte des Hermies. »Es würde Ihnen schlecht ergehen. Die Glocken sind sein ein und alles. Für ihn
haben sie ein Eigenleben wie Menschen.«

»Wie Menschen?«

Des Hermies ist guter Laune. »Nun, eine Glocke ist wie jeder gute
Christ getauft. Dann wird sie siebenmal mit dem Öl für die Gebrechli-
chen gesalbt, damit sie den Sterbenden eine Botschaft vermitteln kann.
Laut Carhaix sind Glocken wie kostbare Weine, die im Alter reifen und
ihre ungebärdigen Züge verlieren.«

»Das kann ich verstehen«, meint Durtal. »In meinem Viertel vibriert
in der Morgendämmerung die Luft vom Klang der Glocken. Zuweilen
liege ich wach und warte auf das Geläut.«

Das Gespräch will Durtal nicht aus dem Kopf, als er zu Bett geht. Er
hört Carhaix sagen: »Glockengeläut ist wahrhaft heilige Musik.« Während er im Bett liegt, die Decke bis zum Kinn gezogen, vernimmt er
den Klang der Glocken und hört Carhaix' Worte: »Niemand will mehr
ein Gewerbe erlernen, das nicht mehr gefragt ist. Wir läuten nun nicht
mal mehr bei Hochzeiten. Und niemand kommt, um den Turm zu
besichtigen.«

Die Glocken ergreifen von Durtal Besitz, während er in den Schlaf
sinkt. Von ihrem Klang getragen, entschwebt er in einem Traum und
sieht eine langsame Prozession von Mönchen, die beim Angelusläuten
niederknien. Der Glockenklang kündet von Harmonie über engen
mittelalterlichen Gassen.

An dieser Stelle erblickten wir erstmals Jeanne d'Arc. In Durtals Traum
sehen wir Jeanne mit gespreizten Beinen auf den Trittbrettern stehen,
mit denen die Glocke im Turm geläutet wird. Sie umarmt die Glocke
und schwingt in deren Rhythmus weit in den Raum hinaus. Jeanne ist
voll Liebreiz, doch stattlich und kräftig wie ein reicher Bauer, nicht so
sehr von männlicher oder weiblicher, sondern eigentlich von athletischer Gestalt, mit heiterem, lächelndem Gesicht und, an alldem gemessen, ihrer Zeit vielleicht um 450 Jahre voraus. Ein Teil der Klangfülle
scheint vom Schwung ihres Körpers herzurühren. Der Widerhall ihres
Innenlebens wird im Klang vernehmbar.

Während die Glocken ausschwingen, ruft sie fröhlich hinab zum

Marktplatz: »Ich habe euch doch gesagt, daß ich sie läuten kann! In Domrémy glitt einmal der Glöckner aus, und die Glocke schlug ihm das Bein ab. Was für ein sonderbares Geräusch, als das Bein am Boden aufschlug!« Sie schnalzt mit der Zunge, nicht gerade gefühllos, aber so unbekümmert wie ein Landsknecht. »Ich war die einzige, die der Curé bat, in den Turm zu klettern. Die Jungen hatten alle Angst.« Sie bricht in ein gewaltiges Gelächter aus, das überraschend anziehend klingt.

Am Fuß des Turms steht Gilles de Rais, 25 Jahre alt, von gleicher Lebenskraft, eine robuste, energische Gestalt, makellos gekleidet in eine leichte Rüstung. Sein Gesicht trägt die Züge eines Engels, sein Körper strotzt vor Sinneslust. Er sieht unglaublich gut aus, in der Beschreibung seiner Zeitgenossen ein Mann »von auffallender Schönheit und seltener Eleganz«. Wenn er auch vom Anblick der auf der Glocke schwingenden Jeanne entzückt ist, so fordert sie ihn doch gleichzeitig heraus. Er verläßt die neben ihm stehenden grinsenden Kriegsknechte und steigt den Turm hinauf.

Im Traum blickt Durtal in den Abgrund von Carhaix' Glockenturm von Saint-Sulpice und verspürt einen schwindelerregenden Sog. Er erschauert in seinem Bett. Das Bild von dem Abgrund unter ihm verschmilzt mit dem Abgrund unter Gilles und Jeanne. Wir sehen sie einander gegenüber auf der Glocke, die sie hin und her schwingen. Da die Glocke groß genug ist, um jeweils zwei gegenüberliegenden Trittbrettern Platz zu bieten, vermögen die beiden sie in mächtige Schwünge zu versetzen. Aber Gilles springt von dem Tritt, rennt auf dem ringförmigen Laufsteg herum und hechtet hoch, um das Glockenseil über ihren Händen zu ergreifen. Sogleich zieht Jeanne ihren Fuß von dem einen Trittbrett, damit er sich draufstelle, und so nebeneinander, jeder mit einem Bein auf einem Tritt und das andere frei über dem Abgrund, jeder mit einer Hand das Seil umklammernd, läuten sie die Glocke und starren sich an, die Gesichter nur eine Handbreit voneinander entfernt.

»Ich bin gekommen, um einen Kuß zu fordern«, sagt Gilles.

»Niemals.«

»Nicht einmal dem tapfersten Mann von Frankreich?«

»Ich werde Euch einen Kuß geben, nachdem wir Paris eingenommen haben, wenn ich überhaupt je einen Mann küsse.«

Sie blickt in das Gesicht eines gefallenen Engels. »Jeanne, teure Jeanne!« sagt Gilles. »Erblickt in mir ein Mädchen! Haucht einen Kuß auf die Lippen dieses tapferen Mädchens!«

»Ihr seid verrückt! Lieber würde ich Knoblauch essen, als Mädchen zu küssen.«

»Ihr werdet es aber!«

Sie springt auf den Holzsteg zurück und tritt nach ihm. Er springt ebenfalls, und sie fangen an zu ringen, beide nahezu gleich stark. Es klingt komisch, wenn die Harnische dabei aufeinanderprallen. Als sie innehalten, befindet er sich mitten in einer Rede, die er nicht halten wollte und nun kaum noch steuern kann.

Es ist das Stammeln und Stöhnen eines Verliebten, ein Bekenntnis, das sich seine Bahn bricht. »Ich könnte Euch verschlingen. Ich möchte mit den Händen in Eurem Leib wühlen. Ich könnte Euer Blut trinken. Es trinken und gesegnet sein.« Wir vernehmen nur die Hälfte. Man hört ohnehin fast zuviel.

Sie erschauert. Vor sich erblickt sie Grünewalds Christus, aus dem Rahmen befreit. Er scheint nun fast lebendig und kein Gemälde mehr. Doch wie auf dem Bild sehen wir die Jungfrau Maria wachen. Sie trägt ein blaßblaues Gewand mit einer Kapuze. Das Gesicht ist bleich und vom Weinen geschwollen. Die Vision entschwindet. Mit heiserer Stimme sagt Jeanne: »Ich lebe nicht in meinem Körper wie Ihr in Eurem, Gilles de Rais.«

Er kniet auf dem schmalen Laufsteg nieder und legt seine Hand auf ihren Stiefel, um sich zu entschuldigen.

»Ihr bringt Licht in einen Hofstaat von Schurken und Wegelagerern, Ihr ändert den Sinn eines feigen Königs, Ihr säubert ein Schloß von allem Unrat, und Ihr wascht alte Hurenböcke von ihren Ausschweifungen rein. Ihr treibt alle aus den Betten, damit sie kämpfen. Selbst mich habt Ihr dazu gebracht, am Morgen vor der Schlacht zur Kommunion zu gehen. Jungfrau von Orléans, Ihr seid unvergleichlich! Ich gestehe Euch meine Liebe.«

Sie scheint noch mehr verwirrt. »Meine Herrin hat mich einmal geheißen, daß ich die Tränen ihres Sohnes vor der Bosheit der Menschen schützen solle. Sie sagte mir, daß ich mich vor den Franzosen in acht nehmen solle, weil sie voller Gier seien, und die Engländer verabscheuen solle, da sie dem Satan glichen.«

»Meine Heimat ist nur durchs Meer von England getrennt«, entgegnete er.

Sie blickt auf den Christus, den sie in den Lüften wahrnimmt, auf die zerfließende Erscheinung seines Hauptes, wie es Grünewald gemalt hat.

Wir sehen denselben Christus, wieder auf dem Bild, wieder im Rahmen, über dem Kaminsims in Durtals Wohnung. Der Schriftsteller redet soeben mit des Hermies. Beim Sprechen streichelt er seine Katze. »Jeanne hatte ihre Visionen. Ich muß sagen, daß nun auch ich welche habe. Gilles de Rais geht mir nicht aus dem Sinn. Aber trotz all meiner Vorstudien kann ich auch ihn nicht begreifen. Ein Mensch mit solchen Kontrasten übersteigt das Fassungsvermögen. Es besteht kein Zweifel, daß er in Jeannes Nähe mystische Empfindungen durchlebt haben muß. Dennoch steht er knapp zehn Jahre nach ihrem Tod vor Gericht, weil er Kinder schlachtete. Warum? Seinem Geständnis nach, um seine schwarzen Messen zu bereichern, um dem Satan an Macht gleichzukommen. Können Sie solch ein Paradoxon begreifen? Es raubt mir meinen Schlaf. Ich weiß nicht, wie ich dieses Buch schreiben soll, ohne selbst mein inneres Gleichgewicht zu verlieren.«

Des Hermies: »Sie müssen einsehen, daß Sie seit Monaten von ihm besessen sind. Warum sehen wir uns nicht mal an, was von seiner Burg stehengeblieben ist? Fahren wir nach Tiffauges!«

Durtal: »140 Kinder, alle zu Tode geschunden! Welch grausige Nächte müssen das gewesen sein!«

Durtal und des Hermies gehen auf einer Landstraße dem Château entgegen. Die Burg ragt über dem Tal der Sèvre empor, blickt auf Granithügel mit mächtigen Eichen, deren Wurzeln sich wie Schlangenknäuel aus dem steinigen Boden hervordrängen.

Man fühlt sich in die mittelalterliche Vendée zurückversetzt. Derselbe melancholische, lastende Himmel, dieselbe Sonne, die hier älter als in anderen Gegenden Frankreichs zu sein scheint. Mit einem blaßgoldenen Hauch überzieht sie den uralten, düsteren Forst.

Man spürt diesen eisgrauen Himmel, diese ausgehungerte Erde. Man spürt diese Straßen, umsäumt von Steinwällen, Pfade, begrenzt von undurchdringlichen Hecken. Man sieht noch immer die dahinkümmernden Pflanzen, die kargen Felder, die verkrüppelten Bettler am Weg. In all den Jahrhunderten scheint sich die Landschaft nicht gewandelt zu haben, trotz eines befremdenden Fabrikschornsteins in der Ferne. Innerhalb der Ringmauern, von den Turmruinen begrenzt, erstreckt sich eine ebene Fläche, die in einen erbärmlichen Gemüsegarten verwandelt wurde.

In einem Winkel steht eine strohgedeckte Kate. Die bäuerlichen Bewohner, nahezu verwildert, lassen sich nur aus ihrer Dumpfheit reißen, wenn man ihnen eine Silbermünze unter die Nase hält. Sie greifen nach ihr und händigen einige Schlüssel aus.

Durtal deutet auf den Garten. »Es mag Sie interessieren«, sagt er, »daß einst Ritter ihre Turniere austrugen, wo nun das Gemüse wächst.«

Der Bauer (den Kopf wiegend): »Es nahm ein schlimmes Ende.«

Seine Frau, die neben ihm steht, bekreuzigt sich.

Durtal und des Hermies betreten die Burg. Wir sehen sie in den Ruinen umherwandeln und die Türme ersteigen. Am Grund des breiten Burggrabens wachsen riesige Bäume. Die Mauer zum Verlies ist herausgebrochen. Vom Burggraben aus können sie hineinblicken. Die Burganlage über ihnen ist mit Efeu und weißblühenden Blumen überwuchert.

Im Innern geht ein Gewölbe in das andere über, herausgehauen aus dem Granit und aneinandergedrängt wie Kabinen im Bauch eines Schiffes. Über Wendeltreppen gelangt man hinunter in ähnliche Räume, die kellerartige Gänge miteinander verbinden.

In diesen Gängen, so schmal, daß zwei Menschen nebeneinander nicht gehen können, kommen sie an Zellen vorbei, an deren Wänden Salzablagerungen im Licht einer Laterne wie Zuckerkristalle funkeln. Weitere Kerker befinden sich noch darunter.

Während Durtal und des Hermies herumstreifen, erblicken wir Gilles de Rais' Soldaten, wie sie, durchscheinend, nicht in voller Leiblichkeit, im Wehrgang stehen, als habe die Vergangenheit einen Augenblick lang versucht, wieder Gestalt anzunehmen. Die Ruinen scheinen sich wiederaufzubauen. In den kahlen Räumen sieht man schemenhaft Menschen in damaliger Tracht.

Die Wände überziehen sich mit einer Täfelung aus irischem Holz und golddurchwirkten Gobelins aus Arras. Der feste dunkle Boden im

Hof bedeckt sich mit grünen und gelben Ziegeln, schwarzen und weißen Steinplatten. Am Deckengewölbe prangen wie Sterne Gold und Armbrüste im blauen Feld. Das Kreuz des Marschalls, schwarz im goldenen Feld, beginnt zu glänzen.

Das Mobiliar erscheint und nimmt den angestammten Platz ein. Hochlehnige Prunkstühle, Throne, Schemel, Truhen mit geschnitztem Basrelief, Spitzenbaldachine, bemalte und vergoldete Statuen der heiligen Anna, der heiligen Margarete und der heiligen Katharina. Eisenbeschlagene Wäschetruhen, mit breitköpfigen Nägeln verziert und mit Leder bezogen, von breiten Metallbändern zusammengehaltene Kisten. Über teppichbezogene Stufen erreicht man die ausladenden Betten, auf denen quastenbesetzte Kissen und Paradedecken prangen, darüber Baldachine, ringsum sternenübersäte Vorhänge.

Durtal, erregt, spricht die ganze Zeit. Der äußere Eindruck soll die Doppelexistenz der Burg deutlich machen. Durtal sieht die Ruinen, wir deren Restauration. »Lange bevor Gilles Jeanne kennenlernte, beschäftigte er sich mit Alchimie. Als Zwanzigjähriger wußte er mehr von Parfüms und Weinen als irgendein anderer Mensch auf der Welt. Er war ein brillanter Kopf. Als Sechzehnjähriger verfaßte er zur Feier seiner Hochzeit ein Schauspiel. Zehn Jahre danach ist er mit Jeanne zusammen. Ihr Leben muß auf ihn wie eine Stimmgabel in seinem Innern gewirkt haben. Aber über die beiden ist so wenig bekannt. Das macht mich rasend. Tagelang soll er in Rouen auf der Lauer gelegen haben, bevor sie auf dem Scheiterhaufen verbrannt wurde. Plante er ihre Befreiung? Wie hatte er ihren Tod nur überleben können? Wie konnte er danach hierher zurückkehren, Feste feiern, sich Ausschweifungen hingeben?«

Im Saal sehen wir einem Bankett zu. Die Gäste schlemmen und lassen es sich wohl ergehen. Alles Männer. Keine Frauen. Gilles und seine Freunde haben nicht ihre damaszierten Feldharnische an, sondern glitzernde, gefältelte Wämser, die an der Taille in ein kurzes gefälbeltes Röckchen auslaufen. Die Beine stecken in dunklen, engsitzenden Strümpfen. Während sie schmausen, einander zurufen, sich puffen, aufstehen, sich verbeugen, entnehmen wir Durtals Rede, welche Speisen die Kamera zeigt.

Durtal: »Pasteten aus Rindfleisch, Lachs, Wildtauben, gebratene Reiher, Störche, Kraniche, Pfauen, Trappen, Schwäne; Wildbret in

Traubensaft; Neunaugen aus Nantes; Bryonia-Salat, Hopfen, Judas-
bart, Malven; scharfe Gerichte, gewürzt mit Majoran und Muskatblü-
ten, Koriander und Salbei, Päonien und Rosmarin, Basilikum, Ysop
und Kardamom – Gerichte, die mächtigen Durst machen, und Getränke, die die Gäste in dieser frauenlosen Burg zu unerhörtem Sinnestaumel anregen. Wie soll man über all das schreiben?«

Durtal hat eine flüchtige Vision von Männern, die sich in den Armen
liegen.

»Gewiß, da war noch seine Gemahlin Catherine de Thouars«, fügt er
hinzu.

»Soviel ich weiß, war sie ein perfides Weibsstück«, sagt des Hermies.

»Ein Brief von ihr an den Herzog der Bretagne, wenige Jahre nach
Jeannes Tod geschrieben, ist erhalten. Darin beklagt Catherine sich bit-
terlich über Gilles' Verschwendungssucht.«

Wir erblicken eine anziehende Frau, die uns vertraut erscheint. Sie,
deren Gewänder sündhaft teuer sind, diktiert einem Schreiber. »Mein
Gemahl besitzt eine prächtige Bibliothek und hält sich einen Maler, der
seine Bücher illuminiert. Er ergötzt sich an kostbaren Materialien und
träumt von ungeahnten Kleinodien, unheimlichen Edelsteinen und
Teufelsmetall. All das ist ungemein kostspielig.

Seine Leibwache besteht aus 200 Männern, die wiederum alle kost-
bar gewandete Diener haben. Der Prunk in seiner Kapelle ist unerhört.
Er beharrt darauf, die Vikare, Kämmerer, Kanoniker, Diakone, Scho-
lastiker und insbesondere die Sängerknaben aufs kostbarste einzuklei-
den.

Sein Vermögen schwindet dahin. Er borgt von arglistigen Menschen.
Ein ungeheurer Reichtum wird verpraßt.

Von diesem aberwitzigen Tun verschreckt, erbittet die Familie des
Marschalls das Eingreifen des Königs.«

Mit diesen Worten entschwindet sie.

Szene mit Gilles de Rais und Jean V., Herzog der Bretagne.

Gilles: »Ihr schätzt den Wert meines Besitztums niedrig ein. So niedrig, daß die Gefühle der Zuneigung beeinträchtigt werden, die ich Euch
entgegenzubringen gewöhnt bin.«

Jean V.: »Ich vermag nur diese Summe aufzubringen. Die Antwort

ist simpel. Gebt weniger aus! Laßt ab von Eurem Haß auf alles Mittel-
mäßige! Schwört der Alchimie ab! Sie ist zu kostspielig.«

Seine Worte rufen eine heftige Reaktion hervor.

Gilles: »Der Stern, unter dem ich geboren wurde, übt so viel Macht
aus, daß ich entdecken muß, was bislang niemand auf der Welt entdeckt
hat.«

Er hatte ruhig, fast spöttisch zu sprechen versucht, aber seine uner-
schütterliche Überzeugung brachte die Luft zum Schwingen.

Jean V.: »Euch gelüstet es allzu sehr nach dem Extremen.«

Gilles: »Ich fürchte weder Engel noch Teufel. Im Jenseits ist alles ver-
eint.«

Jean V. (höhnisch): »Orgien der Heiligkeit, Ekstasen der Lasterhaf-
tigkeit.«

Die Szene wird transparent und entschwindet. Durtal und des Hermies gehen die geborstenen Mauern entlang. Die Nacht ist hell. Ein
Teil der Burg liegt im Dunkeln, der andere tritt, von silbrigem und
blauem Schimmer überzogen, hervor. Unten fließt die Sèvre. Die Stille
ist übermächtig. Neun Uhr vorbei, kein Hund, keine Menschensee-
le.

Durtal (in die Stille): »Im Mittelalter war der Satan eine reale
Macht.«

Des Hermies: »Er ist es noch heute.«

Durtal: »Was meinen Sie damit?«

Des Hermies: »Der Satanskult hat sich vom Mittelalter bis heute
ununterbrochen erhalten.«

Sie kehren in ihr kärgliches Zimmer im Gasthof zurück, wo ein
schwarzgekleidetes altes Weib, auf dem Kopf eine spitz zulaufende
Haube wie ihre Ahnin im 16. Jahrhundert, mit brennender Kerze wartet, um die Tür nach ihrer Rückkunft zu verriegeln.

In der Kammer fragt Durtal ungeduldig: »Sie glauben also, daß jetzt
in diesem Augenblick der Teufel beschworen wird und schwarze Messen gefeiert werden?«

Des Hermies: »Ja.«

Durtal (spöttisch): »Haben Sie dafür Beweise?«

Des Hermies: »Lassen Sie uns morgen abend nach unserer Rückkehr
bei Carhaix essen.«

In Carhaix' Wohnung ist die Tafel ländlich gedeckt. Blanke Gläser, eine verdeckte Schüssel mit süßer Butter, ein Krug mit Cidre; die angeschlagene Lampe wirft mattsilbriges Licht auf das breite Tischtuch.

Die Speisenden sind still, die Köpfe über die Teller gebeugt; die Gesichter glänzen vom aufsteigenden Dampf der würzigen Suppe.

»Jetzt ist wohl der passende Augenblick, an Flauberts bekannten Ausspruch zu erinnern: ›So gut speist man in keinem Restaurant‹«, sagt Durtal.

Carhaix' blasses Gesicht heitert sich auf, seine großen Hundeaugen werden verdächtig feucht. Offensichtlich freut er sich. Er tafelt mit Freunden in seinem Turm. »Leert die Gläser! Ihr trinkt ja gar nicht!« ruft er und hebt den Cidrekrug.

»Des Hermies, haben Sie nicht gestern gesagt, daß der Satanskult seit dem Mittelalter ununterbrochen praktiziert wird?« fragt Durtal.

»Der Beweis meiner Theorie bereitet mir keinerlei Schwierigkeiten. Hier die Reihenfolge: Im 15. Jahrhundert ist es Ihr Gilles de Rais. Im 16. Katharina von Medici, im 17. Jahrhundert die ›Besessenen‹ von Loudun. Im 18. Jahrhundert – nun, ich möchte nur ein Beispiel anführen – inszeniert ein gewisser Abbé Guibourg seine Greuel. Auf einem Tisch, der als Altar dient, legt sich eine Frau nieder, die Röcke über den Kopf gezogen, die Arme ausgebreitet. Während der ganzen Messe hält sie die Altarkerzen. Auf diese Weise zelebrierte Guibourg die Messe auf dem Unterleib von Madame de Montespan, Madame d'Argenton und Madame de Saint-Pont.«

»Christus im Himmel!« seufzt die Glöcknersfrau. »Wie abscheulich!«

»Etwas hat sich gewandelt«, meint Durtal. »Im Mittelalter wurde die schwarze Messe auf dem nackten Hintern einer Frau zelebriert.«

»Diese gräßlichen Geschichten scheinen Ihnen den Appetit verschlagen zu haben«, sagt Madame Carhaix. »Monsieur Durtal, noch ein wenig Salat?«

»Nein, danke.«

»Meine Freunde«, sagt Carhaix und schaut auf seine Uhr, »es ist Zeit zum Angelusläuten. Ihr braucht auf mich nicht zu warten. Trinkt ruhig schon euren Kaffee! In zehn Minuten bin ich wieder da.«

Er zieht einen dicken Mantel an, entzündet eine Laterne und öffnet die Tür. Ein eisiger Lufthauch drängt herein. In der Dunkelheit wirbeln weiße Flocken.

Nachdem er gegangen ist, sagt seine Frau: »Monsieur des Hermies, hier ist der Kaffee. Das Einschenken überlasse ich Ihnen. Ich bin müde. Um diese Zeit muß ich zu Bett gehen.«

»Es läßt sich nicht übersehen«, seufzt des Hermies, nachdem sie ihr gute Nacht gewünscht haben, »daß Mutter Carhaix ihr Alter zu spüren beginnt.«

»Was Sie mir erzählt haben, ist sonderbar«, meint Durtal. »Es läßt sich also sagen, daß die schwarze Messe das bedeutendste Element des Satanskultes bildet.«

»Wir wollen nicht die Hexenkunst, die Inkuben und Sukkuben vergessen.«

In diesem Augenblick beginnt die Glocke zu tönen. Der Raum, in dem Durtal und des Hermies sitzen, erbebt, und Dröhnen erfüllt die Luft. Der Klang dringt in Wellen durch die Mauern. Im Innern der verliesartigen Turmräume ist der Widerhall erdrückend, eine musikalische Antithese zu dem früheren engelhaften Geläut.

Das Glockengedröhn ertönt nun in immer längeren Abständen. Das Summen entschwindet. Die Fenster, die Glasscheiben im Bücherschrank, die Becher auf dem Tisch hören auf zu klirren und klingen nur noch dünn nach.

Auf der Stiege hört man Schritte. Schneebedeckt tritt Carhaix ein.

»Ein Wind weht draußen!« Er schüttelt sich, wirft den schweren Mantel über einen Stuhl und löscht die Laterne.

Carhaix geht zum Ofen und schürt das Feuer; dann wischt er sich über die Augen, die wegen der bitteren Kälte draußen voll Tränen stehen, und nimmt einen großen Schluck Kaffee.

»Wie weit sind Sie denn mit Ihren Ausführungen gekommen, des Hermies?«

»Ich möchte, daß Durtal Ihren Freund, den Astrologen Gévingey, kennenlernt.«

»Dann werde ich das arrangieren.«

»Und nun wollen wir Sie nicht länger um Ihren Schlaf bringen.«

Carhaix entzündet seine Laterne, und fröstelnd gehen sie hintereinander die eisigkalte, finstere Wendeltreppe hinunter.

Wir sehen eine kleine, mittelalterliche Prozession, acht oder zehn Priester vielleicht, Soldaten und Diener, die sich der Burg von Tiffauges nähern. Wir sehen Gilles de Rais, der über die Zugbrücke über dem Wallgraben geht, um sie zu empfangen.

Ein junger Priester von ungewöhnlich gepflegtem Aussehen tritt heran. Seine Gesichtszüge verraten eine überragende Intelligenz. Die Männer umarmen sich.

»Ich grüße Marschall de Rais, den klügsten Kopf von Frankreich«, sagt der junge Priester.

»Francesco Prelati, Meister der florentinischen Magie! Niemandem würde ich lieber begegnen.«

Sie lächeln. Gemeinsam schreiten sie davon. Ihre Bewegungen drükken spontane Sympathie füreinander aus.

Wir sehen Gilles de Rais und Francesco Prelati im geräumigen Laboratorium, das einen Flügel der Burg einnimmt. Darin befinden sich der Schmelzofen eines Alchimisten, Tiegel und Retorten.

Gilles: »Ein ganzes Jahr führte ich langwierige Experimente durch. Alle mißlangen. Meine Enttäuschung war groß.« Während er redet, erblicken wir Flammen in verschiedenen Farben und brennende Pulver; wir vernehmen Schreie von Opfertieren, die geschlachtet werden. »Nichts brachte mich der Entdeckung des Steins der Weisen näher.«

Prelati: »Das Geheimnis der Alchimie mag darin liegen, daß sich kein Geheimnis ohne das Mitwirken des Satans aufdecken läßt.«

Gilles sieht nicht glücklich aus: »Ich bin zum selben Schluß gelangt, doch der Gedanke daran ist nicht tröstlich. Was nun, wenn die Verbindung zwischen mir und solch einer Kraft zu mächtig ist? Schreckliches hat sich bereits zugetragen.«

In einem großen leeren Raum zieht ein Hexenmeister einen großen Kreis auf dem Boden. Nun bittet er Gilles de Rais und einen anderen Edelmann, in den Kreis zu treten. Gilles stellt sich kühn in die Kreismitte. Aber bei den ersten Beschwörungsformeln beginnt er zu beten. Der Hexenmeister heißt ihn wütend, den Kreis zu verlassen. Gilles rennt durch die Tür, der Freund springt aus dem Fenster, und sie treffen sich unten. Geheul dringt aus dem Raum, wo nun der Hexenmeister allein die Prozedur vornimmt. Man hört das Geräusch von Schlägen, dann Gestöhn und qualvolle Schreie.

Als die Laute verklingen, öffnen sie die Tür und sehen den Hexenmeister in seinem Blut liegen, den Schädel eingeschlagen, den Leib zerfleischt.

Gilles (mit einem schiefen Lächeln): »Hexen kann er nun nicht mehr.«

Prelati: »Euer Motiv ist unlauter. Aus der Sicht des Teufels verlangt Ihr nach der Beherrschung seiner Macht, wollt ihm aber nichts dafür anbieten.«

Gilles: »Was könnte ich ihm denn anbieten?«

Prelati: »Ein Verbrechen.«

Gilles: »Ich bin zu jedem Verbrechen bereit.«

Er ist still, aber nicht unbeeindruckt. Nach einer Weile stößt er den Atem aus. »Nein«, sagt er dann. »Keine Verbrechen. Noch nicht. Laßt uns nun das Feuer in den Schmelzöfen entfachen!«

Wir sehen eine Bildmontage von Flammen und Beschwörungszeremonien. Blei wird gegossen, und ein auf den Kopf gestelltes Kreuz darübergeschwenkt.

Prelati und Gilles sprechen die Beschwörungsformel gemeinsam. Sie bleibt wirkungslos.

Prelati: »Ich muß es allein versuchen.«

Gilles: »Nein, es ist besser, wenn wir gemeinsam scheitern.«

Prelati: »Wir sind bereits gescheitert. Nichts ist ärger, als jetzt innezuhalten. Dieses geschmolzene Blei ist nun bereit, unsere Organe zu verseuchen. Wir werden an aufgetriebenen Bäuchen sterben.«

Gilles nickt und tritt zurück. Auf ein Zeichen Prelatis verläßt er den Raum.

In der langen Diele wartet er nun. Plötzlich hört er Prelati schreien. Dann vernimmt man tierische Laute, dumpf wie Donnergrollen. Gilles zögert vor der Tür, zwingt sich schließlich zum Eintreten. Der blutende Prelati sinkt ihm in die Arme. Wir sehen, wie der Marschall den jungen Priester in dessen Zimmer trägt und am Bettrand seine Hand hält. Im Turm erdröhnen die Glocken. Es ist das bedrückende Geläut von vorhin.

»Wohlan«, sagt Gilles de Rais, »die Zeit ist gekommen, meine Seele den Schrecken meiner Phantasie zu öffnen.«

Der Hausmeister wischt Staub in Durtals Salon.

»Das ist für sie abgegeben worden«, sagt er und überreicht Durtal einen Brief, bevor er ihn verläßt.

»Ich bin eine ermattete Frau« – wir vernehmen eine Frauenstimme, während Durtal den Brief liest –, »die soeben Ihr letztes Buch zu Ende gelesen hat.«

Durtal mit lauter Stimme: »Sie hat sich Zeit gelassen. Mein letztes Buch ist vor einem Jahr erschienen.«

Die Frauenstimme fährt fort.

»Obgleich es stets eine Torheit ist, einem Verlangen nachzugeben, gestatten Sie mir, Ihnen eines Abends an einem Ort Ihrer Wahl zu begegnen. Danach wollen wir, jeder von uns, in unser gewohntes Leben wieder zurückkehren. Lassen Sie sich sagen, Monsieur, daß ich mich nur an Sie wende, da ich Sie in einer Ära von Skribenten für einen exzellenten Schriftsteller halte. Heute abend wird meine Zofe Ihren Hausmeister aufsuchen und fragen, ob ein Brief für Madame Maubel bereitliegt.«

»Hm!« macht Durtal und faltet den Brief zusammen. »Sie ist mindestens 45.«

Gegen seine Absicht entfaltet er abermals den Brief.

»Nun, ich verpflichte mich zu gar nichts, wenn ich sie treffe. Aber wo? Hier darf es nicht sein. Es bereitet zuviel Mühe, eine Frau aus der Wohnung hinauszuwerfen. Ratsamer ist ein Rendezvous im Freien. Wenn nötig, kann ich sie an einer Straßenecke stehenlassen.«

Er beginnt ein Billett zu schreiben. »Auch ich bin ermattet. Welchen Vorteil könnte eine Zusammenkunft haben?«

Er blickt auf. »Ich sollte meine angegriffene Gesundheit erwähnen. Das wäre eine Entschuldigung, wenn sie sich als allzu energiegeladen erweist.« Er schreibt weiter. »Außerdem, verehrte Madame Maubel, liegt eine ernsthafte Liaison aus familiären Gründen nicht im Bereich des Möglichen.«

Ins Zimmer hinein sagt er: »Wer weiß? Vielleicht sieht sie gut aus.«

Durtal an seinem Schreibtisch. Mehrere Briefe liegen nun darauf. Er schüttelt den Kopf, während er einen überfliegt. »Machen Sie sich deswegen keine Vorwürfe«, liest er laut, »daß Sie mir keinen Trost zu geben imstande sind. Erlauben wir statt dessen lieber unseren Seelen, zueinander zu sprechen, leise, sehr leise, wie ich in jener Nacht zu Ihnen gesprochen habe.«

»Vier Seiten in demselben schwermütigen Ton«, sagt Durtal zu seiner

Katze. »Kein orthographischer Fehler. Und eine gefällige Handschrift.« Er schnuppert am Kuvert. »Diskreter Duft nach Heliotrop,
blaßgrüne Tinte. Sie muß blond sein. Dennoch stelle ich sie mir brünett
vor.« Einen Moment lang sehen wir seine erotischen Wunschträume.
Eine Blondine und eine Brünette, nach Pariser Mode gekleidet, zur
Hälfte ausgezogen, nein, nahezu völlig ausgezogen – Brüste und Oberschenkel sind zu sehen, Korsetts, Strumpfbänder, Strümpfe –, winden
sich an seiner Seite. Beide sind attraktiv, aber nur schemenhaft sichtbar.
Nun weichen sie zwei häßlichen Weibern, eines klein und mager, das
andere riesig und fett, beide gleichfalls entkleidet. Obgleich sie kaum
passend gewandet sind, schreiben sie Briefe.

»Gestern nacht«, sagt eine andere Frauenstimme, »spürte ich bren-
nend Ihren Namen. Unsagbare Schauer durchdrangen mich, als ich mit
einem Bekannten über Sie sprach. Warum sollte ich Ihnen nicht gestehen, daß Sie mich kennen?«

Durtal sieht andere Frauen in verschiedenen Stadien der Nacktheit.
»Ich schrieb«, verkündet er dem leeren Zimmer, als würde der Klang
seiner Stimme seinen Sinn für Ironie verstärken, »einen *feurigen* Ant-
wortbrief. Ich, der vor Jahren aller Fleischeslust entsagt hat, ich, ein
abgeklärter Mann von kleiner Gestalt, verknöchert, gegen Abenteuer
gefeit, nahezu impotent, oft monatelang ohne jeglichen Gedanken an
Sex – warum erregt mich das Geheimnis dieser Briefe?«

Die Stimme einer unsichtbaren Frau: »Sie sprechen nun von Ihrer
Begierde mit einer Unverblümtheit, die meinen Körper durchschauern
läßt. Heute morgen wollte mein Mann mit mir schlafen. Doch ich
begann wie eine Irrsinnige zu lachen. ›Meine Liebe, du bist leidend‹,
sagte mein Mann. Ja, Ihr Brief hat mich aufgewühlt.« Sie lacht wild auf.

Durtal: »Das ist nicht zum Lachen. Diese Frau ist mit einem Mann
verheiratet, der mich kennt. Aber wer ist es?« Er seufzt auf. »Ich muß
sie sehen. Wenn sie hübsch ist, werde ich mit ihr schlafen. Das wird mir
Frieden verschaffen.« Die Feder zittert zwischen seinen Fingern, als er
zu schreiben beginnt. »Bedenkt den Kummer, den wir uns zufügen,
wenn wir uns aus der Ferne aufstacheln! Bedenkt das Heilmittel, meine
Teure, das in unseren Händen liegt!«

Durtal versucht zu schlafen. Es will ihm nicht gelingen. In seinem Kopf
ertönen engelhafte und dämonische Glocken. Er hört die Schreie Fran-

cesco Prelatis, und in der Finsternis verwandelt sich Durtals Katze in einen Teufel und stößt leise, fauchende, fordernde Laute aus. Er sieht eine blonde Frau, die ihr Kostüm in der Pariser Mode von 1890 auszieht und ein für das frühe 15. Jahrhundert typisches Gewand anlegt. Fast kann er ihr Gesicht sehen, aber das Bild verschwindet, und er setzt sich auf. Auf der Uhr ist es noch nicht Mitternacht.

»Des Hermies muß noch auf sein. Er klagt ja ständig über Schlaflosigkeit.«

Des Hermies' Praxis.

Des Hermies: »Auf der Welt scheint jedermann krank zu sein. Fehlt Ihnen auch gewiß nichts?«

Durtal: »Ich glaube nicht.«

Des Hermies: »In dieser Woche scheinen alle meine Freunde und Bekannten krank zu sein. Ich bin zu Chantelouve gerufen worden, der einen Gichtanfall erlitt. Übrigens, seine Frau, in der ich nie eine Bewunderin Ihrer Bücher vermutet hätte, spricht unaufhörlich von Ihnen. Sie, die sonst so reserviert ist, kann ihre Begeisterung kaum noch zügeln.«

»Es wird Zeit, daß ich wieder gehe.«

»Aber Sie sind doch erst gekommen! Sind Sie sicher, daß Ihnen nichts fehlt?«

»Mir geht es gut.«

Wir sehen Durtal auf den nächtlichen Straßen von Paris dahinschlendern. Er wird beiderseits von Madame Chantelouve begleitet, die völlig angezogen ist. Zu seiner Rechten ist sie eine Dame der Gesellschaft, besonnen, reserviert, weltgewandt, eine unbeteiligt lächelnde Gastgeberin.

Die Madame Chantelouve am anderen Arm ist ein sinnliches Geschöpf. Ihre Augen sind wild, romantisch und, seiner Ansicht nach, die einer Nymphomanin.

»Das kann nicht Madame Chantelouve sein!« spricht er laut in die leeren Straßen hinein. »Ihr Mann hat ein Werk über Papst Bonifatius VIII. verfaßt, die Lebensgeschichte der seligen Gründerin des Annunziatenordens, Jeanne de Valois, und eine Biographie der Ehrwürdigen Mutter Anne de Xaintonge geschrieben.«

»Und wenn sie es dennoch ist, warum hat sie ausgerechnet mich auserwählt?«

Plötzlich setzen mißtönend Kirchenglocken ein, und er verspürt den Drang, auf den dunklen, kalten Straßen von Paris davonzulaufen.

Am nächsten Nachmittag versucht Durtal zu schreiben, legt aber alsbald die Feder nieder. Abermals sieht er in seiner Phantasie die blonde Frau, die ihre Kleidung in der Pariser Mode von 1890 gegen die der Vendée um das Jahr 1430 vertauscht. Wir sehen, wie Madame Chantelouve ein bauschiges Gewand mit engen Ärmeln anlegt, einen breiten Kragen mit über die Schulter hängenden Spitzen, ein knappes Mieder, eine pelzverbrämte lange Schleppe. Durtal schmückt sie mit ungeschliffenen Edelsteinen und milchigen Kristallen. Sie strafft die Robe, rückt das pralle Mieder zurecht und setzt mit einem Ruck die Hörnerhaube auf. Sie lächelt hinter dem Spitzenschleier. Wir erkennen, daß Madame Chantelouves Gesicht dem von Catherine de Thouars, Gilles de Rais' Gemahlin, gleicht.

Durtal greift wieder nach der Feder. »Wenn nun die Vergangenheit bei ihrem Erscheinen Wirklichkeit ist?« Die Türglocke schellt. Durtal erhebt sich, öffnet die Tür und weicht einen Schritt zurück.

Vor ihm steht Madame Chantelouve.

Verwirrt macht er eine Verbeugung. Wortlos schreitet Madame Chantelouve geradewegs in das Studierzimmer. Durtal folgt ihr, und sie stehen sich gegenüber.

»Nehmen Sie doch bitte Platz!« Er rückt einen Lehnstuhl zurecht. Sie macht mit der Hand eine vage Geste und bleibt stehen. Sie trägt ein knappsitzendes schwarzes Kleid, lange rehfarbene Wildlederhandschuhe, einen Pelzumhang und außer funkelnden Saphirohrgehängen keinerlei Schmuck.

Mit ruhiger, aber leiser Stimme sagt sie: »Ich bin es, die Ihnen diese wahnwitzigen Briefe schrieb. Da ich gekommen bin, um Ihnen meine Zustimmung zu geben, daß zwischen uns beiden nichts sein wird, wollen wir beschließen, das Geschehene zu vergessen.«

»Ich liebe Sie!« bringt er zu seinem Erstaunen hervor.

»Sie lieben mich? Sie wußten nicht einmal, von wem die Briefe waren!«

»Ich wußte sehr wohl, Madame Chantelouve, daß Sie sich hinter dem Pseudonym Madame Maubel verbargen.«

Sie setzt sich und beginnt zu lachen.

Wütend darüber, daß sie sich anders als in ihren Briefen gibt, fragt er: »Darf ich erfahren, warum Sie lachen?«

»Meine Nerven spielen mir einen Streich. Überhören Sie es! Wir wollen die Angelegenheit besprechen. Ich bin mit einem reizenden Mann verheiratet, der mich liebt. Sein einziges Vergehen ist, daß er mir nur ein schales Glück zu bieten versteht. Deswegen begann ich die Korrespondenz mit Ihnen. Aber Sie haben viel Arbeit vor sich, müssen kluge Bücher schreiben. Sie haben keine Verwendung für ein verrücktes Weib, das sich in Ihr Leben drängt. Ich bin gekommen, um Ihnen zu sagen, daß wir versuchen müssen, Freunde zu bleiben, und nicht weitergehen dürfen.«

»Zuerst schrieben Sie mir diese Briefe, und nun predigen Sie Vernunft!«

Sie tritt näher und legt ihm die Hand auf die Schulter. »Sie sind auf mich böse?«

»Seit einer Woche schon träume ich von dieser Begegnung. Nun sind Sie gekommen, um mir zu sagen, daß alles vorbei sein soll.«

Sie bleibt spröde. »Wenn ich mir aus Ihnen nichts machte, würde ich da kommen und es Ihnen sagen? Gewiß nicht! Lassen Sie mich los! Sie erdrücken mich noch!« Mit bleichem Gesicht wehrt sie sich gegen seine Umarmung. »Ich schwöre Ihnen, daß ich fortgehe und Sie mich nie mehr wiedersehen werden, wenn Sie mich nicht loslassen!« Ihre Stimme klingt eine Spur schroffer. Er läßt sie los.

Dann sagt sie: »Meine Zeit ist um. Ich muß nun heimgehen.«

»Sie lassen mich ohne Hoffnung zurück!« ruft er aus und küßt ihre behandschuhten Hände.

Sie erwidert nichts darauf. Als er sie flehend anblickt, sagt sie: »Hören Sie, wenn Sie mir versprechen, mich nicht zu bedrängen und sich gesittet zu verhalten, werde ich am übernächsten Abend gegen neun Uhr zu Ihnen kommen.«

Er verspricht es. Als er den Kopf von ihren Händen hebt, bietet sie seinen Lippen den Hals dar. Dann geht sie.

Carhaix' Wohnung.

Wir sehen Gévingey die Treppe hinaufsteigen. Er ist klein, hat einen eiförmigen Kopf. Die Schädeldecke scheint aus den Haaren emporzuragen. Die Nase ist knochig, und die Nasenlöcher klaffen über einem zahnlosen Mund, der von einem Schnurr- und Spitzbart verdeckt wird. Feierliche Stimme und beflissene Manieren. Eine Sakristei wäre für ihn die geeignete Umgebung.

Nachdem sich Gévingey gesetzt hat, bietet er seine Hände zur Ansicht dar, indem er sie auf die Knie legt. An den riesigen, mit orangefarbenen Flecken gesprenkelten Fingern stecken massive Ringe.

Als er Durtals Blick auf seinen Fingern ruhen sieht, lächelt er. »Mein Schmuck ist aus dreierlei Metall angefertigt, aus Gold, Platin und Silber. Über jeden meiner Ringe gäbe es etwas zu erzählen.«

»Aha!« macht Durtal, ein wenig überrascht über die Selbstzufriedenheit dieses Menschen.

»Ich habe mir sagen lassen, Monsieur, daß Sie mit einem Buch über Gilles de Rais beschäftigt sind«, wendet sich Gévingey an Durtal.

»Wegen dieses Menschen stecke ich zur Zeit bis über beide Ohren im Satanskult.«

Des Hermies: »Wir wenden uns an Sie, um von Ihrem Wissen zu profitieren. Sie könnten meinen Freund über ein obskures Geheimnis aufklären.«

»Über welches?«

»Über Inkuben und Sukkuben.«

»Wie Sie wissen, hält die Kirche nicht besonders viel von diesem Thema«, erwidert Gévingey.

»Aber ich bitte Sie!« entgegnet Carhaix. »Die Kirche hat nie gezögert, sich über diese abscheuliche Angelegenheit zu äußern. Die Existenz von Sukkuben und Inkuben wird von dem heiligen Augustinus, dem heiligen Thomas, dem heiligen Bonaventura und vielen anderen bezeugt. Diese Frage ist für jeden Katholiken längst beantwortet.«

»Ganz recht«, sagt Gévingey. »Die Kirche erkennt die Existenz von Sukkuben an. – Aber lassen Sie mich fortfahren!«

»Ich möchte Sie etwas fragen«, sagt des Hermies. »Wird eine Frau von einem Inkubus heimgesucht, während sie schläft oder während sie wach ist?«

»Man muß da unterscheiden. Wenn sich eine Frau willentlich dem unreinen Geist hingibt, dann ist sie während des Aktes der Fleischeslust zweifellos wach. Die Details sind da ein wenig degoutant«, meint

Gévingey und errötet. »Das Organ des Inkubus, müssen Sie wissen, ist gegabelt.« Er spreizt den kleinen Finger und den Zeigefinger wie Hörner ab. »Dergestalt vermag der Inkubus in beide Kelche der Frau einzudringen.«

»Der Sukkubus jedoch ist von weiblicher Gestalt«, sagt des Hermies. »Deshalb besitzt er kein gegabeltes Organ. Aber hat dieses Wesen nun vier Kelche?«

Gévingey erwidert tadelnd: »Es handelt sich um ein ernstes Thema! – Messieurs, ich habe einmal im Zimmer des einzigen Großmeisters geschlafen, den der Satanskult heute noch besitzt.«

»Kanonikus Docre«, sagt des Hermies.

»Ja. Und ich kann Ihnen versichern – mein Schlaf war unruhig. Es war hellichter Tag. Aber ich schwöre Ihnen, daß mich dennoch ein Sukkubus heimsuchte.«

»Wie sah er denn aus?« fragt Durtal.

»Nun, wie jede nackte Frau«, antwortet Gévingey zögernd.

»Ich habe gehört, daß Kanonikus Docre schwarze Messen zelebriert«, bemerkt des Hermies.

»Mit verabscheuungswürdigen Männern und Frauen. Viele Leute schlagen das Kreuz, wenn in ihrem Beisein Docres Namen fällt.«

»Wie konnte ein Priester nur so tief sinken?« fragt Durtal.

»Das vermag ich nicht zu sagen. Wenn Sie mehr über ihn erfahren wollen, müßten Sie Ihren Freund Chantelouve fragen.«

»Chantelouve!« ruft Durtal aus.

»Ja. Er und seine Frau waren mit Kanonikus Docre befreundet. Ich kann nur hoffen, daß sie mit diesem Ungeheuer nichts mehr zu schaffen haben.«

Durtals Wohnung. Er richtet sie für Madame Chantelouves zweiten Besuch her.

Er schaut auf die Uhr. »Ich warte auf eine Frau«, sagte er laut. »Ich, der schon seit Jahren über das Gebaren von Verliebten spöttelt. Nun blicke ich selbst alle fünf Minuten auf die Uhr.«

Ein zartes Klingeln ertönt. »Noch nicht neun Uhr. Das ist sie nicht«, murmelt er und öffnet die Tür.

Er drückt ihr die Hände und dankt für ihre Pünktlichkeit.

»Ihre Hand glüht ja!« sagt sie.

»Ja. Ich schlafe zu wenig. Wenn Sie wüßten, wie oft ich an Sie gedacht habe!«

Er läßt sich vor ihr nieder. Seine Knie berühren die ihren.

»Hören Sie mir bitte zu!« Ihre Stimme klingt ernst und fest. »Ich möchte nicht die Glückseligkeit zerstören, die mir unsere Beziehung verschafft. Ich bin nicht sicher, ob ich mich verständlich ausdrücke, aber versuchen Sie sich klarzumachen: Ich vermag Sie in meinem Geiste zu besitzen, wann und wie ich es mir wünsche.« Sie schnalzt mit den Fingern. »So wie ich Lord Byron besessen habe, Baudelaire, Gérard de Nerval und all die Schriftsteller, die ich liebe...«

»Wollen Sie damit andeuten...«

»Ich brauche sie nur zu begehren, so wie ich auch Sie begehre...«

»Und?«

»Sie, mein Lieber, sind in Ihrer wahren Gestalt dem unvergleichlichen Schriftsteller Durtal unterlegen, der mir erscheint, um mein Bett zu teilen. Dieser Mann meiner Träume ist zu Liebkosungen fähig, die mir die Nacht zu einem Sinnestaumel werden läßt.«

Er schaut sie an und stellt sich Gévingey nackt auf einem Bett liegend vor, indes sich ihm Madame Chantelouve als Sukkubus nähert. »Das können wir danach klären«, sagt Durtal. »Inzwischen...« Er faßt sie zärtlich an den Armen, zieht sie zu sich heran und küßt jäh ihren Mund.

Sie weicht aus, als habe sie einen elektrischen Schlag erhalten. Mit einem sonderbaren Aufschrei wirft sie den Kopf zurück und hält sein Bein zwischen den ihren fest. Rasch und von sich aus gelangt sie zum Orgasmus.

Er stößt sie zurück. Sie bleibt stehen, blaß, die Augen geschlossen. Durtal nähert sich ihr und umfaßt sie abermals, doch sie ruft aus: »Nicht! Ich flehe Sie an, lassen Sie mich los!«

»Großer Gott!« sagt er und geht auf und ab, wobei er gegen die Möbel stößt. »Was sind Sie nur für eine Frau?«

»Monsieur, auch ich leide. Verschonen Sie mich! Ich muß schließlich an meinen Mann und meinen Beichtvater denken.« Sie schweigt, bis sie die Fassung wiedergewonnen hat. Danach sagt sie mit veränderter Stimme: »Wollen Sie morgen abend zu uns kommen? Sagen Sie, daß Sie kommen werden!«

»Einverstanden«, sagt er. »Ich weiß zwar nicht warum, aber ich komme.«

Sie ordnet ihr Kleid und verläßt wortlos den Raum.

Während eines Sturms sehen wir Gilles de Rais auf den Zinnen von Tiffauges. Die Brustwehr ist schmal, kaum einen Schuh breit. Ein Absturz wäre tödlich. Gilles zwingt sich zum Weiterschreiten. Dabei ruft er einer Stimme zu, die er im Brausen des Sturms hört: »Ich werde auf der Mauer rings um Tiffauges gehen!« schreit er. »Stürze ich ab, gehöre ich Euch!« Dann wendet er sich Prelati zu, der unten im Hof steht. »Keine Antwort!« sagt Gilles de Rais. Er schreitet weiter und gleitet beinahe aus. Der Regen ist eisig. Die Brustwehr ist schlüpfrig.

»Kommt herunter!«

»Er sagt . . . Ich kann ihn hören!«

»Kommt herunter!«

»Er sagt, daß er meinen Absturz nicht wünscht.« Gilles de Rais schwingt sich von der Brustwehr. Im Regen sagt er zu Prelati: »Der Dämon wünscht meinen Tod nicht. Er will, daß ich mein Vorhaben ausführe.«

»Tut, was er verlangt!«

Sie sind zur steinernen Kammer hinuntergestiegen, wo der Marschall schläft.

Gilles de Rais: »Prelati, ich fürchte diesen Dämon nicht, da die Hölle dort ist, wo ich jetzt lebe. Mein Blut ist aufgewühlt. Wenn ich im Wald einem Keiler begegnete, würde er vor meinen Zähnen fliehen. Wölfe verkriechen sich, wenn ich vorbeikomme. Ich vermag nicht über die Gedanken zu reden, die in mir aufsteigen, wenn ich zarte Knaben an mir vorübergehen sehe.«

»Wir haben uns mit Knaben schon vergnügt«, entgegnet Prelati.

»Der Dämon befiehlt mir, bei ihrer Haut nicht innezuhalten.« Er hebt den Kopf. »Riecht den Wind! Er stinkt ärger als ein Schlachtfeld.« Er gibt sich einen Ruck. »Morgen werde ich einem Knaben den Bauch aufschlitzen.«

»Welchem?«

»Ich habe ihn noch nicht getroffen. Ihr, Prelati, werdet einen für mich finden. Ich werde ihm die Hände von den Armen trennen und ihm die Augen aus dem Kopf stechen.«

Prelati bekreuzigt sich. Gilles de Rais greift Prelatis Geste auf und schlägt das Kreuz von unten nach oben.

»Das Blut dieses Kindes werden wir verwenden«, sagt Gilles des Rais, »um Tinte für unsere Formeln zu bereiten. Die Geister werden sich wohl fühlen.«

Eine Szene im selben Raum, wo Prelati vom Teufel angefallen wurde. Wir sehen ihn eintreten und mehrere kleine Gegenstände auf einem Tablett tragen. Sie sind in blutgetränktes Leinen eingeschlagen. Er und Gilles de Rais fallen auf die Knie. Voll Inbrunst bieten sie diese Opfer dem Dämon dar. Ihre Worte klingen so dumpf, daß wir sie kaum hören. Beide sprechen gleichzeitig.

»Zu Asmodeus und Sammael...«

»Beim Gebot der spitzen Pflöcke...«

»Bei Feuer und Schmer...«

»Gemäß dem großen Werk...«

»Aus Salzen und Retorten...«

»Im großen Magisterium der Gärung.«

»Bei Xoxe, Xocheon und Xolostosos.«

»In Blut, in Gold.«

»Inter urinam et faeces nascimur.«

»Bei deiner Eingeweide Schlange.«

Als sie enden, sehen wir Prelati die blutbefleckten Gegenstände emporheben.

»Bedenkt!« sagte Prelati zu Gilles de Rais. »Der Teufel hat mich diesmal nicht angefallen.«

Chantelouves Wohnung. Durtal wartet im selben Raum, wo wir ihn auf der Gesellschaft erstmals erblickt haben.

Monsieur und Madame Chantelouve treten ein. Die Linien ihres Körpers heben sich verführerisch unter dem Umhang aus weißem Flanell ab. Sie nimmt Durtal gegenüber Platz, und er bemerkt, daß sie unter dem Umhang indigofarbene Seidenstrümpfe und zierliche schwarze Lacklederstiefeletten trägt. Sie gleichen jenen, die er in seinen Phantasien an ihr sah. Chantelouve trägt einen Hausmantel.

»Sie treffen mich mitten in meiner literarischen Kärrnerarbeit an«, sagt er zu Durtal. »Ich habe mir etwas Schlimmes aufhalsen lassen. Eine eilige Serie von unsignierten Bänden – unsigniert, Gott sei Dank – über das Leben der Heiligen.«

»Ja«, sagt lachend seine Frau, »über einige kläglich vernachlässigte Heilige!«

Chantelouve fährt, gleichfalls lachend, fort: »Mein Verleger hat eine Nase für verwahrloste Märtyrer – den heiligen Labrius zum Beispiel, der so stank, daß er sogar die Tiere im Stall abstieß; oder die heilige Oportuna, die sich nie mit Wasser abgab und ihre Lagerstatt mit Tränen wusch. Ich wurde gebeten, einen goldenen Heiligenschein um ihre Häupter erstrahlen zu lassen.«

Madame Chantelouve lächelt heiter: »Die Mißachtung der Reinlichkeit macht mir dein geliebtes Mittelalter so suspekt.«

»Aber ich bitte dich, meine Liebe!« entgegnet ihr Mann. »Erst in der Renaissance nimmt die Unreinlichkeit in Frankreich überhand. Und unser guter König Henri Quatre wird sich mit seinen ›stinkenden Füßen‹ und den ›köstlichen Achselhöhlen‹ brüsten.«

»Mein Lieber«, wendet sie sich an ihren Mann, »du hast den Lampendocht nicht heruntergedreht. Ich rieche bis hierher, daß sie blakt.«

Chantelouve erhebt sich, schürzt die Schöße seines Hausmantels und empfiehlt sich lächelnd.

Sie vergewissert sich, daß die Tür geschlossen ist, und kehrt dann zu Durtal zurück, der am Kaminsims lehnt. Wortlos nimmt sie seinen Kopf in die Hände, drückt die Lippen auf seinen Mund und öffnet ihn mit der Zunge.

»Wann werde ich Sie wiedersehen?« flüstert sie.

»Morgen abend um neun in meiner Wohnung?«

Sie antwortet mit einem langen Kuß.

Durtals Wohnung. Er hilft Madame Chantelouve aus dem Pelzmantel. Sie ist offenbar bereit, sich verführen zu lassen.

»Sie sind entzückend!« sagt er und küßt ihre Handgelenke.

Sie geht ins Schlafzimmer. Er sitzt vor dem Feuer und wartet.

Madame Chantelouve liegt unter der dicken Bettdecke begraben, die Lippen geöffnet und die Augen geschlossen. Aber sie betrachtet Durtal durch den Saum ihrer blonden Wimpern. Er setzt sich auf die Bettkante. Sie zieht die Bettdecke übers Kinn.

»Ist Ihnen kalt, meine Liebe?«

»Nein!« Sie reißt die Augen weit auf. Sie sprühen Funken.

Er entkleidet sich. Ihr Gesicht ist in der Dunkelheit verborgen, aber zuweilen, wenn ein schwelendes Holzscheit plötzlich entflammt, wird es vom Schein des auflodernden Feuers übergossen. Rasch gleitet er unter die Decke. Er kann nicht sprechen, da ein Schauer von Küssen sein Gesicht trifft.

Es ist zuviel. Er rückt von ihr ab.

Abermals wird er umschlungen; wieder hält ihn die Frau fest. Diesmal gibt er nach. Er versucht, sie mit seinen Liebkosungen zu zermalmen. Mit heiserer Stimme stößt sie aus: »Ja, so, so mag ich's, so mag ich's, oh, merde, merde, ich könnte Sie verschlingen!« Die Körper winden sich unter der Decke, das Bett knarzt. Schließlich springt er über sie hinweg aus dem Bett und entzündet die Kerzen. Auf der Kommode sitzt reglos die Katze. Er verscheucht das Tier.

Er legt einige Holzscheite ins Feuer und zieht sich an. Sie ruft zärtlich nach ihm. Er tritt ans Bett. Sie schlingt die Arme um seinen Hals und küßt ihn gierig. Dann sagt sie: »Die Tat ist vollbracht. Werden Sie mich je noch mehr lieben?«

Er hat nicht den Mut, ihr darauf zu antworten.

»In meinem Alter lasse ich mich noch auf solche Torheiten ein!« sagt sie, als sie völlig bekleidet aus dem Schlafzimmer kommt. »Heute nacht werden Sie schlafen können«, fügt sie traurig hinzu.

Er bittet sie, Platz zu nehmen und sich zu wärmen, aber sie erwidert, daß sie nicht friere.

»Nanu?« sagt er. »Ihr Körper war vorhin kalt wie Eis.«

»So bin ich immer. Winters wie sommers ist meine Haut gleich kühl. Sogar im August.«

Er bietet ihr Konfekt an. Sie lehnt ab.

»Mein armer Durtal«, sagt sie, »Ihr laßt euch nicht lieben! Die ganze Zeit über dachten Sie . . .«

»Ich tat's nicht!«

Sie küßt ihn innig. »Wie Sie sehen, liebe ich Sie dennoch.« Er ist überrascht über ihre traurige Miene.

Er umfaßt zärtlich ihre Taille und küßt Madame Chantelouve an der Tür.

»Sie kommen doch bald wieder?«

»Ja ...«

Er geht zum Kamin.

»Es ist vollbracht«, sagt er laut in das leere Zimmer hinein.

Durtal und des Hermies schlendern entlang der Seine. Im Hintergrund ist Notre Dame.

»Sagen Sie«, wendet sich Durtal an des Hermies, »wissen Sie, ob der Leib einer Frau kalt wird, wenn sie sich einem Inkubus hingegeben hat?«

»Gévingey erzählte mir, daß Frauen, die sich mit einem Inkubus einließen, sogar im Monat August einen eiskalten Körper haben. Das findet man auch in den Werken der Gelehrten bestätigt. Doch heutzutage läßt sich bei solchen Frauen das Gegenteil feststellen: eine Haut, die sich brennendheiß und trocken anfühlt.«

»Seltsam«, meint Durtal.

Durtals Wohnung. Durtal und Madame Chantelouve sind im Bett. Er liegt ausgestreckt da und sieht erschöpft und geradezu erleichtert aus, daß der Akt vorüber ist. Sie legt den Arm um seinen Hals und küßt ihn heftig – ihre Zunge ist nicht müßig. Er verharrt in seiner Apathie. Sie schlüpft unter die Decke, tastet, greift nach ihm, und er stöhnt auf.

»Sieh an!« ruft sie aus, als sie unter der Bettdecke hervorkommt. »Nun bin ich sicher, daß Sie nicht stumm sind.«

Eine Weile später. Sie ziehen sich an.

»Verdächtigt uns Ihr Mann?« fragt er.

»Schon möglich, aber ich räume ihm keinerlei Befugnisse über mich ein. Doch wir wollen nicht über meinen Mann reden. In dieser Hinsicht bekomme ich schon genug von meinem Beichtvater zu hören.«

»Ist Ihr Beichtvater streng zu Ihnen?«

»Er ist vom alten Schlag. Unbestechlich. Deswegen habe ich ihn ausgewählt.«

»Wenn ich Sie wäre, würde ich vermutlich nach einem nachsichtigen Beichtvater Ausschau halten.« Etwas in ihrer Miene bringt ihn auf einen Gedanken. »Natürlich besteht dann die Gefahr, daß man den Priester verführen könnte, der einen allzusehr mag.«

»Das wäre ein Sakrileg«, entgegnet sie rasch. Aber offensichtlich hat er etwas in ihrer Vergangenheit erraten. »Oh, ich war verrückt, verrückt...«, sagt sie, nahezu erfreut über das Geständnis.

Er betrachtet sie; ihre Augen glitzern.

»Wurden Sie nicht öfters von einem Inkubus besucht, der mir glich?«

»Dazu gibt es keinen Anlaß mehr.«

»Aber Sie empfangen weiterhin Kanonikus Docre? Als Inkubus?« Seine Stimme ist nicht frei von Zorn. Schon der Gedanke macht ihn eifersüchtig.

»Was sagen Sie da?«

»Sie kennen ihn doch.«

»Ja, das stimmt.«

»Was ist an den Geschichten über ihn tatsächlich wahr?«

»Ich weiß es nicht. Docre war ehemals der Beichtvater königlicher Hoheiten. Er wäre längst Bischof, wenn er nicht sein Priestertum aufgegeben hätte.«

»Kannten Sie ihn näher?«

»Er war mein Beichtvater.«

»Meinen Sie, daß er schwarze Messen zelebriert?«

»Das ist gut möglich.«

»Ich weiß nicht recht. Etwas quält mich. Aber ich gebe zu, daß ich neugierig bin. Glauben Sie, daß ich Kanonikus Docre persönlich kennenlernen könnte?«

»Er ist nicht in Paris.«

»Pardon, er ist doch in Paris.«

»Es wäre nicht gut für Sie, wenn Sie ihn träfen.«

»Sie geben zu, daß er gefährlich ist?«

»Ich gebe nichts zu. Ich streite nichts ab. Ich gebe Ihnen den schlichten Rat: Lassen Sie sich nicht mit ihm ein!«

»Ich brauche neues Material, um mit meinem Buch voranzukommen.«

»Verschaffen Sie es sich von jemand anderem.« Sie droht mit dem Zeigefinger und verläßt ihn mit den Worten: »Grübeln Sie nicht soviel über Kanonikus Docre nach!«

»Hol dich der Teufel!« sagt er, als er die Tür schließt.

Durtal arbeitet an seinem Schreibtisch.

»Von 1432 bis 1440 beginnen in der Bretagne Kinder zu verschwinden. Hütejungen werden von den Weiden entführt. Buben, die zum
Spielen in den Wald gegangen sind, kehren nicht mehr heim. Wann
immer der Marschall eine Burg verläßt und zu einer anderen zieht, hinterläßt er tränenvolle Verzweiflung. Von Tiffauges bis zum Château
Champtocé, von Machecoul bis nach Nantes vermißt man überall Kinder. Ganze Landstriche sind wie ausgestorben. In der Ortschaft Tiffauges gibt es keine Jünglinge mehr. In Vannes ist die männliche Nach-
kommenschaft dahingerafft. Auf Champtocé ist das Verlies in einem
Turm mit Leichen angefüllt.«

Durtal wirft die Feder hin und murmelt: »Ich schreibe, aber ich weiß
nicht, worüber ich schreibe.«

Tiffauges. Es dunkelt. Die Luft scheint zu phosphoreszieren. Wir
sehen Gilles de Rais und seine Vertrauten rings an der Tafel sitzen. Sie
streuen Gewürze in die Weinbecher und leeren sie. Wir sehen, wie
Knaben aus den Kerkern in den Saal gebracht werden. Wir sehen, daß
Gilles spricht. Nur sein Kopf ist sichtbar. Wir können nicht feststellen,
wo er sich befindet, noch, zu wem er spricht, nicht einmal, wie er
gekleidet ist.

»Ich fand Gefallen am Metzeln. Einst schnitt ich einem Buben die
Brust auf und trank den Atem seiner Lungen. Ich öffnete den Bauch
eines anderen und roch daran. Ich befriedigte meine Fleischeslust im
offenen Gedärm eines dritten. Ich lernte Gerüche und Empfindungen
kennen, wie sie bisher kein Mensch verspürte. Ich strotzte vor Lebenskraft, und ich lebte in einem Land, das allein mir zur Behausung dien-
te.«

Während er spricht, gleitet die Kamera langsam über ein lohendes
Kaminfeuer, in dem unkenntliche Dinge, groß wie Leichen, verbrennen. Fetzen von verkohlten Kleidungsstücken sind zu erkennen.

Wir sehen deutlich vor uns, wie einer von Gilles' Gefolgsleuten in
düsterer Morgendämmerung hoch oben vom Turm Tiffauges' Asche in
den Wind streut.

Wir sehen Gilles, der röchelnd im Koma liegt. Dann vernehmen wir
seine Stimme, die klingt, als schliefe er: »Keiner auf der Welt hat
gewagt, was ich getan habe.«

Im Turm ertönt die Glocke.

»Wer läutet um diese Stunde?« schreit Gilles auf.

Niemand antwortet ihm.

Wir sehen ihn die verlassenen Gänge im Château entlanghasten. Er ist im Turm und starrt auf die Glocke. Der letzte Widerhall ihres Gedröhns erklingt in seinem Ohr. Er sieht verschwommen, wie Jeanne und er auf der Glocke schwingen, und heult auf wie ein wundes Tier. »Ich gelobe Buße!« ruft er.

Wir sehen abermals sein Gesicht, nur sein Gesicht.

»Ich hatte gehofft, daß ich Buße tun würde«, verkündet er. »Doch in der kommenden Nacht riß ich einem Kind die Augen aus. Ich schlug seinen Schädel mit einer Keule ein.«

Er läuft durch die Wälder.

In der Burg reinigen Knechte den besudelten Boden und vergraben Gewänder.

Wieder wird Asche vom Turm gestreut.

Wir sehen Gilles im Wald um Tiffauges umherirren. In der Gestalt der Bäume nimmt er Obszönes wahr. Zwischen zwei Ästen klemmt ein Zweig wie in erstarrter Hurerei. Er sieht, wie sich der Akt von Ast zu Zweig bis hin zum Wipfel wiederholt. Er sieht den Stamm wie einen Phallus in den Rock der Blätter eindringen.

Weitere Bilder erscheinen. Das schrundige Loch in der Borke einer alten Eiche gleicht dem vorgewölbten After eines Tieres. Die Ritzen in den Baumstämmen verbreitern sich zu Schamlippen unter Büscheln von samtigem Moos.

Die Wolken darüber runden sich zu Brüsten, spalten sich zu einem Hintern, schwellen an vor Fruchtbarkeit. Nun verfließen sie mit dem düsteren Laubwerk. Gilles erblickt ausladende Hüften, die Münder Sodoms, rotschimmernde Narben, nässende Wunden. Er sieht an den Stämmen furchtbare Geschwüre und schreckliche Geschwülste. Er erkennt Eiterbeulen, Schwären, Furunkel.

An einer Krümmung der Waldschneise steht eine fleckige Rotbuche. Angespannt lauscht Gilles dem Wind. Unter den fallenden Blättern fühlt er einen Schauer von Blutstropfen auf sich niederprasseln. Er läuft, bis er am Château anlangt. Erschöpft begibt er sich in sein Gemach und kriecht auf allen vieren wie ein Wolf zum Kruzifix hin. Seine Lippen streben Christi Füßen entgegen. Es ist der Christus von Grünewald. Er fleht um Mitleid, beschwört ihn, einem Sünder zu vergeben. Dann beginnt er zu wimmern. In seiner Stimme hört er das Klagen von Kindern.

Eine Glocke läutet. Nach und nach verstehen wir die Stimme der Glocke. Sie spricht: »Die Lebenden rufe ich. Die Toten betrauere ich. Blitze breche ich.«

Durtal und Madame Chantelouve flanieren auf einer Straße in Paris.

»Sie haben Unrecht«, sagt sie. »Ich bin nicht wankelmütig. Ich möchte auch weiterhin nicht, daß Sie mit Kanonikus Docre bekannt werden. Aber ich kann Ihr Verlangen nach neuem Material verstehen. Deshalb habe ich veranlaßt, daß Sie einer Zeremonie beiwohnen können.«

»Einer schwarzen Messe?«

»Ja. Ich handle wider das Gebot meines Beichtvaters, damit ich Sie mitnehmen kann.« Sie zittert sichtlich. »Sie dürfen sich nicht beklagen, wenn Sie das Spektakel in Angst versetzt.«

»Sind Sie noch in Kanonikus Docre verliebt?« fragt er sie. Eine Pause. »Geben Sie doch zu, daß Sie ihn noch lieben!«

»Nun nicht mehr. Aber einst liebten wir uns wahnsinnig.«

»Ist es wirklich ganz zu Ende?«

»Ich schwöre es.«

Durtals Wohnung. Madame Chantelouve kommt herein.

Madame Chantelouve: »Sie ist für heute abend angesetzt. Ich werde um neun wieder hier sein. Zuerst müssen Sie dieses Schreiben unterzeichnen!« Sie liest vor: »Ich bestätige hiermit, daß alles, was ich über die schwarze Messe schreiben werde, pure Erfindung ist. Ich habe alle Begebenheiten ersonnen.«

»Wenn ich nun nicht unterschreibe?«

»Dann werden Sie nicht an der schwarzen Messe teilnehmen.«

Er kritzelt rasch seinen Namen unter das Schreiben.

In einem Fiaker fahren sie die Rue de Vaugirard stadtauswärts. Der Kutscher biegt in eine dunkle Straße ein, wendet und hält an.

Durtal steht mit Madame Chantelouve vor einer schmalen Pforte, eingelassen in eine breite, unbeleuchtete Mauer.

Sie schellt. Eine Gitterklappe wird geöffnet. Sie hebt den Schleier. Der Lichtschein einer Laterne trifft ihr Gesicht. Die Pforte wird geöffnet, und sie schreiten in einen Garten.

Eine Frau mit einer Laterne mustert Durtal. Er sieht unter der Kapuze über dem faltigen Gesicht graue Haarsträhnen, aber sie läßt ihm zu einer Betrachtung nicht viel Zeit.

Er folgt Madame Chantelouve auf einem dunklen, von Palmen umstandenen Pfad. Sie gelangen auf einen Hof und bleiben vor einem alten Haus stehen. Sie klingelt. Ein Mann begrüßt sie mit affektierter Stimme. Durtal sieht einen Moment lang stark geschminkte Wangen.

»Sie haben mir nicht gesagt, in welche Gesellschaft ich hier geraten werde«, flüstert er Madame Chantelouve zu.

»Erwarten Sie hier Heilige?«

Sie treten in eine Kapelle mit niedriger Decke. Die Fenster sind von breiten Vorhängen verdeckt. Die Mauern sind rissig und besudelt. Stoßweise strömt modrige Luft aus dem Lüftungsschacht und mischt sich mit dem aufdringlichen Geruch nach Waschsoda, verbrannten Kräutern und dem beißenden Qualm eines neuen Ofens. Durtal ringt nach Luft.

Er versucht, seine Augen an das Halbdunkel zu gewöhnen. Die Kapelle liegt im schwachen Licht eines Lüsters aus vergoldeter Bronze und rosafarbenen Glaskristallen. Madame Chantelouve bedeutet ihm, sich zu setzen. Durtal bemerkt, daß viele Frauen und etliche Männer anwesend sind; doch jegliches Bemühen, die Gesichtszüge deutlicher zu sehen, wird durch die düstere Beleuchtung vereitelt. Man hört kein Lachen, keine laute Stimme, nur ratloses, verstohlenes Wispern, das keine Geste unterstreicht.

Ein rotgewandeter Meßdiener geht auf die Schmalseite der Kapelle zu und entzündet einen Kandelaber. Der Altar der Kapelle wird nun sichtbar. Darauf steht eine travestierte Christusstatue. Christus trägt den Kopf hoch und hat einen überlangen Hals. Auf die Wangen gemalte Fältchen verwandeln das kummervolle Gesicht in eine befremdliche, tierische Fratze, die zu einem bösen Lachen verzerrt ist. Der Körper ist nackt. Wo sonst das Lendentuch geknüpft ist, ragt ein erigierter Phallus aus einem Geflecht von Pferdehaar. Den Abendmahlskelch vor dem Tabernakel bedeckt ein Tuch. Der Meßdiener reckt sich, um die schwarzen Kerzen anzuzünden, schaukelt mit den Hüften, steht mit einem Bein auf den Zehenspitzen und schwenkt die Arme, als wolle er wie ein Cherub davonfliegen.

Durtal erkennt in ihm den Mann mit den geschminkten Wangen und Lippen, der den Kapelleneingang bewachte.

Ein weiterer Ministrant läßt sich blicken. Hohlbrüstig, von Husten geschüttelt, bemalt mit einer weißen und leuchtendroten Schmiere, schreitet er auf die Dreifüße beiderseits des Altars zu, schwenkt die schwelenden Weihrauchgefäße und wirft Blätter und Harzstücke hinein.

Madame Chantelouve geleitet nun Durtal, vorbei an den Stuhlreihen, zu einem weiter hinten gelegenen Sitz.

»Ist Ihnen nicht wohl?« fragt sie und blickt ihn aufmerksam an.

»Der Geruch aus den Rauchfässern ist unerträglich. Was wird denn da eigentlich verbrannt?«

»Erdpech und Bilsenkraut, Myrrhe und Nachtschatten. Düfte, die den Satan entzücken.« Sie spricht mit derselben heiseren Stimme wie im Bett. »Da kommt er!« flüstert sie unvermittelt. Die Frauen vor ihnen knien nieder.

Hinter den beiden Meßdienern erscheint Kanonikus Docre mit purpurner Kappe und zwei Hörnern aus rotem Tuch. Er ist hochgewachsen, aber nicht von ebenmäßiger Gestalt. Der mächtige Brustkorb paßt nicht zum übrigen Körper. Die Stirn und die gerade Nase bilden eine Linie. Oberlippe und Wangen starren vor Bartstoppeln. Die Augen liegen nahe beieinander und scheinen zu phosphoreszieren. Ein böses, energisches Gesicht.

Vor dem Altar fällt der Kanonikus auf die Knie. Dann steigt er die Stufen hinauf und beginnt die Messe zu lesen. Durtal bemerkt, daß er unter dem Meßgewand nicht bekleidet ist. Die schwarzen Socken sind zu sehen und der Wulst der Oberschenkel, der über die hoch angebrachten Halter quillt. Sein Meßgewand ist wie jedes andere geschnitten, aber es hat die dunkelrote Farbe von getrocknetem Blut. Mitten darauf befindet sich ein Dreieck, das einen schwarzen Ziegenbock mit gesenkten Hörnern einschließt.

Docre macht die im Ritual vorgesehenen Kniefälle. Die knienden Meßdiener psalmodieren die lateinischen Antwortstrophen; ihre Stimmen tremolieren die Schlußsilben jedes Wortes.

»Es ist eine einfache, stille Messe«, sagt Durtal zu Madame Chantelouve.

Sie schüttelt den Kopf. In diesem Augenblick gehen die Meßdiener hinter den Altar und kehren mit kupfernen Wärmepfannen und Rauchfässern zurück, die sie an die Gläubigen verteilen. Die Frauen hüllen sich in Rauchschwaden. Manche halten den Kopf über die Räucherpfanne gebeugt und lösen dann, einer Ohnmacht nahe, das Mieder und stoßen heisere Seufzer aus. Während Kanonikus Docre folgende Beschwörungsformel spricht, öffnen sie die Kleider und entblößen sich.

»Meister der Verleumdung«, skandiert Docre, geht rückwärts die Stufen hinunter und kniet auf der letzten nieder. »Du Spender verbrecherischen Glücks, Zuteiler lustvoller Sünden und großer Laster, wir beugen das Knie vor dir, Satan, dich verehren wir, denn du bist unser wahrer Gott, unser gerechter Gott!

Bewahrer alter Kränkungen, du allein beflügelst den Geist eines Menschen, den Ungerechtigkeit zermalmte; du hauchst ihm Rachegedanken ein, entfachst ihn zum Mord; du verleihst im Übermaß die Glückseligkeit der Vergeltung.«

Während er spricht, lassen die Meßdiener die Meßglöckchen ertönen. Die Frauen stürzen auf den Boden nieder und winden sich.

Eine wird wie von einer Stahlfeder gewiegt, als sie sich bäuchlings mit ausgebreiteten Armen fallen läßt und die Beine in die Luft schnellt. Eine andere steht mit offenem Mund da, die Zunge eingerollt und die Spitze gegen den Gaumen gepreßt. Eine mit übergroßen Pupillen wiegt den Kopf tief im Nacken und zerkratzt sich dann mit den Nägeln die Brust. Wieder eine andere knöpft die Röcke auf und zieht einen Lumpen hervor. Die Zunge, die ihr nicht mehr gehorcht, quillt, am Rand zerbissen, von roten Zähnen zerfurcht, aus dem blutenden Mund. Während all das geschieht, ertönt Docres Stimme. Aufgerichtet, die Arme ausgebreitet, spricht er mit dröhnender, haßerfüllter Stimme:

»Jesus, du Meister der Täuschung, du Dieb der Frömmigkeit, du Verfälscher der Zuneigung, höre mich an! Seit dem Tag, da du dem Schoß einer Jungfrau entsprangst, hast du alle Versprechen gebrochen. Jahrhunderte weinten und harrten deiner, du stummer Gott. Die Menschheit solltest du erlösen und hast es nicht getan, in aller Herrlichkeit solltest du erscheinen, aber du schliefest. Dem Elenden, der dich anfleht, gibst du zur Antwort: ›Sei geduldig und harre aus! Engel werden dir beistehen!‹ Betrüger! Die Engel mögen dich verlassen!

Du hast die Armut vergessen, die du predigtest. Du hast zugelassen, daß die Schwachen des schnöden Mammons wegen zermalmt werden. Du hast das Todesgeröchel der Schwachen vernommen, die der Hunger lähmte, und du hast deine Handelsagenten, die Päpste, angehalten, mit Ausreden und Versprechungen zu antworten.

Wir wollen deinen Leib schänden, verfluchter Nazaräer, nichtswürdiger König, feiger Gott!«

»Amen!« schrillen die Fistelstimmen der Meßdiener.

Der Litanei folgt Stille. Die Kapelle ist rauchgeschwängert.

Den Christus betrachtend, der auf dem Tabernakel emporragt, ruft der Kanonikus mit lauter Stimme aus: »Harn, Kot, Schleim und Blut! Hoc est enim corpus meum!« Vor Erschöpfung gezeichnet, vor Schweiß triefend, wendet er sich der Gemeinde zu. Die Meßdiener heben plötzlich das Meßgewand, um seinen nackten Bauch zu entblößen. Docre wischt mit der Hostie über die Schamgegend und schleudert sie dann, besudelt und befleckt, der Gemeinde zu.

Die Anwesenden geraten in einen Taumel. Während die Meßdiener den nackten Priester mit Weihwaser besprengen, stürzen sich die Frauen auf die Hostie. Sie balgen sich vor dem Altar darum.

Eine Vettel rauft sich das Haar und dreht sich immer schneller um sich selbst, bis sie neben einem Mädchen, das sich in Krämpfen windet, zu Boden stürzt. Durtal sieht Docres rote Hörner. Der Kanonikus hat sich inzwischen gesetzt. Rastlose Wut scheint ihn befallen zu haben, als er die Hostien kaut, sie aus dem Mund hervorholt, sich damit beschmiert und sie dann an die Frauen verteilt. Sie fallen übereinander her, um an die Oblaten zu gelangen.

Die Kapelle ist ein Pandämonium. Man meint, eine Versammlung von Huren und Irren zu sehen. Die Meßdiener strecken ihre Hintern zweien der anwesenden Männer entgegen. Eine Frau erklimmt den Altar, um Christi Phallus zu ergreifen. Ein junges Mädchen beugt sich vor und bellt wie ein Hund. Durtal sieht sich nach Madame Chantelouve um. Sie ist nicht mehr bei ihm. Er erspäht sie nahe dem Kanonikus und steigt über sich windende Leiber hinweg, um zu ihr zu gelangen. Sie ist in Trance. Sie atmet die Gerüche des Weihrauchs, der Kopulierenden, der Brunst ein.

»Kommen Sie, wir wollen hier fort!«

Sie zögert einen Augenblick, folgt ihm aber schließlich. Er bahnt sich mit den Ellbogen einen Weg durch die Menge, stößt Frauen beiseite, die ihre Zähne fletschen wie bissige Tiere. Er drängt Madame Chantelouve zum Ausgang, überquert den Hof, durchschreitet die Eingangshalle, öffnet die Pforte in der Mauer und findet sich auf der Straße wieder.

Sie fahren in einer Droschke. Sie hält vor ihrer Haustür.

»Auf bald?« fragt sie.

»Nein.«

»Sie sind kein großer Mann!«

»Mit Ihrem Maßstab gemessen, bin ich entschieden ein kleiner Mann.«

Sie geht davon.

Er nennt dem Kutscher seine Adresse.

Der Saal des Kirchengerichts. Erdrückend, düster, die Decke gestützt von wuchtigen romanischen Säulen. Eine Reihe Bischöfe präsidiert einer Schar Dechanten, Juristen, Advokaten, Kuraten und Amtmännern. Geistliche, die im Dienst des Tribunals stehen, sitzen dicht neben- und hintereinander.

Gilles de Rais spricht mit lauter Stimme. »Ich erkenne die Befugnis dieses Gerichts nicht an!« hören wir ihn sagen. »Ich protestiere gegen die Art meiner Verhaftung und gegen das über mich gesammelte Beweismaterial.«

»Das Gericht möge entscheiden«, sagt der Ankläger der Kirche, »daß der Einspruch des Angeklagten vor dem Gesetz null und nichtig ist.«

»So entscheidet das Gericht. Fahrt fort, dem Angeklagten die Verfehlungen aufzuzählen, für die er zur Rechenschaft gezogen werden soll!«

Nun beginnt der Ankläger der Kirche, die Verbrechen der Häresie, Blasphemie, des Sakrilegs und der Magie getrennt aufzuführen. »Er hat kleine Kinder verdorben und erschlagen. Er hat die Immunität unserer Heiligen Kirche von Saint-Etienne-de-Mermorte nicht geachtet.«

Gilles schreit heraus: »Der Ankläger ist ein Lügner und Verräter!«

Der Ankläger streckt die Hand dem Kruzifix entgegen. »Ich schwöre«, verkündet er, »daß mein Verzeichnis auf Wahrheit beruht. Will der Marschall auf seinen Eid nehmen, daß auch er die Wahrheit spricht?«

Gilles ruft: »Ich leiste vor Gott keinen Eid, ihr erbärmlichen Lügner!«

Nach geraumer Stille verlangt der Ankläger, daß Gilles mit doppeltem Kirchenbann belegt werde, einmal als Ketzer und Beschwörer der Dämonen, zum anderen als Sodomit und Gotteslästerer.

Gilles verliert die Beherrschung. Er rast vor Wut, wie wir es bisher nicht erlebt haben. »Ihr nennt Euch Ritter und mich Sodomit! Auf die Knie mit Euch, ihr Pfaffen! Mein Unflat soll Euch aus den Mäulern fließen!« Er brüllt auf wie ein schmerzgequältes Tier.

»Gebt Ihr Antwort auf die Fragen?« fragt das Gericht.

»Ich gebe keine. Ich erkläre, daß die Bedeutung meiner Anwesenheit der des Gerichtes gleichkommt.«

»Ihr wollt also nicht widerlegen?« fragt das Gericht.

»Ich widerlege, indem ich schweige.«

»Ihr habt das Gericht geschmäht. Das Gericht verkündet das Urteil, daß Ihr mit dem Kirchenbann belegt werdet. Morgen werdet Ihr vor ein weltliches Gericht gestellt, das über die Strafe befinden wird, die Ihr erleiden müßt.«

»Ich bin unschuldig in den Augen des Satans und Gottes. Durch mich finden sie in Frieden zueinander.«

Gilles ist in seiner Kerkerzelle. Er versucht das Bild Jeanne d'Arcs heraufzubeschwören, aber es gelingt ihm nicht, sie in aller Deutlichkeit zu sehen. Schemenhaft, wie auf flüchtigen Schwingen, gleitet sie vorüber. Die Glocken klingen gedämpft. Sein Mühen ist vergeblich, und das Dröhnen der Glocken geht über in sein Gebrüll vor Gericht. Gilles schwingt auf der Glocke, aber ihm gegenüber schwingt ein wilder Eber.

Er hört eine Frauenstimme. »Wann kehrt Ihr in den Schoß der Kirche zurück?«

»Ich wurde mit dem Kirchenbann belegt!« ruft er. »Die Kirche muß zu mir zurückkehren!«

»Indessen verbrenne ich!«

Wir sehen Gilles' Gesicht; aber aus ihm dringt Jeannes Stimme. »Warum habt Ihr mich in Rouen nicht errettet, als mich die Flammen erfaßten?« fragt sie aus seinem Mund.

Wir sehen Jeanne auf dem Scheiterhaufen, erkennen die Qual in ihrem Gesicht. Gilles steht inmitten der Gaffer.

»Vielleicht brennt Ihr deswegen«, sagt er, »weil Ihr keine Heilige, sondern ein Dämon seid!«

»Ich weiß nicht, was ich bin.«

»Vielleicht ist der Teufel mächtiger als Gott«, sagt er.

Sie kreischt aus seinem Munde.

Er erwidert ihr Kreischen.

»Ich habe für Euch gebetet«, sagt Jeanne. »In der heißen Lohe jenes Feuers habe ich für Euch gebetet. Je mehr ich betete, desto mehr habt Ihr andere gequält.«

»Mein Verlangen, böse zu sein«, sagt er mit Stolz, »war mächtiger als Euer Drang, gut zu handeln.«

»Der Geruch meines Fleisches war abscheulich, als ich verbrannte.«

Er stöhnt auf.

Sie entschwindet.

In der Morgendämmerung erhebt er sich. »Ich werde sprechen. Diese Pfaffen werden ein Geständnis hören, wie sie noch keines vernommen haben.«

Die Gerichtsverhandlung ist anberaumt. Bauern, wohlhabend oder ärmlich gekleidet, hocken auf den Stufen, stehen in den Gängen, drängen sich in den angrenzenden Höfen, verstopfen Straßen und Gassen. Aus einem Umkreis von 20 Meilen sind sie gekommen.

Trompeten schmettern, in der Halle erstrahlt Licht. Die Bischöfe schreiten in den Saal des weltlichen Gerichts. Ihre goldenen Mitren blinken. Um den Hals tragen sie funkelnde Kragen, besetzt mit Goldstickereien. Die dunklen Gewänder der weltlichen Richter bilden einen düsteren Kontrast.

Von Kriegsknechten bewacht, tritt Gilles ein. In einer Nacht ist er um 20 Jahre gealtert. Er verkündet, daß er willens sei, ein volles Geständnis seiner Verbrechen abzulegen. »Ich habe zahllose Kinder entführen lassen. Ich habe Hunderte gemordet. Bevor ich sie umbrachte, schändete ich sie. Ich habe jeden erdenklichen Schmerzensschrei vernommen. In meinem Ohr vermag ich das Keuchen erklingen zu lassen, das vom Röcheln einer durchschnittenen Kehle herrührt.« Er blickt um sich. »Erbebt das Gericht? Vernehmt, wie ich gestehe, daß ich mich in der Wärme bloßgelegter Eingeweide suhlte. Ich habe in meinen Händen die süßduftenden Herzen gehalten, die ich aus Wunden riß, welche vor meinen Fingern aufklafften wie reife Früchte.«

Er hebt diese Hände.

Die Zuhörer ringen nach Atem. Mit den Augen eines Schlafwandlers blickt er auf seine Finger. Wir sehen nur eine zitternde Hand. Er sieht das Blut, das von ihr tropft. »Einst befriedigte ich meinen Trieb in der Höhlung einer Wunde«, sagt er. »Das verschaffte mir mehr Wollust, als die Natur in der Spalte eines Weibes je für mich bereithielt. Ich verspürte keinen Schmerz bei diesem Tun. Zuvor, zwischen den Schenkeln einer Frau, wenn ich dem Gebot der Natur folgte, fühlte ich ein Schwert in meinen Lenden.« Die Kamera zieht sein Gesicht näher heran und ist ausschließlich darauf gerichtet. »Einmal riß ich eine Bauchwunde so weit auf, daß ich mich hineinsetzen konnte. Während ich darin hockte, hatte ich die Vision, daß es in ferner Zeit einst Doktoren geben wird, die weißgekleideten Nonnen gleichen. Auch sie werden Menschen solche Schnitte und Wunden zufügen. Sie werden Organe eines Körpers in einen anderen verpflanzen.« (Kurze Ansicht eines Operationssaales, in dem am offenen Herzen operiert wird. Es ist, selbst nach Gilles' Maßstab, ein blutiger Anblick.) »Doch«, fährt Gilles de Rais fort, »diese Doktoren würden nie wagen, in die von ihnen geschaffene Wunde ihren Darm zu entleeren. Edle Herren, ich war, als ich all die Martern, die Tränen, die Angst und das Blut genoß, glücklicher als bei sonstigen Vergnügungen. Es gab nichts, was ich nicht wagte – ich brauchte es nur zu ersinnen! Denn, Ihr Herren, ich suchte nach dem Stein der Weisen.«

Seine Zuhörer schweigen wie ein Wald, in dem soeben ein Tier erlegt wurde.

Obgleich die Bischöfe wahnwitzige Geständnisse der Menschen nicht mehr erregen und sie Dämonenwahn und Folter kennen, haben sie dennoch nichts Vergleichbares vernommen. Während Gilles de Rais redet, bekreuzigen sie sich alle. Nun erhebt sich der Bischof Jean de Malestroit und verhüllt Christi Antlitz.

»Nachts«, spricht Gilles weiter, »saß ich oft da und grübelte nach, welcher von den drei vor mir aufgereihten Bubenköpfen wohl am köstlichsten zu küssen sei. Niemand kennt so gut wie ich den Frieden, der in der Kühle toter Lippen ruht. Ich verehrte den Tod.« Der Marschall ist in Schweiß gebadet. Er blickt auf das Kruzifix, das nun verhüllt ist. Nur die Dornenkrone zeichnet sich unter dem Schleier ab. »Ich lernte die Einsamkeit dieses Mannes kennen«, sagt er. Verblüffung und Schrecken zeichnen sein Mienenspiel. »O Gott!« schreit er auf. »Meine Kräfte schwinden. Ich habe wohl zu sehr geprahlt.«

Er stürzt jählings nieder, fällt wie ein Baum, steif, unaufhaltsam, der Länge nach. Am Boden schreit er: »Barmherzigkeit! Ich flehe um Barmherzigkeit!« Er hämmert mit der Stirn gegen die Steinplatten. »O Gott, ich spüre den Geruch ihres brennenden Fleisches.«

Bischof Jean de Malestroit verläßt seinen Sitz und zieht den Angeklagten empor, bis dieser kniet. »Er beklagt seine Missetaten«, teilt der Bischof dem Gericht mit.

Gilles de Rais weint. Den Kopf gesenkt, die Arme ausgebreitet, blickt er auf die Zuhörer im Gerichtssaal. »Werden die Eltern, die ihre Kinder verloren haben, für mich beten können?« fragt er.

Die Männer und Frauen im Gerichtssaal stöhnen gepeinigt auf. Man hört Qual heraus, Wut, Mitleid, Empörung und Schmerzensschreie. Aber man kann auch ein gemurmeltes Gebet vernehmen.

In das Durcheinander von Stimmen ruft Pierre de l'Hôpital, Vorsitzender des weltlichen Gerichts: »Haltet Euch bereit, mit Anstand und tiefer Reue für Eure Verbrechen zu sterben!«

Gilles de Rais: »Ich erwarte den Scheiterhaufen.«

Gilles ist allein in seiner Zelle. Er betrachtet den Mond. »Ich empfinde nun einen Frieden«, sagt er laut, »wie ich ihn seit meiner Geburt nicht verspürt habe. Vielleicht wurde ich geboren, um tausend Morde zu begehen, damit ich meinen Frieden finde.

Vielleicht habe ich etwas vollbracht, das ich nicht zu benennen vermag.

Gewiß ist, ich habe keine Angst. Und das ist sonderbar.«

Des Hermies und Durtal in einem Café.

Durtal: »Carhaix war also erkrankt?«

Des Hermies: »Vor zwei Tagen wäre er beinahe gestorben.«

Durtal: »Vor zwei Tagen war ich in einer schwarzen Messe.«

Des Hermies (nach einer Pause): »Je älter ich werde, desto mehr bin ich davon überzeugt, daß das Denken des Mittelalters nicht gänzlich ohne Logik ist.«

Durtal: »Ich würde Carhaix gern sehen. Aber ich weiß nicht, ob ich das Recht dazu habe.«

Des Hermies: »Suchen Sie ihn getrost auf! Ihre schwarze Messe übt wahrscheinlich aus der Entfernung eine größere Wirkung aus als in der Nähe.«

Durtal: »Ich könnte ihm von meinen Nachforschungen über die Gerichtsverhandlung gegen Gilles de Rais berichten. Das Ende ist überraschend.«

In Carhaix' Wohnung. Durtal redet. Carhaix ist im Bett, und die anderen sitzen um ihn herum. Durtal spricht lebhaft und versucht, das Interesse des Kranken zu wecken.

»Vom Kerker aus wendet sich Gilles de Rais an den Bischof, damit sich dieser bei den Eltern der von Gilles getöteten Kinder für ihn einsetzt. Werden sie einwilligen, an seiner Hinrichtung teilzunehmen?

An jenem Tag, gegen neun Uhr morgens, zieht eine Prozession von Menschen in die Stadt. Viele der Eltern weinen vor Mitleid. In zeitgenössischen Dokumenten werden ihre Empfindungen folgendermaßen dargestellt: Sie sehen in ihm einen dämonischen Edelmann, der nun die Gefühle armer Menschen kennt. Bald wird er den Zorn Gottes verspüren. Welch fürchterliche Reise steht ihm bevor! Also legen sie das Gelübde ab, drei Tage zu fasten, damit die Seele des Marschalls ihren Frieden finde. Ist das nicht unglaublich? Ich weiß keine Geschichte, die den Geist des Mittelalters so gut wiedergibt«, sagt Durtal. »Ist sie nicht bewegend?«

Des Hermies, der sich von derlei Gefühlen nicht bewegen lassen will, meint dazu: »Wie weit ist das entfernt von den Lynchgesetzen der Amerikaner!«

»Um elf Uhr an jenem Mittag«, fährt Durtal fort, »warten sie vor dem Gefängnis auf Gilles de Rais. Dort, am Gefängnistor, betet er zur Jungfrau Maria. In einem Dokument ist sein Gespräch mit Prelati verzeichnet. ›Lebt wohl, Francesco‹, soll er gesagt haben. ›In dieser Welt werden wir uns nicht mehr sehen. Aber ich werde zu Gott beten, auf daß wir uns voll Freude im Paradies begegnen.‹ – Bedenken Sie, im *Paradies*!« sagt Durtal.

»Er besteigt den Scheiterhaufen. Geistliche, Bauern und Gaffer stimmen den Grabgesang an.«

Auch wir sehen nun die Szene. Die Kamera schwenkt über den Marktplatz, über den lodernden Scheiterhaufen, über die Tausende, die sich im Gebet auf die Knie niedergelassen haben. Viele Menschen weinen. Wir vernehmen den Gesang. In den Flammen sehen wir zum letztenmal Gilles de Rais' Antlitz.

Nos timemus diem judicii
Quia mali nobis conscii
Sed tu, Mater summi concilii,
Para nobis locum refugii
O Maria.«

Der Gesang verklingt. Die Flammen verlöschen. Wir hören wieder Durtals Stimme. »Da er verbrannte, wissen wir nichts von seinen letzten Gedanken.«

Des Hermies: »Was immer er gedacht haben mag, den Bauern genügte es, um seinetwegen zu weinen. Sie mögen einfältig gewesen sein, aber so stumpf wie die Menschen heutzutage waren sie nicht.«

»Das kommt daher«, schreit Carhaix, »weil die meisten Menschen nicht länger an die Existenz des Satans glauben. Das ist es, was einen erschrecken kann.«

»Wissen Sie«, sagt Durtal, »wenn ich an die Jahrzehnte nach uns denke, verspüre ich Grauen.«

»So dürfen Sie nicht reden!« sagt Carhaix. »Auch in der Zukunft wird es Licht geben.« Mit gesenktem Kopf beginnt er leise zu beten.

Durtal steigt allein im Turm hoch. Er hat ein Billett von Madame Chantelouve bei sich und vernimmt ihre Stimme in seinem Ohr, während er liest.

»Sie hätten zumindest eine gewisse Vertrautheit gestatten sollen, die es mir ermöglicht hätte, alles Sexuelle daheim in den vier Wänden zurückzulassen, um hin und wieder einen Abend mit ihnen zu verbringen.«

Er lacht laut auf und steigt im Turm wieder abwärts.

Während er auf der Straße dahinschlendert, beginnt er laut zu denken: »Ich frage mich, ob ich Gilles de Rais je begreifen werde. Die Überzeugung dieses Menschen war so stark. Selbst in seiner Todesstunde vermag er nur an das Paradies zu denken. Er gleicht dem Ungeheuer, das der modernen Welt die Wissenschaft bescherte.«

Indes Durtal weitergeht, machen die Straßen von Paris eine Metamorphose durch. Aus Droschken werden Taxen. Die von Pferden gezogenen Omnibusse verwandeln sich in Autobusse. In den Vorstädten wachsen Appartementhäuser in die Höhe. Der Verkehr nimmt zu, bis wir Szenen wie aus Godards »Weekend« erleben. Das Geläut der Glocken wird zum elektronischen Schrillen, und das tiefe Tiergebrüll des Dämons geht über in das Kreischen der Düsenmaschinen in Orly. Durtal, nach der Fasson von 1890 gekleidet, fällt keineswegs auf, wenn man ihn so inmitten der Touristen und Hippies sieht, die vor dem Tikket-Counter Schlange stehen, auf Plastikstühlen unter Arkaden und auf öffentlichen Plätzen sitzen, und in deren Kleidung man die Moden der vergangenen 100 Jahre wiederfindet.

»Schau diese Mähne an!« sagt ein Halbwüchsiger zu seiner Schwester, als Durtal vorübergeht. »Ist das ein Mann oder eine Frau?« Und wir sehen, daß Durtal langes Haar besitzt, ein wenig Schminke aufgetragen hat und daß sein gestrenger, dem 19. Jahrhundert angehörender Ausdruck der Clownsmiene des modernen Zwittertums gewichen ist. Plötzlich werden wir gewahr, daß sich im nahen Warteraum in Orly zwitterhafte Paare drängen. Durtal jedoch sieht Gilles de Rais in seinem Innern und das nächtliche Feuer unter dem großen Schmelztiegel in der Burg von Tiffauges. Als er die Flammen erblickt, erhebt sich langsam aus derselben Lohe eine Rakete, und der Mond stößt einen Schrei aus wie ein verwundetes Kind.

Jorge Luis Borges

Die Muttersprache des berühmten argentinischen Romanciers, Dichters und Literaturwissenschaftlers ist Englisch. Er lernte es von seiner englischen Mutter. Dennoch schrieb er alle seine Werke in spanischer Sprache. Jorge Luis Borges (1899–1986) war einer der ersten magischen Realisten in Südamerika. Er verwandte in seinen Geschichten fantastische Themen und Pervertierungen, oftmals in parodistischer Form, wie etwa hier. *Fiktionen*, das bereits 1962 in englischer Sprache erschien, war eine Sammlung kurzer Werke, die bei den Schriftstellerkollegen großen Anklang fand. Sie ist, abgesehen davon, das wohl meistgelesene seiner Bücher. Er machte auch Ausflüge in das Genre der »Hardboiled-Krimis« mit Don Isodoro Parodi als Privatdetektiv in Buenos Aires. »Der Andere« war 1977 Borges' erster Auftritt im Playboy.

Jorge Luis Borges

Der Andere

Die Geschichte trug sich im Februar 1969 in Cambridge nördlich von Boston zu. Ich habe sie damals nicht gleich aufgeschrieben, da ich mir zunächst vorgenommen hatte, sie zu vergessen, um nicht den Verstand zu verlieren. Jetzt, im Jahre 1972, glaube ich, daß die anderen meine Beschreibung wie eine Erzählung lesen werden und daß sie mit den Jahren vielleicht auch für mich selber dazu wird.

Sicher bin ich, daß sie während ihrer Dauer nahezu unerträglich war und mehr noch während der schlaflosen Nächte, die ihr folgten. Das bedeutet nicht, daß ihre Wiedergabe auch einen Dritten betroffen machen müßte.

Es wird zehn Uhr vormittags gewesen sein. Ich saß zurückgelehnt auf einer Bank am Charles River. Einige hundert Meter zu meiner Rechten war ein hohes Gebäude, dessen Namen ich nie gewußt habe. Das graue Wasser führte große Eisschollen. Unvermeidlich lenkte der Fluß meine Gedanken auf die Zeit. Heraklits Jahrtausendbild. Ich hatte gut geschlafen; am Nachmittag zuvor war es mir, glaube ich, gelungen, die Studenten meines Seminars zu interessieren. Weit und breit war kein Mensch zu sehen.

Plötzlich hatte ich den Eindruck (den Psychologen zufolge entspringt er dem Zustand der Müdigkeit), jenen Augenblick bereits einmal durchlebt zu haben. Am anderen Ende der Bank hatte jemand

Platz genommen. Ich wäre lieber allein gewesen, aber ich wollte nicht sofort aufstehen, um nicht unhöflich zu erscheinen. Der andere hatte angefangen zu pfeifen. In diesem Augenblick verspürte ich die erste der vielen Beklemmungen dieses Vormittags. Was er pfiff, was er zu pfeifen versuchte (ich war nie sehr musikalisch), war die kreolische Tanzweise »La tapera« von Elias Regules. Die Weise versetzte mich in einen Patio zurück, der verschwunden ist, und sie erinnerte mich an Alvaro Melián Lafinur, der vor so vielen Jahren gestorben war. Dann kamen die Worte. Es waren die der Dezime vom Anfang.

Die Stimme war nicht die von Alvaro, war indessen bestrebt, ihr ähnlich zu klingen. Ich erkannte sie mit Schrecken.

Ich rückte näher an ihn heran und fragte:

»Señor, sind Sie Uruguayer oder Argentinier?«

»Argentinier, aber seit vierzehn wohne ich in Genf«, war die Antwort.

Ein langes Schweigen folgte. Ich fragte:

»Rue Malagnou siebzehn, gegenüber der russischen Kirche?«

Er sagte ja.

»In diesem Fall«, sagte ich entschlossen, »heißen Sie Jorge Luis Borges. Auch ich bin Jorge Luis Borges. Wir befinden uns im Jahr 1969 und in der Stadt Cambridge.«

»Nein«, antwortete er mit meiner eigenen, ein wenig fernen Stimme.

Nach einer Weile beharrte er:

»Ich bin hier in Genf, auf einer Bank, ein paar Schritte von der Rhône entfernt. Das Seltsame ist, daß wir uns ähneln, aber Sie sind viel älter und haben graues Haar.«

Ich antwortete:

»Ich kann dir beweisen, daß ich nicht lüge. Ich werde dir Dinge sagen, die ein Unbekannter unmöglich wissen könnte. Zu Hause befindet sich ein silbernes Mategefäß mit einem Schlangenfuß, das unser Urgroßvater aus Peru mitgebracht hat. Ferner steht da die silberne Waschschüssel, die einst an seinem Sattelbogen hing. Im Schrank deines Zimmers stehen zwei Reihen Bücher. Die drei Bände der ›Tausendundeine Nacht‹ von Lane mit Stahlstichen und Anmerkungen in kleinerem Druck zwischen den Kapiteln, Quicherats lateinisches Wörterbuch, Tacitus' ›Germania‹ auf Lateinisch und in der Übersetzung von

Gordon, ein ›Don Quijote‹ aus dem Verlag Garnier, die ›Tablas de San-gre‹ von Rivera Indarte mit einer Widmung des Autors, der ›Sartor Resartus‹ von Carlyle, eine Biographie von Amiel und hinter den übri-gen versteckt ein broschierter Band über die sexuellen Sitten der Bal-kanvölker. Auch einen Nachmittag in einer Beletage-Wohnung an der Place Dubourg habe ich nicht vergessen.«

»Dufour«, berichtigte er.

»Ach ja. Dufour. Reicht dir das ?«

»Nein«, antwortete er. »Diese Beweise beweisen nichts. Wenn ich es bin, der träumt, dann ist es nur natürlich, daß ich auch weiß, was ich weiß. Ihre umständliche Aufzählung besagt gar nichts.«

Der Einwand war berechtigt. Ich antwortete: »Wenn dieser Vormit-tag und diese Begegnung Träume sind, dann muß jeder von uns der Meinung sein, daß er selber der Träumer ist. Vielleicht erwachen wir aus dem Traum, vielleicht nicht. In der Zwischenzeit sind wir offen-sichtlich gezwungen, den Traum zu akzeptieren, so wie wir das Univer-sum akzeptiert haben und daß wir gezeugt wurden und daß wir mit den Augen sehen und daß wir atmen.«

»Und wenn der Traum anhält?« fragte er angstvoll.

Um ihn und mich zu beruhigen, täuschte ich eine Selbstsicherheit vor, die mir völlig abging. Ich sagte:

»Mein Traum hat schon siebzig Jahre lang gedauert. Letzten Endes gibt es niemanden, der beim Erinnern nicht sich selber begegnete. Das ist es, was uns jetzt widerfährt, nur daß wir zu zweit sind. Willst du nicht etwas über meine Vergangenheit wissen, wie die Zukunft ist, wel-che dir bevorsteht?«

Wortlos stimmte er zu. Etwas verwirrt fuhr ich fort:

»Mutter ist wohlauf in ihrem Haus in der Charcas Ecke Maipú in Buenos Aires, aber Vater ist vor etwa dreißig Jahren gestorben. An Herzversagen. Eine halbseitige Lähmung hatte ihn zum Krüppel gemacht; wenn seine linke Hand auf der rechten lag, wirkte es, als liege eine Kinderhand auf der eines Riesen. Er starb voller Ungeduld, aber ohne Klage. Unsere Großmutter war im selben Haus gestorben. Einige Tage vor dem Tod rief sie uns zusammen und sagte: ›Ich bin eine sehr alte Frau, die sehr langsam stirbt. Niemand soll sich wegen etwas so Normalem und Geläufigem aufregen.‹ Norah, deine Schwester, ist ver-heiratet und hat zwei Söhne. Übrigens, wie geht's zu Hause?«

»Gut. Vater und seine dauernden Witze über den Glauben. Gestern abend sagte er, daß Jesus wie die Gauchos sei, die sich keine Blöße geben wollen, und daß er deshalb in Gleichnissen predigte.«

Er zögerte und fragte dann:

»Und Sie?«

»Ich weiß nicht, wie viele Bücher du schreiben wirst, aber ich weiß, es sind zu viele. Du wirst Gedichte schreiben, die dir eine Befriedigung verschaffen, welche niemand mit dir teilt, außerdem Erzählungen phantastischer Natur. Du wirst Unterricht geben wie dein Vater und wie so viele andere aus unserer Familie.«

Es gefiel mir, daß er nicht nach Erfolg oder Mißerfolg der Bücher fragte. Ich wechselte den Ton und fuhr fort:

»Was die Geschichte angeht . . . Es hat noch ein Krieg stattgefunden, fast zwischen den gleichen Gegnern. Frankreich hat prompt kapituliert; England und Amerika lieferten gegen einen deutschen Diktator, der Hitler hieß, die zyklische Schlacht von Waterloo. Buenos Aires brachte um 1946 einen weiteren Rosas hervor, der unserem Verwandten ziemlich ähnlich ist. Fünfundfünfzig rettete uns die Provinz Córdoba wie vordem Entre Rios. Jetzt steht es übel. Rußland ist dabei, die Erde an sich zu reißen; Amerika ist in den Aberglauben der Demokratie verstrickt und kann sich nicht entschließen, ein Imperium zu sein. Tag für Tag wird unsere Heimat provinzieller. Provinzieller und eingebildeter, als kniffe sie die Augen zu. Es würde mich nicht überraschen, wenn in den Schulen Latein von Guaraní abgelöst würde.«

Ich bemerkte, daß er mir kaum Aufmerksamkeit schenkte. Die elementare Furcht vor dem Unmöglichen und dennoch Unwiderlegbaren schüchterte ihn ein. Ich, der ich nie Vater war, empfand für diesen armen Jungen, der mir vertrauter war als ein leiblicher Sohn, eine Aufwallung der Liebe. Ich sah, daß seine Hände ein Buch umklammerten. Ich fragte ihn, was es sei.

»›Die Besessenen‹ oder, wie ich meine, ›Die Dämonen‹ von Fjodor Dostojewskij«, erwiderte er nicht ohne Eitelkeit.

»Es ist mir entfallen. Wie ist es?« Kaum hatte ich sie ausgesprochen, da hatte ich auch schon das Gefühl, daß die Frage eine Blasphemie darstellte.

»Der russische Meister«, sagte er gutachterlich, »ist tiefer als irgend jemand sonst in die Labyrinthe der slawischen Seele eingedrungen.«

Diese rhetorische Probe schien mir ein Beweis, daß er sich gefaßt hatte.

Ich fragte, welche anderen Bände des Meisters er gelesen hätte.

Er zählte zwei oder drei auf, darunter »Der Doppelgänger«.

Ich erkundigte mich, ob er beim Lesen wie bei Joseph Conrad die Figuren richtig auseinanderhalten könne und die Absicht hätte, die Lektüre des Gesamtwerks fortzusetzen.

»Um die Wahrheit zu sagen, nein«, antwortete er mit einer gewissen Überraschung.

Ich fragte ihn, ob er etwas schreibe, und er erzählte mir, daß er einen Gedichtband vorbereite, der den Titel »Die roten Hymnen« tragen solle. Er habe auch an »Die roten Rhythmen« gedacht.

»Warum auch nicht?« sagte ich. »Du könntest auf gute Vorbilder verweisen. Die blaue Lyrik von Rubén Darío und den grauen Gesang von Verlaine.«

Ohne mich zu beachten, erklärte er mir, daß sein Buch die Brüderlichkeit aller Menschen besingen würde. Der heutige Dichter könne seiner Epoche nicht den Rücken kehren.

Ich verfiel in Nachdenken und fragte ihn, ob er sich wirklich als Bruder von allen fühle. Zum Beispiel von allen Angestellten der Bestattungsinstitute, von allen Postboten, von allen Meisterdieben, von allen, die auf der Seite mit den geraden Hausnummern wohnen, von allen Stockheiseren und so weiter. Er erklärte, sein Buch gelte der großen Masse der Unterdrückten und Ausgestoßenen.

»Deine Masse der Unterdrückten und Ausgestoßenen«, antwortete ich, »ist nicht mehr als eine Abstraktion. Es existieren nur Individuen, wenn überhaupt etwas existiert. ›Der Mensch von gestern ist nicht der von heute‹, der Spruch ist von irgendeinem Griechen. Wir beide auf dieser Bank in Genf oder Cambridge sind vielleicht der Beweis.«

Außer auf den gestrengen Seiten der Geschichte kommen die denkwürdigen Ereignisse ohne denkwürdige Phrasen aus. Ein Mann, der im Sterben liegt, möchte sich an eine Radierung erinnern, die er in seiner Kindheit undeutlich gesehen hat; Soldaten, die drauf und dran sind, in die Schlacht zu ziehen, sprechen von Moneten oder vom Unteroffizier. Unsere Situation war beispiellos, und wir waren, offen gesagt, nicht darauf vorbereitet. Unglückseligerweise sprachen wir über Literatur, ich fürchte, ich habe nichts anderes gesagt als das, was ich sonst immer Journalisten sage. Mein Alter ego glaubte an die Erfindung oder Entdeckung neuer Metaphern; ich an solche, die intimen und offenkundigen Verwandtschaften entsprechen und die unsere Einbildungskraft bereits akzeptiert hat. Das Alter und der Sonnenuntergang, die Träume und das Leben, das Verrinnen der Zeit und das Wasser. Ich entwickelte ihm diese Meinung, die er dann Jahre später in einem Buch entwickeln sollte.

Er hörte mir kaum zu. Plötzlich sagte er:

»Wenn Sie ich gewesen sind, wie ist es dann zu erklären, daß Sie Ihre Begegnungen mit einem älteren Herrn vergessen haben, der Ihnen 1918 verkündete, auch er sei Borges?«

Diese Schwierigkeit war mir noch gar nicht in den Sinn gekommen. Ohne Überzeugung antwortete ich:

»Vielleicht war die Sache so sonderbar, daß ich versucht habe, sie zu vergessen.«

Er wagte eine schüchterne Frage:

»Was macht Ihr Gedächtnis?«

Mir wurde klar, daß für einen jungen Mann von noch nicht zwanzig Jahren ein über Siebzigjähriger fast ein Toter war. Ich antwortete:

»Die Vergeßlichkeit nimmt oft überhand, aber noch findet es, was ihm aufgetragen wird. Ich lerne Angelsächsisch, und der Klassenletzte bin ich nicht.«

Unser Gespräch hatte schon zu lange gedauert, um das eines Traums zu sein.

Mir kam plötzlich eine Idee.

»Ich kann dir auf der Stelle beweisen«, sagte ich, »daß du nicht von mir träumst. Hör dir gut diesen Vers an, den du, soweit ich mich erinnere, noch nie gelesen hast.«

Langsam rezitierte ich die berühmte Zeile: »L'hydre-univers tordant son corps écaillé d'astres«. Ich spürte seine fast ängstliche Benommenheit. Leise wiederholte ich die Zeile und kostete jedes einzelne ihrer glanzvollen Worte aus.

»Das ist wahr«, stammelte er. »Niemals könnte ich eine solche Zeile schreiben.«

Hugo hatte uns verbunden.

Zuvor hatte er, wie mir jetzt einfällt, hingebungsvoll jenes kurze Stück zitiert, in dem Walt Whitman einer gemeinsam am Meer verbrachten Nacht gedenkt, in der er wahrhaft glücklich war.

»Wenn Walt Whitman sie besungen hat«, bemerkte ich, »dann, weil er sie herbeisehnte, und nicht, weil es sie gegeben hat. Das Gedicht gewinnt, wenn wir ahnen, daß es Ausdruck eines Verlangens ist, nicht die Geschichte von etwas, das stattgefunden hat.«

Er saß da und schaute mich an.

»Sie kennen ihn nicht«, rief er. »Whitman ist zu keiner Lüge fähig.«

Ein halbes Jahrhundert vergeht nicht umsonst. Auf dem Grund unserer Unterhaltung, einem Gespräch zwischen zwei Personen, die andere Bücher lasen und einen unterschiedlichen Geschmack hatten, wurde mir klar, daß wir uns nicht verständigen konnten. Wir waren zu verschieden und zu ähnlich. Wir konnten uns nicht hinters Licht führen, was das Gespräch beschwerlich macht. Jeder von uns beiden war die karikaturhafte Nachbildung des anderen. Die Situation war zu ungewöhnlich, als daß sie noch viel länger andauern konnte. Ihm Ratschläge zu erteilen oder mit ihm zu debattieren, war nutzlos, da es ja sein unabwendbares Schicksal war, derjenige zu werden, der ich bin.

Plötzlich erinnerte ich mich an ein Traumbild von Coleridge. Jemand träumt, daß er durch das Paradies kommt, und zum Beweis erhält er eine Blume. Beim Aufwachen findet sich die Blume.

Ich verfiel auf einen analogen Kunstgriff. »Hör mal«, sagte ich, »hast du irgendwelches Geld bei dir?«

»Ja«, erwiderte er. »Ich habe ungefähr zwanzig Franken. Für heute abend habe ich Simon Jichlinski ins ›Crocodile‹ eingeladen.«

»Sag Simon, daß er eine Arztpraxis haben und viel Gutes tun wird . . . Jetzt gibst du mir eins von deinen Geldstücken.«

Er holte drei Silbermünzen und einige kleinere Stücke hervor. Verständnislos offerierte er mir eine von den ersteren.

Ich reichte ihm einen jener unvorsichtigen amerikanischen Geldscheine, deren Wert sehr unterschiedlich, deren Format jedoch gleich ist. Er untersuchte ihn begierig.

»Das kann doch nicht sein«, rief er. »Der trägt das Datum neunzehnhundertvierundsechzig.«

(Monate drauf sagte mir jemand, daß Banknoten kein Datum tragen.)

»Das alles ist ein Wunder«, brachte er heraus, »und das Wunderbare macht Angst. Die bei der Wiedererweckung des Lazarus dabei waren, müssen entsetzt gewesen sein.«

Wir haben uns auch gar nicht verändert, dachte ich. Immer diese literarischen Anspielungen.

Er zerriß den Geldschein und behielt die Münze.

Ich war entschlossen gewesen, sie in den Fluß zu werfen. Der von der silbernen Münze beschriebene Bogen, der in dem silbernen Fluß verschwindet, hätte meiner Geschichte zu einem lebhaften Bild verholfen, doch das Schicksal wollte es nicht.

Das Übernatürliche, antwortete ich, verliere seinen Schrecken, wenn es zweimal geschehe. Ich schlug ihm vor, uns am Tag darauf wiederzusehen, auf der nämlichen Bank, die sich in zwei Zeiten an zwei Orten befindet.

Er erklärte sich sofort einverstanden und sagte, ohne auf die Uhr zu sehen, daß es für ihn spät geworden sei. Wir logen beide, und jeder wußte, daß der andere log. Ich sagte, daß man mich bald abholen würde.

»Abholen?« fragte er.

»Ja. Wenn du mein Alter erreichst, hast du das Augenlicht fast ganz eingebüßt. Du siehst noch die Farbe Gelb und Licht und Schatten. Mach dir keine Sorge. Allmählich zu erblinden, ist nichts Tragisches. Es ist wie ein langsam erlöschender Sommerabend.«

Wir verabschiedeten uns, ohne uns berührt zu haben. Am nächsten Tag ging ich nicht hin. Der andere wird ebensowenig hingegangen sein.

Ich habe viel über diese Begegnung nachgegrübelt, die ich noch niemandem erzählt habe. Ich glaube, ich habe den Schlüssel gefunden. Die Begegnung fand wirklich statt, aber der andere sprach mit mir in einem Traum, und so kam es, daß er mich vergessen konnte; ich sprach mit ihm im Wachen, und die Erinnerung quält mich immer noch.

Der andere träumte mich, aber er träumte mich nicht konsequent. Er träumte, jetzt begreife ich es, das unmögliche Datum auf der Dollarnote.

Isaac Bashevis Singer

Hiob in Miami Beach

Isaac Bashevis Singer (1904–1991) veröffentlichte 1967 seine erste Geschichte im Playboy, und bis zu seinem Tode erschienen immer wieder Kurzgeschichten von ihm in dem Magazin. Singer wurde in Polen geboren und kam 1935 in die USA. Er arbeitete für den *Yiddish Daily Forward,* wo die meisten seiner Romane als Fortsetzungsgeschichten erschienen, bevor sie ins Englische übertragen wurden.

Die Tatsache, daß er Jiddisch schrieb und als Schauplatz seiner Romane meist Polen oder Rußland wählte, schien seiner Beliebtheit im englischsprachigen Raum keinen Abbruch zu tun. Sein bekanntester Roman ist wohl *Der Zauberer von Lublin* (1960), aber Singer bekam größeres Lob für seine Kurzgeschichten. Er gewann 1970 und 1974 den National Book Award und 1978 den Nobelpreis für Literatur. »Hiob in Miami Beach« ist eine der wenigen Geschichten, die in Amerika spielen, aber Singers Amerika weist viele Parallelen zum alten Polen auf.

Isaac Bashevis Singer

Hiob in Miami Beach

Mein Freund Reuben Kazarsky, der Sonderling und Komiker, rief mich in meiner Wohnung in Miami Beach an und fragte: »Menashe, könntest du dich vielleicht, ausnahmsweise und zum erstenmal in deinem Leben, zu einer *mizwa* entschließen?«

»Ich mich zu einer *mizwa*?« fragte ich ungnädig zurück. »Was ist das denn für ein Wort – Hebräisch? Aramäisch? Chinesisch? Du weißt, daß ich für eine solche gute Tat nicht zu haben bin, schon gar nicht hier in Florida.«

»Es handelt sich nicht um eine einfache *mizwa*, Menashe. Der Mann ist Multimillionär. Vor ein paar Monaten hat er seine ganze Familie bei einem Autounfall verloren – Frau, Tochter, Schwiegersohn und ein zweijähriges Enkelkind. Er ist vollständig am Ende. Er hat hier in Miami Beach, in Hollywood und in Fort Lauderdale ein rundes Dutzend Hochhäuser mit Apartments und Eigentumswohnungen gebaut. Und er ist einer deiner treuesten Leser. Er will eine Party für dich geben, und wenn du so was nicht magst, will er dich ganz schlicht kennenlernen. Er stammt irgendwo aus deiner Gegend – Lublin oder wie das bei euch heißt. Spricht bis zum heutigen Tag nur gebrochen Englisch. Ist ohne einen Fetzen am Leibe aus den Lagern rübergekommen, hat's aber innerhalb von 15 Jahren zum Millionär gebracht. Wie die Leute das anstellen, wird mir wohl ewig schleierhaft bleiben. Scheint so was wie ein Instinkt bei ihnen zu sein, wie bei der Henne fürs Eierlegen oder bei dir für die Romanschreiberei.«

»Verbindlichsten Dank für das Kompliment. Was könnte denn rausspringen bei dieser *mizwa*?«

»Im himmlischen Freudensaal eine Extraportion von Leviathan plus einer platonischen Affäre mit Sara, der Tovim-Tochter. Hier auf diesem lausigen Planeten läßt er sich vielleicht breitschlagen, dir eine Eigentumswohnung zum halben Preis zu verkaufen. Er hat Geld wie Heu und sitzt jetzt ohne Erben da. Er will seine Memoiren schreiben, und du sollst ihm dabei zur Hand gehen. Er hat eine schlechte Pumpe. Sie haben ihm einen Schrittmacher eingepflanzt.«

»Wann will er mich denn kennenlernen?«

»Könnte schon morgen sein. Er holt dich in seinem Cadillac ab.«

Am nächsten Nachmittag um fünf fing mein Haustelefon an zu summen, und der irische Pförtner meldete, daß unten ein Herr auf mich warte. Ich fuhr im Lift hinunter und erblickte einen winzigen Mann in gelbem Hemd, grünen Hosen und veilchenblauen Schuhen mit vergoldeten Schnallen. Das spärliche Haar, das ihm rund um den Kahlkopf geblieben war, hatte die Farbe des Silbers, aber die Schädelrundung selber erinnerte mich an einen roten Apfel. Eine lange Zigarre ragte aus seinem winzigen Mündchen. Er streckte mir eine kleine, klamme Hand hin, drückte ein-, zwei-, dreimal die meine und sagte dann mit piepsiger Stimme: »Es ist mir ein Vergnügen und eine Ehre! Mein Name ist Max Flederbush.«

Gleichzeitig studierte er mich mit lächelnden braunen Augen, die zu groß waren für sein Gesicht – Frauenaugen. Der Chauffeur öffnete den Schlag eines riesigen Cadillac, und wir stiegen ein. Der Sitz war in rotem Plüsch gepolstert und so weich wie ein Daunenkissen. Als ich hineinsank, drückte Max Flederbush auf einen Knopf, und das Fenster senkte sich. Er spie seine Zigarre hinaus, drückte abermals auf den Knopf, und das Fenster schloß sich wieder.

»Das Rauchen ist mir ungefähr so freizügig erlaubt wie das Schweinefleisch am Jom Kippur«, sagte er. »Aber Gewohnheiten sind schon eine Macht. Die Gewohnheit ist die zweite Natur, heißt es irgendwo. Stammt das nicht aus der Gemure? Dem Midrasch? Oder ist es einfach ein Sprichwort?«

»Kann ich Ihnen ehrlich nicht sagen.«

»Wie das? Sie sollen doch überhaupt alles wissen! Ich habe ein Tal-mud-Verzeichnis, aber das steht in New York, nicht hier. Ich werde meinen Freund Rabbi Stempel anrufen und ihn bitten, das nachzu-schauen. Ich habe drei Wohnungen – eine hier in Miami, eine in New York und eine in Tel Aviv, und meine Bibliothek ist überall verstreut. Ich will nach einem Buch greifen und stelle fest, es steht in Israel. Zum Glück gibt es ja so was wie ein Telefon, so daß man anrufen kann. Ich habe einen Freund in Tel Aviv, Professor an der Bar-Ilan-Universität, der wohnt in meinem Haus – umsonst natürlich –, und es ist leichter, jemanden in Tel Aviv zu erreichen als in New York oder sogar direkt hier in Miami. Es läuft über einen kleinen Mond, einen Sputnik oder was das ist. Ja, ein Satellit. Worte entfallen mir. Ich lege irgendwas weg und kann mich nicht mehr entsinnen, wo ich's hingetan habe. Unser beiderseitiger Freund Reuben Kazarsky hat Ihnen sicher erzählt, was mir widerfahren ist. Eben hatte ich noch eine Familie, und eine Minute später – saß ich im Elend wie Hiob. Hiob war anscheinend noch jung, und Gott hat ihn mit neuen Töchtern belohnt, mit neuen Kamelen und neuen Eseln, aber ich bin schon zu alt für solche Segnungen. Ich bin auch krank. Jeder Tag, den ich noch erlebe, ist ein Wunder des Him-mels. Ich muß mich bei jedem Bissen in acht nehmen. Der Arzt erlaubt mir zwar ab und an ein Schlückchen Whisky, aber nur einen Tropfen. Meine Frau und meine Tochter wollten mich mitnehmen auf der Fahrt, aber ich war nicht in Stimmung. Es ist tatsächlich gleich hier in Miami passiert. Sie wollten nach Disneyland. Plötzlich kam ein Laster, mit einem Betrunkenen am Steuer, und meine ganze Welt lag in Scherben. Der Betrunkene hat beide Beine verloren. Glauben Sie an die Vorse-hung?«

»Ich weiß nicht, was ich darauf sagen soll.«

»Nach allem, was Sie schreiben, hat man den Eindruck, daß Sie dran glauben.«

»Irgendwo tief im Innern vielleicht.«

»Wenn Sie erlebt hätten, was ich habe, dann wären Sie sicher. Ja, aber so ist der Mensch – er glaubt und er zweifelt.«

Der Cadillac war vorgefahren, und ein Parkwächter hatte ihn über-nommen. Wir betraten eine Halle, die mich an eine Super-Kolossal-Produktion von Hollywood erinnerte – Teppiche, Spiegel, Lampen, Gemälde. Die Wohnung hatte denselben Stil. Die Teppiche fühlten sich so weich an wie die Polsterung im Wagen. Die Bilder waren sämtlich abstrakt. Ich blieb vor einem stehen, das mich an eine Warschauer Mülltonne am Vorabend eines Feiertags erinnerte, überquellend von Abfällen.

Ich fragte Mr. Flederbush, was und von wem das wäre, und er antwortete: »Krempel wie alles hier. Pissaco oder sonst so ein Scharlatan.«

»Wer ist denn dieser Pissaco?«

Von irgendwoher nahm Reuben Kazarsky Gestalt an und sagte: »So nennt er Picasso.«

»Was soll's, ist doch egal. Schwindler sind sie alle«, sagte Max Flederbush. »Meine Frau, sie ruhe in Frieden, verstand was davon, ich nicht.«

Kazarsky zwinkerte mir zu und lächelte. Er war schon lange mein Freund, schon seit Polen her. Er hatte ein halbes Dutzend jiddischer Komödien geschrieben, war aber mit allen durchgefallen. Dann veröffentlichte er eine Sammlung kleiner Skizzen, aber die Kritiker zerrissen sie in der Luft, und da hatte er das Schreiben drangegeben. Er war 1939 nach Amerika gekommen und hatte später eine Witwe geheiratet, 20 Jahre älter als er. Die Witwe starb, und Kazarsky erbte ihr Geld. Seither trieb er sich bei allen reichen Leuten herum. Er färbte sich das Haar und trug Kordsamtjacken und handbemalte Schlipse. Er machte jeder Frau zwischen 15 und 75 eine Liebeserklärung. Kazarsky war schon in den Sechzigern, sah aber wie kaum über 50 aus. Er ließ sich das Haar lang wachsen und trug einen Backenbart. Seine schwarzen Augen spiegelten den Spott und Selbstverzicht eines Menschen, der mit allem und jedem gebrochen hat. In der Cafeteria an der Lower East Side tat er sich durch Imitationen von Schriftstellern, Rabbis und Parteiführern hervor. Er protzte mit seinen Talenten wie ein Schwammtaucher. Wir waren Freunde, aber seinen diversen Wohltätern hatte er mich noch nie vorgestellt. Anscheinend hatte Max Flederbush darauf bestanden, daß Reuben uns zusammenbrachte.

Max Flederbush beschwerte sich nun bei mir: »Wo verstecken Sie sich nur immer? Ich habe Reuben wieder und wieder gebeten, uns doch einmal zusammenzubringen, aber angeblich waren Sie dauernd in Europa, in Israel oder wer weiß wo sonst. Ganz plötzlich kommt's nun heraus, daß Sie hier in Miami Beach sind. Ich bin in einem Zustand, daß ich keine Minute allein sein kann. Sobald ich allein bin, übermannt mich ein Trübsinn, der schlimmer als Irrsinn ist. Die schöne Wohnung, die Sie hier sehen, verwandelt sich plötzlich in eine Leichenhalle. Manchmal denke ich, die wahren Helden sind gar nicht die, denen man im Krieg Orden verleiht, sondern die Junggesellen, die ihre Jahre allein hinbringen.«

»Haben Sie ein Bad in diesem Palast?« fragte ich.

»Mehr als eins, mehr als zwei, mehr als drei«, antwortete Max.

Er nahm mich beim Arm und führte mich in ein Badezimmer, das mich durch seine Größe und Eleganz blendete. Der Toilettendeckel war durchsichtig, mit Halbedelsteinen besetzt und einem eingelassenen Zweidollarschein geschmückt. Dem Spiegel gegenüber hing das Bild eines kleinen Jungen, der in hohem Bogen in die Gegend pinkelte, während ein kleines Mädchen ihm bewundernd zusah. Als ich den Toilettendeckel hob, begann Musik zu spielen. Nach einer Weile trat ich auf den Balkon hinaus, der einen direkten Blick aufs Meer hatte. Die Strahlen der untergehenden Sonne tanzten auf den Wellen. Möwen jagten nach Fischen. Weit in der Ferne am Horizont schlingerte ein Schiff. Am Strand erspähte ich ein Tier, das von meinem günstigen Aussichtspunkt aus, 16 Stockwerke hoch, wie ein Kalb wirkte oder ein riesiger Hund. Aber ein Hund konnte es nicht sein, und was hätte ein Kalb in Miami Beach zu suchen gehabt? Plötzlich richtete die Gestalt sich auf und erwies sich als eine Frau in langem Bademantel, die im Sand nach eßbaren Muscheln grub.

Nach einer Weile trat Kazarsky zu mir auf den Balkon. Er sagte: »Das ist Miami. Hinter dem ganzen Plunder ist übrigens seine Frau hergewesen, nicht er. Die Geschäftsfrau war sie, und auch zu Hause hatte sie die Hosen an. Andererseits ist er nicht ganz so ein müßiger Träumer, wie er immer tut. Er hat ein unheimliches Gespür für Geld. Die beiden haben praktisch überall mitgemischt – Häuser, Grundstükke, Aktien, Diamanten, und sie hat sich schließlich auch noch mit der Kunst eingelassen. Wenn er ›kaufen‹ sagte, kaufte sie; und sagte er ›verkaufen‹, dann stieß sie ab. Jedesmal, wenn sie ihm wieder ein Gemälde zeigte, warf er einen kurzen Blick darauf, spuckte aus und sagte: ›Ist bloß Ramsch, aber sie werden's dir aus den Händen reißen. Kaufen!‹ Was die beiden anfaßten, wurde zu Geld. Sie flogen nach Israel, gründeten Talmud-Schulen und stifteten Preise für alle möglichen Zwecke – kulturelle, religiöse. Natürlich schrieben sie alles von der Steuer ab.

Ihre Tochter, das verwöhnte Balg, war eine Halbirre. Hatte praktisch jeden Komplex, den man bei Freud, Jung und Adler finden kann. Ist in einem Zwangsarbeitslager in Deutschland geboren worden. Ihre Eltern wollten, daß sie einen Oberrabbi heiratet oder einen israelischen Premierminister. Aber sie verliebte sich in einen Heiden, einen Archäologie-Professor mit Frau und fünf Kindern. Seine Frau wollte sich nicht scheiden lassen und mußte mit einer Viertelmillion Dollar und außerdem noch einer phantastischen Lebensrente weggekauft werden. Vier Wochen nach der Hochzeit zog der Professor ab nach China, um dort nach einem neuen Peking-Menschen zu buddeln. Er soff wie ein Loch . . . Komm, jetzt wirst du was zu sehen kriegen!«

Kazarsky öffnete die Tür zum Wohnzimmer, und es war voller Leute. Innerhalb eines Tages hatte Max Flederbush eine Party auf die Beine gebracht. Die Gäste hatten nicht genug Platz in dem riesigen Wohnzimmer. Kazarsky und Max Flederbush führten mich von Raum zu Raum, und überall war die Party in vollem Gange. Binnen Minuten hatten sich vielleicht 200 Leute angesammelt, meist Frauen. Es war eine einzige Modenschau für Schmuck, Kleider, Hosen, Kaftane, Frisuren, Schuhe, Handtaschen, Make-up, aber ebenso auch für Männerjacken, -hemden und -krawatten. Scheinwerfer beleuchteten sämtliche Gemälde. Kellner servierten Drinks. Schwarze und weiße Mädchen gingen mit Tabletts herum und boten Horsd'œuvres an.

In dem Getümmel bekam ich kaum mit, was alles auf mich eingeredet wurde. Eine beleibte Dame umschlang mich und drückte mich an ihren gewaltigen Busen. Sie schrie mir ins Ohr: »Ich habe Sie gelesen! Ich stamme aus den Städten, die Sie beschreiben. Mein Großvater ist aus Yshishek herübergekommen. Er war Rollkutscher drüben, und hier in Amerika ist er ins Fuhrgeschäft gegangen. Wenn meine Eltern was reden wollten, was ich nicht verstehen durfte, sprachen sie Jiddisch, und auf die Art habe ich ein bißchen von der Sprache gelernt.«

Ich warf einen flüchtigen Blick in den Spiegel. Mein Gesicht war von Lippenstift verschmiert. Selbst während ich noch dastand und ihn mir abzuwischen versuchte, empfing ich alle möglichen Anträge. Ein Kantor erbot sich, eine meiner Geschichten in Musik zu setzen. Ein Musiker verlangte, ich solle aus einem meiner Romane ein Opern-Libretto machen. Der Direktor einer Volkshochschule lud mich ein, über Jahresfrist in seiner Synagoge zu sprechen. Man wolle mir eine Plakette verleihen. Ein junger Mann mit schulterlangem Haar ersuchte mich, ihm einen Verleger zu empfehlen oder wenigstens einen Agenten. Er erklärte: »Ich muß einfach schöpferisch tätig sein. Das ist eine physische Notwendigkeit.«

Eben noch hatten sämtliche Räume von Menschen gewimmelt, und in der nächsten Minute waren alle Gäste verschwunden, bis auf Reuben Kazarsky und mich. Ebenso rasch und nachhaltig räumte das Personal die Essensreste und halbgetrunkenen Cocktails ab, leerte die Aschenbecher und stellte alle Stühle wieder an ihren angestammten Platz. Noch nie hatte ich eine derartige Perfektion gesehen.

Max Flederbush angelte sich irgendwoher eine weiße Krawatte mit goldenen Pünktchen und legte sie an. »Zeit zum Abendessen«, sagte er.

»Ich habe soviel gegessen, daß ich keinen Appetit mehr habe«, sagte ich.

»Aber Sie müssen unbedingt mit uns essen. Ich habe im besten Restaurant von Miami einen Tisch bestellt.«

Nach einer Weile stiegen wir drei, Max Flederbush, Reuben Kazarsky und ich, in den Cadillac. Es war inzwischen Nacht geworden, und ich gab mir keine Mühe mehr, zu sehen oder zu bestimmen, wohin ich gebracht wurde. Wir fuhren nur ein paar Minuten und hielten vor einem Hotel, das von Lichtern und uniformierten Bediensteten nur so funkelte. Einer öffnete feierlich den Wagenschlag, ein zweiter katzbukkelnd die gläserne Eingangstür. Die Halle dieses Hotels war nicht bloß super-kolossal, sondern super-spitzen-kolossal – komplett bis zu Lichteffekten, Tropengewächsen in riesigen Töpfen, Vasen, Skulpturen und einem Papagei in einem Käfig. Wir wurden in einen nahezu dunklen Saal geleitet und von einem Oberkellner begrüßt, der uns bereits erwartete und an den reservierten Tisch führte. Er machte unablässig Kratzfüße, offenbar von Freude überwältigt, daß wir gekommen waren. Nicht lange, so erschien ein weiteres Individuum. Beide Männer trugen Smoking, Lackschuhe, Fliege und plissiertes Hemd. Sie sahen für mich wie Zwillinge aus. Sie sprachen mit ausländischem Akzent, den ich im Verdacht hatte, nicht ganz echt zu sein. Eine langatmige Diskussion entwickelte sich um unsere Wahl von Speisen und Getränken. Als die beiden hörten, daß ich Vegetarier war, sahen sie sich gekränkt an, doch nur eine Sekunde lang. Sodann versicherten sie mir, daß sie mir das beste Gericht servieren würden, das ein Vegetarier je gekostet habe. Der eine nahm unsere Bestellungen entgegen, und der andere schrieb sie auf. Max Flederbush verkündete in seinem gebrochenen Englisch, daß er eigentlich nicht hungrig wäre, aber wenn man ihm etwas besonders Verlockendes auftischen könnte, sei er zu einem Versuch bereit. Er mischte dauernd jiddische Brocken ein, aber die beiden Kellner verstanden ihn offensichtlich. Er gab präzise Anweisungen, wie sein Fisch zu braten und sein Gemüse zu kochen sei. Er bezeichnete Gewürze und Zutaten. Reuben Kazarsky bestellte ein Steak und ein Gericht für mich, das in schlichten Worten ein Fruchtsalat mit Hüttenkäse war.

Als die beiden Männer sich schließlich zurückzogen, sagte Max Flederbush: »Es hat mal Zeiten gegeben – wenn mir da einer erzählt hätte, ich würde mal in so einem Lokal sitzen und solche Sachen essen, dann hätte ich das für einen Witz gehalten. Ich hatte bloß einen einzigen Traum – einmal, bevor ich sterbe, noch genug trockenes Brot zu kriegen, um mir den Bauch vollzuschlagen. Jetzt bin ich plötzlich ein reicher Mann, ach ja, und die Leute zerreißen sich halb, um mich zu bedienen. Nun, aber es ist der Menschennatur nicht bestimmt, sich der Ruhe zu freuen. Die Engel im Himmel sind eifersüchtig. Satan ist der Ankläger, und der Allmächtige läßt sich nur zu leicht überzeugen. Er hegt einen uralten Groll gegen uns Juden. Er kann noch immer nicht verzeihen, daß unsere Ururgroßväter um das Goldene Kalb getanzt sind. Jetzt wollen wir mal ein Bild von uns machen lassen.«

Ein Mann mit einer Kamera erschien. »Lächeln!« befahl er uns.

Max Flederbush versuchte zu lächeln. Sein eines Auge lachte, das andere weinte. Reuben Kazarsky begann verschmitzt zu blinzeln. Ich machte mir gar nicht erst die Mühe. Der Fotograf sagte, er werde den Film gleich entwickeln und in einer Dreiviertelstunde wieder zur Stelle sein.

»Äh, wovon sprachen wir doch?« fragte Max Flederbush. »Ah ja, ich lebe in offensichtlichem Überfluß, aber es ist ein wahres Elend damit. So reich und elegant das Haus ist, es ist auch eine Gehenna, eine Hölle. Ich will Ihnen mal etwas sagen – in gewissem Sinne ist es schlimmer hier als in den Lagern. Da hatten wir alle wenigstens noch Hoffnung. Hundertmal am Tag trösteten wir uns damit, daß der Hitler-Wahnsinn nicht mehr lange so weitergehen könne. Wenn wir das Geräusch eines

Flugzeugs hörten, dachten wir, die Invasion hätte begonnen. Wir waren alle jung damals, und das ganze Leben lag noch vor uns. Ganz selten kam es vor, daß jemand Selbstmord beging. Hier in Miami sitzen Hunderte von Leuten herum und warten auf nichts als den Tod. Keine Woche geht vorbei, ohne daß jemand den Geist aufgibt. Sie sind alle reich. Die Männer haben sich Vermögen aufgehäuft, ganze Welten auf den Kopf gestellt, vielleicht Gaunereien begangen, um es so weit zu bringen. Jetzt wissen sie nicht, was sie mit ihrem Geld anfangen sollen. Sind alle auf Diät gesetzt. Kein Mensch mehr da, für den sie sich mal festlich anziehen könnten. Außer dem Börsenteil der Zeitung lesen sie nichts. Sobald sie mit dem Frühstück fertig sind, fangen sie an, Karten zu spielen. Kann man ewig Karten spielen? Sie müssen's oder sie sterben an Langeweile. Wenn sie des Kartenspielens müde werden, fangen sie an, sich gegenseitig zu verleumden. Richtiggehende Fehden werden da ausgetragen. Heute wählen sie einen Präsidenten; am nächsten Tag versuchen sie, ihm Amtsmißbrauch nachzuweisen. Wenn er die Entscheidung trifft, einen Stuhl in der Halle umzustellen, bricht eine Revolution aus. Es gibt nur einen einzigen Berührungspunkt des Trostes für sie – das ist die Post. Eine Stunde bevor der Briefträger fällig ist, wimmelt die Halle von Menschen. Sie stehen da, ihre Schlüssel in der Hand, und warten wie auf den Messias. Hat sich der Briefträger verspätet, entsteht Tumult. Wenn einer seinen Briefkasten öffnet, und der ist leer, fängt er an und grapscht und wühlt drin herum, als wollte er der dünnen Luft etwas entreißen. Gegenüber dem Briefträger hegen sie ein tief eingewurzeltes Mißtrauen. Bevor sie einen Brief aufgeben, schütteln sie dreimal den Umschlag. Die Frauen murmeln Beschwörungen.

Im Buch der Ethik heißt es irgendwo, wenn der Mensch des Tages seines Todes gedächte, dann würde er nicht sündigen. Hier können Sie den Tod ebenso leicht vergessen wie das Atmen. Heute treffe ich jemanden am Swimming-pool, und wir schwatzen miteinander. Morgen höre ich, daß er schon über den Jordan ist. Im selben Moment, wo ein Mann oder eine Frau stirbt, fängt die Witwe oder der Witwer auch schon an, sich nach einem neuen Lebensgefährten umzusehen. Sie können kaum die sieben Trauertage absitzen. Oft heiraten sie aus demselben Haus. Dann vergehen grad ein oder zwei Monate, und der Bräutigam liegt im Krankenhaus. Das Herz, die Nieren, die Prostata.

Ich schäme mich nicht vor Ihnen – ich bin ganz genau so irre wie die anderen, nur bin ich nicht so albern, mich nach einer neuen Frau umzusehen. Ich kann's nicht, und ich will's auch nicht.

Unser Freund Reuben will, daß ich meine Memoiren schreibe. Ich hab' auch was zu erzählen, das ist wahr. Ich bin nicht nur durch eine Gehenna gegangen, sondern durch zehn. Dieser Mann, der hier neben Ihnen sitzt und Champagner trinkt, hat ein Dreivierteljahr hinter einer Kellerwand gehockt und auf den Tod gewartet. Ich war nicht der einzige – wir waren sechs Männer dort und eine Frau. Ich weiß, was Sie fragen wollen. Ein Mann ist auch nur ein Mann, selbst am Rande des Grabes. Sie konnte nicht mit uns allen sechsen leben, aber sie lebte mit zweien – ihrem Mann und ihrem Liebhaber – und befriedigte die andern, so gut sie konnte. Wenn es ein Aufnahmegerät dort gegeben hätte, um alles festzuhalten, was vor sich ging, alles, was gesprochen wurde, alle Träume, die wir ausspielten, ich sage Ihnen, Ihre größten Schriftsteller würden sich mit ihren Einfällen wie dumme Jungens daneben ausnehmen. Solche Umstände entblößen die Seelen bis zur letzten Nacktheit, und noch niemand hat eine nackte Seele angemessen beschreiben können. Die *ssmalkowniks*, die Spitzel, wußten über uns Bescheid und mußten dauernd bestochen werden. Wir hatten alle noch ein bißchen Geld oder ein paar Wertsachen, und solange die reichten, erkauften wir uns stückchenweise unser Leben. Es kam so weit, daß diese Spitzel uns Brot brachten, Käse, was immer grad erhältlich war – alles zum zehnfachen Preis.

Ja, ich könnte das alles in reinen Tatsachen schreiben, aber für die Atmosphäre wird man vergeßlich. Wenn Sie mich jetzt fragen würden, wie diese Männer hießen, verdammt, ich könnte's Ihnen nicht sagen. Aber die Frau hieß Hilda. Einer der Männer hieß Edek, Edek Saperstein, und der andere – Sigmunt, aber Sigmunt was? Wenn ich im Bett liege und nicht schlafen kann, kommt alles so lebendig wieder, als wäre es gestern gewesen. Aber auch nicht alles, nicht alles.

Ja, Memoiren. Aber wer braucht sie schon? Es gibt ja Hunderte von solchen Büchern, von einfachen Leuten geschrieben, gar keinen Schriftstellern. Sie schicken sie mir zu, und ich schicke ihnen einen Scheck. Aber lesen kann ich sie nicht. Jedes dieser Bücher ist Gift, und wieviel Gift kann ein Mensch schlucken? Wieso braucht denn mein Fisch so lange? Wahrscheinlich schwimmt er noch im Meer. Und Ihr

Fruchtsalat muß erst noch geerntet werden. Ich will Ihnen mal eine Lebensregel sagen – wenn Sie in ein Restaurant gehen, und es ist dunkel, dann können Sie sicher sein, daß man Sie buchstäblich hinters Licht führen will. Der Oberkellner ist eins von den polnischen Kindern Israel, führt sich aber wie ein gebürtiger Franzose auf. Er könnte sogar ebenfalls Flüchtling sein. Wenn Sie hier speisen wollen, müssen Sie sitzen und auf Ihre Mahlzeit warten, damit Ihnen später die Rechnung nicht zu übertrieben vorkommt. Ich bin weder Schriftsteller noch Philosoph, aber ich liege halbe Nächte wach, und wenn man nicht schlafen kann, rotiert das Gehirn. Dann überkommen mich die wildesten Bilder und Ideen. Ah, da ist ja der Fotograf! Schnelle Arbeit. Sehn wir's uns mal an.«

Der Fotograf händigte jedem von uns zwei Farbfotos aus, und wir saßen da und studierten sie in aller Ruhe.

»Wieso machen Sie denn ein derart ängstliches Gesicht auf dem Bild?« fragte mich Max Flederbush. »Daß Sie über Gespenster schreiben, weiß ich wohl. Aber hier sehen Sie aus, als hätten Sie ein richtiges Gespenst gesehen. Wenn das stimmt, möchte ich gern was drüber wissen.«

»Wie ich höre, gehn Sie zu spiritistischen Sitzungen«, sagte ich.

»Äh? Richtig. Oder um es genauer auszudrücken – sie kommen zu mir. Das ist alles Schwindel, aber ich will mich betrügen lassen. Die Frau macht das Licht aus und fängt an, mit der Stimme meiner Frau zu reden. Ich bin ja nicht so blöd, aber ich höre zu. Da kommen sie endlich mit unserm Essen, die *ssmalkowniks* von Miami.«

Die Tür ging auf, und der Oberkellner erschien an der Spitze von drei Mann. In der Dunkelheit konnte ich nichts weiter erkennen, als daß der eine klein und dick war, einen weißhaarigen Quadratschädel hatte, der ihm direkt auf den Schultern saß, und einen umfangreichen Bauch. Er trug ein rosa Hemd und rote Hosen. Die beiden andern waren größer und schlanker. Als der Oberkellner auf unsern Tisch zeigte, löste sich der gedrungene Mann von den andern, trat zu uns und rief mit tiefer Stimme: »Mr. Flederbush!«

Max Flederbush sprang vom Stuhl auf. »Mr. Albeginni!«

Sie begannen sich mit Lobpreisungen zu überhäufen. Albeginni sprach gebrochenes Englisch mit italienischem Akzent.

»Mr. Albeginni«, sagte Max Flederbush, »meinen guten Freund

Kazarsky hier kennen Sie. Und dieser Mann ist Schriftsteller, ein jiddischer Schriftsteller. Er schreibt alles auf Jiddisch. Ich verstehe Jiddisch!«

Albeginni unterbrach ihn. »A gezunt oyf dein käpele ... Hack nischt kein tchainik ... A gut boichik ... Meine Eltern haben in der Rivington Street gewohnt, und alle meine Freunde sprachen Jiddisch. Am Sabbat luden sie mich zu gefilte fisch ein. Für wen schreiben Sie – die Zeitungen?«

»Er schreibt Bücher.«

»Bücher, so? Gut! Wir brauchen auch Bücher. Mein Schwiegersohn hat drei Zimmer voll. Er kann Französisch und Deutsch. Er ist Arzt, Orthopäde, aber vorher mußte er Mathematik studieren, Philosophie und den ganzen Kram. Willkommen! Willkommen! Ich muß zu meinen Freunden zurück, aber später können wir ...«

Er streckte eine schwere, schweißige Hand hin. Er atmete asthmatisch und roch nach Alkohol und Haarwasser. Die Worte kamen ihm polternd und heiser aus der Kehle. Als er gegangen war, sagte Max zu mir: »Sie wissen, wer es ist? Einer von der Familie.«

»Familie?«

»Sie wissen nicht, was die Familie ist? Oh, da sind Sie aber ein Greenhorn geblieben! Die Mafia. Halb Miami gehört ihr. Lachen Sie nicht, aber die sorgt hier für Ordnung. Uncle Sam hat sich eine Million Gesetze auf den Hals geladen, die statt der Leute nur die Kriminellen schützen. Als ich noch ein Junge war und die Geschichte von Sodom studierte, konnte ich nie begreifen, wie es möglich war, daß eine ganze Stadt oder ein ganzes Land korrupt wurde. Ganz langsam erst habe ich das verstanden. Sodom hatte eine Verfassung, und unser Neffe Lot und die andern Rechtsanwälte haben sie so bearbeitet, daß Recht Unrecht wurde und Unrecht Recht. Mr. Albeginni wohnt mit in meinem Haus. Als meine Tragödie mich traf, schickte er mir ein Blumenbukett, so groß, daß es nicht durch die Tür paßte.«

»Erzählen Sie mir von dem Keller, wo Sie mit den andern Männern und der Frau gesessen haben«, sagte ich.

»Was? Sehn Sie, das habe ich mir gedacht, daß Sie das fesseln würde. Ich bin mal mit einem Schriftsteller im Gespräch gewesen wegen meiner Memoiren, und als ich dem das erzählte, da sagte er: ›Gott soll abheben! Das müssen Sie aber weglassen. Märtyrertum und Sex, das paßt nicht zusammen. Sie dürfen nur Gutes schreiben über die Leute.‹ Das ist der Grund, weshalb ich den Antrieb für die Memoiren verloren habe. Die Juden in Polen waren Menschen, keine Engel. Sie waren aus Fleisch und Blut, so wie Sie und ich. Wir haben gelitten, aber wir waren Männer mit Männerwünschen. Einer der fünf war ihr Mann. Sigmunt. Dieser Sigmunt hatte Verbindung zu den *ssmalkowniks*. Machte alle möglichen Kungelgeschäfte mit ihnen. Er hatte zwei Revolver, und wir beschlossen, wenn es einmal danach aussähe, daß wir in Mörderhand fallen würden, dann wollten wir so viele von ihnen töten wie möglich und dann unserm eigenen Leben ein Ende machen. Das war eine von unsern Illusionen. Wenn es so weit kommt, hat man die Dinge aber nicht mehr so ganz in der Hand. Sigmunt war Feldwebel in der polnischen Armee gewesen, 1920. Hatte sich dann freiwillig zur Legion von Pilsudski gemeldet. Er bekam eine Auszeichnung als Scharfschütze. Später besaß er dann eine Werkstatt und importierte Autoteile. Ein Riese, einsachtzig oder noch mehr. Einer der *ssmalkowniks* hatte früher für ihn gearbeitet. Wenn ich Ihnen erzählen sollte, wie das gekommen ist, daß wir alle zusammen in dem bewußten Keller landeten, dann säßen wir morgen früh noch hier. Seine Frau, Hilda, war eine anständige Frau. Sie schwor, sie sei während ihrer ganzen Ehe treu gewesen. Nun, ich will Ihnen sagen, wer ihr Liebhaber war. Niemand anderer als Ihr sehr Ergebener hier. Sie war 17 Jahre älter als ich und hätte meine Mutter sein können. Sie hat mich auch wie eine Mutter behandelt. Das Kind – so nannte sie mich. Das Kind hier und das Kind da. Ihr Mann war irrsinnig eifersüchtig. Er drohte uns, er würde uns beide umbringen, wenn wir was anfingen. Er wollte mich dann kastrieren. Das hätte er auch leicht fertiggebracht. Aber so nach und nach brachte sie ihn zur Ruhe. Wie das kam, das könnte man gar nicht beschreiben, selbst wenn man über das Talent eines Tolstoi oder Zeromski verfügte. Sie überredete ihn, hypnotisierte ihn wie Delila den Samson. Ich wollte nichts damit zu tun haben. Die andern vier Männer hatten eine Mordswut auf mich. Dabei hatte ich gar nichts weiter im Sinn. Ich war impotent geworden. Was es bedeutet, 24 Stunden am Tag in einem kalten feuchten Keller zu hocken, zusammen mit fünf Männern und einer Frau, das können Worte nicht beschreiben. Wir mußten alle Scham abwerfen. Nachts hatten wir kaum genug Platz, um die Beine auszustrecken. Von dem dauernden Sitzen, und immer an derselben Stelle, bekamen wir alle Verstopfung. Wir konnten schlechterdings nichts mehr ohne Zeugen tun, und das ist ein Grauen, das selbst Satan auf die Dauer nicht aushielte. Wir mußten Zyniker werden. Wir mußten dreckige Reden führen, um unsere Scham zu verbergen. Damals habe ich zum erstenmal entdeckt, daß Fluchen seinen Sinn hat. Ich muß ein bißchen was trinken. So . . . L'chaim!

Ja, es war nicht leicht zu bewerkstelligen. Zuerst einmal mußte sie seinen Widerstand brechen, dann mußte sie meine Lust wieder ins Leben rufen. Wir machten es, wenn er schlief – oder vielleicht auch nur so tat.

Zwei von der Gruppe hatten sich der Homosexualität zugewandt. Die ganze Schmach des Menschseins kam da zum Vorschein. Wenn der Mensch nach Gottes Bilde geschaffen ist, kann ich Gott nicht beneiden . . .

Wir ertrugen alle Erniedrigung, die man sich nur erdenken kann, aber wir verloren nie die Hoffnung. Als die Freiheit kam, verließen wir den Keller und gingen unserer Wege, jeder seines eigenen. Sigmunt fiel in die Hände der Mörder und wurde zu Tode gequält. Seine Frau – oder auch meine sozusagen – schlug sich nach Rußland durch, heiratete dort einen Flüchtling, starb dann in Israel an Krebs. Einer der vier andern ist jetzt ein reicher Mann in Brooklyn. Er ist ein Büßer geworden, tut Buße für alles und jedes, und er gibt sein Geld weg – dem Rabbi von Bobow oder sonst einem.

Was aus den drei andern geworden ist, weiß ich nicht. Wenn sie am Leben geblieben wären, hätte ich von ihnen gehört. Der Schriftsteller, den ich erwähnte – er ist so was wie ein Kritiker –, also der behauptet, unsere Literatur hätte sich einzig und allein auf die Frömmigkeit und das Märtyrertum zu konzentrieren. Was für ein Unsinn! Alberne Lügen!«

»Schreiben Sie die ganze Wahrheit«, sagte ich.

»Erstens weiß ich nicht, wie. Und zweitens würde man mich steinigen. Ich bin überhaupt unfähig zu schreiben. Sobald ich nach einer Feder greife, kriege ich Schmerzen im Handgelenk. Ich werde auch ganz schläfrig dann. Viel lieber würde ich lesen, was Sie schreiben. Manchmal habe ich direkt das Gefühl, Sie stehlen mir die Gedanken.

Ich sollte ja eigentlich nicht davon reden, aber ich tu's trotzdem. Miami Beach wimmelt von Witwen, und als sich herumgesprochen hatte, daß ich allein bin, läutete in einer Tour das Telefon, und die Besucherei ging los. Das hat bis heute nicht aufgehört. Ein alleinstehender Mann – und auch noch Millionär! Ich stehe derart im Mittelpunkt, daß ich mich buchstäblich vor mir selber schäme. Ich würde ganz gern ein bißchen Anschluß finden an einen Menschen. Zwischen der Beerdigung des andern und der eigenen will man immer noch ein Eckchen von dem Schweinkram erwischen, den man ›sein Vergnügen‹ nennt. Aber die Frauen sind nichts für mich. Irgend so eine *jente* kam mal zu mir und klagte: ›Ich will nicht mit einem Schuldkomplex rumlaufen wie meine Mutter. Ich will alles vom Leben haben, was ich kriegen kann – und sogar mehr noch, als ich kann.‹ Ich habe ihr geantwortet: ›Das Schlimme ist nur, man kriegt's nicht . . .‹

Bei Männern und Frauen ist das wie bei Jakob und Esau: Wenn der eine steigt, fällt der andere. Wenn die Weiber geil werden, wird der Mann zur ängstlichen Jungfer. Es ist genau so, wie der Prophet gesagt hat: ›Und sieben Weiber werden eines Mannes Last sein.‹ Was wird daraus noch alles werden? Worüber zum Beispiel werden die Schriftsteller in 500 Jahren schreiben?«

»Im wesentlichen über dieselben Dinge wie heute«, erwiderte ich.

»Schön, und worüber in 1000 Jahren? In 10 000? Es ist ein beängstigender Gedanke, daß die Menschenart so lange dauern soll. Wie wird Miami Beach dann aussehen? Was wird eine Eigentumswohnung kosten?«

»Miami Beach wird dann unter Wasser liegen«, sagte Reuben Kazarsky, »und eine Eigentumswohnung mit Schlafnische für die Fische wird fünf Trillionen Dollar kosten.«

»Und was wird in New York sein? In Paris? In Moskau? Wird es dort noch Juden geben?«

»Es wird nur noch Juden geben«, sagte Kazarsky.

»Was für Juden?«

»Verrückte Juden – so wie dich.«

Paul Theroux

Weiße Würmer

Unter den neuen Kurzgeschichten-Autoren, die der Playboy in den siebziger Jahren akquirierte, war Paul Theroux eindeutig der produktivste und unterhaltsamste. Theroux war ursprünglich Diplomat, bevor er mit dem Schreiben von Romanen, journalistischen Arbeiten und Reiseberichten begann. Er hat das Geschick, das etwas altmodische Genre der »exotischen« Abenteuererzählung absolut zeitgemäß zu machen. »Weiße Würmer« ist dafür ein hervorragendes Beispiel, eines der besten sogar.

Theroux, Jahrgang 1941, lebt vorwiegend in Cape Cod, wie auch einige andere Mitglieder seiner großen, belesenen Familie. Er lebt in London und bereist die Welt im Zug (z. B. *Abenteuer Eisenbahn*), im Boot (*Das chinesische Abenteuer*), zu Fuß und sogar im Kajak (*Die glücklichen Inseln Ozeaniens*). Sein wahrscheinlich bekanntester Roman ist *Mosquito Coast*, der später verfilmt wurde.

Paul Theroux

Weiße Würmer

In der Regel notiere ich mir die verschiedenen Entwicklungsstadien der Ektoparasiten – Schmarotzer in Körpern anderer Lebewesen – sehr genau, weil ich die Absicht habe, über die interessantesten einen Artikel zu schreiben, wenn ich Afrika wieder verlassen habe. Doch es gibt eine Ausnahme: die *Dermatobia Bendiense*.

Ich brachte es einfach nicht fertig, diese Art nach mir zu benennen. Denn schließlich wurde nicht ich ihr Opfer, sondern Jerry Benda. Allein sein Name genügt, um mir meine Entdeckung wieder ins Gedächtnis zurückzurufen, und obwohl ich durchaus die Absicht habe, meine Beobachtungen in einer entomologischen Fachzeitschrift zu veröffentlichen, ist die Erinnerung an das, was damals geschah, noch zu schrecklich, um sie nur rein wissenschaftlich zu beschreiben.

Jerry Benda und ich teilten uns ein Haus auf dem Gelände der Busch-Schule. Jeden Freitag und Samstag traf er sich mit einem jungen afrikanischen Mädchen, das Amina hieß, vor der »Regenbogen-Bar« und brachte sie mit dem Taxi zu unserem Haus. Es gab keinen Skandal, weil kein anderer Weißer etwas davon ahnte. Am Sonntagmorgen, nach dem Frühstück, bügelte Amina Jerrys Wäsche (ich mußte mich um meine selbst kümmern!), und unser einheimischer Koch chauffierte sie anschließend auf der Stange seines Fahrrades zurück zur Stadt. Ein köstlicher Anblick. Wenn ich von meiner Lieblingsbeschäftigung – dem Sammeln von Insekten – zurückkehrte, traf ich die beiden häufig auf der Straße – Dschika, der Koch, in seiner Dienstkleidung; vor ihm die langbeinige Amina, die mich entfernt an ein äußerst erlesenes Insekt erinnerte. Die beiden quiekten, wenn sie die Straße runterholperten und die tiefen Querrinnen die Fahrradklingel scheppern ließen wie einen alten Wecker. Ein Fremder hätte die beiden für ein Ehepaar gehalten, das zum Markt fährt, und die Einheimischen schauten nicht mal hin. Nur ich wußte, daß da der Koch und die Geliebte eines jungen amerikanischen Lehrers unterwegs waren. Eines Lehrers, der in der Schule als Musterbeispiel für charmantes Benehmen und ernsthaftes Arbeiten geschätzt wurde.

Dschika lachte während der Fahrt von Zeit zu Zeit nervös – er fürchtete sich vor Amina. Aber er war Jerry ergeben und viel zu unterwürfig, um irgend etwas nicht zu tun, was ihm befohlen wurde.

Jerry war ein falscher Fünfziger, aber ich hielt ihn damals noch für zu einfallslos, um Schaden anrichten zu können. Er gab gern an, und aus Prahlsucht wird bekanntlich mehr gelogen als aus Egoismus. Aber man nahm Jerry alles ab, denn er war bei seinen Aufschneidereien ziemlich vorsichtig.

Er behauptete zum Beispiel, er stamme aus Boston. »Belmont, um's genau zu sagen«, erzählte er mir, und das war die feinste Adresse, die man dort haben konnte. In seinem Paß stand jedoch nur der Name des verrufenen Ortsteils Watertown.

Er fühlte sich also bemüßigt, das zu verschleiern. Wir Amerikaner sind wahrscheinlich nicht snobistischer als die Briten, aber wenn wir schon Standesdünkel zu unserem Thema wählen, machen wir daraus ein beachtliches Spektakel: eine Art Nabelschau. Und was bei Jerry als Hirngespinst begonnen hatte, war nach sechs Monaten in dem unbedeutenden Städtchen, in dem wir lebten, zur Tatsache geworden. Jerry Benda – der Mann aus dem exklusiven Boston-Belmont.

Jerry wußte kaum etwas von Afrika. Er glaubte, Afrika sei einfach so wie seine Geliebte. Und natürlich belog er auch sie. Ich glaube, genau das war der Grund, warum er in Afrika bleiben wollte: Wenn man dort genügend Lügen über sich verbreitet hat, leben sie mit einem als Tatsachen weiter. Unmöglich, wieder dorthin zurückzukehren, wo man mit der Wahrheit konfrontiert wird! In Afrika konnte keiner Jerrys

Behauptung widerlegen, er sei ein reicher junger Mann aus der vornehmsten Stadt Amerikas, der einer bedeutenden Familie angehörte und private Entwicklungshilfe in der dritten Welt leistete, ehe er das Unternehmen seines Vaters übernahm.

Ich habe noch einmal durchgelesen, was ich eben geschrieben habe und befürchte, Jerry vielleicht doch ein wenig einseitig dargestellt zu haben. Obwohl er sich ohne Zweifel hie und da fast wie ein Betrüger aufführte, fielen seine Aufschneidereien nicht sonderlich auf. Vor allem war er nämlich ein großgewachsener Bursche von angenehmem Wesen, der sich bemühte, möglichst lässig zu sein, und natürlichen Charme besaß. Dazu war er noch ein begnadeter Schmeichler.

Als ich ihm erzählte, ich hätte mich ein paar Semester lang mit Insektenforschung beschäftigt, nannte er mich nur noch »Doktor«, woraus er später die liebevolle Abkürzung »Doc« machte. Jerry begegnete sogar den Gärtnern und Wäscherinnen unserer Schule mit betontem Respekt und gebrauchte die gewähltesten Formulierungen, wenn er sich mit ihnen unterhielt. Die Schüler adressierte er mit »Mein Herr« (»Sie, mein Herr, sind eine faule, kleine Ratte«, sagte er zum Beispiel). Das verschlug ihnen zuerst die Sprache, aber nahm sie dann für ihn ein.

Unser Koch Dschika betete Jerry geradezu an, und der Gehilfe des Kochs, ein zerlumptes, lahmendes Kerlchen von 14 Jahren, liebte Jerry so sehr, daß er die Blumen für unseren Eßtisch aus dem Nachbargarten stahl, der dem Schulleiter Inkpens gehörte.

Während ich als mickriger und kurzsichtiger Käfer-Sammler gerade noch akzeptiert wurde, machten die britischen Damen in unserer Nachbarschaft Jerry regelrecht den Hof.

Die Frau des neuen Rektors, Lady Alice (Sir Godfrey Inkpens war für seine langjährige Tätigkeit im Staatsdienst geadelt worden), pflegte, wenn ihr Mann mal gerade auswärts zu tun hatte, Jerry sogar zu Hause aufzusuchen. Der gab sich dann liebenswürdig und versuchte, auf sie den besten Eindruck zu machen. Kaum war sie aber gegangen, mokierte er sich über sie. »Aufgegangen wie ein Hefekuchen«, pflegte er zu sagen. »Warum ist das bloß so blöd eingerichtet, daß die weißen Frauen das ganze Geld und die schwarzen nur die guten Figuren mitbekommen haben?«

»Ich wußte gar nicht«, antwortete ich, »daß du dir soviel aus Geld machst.«

»Nicht aus Geld«, sagte er. »Aber aus dem, was man dafür kaufen kann.«

Es gelang mir einfach nicht, mich an Aminas Lustschreie zu gewöhnen, die nachts aus dem Nebenzimmer drangen, und auch nicht an Jerrys Ellenbogen, die beim heftigen Auf und Ab gegen die Wand donnerten. Jeden Augenblick konnten die Schmetterlingskästen, die ich dort angenagelt hatte, wegen des Temperaments der beiden herunterkrachen.

Am nächsten Morgen, beim Frühstück, war Jerry wieder die Verkörperung der weißen Zivilisation persönlich, während Amina vergnügt vor sich hinbabbelte. Er nahm die Teekanne in die Hand und fragte: »Was darf's denn sein, meine Liebe? Indischer oder chinesischer Tee, Konfitüre oder selbstgemachte Marmelade? Oder vielleicht eine Portion von unserem köstlichen Hering?«

»Wopusa!« antwortete Anima dann, was soviel heißt wie »Idiot«. Sie war schlank und trug ihr Halstuch als hübschen Turban um die Haare geschlungen.

»Wenn sie nur 50 Mille hätte!« seufzte Jerry, »dann würde ich sie auf der Stelle heiraten.«

Aminas Busen war üppig und ihre Haut samtweich. Sie sah sogar dann majestätisch aus, wenn sie bügelte. Und wenn ich ihr dabei zusah, konnte ich mich nur wundern, wie ein Mann wie Jerry es schaffte, daß Menschen so etwas für ihn tun konnten.

Möglich, daß ich deshalb etwas gegen ihn voreingenommen war, weil er, was Afrika anbetraf, keinerlei Erfahrungen besaß. Ich lebte schon zwei Jahre hier und wußte einiges. Aber Jerry überging meine größere Sachkenntnis einfach. Dabei hätte ich ihm allerhand beibringen können.

So sah ich stumm zu, wie unser Koch Dschika Jerrys Freundin auf seinem Fahrrad jedesmal in die Stadt zurückbrachte und vergrößerte statt dessen meine Insektensammlung um immer neue aufregende Exemplare.

Da tauchte auf einmal die Tochter des neuen Rektors Inkpens auf, die in Rhodesien ein Internat besuchte und jetzt hier ein paar Ferientage verleben wollte.

Wir sahen sie, als sie im Garten ihrer Eltern, gleich neben dem unseren, an den Rosen schnupperte. Sie mochte 17 Jahre alt sein, war ganz offensichtlich ständig leicht außer Atem und machte insgesamt einen etwas feuchten Eindruck. Dazu war sie so klein, daß ich sie mir automatisch als einen rosaroten Falter vorstellte, der in meinem Schmetterlingsnetz zappelte. Sie hieß Petra (wurde von ihren Eltern jedoch nur »Pet« gerufen) und roch nach Naivität und jungfräulicher Unschuld.

Jerry sagte sofort: »Die heirate ich!« Und am nächsten Tag entwikkelte er mir seinen Plan. »Ich habe es mir überlegt: Wenn ich Pet zusammen mit ihren Eltern herüberbitte, stinkt das meilenweit gegen den Wind. Weißt du was? Ich werde nur die Eltern einladen, und zwar zu einer derart unpassenden Zeit, daß sie keine andere Wahl haben, als *mich* zu fragen, ob sie ihre Tochter mitbringen dürfen. Gute Idee, was? *Sie* fragen *mich*! Ich muß den Termin auf eine Zeit nach dem Sonnenuntergang legen, so daß sie Angst haben, jemand könnte die einsame Tochter zu Hause vergewaltigen. Sonntags? Ja, am heiligen Familientag! Sonntag um acht. Zum High-tea. Auf diese Weise werden die Eltern sie selbst in mein Bett legen.«

Die Inkpens nahmen Jerrys Einladung an. Und Sir Godfrey fragte wirklich: »Ich hoffe, Sie haben nichts dagegen, wenn wir unsere Tochter mitbringen...«

Ich konnte kaum glauben, daß Jerry seine Freundin Amina auch an diesem Samstagabend aus der Bar nach Hause holte. Aber er tat es – und am Sonntagmorgen saßen wir wie sonst auch am Frühstückstisch und hörten Jerrys übliche Frage: »Und was darf's denn für dich sein, mein Liebling? Chinesischer oder indischer Tee?«

Trotzdem lief alles ganz anders als sonst. Denn draußen in der Küche war Dschika dabei, einen Napfkuchen und ein paar Weizenmehl-Kringel zu backen. Das durchdringende Aroma, so früh am Sonntagmorgen, machte Amina neugierig. Sie schnüffelte, lächelte. Dann fragte sie, was der Koch da mache.

»Kuchen«, antwortete Jerry und lächelte zurück.

Schüchtern näherte sich Dschika mit dem frischen Gebäck.

»Versuch doch mal ein Stück Kuchen«, forderte Jerry sie auf.

Amina zögerte und sagte ein wenig hinterhältig: »Wir Afrikaner essen zum Frühstück nie Kuchen.«

»Aber wir«, antwortete Jerry schuldbewußt eifrig. »Das ist Brauch in Amerika.«

Amina starrte statt dessen unverwandt Dschika an, bis der schließlich winselte. Dann stand sie auf und sagte: »Ich geh' jetzt mal Pipi machen.« Das war einer der wenigen Sätze, die sie auf Englisch konnte.

Jerry verzog den Mund. »Ich glaube, die ahnt was.«

Als ich wenig später das Haus mit meinem Schmetterlingsnetz und der Chloroformflasche verließ, gab es in der Küche lauten Streit: Jerry verbot Amina weiterzubügeln, Amina protestierte, und Dschika stöhnte laut. Schließlich wurde Jerry sehr böse, und bald darauf hörte man das Fahrrad die Straße hinunterrattern – Dschika fuhr, und Amina saß auf der Stange.

»Die wollte nichts weiter als herumschnüffeln«, sagte Jerry später. »Stell dir vor, was das Luder getan hat! Sie hat ein knochentrockenes Hemd gebügelt!«

Es war später Nachmittag, als die Inkpens ankamen, und es wurde dunkel, noch ehe der Tee serviert war. Petra saß zwischen ihren sichtlich stolzen Eltern, plapperte, was für ein »Superhaus« wir beide bewohnten und was für eine »Superschule« sie besuche. Ihre Dümmlichkeit ließ sie noch begehrenswerter werden.

Um sie ins rechte Licht zu rücken, begann Sir Godfrey, seiner Tochter Fragen zu stellen, die sich eigentlich von selbst beantworteten.

»Mutter hat mir erzählt, du hast zu stricken angefangen?«

Und: »Wie ich höre, hast du deine erste Reitstunde gehabt?«

»Genau«, antwortete Petra, »in der Nähe der Schule gibt es ein paar Reitställe.« Dabei leuchtete ihr Gesicht.

Tanzstunde, Schularbeiten, Picknicks, Partys – Petra plauderte ohne Pause über ihr Leben im Internat. Man konnte meinen, sie beschreibe ein weit entferntes Land und nicht etwa Afrika.

Jerry griff ein: »Was hälst du von unserem Städtchen hier?«

»Super, ganz ehrlich!«

»Schade, daß es draußen schon dunkel ist«, sagte Jerry, »sonst würde ich dir meine Jasminsträucher zeigen.«

»Jerrys Jasminbüsche sind stadtbekannt«, lobte Lady Alice.

Jerry war aufgestanden, zum Fenster gegangen und deutete hinaus in die Finsternis: »Sie blühen irgendwo da drüben.«

»Ach ja, dort«, sagte Petra, die ihm gefolgt war. Denn die weißen Blüten des Jasmins leuchteten plötzlich auf, weil sie das Scheinwerferlicht eines näherkommenden Autos traf.

Sir Godfrey sagte: »Ich glaube, Sie erhalten Besuch.«

Die Inkpens starrten dem Taxi entgegen. Ich beobachtete Jerry, er war blaß geworden, nahm sich aber zusammen.

»Ach ja«, rief er. »Die Schwester eines meiner Schüler kommt.«

Er trat vor die Tür, um sie abzufangen, aber zu spät – Amina huschte an ihm vorbei ins Wohnzimmer und ließ die Familie Inkpens erstarren.

Schließlich erhob sich Sir Godfrey, dem die Überraschung die Sprache verschlagen hatte, und deutete stumm auf seinen Platz.

Amina antwortete mit einem nervösen Räuspern und starrte Jerry an. Sie trug einen langen schwarzen Seidenumhang und dazu Sandalen, so wie das bei den Moslemfrauen in der Stadt Sitte ist. Ich hatte sie vorher nur in engen Kleidern gesehen, und in ihrem Umhang erinnerte mich Amina plötzlich an ein gefährliches Insekt, das mit schillernden Flügeln hereingeschwirrt war.

»Wie schön, Sie zu sehen«, sagte Jerry. Jedes seiner Worte war richtig plaziert, aber seine Stimme klang zu schrill: »Darf ich vorstellen . . .«

Amina wedelte unwillig mit den Falten ihres Umhangs und sagte: »Ich kann nicht bleiben. Verzeihen Sie bitte mein Eindringen!«

»Möchten Sie vielleicht Platz nehmen?« Sir Godfrey, der immer noch stand, konnte auf einmal wieder reden.

Jerry ahnte Böses und antwortete für sie: »Nein, sie möchte nicht.«

Jetzt erst sah ich, wie erschreckt Petra aussah. Sie musterte Amina von ihrem Turban bis hinunter zu den rissigen Füßen in den Sandalen und schnappte ängstlich nach Luft.

An der Küchentür stand Dschika und hielt sich die Ohren zu.

»Gehen wir nach draußen«, schlug Jerry in Tschinjandsch vor.

»Das ist nicht nötig«, antwortete Amina. »Ich habe dir ein Geschenk mitgebracht.«

Dschika schlüpfte in die Küche und schloß die Tür.

»Hier hast du es«, sagte Amina und holte etwas aus ihrem Umhang hervor.

Jerry entfuhr ein ängstliches »Nein« und er wandte sich ab, als wollte er dem Stich eines Dolches ausweichen.

Aber Amina zog nur ein weiches, in Geschenkpapier eingewickeltes Päckchen hervor. Sie legte es in Jerrys Hände und ging aus dem Zimmer, ohne sich noch einmal umzudrehen. Und bevor einer etwas zu sagen vermochte, rumpelte das Taxi wieder zurück in die Stadt.

Lady Alice fand ihre Fassung als erste wieder. »Merkwürdig, nicht?« meinte sie.

»Ein Höflichkeitsbesuch«, antwortete Jerry und verblüffte mich wie immer durch seine Lügen. »Ihr Bruder ist in der vierten Klasse – ein kluger Junge. Die Schwester hat sich über seine guten Noten bei der letzten Klassenarbeit gefreut und wollte mir dafür danken.«

»Ja, so etwas tun die Afrikaner«, meinte Sir Godfrey.

»Ich find's schön, wenn Leute einfach so bei einem hereinschneien«, sagte Petra. »Ist ja auch ein ziemliches Kompliment für Sie, nicht?«

Jerry antwortete mit einem müden Lächeln und ließ das Fenster nicht aus den Augen – so als ob Amina noch einmal erscheinen könnte, um ihm den Schädel zu spalten. Vielleicht dachte er aber auch an etwas ganz anderes. Nämlich wie fein er das alles hingebogen hatte.

»Nun, wollen Sie Ihr Geschenk nicht auspacken?« wollte Lady Alice wissen.

»Auspacken?« fragte Jerry und merkte erst jetzt, daß er das Päckchen immer noch in der Hand hielt.

»Ich bin neugierig, was drin sein könnte«, sagte Petra.

Gebe Gott, daß es nichts Scheußliches enthält, dachte ich. Es war schon vorgekommen, daß verstoßene Afrikanerinnen ihren ehemaligen Liebhabern abgetriebene Embryos geschickt hatten. Ich hatte eine solche Geschichte selbst mal mit angesehen.

»Ich bin ganz verrückt danach, das Päckchen auszuwickeln«, sagte Petra.

Jerry riß das Papier auf und schaute erst einmal nach, ehe er es den Inkpens zeigte. Das Geschenk schien unverdächtig.

»Ein Hemd?« fragte Lady Alice.

»Sehr hübsch«, stellte Sir Godfrey fest.

Es war rot, gelb und grün und an Kragen und Manschetten bestickt. Afrikanisches Design.

Jerry sagte: »Ich sollte es zurückgeben. Ist doch irgendwie Bestechung, oder?«

»Aber woher«, sagte Sir Godfrey, »ich bestehe darauf, daß Sie es behalten.«

»Ziehen Sie es doch mal an«, forderte Petra ihn auf.

Jerry schüttelte nur den Kopf, aber Lady Alice wollte es jetzt auch: »Streifen Sie es nur schnell mal über!«

Doch Jerry antwortete: »Ein andermal«, und legte das Hemd achtlos beiseite. Dann fing er an, eine lange, aber recht komische Geschichte über den Polterabend seiner Schwester auf der Familienyacht zu erzählen. Und ehe die Inkpens uns verließen, hatte er Sir Godfrey in spießiger Förmlichkeit darum gebeten, mit Petra einen Tagesausflug in die Teeplantagen machen zu dürfen.

»Aber selbstverständlich«, hatte Sir Godfrey erwidert. »Wenn Sie möchten, können Sie meinen Wagen haben.«

Kurz nachdem die Inkpens verschwunden waren, verlor Jerry die Beherrschung. Er warf sich auf einen Stuhl, zündete eine Zigarette an und stammelte: »Das war wohl der schlimmste Augenblick meines Lebens! Hast du sie gesehen? Mein Gott, ich dachte, das sei das Ende. Was habe ich dir gesagt? Die ahnt was.«

»Muß nicht sein«, antwortete ich.

Er tippte das Hemd mit den Zehenspitzen an. Es schien mir, als wäre es ihm unangenehm, es zu berühren. Dann fragte er: »Sag mal, was soll das Ganze eigentlich?«

»Wie du den Inkpens schon gesagt hast – ein Geschenk.«

»Das ist eine Hexe«, sagte Jerry. »Die hat doch irgendwas vor.«

»Du spinnst«, erwiderte ich. »Schlimmer noch – du bist ungerecht. Du wirfst sie aus dem Haus, und sie kommt zurück, um dich zu besänftigen, indem sie dir ein Geschenk macht. Ein neues Hemd für all die Hemden, die sie nun nicht mehr bügeln darf. Und ansonsten – sie hat unsere Nachbarn gesehen, ich glaube nicht, daß sie noch mal wiederkommt.«

»Was mich verblüfft, ist deine Klugscheißerei«, sagte Jerry. »Ich war es, der sechs Monate lang Amina gebumst hat. Du hast die ganze Zeit nur an dir selbst gespielt und willst mir jetzt erzählen, was mit ihr los ist. Nicht zu fassen!«

Jerry war von der Schwäche aller Lügner befallen: Er konnte nichts glauben, was andere ihm erzählten.

Ich fragte ihn: »Was machst du denn jetzt mit dem Hemd?«

Er wußte es nicht und antwortete mir deswegen auch nicht.

Aber in der Nacht, als ich noch an meiner Insektensammlung arbeitete, roch ich auf einmal beißenden Rauch. Ich lief zum Fenster und sah, daß der Badewasserofen brannte, der im Freien hinter dem Haus stand. Dschika kniete davor, stocherte im Feuer und hustete.

Am Samstag darauf fuhr Jerry mit Petra im Wagen ihres Vaters spazieren, einem grauen Austin. Während die beiden die Teeplantagen besichtigten, war ich den ganzen Tag mit meinem Schmetterlingsnetz unterwegs. Mich quälte der Gedanke, daß Jerry wieder einmal alles Glück dieser Welt für sich gepachtet zu haben schien. Erst Amina und jetzt Petra. Ohne mit der Wimper zu zucken, hatte er die eine für die andere fallengelassen. Seine Arroganz war grenzenlos und – was mich noch mehr ärgerte – sein Glück auch.

Aber Jerry kam alleine zurück. Ich schwor mir, ihm keine Chance zu geben, von seinen Abenteuern zu prahlen, und ging in mein Zimmer. Doch nach zehn Minuten klopfte er an meiner Tür.

»Ich hab' zu tun«, rief ich.

»Doc, es ist was passiert«, antwortete er.

Völlig außer Atem und kalkweiß trat Jerry ein. Er wirkte keineswegs wie jemand, der gerade eine Eroberung gemacht hat. Ich sah sofort, daß etwas schiefgegangen sein mußte. Trotzdem fragte ich ihn: »Na – wie bumst sie denn so?«

Er schüttelte den Kopf. »Es ging nicht.«

»Hat sie dich nicht gelassen?« fragte ich und konnte eine gewisse Befriedigung nicht unterdrücken.

»Die war ganz scharf drauf«, sagte er. »Sie ist gerade 17, Doc. Sechs Monate im Jahr wird sie in ein Mädchenpensionat gesperrt. Die hat sogar selber wie zufällig einen geradezu idealen Heuhaufen gefunden. Aber ich konnte einfach nicht, ich mußte kneifen.«

»Jetzt glaube ich auch, daß bei dir was nicht stimmt«, antwortete ich.

Er ging nicht darauf ein. »Doc«, sagte er mühsam. »Erinnerst du dich, wie Amina hier hereingeplatzt ist? Denk mal scharf nach – hat sie mich da angefaßt? Hör zu, das ist wichtig!«

Ich sagte ihm, daß ich mich nicht mehr genau daran erinnern könne.

Der Vorfall war so unerfreulich gewesen, daß ich versucht hatte, ihn aus dem Gedächtnis zu verdrängen.

»Ich ahnte, daß irgend etwas passieren würde. Aber ich komm' da nicht mit!« Jerry redete immer hastiger und knöpfte dabei sein Hemd auf. Schließlich zog er es über den Kopf und sagte: »Schau dir das mal an – hast du jemals so was gesehen?«

Zuerst dachte ich, sein Körper sei mit Striemen bedeckt. Aber es war eine Vielzahl winziger, geröteter Stellen, die Mückenstiche hätten sein können, wenn nicht einige schon zu Pickeln angeschwollen wären. Die meisten – und mit Abstand die schlimmsten – breiteten sich auf Rücken und Schultern aus. Sie sahen widerlich wie Akne aus und gaben seiner Haut einen bösartigen infektiösen Schimmer.

»Interessant«, sagte ich. Das konnte ich mir nicht verkneifen.

»Interessant?« fauchte er. »Es sieht wie Syphilis aus, und alles, was du dazu zu sagen hast, ist ›interessant‹! Ich bin dir für solche Bemerkungen in diesem Augenblick wirklich nicht besonders dankbar!«

»Tut es weh?«

»Nicht sehr«, antwortete Jerry. »Am Morgen, bevor ich mit Petra losfuhr, habe ich es zum erstenmal gemerkt. Aber ich glaube, es ist seitdem schlimmer geworden. Deshalb konnte ich sie ja nicht vernaschen! Ich hatte Schiß davor, mein Hemd auszuziehen.«

»Ich bin sicher, es hätte sie auch nicht gestört, wenn du es anbehalten hättest.«

»Das konnte ich nicht riskieren. Weiß ich denn, ob es nicht ansteckend ist?«

Jerry bestrich die entzündeten Stellen mit Zinksalbe, aber trotzdem waren sie am nächsten Tag noch schlimmer geworden. Jeder kleine Pustel war zu einem Geschwür angeschwollen, und einige sahen so aus, als wollten sie jeden Moment aufbrechen: Vor allem sein Rücken glich einer Hügellandschaft voller Beulen, die schwarz wie Warzen schimmerten.

Das war am Sonntag. Am Montag entschuldigte ich Jerry bei Sir Godfrey und seinen Schülern. Er habe sich eine Grippe geholt und könne nicht unterrichten.

Als ich am Nachmittag nach Hause kam, behauptete Jerry, derart unter Schmerzen zu leiden, daß er sich nicht einmal hinlegen könne. Er habe den ganzen Tag stocksteif auf einem Stuhl gesessen. »Das hat was mit dem Hemd zu tun«, fluchte er. »Aminas Hemd! Sie hat irgendwas damit gemacht.«

Ich sagte: »Das kann nicht sein. Dschika hat das Hemd noch in der Nacht verbrannt – erinnerst du dich nicht mehr?«

»Oder sie hat mich angefaßt«, antwortete er. »Doc, das wird doch nicht etwa irgendein böser Fluch sein, oder? Ach was, ich bin nicht abergläubisch – aber kann sie mich nicht doch mit Syphilis infiziert haben?«

»Hoffentlich!«

»Was soll das denn heißen?«

»Gegen Syphilis gibt es immerhin Mittel«, sagte ich.

»Und wenn es das nicht ist?«

Ich zuckte mit den Achseln: »Wir sind hier in Afrika, wie du weißt.«

Er erschrak, so wie ich mir das gewünscht hatte. Dann sagte er: »Schau doch mal nach, ob es so scheußlich aussieht, wie es sich anfühlt.«

Sein Rücken war grotesk entzündet. Die Geschwüre waren groß wie Brustwarzen geworden. Ich drückte auf eins, und Jerry brüllte auf. Eine wäßrige Flüssigkeit lief aus dem feinen Riß.

»Das hat aber weh getan«, stöhnte er.

»Warte mal«, sagte ich. Ich hatte in der offenen Beule einen weißen Knubbel entdeckt und forderte Jerry auf, die Zähne zusammenzubeißen: »Den hol' ich jetzt mal raus!«

Ich nahm die Beule zwischen meine beiden Daumennägel, drückte sie zusammen, und sofort erschien ein kleiner weißer Knoten. Ich drückte weiter, bis Jerry wieder wie wild zu schreien begann. Dann zeigte ich ihm, was ich aus seinem Rücken gepreßt hatte: Zwischen den Spitzen meiner Pinzette krümmte sich eine lebende Made.

»Ein Wurm!« schrie er auf.

»Nein, eine Insektenlarve«, verbesserte ich ihn.

»Du weißt doch alles über diese Dinger«, stöhnte er. »Du hast doch auch die sicher schon mal gesehen, oder?«

Ich sagte ihm die Wahrheit: Solche Maden hatte ich noch nie vorher zu Gesicht bekommen. Sie waren in keinem Insektenbuch abgebildet, zumindest in keinem, das ich kannte. Und ich sagte ihm noch mehr: Daß die Beulen auf seinem Körper mindestens 200 von diesen Maden enthielten. Solche wie die, die sich in meiner Pinzette krümmte.

Jerry begann zu weinen.

In dieser Nacht hörte ich, wie er sich stöhnend in seinem Bett hin und her warf, und hätte ich nicht den Grund dafür gewußt, wäre ich der Meinung gewesen, Amina liege wieder bei ihm. Er drehte sich in einem fort von einer Seite zur anderen, sprang auf und streckte seinen gepeinigten Körper wie ein Liebhaber, den die Lust ganz kribbelig gemacht hat.

Am nächsten Morgen war Jerry grau vor Übermüdung und sagte, er fühle sich wie ein lebender Leichnam. Er sah tatsächlich aus wie jemand, der bei vollem Bewußtsein aufgefressen wird.

Eine Krankheit, über die man liest, ist nie so schwer wie eine, die man erlebt. Pfadfindern erzählt man, sie müßten Opfern von Schlangenbissen die Wunden aussaugen, um sie zu retten. Aber ein Schlangenbiß schwillt grauslich an, wird schwarz und sondert Zeugs ab wie die offenen Stellen eines Leprakranken. Ich kann mir kaum vorstellen, daß jemand diese schreckliche Bißwunde gelassen betrachten kann, geschweige denn, sie mit dem Mund berührt.

So verhielt es sich auch mit Jerrys Beulen. Kein Horrorfilm hatte mich je auf die Scheußlichkeit dieser Madenlöcher vorbereitet. Merkwürdig war, daß seine Hände und das Gesicht nicht befallen waren. Die Entzündung reichte nur vom Nacken bis zur Hüfte und die Arme hinunter.

Ich sagte: »Ich glaube, wir müssen einen Arzt informieren . . .«

»Einen Medizinmann, meinst du wohl«, antwortete Jerry.

»Das ist ja nicht dein Ernst!«

Er schluckte und sagte: »Doc, mit mir geht's zu Ende, du mußt mir helfen!«

»Wir könnten uns Sir Godfreys Auto ausleihen und um Mitternacht in der Hauptstadt sein, wo es ein vernünftiges Krankenhaus gibt.«

Jerry antwortete: »So lange halte ich es nicht aus.«

»Du mußt«, sagte ich. »Ich geh' rüber in die Schule und entschuldige dich auch für morgen. Ich werde Sir Godfrey sagen, deine Grippe sei noch nicht abgeklungen. Wenn ich zurück bin, werde ich mal sehen, was ich für dich tun kann.«

»Es gibt doch genügend Medizinmänner in dieser Gegend«, sagte er. »Kannst du nicht einen holen? Die wissen bestimmt, was in solchen Fällen zu tun ist! Das Ganze ist doch ein böser Fluch.«

Ich beobachtete ihn scharf, als ich antwortete, daß es sich hier um den »Fluch des Weißen Wurms« handeln könne. Für das, was er Amina angetan hatte, schien mir die Strafe angemessen. Aber sein Gesicht war von Angst so verzerrt, daß ich ihn doch trösten mußte.

»Meiner Meinung nach hilft jetzt nur ein Mittel: alle Maden heraus-holen. Das könnte klappen«, sagte ich.

»Doc«, antwortete er, »warum bin ich nur in diese gottverdammte Gegend gekommen?« Er schloß die Augen und versank in Schweigen. *Er* wußte, warum er nach Afrika gereist war. Von wegen dem feinen Boston und dem noch feineren Viertel Belmont und der Familienyacht und so...

Als ich zurückkam (Sir Godfrey hatte im Lehrerzimmer gefragt: »Nun, wie geht's denn unserem maladen Freund?«), schien das Haus leer zu sein. Einen Moment lang erfaßte mich Panik – hatte Jerry, weil er die Schmerzen nicht mehr ertragen konnte, eine Überdosis ge-schluckt? Ich rannte in sein Schlafzimmer. Da lag er auf der Seite und starrte mich dumpf an.

»Wo ist Dschika?« fragte ich ihn.

»Ich habe ihm eine Woche freigegeben«, antwortete er. »Ich will nicht, daß er mich so sieht. Was hast du jetzt vor?«

Ich baute einen Spirituskocher auf seinem Nachttisch auf und breite-te meine Instrumente vor ihm aus: Pinzette, ein Skalpell, Mull, etwas Alkohol und Heftpflaster. Angst kroch in seine Augen, als ich die Tür zumachte und die Flamme des Brenners hochschraubte.

»Ich will nicht, daß du das tust«, sagte er. »Du hast doch keine Ahnung. Du hast doch selbst gesagt, du hast diese Maden noch nie gesehen!«

»Willst du lieber draufgehen?«

Jerry schluchzte auf und legte sich flach mit dem Gesicht nach unten aufs Bett. Ich beugte mich über ihn und begann.

Die Maden waren in der Zwischenzeit gewachsen. Einige hatten sich durch die Haut gearbeitet, und ihre häßlichen Köpfchen sahen aus wie bunte Glasperlen. Ich öffnete die schlimmste Beule, die zwischen den Schulterblättern lag. Jerry schrie auf und krümmte sich. Aber ich gab nicht auf und entdeckte, daß Hitze meine Arbeit erleichterte.

Wenn ich nämlich eine brennende Zigarette an die Wunde hielt, wand sich die Made, und ich konnte sie vorsichtig Millimeter um Millimeter herausziehen. Ich mußte nur vermeiden, daß sie abriß: Bliebe ein Rest von ihr in der Wunde, würde er dort verwesen. Das könnte für Jerry den Tod bedeuten.

Am späten Nachmittag hatte ich erst 20 Maden entfernt, und Jerry war vor Schmerz ohnmächtig geworden. Bei Sonnenuntergang wachte er wieder auf und blickte voller Entsetzen auf die Untertasse auf dem Nachttisch und das lebende Knäuel der Maden darin. Er schrie, und ich mußte ihn festhalten, bis er sich beruhigt hatte. Dann machte ich weiter.

Es dauerte bis in den Morgen, und ich muß ehrlich gestehen, daß ich sogar ein gewisses Interesse bei meiner widerlichen Tätigkeit empfand. – Nicht nur, weil Jerry verdient hatte, was ihm da zugestoßen war. Aber ich hatte diese Art von Larven in der Tat noch nie gesehen. Sie stellten eine aufregende Entdeckung dar, einen Glücksfall im Leben eines Insektenforschers wie mir.

Als meine Arbeit beendet war, schmerzten mir die Hände und brannten meine Augen. Jerry war eingeschlafen. Ich löschte das Licht und ließ ihn mit seinen Alpträumen allein.

Am nächsten Morgen ging es ihm dann etwas besser. Er sah zwar noch blaß aus, und seine Beulen waren mit Blut verkrustet, aber es steckte mehr Leben in ihm als in den Tagen zuvor. Dennoch war er schwer gezeichnet. Ich glaube, er wußte das: Er sah so aus, als sei die Prügelstrafe an ihm vollzogen worden.

»Wart ein paar Tage ab«, sagte ich, um ihn zu trösten.

Er lächelte, und ich begriff, woran er dachte: Wie alle Lügner – Artisten in der Steilwand ihrer gefährdeten Glaubwürdigkeit – reimte er sich schon irgend etwas zurecht, was er – wer weiß wo – über seine letzten Tage bei uns verbreiten könnte. Denn Jerry plante seinen afrikanischen Abgang.

»Ich hau' ab«, sagte er. »Ich besitze noch ein bißchen Geld, und mit dem Nachtbus . . .« – er brach mitten im Satz ab und starrte auf meinen Schreibtisch. »Was, was soll denn das?«

Da stand der Teller, randvoll mit Maden. Sie sahen aus wie ein erstklassiger Reispudding.

»Schmeiß das weg!« schrie Jerry.

»Ich möchte sehen, was daraus wird«, antwortete ich. »Ich habe schwer genug dafür gearbeitet. Übrigens – ich geh' mal schnell rüber in die Schule. Was soll ich Inkpens sagen?«

»Teile ihnen mit, daß ich diese Grippe noch sehr, sehr lange haben werde.«

Als ich zurückkam, war er verschwunden. Er hatte sein Zimmer geräumt und mir ein paar Bücher sowie seinen Tennisschläger hinterlassen. An ihm baumelte ein kurzer Abschiedsbrief.

Für die anderen ließ ich mir eine Entschuldigung einfallen und mußte dabei nicht einmal lügen: Daß ich leider auch nicht wisse, wohin er gereist sei. Eine Woche später kehrte Petra in ihr Internat zurück, versprach aber, bald wiederzukommen.

Als wir uns über den Gartenzaun hinweg unterhielten, erinnerte ich mich plötzlich an Jerrys Satz: »Die tut nichts lieber als das!«

»Wenn Sie zurück sind«, sagte ich, »gehen wir mal zusammen reiten, ja?«

»Super«, jauchzte sie.

Der »Fluch des weißen Wurms«: Jerry muß an ihn geglaubt haben. Dabei war es nur der Fluch seiner mangelnden Geduld gewesen. Er hatte es nicht erwarten können, Amina loszuwerden, um Petra zu vögeln. Und deswegen ein Hemd angezogen, das fertig zu bügeln er Amina nicht mehr gestattet hatte.

Ein Jammer, daß er nicht sehen konnte, wie die Maden schlüpften und zu Fliegen wurden, die ich ähnlich noch nie gesehen hatte!

Vielleicht hätte er mich sogar bewundert dafür, wie ich einige in Spiritus konservierte, andere in Plastik eingoß und 20 auf Nadeln spießte und in einen Schaukasten montierte.

Und was für Fliegen das waren! Diese Spezies war in keinem Buch verzeichnet, und erstaunlicherweise verlief ihr kurzes Leben genau so wie das anderer Arten – trotz der sehr seltsam geformten Flügel (die mich an den schwarzen Seidenumhang der Mohammedanerinnen in unserem Städtchen erinnerten) und des auffallenden Körperbaus (eine leichte Abschnürung oberhalb des Beckens, was den Insekten zu einer fast attraktiv zu nennenden Taille verhalf).

Auch diese Fliegen legen ihre Eier auf frische Wäsche, und die Larven schlüpfen bei Körpertemperatur. Sie dringen wie auch die anderen Arten in die Haut ein und kapseln sich im Fleisch ein, bis sie reif werden. Deshalb wird in Afrika Wäsche prinzipiell auch dann gebügelt, wenn sie knochentrocken ist. Nur so werden die Larven abgetötet.

Jeder, der hier lange gelebt hat, weiß das. Natürlich auch Amina. Nur Jerry hatte keine Ahnung gehabt.

Sean O'Faolain

Gib mir mal die Marmelade

Der Romancier, Chronist und Kurzgeschichten-Autor Sean O'Faolain (1900–1991) war in seiner Jugend ein streitbarer irischer Nationalist. 1971 erschien seine erste Kurzgeschichte im Playboy.

Er lebte mit seiner Frau in Kilkenny, einem Vorort von Dublin, und reiste regelmäßig in die USA und nach Italien. Irland, so sagte er einmal, »treibt einen, schreiend vor Langeweile, von Zeit zu Zeit aus dem Land, aber nur, um einen dann wieder sanft und beharrlich zurückzulocken, bis es dich wieder zum Wahnsinn treibt«. O'Faolain wurde in den siebziger Jahren ein regelmäßiger Beiträger des Playboy, in dem er eine Geschichte nach der anderen mit viel Charme und Weitsicht schrieb. Die folgende Geschichte war die letzte, die erschien. Sie zeigt auf grandiose Weise den komplexen, leidenschaftlichen und doch ironischen Aspekt von Beziehungen, die O'Faolain im modernen Irland fand.

Sean O'Faolain

Gib mir mal die Marmelade

Als die Wohnungstür hinter Ellie zufiel, sah er auf die Kaminuhr. 16 Uhr 45. Natürlich, es war ja Montag: ihr Bridgeabend, sein Zeichenkursabend. Er ließ sich tiefer in seinen Sessel hineingleiten und starrte eine Weile blicklos in die Abendzeitung. Wenn, ja wenn sie doch ein Kind miteinander gehabt hätten. Heute morgen hatte sie zu ihm gesagt: »Gib mir mal die Marmelade!« – seitdem kein Wort mehr. Und jetzt war sie den ganzen Abend weg.

Wer von ihnen hatte eigentlich als erster den verrückten Einfall gehabt, einen Abend in der Woche getrennt zu verbringen? Wahrscheinlich hat keiner von uns damit angefangen, dachte er. Wieder mal nur ein Schachzug, eine versteckte Mahnung. Ob wohl bei allen schieflaufenden Ehen die Vorzeichen gleich sind? Er warf die Zeitung auf den Teppich und ging ins Schlafzimmer. Dort zog er sich einen alten, schwarzen Rollkragenpullover über den Kopf, kramte den alten schwarzen Homburg heraus und bürstete ihn energisch mit dem Ärmel. Dann tastete er in der Tasche nach den Autoschlüsseln, knipste das künstliche Kaminfeuer aus und zog die Wohnungstür hinter sich zu.

Eine Februarnacht. Jede Straßenlaterne hatte ihren Heiligenschein. Er fuhr vorsichtig durch Dublins dunkle Vorstädte. Bungalows, Bungalows, nichts als Bungalows. Einige waren erleuchtet, aber die meisten blieben nur von bläulichem Fernsehlicht durchflackerte Höhlen.

In einer solchen Nacht hatte er Pater Billy Casey zum erstenmal überreden können, ihre Priesterkragen, die schwarzen Jacken, schwarzen Mäntel und die schwarzen Hüte mit Sportjacketts, karierten Mützen und knalligen Schlipsen zu vertauschen und in eine Bar zu pilgern, um – wie Pater Billy begeistert johlte – das zu entdecken, was Nichtkleriker »das Leben« nannten.

Die Bar lag mitten auf der O'Connell Street und für verkleidete Priester, die sich einen lustigen Abend machen wollten, in der schlimmen Gefahrenzone. Noch heute mußte er über Caseys Antwort lachen.

Es wurde grün. Er fuhr weiter.

»Die lange Bar? Das kurze Leben. Vorwärts zu Suff, Tod und Ruhm!« hatte der arme Billy geantwortet. War in jeder Hinsicht arm dran. »Suff« bedeutete bei ihm einen großen Whisky oder zwei Glas Bier. Sie hatten gejubelt wie die Kinder, als sie damls gleich gegenüber der Bar des »Metropol« eine Parklücke fanden.

Und siehe da – auch diesmal schien ein freier Platz nur auf ihn gewartet zu haben. Er rollte mit seinem Wagen in die Lücke und seufzte: »Genau das sollte ich jeden Abend tun. Ausgehen, statt in den verdammten Fernseher oder den elektrischen Kamin zu glotzen.«

Er stieß die Glastür auf und entdeckte einen freien Tisch. Gleichzeitig bemerkte er aber auch, daß er hier fehl am Platz war. Lauter Teenager. Das süße Leben? Ausgelassenheit? Boheme? Es war eine ganz gewöhnliche Bar. Hatte sich in der Zwischenzeit verändert? Oder hatte an jenem Abend *sie* alles verwandelt? Er drängte sich zu dem freien Tisch durch und bestellte etwas zu trinken. Nach zwei trockenen Martinis hatte er keine Lust mehr. Er nahm seinen Homburg – kein anderer Mensch im Lokal, ob Mann oder Frau, trug einen Hut –, tastete nach den Wagenschlüsseln, dachte an den Nebel, die Fahrerei und den leeren Bungalow daheim.

Mit welcher Begeisterung hatte damals Pater Billy all diese Pärchen und Vierergruppen betrachtet: »Ja, Foley, das ist es nun, das Leben. Ich kann Ihnen gar nicht sagen, wie ich mich freue, es zu sehen. Jeder von denen da hat sein Erster-Klasse-Billett direkt ins Doppelbett. Alles ausgebucht.«

»Nicht jeder. Dort hinten in der Ecke sehe ich zwei junge Frauen ohne Begleitung. Die Dunkle sieht nicht übel aus. Vielleicht sind diese beiden jungen Damen auch auf der Suche nach dem Leben. Los, Billy Casey, bitten wir sie auf einen Drink an unseren Tisch«, entgegnete er.

Selbstverständlich meinte er kein Wort ernst. Was sie seit einem halben Dutzend Abenden angestellt hatten, war ohnehin jedesmal ein schwerer Verstoß gegen die Disziplin. Bei Caseys entsetzter Miene hatte er so herzlich gelacht, daß die Dunkelhaarige herübergeschaut und über die Fröhlichkeit der beiden verkleideten Priester nachsichtig gelächelt hatte. Wenn er auch nur eine Sekunde besonnen gewesen wäre, hätte er nur zurückgelächelt und dann mit Casey weitergequatscht. Doch er hob spontan sein Glas und trank ihr zu. Ihr Lächeln verbreiterte sich. Er zog fragend die Augenbrauen hoch und wies mit dem Daumen einladend auf seinen Tisch . . .

Sie tat das gleiche, und da sagte er: »Kommen Sie, Billy, wer A sagt, muß auch B sagen.« Und was noch vor fünf Minuten undenkbar gewesen wäre, wurde Wirklichkeit.

»Die Ellie ist reichlich keß«, glaubte ihre Freundin, eine aufsehenerregende Rothaarige, entschuldigend erklären zu müssen. Aber er fand die Dunkelhaarige viel schöner. Außerdem hatte sie durch ihr Lachen und ihre einladende Handbewegung Mut und Unvoreingenommenheit bewiesen. Was ihr Aussehen betraf, so gab's da einen kleinen Fehler: Ihr Mund war ein bißchen schief. Aber eben das machte sie anziehend; es war die zarte, kleine Unvollkommenheit, die eine Frau unvergeßlich macht. Ihre Augen waren so klar, wie ihre Art zu sprechen. Ihre große, braune Iris glänzte wie eine frischgeschälte Kastanie und paßte gut zu ihrer matten Haut.

Er stellte sich als Frederick Cecil Swinburne vor und seinen Begleiter – zu Caseys beifälligem Grinsen – als Arthur Gordon Woodruffe, beide Mediziner im letzten Semester am Trinity College.

Sie sagte: »Ich bin Ellie Wheeler Wilcox, und meine Freundin hier heißt Molly Malone.« Beide seien sie Direktionssekretärinnen.

Für einen unbefangenen Zuschauer verbrachten sie ein fröhliches Stündchen miteinander, heiter und ausgelassen. Beim Abschied hatten alle vier gleichzeitig vorgeschlagen, sich vielleicht nächsten Montag abend wieder zu treffen.

Einige Stunden später hatte Pater Billy im Pfarrhaus zu ihm gesagt: »Ich fürchte, Pater Foley, heute abend sind wir etwas zu weit gegangen.

Wir haben die beiden jungen Damen irregeführt. Schlechten Glaubens gehandelt.«

Ungehalten hatte er nur geflüstert: »Ach, hol mich der Teufel.«

Vermutlich standen ihnen beiden sowieso ein paar tausend Jahre Fegefeuer bevor.

Am nächsten Montag schlich er sich alleine fort. Der Ecktisch war leer. Keine Miß Wilcox. Keine Miß Malone. Er setzte sich an den Tisch, an dem er vor einer Woche mit Pater Casey Platz genommen hatte und vertrieb sich über eine Stunde lang die Zeit mit drei faden Martinis.

Und dann stand sie auf der obersten der drei Eingangsstufen, groß, schlank und ganz in Schwarz. Ihr Haar lag an wie eine enge Kappe. Sie reckte den Hals, um sich besser umschauen zu können, und er hob die Hand. Sie lächelte und kam langsam zwischen den Tischen hindurch auf ihn zu.

Er achtete weniger auf ihr Plaudern als auf den raschen Wechsel ihres Mienenspiels und ihre temperamentvollen Gesten. Doch er paßte ganz genau auf, als sie ihre Tante Nan schilderte, bei der sie in einem Häuschen in Ranelagh wohnte, und über ihre Freundinnen berichtete, von denen die meisten auch im selben Büro angestellt waren.

Damit kam sie dann zu der Frage, wie es denn so sei im letzten Semester am Trinity und was für Pläne er nach dem Doktorexamen habe.

Eine Frage, die ihn schlagartig an Pater Billys Bemerkung erinnerte, sie hätten die Mädchen irregeführt. Ellie lauschte seinen Lügengeschichten mit so aufrichtig-gläubigem Ausdruck, daß er sich sehr schämte. Das nagte den Rest des Abends an ihm, bis zu dem Augenblick, in dem sie vor dem roten Ziegelhäuschen der Tante in Ranelagh haltmachten. Da ergriff er fest ihre Hand, nicht, um ihr dankbar eine gute Nacht zu wünschen, sondern um ihr Vertrauen zu erbitten.

»Miß Wilcox, ich habe Sie betrogen.«

»Mich betrogen?« Sie starrte ihn an, etwas erschreckt, weil er das so eindringlich gesagt hatte.

»Ich bin gar kein Mediziner. Das habe ich mir ausgedacht. Ich bin Theologiestudent und zum Priester bestimmt. Aber Sie sind für mich eine Offenbarung des Himmels. Und jetzt will ich nicht mehr Priester werden!«

Sie riß die Augen weit auf. Und als er weiterredete, wurden sie groß und größer, als öffneten sich die Tore ihrer Seele. Dann starrten sie einander schweigend an.

Er, unerfahren wie er durch das Zölibat nun einmal war, spürte zum erstenmal die Macht des Weiblichen. Und sie, in ihrer jungfräulichen Unschuld, spürte zum erstenmal die Macht des Männlichen.

An das, was sie sagte, als sie aus dem Wagen sprang und zur Tür lief, konnte er sich später nicht mehr recht erinnern, nur daß der Klang ihrer Stimme ihm unmißverständlich deutlich machte, daß sie einander nie wiedersehen durften. Und als er verzweifelt bat, daß sie sich noch ein letztes Mal treffen müßten, damit keiner im Bösen an den anderen dächte, hatte sie erwidert: »Also gut.«

Sie trafen sich wirklich noch einmal. Und von da an das ganze nächste Jahr hindurch immer wieder ein allerletztes Mal. Bis sie beide zu seinem Erstaunen eines Maiabends in dem engen Schlafzimmer des düsteren Häuschens ihrer Tante von einem Wirbelsturm der Leidenschaft verschlungen wurden. Nach einem weiteren Jahr, das sich durch ein Mehr an Sehnsucht und ein Weniger an Leidenschaft auszeichnete, machte er sich frei von den Priestergelübden.

Sie heirateten.

Das lag nun fünf Jahre zurück, und er hatte seit langem begriffen, daß er nie verstehen würde, was sie einander entfremdet hatte.

Wirklich gestritten hatten die beiden nie, aber natürlich hin und wieder »Meinungsverschiedenheiten« gehabt. Die schlimmste in jener Nacht, dem Abend des Karfreitags, als er sich ihren hitzigen Wünschen verweigert hatte, weil es ein Jahrestag der Hinrichtung eines bedeutenden Menschen war, an dessen angebliche Gottesgleichheit er nicht mehr glaubte.

Da hatte sie ihn angefaucht: »Schwarz bist du, schwarz bis unter die Haut. Du wirst deine dir kostbaren Stigmata nie ablegen.« Und er hatte erwidert: »Ausgerechnet du wagst das einem Mann zu sagen, der auch noch die letzten Reste von dem abgeworfen hat, was du ›schwarz‹ nennst.«

Aber sie tat das alles mit der hitzigen Bemerkung ab, in Gottes Reich gebe es Freude, aber auch Schmerz, Liebe und Lust, Begierde und Askese, Leidenschaft und Gebet. »Leugne es, wenn du kannst«, rief sie.

Er konnte es nicht, ihm fehlten die Waffen. Und von da an kam zu seinem Wunsch nach einem Kind noch der nach einem wütenden, befreienden Ehekrach.

Er klimperte mit den Wagenschlüsseln und erhob sich von seinem Tisch, um in den Bungalow und zu seiner Abendzeitung zurückzukehren, doch als er seinen verrückten Hut aufsetzen wollte, glaubte er, eine Vision zu haben. Am Fuß der Treppe stand eine Frau ganz in Schwarz. Ihr Haar war dunkel wie Gewitterwolken, und mitternachtsdunkle Wimpern vergrößerten ihre Augen, die das Lokal absuchten – nach wem? Er riß den Arm in die Höhe wie ein Ertrinkender. Sekundenlang starrte sie ihn durch das Lokal an, dann sanken ihre Lider, ihre Brauen hoben sich, schließlich faßte sie einen Entschluß: Sie lächelte ihm mit ihrem kleinen, etwas schiefen Lächeln zu und bahnte sich einen Weg zwischen den Tischen hindurch.

Ellie gab ihm die Hand und sagte: »Was für eine Überraschung. Nach all den Jahren, Mr. Swinburne! Was haben Sie denn inzwischen so getrieben? Immer noch Mediziner?«

»Miß Wilcox«, sagte er und schüttelte ihr die Hand. »Ich darf Sie doch zu einem Drink einladen?«

Sie nahm Platz und zog sich langsam, eine Fingerspitze nach der anderen, die Handschuhe aus. Ebenso langsam zog er eine Zigarette heraus und zündete sie an. Schweigen machte sich zwischen ihnen breit. Bei ihrer längst vergangenen ersten Begegnung hatte er sie für eine unbefangene Zwanzigjährige gehalten und war von ihrer Sicherheit beeindruckt gewesen. Sie fragten beide gleichzeitig: »Kommen Sie öfter hierher?«

Und nachdem sie darüber gelacht hatten, wollte es wieder still zwischen ihnen werden, aber sie sagte rasch: »Ich habe gehört, daß manche Herren Stammkneipen haben. Ist das hier eine von Ihnen, Mr. Swinburne?«

Er brauchte zwei Sekunden, um sich zu überlegen, ob das vielleicht eine von *ihren* Stammkneipen wäre. »Ich habe keine besondere Kneipe. Ich bin vor Jahren öfter mal hier gewesen, um mich mit einem Mädchen zu treffen.«

»Und was ist aus ihr geworden?«

»Sie ist einfach verschwunden«, antwortete er und fragte sie dann mit einem Blick auf den wartenden Kellner: »Wie immer, Miß Wilcox? Einen trockenen Martini? Dann bitte zwei – on the rocks.«

»Wie nett von Ihnen, Mr. Swinburne, daß Sie sich an mein Lieblingsgetränk erinnern.« Sie lächelte.

»Ich habe ein gutes Gedächtnis. Als Sie eben in der Tür standen, mußte ich sehr an diese Freundin aus vergangenen Zeiten denken. Sonderbar, sie mochte auch trockene Martinis. Und auch sie war groß und dunkelhaarig – eine Königin, genau wie Sie.«

Sie neigte den Kopf zur Seite, als ob sie das Kompliment zurückweisen wollte, nahm es aber dann lächelnd an.

»Merkwürdig, als ich Sie eben sah, erinnerten Sie mich an einen Mann, dem ich vor einigen Jahren begegnet bin. Ich habe ihn lange nicht mehr gesehen. Auch er ist, wie Sie sagen, einfach verschwunden.«

»Was ist aus ihm geworden?«

Drei Sekunden Pause. Dann: »Das habe ich mich auch gefragt. Meine Freundinnen und ich konnten uns nie einig werden, was eigentlich geschieht, wenn Menschen verschwinden.«

»Ihre Freundinnen?«

Vier Sekunden Pause. Sie wandte langsam den Kopf, um sich nach einem großen Tisch in einer Nische umzusehen, auf den er bis dahin nicht geachtet hatte. An ihm saßen fünf, sechs Frauen verschiedenen Alters. Alle schauten zu ihnen herüber. Sie hob ihre linke Hand ein paar Zentimeter, um hinüberzugrüßen. Dann wandte sie sich wieder ihm zu.

»Meine Freundinnen«, sagte sie, »wir haben einmal in der Woche Clubabend.«

»Und dann reden Sie über Männer und Sex und Ehe?«

»Über Sex? Nie. Über Männer? Nein. Über die Ehe? Manchmal. Unsere Männer sind alle irgendwie verschwunden. Eine hat uns die ›Unverheirateten‹ getauft.«

»Und warum verschwinden – nach Meinung Ihres Clubs – die Ehemänner auf so sonderbare Weise?«

»Warum? Das haben wir schon vor Monaten zu klären versucht, als wir in unserem Club die ›Sieben Gründe‹ aufstellten. Mindestens drei von ihnen sind entscheidend für den Untergang oder Fortbestand jeder Ehe.« Sie zählte sie alle an den Fingern auf: »Sinnlichkeit, Kameradschaft, Kontakt, Kinder, Kleingeld, Arglist und schließlich die Wurstigkeit im allgemeinen und besonderen.«

»Sie haben die Liebe ausgelassen.«

»Kit Ferriter, unsere Soziologie-Expertin, hat gesagt, die Liebe – von der Sie meinen, wir hätten sie bei den ›Sieben Gründen‹ ausgelassen – sei eine vom Volk erfundene Wahnvorstellung mit einer Lebensdauer von etwa drei Wochen.«

Sie stand auf und streckte ihm die Hand hin. »Es war nett, Sie wiederzusehen, Mr. Swinburne, ganz reizend. Aber jetzt muß ich zu meinen Freundinnen.«

Er hielt bittend ihre Hand fest. »Könnten wir uns nicht noch einmal treffen? Sagen wir – nächsten Montag abend? Nur auf einen kurzen Drink?«

Sie sah sich im Lokal um und antwortete gleichgültig: »Von mir aus.« Dann ging sie zu ihrer Gruppe, die sie begrüßte. Beim Verlassen des Lokals hörte er hinter sich wieder ihr wunderbares Lachen.

Zu Hause fegte er die Abendzeitung beiseite, schaltete das künstliche Kaminfeuer an, ließ sich in seinen Sessel fallen und versank in einen tiefen Schlaf.

Am Morgen, dem einzigen Moment, in dem in der Miniküche über dem Minitablett mit dem Minifrühstück die Eheleute sich noch etwas sagen konnten, bat sie nur kurz: »Gib mir mal die Marmelade, bitte.«

Auf dem Weg zur Arbeit – wie üblich lenkte er den Wagen – sagte er ihr, daß er nächsten Montag abend wie immer in den Zeichenkurs gehen würde, und sie erwiderte, leicht überrascht, daß sie natürlich wie immer mit ihren Freundinnen Bridge spielen würde.

Am nächsten Montag ging sie abends schon vor ihm aus dem Haus und dann zu Fuß zur Bushaltestelle. Er folgte ihr eben noch rechtzeitig, um vor ihr in der Bar zu sein. Hin und wieder warf er einen verstohlenen Blick hinüber zum Damentisch in der linken Ecke. Waren das seine Geschworenen, die über ihn richteten? Oder nur amüsierte Zeugen? Nach zwei Gläsern sprang er halb zornig, halb traurig vom Tisch auf, doch da erschien sie gerade in der Tür.

Sie blieb sekundenlang regungslos stehen und ging dann auf ihn zu. »Ah, Mr. Swinburne, so trifft man sich wieder«, sagte sie und setzte sich. Von den kostbaren zehn Minuten, die sie ihm an jenem Abend gönnte, konnte er sich später nur an einen Dialog erinnern, den er selbst begonnen hatte. »Haben die da drüben nicht gefragt, ob ich ein Verwandter bin?«

»Nein. Es wäre mir auch nicht im entferntesten eingefallen, es ihnen auf die Nase zu binden. Das eine oder andere müßten Sie ja sein.«

Darüber dachte er lange nach.

»Hätte ich nicht auch ein neuer Freund sein können?« fragte er sie schließlich.

»Hier? So plötzlich?«

»Haben die denn nichts über mich gesagt?«

»Doch. Mrs. King hat gesagt: ›Der sieht mit dem schwarzen Hut aus wie ein Geistlicher.‹ Und da habe ich ihr erzählt, Sie wären, als ich Ihnen vor sieben Jahren hier zum erstenmal begegnet bin, in allen Farben des Regenbogens gekleidet gewesen. Ich habe sie ruhig weiter rätseln lassen und gesagt: ›Vielleicht ist er in der Zwischenzeit Geistlicher geworden?‹«

Zehn Sekunden Schweigen. Sie sahen einander an. Sie schluckte den Rest von ihrem Eiswürfel, stellte das Glas schwungvoll auf den Tisch, erhob sich und fragte: »Und? Sind Sie einer geworden?«

Er fuhr zusammen, behielt ihre Hand in der seinen und bat um ein Wiedersehen am nächsten Montag. Ja, er bettelte regelrecht darum.

Auf diese Weise traf er sich weiterhin mit ihr jede Woche, bis das erste Frühlingsgrün sich an den Bäumen zeigte. Anfang Mai hatten die spontanen Zusammenkünfte den Charakter fester Verabredungen angenommen und – weil zu Hause nie darüber gesprochen wurde – etwas von der Heimlichkeit eines Doppellebens. Von Mal zu Mal freute er sich mehr auf das Wiedersehen. Er lebte, wie man zu sagen pflegt, nur noch dafür und glaubte, auch ihr gefiele es. Erfreut registrierte er, daß sie das Rendezvous gelegentlich auf 15 Minuten verlängerte, ja auf fast 20 und eines denkwürdigen Tages auf ganze 25 Minuten. Das war an dem Abend, als er sie fragte, welche der »Sieben Gründe« bei einer gut funktionierenden Ehe ihr Club für die wichtigsten hielte.

Sie antwortete, ohne sich zu besinnen: »Natürlich die ersten drei: Sinnlichkeit, Kameradschaft und Kontakt. Einige behaupten, Kameradschaft käme als erstes, aber damit meinen die doch nur verkappte Sinnlichkeit. Und sofort nach der Kameradschaft kommen die Kinder. Und unmittelbar darauf auch schon das Geld. Danach benötigt man immer öfter die Arglist. Und bei allem, was noch kommt, ist es not-

wendig, wurstig zu bleiben und so unparteiisch wie ein Scheidungs-
richter.«

Selbstverständlich fingen sie an, darüber zu diskutieren, und wären
lange nicht zu Ende gekommen, hätte sie nicht plötzlich quer durch
den Raum gespürt, daß ihre Freundinnen sie ungeduldig erwarteten.

Am nächsten Morgen hatte sie wieder gesagt: »Gib mir mal die Marmelade, bitte.« Und mit der gleichen Beiläufigkeit, mit der sie dann
Marmelade auf ihren Toast strich, fuhr sie fort: »Übrigens, habe ich
dich neulich richtig verstanden, daß deine Zeichenstunde jetzt zweimal
wöchentlich stattfindet? Mein Bridge-Club plant auch, montags und
freitags zusammenzukommen.« Daraus schloß er, daß sich ihre Beziehung grundlegend geändert hatte.

Am Freitag darauf saßen in der Frauennische nur zwei ältere Herren
und tranken ihr Bier. Seine Brust schwoll vor Stolz. Pünktlich erschien
sie, unaufgefordert schnalzte er mit den Fingern einen Ober herbei und
bestellte die Martinis. Es amüsierte ihn, wie durchsichtig doch das
weibliche Gemüt war; sie brachte das Gespräch gleich wieder auf das
Thema vom letzten Montag: Hatte die Kameradschaft den Vorrang vor
der Sinnlichkeit? – welche sie sogar recht direkt als Wollust bezeichnete.

Sie sagte: »Bei so etwas muß man sich natürlich erst mal über das
Grundprinzip einigen. Ich meine, es geht doch generell um die Frage,
woran man im Leben glaubt, an Poesie oder Prosa? Ich sehe die Welt
nun einmal als ein Ganzes, das sich aus vielerlei zusammensetzt, was
über unser Verstehen hinausgeht. Ich sehe alles als Wunder und
Geheimnis, voller Schönheit und Schrecknis; eine Frühlingsblume, ein
Baum mit frischen Blättern, ein totes Kind, ein an Krebs sterbender
Ehemann. Mrs. Haas' versoffener Mann stirbt nämlich gerade daran,
und sie hat sich wieder neu in ihn verliebt. Es ist alles ein und dasselbe
. . . Darum bin ich mit diesem Freund, den ich vor Jahren geliebt habe,
ins Bett gegangen, weil ich dachte, er sähe das Leben so wie ich, als ein
Gedicht, das jeder lesen, aber keiner deuten kann.«

Er sah sie an, mitgerissen von ihrem Gefühlsausbruch. O ja, er erinnerte sich der verrückten Gespräche während eines ganzen Jahres voller genüßlicher Qualen, ehe sie sich . . .

»Tja«, sie lächelte gekränkt, »so war das. Und als ich ihn dann heiratete, veränderte er sich sehr. Mein Freund entpuppte sich als Mensch,

der ständig Tatsachen und Vernunftgründen nachjagte, als Gesetzema-
cher, Gesetzgeber, Gesetzesdeuter, Polizist und Richter, als Prosa-
mensch, als prosaischer Priester, der sich nach seiner Kanzel sehnt.«

Schweigen, dann sagte er: »Haben Sie sich nie gefragt, Miß Wilcox,
ob Ihr Freund Sie nicht trotzdem einmal aufrichtig geliebt hat?«

Sie hakte sofort ein. »Einmal? Ja, genau einmal. Eine Nacht lang im
Haus meiner Tante in Ranelagh, als sie bei ihrer Schwester Urlaub
machte. Und ein volles Jahr nach dieser Nacht lief mein ungestümer
Liebhaber herum, immer im Kreise, und jagte in seinem Inneren nach
Tatsachen und Vernunftgründen. Mich ließ er warten – auf weitere Poe-
sie.«

Unwillkürlich legte er die Hand auf ihren Arm und rief leise:
»Ellie!«

Er merkte, daß das falsch gewesen war und zog die Hand zurück.
Schweigend sahen sie sich an. Dann blickte sie zur Decke der Bar auf,
als höre sie ein Flugzeug über Dublin, sah ihn nochmals an, schob mit
dem Zeigefinger die Manschette von der Armbanduhr zurück und
stand auf. »Sie erinnern mich an etwas, Mr. Swinburne. Ich habe meiner Tante Nan versprochen, ein Auge auf ihr Häuschen in Ranelagh zu
haben, solange sie in Derbyshire bei ihrer Nichte ist. Würde es Ihnen
etwas ausmachen, mich auf dem Heimweg dort abzusetzen?«

Draußen regnete es. Im Wagen sprachen sie kein Wort. Er hatte ihr
seinen Homburg anvertraut, und sie hielt ihn auf dem Schoß. Als sie
vor dem roten Ziegelhäuschen ankamen, bot er Miß Wilcox an, auf sie
zu warten und sie anschließend dorthin zu fahren, wo sie wohnte.
Dies sei keine Nacht, um auf den Autobus zu lauern oder ein Taxi zu
bekommen. Sie sagte, das sei sehr nett von ihm. »Aber kommen Sie
doch herein, es gießt ja wie aus Kannen.«

Sie ließ ihn in der guten Stube warten, ging von Zimmer zu Zimmer
und sah nach dem Rechten. Im Wohnzimmer erkannte er nur zwei
Dinge wieder: einen Stich, Christus mit der Samariterin am Brunnen,
in einem billigen Goldrahmen, und das alte, cordbezogene Sofa, auf
dem er zum erstenmal die Arme um sie gelegt hatte.

Er hörte im oberen Stock ihre Schritte auf dem Linoleum. Auf dem
Kaminsims stand die Fotografie eines bärtigen Herrn. Ein Verwandter?
Am längsten blieb er vor dem Bild des Reginalds Tower in Waterford
stehen. Während er es betrachtete, konnte er auch noch einen Blick auf

das Cordsofa im Wohnzimmer werfen. Damals, in jener Nacht, hatte es ebenfalls geregnet. Und es war ebenfalls im Mai gewesen. Genau wie heute waren sie während eines Regenschauers zur Haustür gelaufen.

Er hörte sie aus dem Schlafzimmer nach ihm rufen: »Mister Swinburne?«

Als er die halbgeöffnete Tür erreichte, sah er durch den senkrechten Spalt einen Gegenstand, an den er sich deutlich und nicht ohne Rührung erinnerte: den hohen Spiegel im Mahagonirahmen, der sich nach vorn und hinten kippen ließ. In diesem Spiegel hatte er sie damals in der ersten Nacht zum erstenmal ganz nackt erblickt. Jetzt war sie züchtig angezogen, in schwarzem Bikini und schwarzen Strapsen. Sie lächelte in den Spiegel. Er trat ein und merkte, daß sie bewußt die Verführerin spielte, seinen Hut schräg auf dem Kopf, eine Hand auf die Hüfte gestemmt, die andere Hand affektiert erhoben.

»Na«, fragte sie einladend lächelnd in den Spiegel hinein, »liebst du mich wirklich noch?«

Zwischen Verständnislosigkeit und Überraschung, Begierde und Widerwillen, Leidenschaft und Verzweiflung hin- und hergerissen, sah er sich im Zimmer um. Über dem Kopfende des Bettes starrte ihn der Papst unter schwarzen Augenbrauen vorwurfsvoll an. Neben dem Bett an der Wand der Weihwasserkessel, und auf dem Toilettentisch das Jesuskindlein von Prag.

»Ja«, sagte er trotzig, »ich liebe dich immer noch. Aber nicht so. Und vor allem nicht hier. Hier stinkt alles nach altjüngferlicher Frömmigkeit.«

Sie wandte sich ihm zu und reichte ihm schweigend seinen schwarzen Hut. Er war darauf gefaßt, daß sie ihm entgegenschleudern würde: »Entweder so oder gar nicht!« oder »Früher mal ist dir dieses Zimmer vorgekommen wie das Paradies.«

Hätte sie es wirklich gesagt, hätte er erwidert: »Ja, aber damals habe ich protestiert. Jetzt wäre ich einverstanden.« Vielleicht würde sie auch einer verlorenen Hoffnung nachtrauern und nichts erwidern. Sie sagte in der Tat auch nichts, sondern musterte ihn von Kopf bis Fuß, holte weit aus und schlug ihm mit der geballten Faust ins Gesicht.

Sein Kinn fing an zu bluten, und er schlug zurück. Sie rauften, stolperten, beschimpften sich mit »Luder« und »Dreckskerl« und fielen auf das Bett, wo sie ihm so lange das Gesicht zerkratzte, bis es ihm gelang, sie auf den Rücken zu zwingen. Plötzlich küßte sie seinen Mund und stöhnte: »Gib mir's! Gib mir's.«

Er wußte nicht, was ihn geweckt hatte, die Morgensonne, die ihm durchs Fenster ins Gesicht schien, das Dröhnen eines eben gestarteten Flugzeugs oder das Läuten der Kirchenglocken. Aber er setzte sich erschrocken auf und war völlig durcheinander, bis eine beruhigende Hand auf seinem nackten Rücken ihn in die Wirklichkeit zurückholte. Ihre Stimme klang sanft.: »Reg dich nicht auf, Swinny. Heute ist Sonnabend. Keiner von uns muß zur Arbeit.«

Er sank auf das Kopfkissen zurück, sie musterte ihn spöttisch. Hinter ihr, auf dem Fußboden des Zimmes, sah er seinen schwarzen Hut – flachgetrampelt.

»Ich habe solchen Hunger«, verkündete er kläglich.

»Das ist immer so, wenn man Liebe gemacht hat.«

Immer?

»Können wir nicht frühstücken?«

»Hier? Es ist nichts im Haus, weder Brot noch Milch und Butter. Nichts. Wasser und Strom sind abgestellt. Rasieren und duschen kann man auch nicht. Wo wohnst du denn, Swinny? Können wir nicht in deiner Wohnung frühstücken?«

Bei dieser albernen Frage kniff er die Lippen zusammen. Er hätte am liebsten geantwortet: »Was soll das, zum Teufel? Jetzt hab' ich den Blödsinn aber satt.« Statt dessen sagte er mißmutig: »Ich wohne in der Nähe von Ballybrack. Eine halbe Stunde von hier.«

Während sie sich hastig anzogen, stieß sie mit dem Fuß nach seinem schwarzen Hut. »Den kannst du wegwerfen.«

Er fuhr auf der sechsspurigen Bray Road. Sie murmelte: »Ich bin noch müde«, lehnte den Kopf zurück und schloß die Augen. In 20 Minuten würden sie zu Hause sein, und er fragte sich, wie sie einander dort gegenübertreten würden.

Daheim machte sie schweigend Frühstück, während er sich duschte und rasierte. Auf die offene Schramme an seiner Wange klebte er ein schmales Pflaster.

In der Küche fand er sie dann völlig verändert vor. Wie alle lang verheirateten Frauen konnte sie schweigend reden und Worte überhören, aber es entging ihr kein Gedanke des Ehemannes. Er setzte sich an den

Tisch und wartete. Mit der Hand zeigte sie höflich auf das Marmeladenglas. Eine fürchterliche Wut stieg in ihm hoch, und er stellte sich der Herausforderung: Er gab ihr die Marmelade nicht.

Sie sah ihn nachsichtig an. Da überließ er ihr das Glas und wartete ab. Langsam und lockend strich sie die Marmelade hin und her. »Komm das nächste Mal ein bißchen früher. Noch vor den Freundinnen. Meine Tante kehrt nicht vor Sonnabend zurück.« Hatte sie das eben geflüstert? Er war fast überzeugt, daß sich ihre Lippen bewegt hatten. Ein kleiner Marmeladeklecks klebte auf ihrer Wange. Dadurch sah sie sympathisch albern aus. Er rieb sich vergnügt die Hände, nahm drei Scheiben Toast, betrachtete prüfend seine Leibspeise, Speck mit Tomaten, goß sich Kaffee ein, wollte kräftig zugreifen.

Doch halt, Moment mal! Seine Hände ballten sich neben dem Frühstücksteller. Wer ist diese Frau? Meine oder die Frau eines anderen? Ist sie ein bißchen verdreht? Wer hatte doch gesagt: »Liebe ist für den Mann eine Laune, für die Frau aber Leben oder Tod?« – Es war seine Frau Ellie Wheeler Wilcox gewesen!

Ohne den Blick zu heben oder beim Kauen innezuhalten, schob sie ihm die Marmelade wieder hin. Er sah sie an und überlegte. Das Marmeladekleckschen auf ihrer Wange wippte noch immer auf und ab. Nachdenklich belegte er seinen Toast und fing an zu essen. Sie beobachtete ihn unbeteiligt.

Laurie Colwin

Meine Geliebte

Laurie Colwin (1944–1992) war in den siebziger und achtziger Jahren eine äußerst beliebte Autorin, deren ironische, sonnige und urbane Kurzgeschichten und Romane vorsichtigen Optimismus als eine – sogar für New Yorker Verhältnisse – vernünftige Lebenseinstellung erscheinen ließen. Eine Reihe von Geschichten über die verbotene Liebe von Billy und Francis ist in dem Band *Wie ein französischer Film* (1987) gesammelt. »Meine Geliebte« ist die erste Geschichte in diesem Band und war, wie Laurie Colwin oft betonte, ihr die liebste all ihrer Geschichten. Es ist die einzige Geschichte Laurie Colwins, die je im Playboy erschienen ist. Colwin starb unerwartet an einem Herzinfarkt, gerade als ihre Karriere einen neuen Höhepunkt zu erreichen schien.

Laurie Colwin

Meine Geliebte

Meine Ehefrau ist korrekt, elegant und gut angezogen, aber die Schlampigkeit meiner Geliebten kennt kaum Grenzen. Offenbar gehöre ich nicht zu dem Typ Mann, der sich eine schicke Geliebte anschafft – eine Geliebte wie in französischen Filmen, die sich mit einem in den Cafés teurer Hotels trifft und ihr Zigarettenetui aus einer Alligatorhandtasche holt oder die, in ein atemberaubendes Cape gehüllt, ihren Liebhaber auf einer Brücke erwartet. Billy empfängt mich in abgetragenen Cordhosen, die einst grün gewesen sind und nun gar keine Farbe mehr haben, einem grauen Sweater, einem alten Hemd ihres jüngeren Bruders, dessen Kragen ausgefranst ist, und in uralten, kaputten Schuhen mit Troddeln, die hinten von Isolierband zusammengehalten werden. Als ich diese Schuhe zum erstenmal sah, fand ich sie wirklich bemerkenswert.

»Was ist denn das?« fragte ich. »Wieso ziehst du so was an?«

Meine Geliebte ist ein ernsthafter, oft mürrischer Mensch und bringt ihre Sätze immer so tonlos wie möglich heraus.

»Waren mal ganz hübsche Schuhe«, sagte sie. »Hab’ sie abgetragen. Jetzt nehm ich sie als Pantoffeln. Es sind meine Hausschuhe.«

Diese Person heißt Josephine Delielle, genannt Billy. Ich bin Francis Clemens, und nur meine Geliebte nennt mich Frank. Als wir das erste Mal miteinander ins Bett gingen, richtete meine Geliebte ihren harten, ausdruckslosen Blick auf mich und sagte: »Wie nett. Ins Bett mit Frank und Billy.« Wenn ich an Billy denke, sehe ich immer, wie sie sich mit wütender Miene das Haar aus der Stirn streicht. Sie runzelt schnell die Stirn, sieht oft verwirrt aus und neigt zur Reizbarkeit. In Filmen haben Männer immer Geliebte, die sie beschwichtigen und verwöhnen, die tröstlich, leidenschaftlich und dekorativ sind. Aber ich habe eine Geliebte, die meist verdrossen ist. Alle traditionsreichen Verhaltensformen sind ihr fremd. Sie flirtet weder, noch tut sie mir schön, und edle Unterwäsche trägt sie auch nicht. Sie hat es sich angewöhnt, mich ihr »kleines Flauschtierchen« zu nennen, oder bezeichnet *mich* als *ihre* Geliebte, wie etwa in dem Satz: »Bevor du meine Geliebte wurdest, hab' ich ein makelloses Leben geführt.«

Aber ihrer Gefühle für mich bin ich sicher. Ich weiß, daß sie mich liebt – nicht, daß sie es je über sich brächte, mir das zu sagen. Sie zieht es vor, sich indirekt auszudrücken. Zum Beispiel so: »In dich verliebt zu sein, macht ein Nervenwrack aus einem.«

Eine typische Begegnung: Es ist zwischen zwei und drei Uhr nachmittags. Ich komme an und klingele. Die Delielles, die offenbar eine Menge Geld haben, bewohnen eine Maisonette-Wohnung in einem alten Stadthaus. Billy öffnet mir. Da stehe ich nun, ein älterer Mann im Tweedmantel. Meine Hände sind kalt. Ich würde sie gern unter ihren schäbigen Pullover stecken. Sie betrachtet mich von Kopf bis Fuß. Dann zeigt sie mir ihre Art von Lächeln – ein unterdrücktes Lächeln, das man auch Grinsen nennen könnte.

Manchmal holt sie ihren Mantel, und wir machen einen Gesundheitsspaziergang. Manchmal gehen wir nach oben in ihr Arbeitszimmer. Billy ist Wirtschaftshistorikerin und lehrt an der wirtschaftswissenschaftlichen Fakultät. Sie schreibt für ein paar hochgestochene Fachzeitschriften. Ihr Mann Grey gilt als das Wirtschaftsgenie vom Dienst in einer Denkfabrik. Sie sind eins dieser tollen Paare, oder zumindest hat es den Anschein. Ich bin auch keine Niete. Jahrelang war ich Anlageberater bei einer Bank, und nun übe ich meine Beratertätigkeit auf eigene Rechnung aus. Ich arbeite zu Hause und schreibe ebenfalls für ein paar intellektuelle Zeitschriften. Wir haben vieles gemeinsam, meine Geliebte und ich, oder zumindest sieht es so aus.

Billys Arbeitszimmer ist unordentlich. Sie breitet gern ihre Papiere aus. Da ihre Umgebung ihr gleichgültig ist, findet sich an ihrem Arbeitsplatz keinerlei schmückendes Beiwerk – es ist ein trostloses, trübes kleines Loch.

»Was hast du denn so den ganzen Tag gemacht?« fragt sie.

Ich erzähle es ihr. Frühstück mit meiner Frau Vera; Zeitunglesen, nachdem Vera zur Arbeit gegangen ist; rund eine Stunde am Telefon mit Klienten; ein Gang zu meiner Buchhandlung; weitere Telefonate; ein Sandwich im Stehen; sie.

»Du und ich, wir sollten mal zum Lunch ausgehen«, sagt sie. »Man sollte seine Geliebte immer zum Lunch ausführen. Wir könnten getrennte Kasse machen und so beide Geliebten gleichzeitig ausführen.«

»Ich versuche ja immer, dich zum Lunch auszuführen«, sage ich.

»Aber du hast ja gar keine Lust, dich zum Lunch ausführen zu lassen.«

»Hmm«, brummt Billy. Sie starrt in ihre Bücherregale, als suche sie dort nach einem verlegten Band, und dann wirft sie mir vielleicht einen Blick zu, den man in eine Zärtlichkeit wie diese übersetzen könnte: »Würdest du dich ausziehen, wenn ich dir ein paar Dollars gäbe?«

Statt dessen nehme ich sie in die Arme. Ihre Worte sind das Signal für mich, daß Grey verreist ist. Oft ist das nicht der Fall, und dann kann ich meine Geliebte nur küssen, was uns beide schwindelig macht. Sie zu küssen mit der Gewißheit, daß wir zum, wie Billy es ausdruckslos bezeichnet, »ekstatischen Vollzug« schreiten können, ruft mir wieder ins Gedächtnis, daß in der Erleichterung das Glück liegt.

Nachdem wir uns ein paar Minuten lang geküßt haben, macht Billy die Tür des Arbeitszimmers zu, und wir stürzen uns praktisch aufeinander. Nach Abschluß des ekstatischen Vollzugs, in dessen Verlauf ich auf eine Geliebte blicken kann, die als solche kenntlich ist, pflegt sie sich zu mir umzuwenden und mit einer Stimme, die vom Bestreben erfüllt ist, jegliches Gefühl zu unterdrücken, etwa folgende Bemerkung fallenzulassen: »Manchmal begreif' ich einfach nicht, wie ich einen ramponierten alten Typ wie dich so liebgewinnen konnte.«

Solcherart sind die Freuden, die mir die ehebrecherische Liebe zuteil werden läßt.

Billy sind viele Dinge ganz gleichgültig – Kleider, Essen, Einrichtung. Sie benutzt weder Parfum noch Eau de Toilette. Sie verwendet Pflegeartikel für Kleinkinder – Babypuder und Penatenseife. Kochen ist ihr ein Greuel, und sie wartet hinterher nie mit einem interessanten Snack auf. Ich habe schon oft gesagt, daß ihre Snackgewohnheiten denen eines magenkranken englischen Clubgentleman aus dem neunzehnten Jahrhundert ähneln. Billy steht auf, bietet mir zum Beispiel einen Becher kalten Tees an, einen Teller harter Weizenkekse oder einen Spritzer lauwarmen Sodas aus dem Siphon auf ihrem Schreibtisch. Wenn sie da so unter der Steppdecke sitzt und diese zähen Kekse knabbert, erinnert sie mich an ein Geschöpf aus einer anderen Welt – aus dem fremdartigen Sonnensystem ihres wirklichen Lebens. Dazu gehört ihre Vergangenheit, ihre Ehe sowie die Frage, warum ich in ihrem Leben bin und was sie über mich denkt.

Ich trinke mein Soda, ziehe mich an und gehe, wenn Vera nicht verreist ist, zum Abendessen nach Hause. Wenn Vera und Grey gleichzeitig verreist sind, was gelegentlich vorkommt, gehen Billy und ich zum Essen aus, wobei sie im Laufe des Abends entweder einschläft oder aussieht, als sei sie nahe daran. Dann bringe ich sie nach Hause, begebe mich in mein eigenes Haus und mache mir einen großen, stärkenden Drink.

Als ich Billy begegnete, war mir die ehebrecherische Liebe nicht völlig fremd. Das habe ich ihr erklärt. Bei allen langen Ehen, so erläuterte ich es ihr, gibt es hin und wieder gewisse Entgleisungen. Während meines Vortrags liegt auf Billys Gesicht entweder Amüsement oder Verachtung oder beides. Zum Beispiel die Dinnerparty, zu der man als einziger Mann eingeladen wird, wenn die Ehefrau verreist ist, sage ich. Dann wird man gebeten, die einzelne Frau, deren Mann ebenfalls verreist ist, im Taxi nach Hause zu begleiten. Oder die geschiedene Freundin der Familie, die einen eines Abends auf einen Drink einlädt. Und so weiter. Dieses Miteinander-ins-Bett-Fallen ist die freundlichste Sache der Welt, setze ich hinzu. Ich sehe meine Geliebte an.

»Verstehe«, sagt sie. »So wie man einen Hund streichelt.«

Aber meine Affäre mit Billy – und das weiß sie genau – ist nichts dergleichen. Jeden Morgen rufe ich sie an. Während der Woche sehe ich sie fast jeden Nachmittag. An dem Tag, an dem sie unterrichtet, ruft sie mich an. Wir sind fast so treu wie die kanadischen Wildgänse. Sie ist ein absolutes Faktum in meinem Leben. Wenn ich nicht arbeite und wenn ich nicht mit ihr zusammen bin, lassen sich meine Gedanken so mühelos auf ihr nieder, wie man vielleicht seine Hand auf den Kopf eines Kindes legt. Ich empfinde geistige Verbundenheit mit ihr, wenn wir getrennt sind. An sie zu denken ist so, als beträte ich ein geheimes Kabinett, zu dem nur mir allein der Zutritt gestattet ist.

Auch ich bin Teil eines tollen Paares. Meine Frau ist Innenarchitektin und kann sich vor Aufträgen kaum retten; sie berät praktisch jeden, der zählt. Unsere beiden Söhne sind erwachsen. Einer ist Effektenprüfer und der andere Journalist. Wie fröhlich es doch wirken muß, wenn wir alle zusammen am Tisch sitzen. Das sage ich zu meiner Geliebten. Sie wirft mir einen haßerfüllten Blick zu.

»Zu uns kommen auch jede Menge tolle Typen zum Essen«, sagt sie.

Ich weiß, daß das stimmt und daß Billy, ganz im Gegensatz zu meiner geselligen, partyveranstaltenden Frau, findet, es gebe nichts Grauenvolleres als das gesellschaftliche Leben. Sie hat sich dazu einen monotonen kleinen Singsang ausgedacht, der den Anfeuerungsrufen beim Football ähnelt:

Sie laden uns ein
Wir laden sie ein
Sie laden uns ein
Wir laden sie ein
Sie laden uns ein
Wir laden sie ein

Billy und ich begegneten uns auf einem Empfang anläßlich des fünfundzwanzigjährigen Bestehens einer der Zeitschriften, für die wir beide schreiben. Es entspann sich eine angeregte Unterhaltung, bis Billy mich fragte, ob dieser Empfang nicht das Langweiligste sei, das ich je erlebt hätte. Ich sagte nein, bei weitem nicht. Billy versetzte: »Ich kann diese Empfänge nicht ausstehen, wo man herumstehen und sich zivilisiert geben muß. Die Leute gähnen, kratzen sich oder fangen an herumzuschwafeln, wenn sie sich langweilen. Was davon tun Sie?«

Ich sagte, ich würde gähnen.

»Hm«, brummte Billy. »Sie sehen auch nicht aus wie ein Herumschwafler. Kommen Sie, lassen Sie uns von hier verschwinden.«

Genau dieser Wortwechsel wird immer wieder ausgekramt, wenn es um das Problem der Vorsätzlichkeit geht – wollte sie von Anfang an mit mir anbändeln? Machte ich den Eindruck, daß ich verfügbar sei? Und so weiter. Draußen auf der Straße offenbarten wir einander, daß wir verheiratet und unsere Ehepartner beide verreist waren. Nachdem wir dies klargestellt hatten, gingen wir essen und fachsimpelten.

Nach dem Essen fragte Billy mich, warum ich denn nicht noch auf einen Drink oder eine Tasse Tee mit zu ihr käme. Ich wußte nicht, was ich von dieser Einladung halten sollte. Dann dachte ich daran, daß die jungen Leute diese Dinge gelassener sehen und daß mit einer Tasse Tee vielleicht eine Tasse Tee gemeint war. Meine Reaktionen auf ihr Angebot werden ebenfalls kritisch beleuchtet, wenn dieses Thema zur Diskussion steht: Wollte ich, daß sie mich verführt? Wollte ich sie verführen? Wußten wir von Anfang an, was passieren würde?

Über ihr Zuhause sagte Billy: »Wir haben keinen guten oder schlechten Geschmack. Wir haben gar keinen Geschmack.« Ihr Wohnzimmer war bar jeden Stils, aber ganz gemütlich. Etwas, das wie das Porträt eines Ahnen aussah, hing über dem Kamin. Ansonsten war es kein Raum, der irgend etwas über seine Bewohner aussagte, abgesehen von einer gewissen Solidität und einem Mangel an dekorativer Phantasie. Billy bereitete jedem von uns eine Tasse Tee. Wir setzten unsere Unterhaltung fort, und als Billy anfing, müde auszusehen, ging ich.

Danach versuchten wir es auf der gesellschaftlichen Schiene. Wir luden sie zum Dinner ein, zusammen mit ein paar Finanztypen, einem Maler, unseren Söhnen und deren Freundinnen. Bei dieser Abendgesellschaft war Billy stumm, und Grey, ein sehr gewitzter Bursche, plauderte interessant daher. Billy schien sich ganz und gar nicht wohl zu fühlen, aber wir übrigen haben uns gut amüsiert. Dann luden sie uns ein, zusammen mit ein paar Finanztypen, die sie kannten, einem Musikkritiker und seiner Frau, die Bücher illustrierte. Bei diesem Dinner wirkte Billy müde. Es war offensichtlich, daß Kochen ihr auf die Nerven ging. Später erzählte sie mir, daß sie zu den Menschen gehört, die, wenn sie sich in die Gastgeberrolle haben zwingen lassen, jede Kleinigkeit selbst machen, wie zum Beispiel den Kalbsfond anzusetzen. Von dem Augenblick an, da sie die Küche betrete, denke sie immer sehnsüchtig an den Moment, wenn alle Teller wieder sauber weggestellt und die Gäste verschwunden wären.

Dann luden wir sie ein, aber Grey war stark erkältet, so daß sie absagen mußten. Danach stießen Billy und ich eines Tages zusammen, als wir gerade beide einen Artikel bei derselben Zeitschrift abgegeben hatten, und wir gingen zusammen zum Lunch. Sie sagte, sie suche nach einem Artikel von mir – von Anfang an hatten wir uns Artikel zugeschickt. Zwei Tage später fand ich ihn, nachdem ich in meinen Akten herumgesucht hatte. Da ich sowieso in ihrer Gegend zu tun hatte, brachte ich ihn vorbei. Sie schrieb mir einen kurzen Brief dann, und ich rief sie an, um mit ihr detaillierter darüber zu sprechen. Wir mußten uns also zum Mittagessen treffen. Dann sagte sie, sie würde mir ein Buch schicken, von dem ich erwähnt hatte, ich würde es gern lesen; dann schickte ich ihr ein Buch, und so ging es weiter.

Eines Abends schaute ich bei ihnen herein, so auf ein Plauderstündchen mit Grey und Billy. Gerade hatte ich Vera, die nach Kalifornien mußte, zum Flughafen gebracht. Ich beschloß, einfach einmal bei ihnen zu klingeln, aber dann stellte es sich heraus, daß Grey auch gerade verreist war. Hatte ich das heimlich gehofft? Billy hatte gerade in ihrem Arbeitszimmer gesessen, und ohne nachzudenken, geleitete sie mich die Treppe hinauf. Ich folgte ihr und küßte sie, als wir vor der Tür standen. Sie erwiderte meinen Kuß sofort und sah dann ganz zerknirscht aus.

»Es war doch bloß ein Küßchen!« sagte ich ziemlich hektisch. Meine Geliebte schwieg. »Ein Freundschaftskuß«, sagte ich.

Meine Geliebte bedachte mich mit einem Blick von der Sorte, die angeblich das Blut in den Adern erstarren läßt, und sagte dann: »Küssen Sie Ihre Freunde immer so?«

»Es soll nicht wieder vorkommen«, sagte ich. »Es war einfach ein Fehler.«

Billy sah mich so hart und trostlos an, daß ich gar keine andere Wahl hatte, als sie immer wieder zu küssen.

Nach all dieser Zeit ist es mir immer noch unmöglich herauszubekommen, was in Billys Leben vor sich ging und geht, so daß ich dort hineinkommen konnte. Einmal bemerkte sie, daß ihrer Meinung nach in der Ehe zuwenig geküßt wird, und durch diesen schwachen Nadelstich fiel ein mikroskopisch feiner Lichtstrahl auf ihre Ehe – oder doch nicht? Sie ist verschwiegen wie eine Rothaut, verplappert sich auch nie.

Ich hingegen verplappere mich, wovon mich dieser grimmige Seitenblick in Kenntnis setzt, den sie mir zuwirft. Einmal habe ich Billy erzählt, daß ich mir, bevor ich sie traf, aus Küssen nie viel machte – sie ist eine unersättliche Küsserin für so einen unsentimentalen Menschen –, und diese meine Verlautbarung wurde mit einer stark hochgezogenen Augenbraue und einem recht erschreckenden Blick der totalen Erfassung belohnt.

Ab und zu erscheint es mir weise, Billy zu erzählen, wie gut Vera und ich miteinander auskommen.

»Toll«, sagt Billy. »Wie ich mich für dich freue!«

»Es ist wirklich wahr«, sage ich.

»Glaube ich«, sagt Billy. »Ich bin sicher, daß es keinen Grund auf der Welt gibt dafür, daß du andauernd herkommst, um mich zu sehen. Wahrscheinlich eine unwillkürliche Handlung wie Niesen.«

»Aber du verstehst das nicht«, sage ich. »Vera hat ihre Freunde. Ich habe meine Freundinnen. Die wichtigste Voraussetzung für eine gute Ehe ist Freiheit.«

»Verstehe«, sagt Billy. »Mit deinen anderen Freundinnen schläfst du morgens und kommst dann nachmittags hierher. Du hast eine gute Kondition für einen älteren Typ.«

Eines Tages zeitigte diese Unterhaltung unerwartete Folgen. Ich sagte, wie gut Vera und ich miteinander auskämen, und Billy sah schlicht verletzt aus.

»Gottes Zorn über einen knauserigen Liebhaber«, sagte sie. »Warum gibst du nicht einfach zu, daß du dich in mich verliebt hast, daß es dir angst macht, und läßt es damit gut sein?«

Meine Kehle wurde eng.

»Aber natürlich bist du vielleicht gar nicht in mich verliebt«, sagte Billy so tonlos, wie sie nur konnte.

Ich sagte: »Ich bin in dich verliebt.«

»Na siehst du«, sagte Billy.

Meine Neugierde, was Grey betrifft, ist ein großer, wütiger Hund an einer sehr kurzen Leine. Grey ist drei Jahre älter als Billy, ein recht liebenswert aussehender Junge mit verwuscheltem Haar, der, wenn man mit ihm spricht, immer den Eindruck macht, als löse er gerade ein vertracktes mathematisches Problem. Er trägt eine Nickelbrille, und sein Hemd hängt ihm aus der Hose. Er hat einen Jünglingskörper, und es umgibt ihn die Aura eines Genies oder eines Menschen, der stets geistes-abwesend ist, weil er unter dem immensen Druck eines anspruchsvol-len geistigen Lebens steht. Zusammen wirken Billy und er weniger wie Mann und Frau als wie ein Paar von Verschwörern.

Wie sehen ihre Gefühle für ihn aus? Ich beginne meine vorläufige Erkundigung mit Gehüstel. »Äh«, sage ich, »ich . . . äh . . . ich habe da so gewisse Schwierigkeiten, mir dein normales Leben mit Grey vorzu-stellen. Es ist . . . äh . . . schwierig, sich deinen Alltag vorzustellen.«

»Du willst also wissen, wie oft wir miteinander schlafen und wieviel Spaß mir das macht«, sagt Billy.

Na, da hat sie mich ertappt, denn genau das ist es, was ich wissen will.

»Ich will dir mal was sagen«, sagt meine Geliebte. »Wo du nun schon so offenherzig über *deine* Ehe berichtest, werden wir alle Einzelheiten unserer häuslichen Existenz auf kleine Zettel schreiben und austau-schen. Wie findest du das?«

Na, damit hat sie mich auch erwischt. Was wir jeder im Leben des anderen tun, ist ein gut gehütetes Geheimnis.

Ich weiß genau, worin sie sich von meiner Frau unterscheidet – mei-ne Frau ist leutselig, mitteilsam, liebt Dinnerparties und interessiert sich für Kleider, Essen, Schöner Wohnen und für die Ereignisse des Tages. Sie lädt gern Leute ein, ihre vielen Freundinnen wenden sich in Krisenzeiten an sie, sie hat für jeden ein gütiges oder geistreiches Wort. Sie ist methodisch, arbeitswütig und schläft in Restaurants nie ein. Worin ich mich von Grey unterscheide, das steht auf einem anderen Blatt, einem Blatt, das ich nicht kenne. Ich bin beträchtlich älter als er und entspreche vielleicht dem Vaterbild meiner Geliebten. Billy sagt, Grey sei ein Genie – eine aufregende Eigenschaft, aber keine, die im Zusammenleben mit einem anderen Menschen wirklich relevant ist. Nach den Verlautbarungen seiner Frau wünscht er sich, Dirigent eines Sinfonieorchesters zu sein, und deshalb bekommt er Partituren, Bil-letts und Taktstöcke zum Geburtstag geschenkt. Er hat Russisch gelernt und kann russische Lieder singen. Er interessiert sich leiden-schaftlich für Naturwissenschaften und wäre auch gern Förster.

»Das klingt alles so reizend«, sage ich, »daß ich nun gar nicht begrei-fen kann, warum du jemanden wie mich kennen möchtest.« Billys Ant-wort darauf ist tiefes Schweigen.

Ich suche an Billy nach Zeichen von ihm – Schmuck, Narben, Formulierungen. Ich weiß, daß er zum Spaß Bücher über Astronomie liest, gern Langlaufski fährt und gern reist. Billy sagt, daß sie ihn liebt, aber sie sagt auch, daß sie es liebt, die Werke des Kardinal Aidan Gasquet zu lesen, dieses mönchischen Historikers.

»Wenn du ihn so liebst«, sage ich, mir einen ihrer Tricks zu eigen machend, »warum treibst du dich dann mit mir herum?«

»Herumtreiben«, wiederholt Billy mit gelangweilter, monotoner Stimme.

»Na?«

»Ich bin weit und umschließe Millionen«, zitiert sie eine Zeile von Walt Whitman.

Diese Unterhaltung fand während der Fahrt zu einem Wochenendhaus in Vermont statt, das ich für fünf Tage gemietet hatte, als Grey und Vera zufällig zur gleichen Zeit beruflich unterwegs waren.

Ich kann mich noch genau daran erinnern, mit welch freudiger Erregung ich ihr diesen Vorschlag gemacht habe.

»Rate mal, was los ist«, sagte ich.

»Du bist schwanger«, sagte Billy.

»Ich habe uns ein kleines Ferienhäuschen gemietet, in Vermont. Für eine Woche, wenn Grey und Vera ihre langen Geschäftsreisen machen. Wir können hinfahren und zusehen, wie sich das Laub verfärbt.«

»Das Laub hat sich schon verfärbt und ist abgefallen«, sagte Billy mit schwacher Stimme. Sie blickte weg und schwieg eine Zeitlang.

»Wir müssen da nicht hinfahren, Billy«, sagte ich. »Ich habe erst gestern den Scheck abgeschickt. Das kann ich wieder rückgängig machen.«

Es war, als glitzerten Tränen in den Augen meiner Geliebten.

»Nein«, sagte sie. »Tu das nicht. Ich teile die Kosten mit dir.«

»Du siehst aber gar nicht zufrieden aus«, sagte ich.

»Zufrieden auszusehen ist wohl nicht ganz die angemessene Reaktion darauf, daß man mit seinem Liebhaber in ein Liebesnest fahren soll«, sagte Billy.

»Was ist dann die angemessene Reaktion?«

»Oh«, sagte Billy, und ihre Stimme klang nun munter, »Trauer, Schuldbewußtsein, Überschwang, Entsetzen, Vorfreude.«

Na, sie kann fliehen, aber sie kann sich nicht verstecken. Von Zeit zu

Zeit verrät sich meine Geliebte durch ihre Formulierungen. Wie sehr sie sich auch bemüht, ihre Gefühle nicht sichtbar werden zu lassen, es gelingt ihr nicht jedesmal. Ihre Augen wechseln die Farbe, werden dunkel und ziemlich rauchig. Das kommt fast einer direkten Liebeserklärung nahe. Billys geistige Verfassung, ihr Mißmut, ihre Reizbarkeit, ihre Marotten sind wie atmosphärische Störungen, die ab und zu ein klares Signal hindurchlassen – so wie man öfter auf eine Strecke mit klarer Musik trifft, wenn man am Autoradio herumdreht und sich durch eine Menge chaotischen Lärms hindurcharbeitet.

In französischen Filmen einer bestimmten Epoche sieht man, wie die Liebenden das Apartment oder Haus der Frau verlassen. Sein Auto ist in einer hübschen Seitenstraße geparkt. Sie trägt eine lederne Reisetasche und hat einen Seidenschal um den Hals geschlungen. Er trägt den Weidenkorb, in dem sie das Picknick verstaut hat. Es ist der für diese Filme typische Lunch von Liebenden: ein Brathähnchen, eine Flasche Champagner und ein in Blätter gewickelter Ziegenkäse. Es erübrigt sich zu sagen, daß sich mir, als Billy und ich schließlich zu unserem Liebesnest fuhren, kein solcher Anblick bot. Zunächst einmal traf sie mich an der Ecke bei meiner Garage, nach einer ausgiebigen Zankerei darüber, wessen Auto wir nehmen sollten. Sie stand da zwischen Autoverleih und einer Tierklinik, trug einen alten Rock, ihre alte Jacke und hatte eine schäbige kleine Segeltuchtasche in der Hand. Daraus würden keine Spitzendessous zum Vorschein kommen, das war mir klar. Meine Geliebte pflegt ihre weiße Baumwollunterwäsche in Ramschläden zu kaufen. Im Bett trägt sie ein altes T-Shirt von Grey, hat sie mir erzählt.

Zum Lunch aßen wir Hamburger – kein romantisches ländliches Gasthaus oder Waldfleckchen ist uns gegönnt –, in *Hud's Burger Hut* an der Schnellstraße.

Als wir uns unserem Bestimmungsort näherten, wurde Billy zappelig, und ich erinnerte mich, daß es mit ihr manchmal nicht viel anders war, als reise man mit einem kleinen Kind.

In der Stadt, die unserem Liebesnest am nächsten lag, hielten wir an und kauften Kaffee, Milch, Zucker und Cornflakes. Weil ich ein häuslicher Typ und kein nackter Wilder bin, dachte ich daran, auch Brot, Butter, Käse, Salami, Eier und ein paar Dosen Tomatensuppe zu kaufen.

Billy ließ ihren Blick über diese Gegenstände gleiten, eine Augenbraue hochgezogen.

»Das sind so die Sachen, die man kauft, wenn man vorhat, im Haus zu bleiben und einen Sturm der Leidenschaften zu entfachen«, sagte sie.

Es war ein Jahr ohne Präsidentschaftswahlen, in dem aber gerade der Kongreß und der Senat neu gewählt wurden. Wir hatten beide vor unserer Abreise gewählt. In unserem Liebesnest befand sich ein Radio, das ich sofort anschaltete, um die vorläufigen Wahlergebnisse zu hören, während wir alles flüchtig in Augenschein nahmen und die Lebensmittel auspackten. Dann warfen wir uns auf das ungemachte Bett, für das ich in meinem sprichwörtlichen Weitblick Bettwäsche mitgenommen hatte.

Als unser Sturm der Leidenschaften abgeklungen war, sah meine Geliebte teilnahmslos zur Decke empor.

»Im Bett mit Frank und Billy«, hub sie an. »Es war ein Wahltag, und Frank und Billy waren mal wieder im Bett. Die Wahlergebnisse waren ihnen völlig egal. Die Zukunft ihrer großen Nation war irrelevant, sie hatten es so eilig, sich aufeinanderzustürzen, daß man von ihnen kaum erwarten konnte, sich eine Sekunde lang auf höhere Dinge zu konzentrieren. Themen, über die sich diese ausgebildeten Wirtschaftswissenschaftler hätten unterhalten können – wie etwa Inflationsspiralen oder Haushaltsdefizite –, waren wie fortgewischt.«

»Hör auf, Billy«, sagte ich.

Sie hörte auf. Sie streifte mein Hemd über und verschwand in der Küche. Sie kam zurück mit einem Tablett – zwei Tassen Kaffee und ein Teller mit Käsetoasts. Von ihrer Dinnerparty abgesehen, war dies die erste Mahlzeit, die ich aus ihren Händen entgegennahm.

»Ich sterbe vor Hunger«, sagte sie und schlüpfte unter die Decke. In die Kissen gestützt, verdrückten wir unseren Snack. Ich fragte Billy, ob sie vielleicht noch eine Tasse Kaffee wolle, und da sah sie mich so voller Verlangen und Reue an, daß mir ganz schwindelig wurde.

»Vielleicht wolltest du zum Essen ausgehen«, sagte sie. »Du willst ja immer ein richtiges Abendessen.« Dann brach sie in Tränen aus. »Tut mir leid«, sagte sie. Ich hatte diese Worte noch nie aus ihrem Mund gehört.

»Leid?« fragte ich. »Aber was denn?«

»Ich habe dich nicht gefragt, wozu du Lust hast«, erwiderte meine

Geliebte. »Du wärst vielleicht lieber spazierengegangen oder hättest einen Ausflug gemacht – oder wärst im Haus herumspaziert, hättest das Bett gemacht.«

Ich starrte sie an.

»Ich möchte keine Tasse Kaffee mehr«, sagte Billy. »Du?«

Ich begriff ihren Hinweis und stieg nicht aus dem Bett. Die Direktheit ihres Verlangens nach mir ließ mein Herz schmelzen.

Während dieses Ausflugs erfüllte sich keine meiner Erwartungen. Wir führten zum Beispiel keine langen Gespräche über unsere jeweiligen Ehen oder unsere gemeinsame beziehungsweise getrennte Zukunft. Wir fanden nicht heraus, wie unsere häusliche Existenz aussehen könnte. Wir lebten wie ältere Studenten oder Mäuse, kein bißchen wie normale Menschen. Unser Rhythmus war unregelmäßig, wir ernährten uns von Sandwiches. Wir blieben im Bett und waren beide froh, wenn es regnete. Wenn die Sonne durchkam, machten wir einen Spaziergang und schauten die kahlen, fast nackten Bäume an. Ab und zu schaltete ich dann das Radio an, um die jüngsten Wahlergebnisse und Kommentare zu hören.

»Wegen dieses historischen Augenblicks«, sagte Billy, »wirst du mich nie vergessen können. Es ist ein eisernes Gesetz, daß man bei erhabenen geschichtlichen Momenten sorgfältig darauf achten muß, mit wem man gerade im Bett liegt. Nun sitzt du fest, mit mir und dieser Woche wichtiger Kongreßwahlen, die sich in deiner Vorstellung unauflöslich miteinander verwoben haben.«

Im Auto auf der Heimfahrt war es, als das Thema aufkam, was wir überhaupt miteinander täten. Es dämmerte schon, und wir waren beide ziemlich schweigsam gewesen.

»Das ist die Endstation«, sagte Billy.

»Was willst du damit sagen?« fragte ich. »Willst du mit mir Schluß machen?«

»Nein«, sagte Billy. »Aber das wäre doch nett, oder?«

»Es wäre gar nicht nett«, sagte ich.

»Ich finde schon«, sagte Billy. »Dann würde ich nicht meine ganze Zeit damit verbringen herumzugrübeln, was wir eigentlich miteinander tun, statt mich auf andere Dinge zu konzentrieren, wie zum Beispiel auf meine Dissertation.«

»Was meinst du denn, was wir miteinander tun?« fragte ich.

»Das ist sehr einfach«, sagte Billy. »Manche Leute haben einen Hund oder ein Kätzchen. Ich habe dich.«

»Nun hör aber auf.«

»Gut, du hast recht. So was ist alles nur ein Kind-Ersatz. Du bist mein Kind-Ersatz, bis ich mich entschließen kann, ob ich ein Kind haben will.«

Jetzt gefriert mir das Blut. Wessen Kind will sie denn haben?

Von Zeit zu Zeit, wenn wir in Liebe hinschmelzen – nackt, hingerissen, einander zärtlich in die Augen sehend –, lächeln meine Geliebte und ich verträumt und sehen ein, daß wir, wohnten wir länger als ein paar Tage zusammen, in der wirklichen Welt und nicht in irgendeinem Liebesnest, uns bald hassen würden. Es würde nie klappen. Beide wissen wir das. Sie ist von zu unnachgiebigem Mißmut, liebt das Schweigen zu sehr. Ich dagegen ziehe falsche Fröhlichkeit gar keiner Fröhlichkeit vor und liebe die Konversation bei Tisch, egal worüber. Außerdem hätten wir nie anständige Mahlzeiten, und obwohl ich nicht kochen kann, speise ich doch sehr gern. Schnell würde ich mich über ihr mangelndes Interesse an Häuslichkeit ärgern, und sie würde sich darüber ärgern, daß ich mich über sie ärgere. Zudem ist Billy sehr schlampig. Sie läßt die Handtücher zwar nicht auf dem Badezimmerfußboden liegen, aber sie wirft sie einfach über die Stange des Duschvorhangs, anstatt sie zusammenzulegen oder anständig aufzuhängen, damit sie trocknen können. Dinge wie diese sind es, die eine Romanze nach einer gewissen Zeit zerstören.

Und Billy macht sich für ihren Teil oft über mich lustig. Viele meiner Ansichten findet sie verschroben. Sie glaubt, ich sei ein altmodischer Haustyrann. Manchmal nennt sie mich einen »Rückfall zum guten alten Hetero« oder einfach »alter Hetero«, weil ich gern unser Essen bezahle, Autotüren aufhalte und sie abends oft anrufe, wenn Grey verreist ist, um sicherzugehen, daß ihr auch nichts passiert. Als der Klempner kam, um ein Leck an ihrem Waschbecken zu reparieren, hab' ich sie mehrmals angerufen.

»Er ist jetzt weg«, sagte Billy. »Und er hat überall auf mir Abdrücke seiner großen, fettigen Pfoten hinterlassen.« Sie fand das komisch, ich nicht.

Wenn wir zusammenleben würden, glaube ich, daß ich nach einer gewissen Zeit durchdrehen und sie mich verabscheuen würde. Mein Haushalt ist gut geführt, und alles hat seine Ordnung. Ich mag Routine, mag es, wenn alles gut klappt. Wir beschäftigen eine makellose Person namens Mrs. Ivy Castle, die unser Haus schon seit Jahren makellos führt. Sie ist eine hervorragende Haushälterin und ausgezeichnete Köchin. Wir haben zu ihr ein förmliches Verhältnis.

Die Delielles beschäftigen eine wertlose Person namens Mimi-Ann Browning, die einmal die Woche kommt und den Staub hin und her schiebt. Mimi-Ann haßt Routine und Zeiteinteilung und wechselt ständig die Tage, an denen sie für verschiedene Leute arbeitet. Es lohnt sich schon, einem Telefonat mit Billy und ihr zu lauschen.

»O Mimi-Ann«, sagt sie dann. »Bitte verschiebe mich nicht. Ich flehe dich an. Greys scheußliche Cousine kommt, und das Haus sieht wirklich ekelhaft aus. Bitte, Mimi. Ich tue alles für dich. Ich mache deiner Schwiegermutter die Steuererklärung. Ich bin auf ewig deine Sklavin. Bitte. Ach, ich danke dir, Mimi-Ann. Tausend Dank.«

Und ich frage mich, warum meine Geliebte nie so mit *mir* redet?

Im traurigen Dämmerlicht auf dem Rückweg nach unserer gemeinsamen Woche fragte ich mich, wie ich es mich immer frage: Könnte ich mit meiner trostlosen Geliebten in irgendeiner scheußlichen Wohnung zusammenleben? NEIN. Und meine Geliebte ist immer die erste, die mir das sagt.

Sie bemerkte, daß uns nur die kleinen Dosen, die wir voneinander bekommen, eine Liebesaffäre ermöglichen, daß aber ein Hauch von Alltag unser Ende wäre. Korrekt wies sie darauf hin, daß unser einziges gemeinsames Interesse wir selbst seien, da wir, was wirtschaftswissenschaftliche Dinge betraf, vollkommen differierende Ansichten hätten. Darüber hinaus wären wir nicht einfach nur Liebhaber und Liebhaberinnen und auch keine bloßen Freunde, und da wir nicht zusammenkommen würden, spreche eigentlich nichts für die ganze Sache.

Ich schwieg.

»Man muß die Dinge sehen, wie sie sind«, versetzte meine unermüdliche Geliebte. »Wir haben einfach keine Daseinsberechtigung.«

Dagegen war nichts einzuwenden.

Ich sagte: »Wenn wir keine Daseinsberechtigung haben, Billy, was sollen wir dann tun?«

Diese Gespräche flammen auf wie tropische Unwetter. Das Klima ist immer richtig für sie. Es ist nur eine Frage der Zeit, wann sie auftauchen.

»Na?« sagte ich.

»Ich weiß es nicht«, sagte meine Geliebte, die normalerweise für alles eine forsche Antwort parat hat. Mich überkam eine Welle väterlicher Zuneigung und Besorgnis. Und dann sagte ich mit einer Stimme, die so mit Anteilnahme durchtränkt war, daß meine Geliebte ihr Gesicht verzog wie ein Kind, dem man eine Spritze geben will: »Vielleicht solltest du all das ernsthafter durchdenken, Billy. Du und Grey, ihr fangt ja gerade erst an. Vera und ich sind schon sehr lange verheiratet. Ich glaube, daß ich in deinem Leben mehr Unordnung stifte als du in meinem.«

»Tatsächlich?« sagte Billy.

»Vielleicht sollten wir einander seltener sehen«, sagte ich. »Vielleicht sollten wir uns trennen.«

»Okay, machen wir das«, erwiderte Billy. »Du gehst zuerst.« Ihr Gesicht war verbissen, und ich spielte mit dem Gedanken, daß sie sich bemühen könnte, nicht in Tränen auszubrechen. Dann sagte sie: »Und was wirst du dann den ganzen Tag machen, wenn wir uns getrennt haben?«

Kein Thema, worüber ich lange nachdenken möchte.

»Ist es denn nicht unsere Daseinsberechtigung, daß wir einander gern haben?« sagte ich. »Ich habe dich sehr gern.«

»Hochinteressant«, versetzte Billy. »Grad letzte Woche hast du schlappgemacht und von ›Liebe‹ geredet. Wie schnell die Dinge sich ändern.«

»Du weißt doch, wie ich's meine.«

»Wie auch immer unsere Status quo aussehen mögen«, sagte Billy, »sie werden jedenfalls bis zum letzten Blutstropfen verteidigt.«

Das brachte mich zum Schweigen. Billy und ich haben die Welt im Griff. Nichts bebt, bewegt oder ändert sich. Was auch immer in unserem Leben bewahrt wird, wird sicher bewahrt. Billy, die an Funktionen glaubt, hat ganz recht damit, wenn sie sagt, daß wir aus irgendeinem Grund im Leben des anderen existieren, auch wenn keiner von uns diesen Grund benennen will. Trotzdem, wenn es auch Fälle geben mag, in denen Liebe keine gute oder ausreichende Erklärung ist, ist es doch eine Tatsache, daß man die Liebe nicht leugnen kann.

Ja, man kann die Liebe nicht leugnen, und das ist auch der knifflige Punkt. Es gehört zu den ernüchternden Erkenntnissen des Erwachsenenlebens, daß die Liebe oft keine treibende Kraft ist. So bleibt in jenen romantischen Filmen die zärtliche Geliebte mit ihrem spießigen Ehemann verheiratet – dem Typ mit Schnurrbart, der immer diese steifen Tweedanzüge trägt –, während man den Liebhaber auf einem Landspaziergang mit geduldiger Ehefrau und treuem Hund sieht. Oft hat es den Anschein, als diene die Romanze dazu, den Leuten etwas Romantisches zum Nachdenken zu geben.

Frage: Wenn es stimmt, was meine Geliebte behauptet – daß sie bei Grey und ich bei Vera bleiben werde –, warum nutzen wir dann jede Gelegenheit zusammenzusein?

Dafür gab es natürlich auch eine Erklärung – meine unermüdliche Geliebte kam auf diese Idee, Gott schütze sie.

»Es ist ein künstlerischer Impuls«, sagte sie. »Er nimmt uns aus der Wirklichkeit heraus und gibt uns einen eigenen, frei erfundenen Bezugsrahmen.«

»Ah, verstehe«, sagte ich. »Ist also bloß Kunst.«

»Nun schnapp nicht gleich ein«, sagte Billy. »Wir befinden uns in einer sehr ungewöhnlichen Situation. Es handelt sich unter anderem um beschränktes Vernarrtsein, begrenzte Hörigkeit und eine umstandsbedingte Anbetung.«

»Wie interessant«, sagte ich. »Sind Vernarrtsein, Hörigkeit und Anbetung die Dinge, die du tatsächlich für mich empfindest?«

Natürlich würde Billy sich nie dazu herablassen, auf eine Fangfrage zu antworten.

Jeder erwachsene Mensch weiß, daß man den Tatsachen ins Auge blikken muß. Im Leben eines Erwachsenen scheint es oft so, als sei das das wichtigste. Vor unserem gemeinsamen Wochenende waren die unbewachten Augenblicke zwischen uns auf ein Minimum beschränkt gewesen. Nun traten sie häufiger auf. Diese gemeinsame Woche verfolgte uns. Sie blieb uns auf den Fersen. Sie brachte uns dazu, sich nach dem anderen zu sehnen und ihn zu fürchten – welch unselige Kombination!

Eines Abends gestand ich ihr, wie mir manchmal zumute ist, wenn ich ihr nachschaue, während sie die Treppe zu ihrer Haustür emporsteigt.

Ich habe dann das Gefühl, als beträte sie ihr wirkliches, noch ziemlich junges Leben. Sie wird mich sitzenlassen, glaube ich. Ich denke an all die Dinge, die ihr noch nicht passiert sind, die noch nicht mißlungen sind, denke an ihr Leben mit Grey, das noch ziemlich ungelebt ist.

Eines Nachmittags erzählte sie mir, wie ihr zumute ist, wenn sie an meinen Familieneßtisch denkt – mit Vera und unseren Söhnen und deren Freunden und Freundinnen, an all unsere Jahre gemeinsamer Mahlzeiten, an all das gelebte Leben. Billy beschreibt dieses Gefühl als einen Ring, der sich um ihren Kopf legt, und als einen heißen Druck in der Herzgegend. Ich habe natürlich bloß einen Kloß in der Kehle. Warum finden diese Geständnisse in der Dämmerung statt oder zu Anbruch des Abends, wenn alles schmutzig, unheimlich, verblaßt oder unausweichlich erscheint?

Bei dem Thema, was wir eigentlich wollen, gerät unsere Unterhaltung in eine Sackgasse, wie ein Pferd, das vor einem Hindernis verweigert. Ich habe mir redliche Mühe gegeben, genau zu sagen, was ich von Billy will, bin damit aber nicht sehr weit gekommen. Eine schmerzliche Betrachtung hat mir dies offenbart: Ich will, daß sie nie aufhört zu sein. Näher lassen mich die Grammatik und das Nachdenken nicht an die Sache heran.

Eines Tages wird das Pferd die Hürde nehmen, und das Ende ist da. Die Tür wird sich schließen. Zweifellos wird Billy diejenige sein, die sie schließt. Sie wird sich dazu entschließen, ein Kind zu bekommen. Oder man hat Grey eine akademische Stellung in London angeboten. Oder Billy schließt ihre Dissertation ab und bekommt einen Job in Boston, so daß die Delielles umziehen müssen. Oder aber Vera kommt eines Abends nach Hause und sagt, daß sie gern in Paris oder San Francisco wohnen möchte, und dann ziehen wir um. Was dann?

Vielleicht hat meine Geliebte recht. Eine Liebesaffäre ist wie ein Kunstwerk. Der Schatz an Querverweisen und Witzen, die Geschichte unserer Freundschaft, unser Ausflug nach Vermont, unsere zahllosen Telefonate, dieses Gebäude, dieses Monument, diese Zivilisation, die nur wir kennen, die nur wir geschaffen haben – was wird dann daraus werden? Billy hat mir mal einen Artikel aus einer von Greys Naturzeitschriften vorgelesen, über den letzten Coast-Salish-Indianer, der Wintu spricht. Alle anderen seines Stammes waren tot. So würde mir zumute sein, wäre ich Billys beraubt.

Jener Schreckenstag wird zweifellos kommen. Es ist so, als dächte man über die Unausweichlichkeit des Atomkrieges nach. Aber in der Zwischenzeit klingele ich weiterhin an ihrer Tür. Ihren Gruß entbietet sie in eintönig-gelangweiltem Ton. »Ach, du bist's«, sagt sie.

Ich folge ihr nach oben ins Arbeitszimmer, und dort stürzen wir uns aufeinander. Es wird mir stets durch den Kopf gehen, wie kahl doch das Bühnenbild für diese Begegnungen ist. Kein einziges Bild an der Wand, keine Verzierung. Sogar die Steppdecke, die uns vor der Kühle schützt, ist ausgeblichen.

In einem ihrer hochnäsigen Augenblicke hat meine Geliebte zu mir gesagt: »Meine Ausstattung befindet sich innen. Es ist mir wichtig, was ich denke.«

Während ich sie so in die Arme nehme, kann ich es nicht unterlassen, mir all dies innere Mobiliar vorzustellen, diese scharfkantigen Dinge, über die sie nachdenkt, das, was hinter ihrem Schweigen liegt, was ihre wahre Geschichte ist.

Eines Tages, so stelle ich es mir vor, wird sie sich zu mir umdrehen und in einem Tonfall, wie ich ihn nie zuvor gehört habe, zu mir sagen: »Wir dürfen uns nicht mehr sehen.« Dann werden wir beide wissen, daß das Ende gekommen ist. Aber bis dahin ist sie dicht neben mir. Gewissermaßen ist sie mein. Ich betrachte sie genau, um diesen Blick wahrer Liebe einzufangen, der sie ab und zu mal überkommt. Sie weiß, daß ich sie beobachte, und kennt den Effekt, den ihr Blick auf mich hat. »Du siehst aus, als könnte jedes Kind Bonbons von dir annehmen«, sagt sie.

Unsere Gefühle haben Kanten und Stacheln und Dornen wie ein Kaktus oder ein Stachelschwein. Unsere Trennung wird, wenn sie einmal kommt, auch nicht einfach sein. Abgebildet, wird sie wie eins dieser mittelalterlichen Untiere aussehen, die Flossen, einen Pelz, Schuppen, Federn, Klauen, Flügel und Hörner haben. In einer Welt, die von allem anderen abgetrennt ist, existieren wir als Frank und Billy, für niemanden von Bedeutung als füreinander. Ach, diese schreckliche Abgeschiedenheit und Einsamkeit von Liebesaffären!

Unter der Steppdecke mit ihr verschlungen, sehe ich meiner Geliebten in die Augen. Sie sind dunkel und voll verborgenen Gefühls. Wenn wir uns eng genug umarmen, wird das Dunkel in Schach gehalten. Es ist schließlich die Mission des Liebhabers zu lieben. Ich kann Billy ansehen und deutlich auf jenes erste Mal zurückschauen, als wir uns begegneten; auf unsere Hunderte von gemeinsamen Tagen, darauf, wie sie immer ihre Handtücher über die Stange des Duschvorhangs wirft, auf jede ihrer Gesten und Betonungen. Sie ist die Straße, die ich auf sie zugewandert bin, und ich bin ihre.

Ach Billy! Ach Kunst! Ach Erinnerung!

Joseph Heller

Laut Joseph Heller müßte »Yossarian überlebt« eigentlich ein Kapitel aus *Catch 22* sein, dem 1962 erschienenen, ungeheuer komischen Roman über den Zweiten Weltkrieg, der Heller nicht nur weltberühmt machte, sondern auch eine unauslöschliche Vokabel für eine ausweglose Situation schuf. Der New Yorker Joseph Heller, Jahrgang 1923, flog im Zweiten Weltkrieg mehr als 50 Kampfeinsätze. Während er an seinem ersten Roman schrieb, arbeitete er in einer Werbeagentur, die den Schauplatz seines zweiten Romans, *Was geschah mit Slocum*, darstellte. Heute lebt er in East Hampton auf Long Island. Weitere Romane sind zum Beispiel *Gut wie Gold* und *Weiß Gott*. Sein neuster Roman, *Endzeit*, die Fortsetzung von *Catch 22*, ist kürzlich erschienen. Im Playboy erschienen Auszüge aus mehreren seiner Romane.

Joseph Heller

Yossarian überlebt

Wenn ich mich recht erinnere, dann sind keine ganzen Episoden oder Figuren weggefallen, als das erste Typoskript meines Romans »Catch 22« nach und nach von etwa achthundert Seiten auf sechshundert gekürzt wurde ... aber ich erinnere mich schlecht. Kurz nach dem Erscheinen des Romans Ende 1961 bedauerte ein Freund, der die Originalversion gelesen hatte, daß eine Reihe von Briefen Natelys an seinen Vater fehlte. Diese acht oder zehn Seiten wurden später im Playboy (Dezember 1969) unter dem Titel »Love, Dad« veröffentlicht.

Ich sollte wohl erwähnen, daß alle Streichungen ausschließlich den Zweck hatten, dem Gesamttext eine größere Kohärenz und eine stärkere Wirkung zu geben.

Fünfundzwanzig Jahre nach der Veröffentlichung des Romans meldeten sich zwei Offiziere der U. S. Air Force Academy, die über das Buch arbeiteten, und wollten wissen, weshalb ich ein ganzes kleines Kapitel herausgenommen hatte, eines, das sich mit einem Sportlehrer und mit dem Einsatz verschiedener athletischer Übungen als Vorbereitung auf den Kampf und als Überlebenshilfe befaßte.

Meine Reaktion war paradox: Ich hatte ganz vergessen, daß ich das geschrieben hatte – und ich war mir völlig sicher, daß es im Text stehengeblieben war. »Wollen Sie etwa sagen, daß das nicht drin ist?« rief ich.

»*Dieser Satz:* ›*Liegen Sie nicht einfach so da, solange Sie auf den Krankenwagen warten – machen Sie Liegestütze*‹*?*«

*Sie versicherten mir, daß das ganze Kapitel fehlte, daß sie meinten,
daß es gut war, immer noch aktuell und veröffentlicht werden sollte.*

*Beim Nachsehen stellte ich fest, daß sie in allem recht haben. Das
Kapitel fehlt im Roman; ich glaube, es sollte veröffentlicht werden.*

Hier haben wir's.

Tatsächlich verdankte Yossarian seine blühende Gesundheit mäßigem
Lebenswandel – viel frische Luft, Bewegung, Teamgeist und sauberer
Sport. Um all dem zu entrinnen, hatte er sich zum erstenmal krank
gemeldet und das Hospital entdeckt.

Im Stützpunkt Lowry Field, wo er vor der Bewerbung als Offiziers-
anwärter seine waffentechnische Ausbildung gemacht hatte, wurden
die Rekruten sechs Tage in der Woche für das Überleben im Einsatz
geschult: durch ein Programm von Gymnastikübungen, die Rogoff
abhielt, ein pflichtbewußter Sportausbilder. Rogoff war ein Oberfeld-
webel Mitte Dreißig. Er war ein drahtiger, serviler Mann mit flachen
Zügen und einem Gesicht so rot wie Tomatensaft, der seine Arbeit mit
Hingabe tat und dabei jedesmal ein paar Minuten zu spät zu kommen
schien.

Tatsächlich kam er immer ein paar Minuten zu früh und versteckte
sich an einem günstigen Ort, bis alle anderen da waren, damit er dann
eilig herbeigesprungen kommen konnte, als sei er ein höchst beschäf-
tigter Mann, um dann gleich ohne irgendwelche peinlichen einleiten-
den Worte mit den Übungen anzufangen. Unterhaltungen waren
schwierig für Rogoff. Er verbarg sich hinter einem Fahrzeug, wenn
eines in der Nähe stand, oder am Fenster des Heizkellers eines Kaser-
nengebäudes oder unter der Holztreppe vor dem Ordonnanzzimmer.
Eines Nachmittags hüpfte er in eines der Löcher des Exgefreiten Win-
tergreen, um unterzutauchen, und bekam von diesem eins mit der
Schaufel übergezogen, so daß er, verfolgt von einem Strom sengender
Beschimpfungen Wintergreens, demütig Entschuldigungen stam-
melnd zu den Männern hinüberstolpern mußte, die warteten, daß er
anfing.

Rogoff hielt seine Übungen von einem hohen hölzernen Podest aus

ab, flankiert von zwei Gemeinen auf dem Rasen, die er seine Sergeanten nannte und die seinen unverbrüchlichen Glauben an die Wirksam-
keit gymnastischer Übungen teilten und ihm assistierten, indem sie
jede Übung vormachten, wenn er selbst innegehalten hatte, um seine
Stimme zu schonen, die ohnehin dünn und unzuverlässig war. Rogoff
verabscheute Müßigkeit. Wenn er auf seinem Podest nichts anderes zu
tun hatte, schritt er resolut hin und her, klatschte in plötzlichen Aus-
brüchen eifriger Energie in die Hände und sagte »Hoppa, hoppa!«.
Jedesmal, wenn er zu den langen Reihen der Männer in grüner Arbeits-
kluft vor ihm auf dem Rasen »Hoppa, hoppa« sagte, erwiderten sie
sogleich »Hoppa, hoppa, hoppa, hoppa« und fingen an, mit den Füßen
zu scharren und die Ellbogen gegen die Körper zu klappen, bis Rogoff
ihnen Einhalt gebot, indem er salbungsvoll die Hand hochreckte wie
zu einem billigenden Segen und sagte, als sei er tief bewegt: »So ist's
recht, Männer! So ist's recht.«

»Hoppa, hoppa« war, wie er erklärt hatte, das Geräusch, das der
immer muntere, durchtrainierte Hoppelhase macht – und dann hatte er
wie über einen bemerkenswert brillanten Scherz gelacht.

Rogoff führte sie durch eine lange Reihe obszöner Körpererfahrun-
gen. Es gab Beuge-, Streck- und Hüpfübungen, alle im Takt zu einer
maskulinen, melodischen Intonation von »*Eins*, zwei, drei, vier, *eins*,
zwei, drei, vier!« durchgeführt. Die Männer begaben sich in eine lie-
gende Position, Gesicht nach unten, und machten Liegestütze; sie
drehten sich um, Gesicht nach oben, und schnellten sich in den Sitz.
Rogoff nannte jede Übung, die er durchgeführt sehen wollte, bei ihrem
Namen und machte sie dann sogleich mit, so lange, bis er fünfmal *eins*-
zwei-drei-vier gezählt hatte, so laut er konnte, mit allen Kräften seiner
zarten Stimme. Die beiden Soldaten, die er zu seinen Sergeanten befördert hatte, fuhren mit der Übung fort, wenn er aufgehört hatte, um seine Stimme zu schonen, und behende auf dem Podest herumstolzierte
oder voll Eifer in die Hände klatschte.

Gelegentlich sprang er ohne Vorwarnung herunter, als stünde das
Podest in Flammen, und fegte in eines der zweistöckigen Kasernenge-
bäude im Hintergrund, um sicherzugehen, daß niemand, der eigentlich draußen seine Gymnastik machen sollte, drinnen war und es nicht
tat. Die Männer auf dem Sportplatz beugten sich, streckten sich oder
hüpften noch immer, wenn er wieder herausgerannt kam. Um sie zu

einem Schluß zu bringen, fing er an, sich wie sie zu beugen, zu strecken oder zu hüpfen und dabei zweimal *eins*-zwei-drei-vier zu zählen, wobei seine Stimme beim ersten Mal fast vertikal nach oben in die nächste Oktave stach und die zweite Zahlenfolge in gequältem, brüchigem Falsett hervorpreßte, daß die Adern und Sehnen an seinem Hals und seiner Stirn furchterregend hervortraten und eine Flut noch intensiveren Rots sein flaches Gesicht färbte. Jedesmal, wenn Rogoff eine Übung abschloß, sagte er »Hoppa, hoppa« zu ihnen, und sie antworteten sofort mit »Hoppa, hoppa, hoppa, hoppa«, als seien sie die athletischen Hoppelhasen, die er sich aus tiefstem Herzensgrund wünschte.

Wenn die Männer sich gerade nicht beugten oder streckten, weder hüpften noch Liegestütze machten, wurden sie im Steptanz unterrichtet, weil das Steppen ihnen den Rhythmus und die Körperbeherrschung vermitteln würde, die nötig waren für die kommenden Beug-, Streck-, Hüpf- und Liegestützübungen, mit denen sich Rhythmus und Körperbeherrschung erwerben ließen, die dann nötig waren für Judo und für das Überleben im Einsatz.

Rogoff hatte ein ebenso leidenschaftliches Verhältnis zum Judo wie zur Gymnastik und verbrachte etwa zehn Minuten jedes Unterrichts damit, die Grundlagen in Zeitlupe durchzunehmen. Judo war die beste natürliche Waffe, die ein unbewaffneter Soldat hatte, um in der Wüste oder im Dschungel mit einem oder mehreren feindlichen Soldaten fertig zu werden – eben vorausgesetzt, er war unbewaffnet. Wenn er ein geladenes Gewehr oder eine Maschinenpistole hatte, war er im Nachteil, weil es dann zu einem Feuergefecht kam. Hatte er aber Glück und fand sich ohne Waffe vom Feind umzingelt, dann konnte er Judo einsetzen.

»Judo ist die beste natürliche Waffe, die der Soldat hat!« erinnerte Rogoff sie jeden Tag mit hoher, gepreßter Stimme von seiner Kanzel aus, wobei er die Worte hastig und verlegen hervorstieß, als könne er es nicht erwarten, sie los zu sein.

Die Männer standen einander in Reihen gegenüber und führten langsam die Bewegungen durch, ohne sich zu berühren – weil Judo eine derart destruktive natürliche Waffe war, daß es sich nicht einmal ausreichend lang im Ernst üben ließ, ohne die Übenden zu vernichten. Judo war die beste natürliche Waffe des Soldaten bis zu jenem Tag, da der populäre Boxchampion als Gastausbilder auftauchte, um die Männer moralisch aufzurüsten, und sie mit dem linken Haken bekannt machte.

»Der linke Haken«, sagte der Champion ohne Zögern von Rogoffs Podest herab, »ist die beste natürliche Verteidigungswaffe des Soldaten. Und da die beste Verteidigungswaffe eine Angriffswaffe ist, ist der linke Haken auch die beste natürliche Angriffswaffe des Soldaten.«

Rogoff wurde weiß wie die Wand.

Der Champion ließ die Männer in einander zugekehrten Reihen antreten und zählte laut, während sie den linken Haken in Zeitlupe übten, in würdevollem Vierertakt, ohne direkte Berührung.

»Eins, zwei, drei, vier«, zählte er. »Eins, zwei, zack, vier. Jetzt die andere Reihe. Denkt daran, keine Berührung beim linken Haken! Fertig? *Zack*, zwei drei, vier, *zack*, zwei, *zack*, vier, eins, *zack*, drei, *zack*, *zack*, zwei, drei, *zack*. So ist's recht. Jetzt ruhen wir ein paar Sekunden aus und dann machen wir weiter. Den linken Haken kann man gar nicht oft genug üben.«

Der Champion in seiner Offiziersuniform war von einer Korona ihn anhimmelnder Obristen und Generäle auf den Sportplatz geleitet worden, die nun das Podest umstanden und mit religiöser Inbrunst zu ihm emporstarrten. Rogoff war von seinem Podest gestoßen und völlig vergessen worden. Sogar die Ehre, den Männern den Champion vorzustellen, blieb ihm versagt. Ein verlegenes kleines Lächeln quälte seine Mundwinkel, als er allein abseits auf dem Rasen stand, von allen ignoriert, die beiden Gemeinen eingeschlossen, die er zu seinen Sergeanten gemacht hatte. Einer dieser beiden Sergeanten war es, der den Champion fragte, was er vom Judo halte.

»Judo bringt nix«, erklärte der Champion. »Judo ist was Japanisches. Der linke Haken ist amerikanisch! Wir stehen mit Japan im Krieg. Da denkt mal drüber nach. Noch weitere Fragen?«

Es gab keine. Nun war es Zeit, daß sich der Champion mit seiner illustren Begleitschar wieder entfernte.

»Hoppa, hoppa!« sagte er.

»Hoppa, hoppa, hoppa, hoppa«, erwiderten die Männer.

Es herrschte ein peinliches Schweigen, nachdem der Champion gegangen und Rogoff auf sein entweihtes Podest zurückgekehrt war. Rogoff schluckte vernichtet und scheiterte vollkommen bei dem Ver-

such, mit beiläufiger Gleichgültigkeit den soeben erlittenen Prestige-
verlust leichthin zu übergehen.

»Männer«, erläuterte er leise mit erstickter, entschuldigender Stimme, »der Champion ist ein großer Mann, und wir müssen uns alle gut
merken, was er uns gesagt hat. Aber er ist im Zusammenhang mit dem
Krieg und der Truppenbetreuung viel herumgereist, und vielleicht war
er nicht in der Lage, sich über alle jüngsten Entwicklungen in der
Kampftechnik zu informieren. Deshalb hat er diese Sachen über den
linken Haken und Judo gesagt. Für manche ist ja wohl der linke Haken
die beste natürliche Waffe des Soldaten. Für andere ist das Judo. Wir
werden uns hier auch weiterhin auf Judo konzentrieren, weil auf etwas
konzentrieren müssen wir uns, und auf beides geht nicht. Wenn ihr erst
in der Wüste oder im Dschungel im Einsatz seid und von einem oder
mehreren feindlichen Soldaten angegriffen werdet, während ihr unbewaffnet seid, dann könnt ihr von mir aus gerne, wenn ihr wollt, den linken Haken nehmen statt Judo. Die Wahl bleibt freigestellt. Ist das fair?
Also, ich denke, wir überspringen heute die Judoübungen und gehen
gleich zu unserem Match über. Alles klar, was?«

Soweit es Yossarian anging, gaben weder der linke Haken noch das
Judo viel Anlaß zum Optimismus, wenn man sich in der Wüste oder im
Dschungel einem oder mehreren feindlichen Soldaten gegenübersah.
Er versuchte, sich Regimenter alliierter Soldaten vorzustellen, die sich
zu majestätischem Viererertakt mit linken Haken, Judogriffen und Step-
schritten ihren Weg durch die feindlichen Linien nach Tokio und Berlin
bahnten, und das Bild war nicht sehr überzeugend.

Yossarian brauchte weder Rogoff noch den Champion, damit er
wußte, was er zu tun hatte, wenn er unbewaffnet von zwei oder mehr
feindlichen Soldaten in Wüste oder Dschungel gestellt wurde: auf die
Knie fallen und um Gnade betteln. Sich zu ergeben, war die beste
natürliche Waffe, die er sich für einen Unbewaffneten vorstellen konnte, der sich einem oder mehreren feindlichen Soldaten gegenübersah.
Es war keine besonders eindrucksvolle Waffe, aber vernünftiger als linke Haken, Steptanz oder Judo.

Und zur Gymnastik hatte er noch weniger Vertrauen. Das ganze
Kräftigungsprogramm sollte ihn überlebenstüchtiger machen und
wollte möglichst viele Leben retten, aber besonders effektiv konnte es
nicht sein, schloß Yossarian, weil so viele Leben verlorengingen.

Zur Gymnastik, dem Steppen, dem Judo und den linken Haken kamen noch die Spiele. Sie spielten täglich etwa eine Stunde Baseball oder Basketball.

Baseball war eine Sportart, die als das Große Amerikanische Spiel galt, betrieben auf einem quadratischen Feld, das man als die »Raute« bezeichnete. Baseball war ein sehr patriotisches und moralisches Spiel, das man mit einem Schläger, einem Ball, vier Malen und siebzehn Männern sowie Yossarian spielte – letztere aufgeteilt in eine Mannschaft von neun Spielern und eine von acht Spielern sowie Yossarian. Der Zweck des Spiels war es, den Ball mit dem Schläger zu schlagen und um das aus den Malen gebildete Quadrat öfter herumzurennen als die Spieler der Gegenmannschaft. Es kam Yossarian alles etwas albern vor, da nur wegen des Reizes zu gewinnen gespielt wurde.

Und wenn man gewann, dann war das einzige, was man gewonnen hatte, der Reiz des Gewinnens.

Und alles, was Gewinnen hier heißen wollte, war es, daß man öfter um die Male herumgelaufen war als ein paar andere Leute. Falls es noch einen tiefergehenden Sinn hinter diesen gewaltigen Anstrengungen gab, so entging er Yossarian. Als er mit seinen Mannschaftskameraden über diese Frage redete, antworteten sie, daß das Gewinnen bewies, daß man besser war. Als er zurückfragte: »Inwiefern besser?«, stellte sich heraus, daß man eben besser im Herumrennen um diese Male war. Yossarian konnte es einfach nicht begreifen, und Yossarians Mannschaftskameraden begriffen ihn nicht.

Als er sich mit dem merkwürdigen Spiel etwas vertraut gemacht hatte, entschied er sich dafür, jedesmal rechtsaußen zu spielen, weil ihm bald klar wurde, daß der Feldspieler rechtsaußen im allgemeinen der war, der am wenigsten zu tun hatte.

Er verließ nie seine Position. War die eigene Mannschaft am Schlag, lag er mit einem Löwenzahnstengel im Mund rechts außen auf dem Rasen und versuchte, Kontakt mit dem Spieler rechtsaußen bei der Gegenmannschaft aufzunehmen, der immer weiter und weiter auf die andere Seite zurückwich, bis er fast im Mittelfeld stand, während er sich einzureden versuchte, es könne nicht wirklich so sein, daß Yossarian mit einem Löwenzahnstengel im Mund rechts auf dem Rasen lag und ketzerische Dinge über Baseball sagte, die er noch nie jemanden hatte sagen hören.

Yossarian lehnte es ab, zu schlagen, wenn die Reihe an ihn kam. Beim ersten Spiel hatte er einen Dreier erzielt. Wenn ihm das noch einmal passierte, mußte er wieder um die ganzen Male herumrennen, und die Rennerei machte keinen Spaß.

Eines Tages kam sein Gegenüber im rechten Feld zu dem Schluß, daß Baseball insgesamt keinen Spaß machte, und weigerte sich weiterzuspielen. Anstatt einem Ball hinterherzurennen, der zwischen zwei Vorderfeldspielern hindurch auf ihn zugerollt kam, warf er seinen ledernen Baseballhandschuh so weit von sich weg, wie er konnte, und lief, am ganzen Leibe zitternd, zum Werfer hin.

»Ich will nicht mehr spielen«, sagte er, wild in Yossarians Richtung gestikulierend, und brach in Tränen aus. »Wenn der nicht weggeht. Wegen ihm komm' ich mir jedesmal wie ein Idiot vor, wenn ich dem blöden Baseball hinterherrenne.«

Manchmal schlich sich Yossarian bei der ersten sich bietenden Gelegenheit aus dem Baseballmatch davon, so daß sein Team mit einem Mann zuwenig spielte.

Basketball zog Yossarian dem Baseball bei weitem vor.

Basketball war ein Spiel mit einem großen, fest aufgepumpten Ball, für neun Spieler sowie Yossarian, aufgeteilt in ein Team von fünf Spielern und eins von vier Spielern sowie Yossarian. Es war nicht so patriotisch wie Baseball, schien aber sehr viel vernünftiger. Basketball bestand darin, daß man den großen aufgepumpten Ball durch einen Metallring warf, der horizontal an einem Holzbrett angebracht war, welches hoch über ihren Köpfen hing. Die Mannschaft, die den Ball häufiger durch den Ring warf, das war die Mannschaft, die gewann.

Auch hier gewann die Mannschaft allerdings nur den bekannten Reiz des Gewinnens. Basketball zu spielen war wesentlich vernünftiger als Baseball, weil es nicht ganz so töricht aussah, den Ball durch den Ring zu werfen, wie um diese ganzen Male herumzuwetzen, und es viel weniger Mannschaftsgeist erforderte.

Yossarian genoß das Basketballspiel, weil es so leicht zu stoppen war. Er konnte das Spiel jedesmal unterbrechen, indem er einfach den Ball so weit von sich weg warf, wie er konnte, sobald er ihn in die Hände bekam, um dann dazustehen und nichts zu tun, während jemand anders dem Ball nachlief.

Eines Tages kam Rogoff an den Rand von Yossarians Basketballfeld gesprintet und wollte wissen, warum neun Spieler herumstanden und nichts taten. Yossarian deutete auf den zehnten, der dem Ball Richtung Horizont nachrannte. Den Ball hatte er selbst soeben fortgeworfen.

»Na, dann steht nicht so rum, solang der ihn holt«, drängte Rogoff. »Macht Liegestütze.«

Schließlich hatte Yossarian es satt – mehr Gymnastik, Judo, linke Haken, Baseball und Basketball waren nicht zu ertragen. Vielleicht rettet das alles Menschenleben, überlegte er, aber um welchen Preis? Um den, daß das Menschenleben auf das Niveau eines verachtungswürdigen Wesens herunterkam – eines eifrigen, loyalen Hoppelhasen.

Yossarian faßte seinen Entschluß am Morgen, und als die anderen Männer nachmittags zur Gymnastik antraten, zog er seine Kleider aus und legte sich im ersten Stock der Kaserne auf sein Bett.

Das Gefühl eines überlegenen Schachzugs wärmte ihn, während er in Unterhose und T-Shirt dalag und sich zum lockenden, hechelnden Tempo von Rogoffs überforderter Stimme entspannte, welche die anderen gleich vor der Kaserne durch ihre Übungen jagte. Plötzlich verstummte Rogoffs Stimme, und die seiner beiden Assistenten übernahmen den Takt. Yossarian hörte Rogoffs Schritte ins Gebäude rennen, die Treppe hoch. Als Rogoff im ersten Stock vom Korridor in den Saal stürzte und ihn auf dem Bett liegen sah, hörte Yossarian auf zu grinsen und begann zu stöhnen. Rogoff verlangsamte seinen Schritt abrupt mit einer Miene bestürzter Verlegenheit und ging auf Zehenspitzen weiter.

»Warum sind Sie nicht draußen und machen Ihre Gymnastik?« fragte er teilnahmsvoll, als er sich vorsichtig neben Yossarians Bett aufgestellt hatte.

»Ich bin krank.«

»Warum gehen Sie nicht ins Krankenrevier, wenn Sie krank sind?«

»Ich bin zu krank, um ins Krankenrevier zu gehen. Ich glaube, es ist der Blinddarm.«

»Soll ich anrufen, daß ein Krankenwagen kommt?«

»Nein, ich glaube nicht.«

»Vielleicht rufe ich besser einen Krankenwagen. Man wird Sie im Hospital ins Bett bringen, da können Sie sich den ganzen Tag lang ausruhen.«

Daran hatte Yossarian noch gar nicht gedacht. »Bitte, rufen Sie einen Krankenwagen.«

»Ich mach's sofort. Ich werde – ach du meine Güte! Das hab' ich ganz vergessen!«

Rogoff wirbelte mit einem blökenden Schreckenslaut herum und rannte mit Höchstgeschwindigkeit über die langen Bodenplanken des hallenden Korridors zu der Tür an der Schmalseite der Kaserne und hinaus auf den kleinen hölzernen Balkon.

Yossarian setzte sich interessiert am Fuß seines Betts auf, um zu beobachten, was nun kam.

Rogoff hüpfte auf dem Balkönchen auf und ab und klatschte die Hände über dem Kopf zusammen.

»*Eins,* zwei, drei, vier!« schrie er hinunter zu den Männern auf dem Rasen; seine Stimme kämpfte sich unbeirrt hoch in ihr gequältes, gefährliches Falsett. »*Eins,* zwei, drei, vier. Hoppa, hoppa!«

»Hoppa, hoppa, hoppa, hoppa«, antwortete ihm ein mitfühlendes Massengemurmel der unsichtbaren Zuhörer, das anhielt, bis Rogoff seine Hand zeremoniell hob, wie die Parodie eines Verkehrspolizisten, und das Geräusch zum Verstummen brachte.

»So ist's recht, Männer«, rief er hinab, mit einem präzisen, billigenden Kopfnicken. »Jetzt versuchen wir ein paar schöne Kniebeugen! Fertig? Hände in die Hüften gestemmt . . . unnnd!« Rogoff knallte die eigenen Hände gegen die Hüften und sank mit kerzengeradem Rückgrat und Nacken energisch in die erste Phase der Kniebeuge hinunter. »*Eins,* zwei, drei, vier, eins, zwei, drei, vier.«

Dann sprang Rogoff auf, wirbelte wieder herum und schoß in das Gebäude zurück, auf Yossarian zu und mit einem Kopf-hoch-Winken an diesem vorbei und die Treppe hinunter. Etwa zehn Minuten später kam er wieder die Treppe heraufgeeilt, sein zerfurchtes rotes Gesicht röter als ein Radieschen, fegte mit einem Kopf-hoch-Winken an ihm vorbei und die ganze Länge der Kaserne hinunter und wieder hinaus auf den Balkon, wo er die Männer aus ihren Kniebeugen riß, sie ein paar Sekunden lang begütigend mit »Hoppa, hoppa« ermunterte und sie dann zurückschleuderte ins Grätschenspringen. Er ließ Anzeichen schwerer Erschöpfung erkennen, als er nun wieder zu Yossarian kam. Seine schmale, hagere Brust hob und senkte sich konvulsivisch, als sei er am Ersticken, und dicke runde Schweißtropfen zitterten auf seiner Stirn.

»Es braucht – ich krieg' keine Luft! Es braucht noch etwas, bis der Krankenwagen hier ist«, keuchte er. »Sie müssen über den ganzen Platz fahren. Ich krieg' immer noch keine Luft!«

»Da werde ich wohl einfach warten müssen«, sagte Yossarian tapfer.

Rogoff kam schließlich wieder zu Atem. »Liegen Sie nicht einfach so da, solange Sie auf den Krankenwagen warten«, riet er. »Machen Sie Liegestütze.«

»Wenn er kräftig genug ist für Liegestütze«, sagte einer von den Sanitätern mit der Tragbahre, als der Wagen da war, »dann ist er auch kräftig genug, selber zu gehen.«

»Die Liegestütze machen ihn kräftig genug, selber zu gehen«, erklärte Rogoff fachmännisch.

»Ich bin nicht kräftig genug für Liegestütze«, sagte Yossarian, »und ich bin nicht kräftig genug zum Selbergehen.«

Ein seltsames, bedauerndes Schweigen überkam Rogoff, nachdem man Yossarian auf die Tragbahre gehoben hatte und es Zeit zum Abschied war. Sein echtes Mitgefühl war unverkennbar. Yossarian tat ihm aufrichtig leid; sobald Yossarian dies klar wurde, tat Rogoff ihm aufrichtig leid.

»Also«, sagte Rogoff und winkte leise, und schließlich fand er die taktvollen Worte. »Hoppa, hoppa.«

»Ihnen auch ›Hoppa, hoppa‹«, antwortete Yossarian.

»Verpiß dich«, sagte der Arzt im Hospital zu Yossarian.

»Hä?« sagte Yossarian.

»Ich sagte: ›Verpiß dich.‹«

»Hä?«

»Sagen Sie hier nicht ständig ›Hä?‹!«

»Sagen Sie nicht dauernd zu mir, ich soll mich verpissen.«

»Sie können ihm nicht einfach sagen, er soll sich verpissen«, sagte der Korporal. »Gibt eine neue Anweisung.«

»Hä?« sagte der Arzt.

»Wir müssen alle Abdominalbeschwerden fünf Tage lang beobachten, weil so viele gestorben sind, nachdem wir ihnen gesagt haben, sie sollen sich verpissen.«

»Also gut«, sagte der Arzt mürrisch. »Beobachten Sie ihn fünf Tage – und dann schmeißen Sie ihn raus.«

»Wollen Sie ihn nicht erst untersuchen?« fragte der Korporal.

»Nein.«

Man nahm Yossarian seine Kleider weg, gab ihm einen Pyjama und steckte ihn in ein Bett in einem Krankensaal, wo er sehr glücklich war, wenn die Schnarcher schwiegen. Er überlegte sich, daß er eigentlich gerne den Rest seiner militärischen Laufbahn so zubringen würde. Es schien eine ebenso vernünftige Methode, den Krieg zu überleben, wie irgendeine andere.

»Hoppa, hoppa«, sagte er zu sich selber.

Ursula K. Le Guin

Dies ist Ursula K. Le Guins zweite Geschichte, die im Playboy erschien. In einem Essay über die Zensur, »The Stalin in the Soul«, spricht sie andeutungsweise von ihrem ersten Auftritt hier im Jahre 1969: »Nachdem der Literaturredakteur die Geschichte angenommen hatte, schrieb mir jemand anders aus dem Unternehmen: Er fragte, ob sie anstelle meines vollen Vornamens nur den Anfangsbuchstaben abdrucken dürften und schrieb so rührend: ›Viele unserer Leser fürchten sich vor Geschichten von Frauen.‹ Damals erschien mir das als drollig, und ich stimmte zu . . . Warum habe ich nicht gemerkt, daß ich mich da verkauft habe?« Die Umstände sind wirklich merkwürdig, denn Joyce Engleson, Shirley Jackson und Françoise Sagan hatten alle schon ihre Geschichten im Playboy veröffentlicht – waren es also nur die Science-fiction-Leser, die da zitterten?

Wie dem auch sei, Le Guins großer Roman über sexuelle Ambiguität, *Winterplanet*, war gerade erschienen, und *Der Planet der Habenichtse*, ihr erstes richtig politisches Werk, folgte 1974. Es erschienen weitere politische Geschichten, von denen viele in Orsinien, einem beliebigen osteuropäischen Land, spielen. Dies ist eine davon. Sie erschien gerade, als der Koloß UdSSR zusammenbrach, ein kurzer Moment des Freudentaumels, wo die ganze Welt den Atem anhielt und hoffte.

Tauwetter

Dies ist ein Märchen. In dem leise rieselnden Schnee stehen Menschen. Irgend etwas leuchtet da, zittert und läßt ein silbriges Klingen ertönen. Augen strahlen. Stimmen singen. Menschen lachen und weinen, geben einander die Hand, umarmen sich. Irgend etwas leuchtet und zittert. Und wenn sie nicht gestorben sind, dann leben sie noch heute. Auf die Dächer fällt Schnee und weht über die Parks, die Plätze, den Fluß.

* * *

Dies ist Geschichte. Es war einmal, daß in einem fernen Königreich ein guter König auf seinem Schloß lebte. Da fiel ein böser Zauber über sein Land. Die Weizenkörner verdorrten in den Ähren, die Bäume des Waldes verloren ihre Blätter, es gedieh nichts mehr.

* * *

Dies ist ein Stein. Es ist ein Pflasterstein auf einem abschüssigen Platz vor einer alten, rötlichen Festung, die fast keine Fenster hat; Schloß Roukh heißt sie. Der Platz wurde vor nahezu dreihundert Jahren gepflastert, und eine Menge Füße haben auf diesen Stein getreten, nackte und beschuhte, kleine Kinderpantinen, Pferdehufeisen, Soldatenstiefel; und immer wieder sind Räder drübergefahren, von Karren und Kutschen, Autoreifen, Panzerketten. Auch Hundepfoten ab und zu. Und da war Hundekot, und da war Blut, und beides war rasch fortgespült vom Wasser, das mit Eimern drübergegossen oder aus Schläuchen gespritzt wurde oder vom Himmel fiel.

Aus Steinen kann kein Blut kommen, heißt es, und Steinen kann man auch kein Blut geben. Ein Stein nimmt keine Flecken an. Weiter unten, in unmittelbarer Nähe der Straße, die vom Roukh-Platz durch das alte jüdische Viertel zum Fluß führt, ist das Pflaster das eine oder andere Mal aufgebrochen und zu Barrikaden aufgetürmt worden, da sind sogar etliche Steine durch die Luft geflogen. Aber nicht lange. Sie waren bald wieder an ihre Stelle gerückt oder durch andere ersetzt worden; ihnen war das gleich. Der Mann, den der fliegende Stein traf, ist neben dem Stein, der ihn tötete, zu Boden gegangen wie ein Stein. Der Mann, dem die Kugel durchs Gehirn schoß, ist hingeschlagen, und sein Blut ist geflossen, auf diesen Stein oder vielleicht einen andern; das ist ihnen gleich. Die Soldaten haben das Blut fortgespült, mit Wasser, das sie aus den Eimern gossen, aus denen ihre Pferde tranken. Nach einer Weile hat es geregnet. Es hat geschneit. Die Glocken haben geläutet, jeweils zur vollen Stunde, Weihnacht um Weihnacht, ein Neujahr nach dem andern. Panzerketten haben auf diesem Stein angehalten, und da würde man meinen, daß ein solch riesiges, schweres Ding wie ein Panzer Spuren hinterließe; davon ist bei dem Stein aber nichts zu sehen. Nur die vielen Füße, die nackten und die beschuhten, haben dem Stein über die Jahrhunderte eine Eigenschaft übertragen, nicht gerade eine Glätte, nein, aber etwas Weiches so wie Leder oder Haut. Fleckenlos, ohne gezeichnet zu sein, gleichgültig, besitzt er nun die Eigenschaft, das Leben über lange Zeiträume ertragen zu haben. So ist der Stein voller Kraft, und wer darauf tritt, der könnte verwandelt werden.

* * *

Dies ist eine Geschichte. Die junge Frau nahm ihren Schlüssel und schloß auf, sie trat ein und rief: »Mama? Ich bin's, Fana!«

Und die Mutter rief aus der Küche der Wohnung: »Ich bin hier«, und sie liefen sich entgegen und fielen sich im Türeingang zur Küche in die Arme.

»Komm schon, nun komm schon!«

»Wohin soll ich denn kommen?«

»Es ist Donnerstag, Mama!«

»Ach so«, sagte Bruna Fabbre und zog sich zum Herd zurück und machte vage ablehnende Gesten in Richtung der Töpfe, Küchentücher und Löffel.

»Du hast es versprochen.«

»Aber es ist doch schon fast vier Uhr . . .«

»Bis halb sieben können wir wieder zurück sein.«

»Ich muß aber noch die ganzen Prüfungsarbeiten benoten.«

»Du *mußt* mitkommen, Mama. Wirklich. Du wirst ja sehen!«

Es hätte eines Herzens aus Stein bedurft, um den leuchtenden Augen, dem Locken, dem Befehlston zu widerstehen. »Nun komm«, sagte sie, und die Mutter kam.

Doch nur widerstrebend. Auf der Treppe sagte sie: »Das ist *deine* Stunde. Nicht meine.«

Im Bus sagte sie es noch einmal: »Dies ist *deine* Stunde, nicht meine.«

»Wie kommst du denn darauf?«

Bruna gab zunächst keine Antwort, blickte aus dem Busfenster auf die vorbeischaukelnde graue Stadt, in den toten Novemberhimmel hinter den Dächern.

»Schau«, sagte sie, »bevor Kasi, mein Bruder Kasimir, bevor er umgebracht wurde – da wäre es auf mich angekommen. Aber ich war damals zu jung. Zu dumm. Und dann haben sie Kasi umgebracht.«

»Versehentlich.«

»Es war kein Versehen. Sie waren hinter einem Mann her, der Menschen über die Grenze half, außer Landes, sie haben ihn nicht erwischt, und deshalb haben sie . . .«

»Damit sie der Zentrale irgendwas melden konnten.«

Bruna nickte. »Er war ungefähr so alt wie du jetzt«, sagte sie. Der Bus hielt, es stiegen Leute zu, die sich im Mittelgang drängten. »Seit damals, seit siebenundzwanzig Jahren, ist es immer zu spät. Für mich. Erst war ich zu dumm, dann war's zu spät. Das ist jetzt *deine* Stunde. Ich hab' meine verpaßt.«

»Du wirst sehen«, sagte Stefana, »zum Aufholen ist es nie zu spät.«

* * *

Dies ist Geschichte. Vor dem rötlichen Schloß, das fast keine Fenster hat, steht eine Reihe Soldaten; mit angelegtem Gewehr. Auf den Pflastersteinen kommen junge Männer singend auf sie zu. »Nach dem Dunkel kommt das Licht, o Freiheit, deines ewigen Tages!«

Die Soldaten feuern. Und wenn sie nicht gestorben sind, dann leben sie noch heute, die jungen Männer.

* * *

Dies ist Biologie.

»Verdammt, wo sind bloß alle hin?«

»Es ist Donnerstag«, sagte Stefan Fabbre, und dann: »Verflixt!« Auf dem Computer-Bildschirm hüpften Zahlen herum und flimmerten. Er trug über Pullover und Schal seinen Mantel, weil das Biologie-Labor nur durch einen Raumstrahler geheizt werden konnte, der aber im Computer-Stromkreis einen Kurzschluß verursachte, wenn beide gleichzeitig eingeschaltet wurden. »Es gibt inzwischen Programme, die das in zwei Sekunden bewältigen«, sagte er und drückte verdrossen auf die Tastatur.

Avelin kam näher und warf einen Blick auf den Monitor. »Was ist das?«

»Die DNA-Vergleichszählung. Da wäre ich sogar mit den Fingern schneller.«

Avelin, ein adretter, blasser, dunkeläugiger, glatzköpfiger Mann um die Vierzig, wanderte im Laboratorium umher und blätterte rastlos in einer Mappe mit Berichten. »Mit so was kann man doch keine Universität betreiben«, sagte er. »Ich hätte dich eigentlich unten auf der Straße vermutet.«

Fabbre gab eine neue Zahlenreihe ein und sagte: »Und warum?«

»Du bist ein Idealist.«

»Wirklich?« Fabbre lehnte zurück und rollte den Kopf, um den steifen Hals zu lockern. »Ich gebe mir alle Mühe, keiner zu sein.«

»Realist ist man von Geburt, das kann man nicht werden.« Der Jüngere ließ sich auf einem Laborhocker nieder und fixierte die vernarbte, fleckige Tischplatte. »Es bricht zusammen.«

»Glaubst du? Ernsthaft?«

Avelin nickte. »Du hast doch den Bericht aus Prag gehört.«

Fabbre nickte.

»Vergangene Woche ... diese Woche ... nächstes Jahr – ja, ein Erdbeben. Die Steine bersten – alles fällt auseinander – da stand ein Gebäude, jetzt steht's nicht mehr. Ein historisches Ereignis. Und deshalb kann ich nicht verstehen, warum du hier oben im Labor bist und nicht dort unten.«

»Du kannst es wirklich nicht verstehen?«

Avelin lächelte und sagte: »Wirklich nicht.«

»Na schön.« Fabbre erhob sich und begann in dem langgezogenen Raum auf und ab zu gehen, während er sprach. Er war ein schmächtiger, ergrauter Mann mit jungenhaft heftigen, beherrschten Gesten. »Wissenschaft oder politisches Handeln, entweder/oder: Entscheide dich. Richtig? Es gehört zu unserer Verantwortung, uns zu entscheiden. Richtig? Also habe ich mich verantwortungsvoll für meine Verantwortung entschieden. Ich habe mich für die Wissenschaft entschieden und allen Aktivitäten abgeschworen – außer wissenschaftlichem Handeln. *Verantwortlichem* wissenschaftlichem Handeln. Da draußen können sie die Regeln ändern; hier drinnen nicht; wenn sie es versuchen, werde ich mich dem entgegensetzen. Das ist *mein* Widerstand.« Er schlug auf die Laborbank, als er sich umdrehte. »Ich doziere ja schon wieder. Auf diese Art gehe ich beim Dozieren auf und ab. Also gut, nun zu den Hintergründen meiner Entscheidung. Ich komme aus dem Nordosten des Landes. '56, im Nordosten – kannst du dich erinnern? Mein Großvater, mein Vater – Vergeltungsmaßnahmen. Dann, '60, komme ich hierher, an die Universität. '62, mein bester Freund, der Bruder meiner Frau. Wir gingen gerade zusammen über einen Dorfmarkt, waren mitten im Gespräch, plötzlich sprach er nicht mehr, sie hatten ihn erschossen. Irgendein Versehen. Richtig? Er war Musiker. Ein Realist. Ich empfand es als Verantwortung ihm gegenüber, als Verantwortung ihnen gegenüber, verstehst du, vorsichtig zu leben, aus Verantwortung das zu tun, was ich am besten konnte. Was ich am besten konnte, war das hier.« Er machte eine ausladende Geste, die das ganze Labor einschloß. »Auf diesem Gebiet bin ich gut. Deshalb versuche ich weiterhin, Realist zu sein. Soweit unter den gegebenen Umständen möglich, die weniger und weniger mit der Realität zu tun haben. Es sind aber nur äußere Umstände. Äußere Umstände, unter denen ich meine Arbeit tue, so gut es eben geht.«

Avelin saß mit gesenktem Kopf auf dem Laborhocker. Als Fabbre endete, nickte er. Nach einer Weile sagte er: »Ich muß dich aber doch fragen, ob es realistisch ist, die Umstände, wie du das nennst, von der Arbeit zu trennen.«

»Etwa so realistisch wie die Trennung von Körper und Geist«, sagte Fabbre. Er richtete sich auf und nahm wieder vor dem Computer Platz. »Ich möchte diese Reihe eingeben«, sagte er und legte die Hände auf die Tastatur und richtete den Blick auf die Notizen, die er abtippte. Fünf oder sechs Minuten später setzte er den Drucker in Gang und fragte, ohne sich umzuwenden: »Ist das dein Ernst, Givan? Du glaubst, daß es auseinanderbricht?«

»Ja. Das Experiment ist vorbei, glaube ich.«

Der Drucker kreischte und kratzte. Sie hoben die Stimme, um einander verstehen zu können.

»Du meinst, hier bei uns?«

»Hier und überall. Die da unten auf dem Roukh-Platz, die wissen es. Geh hinunter. Du wirst sehen. Solchen Jubel kann es nur über den Tod eines Tyrannen geben oder wenn es mit einer großen Hoffnung zu Ende ist.«

»Oder beides.«

»Oder beides«, räumte Avelin ein.

Das Papier staute sich im Drucker, und Fabbre öffnete das Gerät, um es zu befreien. Ihm zitterte die Hand. Avelin schlenderte, die Hände auf dem Rücken, kühl und adrett herüber, sah hin, griff hinein und machte die Ecke frei, die den Transportmechanismus verklemmt hatte.

»Es wird nicht mehr lange dauern«, sagte er, »dann werden wir einen IBM haben. Einen Mactoshin. Was das Herz begehrt.«

»*Macintosh*«, verbesserte Fabbre.

»Dann kann alles in zwei Sekunden geschafft werden.«

Fabbre schaltete den Drucker wieder ein und ließ den Blick durch den Raum schweifen. »Hör zu, die Prinzipien . . .«

Avelins Augen zeigten ein merkwürdiges Glänzen wie von Tränen; er schüttelte den Kopf. »So viel hängt von den äußeren Umständen ab«, sagte er.

* * *

Dies ist ein Schlüssel. Er öffnet und verschließt eine Tür, die Tür zu Wohnung 2-1 im Gebäude Nummer 43 an der Pradinestraße im Alten Nordviertel der Stadt Krasnoj. Die Wohnung ist beneidenswert, weil sie eine Küche hat, eine Küche mit Töpfen, Küchentüchern, Löffeln und allem Notwendigen, und zwei Schlafzimmer, von denen eines jetzt als Wohnzimmer dient, mit Stühlen, Büchern, Papieren und allem Notwendigen sowie einer Aussicht, durch eine Lücke zwischen anderen Gebäuden, auf einen kurzen Abschnitt des Flusses Molsen. Zur Zeit ist der Fluß bleiern, und die Bäume oberhalb sind nackt und schwarz. Die Wohnung ist unbeleuchtet, es ist niemand da. Bruna Fabbre hat die Tür beim Weggehen abgeschlossen und den Schlüssel, der mit dem Schlüssel zu ihrem Schreibtisch im Lyzeum und dem Schlüssel zur Wohnung ihrer Schwester Benedicta in Trasfuive zusammen an einem Stahlring hängt, in ihre kleine Kunstlederhandtasche fallen gelassen, die an den Ecken langsam schäbig wird, und die Handtasche zugeschnappt. An einer geflochtenen Schnur in der Jeanshosentasche von Brunas Tochter Stefana befindet sich ein Zweitschlüssel, dazu der Schlüssel zu ihrem Spind im Schlafsaal G der Universität Krasnoj, wo sie am Seminar für Orsinische und Slawische Literatur nach dem ersten Examen an einer Promotion auf dem Gebiet der frühromantischen Dichtung arbeitet. Stefana schließt ihren Spind nie ab. Die beiden Frauen laufen auf der Pradinestraße drei Blocks weiter und warten an der Straßenecke einige Minuten auf den Bus der Linie 18, der auf dem Bulvard Settentre von Nord-Krasnoj ins Stadtzentrum fährt.

Der Schlüssel und sein Duplikat in der vollgestopften Handtasche und der Enge und Wärme der Jeanstasche sind untätig, still, vergessen. Ein Schlüssel vermag nur eins: eine Tür verschließen und aufschließen; das ist sein ganzer Zweck, seine ganze Bedeutung; er hat eine Funktion, aber keine Rechte. Er kann abschließen oder aufschließen. Er kann gefunden oder weggeworfen werden.

* * *

Dies ist Geschichte. Es war einmal vor langer Zeit, 1830, 1848, 1866, 1918, 1956, daß Steine geflogen sind. Da sind Steine durch die Luft geflogen wie Tauben und Herzen auch; da hatten Herzen Flügel. Das waren noch Zeiten, als Steine geflogen sind, da haben die Herzen Flügel bekommen, die jungen Stimmen haben gesungen. Die Soldaten legten ihre Musketen an, die Soldaten zielten mit Gewehren, die Soldaten brachten ihre Maschinengewehre in Position. Sie waren jung, die Soldaten. Sie schossen, und die Steine legten sich nieder, die Tauben sind abgestürzt. Es gibt einen roten Edelstein, der »Taubenblut« genannt wird; es ist ein Rubin. Die roten Steine auf dem Roukh-Platz sind keine Rubine; gieß nur einen Eimer Wasser drüber oder laß es regnen, und sie sind wieder grau, bleigraue, ganz gewöhnliche Steine. Sie sind nur ab und zu geflogen, haben sich nur in ganz bestimmten Jahren in Rubine verwandelt.

* * *

Dies ist ein Bus, er ist ohne jeden Bezug zu Märchen, etwas völlig Unromantisches, unbestreitbar Realistisches; obwohl er, in gewissem Sinne, prinzipiell, eigentlich etwas höchst Idealistisches darstellt. Ein Stadtbus, gerammelt voll, der an einem Novembernachmittag auf der Straße einer Großstadt in Mitteleuropa stehengeblieben ist. Was denn sonst? O je. Ach, verdammt. Aber nein, es ist ja nicht so, daß er stehengeblieben wäre; der Motor, welch ein Wunder, ist gar nicht kaputt; der Bus kann nur nicht weiterfahren. Und warum nicht? Weil unmittelbar vor ihm ein anderer Bus halten mußte, und vor dem, an der Kreuzung, ist ein weiterer Bus steckengeblieben; es sieht so aus, als ob überhaupt kein Durchkommen mehr wäre. Niemand im Bus hat das Wort Verkehrskollaps je gehört, es bezeichnet eine exotische Krankheit im geheimnisvollen Westen. Und selbst wenn es den Leuten hier bekannt wäre: In Krasnoj gibt es überhaupt nicht genug Privatfahrzeuge, die einen Verkehrskollaps verursachen könnten. Es gibt hier zwar durchaus Pkws und eine Menge schnaufender, idealistischer Busse, aber nur eins in hinreichend großer Zahl, um in Krasnoj den Verkehrsfluß total zum Stillstand zu bringen, und das sind Menschen. Nun gibt es andererseits aber eine Art Gleichung, welche durch Experimente bewiesen worden ist, die über viele Jahre hinweg immer wieder angestellt wurden, vielleicht nicht gerade in einem rein wissenschaftlichen oder objektiven Sinn, doch das Ergebnis ist trotzdem gut dokumentiert und durch Wiederholung bestätigt worden – nämlich, daß es in dieser Stadt nicht genug Menschen gibt, um einen Panzer zu stoppen. Außerdem wurde erst im vergangenen Frühjahr nachhaltig bewiesen, daß es sogar in viel größeren Städten nicht genug Menschen gibt, um einen Panzer zu stoppen. Es gibt in dieser Stadt allerdings genug Menschen, um einen Bus zum Stehen zu bringen, und genau das tun sie auch. Nicht, indem sie sich vor seine Räder legen, Banner schwingen oder Lieder über den ewigen Tag der Freiheit singen, sondern schlichtweg durch ihre Anwesenheit auf der Straße, dadurch, daß sie sich dem Bus in den Weg stellen, in der Annahme, daß der Busfahrer weder zum Morden noch zum Selbstmord ausgebildet ist, sowie in der Annahme – mit der alle Städte stehen oder fallen –, daß sie damit auch allen andern Bussen im Weg stehen und allen sonstigen Autos und auch sich gegenseitig, so daß in körperlicher Hinsicht niemand weit kommt.

»Wir werden zu Fuß weitergehen müssen«, sagte Stefana, und ihre Mutter preßte ihre Kunstlederhandtasche fester an sich.

»Aber das ist unmöglich, Fana. Sieh doch, die Menschenmenge! Was haben die – Ist das –?«

»Heut ist Donnerstag, gnädige Frau«, sagte ein großgewachsener, rotgesichtiger, freundlich lächelnder Mann, der hinter ihnen im Gang stand. Unter allgemeinem Geschiebe und Gemurmel stiegen alle Passagiere aus.

Eine Frau sagte verärgert: »Gestern bin ich vier Straßen weiter gekommen.«

Worauf der rotgesichtige Mann sagte: »Ja, aber heut haben wir Donnerstag.«

»Das letztemal waren es fünfzehntausend«, sagte jemand.

Und jemand anders sagte: »Heute sind's bestimmt fünfzig, fünfzigtausend!«

»An den Platz kommen wir garantiert nicht heran. Ich glaub', wir sollten es gar nicht erst versuchen«, erklärte Bruna ihrer Tochter, als die beiden sich vor dem Bus unter die Menschenmenge drängten.

»Halt dich an mich, halt dich nur fest, sei ganz unbesorgt«, sagte die Studentin frühromantischer Dichtung, eine hochgewachsene, entschlossene junge Frau, und griff nach der Hand der Mutter. »Es ist völlig unwichtig, wie weit wir kommen. Aber es wäre nett, wenn wir den Platz zumindest sehen könnten. Versuchen wir's doch. Wir wollen mal sehen, daß wir hinter dem Postamt an der Menge vorbeikommen.«

Jedermann wollte in die gleiche Richtung. Mit Schieben und Ducken und leichtem Drängen gelangten Stefana und Bruna quer über eine Straße, danach wandten sie sich gegen den Strom, liefen durch eine nahezu menschenleere Gasse, überquerten den gepflasterten Hof hinter dem Hauptpostamt und stießen schließlich auf eine noch dichtere Menge, die sich langsam über eine breite Straße und aus Seitengassen zwischen den Gebäuden vorwärts schob. »Das Schloß, dort ist das Schloß, schau!« sagte Stefana, die es sehen konnte, weil sie größer als ihre Mutter war. »Noch weiter nach vorn kommen wir nicht, es sei denn durch Osmose.« Die Osmose machte es nötig, daß sie einander losließen und sich nicht länger an der Hand hielten, was Bruna gar nicht gefiel.

»Das reicht, hier stehn wir gut«, sagte Bruna immer wieder. »Ich kann alles sehen. Dort ist das Dach des Schlosses. Es wird doch nichts geschehen, oder? Ich meine, wird da jemand eine Rede halten?« Sie meinte aber etwas ganz anderes; sie wagte nur nicht, mit ihrer Angst die Tochter zu beschämen, die noch nicht auf der Welt war, als die Steine sich in Rubine verwandelt hatten. Und sie sprach leise; denn trotz der großen Zahl, die sich auf dem Roukh-Platz drängte, waren die Menschen überhaupt nicht laut. Sie unterhielten sich ganz normal, mit leisen Stimmen. Nur ganz gelegentlich schrie einer weiter vorn am Schloß einen Namen heraus, den daraufhin viele andere Stimmen wiederholten, die Stimmen wogten und brandeten, als ob eine Welle sich bräche, und dann herrschte erneut Stille, ein gewaltiges Gemurmel wie vom Meer zwischen zwei großen Wellen.

Die Straßenlaternen leuchteten auf. Der Roukh-Platz wurde durch hohe, alte gußeiserne Pfosten mit doppelten Lampenglocken erhellt, die hoch oben ein sanftes Licht spendeten; durch das heitere Licht, das den Himmel zu verdunkeln schien, schwebten winzige dünne, trockene Flocken.

Auf Stefanas dunklem, kurzem Haar und auf dem Schal, den Bruna sich als Ohrwärmer über ihr kurzes, blondes Haar gebunden hatte, schmolzen die Schneeflocken zu Tröpfchen.

Als Stefana endlich stehenblieb, reckte Bruna sich, so hoch sie konnte, und weil die beiden am höchsten Ende des Platzes standen, gleich vor der alten Apotheke, konnte Bruna alles sehen, wenn sie den Hals reckte: die riesige Menschenmenge, die Gesichter, unzählige, wie Schneeflocken. Sie sah, wie es dunkler wurde, wie es schneite und daß aus dieser Menge kein Weg herausführte, daß es keinen Weg nach Hause gab. Sie war im Walde verloren. Das Schloß, dessen wenige erhellte Fenster matt über der Menge leuchteten, lag still. Niemand kam heraus, niemand ging hinein. Es war der Regierungssitz; dort lag die Macht. Es war das Kraftwerk, das Pulverfaß, die Bombe. In jenen alten, rötlichen Mauern hatte sich die Macht angesammelt, komprimiert, über die Jahre, die Jahrhunderte war sie dort hineingedrückt und -gezwungen worden; falls sie jetzt explodierte, würde sie mit schrecklicher Gewalt platzen und scharfe Steinsplitter von sich schleudern. Und hier draußen im Zwielicht, im Offenen, gab es bloß weiche Gesichter mit leuchtenden Augen, kleine, weiche Brüste, Bäuche und Schenkel, die nur durch ein bißchen Stoff geschützt waren.

Sie senkte den Blick auf ihre Füße, aufs Pflaster. Die Füße waren kalt. Wenn Bruna daran gedacht hätte, daß es schneien könnte, wenn Fana sie nicht so sehr gedrängt hätte, dann hätte sie bestimmt Stiefel angezogen. Ihr war kalt, sie fühlte sich verloren, einsam, ihr war nach Weinen zumute. Sie drückte das Kinn heraus, sie preßte die Lippen zusammen und stellte sich ganz fest auf die kalten Füße auf dem Pflaster.

Da stieg ein Klang auf, dünn, hell und so leicht wie die Schneekristalle. Durch die Menge lief ein leises, fröhliches Murmeln. Es wurde still, und durch die Stille spannte sich der winzige, immer wieder neu einsetzende Klang.

»Was ist das?« fragte Bruna und begann zu lächeln. »Warum machen sie das?«

* * *

Dies ist eine Komiteesitzung. Ich muß doch wohl nicht schildern, wie eine Komiteesitzung verläuft? Das Komitee tritt, wie üblich, am Freitagmorgen um elf Uhr im Keller der wirtschaftswissenschaftlichen Fakultät zusammen. Allerdings tagt es am Freitagabend um elf noch immer, und es gibt eine beachtliche Anzahl von Zuschauern, ein paar Millionen genaugenommen, dank des Ausländers und seiner Kamera, einer Fernsehkamera mit einem langen Rüssel, einem einäugigen Rüssel, der herumspäht und alles in sich hineinsaugt, was er sieht. Der Kameramann konzentriert sich lange auf die hochgewachsene, dunkelhaarige junge Frau, die so ungemein beredt für einen ganz bestimmten Entschluß eintritt, dafür nämlich, daß ein gewisser Mann in die Hauptstadt zurückgerufen werden soll. Die Argumente, die sie geltend macht, werden die Millionen Zuschauer allerdings nicht verstehen, da sie in einer obskuren Sprache vorgebracht und für sie nicht übersetzt werden. Die Zuschauer erkennen nur, daß der Augenrüssel der Kamera auf dem jungen Gesicht der Frau verharrt und es aufsaugt.

* * *

Dies ist eine Liebesgeschichte. Zwei Stunden später: Der Kameramann war längst gegangen, aber das Komitee tagte immer noch.

»Nein. Hört zu«, sagte sie, »allen Ernstes, in genau diesem Moment ist der Verrat schon fast begangen. Freie Wahlen, ja. Doch wenn wir jetzt nicht weiterblicken, wann dann? Und wer soll's dann tun? Sind wir ein Land oder ein Vasallenstaat, der nur die Oberherrschaft auswechselt?«

»Man muß Schritt für Schritt vorgehen, konsolidieren –«

»Wenn der Damm bricht? Durch Stromschnellen muß man hindurchjagen! In einem Zug!«

»Es geht hier um die Frage der Richtung, für die man sich entscheidet –«

»Genau, um die Wahl der Richtung. Damit man nicht sinnlos von äußeren Ereignissen weggeschwemmt wird.«

»Die Ereignisse tendieren doch aber alle in dieselbe Richtung.«

»Das tun sie immer. Zurück! Du wirst's schon sehen!«

»Wohin? In die Abhängigkeit von der westlichen Welt statt vom Osten, wie Fana gesagt hat?«

»Abhängigkeit ist unvermeidlich – eine Umorientierung. Das bedeutet doch keine Besatzung –«

»Und ob das zu einer Besatzung führen wird, verdammt! Eine Besatzung durch Kapital, Materialismus, ihre Märkte, ihre Wertvorstellungen. Du glaubst doch nicht etwa, daß wir uns gegen sie wehren können, wie? Was bedeutet einem Farbfernseher soziale Gerechtigkeit? Die Schlacht ist bereits verloren, bevor sie geschlagen wird. Wo stehen wir?«

»Wo wir immer gestanden haben. In einer absolut unhaltbaren Position.«

»Er hat recht. Ernsthaft, wir befinden uns genau da, wo wir uns schon immer befunden haben. Das trifft auf niemand sonst zu. Nur auf uns. Sie haben uns eingeholt, für einen Moment, jetzt, in diesem Moment, und deshalb sind wir in der Lage zu handeln. Die unhaltbare Position ist zum Zentrum der Macht geworden. Jetzt. *Jetzt* können wir handeln.«

»Um die Einführung des Farbfernsehens zu verhindern? Wie? Der Damm ist gebrochen. Die Waren fluten herein. Und wir ertrinken in ihrer Flut.«

»Nicht, wenn *wir* die Richtung bestimmen, die richtige Richtung, sofort, auf der Stelle –«

»Aber wird Rege auf uns hören? Warum wenden wir uns Vergangenem zu, wenn wir der Zukunft entgegenschreiten sollten? Falls wir –«

»Wir müssen einen Grund legen –«

»Nein, handeln müssen wir! Die Freiheit kann nur in einem Moment der Freiheit begründet werden –«

Sie schrien alle durcheinander, gleichzeitig, mit heiseren, erschöpften Stimmen. Jeder von ihnen hatte geredet und zugehört und schlechten Kaffee getrunken und über Tage, nein Wochen von der Liebe gelebt. Jawohl, von der Liebe; solche Streitereien sind Auseinandersetzungen Liebender. Es geschieht aus Liebe, wenn er bittet; es geschieht aus Liebe, daß sie sich ereifert. So etwas geschieht immer nur aus Liebe. Und das war der Grund, warum die neugierige, schnüffelnde Kamera in diesen schmutzigen Kellerraum eindrang; weil sich hier die Liebenden trafen. Die Kamera lechzt nach Liebe, nach dem Anblick der Liebe; wenn du selber das Echte nicht haben kannst, kannst du zumindest im Fernsehen dabei zuschauen, und dann kannst du das Echte bald nicht mehr unterscheiden von den Bildern auf dem Bildschirm, wo, wie er sagte, alles binnen zwei Sekunden machbar ist. Doch die Liebenden kennen den Unterschied.

* * *

Dies ist ein Märchen. Bekanntlich tut sich im Märchen nichts mehr, nachdem es heißt: Und wenn sie nicht gestorben sind, dann leben sie noch heute. Der böse Zauber war gebrochen; der gute Diener erhielt zur Belohnung die Hälfte des Königreichs; der König herrschte lang und gut. Stell keine Fragen; merk dir den Augenblick, als der Verrat begangen wurde. Frag nicht, ob die vergifteten Felder wieder weiß geworden sind vom reifenden Korn. Frag nicht, ob in jenem Frühjahr die Blätter des Waldes grünten. Frag nicht, was das Mägdelein als Lohn bekam. Denk an die Geschichte von Koschki Ohnetod, dessen Leben in einer Nadel steckte, und die Nadel war in einem Ei, und das Ei war in einem Schwan, und der Schwan war in einem Adler, und der Adler war in einem Wolf, und der Wolf war im Schloß, dessen Mauern aus den Steinen der Macht erbaut waren. Zauber im Zauber! Wir sind weit entfernt von dem Ei, das die Nadel enthält, die zerbrochen werden muß, damit Koschki Ohnetod sterben kann. Und damit endet die Geschichte. Auf dem abschüssigen Pflaster vor dem Schloß haben Abertausende Menschen gestanden, in der Luft flimmerten Schneeflocken, und das Volk hat gesungen. Du kennst das Lied, dieses alte Lied mit seinen Wörtern wie *Land, Liebe, Freiheit*, in der Sprache, die dir am längsten vertraut ist. Die Wörter lösen Stein von Stein, die Wörter bringen Panzer zum Stehen, die Wörter verwandeln die Welt, wenn das Lied im richtigen Moment von den richtigen Menschen gesungen wird, nachdem genug Menschen dafür gestorben sind, daß sie es sangen.

In den Mauern des Schlosses haben sich tausend Türen geöffnet. Die Soldaten haben ihre Waffen niedergelegt und gesungen. Der böse Zauber war gebrochen. Der gute König ist wieder in sein Königreich heimgekehrt, und das Volk hat auf dem Pflaster der Stadt vor Freude getanzt.

* * *

Und wir wollen nicht danach fragen, was dann geschah. Aber wir können die Geschichte zu Ende erzählen, wir können die Geschichte so lange weitererzählen, bis wir sie auf den Punkt gebracht haben.

»Meine Tochter gehört zum Komitee des Studentischen Aktionsrats«, berichtete Stefan Fabbre seinem Nachbarn Florens Aske, als die beiden vor der Bäckerei an der Pradinestraße Schlange standen. Seine Stimme hatte einen unsicheren Ton.

»Ich weiß. Erreskar hat sie im Fernsehen gesehen«, sagte Aske.

»Sie behauptet, es gebe nur einen Weg, um einen unverzüglichen und glaubwürdigen Übergang zu ermöglichen, nämlich Rege wieder zurückzuholen. Die Armee wird ihn ihrer Meinung nach akzeptieren.«

Die beiden schlurften einen Schritt vor.

Aske, ein alter Mann mit hartem, braunem Gesicht und schmalen Augen, schob die Lippen vor und dachte nach.

»Du hast doch Reges Regierung angehört«, sagte Fabbre.

Aske nickte. »Für eine Woche, als Erziehungsminister«, sagte er und stieß einen Laut aus – *Aup!* –, der wie das Bellen eines Seelöwen klang, wie Husten oder wie Lachen.

»Glaubst du, daß er es schaffen könnte?«

Aske zog sich den schmuddligen Schal dichter um den Hals und sagte: »Also, dumm ist Rege nicht. Aber er ist alt. Was ist mit diesem Wissenschaftler, dem Physiker?«

»Rochoi. Stefana sagt, die Idee wäre die, zunächst Rege zu holen, für den Übergang, als Symbol, wegen der Anknüpfung an '56. Und wenn er's packt, soll Rochoi der Mann sein, mit dem sie dann bei den Wahlen antreten würden.«

»Sie träumen von Wahlen . . .«

Sie bewegten sich wieder einen Schritt vor, standen jetzt vor dem Fenster der Bäckerei, bis zur Tür waren es nur noch acht oder neun Menschen.

»Warum schieben sie diesen alten Mann vor?« fragte der alte Mann. »Diese Jungen und Mädchen, diese jungen Leute – wozu um alles in der Welt wollen sie uns wiederhaben?«

»Ich weiß nicht«, sagte Fabbre. »Ich denke mir nur, daß sie wissen, was sie tun. Sie hat mich mitgenommen, weißt du, sie hat darauf bestanden, daß ich eine von den Versammlungen besuche. Sie hat mich aus dem Labor geholt – Komm schon, laß das stehn, geh mit! Und ich hab's getan. Da gab's keine Frage. Sie hat das Heft fest in der Hand. Sie alle, mit Zweiundzwanzig oder Dreiundzwanzig, haben das Heft in der Hand. Die Macht. Struktur, Ordnung – da sind sie noch auf der Suche, aber in einem Punkt sind sie sehr entschieden: Gewaltanwendung würden sie als Niederlage verstehen. Gewaltanwendung sehen sie als einen Verlust von Wahlmöglichkeiten. Sie sind absolut sicher und völlig naiv. Wie der Frühling – wie Lämmer im Frühling. Sie haben noch nie etwas gemacht und wissen genau, was zu tun ist.«

»Stefan«, sagte seine Frau Bruna, die während der letzten Sätze unmittelbar neben ihm gestanden hatte, »jetzt dozierst du wieder. Tag, mein Lieber. Hallo Florens, deiner Margarita bin ich vorhin gerade auf dem Markt begegnet, wir hatten uns wegen Wirsing angestellt. Ich muß in die Stadt, Stefan. Ich weiß nicht, wann ich zurück sein werde, irgendwann nach sieben vielleicht.«

»Schon wieder?« sagte er.

Und Aske sagte: »In die Stadt?«

»Es ist Donnerstag«, sagte Bruna und zog die Schlüssel aus der Handtasche, die Schlüssel zu den zwei Wohnungen und den Schlüssel für ihren Schreibtisch, hob sie hoch und schüttelte sie vor den Gesichtern der Männer in der Luft. Die Schlüssel klingelten silbrig, und Bruna lächelte.

»Ich komme mit«, sagte Stefan Fabbre.

»Aup! Aup!« stieß Aske hervor. »Ach, was soll's, ich komm' auch mit. Der Mensch lebt nicht vom Brot allein, oder?«

»Wird Margarita sich Sorgen machen, wo du bleibst?« fragte Bruna, als die drei die Schlange vor der Bäckerei verließen und zur Bushaltestelle gingen.

»Das ist das Problem mit den Frauen, siehst du«, sagte der Alte. »Machen sich Sorgen, daß sie sich Sorgen machen wird. Jawohl, das wird sie. Und du machst dir Sorgen wegen deiner Tochter, wie?«

»Ja«, sagte Stefan. »Das tu ich.«

»Nein«, sagte Bruna, »das nicht. Ich fürchte mich vor ihr. Ich habe Angst um sie. Ich ehre und achte sie. Sie hat mir die Schlüssel gegeben.« Und sie klemmte sich die Kunstledertasche beim Weggehen ganz fest unter den Arm.

* * *

Dies ist die Wahrheit. Sie standen auf den Steinen, im leise rieselnden Schnee, und lauschten dem silbrigen, zitternden Klang von tausenden Schlüsseln, die geschüttelt wurden, bis die Atmosphäre endlich aufgeschlossen war, lang, lang ist's her.

Jay McInerney

Wie es ausging

Jay McInerneys *Ein starker Abgang. Bright Lights, Big City* (1984) war der sensationellste Debüt-Roman der achtziger Jahre. Er bot den *Hypes* und Möchtegern-*Hypes* einen witzigen und unglaublich detailgetreuen Blick in die verdrogte Szene der Stadt und hinter die Kulissen eines Magazins, von dem angenommen wird, daß es sich dabei um den New Yorker handelt.

Sein zweiter Roman, *Einhandklatschen in Kioto* (1985), spielte in Japan, aber am Ende des Jahrzehnts war klar, daß McInerneys Stärke darin liegt, in die Haut der Yuppies zu schlüpfen, der Leute seiner eigenen Generation (er ist Jahrgang 1955), die zwar Fliegen anlegen und Seidenstrumpfhosen tragen, wenn sie zur Arbeit gehen, aber deren Privatleben ziemlich unordentlich sein kann. Zur Zeit scheint er der einzige amerikanische Schriftsteller zu sein, der an diesem äußerst ergiebigen Thema arbeitet. Diese Geschichte handelt von solchen Menschen.

Jay McInerney

Wie es ausging

Ich frage verheiratete Paare immer gern, wie sie sich kennengelernt haben. Es ist jedesmal faszinierend, wenn man erfährt, wie zwei Menschenleben zusammengekommen sind, wie aus einer schier unendlichen Zahl möglicher Verbindungen gerade diese eine zustandegekommen ist – und den Anfang einer noch andauernden Geschichte zu erfahren. Als Scheidungsanwalt bin ich permanent mit der Beendigung von Ehen befaßt, und so ist es für mich eine Abwechslung, eine Art Urlaub, das Reich der Anfänge zu besichtigen. Im übrigen stelle ich die Frage auch deshalb, weil ich gern meine eigene Geschichte erzähle – soll heißen: *unsere* Geschichte –, die ich schon immer als einzigartig empfand.

Ich heiße Donald Prout; der Name reimt sich auf »laut«. Meine Frau Cameron und ich machten Ferien in der Karibik, als wir Johnny und Jean Van Heusen begegneten, in einem kleinen Nobelbadeort auf den Jungferninseln, wo wir die beiden gewöhnlich bei den Mahlzeiten im Speisesaal und dann später am Strand trafen. Es gehörte dort zur Etikette, daß man die Privatsphäre respektierte; andererseits herrschte aber auch ein unterschwelliges Kameradschaftsgefühl, das aus dem Bewußtsein entstand, daß man mit den übrigen Gästen ein gewisses Niveau an Geschmack und Wohlstand gemeinsam hatte. Im übrigen stachen die beiden dadurch hervor, daß sie außer uns das einzige jüngere Ehepaar waren.

Ich hatte gerade mit Glanz und Gloria einen schwierigen Scheidungsfall abgeschlossen – einem reichen Ehemann eins übergebraten und für meine Klientin einen stattlichen Anteil seines Vermögens herausgeholt, trotz beachtlichen Beweismaterials, daß sie ihn seit Jahren mit allem betrogen hatte, was nur Hosen trug. Natürlich habe ich für ihn Mitgefühl empfunden. Andererseits hatte er selber schließlich auch einen Anwalt, und er besaß noch immer Millionen, für die er nichts geleistet hatte; im übrigen ist es mein Job, Klienten so gut zu vertreten, wie es nur geht. Ich genoß also die wohlverdiente Erholung, wie ich es in Ermangelung eines besseren Klischees betrachtete. Erholung hatte es für mich seit zwölf Jahren kaum gegeben, seit dem Abschluß an der High School nicht mehr, als ich zum renommierten Amherst College ging – wo ich nebenbei jobbte, um die Studiengebühren aufbringen zu können –, von da zur juristischen Fakultät der Columbia University und anschließend zu einer großen Kanzlei im Herzen von New York, wo ich mich als Juniorpartner sechs Jahre lang bis zur Erschöpfung abgerackert hatte.

Es ist eine traurige Tatsache, daß die Fähigkeit zum Genießen langer Mußestunden ein Talent ist, das viele von uns verloren oder nie richtig entwickelt haben. Ich war an unserem ersten Morgen in diesem Paradies noch keine Stunde wach, als mich bereits Unruhe packte; mein Blick wanderte hinter den stieläugigen Landkrabben her, wie sie seitwärts über den Sand rannten, und ich wollte oder konnte mich nicht auf den Updike konzentrieren, den ich im Flugzeug zu lesen begonnen hatte. So fiel mir, als ich da vor unserer Strandhütte lag, dann auch das attraktive junge Paar auf, das aus dem Wasser kam und sich dabei ausgiebig besprizte. Sie war groß, elegant und brünett. Er dagegen mit seinem strohblonden Haar und seinen schlaksigen Bewegungen sah aus wie ein Internatsschüler, der ein Semester freigenommen hatte, um segeln zu gehen. Während der folgenden Tage konnte ich gar nicht umhin, sie häufig zu bemerken. Sie waren sehr zärtlich, was darauf schließen ließ, daß sie relativ jung verheiratet waren. (Beide trugen einen Trauring.) Und sie hatten eine Aura, als ob sie rechtmäßig Anspruch auf das Leben hier hätten, als seien sie an diesem sündhaft teuren Stück weißen Strandes und türkisfarbenen Wassers vollkommen zu Hause; insofern vermutete ich bei ihnen Reichtum im Hintergrund. Im übrigen wirkten sie allen andern gegenüber herrlich desinteressiert und damit völlig anders als diese Paare, die nach ein paar Tagen Sonne, Strand und Zusammensein mit dem eigenen Partner anfangen, die Nachbarn zu einem Daiquiri auf ihren Balkon einzuladen, um die Fühler nach gemeinsamen Bekannten und Interessen auszustrecken, damit ihnen bloß die schreckliche, wechselseitige Monotonie erspart bleibt, die nicht die mindeste Entspannung oder Abwechslung bietet.

Das Zusammensein der Van Heusens zu beobachten, war belebend. Ihr Umgang miteinander erneuerte mein Bild von der Ehe. Wir, so rief ich mir in Erinnerung, waren schließlich auch ein attraktives junges Paar. Wegen der offenkundigen Ähnlichkeit mit ihnen fand ich uns selbst wieder reizvoller, und als ich dann mithörte, wie er einem alten Herrn erzählte, daß er kürzlich das juristische Examen und die Anwaltsprüfung gemacht hätte, überkam mich plötzlich eine Art Verwandtschaftsgefühl, das wiederum mein Selbstbewußtsein hob, weil ich selber vor kurzem zum Partner in einer der angesehensten New Yorker Anwaltskanzleien aufgerückt war.

Am Abend unseres fünften Tages kamen wir an der Bar beim Pool ins Gespräch. Ich hörte, wie die beiden über eine Jacht rätselten, die draußen in der Bucht lag, und sagte ihnen, wem sie gehörte; ich hatte es erfahren, als ich sie vor ein paar Tagen in Tortolla gesehen hatte. Ich hatte eigentlich erwartet, daß ihm der Name vertraut war und er behaupten würde, ein Freund der Jachtbesitzer zu sein, aber er sagte bloß: »Ach ja? Hübsches Boot.«

Die Sonne verschmolz mit dem Ozean und färbte das Wasser rot-rosa-gold, ein Schauspiel, bei dem wir ganz still wurden. Ich brach das Schweigen, indem ich den Ober darauf hinwies, daß ich eine Piña Colada »on the rocks« bestellt hätte und *nicht* »frozen«, weil nämlich meine Zähne gegen zerstoßenes Eis empfindlich sind. Die Sonne war unserem Blick binnen weniger Minuten entglitten, und nach einem letzten Auflodern ihres Scheins am Himmel begannen wir zu plaudern. Sie erzählten uns schließlich, daß sie in einem dieser hochvornehmen Viertel im Norden von Boston lebten.

Sie erkundigten sich, ob wir Kinder hätten, und wir sagten nein, noch nicht. Als ich zurückfragte: »Und Sie?«, wurde Jean rot und überließ die Antwort ihrem Mann.

Er wandte sich nach einem schweigenden Blickaustausch mit ihr wieder uns zu und erklärte: »Jeannie ist schwanger.«

»Das weiß aber eigentlich noch keiner«, setzte sie nach.

Cameron strahlte Jean an und sandte dann ein vielsagendes Lächeln in meine Richtung. Genau dieses Thema hatten wir erst kürzlich diskutiert. Ich war soweit; Cameron war sich aus irgendeinem Grund nicht sicher. Wie mir schien, waren wir jedoch beide geschmeichelt, die Adressaten einer solch vertraulichen Mitteilung zu sein, obschon wir das letztlich gerade dem Mangel an echter Vertraulichkeit zwischen den Van Heusens und uns zu verdanken hatten; auch Ort und Zeit spielten mit, denn wie wir dann zu unserem Bedauern erfuhren, war es für die beiden der letzte Abend auf der Insel.

Als ich meinen Beruf nannte, bat Johnny um Rat, Kanzleien betreffend; er wollte sich gleich nach der Rückkehr daheim auf Stellensuche machen. Ich war natürlich neugierig, wie er, doch immerhin relativ spät, überhaupt auf die Jurisprudenz gekommen war und was er vorher angestellt hatte, hielt es aber für indiskret, ihn danach zu fragen.

Wir bestellten eine zweite Runde und unterhielten uns, bis es dunkel geworden war. »Warum essen Sie nicht mit uns gemeinsam zu Abend«, schlug er vor, als wir alle auf der Veranda standen und zögerten, so rasch wieder auseinanderzugehen. Und das taten wir denn auch. Ich war froh über die Gesellschaft, und Cameron schien durch diese Unterbrechung unserer gemeinsamen Routine sichtlich aufzuleben. Ich fand Jean immer attraktiver – selbstsicher und witzig –; ihr Mann dagegen gab sich sarkastisch und machte sich auf eine Art und Weise selber klein, die gut zu einem jungen Mann paßte, der wahrscheinlich ein wenig zu reich und glücklich war, als es irgend jemandem guttun würde. Er machte den Eindruck eines Menschen, der sich absichtlich dümmer stellt, als er ist.

Nachdem die Teller abgeräumt waren, sagte ich: »Jetzt erzählen Sie mal. Wie haben Sie sich kennengelernt?«

Cameron lachte. Es war mein bevorzugtes Gesellschaftsspiel; das Erzählen der eigenen Geschichte, von meiner ersten Begegnung mit Cameron und meinem Werben um sie, lud mich nämlich wieder mit einem romantischen Liebesgefühl auf, das ich im Alltag unserer Ehe verloren hatte.

Johnny und Jean wechselten einen bedeutungsvollen Blick, als ob sie sich berieten, ob sie ein großes Geheimnis lüften sollten. Er stieß ein schnaubendes Lachen aus, und dann begann auch sie lauthals zu lachen; innerhalb weniger Sekunden schon packte die beiden eine völlig überdrehte Lustigkeit. Nun gut, wir hatten uns ein paar Planter's Punch gegönnt und zum Essen zwei Flaschen Wein getrunken, gemäß Straßenverkehrsordnung war keiner von uns nüchtern – das heißt mit Ausnahme von Jean. Cameron wirkte im Kontrast zur abstinenten Jean schon auffällig betüttelt, und als sie erneut nach der Weinflasche langte, versuchte ich ihren Blick zu fangen, doch sie hatte ihr wohlwollend verschwommenes Augenmerk ganz dem anderen Paar zugewandt. Johnny Van Heusen sagte zu seiner Frau: »Wie wir uns kennengelernt haben! O je. Willst du das übernehmen?«

Sie schüttelte den Kopf. »Versuch du's, Schatz.«

»Rauchen Sie eine Zigarre mit?« Er zog zwei Aluminiumröhrchen aus der Tasche. Ich bin kein großer Zigarrenraucher, leiste aber einem Klienten oder Sozius gelegentlich gern Gesellschaft und nahm das Angebot auch diesmal an. Er reichte mir einen Schneider, gab uns beiden Feuer, dann lehnte er sich zurück, strich sich die strohblonden Strähnen aus dem Gesicht und schaute einer Rauchwolke nach.

»Es ist vielleicht gar keine so besondere Geschichte«, meinte er abwehrend, was Jean mit einem skeptischen Lachen quittierte.

»Du hast wirklich nichts dagegen, Schatz?« sagte er.

Sie überlegte, zuckte mit den Schultern und schüttelte dann den Kopf. »Wenn's dir recht ist.«

»Also, die Geschichte fängt wohl damit an, daß ich in Bowdoin hinausgeflogen bin«, sagte er. »Um nicht lang drum herum zu reden – ich hab' gedealt. Hasch. Na schön, Hasch und ein bißchen Koks, um genau zu sein.« Er brach ab, um unsere Reaktion zu beobachten.

Ich gab mir zumindest Mühe, wohlwollende Aufgeschlossenheit zu demonstrieren, um ihn zum Weitererzählen zu bewegen. Ich war auch nicht wirklich schockiert – jedenfalls noch nicht –, aber doch einigermaßen überrascht.

»Ich bin erwischt worden«, fuhr er fort. »Eine Strafverfolgung blieb mir erspart, weil ich damit einverstanden war, meinen Krempel zusammenzupacken und auf Nimmerwiedersehen das Weite zu suchen. Meine Eltern waren nicht gerade glücklich über die ganze Sache, aber zu ihrem Pech hatte ich just in der gleichen Woche ein klein bißchen was von Großpapas schnödem Mammon geerbt, also waren sie ziemlich machtlos. Ich hatte das Büffeln sowieso satt – komisch, als ich dann vor

ein paar Jahren wieder anfing, um den BA zu machen, und anschlie
ßend Jura studierte, hat es richtig Spaß gemacht, aber damals schien es
die Mühe nicht wert. Oder vielleicht war ich sie nicht wert. Irgendwie
war überhaupt nichts etwas wert. Ich bin morgens aufgewacht und hab'
das gute alte Haschpfeifchen angeschmissen und mir dann rasch noch
ein paar Linien Koks reingezogen, damit ich die Geologie-Stunde
überstehe.«

Er sog den Rauch seines Glimmstengels ein und schüttelte bei der
Erinnerung an diese jugendlichen Exzesse betrübt das Haupt. Er schien
nicht sonderlich beschämt, eher belustigt, so, als ob er gar nicht von sich,
sondern von einem unverbesserlichen Cousin gesprochen hätte.

»Na schön, rund ein Jahr lang bin ich dann gesegelt – übrigens auch
einige Zeit in diesen Gewässern, die gehören ja zu den besten Segelgewässern der Welt –, und dann ging's wieder Richtung Boston. Vom
Geld war das meiste weg. Hinter die Bücher wollte ich mich nicht wieder klemmen, darauf hatte ich noch keinen Bock. Ich bin deshalb
irgendwie ganz von selbst wieder in Kontakt mit den Leuten gekommen, die mich mit Stoff versorgt hatten, als ich in Bowdoin dealte. Ein
Boot hatte ich noch, eine kleine 12-Meter-Jacht. Da bin ich also wieder
ins Geschäft eingestiegen. Damals lief alles noch ganz anders – das ist
jetzt mehr als zehn Jahre her –, bevor die Kolumbianer voll eingestiegen sind und den amerikanischen Vertrieb übernommen haben. Da lief
alles legerer. Wir waren Edelfreibeuter, Adrenalin-Junkies, Segelfanatiker, Freaks mit Sinn fürs Unternehmerische.«

Er runzelte ein wenig die Stirn, als ob er den Unterton von Selbstrechtfertigung und Selbsttäuschung, das total Überholte der eigenen
Sehweise auch gerade bemerkt hätte. Ich hatte die Drogenkultur der
70er weitgehend gemieden, doch selbst ich konnte mich erinnern, daß
Drogen damals als die Sakramente einer verschwommenen, fröhlichen
Befreiungstheologie betrachtet wurden oder dann, nur wenig später,
als leicht riskante Form von Entspannung. Inzwischen war aus dem
Abenteuer des Drogenhandels aber ein knallhartes Geschäft geworden, und Johnny schien das auch zu wissen.

»Na schön, so haben wir das damals eben gesehn«, korrigierte er
sich. »Sagen wir mal: Wir waren nicht so skrupellos und nicht so stark
finanziell motiviert wie die Leute, die das Geschäft am Ende übernommen haben.«

Ich wollte den plötzlichen Anflug von Skrupeln bei ihm vertreiben und winkte dem Kellner, er solle uns noch eine Flasche Wein bringen.

»Sei's drum. Ich hatte Erfolg, am Anfang war ich selber voll mit drin, ich hab' mich mit Mutterschiffen im Meer draußen hinter Nantucket getroffen und kleinere Mengen in einem hohlen Kiel an Land geschafft. Am Ende sind mein Partner Derek und ich in der Nahrungskette aufgerückt. Da kamen die Dollars dann so schnell herein, daß wir uns echt den Kopf zerbrechen mußten, wie wir sie weißwaschen könnten. Ich meine, man kann die Knete doch nicht ewig unter der Matratze verstecken. Um von den Einnahmen ein bißchen was unter die Leute zu bringen, haben wir uns Autos und Boote gekauft, cash auf die Hand, und dann eine Bar in Cambridge. Wir haben für Drogengelder Steuern gezahlt, ehrlich, damit wir ein legitimes Einkommen hatten. Und wir haben uns immer gesagt: Wenn wir erst ordentlich was auf der hohen Kante haben, steigen wir aus, bevor das Ganze allzu verrückt wird. Aber da gab's ja noch so viel mehr Bares zu verdienen, und mit der Verrücktheit ist's wie mit allem, das geht Schritt für Schritt, und bei dem einen Schritt, den man sich gerade vornimmt, kommt einem nie das Gefühl, daß er in den Abgrund führt. Bis du über den Rand trittst und abstürzt, und dann ist's zu spät. Erst bist du auf der High School und kiffst, dann ist der Koks an der Reihe, dann dealst du'n bißchen was, dann kaufst du dir 'ne Kalaschnikow, und am Ende schipperst du hundert Kilo in den Hafen von Boston.«

Ich wollte ihn nicht unterbrechen, um etwa die Schlüssigkeit dieses Gedankengangs in Zweifel zu ziehen; ich hätte einwenden können, daß manche von uns nicht einmal im Traum daran gedacht hatten, mit Drogen zu handeln, vom Kauf von Schußwaffen ganz zu schweigen. Ich schenkte ihm nach und ließ mir meine Zweifel nicht anmerken, weil ich mit heimlichem Vergnügen registrierte, wie dieser Goldjunge seine mieseren Seiten enthüllte. Ich muß allerdings zugeben, daß mich die Geschichte auch faszinierte.

»So geht das zwei, drei Jahre. Wenn ich wenigstens sagen könnte, daß es keinen Spaß gemacht hat. Hat es aber. Die Gefahr, das Geheimnishafte, das schöne Geld . . .« Er paffte an seiner Zigarre und blickte aufs Meer. »Und dann bereiten wir einen der größten Deals unseres Lebens vor, und unser Abnehmer wird geschnappt, dem droht Einzelhaft, fünfzehn bis lebenslänglich. Also präsentiert er uns auf einem Silbertablett. Was für ein Augenblick. Wir sind in einem Lagerhaus an der Back Bay, als plötzlich zwanzig Typen vom Rauschgiftdezernat auf der Matte stehn und ihre 38er auf uns richten.«

»Und zu denen gehörte auch Jean«, schloß Cameron.

Ich warf ihr einen Blick zu, aber sie drehte sich nicht zu mir um.

»Ich wünschte, es wär' so gewesen – um unserer neuen Freunde willen«, sagte Jean. Sie schaute ihren Mann an und berührte sein Handgelenk, und in diesem Moment schien sie mir unglaublich reizend. »Ich fürchte, daß wir diese netten Menschen nur langweilen.«

»Ganz und gar nicht«, protestierte ich und gab mir Mühe, das Selbstvertrauen der Frau zu stärken. Es tat mir aufrichtig leid, daß sie in solch eine schmutzige Geschichte verwickelt war. Sie wandte den Kopf und schenkte mir das erhoffte Lächeln; für einen Moment wurde mir die ganze Geschichte völlig gleichgültig, ich beschwor Wunschträume herauf – wie ich mich in der Nacht aus der Strandhütte schlich, um spazierenzugehen, weil ich nicht schlafen konnte . . . und am Ende des langen Strandes begegnete ich ihr, sprach sie an, erwähnte meine Schlaflosigkeit, woraufhin wir beide gestanden, aneinander gedacht zu haben; ein langer Kuß; ein langsames Hinsinken auf den weichen Sand.

»Sie müssen ja denken . . .« Jean lächelte hilflos. »Ich weiß nicht, was Sie sich denken. John hat das alles noch nie jemandem erzählt. Sie sind wahrscheinlich geschockt.«

»Bitte, erzählen Sie weiter«, sagte Cameron. »Wir können das Ende gar nicht abwarten. Hab' ich recht, Don?«

Ich nickte leicht pikiert wegen der ostentativen Verwendung des ehelichen »wir«. Ihre Stimme erschien mir laut und schrill, außerdem trug sie eine grellbedruckte Bluse, die ich sowieso nicht ausstehen konnte und die neben Jeannies schlichtem, aber sexy wirkendem marineblauem Oberteil mit freiem Rücken nur noch aufdringlicher wirkte.

Johnny sagte: »Langer Rede kurzer Sinn – ich nehme mir Carson Baxter als Strafverteidiger. Und der zerreißt praktisch alle Beweise gegen mich, einen nach dem andern, komplett. Kriegt es hin, daß das meiste sich vor den Augen der Geschworenen in Luft auflöst. Den Rest macht er lächerlich. War das 'ne Vorstellung – der Mann ist echt ein Künstler . . .«

»Er ist absolut brillant«, murmelte ich. Carson Baxter war einer der besten Verteidiger im ganzen Land. Wenn ich seine politischen Ansichten auch nicht immer teilte – er vertrat vor allem die Linken –, so bewunderte ich an ihm die Prinzipienfestigkeit und juristische Beschlagenheit. Er zählte zu meinen Idolen. Ich weiß nicht recht, warum, aber ich war überrascht, seinen Namen in diesem Zusammenhang zu hören.

»Ich kam also heraus«, schloß Johnny.

»Sie sind *freigesprochen* worden?« fragte ich.

»Genau das.« Er paffte selbstzufrieden an seiner Zigarre. »Sie würden nun selbstverständlich vermuten, das wär's gewesen – daß ich mit meinen illegalen, aber höchst profitablen Geschäften Schluß gemacht hätte. Leider nein. Natürlich habe ich mir selber und allen andern gesagt, daß ich keine krummen Sachen mehr machen wollte. Aber nach sechs Monaten war die Erinnerung an Festnahme und Haft verblaßt, und dann ist mir eine goldene Gelegenheit praktisch in den Schoß gefallen – die Chance, das letzte große Ding zu drehn. Der Coup, nach dem man sich zur Ruhe setzt. Genau der, vor dem man sich hüten muß, der allerletzte. Geht immer schief. Merken Sie sich's – nie einen Abschieds-Törn machen, immer eine Runde vorher Schluß machen.«

»Der Kellner schläft im Stehen«, monierte Jean nüchtern. »Wie der Kellner in dieser Geschichte von Hemingway. Er belegt dich stillschweigend mit einem Voodoo-Fluch für redselige weiße Jungs, weil er den Tisch abräumen will und heimgehen in seine hübsche, kleine, türkisrosafarbene Dienstbotenwohnung und mit seiner Frau schlafen, der molligen Wäscherin, die ihn splitternackt auf dem frischen weißen Bettlaken erwartet.«

»Da frag' ich mich, wie der Kellner und die Wäscherin sich wohl kennengelernt haben«, sagte Johnny unbekümmert, stand auf und streckte sich. »Vermutlich die beste Story von allen.«

Worauf Cameron, mein über alles geliebtes Weib, sagte: »Vermutlich hat der Kellner sie getröstet, nachdem Don sie wegen eines Fleckens auf seinem Leinenhemd angebrüllt hat.«

Johnny schaute auf die Uhr. »O je, schon halb elf, offiziell müßten auf den Jungferninseln längst alle im Bett sein.«

»Aber Sie können doch jetzt nicht schlafengehen«, sagte Cameron. »Sie sind Ihrer Frau ja noch nicht mal begegnet.«

»Ach so. Richtig. Nun gut, später hab' ich dann jedenfalls Jean kennengelernt, wir haben uns verliebt und geheiratet, und wenn sie nicht gestorben sind, dann leben sie heute noch.«

»Das ist nicht fair«, schrillte Cameron.

»Mich würde interessieren, was Sie über Baxter zu sagen hätten«, bemerkte ich leise.

»Zum Teufel mit Baxter«, sagte Cameron. Wenn sie trank und laut wurde, bekam ihre Stimme einen unangenehm nasalen Ton. »Ich will jetzt die Liebesgeschichte hören.«

»Dann laßt uns wenigstens am Strand spazierengehn«, schlug Jean vor und erhob sich.

Also marschierten wir zum Strand und schlenderten am Rand des Wassers entlang, und Johnny nahm seine Geschichte wieder auf.

»Na schön. Ich fuhr mit Derek zu den Florida Keys, und wir besorgten uns ein Boot, eine Hatteras 62 mit falschem Boden. Wir hatten einen Typen bei der Küstenwacht auf der Gehaltsliste und einen andern beim Zoll. Die beiden sollten uns bei der Heimkehr durch die Maschen schleusen. Zum Schein bestückten wir das Schiff mit Unmengen Kram fürs Hochseefischen, mit großen Nakamichi-Angeln und -Rollen. Dann verstauten wir die echte Nutzlast – die Sturmgewehre mit den Nachtzielgeräten und das Bare. Die Gewehre waren ein Teil des Deals, dreißig Stück, genug für eine kleine Armee. Die Kolumbianer waren immer auf der Suche nach Waffen, und die hatten wir billig in Miami bekommen, von einem Israeli, der dort schnellstens verduften mußte. Es war eine Nacht wie heute, eine warme, sternklare karibische Winternacht, und wir waren rund hundert Meilen vor Kuba, als das Ruder brach. Wir begannen zu treiben. Am frühen Morgen wurden wir von einem Patrouillenboot der kubanischen Marine aufgegriffen. Nun, Sie können sich ja vorstellen, wie die reagierten, als sie die Waffen und das Geld fanden. Ich meine, man muß sich das mal vorstellen – ein amerikanisches Schiff, randvoll mit Waffen und Geld, dazu erstklassige Elektronik. Wir haben versucht, ihnen klarzumachen, daß wir einfach nur Drogenhändler waren, aber das haben sie uns nicht abgekauft.«

Wir waren am Ende des Sandstrands angekommen; weiter vorn ragte ein felsiges Riff aus dem sanft plätschernden Wasser der kleinen Bucht auf. Johnny kniete sich hin und schöpfte eine Handvoll feinen silbrigen Sand hoch. Cameron ließ sich neben ihm nieder. Ich blieb stehen, blickte zu dem pudrigen Spray der Sterne über uns hoch und hatte in meinem beschwipsten Zustand das Gefühl, daß ich ein hohes Maß an Unabhängigkeit demonstrierte, indem ich mich weigerte, mich hinzusetzen, nur weil Johnny auf dem Boden saß. Inzwischen mißbilligte ich ihn, und ich fand es überhaupt nicht in Ordnung, daß dieser Kerl, der nach eigenem Bekenntnis ein Rauschgiftschmuggler war, gerade sein Anwaltsexamen bestanden hatte und sich nun auch noch anschickte, in diesem Beruf zu praktizieren. Ich glaube, daß mich auch sein Glück gestört hat: die Tatsache, daß er offenbar reich und mit einer so reizenden und schönen Frau verheiratet war.

»Das war die schlimmste Zeit meines Lebens«, bemerkte er leise; die Unbekümmertheit verflog. Jean, die neben ihm gestanden hatte, kniete sich hin und legte ihm eine Hand auf die Schulter. Da lächelte er plötzlich und tätschelte ihren Arm. »He – auf die Weise hab' ich wenigstens Spanisch gelernt, stimmt's?«

Cameron kicherte zustimmend.

»Nach sechs Monaten Haft in einem kubanischen Gefängnis wurden Derek, der Kapitän und ich als amerikanische Spione zum Tode verurteilt. Ich hatte die beiden während der ganzen Zeit kein einziges Mal gesehen, man hielt uns getrennt, in der Hoffnung, uns zu brechen. Und sie hätten uns auch gebrochen, nur konnten wir ihnen ja nicht erzählen, was sie hören wollten, weil wir wirklich nur ein paar blöde Drogenhändler waren und nicht die CIA. Großer Gott«, murmelte er.

Ich setzte mich schließlich doch in den Sand, mit hochgezogenen Knien, den Blick auf Jeans mitfühlendes Gesicht gerichtet, als ob das schäbige Martyrium ihres Mannes mehr Realität bekäme, wenn ich es in ihren Zügen reflektiert sähe. Für ihn empfand ich keinerlei Mitleid – er hatte an dem ganzen Schlamassel nur selber schuld. Aber ich konnte deutlich sehen, daß Jean zumindest einen Teil der Dinge kannte, die er uns verschwieg, und litt; und *sie* tat mir leid.

»Wir wurden immerhin besser behandelt als einige der kubanischen Dissidenten. Die Kubaner mußten ja stets die Möglichkeit berücksichtigen, daß wir für irgendeinen Tauschhandel oder zu Propagandazwecken nützlich sein könnten. Ein paar Wochen vor dem geplanten Exekutionstermin ist es mir gelungen, Baxter eine Nachricht zukommen zu lassen. Der nutzt seine Kontakte zur linken Szene, um nach Kuba zu fliegen, und erhält eine Audienz bei dem gottverdammten Castro. Damals war's für Amerikaner noch streng verboten, überhaupt nach Kuba zu reisen. Baxter hat seine Akten mitgebracht, und – jetzt kommt das Schönste – nun verwendet er dasselbe Beweismaterial, das er vorher in Boston diskreditiert hatte, um Castro und sein Verteidigungsministerium zu überzeugen, daß wir absolut ehrliche Rauschgiftschmuggler sind, im Gegensatz zu dreckigen Yankee-Spionen. Am Ende entlassen sie uns in Baxters Obhut. Also, wir fliegen zurück nach Miami und . . .« Er hielt inne und ließ den Blick über sein Publikum wandern. ». . . und auf der Landebahn werden wir vom FBI in Empfang genommen. Da erwartet uns ein Begrüßungskomitee aus schwitzenden Spezial-Agenten in billigen Anzügen. Man verhaftet uns, weil wir aus Kuba kommen. Aber das FBI weiß natürlich über unsere Geschichte Bescheid – sie hatten die Sache ja fast ein Jahr lang im Auge behalten. So kommt man aus dem verdammten Regen in die Tonne.«

»Du meinst wohl Traufe«, verbesserte Jean schelmisch.

»Ach, ja.« Er streckte ihr die Zunge heraus und nahm den Faden wieder auf. »Ich meine, ich hatte das Gefühl, mich trifft gleich der Schlag, mitten auf der Landebahn. Sieben Monate Einzelhaft ohne Tageslicht, du denkst, du bist frei, und dann –«

Cameron stieß hervor: »O mein Gott, müssen Sie sich . . . ich meine –«

»Genau. Als nächstes kontaktieren die Jungs vom FBI dann Havanna und fordern das Beweismaterial an, das zu unserer Entlastung als Spione geführt hat, damit sie uns als Schmuggler unter Anklage stellen können.«

Als er sich unterbrach und plötzlich ein Lächeln über seine Züge spielte, hörte ich ein paar Meter entfernt das Geräusch von unzähligen Insekten und das Schwappen der Wellen am Strand.

»Daraufhin sagen die Kubaner ihnen sinngemäß: ›Fickt euch ins Knie, Ihr Yankee-Schweine‹. Und wir sind frei. Wir *alle*. Mein Gott, war das schön.«

Zu meiner Überraschung begann Cameron, Beifall zu klatschen. Mir wurde klar, daß sie betrunken war.

»Wir haben noch immer nichts von Jean gehört«, hielt ich fest, weil ich ihn auf irgendeine Art herausfordern wollte. Als hätte ich den Verdacht gehegt und nunmehr beweisen wollen, Euer Ehren, daß die beiden sich in Wirklichkeit nie begegnet waren.

Jean wechselte mit ihrem Mann ein verschwörerisches Grinsen, das mich enttäuschte und traurig stimmte, weil es mir wieder vor Augen führte, daß sie ja doch zusammengehörten. Dann wandte sie sich mir zu und erklärte: »Ich bin Jean Carson Baxter.«

»Baxters Tochter?« Ich bin ja kein Vollidiot.

Sie nickte.

Cameron brach in schallendes Gelächter aus. »Das ist ja phantastisch«, sagte sie. »Das gefällt mir.«

»Wie hat Ihr Vater es aufgenommen?« fragte ich, weil ich den Finger auf die Schwachstelle legen wollte.

Jeannies Lächeln verschwand. Sie griff sich eine Handvoll Sand und warf ihn aufs Wasser. »Nicht allzu gut. Es ist für einen Anwalt offensichtlich *eine* Sache, einen Drogenhändler zu vertreten, seine Unschuld zu beweisen und sich von ihm bezahlen zu lassen. Aber etwas *völlig anderes*, wenn der sich in sein teures Töchterlein verliebt.«

»Jeannie hat meinem Prozeß beigewohnt, um ihrem Vater bei seiner Vorstellung zuzusehen. Und um ihre Frage endlich zu beantworten – auf diese Weise sind wir uns begegnet. Bei Gericht. Haben heiße Blicke und später heiße Kassiber gewechselt, quer durch den muffigen Gerichtssaal.« Er zog Jean an seine Schulter und sagte: »Mein Gott, hast du toll ausgesehn.«

»Klar«, sagte sie. »Nach drei Monaten U-Haft wär' dir jedes Lebewesen ohne Y-Chromosomen toll vorgekommen.«

»Nach meinem Freispruch haben wir uns zuerst heimlich getroffen. Als Baxter nach Kuba flog, hat er von nichts was gewußt. Er hatte keine Ahnung – bis wir dann in Miami aus dem Gerichtsgebäude kamen und Jean sich in meine Arme warf. Von dem Tag an hat er eigentlich nicht mehr mit uns geredet – von ein paar Wut- und Drohanfällen mal abgesehen.« Er hielt inne. »Die Rechnung hat er mir allerdings doch geschickt.«

»Und was das wirklich Komische ist«, sagte Jean, »Johnny ist von meinem Dad so beeindruckt gewesen, daß er dann beschloß, selber Jura zu studieren.«

Cameron lachte. Da fand wenigstens einer von uns die Geschichte lustig. Meine eigene Reaktion war weitaus komplizierter; ich habe lange gebraucht, um mir darüber klarzuwerden.

»Was für eine schöne Geschichte«, sagte Cameron.

Ich hätte sie am liebsten geohrfeigt und ihr gesagt, daß sie den Mund halten soll.

»Und was ist mit euch beiden?« sagte Jean, die, den Arm um ihren Mann gelegt, auf dem mondhellen Sand saß. »Wie sieht eure wilde Romanze denn aus? Erzählt doch mal, wie ihr euch kennengelernt habt.«

Cameron drehte sich eifrig und mit erwartungsvollem Lächeln zu mir um. »Sag's ihnen, Don.«

Ich schaute in die Bucht hinaus, zu einem Licht auf der Jacht, die wir vorhin alle bewundert hatten, und ich dachte an den Jungen, der an Deck das Messing poliert hatte, als wir in Tortolla an Bord gegangen waren, einen Teenager ohne Hemd mit weichem, weißblondem Haar und einem winzigen Goldring in der Nase; er hatte uns den Namen seines Arbeitgebers genannt, des Jachteigners, bevor er zurück an die Arbeit ging, und summte und nickte vor sich hin; vermutlich freute er sich schon darauf, am Abend einen Zug um die Häuser zu unternehmen.

Ich wandte mich wieder meiner Frau zu, die neben mir auf dem kalten Sand saß.

»Erzähl du's ihnen«, sagte ich.

Quellennachweis

RAY BRADBURY, »Zur warmen Jahreszeit«, aus: Medizin für Melancholie. Übersetzt von Margarete Bormann. Copyright © 1981 by Diogenes Verlag AG Zürich

ROALD DAHL, »Genesis und Katastrophe«, aus: Küßchen, Küßchen. Rowohlt Verlag, Reinbek bei Hamburg, 1962

GABRIEL GARCIA MARQUEZ, »Der schönste Ertrunkene der Welt«, aus: *Playboy* Nr. 3, 1976

JOHN IRVING, »Brennbars Fluch«, aus: Rettungsversuch für Piggy Sneed. Copyright © 1993 by Diogenes Verlag AG Zürich

JOHN COLLIER, »Keine Ahnung«, aus: *Playboy* Nr. 1, 1975

NORMAN MAILER, »Schwarze Messe«, aus: *Playboy* Nr. 2, 1976

JORGE LUIS BORGES, »Der Andere«, aus: Gesammelte Werke. Band IV: Erzählungen 1975–1977. Mit einem Nachwort von Horst Bienek. Aus dem Spanischen von Dieter E. Zimmer. Copyright © 1982 by Carl Hanser Verlag München/Wien

ISAAC BASHEVIS SINGER, »Hiob in Miami Beach«, aus: *Playboy* Nr. 3, 1979

PAUL THEROUX, »Weiße Würmer«, aus: *Playboy* Nr. 7, 1984

SEAN O'FAOLAIN, »Gib mir mal die Marmelade«, aus: *Playboy* Nr. 6, 1988

LAURIE COLWIN, »Meine Geliebte«, aus: Wie ein französischer Film. Copyright © 1987 by Rowohlt Taschenbuch Verlag GmbH, Reinbek bei Hamburg